最高人民法院民事诉讼文书样式制作规范与法律依据

人民法院卷·上册

第2版

法律应用研究中心 编

ZUIGAO RENMIN FAYUAN MINSHI SUSONG WENSHU YANGSHI ZHIZUO GUIFAN YU FALÜ YIJU

中国法制出版社
CHINA LEGAL PUBLISHING HOUSE

目 录

上 册

最高人民法院关于印发《人民法院民事裁判文书制作规范》《民事诉讼文书样式》的通知

（2016 年 6 月 28 日） ………………………………………… 001

人民法院民事裁判文书制作规范 ………………………………… 002

　　附录一：标点符号用法 ……………………………………… 015

　　附录二：出版物上数字用法 ………………………………… 034

一、管　辖 …………………………………………………… 042

　　1. 民事裁定书（管辖权异议用） …………………………… 042
　　2. 民事裁定书（小额诉讼程序管辖权异议用） …………… 045
　　3. 民事裁定书（依职权移送管辖用） ……………………… 047
　　4. 民事裁定书（依职权提级管辖用） ……………………… 049
　　5. 民事裁定书（依报请提级管辖用） ……………………… 051
　　6. 民事裁定书（受移送人民法院报请指定管辖案件用） … 053
　　7. 民事裁定书（有管辖权人民法院报请指定管辖案件用） … 055
　　8. 民事裁定书（因管辖权争议报请指定管辖案件用） …… 057
　　9. 民事裁定书（上级法院移交下级法院审理用） ………… 060
　　10. 民事裁定书（不服管辖裁定上诉案件用） …………… 062
　　11. 请示（报请提级管辖用） ……………………………… 064
　　12. 请示（受移送人民法院报请指定管辖用） …………… 066
　　13. 请示（有管辖权人民法院报请指定管辖用） ………… 068
　　14. 请示（因管辖权争议报请指定管辖用） ……………… 070
　　15. 请示（报请移交管辖用） ……………………………… 072
　　16. 批复（不同意提级管辖用） …………………………… 074

17. 批复（报请移交管辖案件审批用） …………………………… 075
18. 民事管辖协商函（管辖争议协商用） …………………………… 077
19. 民事管辖协商回函（民事管辖协商案件回复用） ……………… 079
20. 案件移送函（向其他人民法院移送案件用） …………………… 081

二、回　　避 …………………………………………………………… 083
1. 决定书（申请回避用） …………………………………………… 083
2. 复议决定书（驳回回避申请复议用） …………………………… 087

三、诉讼参加人 ………………………………………………………… 090
1. 民事裁定书（变更当事人用） …………………………………… 090
2. 民事裁定书（未参加登记的权利人适用生效判决或裁定用） …… 092

四、证　　据 …………………………………………………………… 094
1. 民事裁定书（申请书证提出命令用） …………………………… 094
2. 民事裁定书（申请返还鉴定费用用） …………………………… 097
3. 民事裁定书（诉前证据保全用） ………………………………… 099
4. 民事裁定书（诉讼证据保全用） ………………………………… 101
5. 民事裁定书（仲裁前证据保全用） ……………………………… 103
6. 民事裁定书（解除证据保全用） ………………………………… 105
7. 举证通知书（通知当事人用） …………………………………… 107
8. 准许延长举证期限通知书（通知当事人用） …………………… 109
9. 不准许延长举证期限通知书（通知申请人用） ………………… 111
10. 准许调查收集证据申请通知书（通知当事人用） ……………… 113
11. 不准许调查收集证据申请通知书（通知申请人用） …………… 115
12. 准许具有专门知识的人出庭通知书（通知当事人用） ………… 117
13. 不准许具有专门知识的人出庭通知书（通知申请人用） ……… 119
14. 出庭通知书（通知证人出庭作证用） …………………………… 121
15. 出庭通知书（通知具有专门知识的人出庭用） ………………… 123
16. 委托鉴定书（委托鉴定用） ……………………………………… 125
17. 证据材料收据（收到证据材料用） ……………………………… 127
18. 调查笔录（庭外调查用） ………………………………………… 128
19. 勘验笔录（勘验物证和现场用） ………………………………… 129
20. 委托书（委托外地法院调查用） ………………………………… 131
21. 保证书（当事人当庭保证用） …………………………………… 133

22. 保证书（证人出庭作证保证用） …………………………… 135

五、期间和送达 …………………………………………………… 137

（一）期　间 ……………………………………………………… 137

1. 案件延长审理或者执行期限审批表（延长各类民事案件审理或者执行期限用） ………………………………………… 137
2. 延长特别程序审理期限报告（报请本院院长批准用） …… 140
3. 延长简易程序审理期限报告（报请本院院长批准用） …… 142
4. 延长第一审普通程序审理期限报告（报请本院院长批准用） 144
5. 延长第一审普通程序审理期限请示（报请上级人民法院批准用） ……………………………………………………… 146
6. 延长第一审普通程序审理期限批复（上级人民法院对申请延长审理期限批复用） ……………………………………… 148
7. 延长第二审程序审理期限报告（报请本院院长批准用） … 150
8. 延长申请再审审查案件程序审理期限报告（报请本院院长批准用） ……………………………………………………… 152
9. 延长执行期限报告（报请本院院长批准用） ……………… 154

（二）送　达 ……………………………………………………… 156

10. 送达地址确认书（确认送达地址用） …………………… 156
11. 送达回证（送达民事诉讼文书用） ……………………… 160

六、调　解 …………………………………………………………… 163

1. 民事调解书（第一审普通程序用） ………………………… 163
2. 民事调解书（简易程序用） ………………………………… 166
3. 民事调解书（小额诉讼程序用） …………………………… 169
4. 民事调解书（公益诉讼用） ………………………………… 172
5. 民事调解书（第二审程序用） ……………………………… 175
6. 民事调解书（申请撤销劳动争议仲裁裁决案件用） ……… 177
7. 民事调解书（再审案件用） ………………………………… 179
8. 调解笔录（庭外调解用） …………………………………… 181

七、保全和先予执行 ……………………………………………… 183

1. 民事裁定书（诉前财产保全用） …………………………… 183
2. 民事裁定书（仲裁中财产保全用） ………………………… 185
3. 民事裁定书（执行前保全用） ……………………………… 187

4. 民事裁定书（诉前行为保全用） ……………………………… 189
5. 民事裁定书（诉讼财产保全用） ……………………………… 191
6. 民事裁定书（诉讼行为保全用） ……………………………… 193
7. 民事裁定书（依职权诉讼保全用） …………………………… 195
8. 民事裁定书（解除保全用） …………………………………… 197
9. 民事裁定书（变更保全用） …………………………………… 199
10. 民事裁定书（先予执行用） …………………………………… 201
11. 民事裁定书（驳回保全或者先予执行申请用） ……………… 203
12. 民事裁定书（保全或者先予执行裁定复议用） ……………… 205
13. 提供担保通知书（责令提供担保用） ………………………… 207
14. 指定保管人通知书（财产保全指定保管人用） ……………… 209
15. 委托保全函（委托原人民法院采取保全措施用） …………… 211

八、对妨害民事诉讼的强制措施 …………………………………… 213
1. 决定书（司法拘留用） ………………………………………… 213
2. 决定书（司法罚款用） ………………………………………… 219
3. 决定书（司法拘留并罚款用） ………………………………… 221
4. 决定书（提前解除司法拘留用） ……………………………… 223
5. 复议决定书（司法制裁复议案件用） ………………………… 225
6. 执行拘留通知书（通知公安机关用） ………………………… 227
7. 提前解除拘留通知书（通知公安机关用） …………………… 230
8. 拘传票（拘传用） ……………………………………………… 232

九、诉讼费用 ………………………………………………………… 236
1. 民事裁定书（未预交案件受理费按撤回起诉处理用） ……… 236
2. 民事裁定书（未补交案件受理费按撤回起诉处理用） ……… 238
3. 交纳诉讼费用通知书（通知当事人用） ……………………… 240
4. 退还诉讼费用通知书（通知当事人用） ……………………… 252
5. 准予缓交、减交、免交诉讼费用通知书（通知当事人用） … 254
6. 不准予缓交、减交、免交诉讼费用通知书（通知当事人用）… 256

十、第一审普通程序 ………………………………………………… 258
（一）民事判决书 …………………………………………………… 258
1. 民事判决书（第一审普通程序用） …………………………… 258

（二）民事裁定书 …… 266
2. 民事裁定书（对起诉不予受理用） …… 266
3. 民事裁定书（对反诉不予受理用） …… 269
4. 民事裁定书（驳回起诉用） …… 271
5. 民事裁定书（驳回追加共同诉讼当事人申请用） …… 274
6. 民事裁定书（不参加诉讼按撤诉处理用） …… 276
7. 民事裁定书（准许撤诉用） …… 278
8. 民事裁定书（准许撤回反诉用） …… 280
9. 民事裁定书（不准许撤诉用） …… 282
10. 民事裁定书（合并审理用） …… 284
11. 民事裁定书（中止诉讼用） …… 286
12. 民事裁定书（终结诉讼用） …… 288
13. 民事裁定书（补正法律文书中的笔误用） …… 290

（三）其 他 …… 292
14. 受理案件通知书（通知提起诉讼的当事人用） …… 292
15. 应诉通知书（通知对方当事人用） …… 294
16. 参加诉讼通知书（通知其他当事人用） …… 296
17. 诉讼权利义务告知书（告知当事人用） …… 300
18. 合议庭组成人员通知书（通知当事人用） …… 302
19. 变更合议庭组成人员通知书（通知当事人用） …… 303
20. 传票（传唤当事人用） …… 304
21. 出庭通知书（传唤其他诉讼参与人用） …… 307
22. 公告（通知共同诉讼权利人登记用） …… 309
23. 公告（公告开庭用） …… 311
24. 庭前会议笔录（召开庭前会议用） …… 312
25. 法庭笔录（开庭审理用） …… 314
26. 合议庭评议笔录（合议庭评议案件用） …… 321
27. 审判委员会讨论案件笔录（审判委员会讨论案件用） …… 323
28. 宣判笔录（定期宣告判决用） …… 325
29. 证明书（证明裁判文书生效用） …… 327
30. 司法建议书（提出书面建议用） …… 329
31. 委托函（委托送达用） …… 331

32. 委托宣判函（委托宣判用） ………………………………… 333
33. 代办事毕复函（答复委托人民法院用） …………………… 335
34. 调卷函（向其他人民法院调阅案卷用） …………………… 337
35. 送卷函（向调卷人民法院移送案卷用） …………………… 339
36. 退卷函（向送卷人民法院退还案卷用） …………………… 341

十一、简易程序 ……………………………………………………… 343

1. 民事判决书（当事人对案件事实有争议的用） …………… 343
2. 民事判决书（当事人对案件事实没有争议的用） ………… 346
3. 民事判决书（被告承认原告全部诉讼请求的用） ………… 349
4. 民事裁定书（简易程序转为普通程序用） ………………… 352

十二、简易程序中的小额诉讼 …………………………………… 355

1. 民事判决书（小额诉讼程序令状式判决用） ……………… 355
2. 民事判决书（被告对原告所主张的事实和诉讼请求无异议的小额诉讼程序表格式判决用） ………………………… 358
3. 民事判决书（简易程序和小额诉讼程序要素式判决用，以劳动争议为例） …………………………………………… 360
4. 民事裁定书（小额诉讼程序驳回起诉用） ………………… 369
5. 小额诉讼程序告知书（告知当事人小额诉讼程序用） …… 371
6. 适用简易程序其他规定审理通知书（小额诉讼转换通知当事人用） …………………………………………………………… 376

十三、公益诉讼 ……………………………………………………… 378

1. 民事判决书（环境污染或者生态破坏公益诉讼用） ……… 378
2. 民事判决书（侵害消费者权益公益诉讼用） ……………… 388
3. 民事裁定书（对同一侵权行为另行提起公益诉讼不予受理用） … 394
4. 民事裁定书（环境污染或者生态破坏公益诉讼准许撤回起诉用） … 397
5. 民事裁定书（公益诉讼不准许撤回起诉用） ……………… 399
6. 受理公益诉讼告知书（告知相关行政主管部门用） ……… 401
7. 公告（环境污染或者生态破坏公益诉讼公告受理用） …… 403
8. 公告（侵害消费者权益公益诉讼公告受理用） …………… 405
9. 公告（公益诉讼公告和解或者调解协议用） ……………… 407

十四、第三人撤销之诉 …………………………………………… 409

1. 民事判决书（第三人撤销之诉用） ………………………… 409

  2. 民事裁定书（对第三人撤销之诉不予受理用） …………………… 413

  3. 民事裁定书（第三人撤销之诉并入再审程序用） …………………… 417

  4. 民事裁定书（中止再审程序用） …………………………………… 419

  5. 通知书（通知对方当事人提出书面意见用） ……………………… 421

十五、执行异议之诉 …………………………………………………… 423

  1. 民事判决书（案外人执行异议之诉用） …………………………… 423

  2. 民事判决书（申请执行人执行异议之诉用） ……………………… 427

十六、第二审程序 ……………………………………………………… 431

  1. 民事判决书（驳回上诉，维持原判用） …………………………… 431

  2. 民事判决书（二审改判用） ………………………………………… 435

  3. 民事判决书（部分改判用） ………………………………………… 438

  4. 民事裁定书（二审发回重审用） …………………………………… 441

  5. 民事裁定书（二审准许撤回上诉用） ……………………………… 443

  6. 民事裁定书（二审不准许撤回上诉用） …………………………… 445

  7. 民事裁定书（未交二审案件受理费按撤回上诉处理用） ………… 447

  8. 民事裁定书（不参加二审诉讼按撤回上诉处理用） ……………… 449

  9. 民事裁定书（二审准许或不准许撤回起诉用） …………………… 451

  10. 民事裁定书（二审维持不予受理裁定用） ………………………… 453

  11. 民事裁定书（二审指令立案受理用） ……………………………… 455

  12. 民事裁定书（二审维持驳回起诉裁定用） ………………………… 457

  13. 民事裁定书（二审指令审理用） …………………………………… 459

  14. 民事裁定书（二审驳回起诉用） …………………………………… 461

  15. 二审受理案件通知书（通知上诉人用） …………………………… 463

  16. 二审应诉通知书（通知被上诉人用） ……………………………… 465

  17. 二审应诉通知书（通知一审其他当事人用） ……………………… 468

  18. 送交上诉状副本通知书（送对方当事人用） ……………………… 471

  19. 上诉移送函（向二审人民法院移送案卷等材料用） ……………… 472

十七、非讼程序 ………………………………………………………… 474

 （一）选民资格案件 …………………………………………………… 474

  1. 民事判决书（申请确定选民资格用） ……………………………… 474

 （二）宣告失踪、宣告死亡案件 ……………………………………… 476

  2. 民事判决书（申请宣告公民失踪用） ……………………………… 476

3. 民事判决书（申请撤销宣告失踪用） ················· 478
4. 民事判决书（申请宣告公民死亡用） ················· 480
5. 民事判决书（申请撤销宣告死亡用） ················· 482
6. 民事裁定书（申请变更失踪人财产代管人用） ········· 484
7. 公告（申请宣告公民失踪寻找下落不明人用） ········· 486
8. 公告（申请宣告公民死亡寻找下落不明人用） ········· 488

（三）认定公民民事行为能力案件 ························· 490
9. 民事判决书（申请认定公民无民事行为能力用） ······· 490
10. 民事判决书（申请认定公民限制民事行为能力用） ···· 492
11. 民事判决书（申请认定公民恢复限制民事行为能力用） ···· 494
12. 民事判决书（申请认定公民恢复完全民事行为能力用） ···· 496
13. 通知书（指定行为能力案件代理人用） ··············· 498

（四）认定财产无主案件 ································· 500
14. 民事判决书（申请认定财产无主用） ················· 500
15. 民事判决书（申请撤销认定财产无主用） ············· 502
16. 公告（财产认领用） ······························· 504

（五）确认调解协议案件 ································· 505
17. 民事裁定书（对申请司法确认调解协议不予受理用） ··· 505
18. 民事裁定书（准许撤回司法确认调解协议申请用） ····· 507
19. 民事裁定书（按撤回司法确认调解协议申请处理用） ··· 509
20. 民事裁定书（司法确认调解协议有效用） ············· 511
21. 民事裁定书（驳回司法确认调解协议申请用） ········· 513
22. 民事裁定书（申请撤销司法确认调解协议裁定用） ····· 516

（六）实现担保物权案件 ································· 518
23. 民事裁定书（准许实现担保物权用） ················· 518
24. 民事裁定书（驳回实现担保物权申请用） ············· 521
25. 民事裁定书（申请撤销准许实现担保物权裁定用） ····· 523
26. 异议权利告知书（告知被申请人受理实现担保物权案件用） ···· 526

（七）监护权特别程序案件 ······························· 528
27. 民事判决书（申请确定监护人用） ··················· 528
28. 民事判决书（申请变更监护人用） ··················· 530
29. 民事判决书（申请撤销监护人资格用） ··············· 532

30. 民事裁定书（申请确定监护人驳回异议用） …………………… 534
（八）确认仲裁协议效力案件 …………………………………… 536
31. 民事裁定书（确认仲裁协议无效用） ………………………… 536
32. 民事裁定书（驳回确认仲裁协议效力申请用） ……………… 538
（九）撤销仲裁裁决案件 …………………………………………… 540
33. 民事裁定书（中止撤销程序用） ……………………………… 540
34. 民事裁定书（恢复撤销程序用） ……………………………… 542
35. 民事裁定书（终结撤销程序用） ……………………………… 544
36. 民事裁定书（撤销仲裁裁决申请用） ………………………… 546
37. 民事裁定书（驳回撤销仲裁裁决申请用） …………………… 549
38. 民事裁定书（撤销劳动争议仲裁裁决用） …………………… 551
39. 民事裁定书（驳回撤销劳动争议仲裁裁决申请用） ………… 554
40. 通知书（通知仲裁庭重新仲裁用） …………………………… 556
（十）人身安全保护令案件 ………………………………………… 558
41. 民事裁定书（作出人身安全保护令用） ……………………… 558
42. 民事裁定书（驳回人身安全保护令申请用） ………………… 562
43. 民事裁定书（驳回复议申请用） ……………………………… 564
44. 民事裁定书（复议作出人身安全保护令用） ………………… 566
45. 民事裁定书（复议撤销人身安全保护令用） ………………… 568
46. 民事裁定书（申请撤销、变更、延长人身安全保护令用） … 570
（十一）其　他 ……………………………………………………… 572
47. 民事裁定书（对特别程序申请不予受理用） ………………… 572
48. 民事裁定书（准许撤回特别程序申请用） …………………… 574
49. 民事裁定书（终结特别程序用） ……………………………… 576

下　册

十八、审判监督程序 …………………………………………………… 577
（一）当事人申请再审案件 ………………………………………… 577
1. 再审申请案件受理通知书（通知再审申请人用） …………… 577
2. 再审申请案件应诉通知书（通知被申请人用） ……………… 579

3. 再审申请案件应诉通知书（通知原审其他当事人用） ·················· 581
4. 民事裁定书（上级人民法院依再审申请提审用） ···················· 583
5. 民事裁定书（对不予受理裁定，上级人民法院依再审申请
提审用） ·· 586
6. 民事裁定书（上级人民法院依再审申请指令再审用） ················ 589
7. 民事裁定书（原审人民法院依再审申请裁定再审用） ················ 592
8. 民事裁定书（裁定驳回再审申请用） ····································· 594
9. 民事裁定书（对不予受理裁定，驳回再审申请用） ··················· 597
10. 民事裁定书（审查中准许或不准许撤回再审申请用） ··············· 599
11. 民事裁定书（按撤回再审申请处理用） ································ 601
12. 民事裁定书（中止再审审查用） ··· 603
13. 民事裁定书（终结再审审查用） ··· 605
14. 民事判决书（依申请提审判决用） ······································ 607
15. 民事判决书（依申请受指令/定法院按一审程序再审用） ··········· 611
16. 民事判决书（依申请受指令/定法院按二审程序再审用） ··········· 614
17. 民事判决书（依申请对本院案件按一审程序再审用） ··············· 617
18. 民事判决书（依申请对本院案件按二审程序再审用） ··············· 620
19. 民事裁定书（依申请提审后中止或终结诉讼用） ····················· 623
20. 民事裁定书（依申请提审后准许或不准撤回再审请求用） ········· 625
21. 民事裁定书（依申请提审后按撤回再审请求处理用） ··············· 627
22. 民事裁定书（依再审申请对不予受理裁定提审后指令立案
受理用） ·· 629
23. 民事裁定书（依申请对驳回起诉裁定提审后用） ····················· 632
24. 民事裁定书（依申请提审后发回重审用） ······························ 635
25. 民事裁定书（依申请受指令/定再审，中止或终结诉讼用） ········ 638
26. 民事裁定书（依申请受指令/定再审，处理撤回再审请求用） ····· 640
27. 民事裁定书（依申请受指令/指定再审，按撤回再审请求处
理用） ··· 642
28. 民事裁定书（依申请受指令/定再审，对驳回起诉裁定再审用） ····· 644
29. 民事裁定书（依申请受指令/指定再审，发回重审用） ·············· 647
30. 民事裁定书（依申请对本院案件再审，中止或终结诉讼用） ······ 650
31. 民事裁定书（依申请对本院案件再审，处理撤回再审请求用） ··· 652

32. 民事裁定书（依申请对本院案件再审，按撤回再审请求处理用） …… 654
33. 民事裁定书（依申请对本院驳回起诉裁定，再审裁定用）……… 656
34. 民事裁定书（依申请对本院案件再审后发回重审用）………… 659
35. 民事裁定书（依申请再审案件，处理一审原告撤回起诉用）… 662
36. 民事裁定书（依申请按第二审程序再审案件，驳回起诉用）… 665

（二）被遗漏的必须共同进行诉讼的当事人申请再审案件 ……… 668

37. 民事裁定书（依被遗漏的必须共同进行诉讼的当事人再审申请提审用）……………………………………………………… 668
38. 民事裁定书（被遗漏的必须共同进行诉讼的当事人申请再审，驳回用）………………………………………………………… 671
39. 民事判决书（遗漏必须共同进行诉讼的当事人适用一审程序再审用）…………………………………………………………… 674
40. 民事裁定书（遗漏必须共同进行诉讼的当事人适用二审程序再审发回重审用）……………………………………………… 677

（三）案外人申请再审案件 ……………………………………… 680

41. 民事裁定书（案外人申请再审案件，裁定再审用）…………… 680
42. 民事裁定书（案外人申请再审案件，驳回案外人再审申请用）… 683
43. 民事判决书（案外人申请再审案件，判决用）………………… 685

（四）人民法院依职权再审案件 ………………………………… 688

44. 民事裁定书（依职权对本院案件裁定再审用）………………… 688
45. 民事裁定书（依职权提审用）…………………………………… 690
46. 民事判决书（依职权对本院案件按一审程序再审用）………… 692
47. 民事判决书（依职权对本院案件按二审程序再审用）………… 695
48. 民事判决书（依职权提审用）…………………………………… 698
49. 民事裁定书（依职权对本院案件再审后，中止或终结诉讼用）… 701
50. 民事裁定书（依职权对本院裁定驳回起诉案件裁定再审后用）… 703
51. 民事裁定书（依职权对本院案件再审后，发回重审用）……… 706

（五）人民检察院抗诉再审案件 ………………………………… 708

52. 民事裁定书（抗诉案件提审或指令下级法院再审用）………… 708
53. 民事裁定书（抗诉案件不予受理抗诉用）……………………… 711
54. 民事判决书（抗诉案件受指令法院按一审程序再审用）……… 714

55. 民事判决书（抗诉案件受指令法院按二审程序再审用）………… 717
56. 民事判决书（抗诉案件提审后用）………………………………… 720
57. 民事裁定书（抗诉案件中止或终结诉讼用）……………………… 723
58. 民事裁定书（抗诉案件准予撤回抗诉用）………………………… 726
59. 民事裁定书（抗诉案件发回重审用）……………………………… 728
60. 出庭通知书（抗诉案件通知检察院派员出庭用）………………… 731

（六）检察建议再审案件 ………………………………………………… 732
61. 民事裁定书（采纳再审检察建议并裁定再审用）………………… 732
62. 复函（不予受理再审检察建议用）………………………………… 735
63. 民事决定书（不采纳再审检察建议用）…………………………… 737
64. 民事判决书（依再审检察建议对本院案件按一审程序再审用）… 739
65. 民事判决书（依再审检察建议对本院案件按二审程序再审用）… 742
66. 民事裁定书（依再审检察建议对本院案件发回重审用）………… 745

（七）小额诉讼再审案件 ………………………………………………… 747
67. 民事裁定书（小额诉讼案件裁定再审用）………………………… 747
68. 民事裁定书（小额诉讼案件因程序不当裁定再审用）…………… 749
69. 民事判决书（小额诉讼案件再审用）……………………………… 751
70. 民事判决书（小额诉讼案件因程序不当再审用）………………… 753

（八）其　他 ……………………………………………………………… 755
71. 询问笔录（询问当事人用）………………………………………… 755

十九、督促程序 ……………………………………………………………… 760
1. 支付令（督促程序用）……………………………………………… 760
2. 民事裁定书（驳回支付令申请用）………………………………… 762
3. 民事裁定书（驳回支付令异议用）………………………………… 764
4. 民事裁定书（准许撤回支付令异议用）…………………………… 766
5. 民事裁定书（终结督促程序用）…………………………………… 768
6. 民事裁定书（撤销支付令用）……………………………………… 771
7. 不予受理支付令申请通知书（通知申请人不予受理用）………… 773

二十、公示催告程序 ………………………………………………………… 775
1. 民事判决书（公示催告除权用）…………………………………… 775
2. 民事裁定书（准许撤回公示催告申请用）………………………… 777
3. 民事裁定书（驳回公示催告申请用）……………………………… 779

4. 民事裁定书（驳回利害关系人申报用） ………………………… 781

　　5. 民事裁定书（终结公示催告程序用） …………………………… 783

　　6. 停止支付通知书（通知支付人停止支付用） …………………… 785

　　7. 公告（催促利害关系人申报权利用） …………………………… 787

　　8. 公告（公示催告除权判决用） …………………………………… 789

二十一、执行程序 ……………………………………………………… 790

　（一）申请执行及委托执行 …………………………………………… 790

　　1. 受理案件通知书（执行实施用） ………………………………… 790

　　2. 受理案件通知书（执行审查用） ………………………………… 792

　　3. 执行通知书（通知被执行人用） ………………………………… 794

　　4. 执行决定书（依申请将被执行人纳入失信被执行人名单用） … 797

　　5. 执行决定书（依职权将被执行人纳入失信被执行人名单用） … 799

　　6. 执行决定书（纠正或者驳回将被执行人纳入失信被执行人
　　　 名单用） …………………………………………………………… 801

　　7. 函（委托执行用） ………………………………………………… 803

　　8. 函（接受委托执行案件用） ……………………………………… 807

　　9. 函（退回委托执行案件用） ……………………………………… 809

　　10. 移送函（执行转破产程序用） …………………………………… 811

　　11. 执行财产分配方案（参与分配用） ……………………………… 813

　（二）限制出境措施 …………………………………………………… 816

　　12. 执行决定书（限制被执行人出境用） …………………………… 816

　　13. 执行决定书（解除限制出境用） ………………………………… 819

　（三）执行中止与终结 ………………………………………………… 821

　　14. 执行裁定书（中止执行用） ……………………………………… 821

　　15. 执行裁定书（终结本次执行程序用） …………………………… 825

　　16. 通知书（终结本次执行程序后恢复执行用） …………………… 827

　　17. 执行裁定书（终结执行用） ……………………………………… 829

　　18. 执行通知书（中止执行后恢复执行用） ………………………… 831

　（四）执行金钱给付 …………………………………………………… 833

　　19. 通知书（通知申请执行人提供被执行人财产状况用） ………… 833

　　20. 报告财产令（命令被执行人报告财产用） ……………………… 835

　　21. 通知书（通知第三人履行到期债务用） ………………………… 839

22. 证明书（证明第三人已履行债务用） ……………………… 841
23. 协助执行通知书 ………………………………………………… 842
24-1. 协助查询存款通知书 ………………………………………… 845
24-2. 协助查询存款通知书（回执） ……………………………… 846
25-1. 协助冻结存款通知书 ………………………………………… 849
25-2. 协助冻结存款通知书（回执） ……………………………… 850
26-1. 协助划拨存款通知书 ………………………………………… 852
26-2. 协助划拨存款通知书（回执） ……………………………… 853
27-1. 解除冻结存款通知书 ………………………………………… 854
27-2. 解除冻结存款通知书（回执） ……………………………… 855
28-1. 协助查询股权、其他投资权益通知书 …………………… 856
28-2. 协助查询股权、其他投资权益通知书（回执） ………… 857
29-1. 协助公示冻结、续行冻结通知书 ………………………… 862
29-2. 公示冻结、续行冻结（公示内容） ……………………… 863
29-3. 协助公示冻结、续行冻结（回执） ……………………… 864
30-1. 协助公示解除冻结通知书 …………………………………… 865
30-2. 解除冻结信息需求书（公示内容） ……………………… 866
30-3. 解除冻结通知书（回执） …………………………………… 867
31-1. 协助变更股东登记通知书 …………………………………… 868
31-2. 公示股东变更登记信息需求书（公示内容） …………… 869
31-3. 协助变更股东登记通知书（回执） ……………………… 870
32. 通知书（责令金融机构追回被转移的冻结款项用） ……… 871
33. 通知书（责令协助执行单位追回擅自支付款项用） ……… 873
34. 通知书（责令责任人追回财产用） …………………………… 875
35. 通知书（由法院强制保管产权证照用） ……………………… 877
36. 证照（财物）保管清单 ………………………………………… 879
37. 证照（财物）发还清单 ………………………………………… 881
38. 保管财产委托书 ………………………………………………… 883
39. 执行裁定书（查封、扣押、冻结财产用） …………………… 885
40. 执行裁定书（划拨存款用） …………………………………… 887
41. 执行裁定书（扣留、提取被执行人收入用） ………………… 889
42. 执行裁定书（责令有关单位向申请执行人支付已到期收益用） … 891

43. 执行裁定书（禁止被执行人转让知识产权用） ………………… 893
44. 执行裁定书（轮候查封、扣押、冻结用） …………………… 895
45. 执行裁定书（预查封用） ……………………………………… 898
46. 执行裁定书（冻结被执行人投资权益或股权用） …………… 900
47. 执行裁定书（冻结被执行人预期收益用） …………………… 902
48. 执行裁定书（解除查封、扣押、冻结等强制执行措施用） … 904
49. 执行裁定书（拍卖用） ………………………………………… 908
50. 执行裁定书（拍卖成交确认用） ……………………………… 910
51. 执行裁定书（变卖用） ………………………………………… 912
52. 执行裁定书（以物抵债用） …………………………………… 915
53. 价格评估委托书 ………………………………………………… 918
54. 拍卖（变卖）委托书 …………………………………………… 920
55. 拍卖通知书 ……………………………………………………… 922
56. 查封公告 ………………………………………………………… 924
57. 查封（扣押、冻结）财产清单 ………………………………… 926
58. 拍卖公告 ………………………………………………………… 928
59. 公告（强制迁出房屋或退出土地用） ………………………… 930
60. 搜查令 …………………………………………………………… 931

（五）执行财产交付及完成行为 …………………………………… 932
61. 通知书（责令交出财物、票证用） …………………………… 932
62. 委托书（代为完成指定行为用） ……………………………… 934
63. 通知书（责令追回财物或票证用） …………………………… 936

（六）审查不予执行申请 …………………………………………… 938
64. 执行裁定书（审查不予执行国内仲裁裁决申请用） ………… 938
65. 执行裁定书（审查不予执行涉外仲裁裁决申请用） ………… 941
66. 执行裁定书（审查不予执行公证债权文书申请用） ………… 944

（七）执行管辖 ……………………………………………………… 947
67. 函（报请上级人民法院执行用） ……………………………… 947
68. 执行决定书（指定执行管辖用） ……………………………… 949
69. 执行裁定书（提级执行用） …………………………………… 951
70. 执行裁定书（指定执行用） …………………………………… 953
71. 执行决定书（决定与下级法院共同执行案件用） …………… 956

72. 执行令（执行外国法院判决用） ················· 957
（八）变更或追加执行当事人 ··················· 959
73. 执行裁定书（变更申请执行人用） ················· 959
74. 执行裁定书（执行到期债权用） ················· 961
75. 执行裁定书（以担保财产赔偿损失用） ················· 964
76. 执行裁定书（暂缓执行期届满后执行担保人财产用） ········· 968
77. 执行裁定书（执行保证人财产用） ················· 970
78. 执行裁定书（变更分立、合并、注销后的法人或其他组织为被执行人用） ················· 972
79. 执行裁定书（追加对其他组织依法承担义务的法人或者公民为被执行人用） ················· 974
80. 执行裁定书（变更名称变更后的法人或其他组织为被执行人） ················· 976
81. 执行裁定书（变更遗产继承人为被执行人） ················· 978
82. 执行裁定书（追究擅自处分被查封、扣押、冻结财产责任人赔偿责任用） ················· 980
83. 执行裁定书（追究擅自解除冻结款项造成后果的金融机构赔偿责任用） ················· 982
84. 执行裁定书（追究擅自支付收入的有关单位赔偿责任用） ······ 984
85. 执行裁定书（追究擅自支付股息或办理股权转移手续的有关企业赔偿责任用） ················· 986

（九）执行协调与执行监督 ··················· 988
86. 报告（报请协调处理执行争议用） ················· 988
87. 执行决定书/协调函（协调执行争议用） ················· 990
88. 协调划款决定书（上级法院处理执行争议案件用） ········· 991
89. 执行裁定书（当事人、利害关系人异议用） ················· 992
90. 执行裁定书（案外人异议用） ················· 995
91. 执行裁定书（执行复议用） ················· 997
92. 督促执行令（上级法院督促下级法院执行用） ············ 1001
93. 暂缓执行通知书（上级法院通知下级法院用） ············ 1003
94. 执行决定书（本院决定暂缓执行用） ················· 1005
95. 暂缓执行通知书（上级法院通知下级法院延长期限用） ········ 1007

96. 恢复执行通知书（上级法院通知下级法院用） …………… 1009
97. 执行裁定书（上级法院直接裁定不予执行非诉法律文书用） … 1010
98. 执行裁定书（执行监督案件驳回当事人申诉请求用） ……… 1013
99. 执行裁定书（执行监督案件指令下级法院重新审查处理用） … 1015
100. 执行裁定书（执行回转用） ……………………………… 1017

二十二、涉外民事诉讼程序的特别规定 …………………… 1020

（一）承认和执行外国法院生效判决、裁定 ………………… 1020

1. 民事裁定书（承认和执行外国法院生效判决、裁定用） …… 1020
2. 民事裁定书（不予承认和执行外国法院生效判决、裁定用） …… 1026
3. 民事裁定书（驳回承认和执行外国法院生效判决、裁定申请用） …………………………………………………… 1030
4. 民事裁定书（不予受理承认和执行外国法院生效判决、裁定申请用） …………………………………………… 1032
5. 民事裁定书（准许撤回承认和执行外国法院生效判决、裁定申请用） …………………………………………… 1034
6. 民事裁定书（外国法院请求承认和执行外国法院生效判决、裁定用） ……………………………………………… 1036

（二）认可和执行香港特别行政区、澳门特别行政区、台湾地区法院民事判决 ………………………………… 1038

7. 民事裁定书（认可和执行香港特别行政区法院民事判决用） …… 1038
8. 民事裁定书（不予认可和执行香港特别行政区法院民商事判决用） ………………………………………………… 1044
9. 民事裁定书（予以认可和执行澳门特别行政区法院民事判决用） ………………………………………………… 1050
10. 民事裁定书（不予认可和执行澳门特别行政区法院民商事判决用） ……………………………………………… 1056
11. 民事裁定书（认可和执行台湾地区法院民事判决用） ……… 1061
12. 民事裁定书（不予认可和执行台湾地区法院民事判决用） …… 1063
13. 民事裁定书（驳回认可和执行台湾地区法院民事判决申请用） ……………………………………………………… 1066
14. 民事裁定书（不予受理认可和执行台湾地区法院民事判决申请用） ………………………………………………… 1068

15. 民事裁定书（准许撤回认可和执行台湾地区法院民事判决申请用） ·· 1070

（三）承认和执行外国仲裁裁决 ·· 1072

16. 民事裁定书（承认和执行外国仲裁裁决用） ·· 1072
17. 民事裁定书（不予承认和执行外国仲裁裁决用） ·· 1079

（四）认可和执行香港特别行政区、澳门特别行政区、台湾地区仲裁裁决 ·· 1081

18. 民事裁定书（执行香港特别行政区仲裁裁决用） ·· 1081
19. 民事裁定书（不予执行香港特别行政区仲裁裁决用） ·· 1086
20. 民事裁定书（认可和执行澳门特别行政区仲裁裁决用） ·· 1088
21. 民事裁定书（不予认可和执行澳门特别行政区仲裁裁决用） ·· 1093
22. 民事裁定书（认可和执行台湾地区仲裁裁决用） ·· 1096
23. 民事裁定书（不予认可和执行台湾地区仲裁裁决用） ·· 1098
24. 民事裁定书（驳回认可和执行台湾地区仲裁裁决申请用） ·· 1101
25. 民事裁定书（不予受理认可和执行台湾地区仲裁裁决申请用） ·· 1103
26. 民事裁定书（准许撤回认可和执行台湾地区仲裁裁决申请用） ·· 1105

（五）国际民商事司法协助 ·· 1107

27. 民商事案件司法文书域外送达请求转递函（供高级人民法院报送最高人民法院国际合作局用） ·· 1107
28. 民商事案件司法文书域外送达请求转递函（供委托我国驻外使领馆通过外交途径向在外国的中国籍自然人送达用） ·· 1109
29. 民商事案件司法文书域外送达请求转递函（供委托我国驻外使领馆通过外交途径向在外国的法人和非中国籍自然人送达用） ·· 1111
30. 民商事案件司法文书域外送达请求转递函（供通过外交途径委托被请求国主管法院向在外国的法人和非中国籍自然人送达用） ·· 1113
31. 协助外国送达民商事案件司法文书/司法外文书转递函（供最高人民法院国际合作局向高级人民法院转递需予送达的司法文书/司法外文书用） ·· 1115

32. 协助外国送达民商事案件司法文书/ 司法外文书办理结果转递函（供高级人民法院向最高人民法院国际合作局报送协助外国送达司法文书或司法外文书的送达证明用） ········ 1116

33. 民商事案件域外调查取证请求转递函（供地方各级人民法院依据海牙取证公约委托外国调查取证，高级人民法院向最高人民法院国际合作局转递请求书用） ················ 1118

34. 民商事案件域外调查取证请求转递函（供地方各级人民法院依据双边司法协助条约委托外国调查取证，高级人民法院向最高人民法院国际合作局转递请求书用） ················ 1120

35. 民商事案件域外调查取证请求转递函（供地方各级人民法院通过外交途径委托外国调查取证，高级人民法院向最高人民法院国际合作局转递请求书用） ················ 1122

36. 民商事案件域外调查取证请求转递函（供地方各级人民法院委托我国驻外使领馆向在外国的中国公民调取无需外国主管机关协助即可获取的证据，高级人民法院向最高人民法院国际合作局转递请求书用） ················ 1124

37. 协助外国进行民商事案件调查取证转递函（供最高人民法院国际合作局向高级人民法院转递外国依据海牙取证公约或双边司法协助条约提出的民商事案件调查取证请求用） ················ 1126

38. 协助外国进行民商事案件调查取证转递函（供最高人民法院国际合作局向高级人民法院转递外国通过外交途径提出的民商事案件调查取证请求用） ················ 1127

39. 协助外国进行民商事案件调查取证办理结果转递函（供高级人民法院向最高人民法院国际合作局报送协助外国调查取证结果用） ················ 1128

40. 协助外国进行民商事案件调查取证办理结果转递函（供高级人民法院向最高法院国际合作局报送未能完成协助外国调查取证的原因用） ················ 1129

（六）港澳台司法协助 ················ 1130

41. 送达文书委托书（委托香港特别行政区送达文书用） ········ 1130

42. 协助送达文书回复书（协助香港特别行政区送达文书用） ········ 1132

43. 送达回证（协助香港特别行政区送达文书用）……………… 1133

44. 送达文书委托书（委托澳门特别行政区送达文书用）……… 1134

45. 协助送达文书回复书（协助澳门特别行政区送达文书用）… 1136

46. 送达回证（协助澳门特别行政区送达文书用）……………… 1137

47. 调查取证委托书（委托澳门特别行政区调查取证用）……… 1139

48. 调查取证回复书（协助澳门特别行政区调查取证用）……… 1142

49. 送达文书请求书（请求台湾地区送达文书用）……………… 1143

50. 送达文书回复书（协助台湾地区送达文书用）……………… 1145

51. 送达回证（协助台湾地区送达文书用）……………………… 1146

52. 调查取证请求书（请求台湾地区调查取证用）……………… 1147

53. 调查取证回复书（协助台湾地区调查取证用）……………… 1150

最高人民法院关于印发《公益诉讼文书样式（试行）》的通知（2020年3月6日）……………………………………… 1151

一、人民法院制作民事公益诉讼文书样式 ……………………… 1152

1. 民事判决书（一审环境民事公益诉讼用）…………………… 1152

2. 民事判决书（一审消费民事公益诉讼用）…………………… 1162

3. 民事判决书（一审检察民事公益诉讼用）…………………… 1169

4. 刑事附带民事判决书（一审刑事附带民事公益诉讼一并判决用）… 1177

5. 民事判决书（一审刑事附带民事公益诉讼分开判决用）…… 1181

6. 民事判决书（二审检察民事公益诉讼驳回上诉、维持原判用）… 1184

7. 刑事附带民事判决书/裁定书（二审刑事附带民事公益诉讼用）… 1187

8. 民事裁定书（对同一侵权行为另行提起民事公益诉讼不予受理用）……………………………………………………… 1192

9. 民事裁定书（民事公益诉讼准许撤回起诉用）……………… 1195

10. 民事裁定书（民事公益诉讼不准许撤回起诉用）…………… 1198

11. 民事调解书（一审环境民事公益诉讼用）…………………… 1200

12. 出庭通知书（通知公益诉讼起诉人派员出庭用）…………… 1204

13. 受理民事公益诉讼告知书（告知相关行政主管部门用）…… 1206

14. 公告（环境民事公益诉讼公告受理用）……………………… 1208

15. 公告（消费民事公益诉讼公告受理用）……………………… 1210

16. 公告（民事公益诉讼公告调解或者和解协议用）…………… 1212

二、人民法院制作行政公益诉讼文书样式 ………………………… 1214

17. 行政判决书（一审行政公益诉讼用） ………………… 1214
18. 行政判决书（二审行政公益诉讼用） ………………… 1214

最高人民法院关于印发《民事诉讼程序繁简分流改革试点相关诉讼文书样式》的通知

（2020年9月30日） ………………………………………… 1215

1. 民事裁定书（小额诉讼程序转为简易程序用） ……………… 1216
2. 民事裁定书（小额诉讼程序转为普通程序独任审理用） …… 1218
3. 民事裁定书（小额诉讼程序转为普通程序合议庭审理用） …… 1220
4. 民事裁定书（小额诉讼程序用，以驳回起诉为例） ………… 1223
5. 民事裁定书（简易程序转为小额诉讼程序用） ……………… 1225
6. 民事裁定书（简易程序转为普通程序独任审理用） ………… 1227
7. 民事裁定书（一审普通程序独任审理转为合议庭审理用） …… 1229
8. 民事裁定书（二审案件独任审理转为合议庭审理用） ……… 1232
9. 民事判决书（小额诉讼程序简式裁判文书用） ……………… 1234
10. 民事调解书（小额诉讼程序用） ……………………………… 1237
11. 民事判决书（一审普通程序独任审理用） …………………… 1239
12. 民事判决书（二审案件独任审理用，以驳回上诉，维持原判为例） ……………………………………………………… 1242
13. 小额诉讼程序告知书（告知当事人小额诉讼程序用） ……… 1245
14. 一审普通程序独任审理通知书（通知当事人适用普通程序独任审理用） ………………………………………………… 1249
15. 二审案件独任审理通知书（通知当事人二审案件适用独任审理用） …………………………………………………… 1251

最高人民法院
关于印发《人民法院民事裁判文书制作规范》《民事诉讼文书样式》的通知

法〔2016〕221号

各省、自治区、直辖市高级人民法院,解放军军事法院,新疆维吾尔自治区高级人民法院生产建设兵团分院:

  为进一步规范和统一民事裁判文书写作标准,提高民事诉讼文书质量,最高人民法院制定了《人民法院民事裁判文书制作规范》《民事诉讼文书样式》。该两份文件已于2016年2月22日经最高人民法院审判委员会第1679次会议通过,现予印发,自2016年8月1日起施行。请认真遵照执行。

最高人民法院

2016年6月28日

人民法院民事裁判文书制作规范

为指导全国法院民事裁判文书的制作，确保文书撰写做到格式统一、要素齐全、结构完整、繁简得当、逻辑严密、用语准确，提高文书质量，制定本规范。

一、基本要素

文书由标题、正文、落款三部分组成。

标题包括法院名称、文书名称和案号。

正文包括首部、事实、理由、裁判依据、裁判主文、尾部。首部包括诉讼参加人及其基本情况，案件由来和审理经过等；事实包括当事人的诉讼请求、事实和理由，人民法院认定的证据及事实；理由是根据认定的案件事实和法律依据，对当事人的诉讼请求是否成立进行分析评述，阐明理由；裁判依据是人民法院作出裁判所依据的实体法和程序法条文；裁判主文是人民法院对案件实体、程序问题作出的明确、具体、完整的处理决定；尾部包括诉讼费用负担和告知事项。

落款包括署名和日期。

二、标题

标题由法院名称、文书名称和案号构成，例如："××××人民法院民事判决书（民事调解书、民事裁定书）＋案号"。

（一）法院名称

法院名称一般应与院印的文字一致。基层人民法院、中级人民法院名称前应冠以省、自治区、直辖市的名称，但军事法院、海事法院、铁路运输法院、知识产权法院等专门人民法院除外。

涉外裁判文书，法院名称前一般应冠以"中华人民共和国"国名；案件当事人中如果没有外国人、无国籍人、外国企业或组织的，地方人民法院、专门人民法院制作的裁判文书标题中的法院名称无需冠以"中华人民共和国"。

（二）案号

案号由收案年度、法院代字、类型代字、案件编号组成。

案号＝"（"＋收案年度＋"）"＋法院代字＋类型代字＋案件编号＋"号"。

案号的编制、使用应根据《最高人民法院关于人民法院案件案号的若干规定》等执行。

三、正文

（一）当事人的基本情况

1. 当事人的基本情况包括：诉讼地位和基本信息。

2. 当事人是自然人的，应当写明其姓名、性别、出生年月日、民族、职业或者工作单位和职务、住所。姓名、性别等身份事项以居民身份证、户籍证明为准。

当事人职业或者工作单位和职务不明确的，可以不表述。

当事人住所以其户籍所在地为准；离开户籍所在地有经常居住地的，经常居住地为住所。连续两个当事人的住所相同的，应当分别表述，不用"住所同上"的表述。

3. 有法定代理人或指定代理人的，应当在当事人之后另起一行写明其姓名、性别、职业或工作单位和职务、住所，并在姓名后用括号注明其与当事人的关系。代理人为单位的，写明其名称及其参加诉讼人员的基本信息。

4. 当事人是法人的，写明名称和住所，并另起一行写明法定代表人的姓名和职务。当事人是其他组织的，写明名称和住所，并另起一行写明主要负责人的姓名和职务。

当事人是个体工商户的，写明经营者的姓名、性别、出生年月日、民族、住所；起有字号的，以营业执照上登记的字号为当事人，并写明该字号经营者的基本信息。

当事人是起字号的个人合伙的，在其姓名之后用括号注明"系……（写明字号）合伙人"。

5. 法人、其他组织、个体工商户、个人合伙的名称应写全称，以其注册登记文件记载的内容为准。

6. 法人或者其他组织的住所是指法人或者其他组织的主要办事机构所在地；主要办事机构所在地不明确的，法人或者其他组织的注册地或者登记地为住所。

7. 当事人为外国人的，应当写明其经过翻译的中文姓名或者名称和住所，并用括号注明其外文姓名或者名称和住所。

外国自然人应当注明其国籍。国籍应当用全称。无国籍人，应当注明无国籍。

港澳台地区的居民在姓名后写明"香港特别行政区居民""澳门特别行政区居民"或"台湾地区居民"。

外国自然人的姓名、性别等基本信息以其护照等身份证明文件记载的内容为准；外国法人或者其他组织的名称、住所等基本信息以其注册登记文件记载的内容为准。

8. 港澳地区当事人的住所，应当冠以"香港特别行政区""澳门特别行政区"。

台湾地区当事人的住所，应当冠以"台湾地区"。

9. 当事人有曾用名，且该曾用名与本案有关联的，裁判文书在当事人现用名之后用括号注明曾用名。

诉讼过程中当事人姓名或名称变更的，裁判文书应当列明变更后的姓名或名称，变更前姓名或名称无需在此处列明。对于姓名或者名称变更的事实，在查明事实部分写明。

10. 诉讼过程中，当事人权利义务继受人参加诉讼的，诉讼地位从其承继的诉讼地位。裁判文书中，继受人为当事人；被继受人在当事人部分不写，在案件由来中写明继受事实。

11. 在代表人诉讼中，被代表或者登记权利的当事人人数众多的，可以采取名单附后的方式表述，"原告×××等×人（名单附后）"。

当事人自行参加诉讼的，要写明其诉讼地位及基本信息。

12. 当事人诉讼地位在前，其后写当事人姓名或者名称，两者之间用冒号。当事人姓名或者名称之后，用逗号。

（二）委托诉讼代理人的基本情况

1. 当事人有委托诉讼代理人的，应当在当事人之后另起一行写明为"委托诉讼代理人"，并写明委托诉讼代理人的姓名和其他基本情况。有两个委托诉讼代理人的，分行分别写明。

2. 当事人委托近亲属或者本单位工作人员担任委托诉讼代理人的，应当列在第一位，委托外单位的人员或者律师等担任委托诉讼代理人的列在第二位。

3. 当事人委托本单位人员作为委托诉讼代理人的，写明姓名、性别及其工作人员身份。其身份信息可表述为"该单位（如公司、机构、委员会、厂等）工作人员"。

4. 律师、基层法律服务工作者担任委托诉讼代理人的，写明律师、基层法院法律服务工作者的姓名，所在律师事务所的名称、法律服务所的名称及执业身份。其身份信息表述为"××律师事务所律师""××法律服务所法律工作者"。属于提供法律援助的，应当写明法律援助情况。

5. 委托诉讼代理人是当事人近亲属的，应当在姓名后用括号注明其与当事人的关系，写明住所。代理人是当事人所在社区、单位以及有关社会团体推荐的公民的，写明姓名、性别、住所，并在住所之后注明具体由何社区、单位、社会团体推荐。

6. 委托诉讼代理人变更的，裁判文书首部只列写变更后的委托诉讼代理人。对于变更的事实可根据需要写明。

7. 委托诉讼代理人后用冒号，再写委托诉讼代理人姓名。委托诉讼代理人姓名后用逗号。

（三）当事人的诉讼地位

1. 一审民事案件当事人的诉讼地位表述为"原告""被告"和"第三人"。先写原告，后写被告，再写第三人。有多个原告、被告、第三人的，按照起诉状列明的顺序写。起诉状中未列明的当事人，按照参加诉讼的时间顺序写。

提出反诉的，需在本诉称谓后用括号注明反诉原告、反诉被告。反诉情况在案件由来和事实部分写明。

2. 二审民事案件当事人的诉讼地位表述为"上诉人""被上诉人""第三人""原审原告""原审被告""原审第三人"。先写上诉人，再写被上诉人，后写其他当事人。其他当事人按照原审诉讼地位和顺序写明。被上诉人也提出上诉的，列为"上诉人"。

上诉人和被上诉人之后，用括号注明原审诉讼地位。

3. 再审民事案件当事人的诉讼地位表述为"再审申请人""被申请人"。其他当事人按照原审诉讼地位表述，例如，一审终审的，列为"原审原告""原审被告""原审第三人"；二审终审的，列为"二审上诉人""二审被上诉人"等。

再审申请人、被申请人和其他当事人诉讼地位之后，用括号注明一审、二审诉讼地位。

抗诉再审案件（再审检察建议案件），应当写明抗诉机关（再审检察建议机关）及申诉人与被申诉人的诉讼地位。案件由来部分写明检察机关出庭人员的基本情况。对于检察机关因国家利益、社会公共利益受损而依职权启动程序的案件，应列明当事人的原审诉讼地位。

4. 第三人撤销之诉案件，当事人的诉讼地位表述为"原告""被告""第三人"。"被告"之后用括号注明原审诉讼地位。

5. 执行异议之诉案件，当事人的诉讼地位表述为"原告""被告""第三人"，并用括号注明当事人在执行异议程序中的诉讼地位。

6. 特别程序案件，当事人的诉讼地位表述为"申请人"。有被申请人的，应当写明被申请人。

选民资格案件，当事人的诉讼地位表述为"起诉人"。

7. 督促程序案件，当事人的诉讼地位表述为"申请人""被申请人"。

公示催告程序案件，当事人的诉讼地位表述为"申请人"；有权利申报人的，表述为"申报人"。申请撤销除权判决的案件，当事人表述为"原告""被告"。

8. 保全案件，当事人的诉讼地位表述为"申请人""被申请人"。

9. 复议案件，当事人的诉讼地位表述为"复议申请人""被申请人"。

10. 执行案件，执行实施案件，当事人的诉讼地位表述为"申请执行人""被执行人"。

执行异议案件，提出异议的当事人或者利害关系人的诉讼地位表述为"异议人"，异议人之后用括号注明案件当事人或利害关系人，其他未提出异议的当事人亦应分别列明。

案外人异议案件，当事人的诉讼地位表述为"案外人""申请执行人""被执行人"。

（四）案件由来和审理经过

1. 案件由来部分简要写明案件名称与来源。

2. 案件名称是当事人与案由的概括。民事一审案件名称表述为"原告×××与被告×××……（写明案由）一案"。

诉讼参加人名称过长的，可以在案件由来部分第一次出现时用括号注明其简称，表述为"（以下简称×××）"。裁判文书中其他单位或组织名称过长的，也可在首次表述时用括号注明其简称。

诉讼参加人的简称应当规范，需能够准确反映其名称的特点。

3. 案由应当准确反映案件所涉及的民事法律关系的性质，符合最高人民法院有关民事案件案由的规定。

经审理认为立案案由不当的，以经审理确定的案由为准，但应在本院认为部分予以说明。

4. 民事一审案件来源包括：

（1）新收；

（2）有新的事实、证据重新起诉；

（3）上级人民法院发回重审；

（4）上级人民法院指令立案受理；

（5）上级人民法院指定审理；

（6）上级人民法院指定管辖；

（7）其他人民法院移送管辖；

（8）提级管辖。

5. 书写一审案件来源的总体要求是：

（1）新收、重新起诉的，应当写明起诉人；

（2）上级法院指定管辖、本院提级管辖的，除应当写明起诉人外，还应写明报请上级人民法院指定管辖（报请移送上级人民法院）日期或者下级法院报请指定管辖（下级法院报请移送）日期，以及上级法院或者本院作出管辖裁定日期；

（3）上级法院发回重审、上级法院指令受理、上级法院指定审理、移送管辖的，应当写明原审法院作出裁判的案号及日期，上诉人，上级法院作出裁判的案号及日期、裁判结果，说明引起本案的起因。

6. 一审案件来源为上级人民法院发回重审的，发回重审的案件应当写明"原告×××与被告×××……（写明案由）一案，本院于××××年××月××日作出……（写明案号）民事判决。×××不服该判决，向××××法院提起上诉。××××法院于××××年××月××日作出……（写明案号）裁定，发回重审。本院依法另行组成合议庭……"。

7. 审理经过部分应写明立案日期及庭审情况。

8. 立案日期表述为："本院于××××年××月××日立案后"。

9. 庭审情况包括适用程序、程序转换、审理方式、参加庭审人员等。

10. 适用程序包括普通程序、简易程序、小额诉讼程序和非讼程序。非讼程序包括特别程序、督促程序、公示催告程序等。

11. 民事一审案件由简易程序（小额诉讼程序）转为普通程序的，审理经过表述为："于××××年××月××日公开/因涉及……不公开（写明不公开开庭的理由）开庭审理了本案，经审理发现有不宜适用简易程序（小额诉讼程序）的情形，裁定转为普通程序，于××××年××月××日再次公开/不公开开庭审理了本案"。

12. 审理方式包括开庭审理和不开庭审理。开庭审理包括公开开庭和不公开开庭。

不公开开庭的情形包括：

（1）因涉及国家秘密不公开开庭；

（2）因涉及个人隐私不公开开庭；

（3）因涉及商业秘密，经当事人申请，决定不公开开庭；

（4）因离婚，经当事人申请，决定不公开开庭；

（5）法律另有规定的。

13. 开庭审理的应写明当事人出庭参加诉讼情况（包括未出庭或者中途退庭情况）；不开庭的，不写。不开庭审理的，应写明不开庭的原因。

14. 当事人未到庭应诉或者中途退庭的，写明经传票传唤，无正当理由拒不到庭或者未经法庭许可中途退庭的情况。

15. 一审庭审情况表述为："本院于××××年××月××日公开/因涉及……（写明不公开开庭的理由）不公开开庭审理了本案，原告×××及其诉讼代理人×××，被告×××及其诉讼代理人×××等到庭参加诉讼。"

16. 对于审理中其他程序性事项，如中止诉讼情况应当写明。对中止诉讼情形，表述为："因……（写明中止诉讼事由），于××××年××月××日裁定中止诉讼，××××年××月××日恢复诉讼。"

（五）事实

1. 裁判文书的事实主要包括：原告起诉的诉讼请求、事实和理由，被告答辩的事实和理由，法院认定的事实和据以定案的证据。

2. 事实首先写明当事人的诉辩意见。按照原告、被告、第三人的顺序依次表述当事人的起诉意见、答辩意见、陈述意见。诉辩意见应当先写明诉讼请求，再写事实和理由。

二审案件先写明当事人的上诉请求等诉辩意见。然后再概述一审当事人的诉讼请求，人民法院认定的事实、裁判理由、裁判结果。

再审案件应当先写明当事人的再审请求等诉辩意见，然后再简要写明原审基本情况。生效判决为一审判决的，原审基本情况应概述一审诉讼请求、法院认定的事实、裁判理由和裁判结果；生效判决为二审判决的，原审基本情况先概述一审诉讼请求、法院认定的事实和裁判结果，再写明二审上诉请求、认定的事实、裁判理由和裁判结果。

3. 诉辩意见不需原文照抄当事人的起诉状或答辩状、代理词内容或起诉、答辩时提供的证据，应当全案考虑当事人在法庭上的诉辩意见和提供的证据综合表述。

4. 当事人在法庭辩论终结前变更诉讼请求或者提出新的请求的，应当在诉称部分中写明。

5. 被告承认原告主张的全部事实的，写明"×××承认×××主张的事实"。被告承认原告主张的部分事实的，写明"×××承认×××主张的……事实"。

被告承认全部诉讼请求的，写明："×××承认×××的全部诉讼请求"。被告承认部分诉讼请求的，写明被告承认原告的部分诉讼请求的具体内容。

6. 在诉辩意见之后，另起一段简要写明当事人举证、质证的一般情况，表述为："本案当事人围绕诉讼请求依法提交了证据，本院组织当事人进行了证据交换和质证。"

7. 当事人举证质证一般情况后直接写明人民法院对证据和事实的认定情况。对当事人所提交的证据原则上不一一列明，可以附录全案证据或者证据目录。

对当事人无争议的证据，写明"对当事人无异议的证据，本院予以确认并在卷佐证"。对有争议的证据，应当写明争议的证据名称及人民法院对争议证据认定的意见和理由；对有争议的事实，应当写明事实认定意见和理由。

8. 对于人民法院调取的证据、鉴定意见，经庭审质证后，按照当事人是否有争议分别写明。对逾期提交的证据、非法证据等不予采纳的，应当说明理由。

9. 争议证据认定和事实认定，可以合并写，也可以分开写。分开写的，在证据的审查认定之后，另起一段概括写明法院认定的基本事实，表述为："根据当事人陈述和经审查确认的证据，本院认定事实如下：……"。

10. 认定的事实，应当重点围绕当事人争议的事实展开。按照民事举证责任分配和证明标准，根据审查认定的证据有无证明力、证明力大小，对待证事实存在与否进行认定。要说明事实认定的结果、认定的理由以及审查判断证据的过程。

11. 认定事实的书写方式应根据案件的具体情况，层次清楚，重点突出，繁简得当，避免遗漏与当事人争议有关的事实。一般按时间先后顺序叙述，或者对法律关系或请求权认定相关的事实着重叙述，对其他事实则可归纳、概括叙述。

综述事实时，可以划分段落层次，亦可根据情况以"另查明"为引语叙述其他相关事实。

12. 召开庭前会议时或者在庭审时归纳争议焦点的，应当写明争议焦点。争议焦点的摆放位置，可以根据争议的内容处理。争议焦点中有证据和事实内容的，可以在当事人诉辩意见之后在当事人争议的证据和事实中写明。争议焦点主要是法律适用问题的，可以在本院认为部分，先写明争议焦点。

13. 适用外国法的，应当叙述查明外国法的事实。

（六）理由

1. 理由部分的核心内容是针对当事人的诉讼请求，根据认定的案件事实，依照法律规定，明确当事人争议的法律关系，阐述原告请求权是否成立，依法应当如何处理。裁判文书说理要做到论理透彻，逻辑严密，精炼易懂，用语准确。

2. 理由部分以"本院认为"作为开头，其后直接写明具体意见。

3. 理由部分应当明确纠纷的性质、案由。原审确定案由错误，二审或者再审予以改正的，应在此部分首先进行叙述并阐明理由。

4. 说理应当围绕争议焦点展开，逐一进行分析论证，层次明确。对争议的法律适用问题，应当根据案件的性质、争议的法律关系、认定的事实，依照法律、司法解释规定的法律适用规则进行分析，作出认定，阐明支持或不予支持的理由。

5. 争议焦点之外，涉及当事人诉讼请求能否成立或者与本案裁判结果有关的问题，也应在说理部分一并进行分析论证。

6. 理由部分需要援引法律、法规、司法解释时，应当准确、完整地写明规范性法律文件的名称、条款项序号和条文内容，不得只引用法律条款项序号，在裁判文书后附相关条文。引用法律条款中的项的，一律使用汉字不加括号，例如："第一项"。

7. 正在审理的案件在基本案情和法律适用方面与最高人民法院颁布的指导性案例相类似的，应当将指导性案例作为裁判理由引述，并写明指导性案例的编号和裁判要点。

8. 司法指导性文件体现的原则和精神，可在理由部分予以阐述或者援引。

9. 在说理最后，可以另起一段，以"综上所述"引出，对当事人的诉讼请求是否支持进行评述。

（七）裁判依据

1. 引用法律、法规、司法解释时，应当严格适用《最高人民法院关于裁判文书引用法律、法规等规范性法律文件的规定》。

2. 引用多个法律文件的，顺序如下：法律及法律解释、行政法规、地方性法规、自治条例或者单行条例、司法解释；同时引用两部以上法律的，应当先引用基本法律，后引用其他法律；同时引用实体法和程序法的，先引用实体法，后引用程序法。

3. 确需引用的规范性文件之间存在冲突，根据《中华人民共和国立法法》等有关法律规定无法选择适用的，应依法提请有决定权的机关作出裁决，不得自行在裁判文书中认定相关规范性法律文件的效力。

4. 裁判文书不得引用宪法和各级人民法院关于审判工作的指导性文件、会议纪要、各审判业务庭的答复意见以及人民法院与有关部门联合下发的文件作为裁判依据，但其体现的原则和精神可以在说理部分予以阐述。

5. 引用最高人民法院的司法解释时，应当按照公告公布的格式书写。

6. 指导性案例不作为裁判依据引用。

（八）裁判主文

1. 裁判主文中当事人名称应当使用全称。

2. 裁判主文内容必须明确、具体、便于执行。

3. 多名当事人承担责任的，应当写明各当事人承担责任的形式、范围。

4. 有多项给付内容的，应当先写明各项目的名称、金额，再写明累计金额。如："交通费……元、误工费……元、……，合计……元"。

5. 当事人互负给付义务且内容相同的，应当另起一段写明抵付情况。

6. 对于金钱给付的利息，应当明确利息计算的起止点、计息本金及利率。

7. 一审判决未明确履行期限的，二审判决应当予以纠正。

判决承担利息，当事人提出具体请求数额的，二审法院可以根据当事人请求的数额作出相应判决；当事人没有提出具体请求数额的，可以表述为"按×××利率，自××××年××月××日起计算至××××年××月××日止"。

（九）尾部

1. 尾部应当写明诉讼费用的负担和告知事项。

2. 诉讼费用包括案件受理费和其他诉讼费用。收取诉讼费用的，写明诉讼费用的负担情况。如："案件受理费……元，由……负担；申请费……元，由……负担"。

3. 诉讼费用不属于诉讼争议的事项，不列入裁判主文，在判决主文后另起一段写明。

4. 一审判决中具有金钱给付义务的，应当在所有判项之后另起一行写明："如果未按本判决指定的期间履行给付金钱义务，应当依照《中华人民共和国民事诉讼法》第二百五十三条规定，加倍支付迟延履行期间的债务利息。"二审判决具有金钱给付义务的，属于二审改判的，无论一审判决是否写入了上述告知内容，均应在所有判项之后另起一行写明上述告知内容。二审维持原判的判决，如果一审判决已经写明上述告知内容，可不再重复告知。

5. 对依法可以上诉的一审判决，在尾部表述为："如不服本判决，可以在判决书送达之日起十五日内，向本院递交上诉状，并按对方当事人的人数或者代表人的人数提出副本，上诉于××××人民法院。"

6. 对一审不予受理、驳回起诉、管辖权异议的裁定，尾部表述为："如不服本裁定，可以在裁定书送达之日起十日内，向本院递交上诉状，并按对方当事人的人数或者代表人的人数提出副本，上诉于××××人民法院。"

四、落款

（一）署名

诉讼文书应当由参加审判案件的合议庭组成人员或者独任审判员署名。

合议庭的审判长，不论审判职务，均署名为"审判长"；合议庭成员有审判员的，署名为"审判员"；有助理审判员的，署名为"代理审判员"；有陪审员的，署名为"人民陪审员"。独任审理的，署名为"审判员"或者"代理审判员"。书记员，署名为"书记员"。

（二）日期

裁判文书落款日期为作出裁判的日期，即裁判文书的签发日期。当庭宣判的，应当写宣判的日期。

（三）核对戳

本部分加盖"本件与原本核对无异"字样的印戳。

五、数字用法

（一）裁判主文的序号使用汉字数字，例："一""二"；

（二）裁判尾部落款时间使用汉字数字，例："二〇一六年八月二十九日"；

（三）案号使用阿拉伯数字，例："（2016）京0101民初1号"；

（四）其他数字用法按照《中华人民共和国国家标准GB/415835-2011出版物上数字用法》执行。

六、标点符号用法

（一）"被告辩称""本院认为"等词语之后用逗号。

（二）"×××向本院提出诉讼请求""本院认定如下""判决如下""裁定如下"等词语之后用冒号。

（三）裁判项序号后用顿号。

（四）除本规范有明确要求外，其他标点符号用法按照《中华人民共和国国家标准GB/415834-2011标点符号用法》执行。

七、引用规范

（一）引用法律、法规、司法解释应书写全称并加书名号。

（二）法律全称太长的，也可以简称，简称不使用书名号。可以在第一次出现全称后使用简称，例："《中华人民共和国民事诉讼法》（以下简称民事诉讼法）"。

（三）引用法律、法规和司法解释条文有序号的，书写序号应与法律、法规和司法解释正式文本中的写法一致。

（四）引用公文应先用书名号引标题，后用圆括号引发文字号；引用外文应注明中文译文。

八、印刷标准

（一）纸张标准，A4型纸，成品幅面尺寸为：210mm×297mm。

（二）版心尺寸为：156mm×225mm，一般每面排22行，每行排28个字。

（三）采用双面印刷；单页页码居右，双页页码居左；印品要字迹清楚、均匀。

（四）标题位于版心下空两行，居中排布。标题中的法院名称和文书名称一般用二号小标宋体字；标题中的法院名称与文书名称分两行排列。

（五）案号之后空二个汉字空格至行末端。

（六）案号、主文等用三号仿宋体字。

（七）落款与正文同处一面。排版后所剩空白处不能容下印章时，可以适当调整行距、字距，不用"此页无正文"的方法解决。审判长、审判员每个字之间空二个汉字空格。审判长、审判员与姓名之间空三个汉字空格，姓名之后空二个汉字空格至行末端。

（八）院印加盖在日期居中位置。院印上不压审判员，下不压书记员，下弧骑年压月在成文时间上。印章国徽底边缘及上下弧以不覆盖文字为限。公章不应歪斜、模糊。

（九）凡裁判文书中出现误写、误算，诉讼费用漏写、误算和其他笔误的，未送达的应重新制作，已送达的应以裁定补正，避免使用校对章。

（十）确需加装封面的应印制封面。封面可参照以下规格制作：

1. 国徽图案高 55mm，宽 50mm。

2. 上页边距为 65mm，国徽下沿与标题文字上沿之间距离为 75mm。

3. 标题文字为"××××人民法院××判决书（或裁定书等）"，位于国徽图案下方，字体为小标宋体字；标题分两行或三行排列，法院名称字体大小为 30 磅，裁判文书名称字体大小为 36 磅。

4. 封面应庄重、美观，页边距、字体大小及行距可适当进行调整。

九、其他

（一）本规范可以适用于人民法院制作的其他诉讼文书，根据具体文书性质和内容作相应调整。

（二）本规范关于裁判文书的要素和文书格式、标点符号、数字使用、印刷规范等技术化标准，各级人民法院应当认真执行。对于裁判文书正文内容、事实认定和说理部分，可以根据案件的情况合理确定。

（三）逐步推行裁判文书增加二维条形码，增加裁判文书的可识别性。

附录一：

标点符号用法

（中华人民共和国国家标准 GB/T15834－2011）

1　范围

本标准规定了现代汉语标点符号的用法。

本标准适用于汉语的书面语（包括汉语和外语混合排版时的汉语部分）。

2　术语和定义

下列术语和定义适用于本文件。

2.1

标点符号　punctuation

辅助文字记录语言的符号，是书面语的有机组成部分，用来表示语句的停顿、语气以及标示某些成分（主要是词语）的特定性质和作用。

注：数学符号、货币符号、校勘符号、辞书符号、注音符号等特殊领域的专门符号不属于标点符号。

2.2

句子　sentence

前后都有较大停顿、带有一定的语气和语调、表达相对完整意义的语言单位。

2.3

复句　complex sentence

由两个或多个在意义上有密切关系的分句组成的语言单位，包括简单复句（内部只有一层语义关系）和多重复句（内部包含多层语义关系）。

2.4

分句　clause

复句内两个或多个前后有停顿、表达相对完整意义、不带有句末语气和语调、有的前面可添加关联词语的语言单位。

2.5

语段　expression

指语言片段，是对各种语言单位（如词、短语、句子、复句等）不做特别区分时的统称。

3 标点符号的种类

3.1 点号

点号的作用是点断，主要表示停顿和语气。分为句末点号和句内点号。

3.1.1 句末点号

用于句末的点号，表示句末停顿和句子的语气。包括句号、问号、叹号。

3.1.2 句内点号

用于句内的点号，表示句内各种不同性质的停顿。包括逗号、顿号、分号、冒号。

3.2 标号

标号的作用是标明，主要标示某些成分（主要是词语）的特定性质和作用。包括引号、括号、破折号、省略号、着重号、连接号、间隔号、书名号、专名号、分隔号。

4 标点符号的定义、形式和用法

4.1 句号

4.1.1 定义

句末点号的一种，主要表示句子的陈述语气。

4.1.2 形式

句号的形式是"。"。

4.1.3 基本用法

4.1.3.1 用于句子末尾，表示陈述语气。使用句号主要根据语段前后有较大停顿、带有陈述语气和语调，并不取决于句子的长短。

示例1：北京是中华人民共和国的首都。

示例2：(甲：咱们走着去吧?) 乙：好。

4.1.3.2 有时也可表示较缓和的祈使语气和感叹语气。

示例1：请您稍等一下。

示例2：我不由地感到，这些普通劳动者也同样是很值得尊敬的。

4.2 问号

4.2.1 定义

句末点号的一种，主要表示句子的疑问语气。

4.2.2 形式

问号的形式是"？"。

4.2.3 基本用法

4.2.3.1 用于句子末尾，表示疑问语气（包括反问、设问等疑问类型）。使用问号主要根据语段前后有较大停顿、带有疑问语气和语调，并不取决于句子的长短。

示例1：你怎么还不回家去呢？

示例2：难道这些普通的战士不值得歌颂吗？

示例3：（一个外国人，不远万里来到中国，帮助中国的抗日战争。）这是什么精神？这是国际主义的精神。

4.2.3.2 选择问句中，通常只在最后一个选项的末尾用问号，各个选项之间一般用逗号隔开。当选项较短且选项之间几乎没有停顿时，选项之间可不用逗号。当选项较多或较长，或有意突出每个选项的独立性时，也可每个选项之后都用问号。

示例1：诗中记述的这场战争究竟是真实的历史描述，还是诗人的虚构？

示例2：这是巧合还是有意安排？

示例3：要一个什么样的结尾：现实主义的？传统的？大团圆的？荒诞的？民族形式的？有象征意义的？

示例4：（他看着我的作品称赞了我。）但到底是称赞我什么：是有几处画得好？还是什么都敢画？抑或只是一种对于失败者的无可奈何的安慰？我不得而知。

示例5：这一切都是由客观的条件造成的？还是由行为的惯性造成的？

4.2.3.3 在多个问句连用或表达疑问语气加重时，可叠用问号。通常应先单用，再叠用，最多叠用三个问号。在没有异常强烈的情感表达需要时不宜叠用问号。

示例：这就是你的做法吗？你这个总经理是怎么当的??你怎么竟敢这样欺骗消费者???

4.2.3.4 问号也有标号的用法，即用于句内，表示存疑或不详。

示例1：马致远（1250？—1321），大都人，元代戏曲家、散曲家。

示例2：钟嵘（？—518），颍川长社人，南朝梁代文学批评家。

示例3：出现这样的文字错误，说明作者（编者？校者？）很不认真。

4.3 叹号

4.3.1 定义

句末点号的一种，主要表示句子的感叹语气。

4.3.2 形式

叹号的形式是"！"。

4.3.3 基本用法

4.3.3.1 用于句子末尾，主要表示感叹语气，有时也可表示强烈的祈使语气、反问语气等。使用叹号主要根据语段前后有较大停顿、带有感叹语气和语调或带有强烈的祈使、反问语气和语调，并不取决于句子的长短。

示例1：才一年不见，这孩子都长这么高啦！

示例2：你给我住嘴！

示例3：谁知道他今天是怎么搞的！

4.3.3.2 用于拟声词后，表示声音短促或突然。

示例1：咔嚓！一道闪电划破了夜空。

示例2：咚！咚咚！突然传来一阵急促的敲门声。

4.3.3.3 表示声音巨大或声音不断加大时，可叠用叹号；表达强烈语气时，也可叠用叹号，最多叠用三个叹号。在没有异常强烈的情感表达需要时不宜叠用叹号。

示例1：轰！！在这天崩地塌的声音中，女娲猛然醒来。

示例2：我要揭露！我要控诉！！我要以死抗争！！！

4.3.3.4 当句子包含疑问、感叹两种语气且都比较强烈时（如带有强烈感情的反问句和带有惊愕语气的疑问句），可在问号后再加叹号（问号、叹号各一）。

示例1：这么点困难就能把我们吓倒吗？！

示例2：他连这些最起码的常识都不懂，还敢说自己是高科技人才？！

4.4 逗号

4.4.1 定义

句内点号的一种，表示句子或语段内部的一般性停顿。

4.4.2 形式

逗号的形式是"，"。

4.4.3 基本用法

4.4.3.1 复句内各分句之间的停顿，除了有时用分号（见4.6.3.1），一般都用逗号。

示例1：不是人们的意识决定人们的存在，而是人们的社会存在决定人们的意识。

示例2：学历史使人更明智，学文学使人更聪慧，学数学使人更精细，学考古使人更深沉。

示例3：要是不相信我们的理论能反映现实，要是不相信我们的世界有内在和谐，那就不可能有科学。

4.4.3.2 用于下列各种语法位置：

a）较长的主语之后。

示例1：苏州园林建筑各种门窗的精美设计和雕镂功夫，都令人叹为观止。

b）句首的状语之后。

示例2：在苍茫的大海上，狂风卷集着乌云。

c）较长的宾语之前。

示例3：有的考古工作者认为，南方古猿生存于上新世至更新世的初期和中期。

d）带句内语气词的主语（或其他成分）之后，或带句内语气词的并列成分之间。

示例4：他呢，倒是很乐观地、全神贯注地干起来了。

示例5：（那是个没有月亮的夜晚。）可是整个村子——白房顶啦，白树木啦，雪堆啦，全看得见。

e）较长的主语中间、谓语中间和宾语中间。

示例6：母亲沉痛的诉说，以及亲眼见到的事实，都启发了我幼年时期追求真理的思想。

示例7：那姑娘头戴一顶草帽，身穿一条绿色的裙子，腰间还系着一根橙色的腰带。

示例8：必须懂得，对于文化传统，既不能不分青红皂白统统抛弃，也不能不管精华糟粕全盘继承。

f）前置的谓语之后或后置的状语、定语之前。

示例9：真美啊，这条蜿蜒的林间小路。

示例10：她吃力地站了起来，慢慢地。

示例11：我只是一个人，孤孤单单的。

4.4.3.3 用于下列各种停顿处：

a）复指成分或插说成分前后。

示例1：老张，就是原来的办公室主任，上星期已经调走了。

示例2：车，不用说，当然是头等。

b）语气缓和的感叹语、称谓语或呼唤语之后。

示例3：哎哟，这儿，快给我揉揉。

示例4：大娘，您到哪儿去啊？

示例5：喂，你是哪个单位的？

c）某些序次语（"第"字头、"其"字头及"首先"类序次语）之后。

示例6：为什么许多人都有长不大的感觉呢？原因有三：第一，父母总认为自己比孩子成熟；第二，父母总要以自己的标准来衡量孩子；第三，父母出于爱心而总不想让孩子在成长的过程中走弯路。

示例7：《玄秘塔碑》所以成为书法的范本，不外乎以下几方面的因素：其一，具有楷书点画、构体的典范性；其二，承上启下，成为唐楷的极致；其三，字如其人，爱人及字，柳公权高尚的书品、人品为后人所崇仰。

示例8：下面从三个方面讲讲语言的污染问题：首先，是特殊语言环境中的语言污染问题；其次，是滥用缩略语引起的语言污染问题；再次，是空话和废话引起的语言污染问题。

4.5　顿号

4.5.1　定义

句内点号的一种，表示语段中并列词语之间或某些序次语之后的停顿。

4.5.2　形式

顿号的形式是"、"。

4.5.3　基本用法

4.5.3.1　用于并列词语之间。

示例1：这里有自由、民主、平等、开放的风气和氛围。

示例2：造型科学、技艺精湛、气韵生动，是盛唐石雕的特色。

4.5.3.2　用于需要停顿的重复词语之间。

示例：他几次三番、几次三番地辩解着。

4.5.3.3　用于某些序次语（不带括号的汉字数字或"天干地支"类序次语）之后。

示例1：我准备讲两个问题，一、逻辑学是什么？二、怎样学好逻辑学？

示例2：风格的具体内容主要有以下四点：甲、题材；乙、用字；丙、表达；丁、色彩。

4.5.3.4 相邻或相近两数字连用表示概数通常不用顿号。若相邻两数字连用为缩略形式，宜用顿号。

示例1：飞机在6000米高空水平飞行时，只能看到两侧八九公里和前方一二十公里范围内的地面。

示例2：这种凶猛的动物常常三五成群地外出觅食和活动。

示例3：农业是国民经济的基础，也是二、三产业的基础。

4.5.3.5 标有引号的并列成分之间、标有书名号的并列成分之间通常不用顿号。若有其他成分插在并列的引号之间或并列的书名号之间（如引语或书名号之后还有括注），宜用顿号。

示例1："日""月"构成"明"字。

示例2：店里挂着"顾客就是上帝""质量就是生命"等横幅。

示例3：《红楼梦》《三国演义》《西游记》《水浒传》，是我国长篇小说的四大名著。

示例4：李白的"白发三千丈"（《秋浦歌》）、"朝如青丝暮成雪"（《将进酒》）都是脍炙人口的诗句。

示例5：办公室里订有《人民日报》（海外版）、《光明日报》和《时代周刊》等报刊。

4.6 分号

4.6.1 定义

句内点号的一种，表示复句内部并列关系分句之间的停顿，以及非并列关系的多重复句中第一层分句之间的停顿。

4.6.2 形式

分号的形式是"；"。

4.6.3 基本用法

4.6.3.1 表示复句内部并列关系的分句（尤其当分句内部还有逗号时）之间的停顿。

示例1：语言文字的学习，就理解方面说，是得到一种知识；就运用方面说，是养成一种习惯。

示例2：内容有分量，尽管文章短小，也是有分量的；内容没有分量，即使写得再长也没有用。

4.6.3.2 表示非并列关系的多重复句中第一层分句（主要是选择、转折等关系）之间的停顿。

示例1：人还没看见，已经先听见歌声了；或者人已经转过山头望不见了，歌声还余音袅袅。

示例2：尽管人民革命的力量在开始时总是弱小的，所以总是受压的；但是由于革命的力量代表历史发展的方向，因此本质上又是不可战胜的。

示例3：不管一个人如何伟大，也总是生活在一定的环境和条件下；因此，个人的见解总难免带有某种局限性。

示例4：昨天夜里下了一场雨，以为可以凉快些；谁知没有凉快下来，反而更热了。

4.6.3.3 用于分项列举的各项之间。

示例：特聘教授的岗位职责为：一、讲授本学科的主干基础课程；二、主持本学科的重大科研项目；三、领导本学科的学术队伍建设；四、带领本学科赶超或保持世界先进水平。

4.7 冒号

4.7.1 定义

句内点号的一种，表示语段中提示下文或总结上文的停顿。

4.7.2 形式

冒号的形式是"："。

4.7.3 基本用法

4.7.3.1 用于总说性或提示性词语（如"说""例如""证明"等）之后，表示提示下文。

示例1：北京紫禁城有四座城门：午门、神武门、东华门和西华门。

示例2：她高兴地说："咱们去好好庆祝一下吧！"

示例3：小王笑着点了点头："我就是这么想的。"

示例4：这一事实证明：人能创造环境，环境同样也能创造人。

4.7.3.2 表示总结上文。

示例：张华上了大学，李萍进了技校，我当了工人：我们都有美好的前途。

4.7.3.3 用在需要说明的词语之后，表示注释和说明。

示例1：（本市将举办首届大型书市。）主办单位：市文化局；承办单位：市图书进出口公司；时间：8月15日—20日；地点：市体育馆观众休息厅。

示例2：（做阅读理解题有两个办法。）办法之一：先读题干，再读原文，带着问题有针对性地读课文。办法之二：直接读原文，读完再做题，减少先入为主的干扰。

4.7.3.4 用于书信、讲话稿中称谓语或称呼语之后。

示例1：广平先生：……

示例2：同志们、朋友们：……

4.7.3.5 一个句子内部一般不应套用冒号。在列举式或条文式表述中，如不得不套用冒号时，宜另起段落来显示各个层次。

示例：第十条　遗产按照下列顺序继承：

第一顺序：配偶、子女、父母。

第二顺序：兄弟姐妹、祖父母、外祖父母。

4.8　引号

4.8.1　定义

标号的一种，标示语段中直接引用的内容或需要特别指出的成分。

4.8.2　形式

引号的形式有双引号""""和单引号''两种。左侧的为前引号，右侧的为后引号。

4.8.3　基本用法

4.8.3.1 标示语段中直接引用的内容。

示例：李白诗中就有"白发三千丈"这样极尽夸张的语句。

4.8.3.2 标示需要着重论述或强调的内容。

示例：这里所谓的"文"，并不是指文字，而是指文采。

4.8.3.3 标示语段中具有特殊含义而需要特别指出的成分，如别称、简称、反语等。

示例1：电视被称作"第九艺术"。

示例2：人类学上常把古人化石统称为尼安德特人，简称"尼人"。

示例3：有几个"慈祥"的老板把捡来的菜叶用盐浸浸就算作工友的菜肴。

4.8.3.4 当引号中还需要使用引号时，外面一层用双引号，里面一层用单引号。

示例：他问："老师，'七月流火'是什么意思？"

4.8.3.5 独立成段的引文如果只有一段，段首和段尾都用引号；不止一段时，每段开头仅用前引号，只在最后一段末尾用后引号。

示例：我曾在报纸上看到有人这样谈幸福：

"幸福是知道自己喜欢什么和不喜欢什么。……

"幸福是知道自己擅长什么和不擅长什么。……

"幸福是在正确的时间做了正确的选择。……"

4.8.3.6 在书写带月、日的事件、节日或其他特定意义的短语（含简称）时，通常只标引其中的月和日；需要突出和强调该事件或节日本身时，也可连同事件或节日一起标引。

示例1："5·12"汶川大地震

示例2："五四"以来的话剧，是我国戏剧中的新形式。

示例3：纪念"五四运动"90周年

4.9 括号

4.9.1 定义

标号的一种，标示语段中的注释内容、补充说明或其他特定意义的语句。

4.9.2 形式

括号的主要形式是圆括号"（ ）"，其他形式还有方括号"[ ]"、六角括号"〔 〕"和方头括号"【 】"等。

4.9.3 基本用法

4.9.3.1 下列各种情况，均用圆括号：

a）标示注释内容或补充说明。

示例1：我校拥有特级教师（含已退休的）17人。

示例2：我们不但善于破坏一个旧世界，我们还将善于建设一个新世界！（热烈鼓掌）

b）标示订正或补加的文字。

示例3：信纸上用稚嫩的字体写着"阿夷（姨），你好！"。

示例4：该建筑公司负责的建设工程全部达到优良工程（的标准）。

c）标示序次语。

示例5：语言有三个要素：（1）声音；（2）结构；（3）意义。

示例6：思想有三个条件：（一）事理；（二）心理；（三）伦理。

d）标示引语的出处。

示例7：他说得好："未画之前，不立一格；既画之后，不留一格。"（《板桥集·题画》）

e）标示汉语拼音注音。

示例8："的（de）"这个字在现代汉语中最常用。

4.9.3.2 标示作者国籍或所属朝代时，可用方括号或六角括号。

示例1：［英］赫胥黎《进化论与伦理学》

示例2：〔唐〕杜甫著

4.9.3.3 报刊标示电讯、报道的开头，可用方头括号。

示例：【新华社南京消息】

4.9.3.4 标示公文发文字号中的发文年份时，可用六角括号。

示例：国发〔2011〕3号文件

4.9.3.5 标示被注释的词语时，可用六角括号或方头括号。

示例1：〔奇观〕奇伟的景象。

示例2：【爱因斯坦】物理学家。生于德国，1933年因受纳粹政权迫害，移居美国。

4.9.3.6 除科技书刊中的数学、逻辑公式外，所有括号（特别是同一形式的括号）应尽量避免套用。必须套用括号时，宜采用不同的括号形式配合使用。

示例：〔茸（róng）毛〕很细很细的毛。

4.10 破折号

4.10.1 定义

标号的一种，标示语段中某些成分的注释、补充说明或语音、意义的变化。

4.10.2 形式

破折号的形式是"——"。

4.10.3 基本用法

4.10.3.1 标示注释内容或补充说明（也可用括号，见4.9.3.1；二者的区别另见B.1.7）。①

示例1：一个矮小而结实的日本中年人——内山老板走了过来。

示例2：我一直坚持读书，想借此唤起弟妹对生活的希望——无论环境多么困难。

4.10.3.2 标示插入语（也可用逗号，见4.4.3.3）。

---

① **B.1.7 破折号与括号表示注释或补充说明时的区别**

破折号用于表示比较重要的解释说明，这种补充是正文的一部分，可与前后文连续；而括号表示比较一般的解释说明，只是注释而非正文，可不与前后文连续。

示例1：在今年——农历虎年，必须取得比去年更大的成绩。

示例2：哈雷在牛顿思想的启发下，终于认出了他所关注的彗星（该星后人称为哈雷彗星）。

示例：这简直就是——说得不客气点——无耻的勾当！

4.10.3.3 标示总结上文或提示下文（也可用冒号，见4.7.3.1）。

示例1：坚强，纯洁，严于律己，客观公正——这一切都难得地集中在一个人身上。

示例2：画家开始娓娓道来——

数年前的一个寒冬，……

4.10.3.4 标示话题的转换。

示例："好香的干菜，——听到风声了吗？"赵七爷低声说道。

4.10.3.5 标示声音的延长。

示例："嘎——"传过来一声水禽被惊动的鸣叫。

4.10.3.6 标示话语的中断或间隔。

示例1："班长他牺——"小马话没说完就大哭起来。

示例2："亲爱的妈妈，你不知道我多爱您。——还有你，我的孩子！"

4.10.3.7 标示引出对话。

示例：——你长大后想成为科学家吗？

——当然想了！

4.10.3.8 标示事项列举分承。

示例：根据研究对象的不同，环境物理学分为以下五个分支学科：

——环境声学；

——环境光学；

——环境热学；

——环境电磁学；

——环境空气动力学。

4.10.3.9 用于副标题之前。

示例：飞向太平洋

——我国新型号运载火箭发射目击记

4.10.3.10 用于引文、注文后，标示作者、出处或注释者。

示例1：先天下之忧而忧，后天下之乐而乐。

——范仲淹

示例2：乐浪海中有倭人，分为百余国。

——《汉书》

示例3：很多人写好信后把信笺折成方胜形，我看大可不必。（方胜，指

古代妇女戴的方形首饰，用彩绸等制作，由两个斜方部分叠合而成。——编者注）

4.11 省略号

4.11.1 定义

标号的一种，标示语段中某些内容的省略及意义的断续等。

4.11.2 形式

省略号的形式是"……"。

4.11.3 基本用法

4.11.3.1 标示引文的省略。

示例：我们齐声朗诵起来："……俱往矣，数风流人物，还看今朝。"

4.11.3.2 标示列举或重复词语的省略。

示例1：对政治的敏感，对生活的敏感，对性格的敏感，……这都是作家必须要有的素质。

示例2：他气得连声说："好，好……算我没说。"

4.11.3.3 标示语意未尽。

示例1：在人迹罕至的深山密林里，假如突然看见一缕炊烟，……

示例2：你这样干，未免太……！

4.11.3.4 标示说话时断断续续。

示例：她磕磕巴巴地说："可是……太太……我不知道……你一定是认错了。"

4.11.3.5 标示对话中的沉默不语。

示例："还没结婚吧？"

"……"他飞红了脸，更加忸怩起来。

4.11.3.6 标示特定的成分虚缺。

示例：只要……就……

4.11.3.7 在标示诗行、段落的省略时，可连用两个省略号（即相当于十二连点）。

示例1：从隔壁房间传来缓缓而抑扬顿挫的吟咏声——

床前明月光，疑是地上霜。

…………

示例2：该刊根据工作质量、上稿数量、参与程度等方面的表现，评选出了高校十佳记者站。还根据发稿数量、提供新闻线索情况以及对刊物的关注度等，评选出了十佳通讯员。

…………

4.12 着重号

4.12.1 定义

标号的一种，标示语段中某些重要的或需要指明的文字。

4.12.2 形式

着重号的形式是"．"标注在相应文字的下方。

4.12.3 基本用法

4.12.3.1 标示语段中重要的文字。

示例1：诗人需要表现，而不是证明。

示例2：下面对本文的理解，不正确的一项是：……

4.12.3.2 标示语段中需要指明的文字。

示例：下边加点的字，除了在词中的读法外，还有哪些读法？

着急　子弹　强调

4.13 连接号

4.13.1 定义

标号的一种，标示某些相关联成分之间的连接。

4.13.2 形式

连接号的形式有短横线"－"、一字线"—"和浪纹线"～"三种。

4.13.3 基本用法

4.13.3.1 标示下列各种情况，均用短横线。

a) 化合物的名称或表格、插图的编号。

示例1：3－戊酮为无色液体，对眼及皮肤有强烈刺激性。

示例2：参见下页表2－8、表2－9。

b) 连接号码，包括门牌号码、电话号码，以及用阿拉伯数字表示年月日等。

示例3：安宁里东路26号院3－2－11室

示例4：联系电话：010－88842603

示例5：2011－02－15

c) 在复合名词中起连接作用。

示例6：吐鲁番－哈密盆地

d) 某些产品的名称和型号。

示例7：WZ-10直升机具有复杂天气和夜间作战的能力。

e）汉语拼音、外来语内部的分合。

示例8：shuōshuō-xiàoxiào（说说笑笑）

示例9：盎格鲁-撒克逊人

示例10：让-雅克·卢梭（"让-雅克"为双名）

示例11：皮埃尔·孟戴斯-弗朗斯（"孟戴斯-弗朗斯"为复姓）

4.13.3.2 标示下列各种情况，一般用一字线，有时也可用浪纹线。

a）标示相关项目（如时间、地域等）的起止。

示例1：沈括（1031—1095），宋朝人。

示例2：2011年2月3日—10日

示例3：北京—上海特别旅客快车

b）标示数值范围（由阿拉伯数字或汉字数字构成）的起止。

示例4：25~30g

示例5：第五~八课

4.14 间隔号

4.14.1 定义

标号的一种，标示某些相关联成分之间的分界。

4.14.2 形式

间隔号的形式是"·"。

4.14.3 基本用法

4.14.3.1 标示外国人名或少数民族人名内部的分界。

示例1：克里丝蒂娜·罗塞蒂

示例2：阿依古丽·买买提

4.14.3.2 标示书名与篇（章、卷）名之间的分界。

示例：《淮南子·本经训》

4.14.3.3 标示词牌、曲牌、诗体名等和题名之间的分界。

示例1：《沁园春·雪》

示例2：《天净沙·秋思》

示例3：《七律·冬云》

4.14.3.4 用在构成标题或栏目名称的并列词语之间。

示例：《天·地·人》

4.14.3.5 以月、日为标志的事件或节日，用汉字数字表示时，只在一、十一和十二月后用间隔号；当直接用阿拉伯数字表示时，月、日之间均用间隔号（半角字符）。

　　示例1："九一八"事变　　　"五四"运动

　　示例2："一·二八"事变　　"一二·九"运动

　　示例3："3·15"消费者权益日　　"9·11"恐怖袭击事件

4.15　书名号

4.15.1　定义

　　标号的一种，标示语段中出现的各种作品的名称。

4.15.2　形式

　　书名号的形式有双书名号"《　》"和单书名号"〈　〉"两种。

4.15.3　基本用法

4.15.3.1　标示书名、卷名、篇名、刊物名、报纸名、文件名等。

　　示例1：《红楼梦》（书名）

　　示例2：《史记·项羽本纪》（卷名）

　　示例3：《论雷峰塔的倒掉》（篇名）

　　示例4：《每周关注》（刊物名）

　　示例5：《人民日报》（报纸名）

　　示例6：《全国农村工作会议纪要》（文件名）

4.15.3.2　标示电影、电视、音乐、诗歌、雕塑等各类用文字、声音、图像等表现的作品的名称。

　　示例1：《渔光曲》（电影名）

　　示例2：《追梦录》（电视剧名）

　　示例3：《勿忘我》（歌曲名）

　　示例4：《沁园春·雪》（诗词名）

　　示例5：《东方欲晓》（雕塑名）

　　示例6：《光与影》（电视节目名）

　　示例7：《社会广角镜》（栏目名）

　　示例8：《庄子研究文献数据库》（光盘名）

　　示例9：《植物生理学系列挂图》（图片名）

4.15.3.3　标示全中文或中文在名称中占主导地位的软件名。

　　示例：科研人员正在研制《电脑卫士》杀毒软件。

4.15.3.4　标示作品名的简称。

示例：我读了《念青唐古拉山脉纪行》一文（以下简称《念》），收获很大。

4.15.3.5 当书名号中还需要书名号时，里面一层用单书名号，外面一层用双书名号。

示例：《教育部关于提请审议〈高等教育自学考试试行办法〉的报告》

4.16 专名号

4.16.1 定义

标号的一种，标示古籍和某些文史类著作中出现的特定类专有名词。

4.16.2 形式

专名号的形式是一条直线，标注在相应文字的下方。

4.16.3 基本用法

4.16.3.1 标示古籍、古籍引文或某些文史类著作中出现的专有名词，主要包括人名、地名、国名、民族名、朝代名、年号、宗教名、官署名、组织名等。

示例1：孙坚人马被刘表率军围得水泄不通。（人名）

示例2：于是聚集冀、青、幽、并四州兵马七十多万准备决一死战。（地名）

示例3：当时乌孙及西域各国都向汉派遣了使节。（国名、朝代名）

示例4：从咸宁二年到太康十年，匈奴、鲜卑、乌桓等族人徙居塞内。（年号、民族名）

4.16.3.2 现代汉语文本中的上述专有名词，以及古籍和现代文本中的单位名、官职名、事件名、会议名、书名等不应使用专名号。必须使用标号标示时，宜使用其他相应标号（如引号、书名号等）。

4.17 分隔号

4.17.1 定义

标号的一种，标示诗行、节拍及某些相关文字的分隔。

4.17.2 形式

分隔号的形式是"/"。

4.17.3 基本用法

4.17.3.1 诗歌接排时分隔诗行（也可使用逗号和分号，见 4.4.3.1/4.6.3.1）。

示例：春眠不觉晓/处处闻啼鸟/夜来风雨声/花落知多少。

4.17.3.2 标示诗文中的音节节拍。

示例：横眉/冷对/千夫指，俯首/甘为/孺子牛。

4.17.3.3 分隔供选择或可转换的两项，表示"或"。

示例：动词短语中除了作为主体成分的述语动词之外，还包括述语动词所带的宾语和/或补语。

4.17.3.4 分隔组成一对的两项，表示"和"。

示例1：13/14次特别快车

示例2：羽毛球女双决赛中国组合杜婧/于洋两局完胜韩国名将李孝贞/李敬元。

4.17.3.5 分隔层级或类别。

示例：我国的行政区划分为：省（直辖市、自治区）/省辖市（地级市）/县（县级市、区、治州）/乡（镇）/村（居委会）。

5 标点符号的位置和书写形式

5.1 横行文稿标点符号的位置和书写形式

5.1.1 句号、逗号、顿号、分号、冒号均置于相应文字之后，占一个字位置，居左下，不出现在一行之首。

5.1.2 问号、叹号均置于相应文字之后，占一个字位置，居左，不出现在一行之首。两个问号（或叹号）叠用时，占一个字位置；三个问号（或叹号）叠用时，占两个字位置；问号和叹号连用时，占一个字位置。

5.1.3 引号、括号、书名号中的两部分标在相应项目的两端，各占一个字位置。其中前一半不现在一行之末，后一半不出现在一行之首。

5.1.4 破折号标在相应项目之间，占两个字位置，上下居中，不能中间断开分处上行之末和下行之首。

5.1.5 省略号占两个字位置，两个省略号连用时占四个字位置并须单独占一行。省略号不能中间断开分处上行之末和下行之首。

5.1.6 连接号中的短横线比汉字"一"略短，占半个字位置；一字线比汉字"一"略长，占一个字位置；浪纹线占一个字位置。连接号上下居中，不出现在一行之首。

5.1.7 间隔号标在需要隔开的项目之间，占半个字位置，上下居中，不出现在一行之首。

5.1.8 着重号和专名号标在相应文字的下边。

5.1.9 分隔号占半个字位置，不出现在一行之首或一行之末。

5.1.10 标点符号排在一行末尾时，若为全角字符则应占半角字符的宽度（即半个字位置），以使视觉效果更美观。

5.1.11 在实际编辑出版工作中，为排版美观、方便阅读等需要，或为避免某一小节最后一个汉字转行或出现在另外一页开头等情况（浪费版面及视觉效果差），可适当压缩标点符号所占用的空间。

5.2 竖排文稿标点符号的位置和书写形式

5.2.1 句号、问号、叹号、逗号、顿号、分号和冒号均置于相应文字之下偏右。

5.2.2 破折号、省略号、连接号、间隔号和分隔号置于相应文字之下居中，上下方向排列。

5.2.3 引号改用双引号"﹁""﹂"和单引号"﹃""﹄"，括号改用"︵""︶"，标在相应项目的上下。

5.2.4 竖排文稿中使用浪线式书名号"﹏﹏"，标在相应文字的左侧。

5.2.5 着重号标在相应文字的右侧，专名号标在相应文字的左侧。

5.2.6 横行文稿中关于某些标点不能居行首或行末的要求，同样适用于竖排文稿。

附录二：

出版物上数字用法

（中华人民共和国国家标准 GB/T15835－2011）

1 范围

本标准规定了出版物上汉字数字和阿拉伯数字的用法。

本标准适用于各类出版物（文艺类出版物和重排古籍除外）。政府和企事业单位公文，以及教育、媒体和公共服务领域的数字用法，也可参照本标准执行。

2 规范性引用文件

下列文件对于本文件的应用是必不可少的。凡是注日期的引用文件，仅注日期的版本适用于本文件。凡是不注日期的引用文件，其最新版本（包括所有的修改单）适用于本文件。

GB/47408－2005　数据元和交换格式　信息交换　日期和时间表示法

3 术语和定义

下列术语和定义适用于本文件。

3.1

计量 measuring

将数字用于加、减、乘、除等数学运算。

3.2

编号 numbering

将数字用于为事物命名或排序，但不用于数学运算。

3.3

概数 approximate number

用于模糊计量的数字。

4 数字形式的选用

4.1 选用阿拉伯数字

4.1.1 用于计量的数字

在使用数字进行计量的场合，为达到醒目、易于辨识的效果，应采用阿拉伯数字。

示例1：-125.03　34.05%　63%~68%　1:500　97/108

当数值伴随有计量单位时，如：长度、容积、面积、体积、质量、温度、经纬度、音量、频率等等，特别是当计量单位以字母表达时，应采用阿拉伯数字。

示例2：523.56km（523.56千米）　346.87L（346.87升）

　　　　5.34m²（5.34平方米）　567mm³（567立方毫米）

　　　　605g（605克）　100~150kg（100~150千克）

　　　　34~39℃（34~39摄氏度）　北纬40°（40度）

　　　　120dB（120分贝）

4.1.2　用于编号的数字

在使用数字进行编号的场合，为达到醒目、易于辨识的效果，应采用阿拉伯数字。

示例：电话号码：98888

　　　邮政编码：100871

　　　通信地址：北京市海淀区复兴路11号

　　　电子邮件地址：x186@186.net

　　　网页地址：http://127.0.0.1

　　　汽车号牌：京A00001

　　　公交车号：302路公交车

　　　道路编号：101国道

　　　公文编号：国办发〔1987〕9号

　　　图书编号：ISBN 978-7-80184-224-4

　　　刊物编号：CN 11-1399

　　　章节编号：4.1.2

　　　产品型号：PH-3000型计算机

　　　产品序列号：C84XB-JYVFD-P7HC4-6XKRJ-7M6XH

　　　单位注册号：02050214

　　　行政许可登记编号：0684D10004-828

4.1.3　已定型的含阿拉伯数字的词语

现代社会生活中出现的事物、现象、事件，其名称的书写形式中包含阿拉伯数字，已经广泛使用而稳定下来，应采用阿拉伯数字。

示例：3G 手机　M03 播放器　G8 峰会　维生素 B_{12}　97 号汽油
"5·27"事件　"12·5"枪击案

4.2 选用汉字数字

4.2.1 非公历纪年

干支纪年、农历月日、历史朝代纪年及其他传统上采用汉字形式的非公历纪年等等，应采用汉字数字。

示例：丙寅年十月十五日　庚辰年八月五日　腊月二十三　正月初五
八月十五中秋　秦文公四十四年
太平天国庚申十年九月二十四日　清咸丰十年九月二十日
藏历阳木龙年八月二十六日　日本庆应三年

4.2.2 概数

数字连用表示的概数、含"几"的概数，应采用汉字数字。

示例：三四个月　一二十个　四十五六岁　五六万套　五六十年前
几千　二十几　一百几十　几万分之一

4.2.3 已定型的含汉字数字的词语

汉语中长期使用已经稳定下来的包含汉字数字形式的词语，应采用汉字数字。

示例：万一　一律　一旦　三叶虫　四书五经　星期五　四氧化三铁
八国联军　七上八下　一心一意　不管三七二十一　一方面
二百五　半斤八两　五省一市　五讲四美　相差十万八千里
八九不离十　白发三千丈　不二法门　二八年华　五四运动
"一·二八"事变　"一二·九"运动

4.3 选用阿拉伯数字与汉字数字均可

如果表达计量或编号所需要用到的数字个数不多，选择汉字数字还是阿拉伯数字在书写的简洁性和辨识的清晰性两方面没有明显差异时，两种形式均可使用。

示例 1：17 号楼（十七号楼）　3 倍（三倍）
第 5 个工作日（第五个工作日）
100 多件（一百多件）　20 余次（二十余次）
约 300 人（约三百人）
40 左右（四十左右）　50 上下（五十上下）
50 多人（五十多人）

第 25 页（第二十五页）　　第 8 天（第八天）

第 4 季度（第四季度）

第 45 份（第四十五份）

共 235 位同学（共二百三十五位同学）　　0.5（零点五）

76 岁（七十六岁）　　120 周年（一百二十周年）

1/3（三分之一）

公元前 8 世纪（公元前八世纪）

20 世纪 80 年代（二十世纪八十年代）

公元 253 年（公元二五三年）

1997 年 7 月 1 日（一九九七年七月一日）

下午 4 点 40 分（下午四点四十分）

4 个月（四个月）　　12 天（十二天）

如果要突出简洁醒目的表达效果，应使用阿拉伯数字；如果要突出庄重典雅的表达效果，应使用汉字数字。

示例 2：北京时间 2008 年 5 月 12 日 14 时 28 分

十一届全国人大一次会议（不写为"11 届全国人大 1 次会议"）

六方会谈（不写为"6 方会谈"）

在同一场合出现的数字，应遵循"同类别同形式"原则来选择数字的书写形式。如果两数字的表达功能类别相同（比如都是表达年月日时间的数字），或者两数字在上下文中所处的层级相同（比如文章目录中同级标题的编号），应选用相同的形式。反之，如果两数字的表达功能不同，或所处层级不同，可以选用不同的形式。

示例 3：2008 年 8 月 8 日　二〇〇八年八月八日（不写为"二〇〇八年 8 月 8 日"）

第一章　第二章……第十二章（不写为"第一章 第二章……第 12 章"）

第二章的下一级标题可以用阿拉伯数字编号：2.1，2.2，……

应避免相邻的两个阿拉伯数字造成歧义的情况。

示例 4：高三 3 个班　高三三个班（不写为"高 33 个班"）

高三 2 班　高三（2）班　（不写为"高 32 班"）

有法律效力的文件、公告文件或财务文件中可同时采用汉字数字和阿拉伯数字。

示例 5：2008 年 4 月保险账户结算日利率为万分之一点五七五零（0.015750%）

35.5 元（35 元 5 角　三十五元五角　叁拾伍圆伍角）

5　数字形式的使用

5.1　阿拉伯数字的使用

5.1.1　多位数

为便于阅读，四位以上的整数或小数，可采用以下两种方式分节：

——第一种方式：千分撇

整数部分每三位一组，以"，"分节。小数部分不分节。四位以内的整数可以不分节。

示例 1：624,000　92,300,000　19,351,235.235767　1256

——第二种方式：千分空

从小数点起，向左和向右每三位数字一组，组间空四分之一个汉字，即二分之一个阿拉伯数字的位置。四位以内的整数可以不加千分空。

示例 2：55 235 367.346 23　98 235 358.238 368

注：各科学技术领域的多位数分节方式参照 GB3101-1993 的规定执行。

5.1.2　纯小数

纯小数必须写出小数点前定位的"0"，小数点是齐阿拉伯数字底线的实心点"."。

示例：0.46 不写为 .46 或 0。46

5.1.3　数值范围

在表示数值的范围时，可采用浪纹式连接号"～"或一字线连接号"—"。前后两个数值的附加符号或计量单位相同时，在不造成歧义的情况下，前一个数值的附加符号或计量单位可省略。如果省略数值的附加符号或计量单位会造成歧义，则不应省略。

示例：-36～-8℃　400-429 页　100-150kg　12500～20 000 元

9 亿～16 亿（不写为 9～16 亿）

13 万元～17 万元（不写为 13～17 万元）

15%～30%（不写为 15～30%）

4.3×10^6～5.7×10^6（不写为 4.3～5.7×10^6）

5.1.4　年月日

年月日的表达顺序应按照口语中年月日的自然顺序书写。

示例 1：2008 年 8 月 8 日　1997 年 7 月 1 日

"年""月"可按照 GB/47408-2005 的 5.2.1.1 中的扩展格式，用"-"替代，但年月日不完整时不能替代。

示例2：2008-8-8　1997-7-1　8月8日（不写为8-8）
　　　　2008年8月（不写为2008-8）

四位数字表示的年份不应简写为两位数字。

示例3："1990年"不写为"90年"

月和日是一位数时，可在数字前补"0"。

示例4：2008-08-08　1997-07-01

5.1.5　时分秒

计时方式既可采用12小时制，也可采用24小时制。

示例1：11时40分（上午11时40分）
　　　　21时12分36秒（晚上9时12分36秒）

时分秒的表达顺序应按照口语中时、分、秒的自然顺序书写。

示例2：15时40分　14时12分36秒

"时""分"也可按照 GB/47408-2005 的 5.3.1.1 和 5.3.1.2 中的扩展格式，用"："替代。

示例3：15：40　14：12：36

5.1.6　含有月日的专名

含有月日的专名采用阿拉伯数字表示时，应采用间隔号"·"将月、日分开，并在数字前后加引号。

示例："3·15"消费者权益日

5.1.7　书写格式

5.1.7.1　字体

出版物中的阿拉伯数字，一般应使用正体二分字身，即占半个汉字位置。

示例：234　　57.236

5.1.7.2　换行

一个用阿拉伯数字书写的数值应在同一行中，避免被断开。

5.1.7.3　竖排文本中的数字方向

竖排文字中的阿拉伯数字按顺时针方向转90度。旋转后要保证同一个词语单位的文字方向相同。

示例：

> 示例一
> 雪花牌BCD188型家用电冰箱容量是一百八十八升,功率为一百二十五瓦,市场售价两千零五十元,返修率为百分之零点一五。
>
> 示例二
> 海军J12号打捞救生船在太平洋上航行了十三天,于一九九〇年八月六日零时三十分返回基地。

5.2 汉字数字的使用

5.2.1 概数

两个数字连用表示概数时,两数之间不用顿号"、"隔开。

示例:二三米　一两个小时　三五天　一二十个　四十五六岁

5.2.2 年份

年份简写后的数字可以理解为概数时,一般不简写。

示例:"一九七八年"不写为"七八年"

5.2.3 含有月日的专名

含有月日的专名采用汉字数字表示时,如果涉及一月、十一月、十二月,应用间隔号"·"将表示月和日的数字隔开,涉及其他月份时,不用间隔号。

示例:"一·二八"事变　"一二·九"运动　五一国际劳动节

5.2.4 大写汉字数字

——大写汉字数字的书写形式

零、壹、贰、叁、肆、伍、陆、柒、捌、玖、拾、佰、仟、万、亿

——大写汉字数字的适用场合

法律文书和财务票据上,应采用大写汉字数字形式记数。

示例:3,504元（叁仟伍佰零肆圆）

39,148元（叁万玖仟壹佰肆拾捌圆）

5.2.5 "零"和"〇"

阿拉伯数字"0"有"零"和"〇"两种汉字书写形式。一个数字用作计量时,其中"0"的汉字书写形式为"零",用作编号时,"0"的汉字书写

形式为"〇"。

示例："3052（个）"的汉字数字形式为"三千零五十二"（不写为"三千〇五十二"）

"95.06"的汉字数字形式为"九十五点零六"（不写为"九十五点〇六"）

"公元2012（年）"的汉字数字形式为"二〇一二"（不写为"二零一二"）

5.3 阿拉伯数字与汉字数字同时使用

如果一个数值很大，数值中的"万""亿"单位可以采用汉字数字，其余部分采用阿拉伯数字。

示例1：我国1982年人口普查人数为10亿零817万5 288人

除上面情况之外的一般数值，不能同时采用阿拉伯数字与汉字数字

示例2：108可以写作"一百零八"，但不应写作"1百零8""一百08"

4000可以写作"四千"，但不应写作"4千"。

一、管　　辖

1. 民事裁定书（管辖权异议用）

××××人民法院
民事裁定书

（××××）……民初……号

原告：×××，……。

法定代理人/指定代理人/法定代表人/主要负责人：×××，……。

委托诉讼代理人：×××，……。

被告：×××，……。

法定代理人/指定代理人/法定代表人/主要负责人：×××，……。

委托诉讼代理人：×××，……。

第三人：×××，……。

法定代理人/指定代理人/法定代表人/主要负责人：×××，……。

委托诉讼代理人：×××，……。

(以上写明当事人和其他诉讼参加人的姓名或者名称等基本信息)

原告×××与被告×××、第三人×××……（写明案由）一案，本院于××××年××月××日立案。

×××诉称，……（概述原告的诉讼请求、事实和理由）。

×××在提交答辩状期间，对管辖权提出异议认为，……（概述异议内容和理由）。

本院经审查认为，……（写明异议成立或不成立的事实和理由）。

依照《中华人民共和国民事诉讼法》第×条、第一百二十七条第一款规定，裁定如下：

（异议成立的，写明:）×××对管辖权提出的异议成立，本案移送××××人民法院处理。

（异议不成立的，写明:）

驳回×××对本案管辖权提出的异议。

案件受理费……元，由被告……负担（写明当事人姓名或者名称、负担金额）。

如不服本裁定，可以在裁定书送达之日起十日内，向本院递交上诉状，并按对方当事人或者代表人的人数提出副本，上诉于××××人民法院。

审　判　长　×××
审　判　员　×××
审　判　员　×××
××××年××月××日
（院印）
书　记　员　×××

【说　明】

1. 本样式根据《中华人民共和国民事诉讼法》第一百二十七条第一款制定，供第一审人民法院对当事人提出的管辖权异议，裁定移送管辖或者驳回异议用。

2. 案号类型代字为"民初"。

3. 当事人提出案件管辖权异议，异议不成立的，由提出异议的当事人交纳案件受理费；异议成立的，当事人均不交纳案件受理费。

4. 当事人在中华人民共和国领域内没有住所的，尾部上诉期改为三十日。

5. 适用普通程序的，落款中的"审判员"可以为"代理审判员"或者"人民陪审员"。

6. 适用简易程序的，落款中的署名为"审判员"或者"代理审判员"。

【法律依据】①

《中华人民共和国民事诉讼法》（2017年6月27日）

第一百二十七条第一款　人民法院受理案件后，当事人对管辖权有异议的，应当在提交答辩状期间提出。人民法院对当事人提出的异议，应当审查。异议成立的，裁定将案件移送有管辖权的人民法院；异议不成立的，裁定驳回。

---

① 因《民事诉讼文书样式》于2016年6月28日印发，【说明】中所依据的部分法律、司法解释等规范性法律文件已被修订或者被废止，故编者在【法律依据】中所列明的法条是与原法条相对应的最新法律规范。

2. **民事裁定书**（小额诉讼程序管辖权异议用）

××××人民法院
民事裁定书

（××××）……民初……号

原告：×××，……。
……
被告：×××，……。
……

（以上写明当事人和其他诉讼参加人的姓名或者名称等基本信息）

原告×××与被告×××……（写明案由）一案，本院于××××年××月××日立案。

×××诉称，……（概述原告的诉讼请求、事实和理由）。

×××在提交答辩状期间，对管辖权提出异议认为，……（概述异议内容和理由）。

本院经审查认为，……（写明异议成立或不成立的事实和理由）。

依照《中华人民共和国民事诉讼法》第×条、第一百二十七条第一款、《最高人民法院关于适用〈中华人民共和国民事诉讼法〉的解释》第二百七十八条规定，裁定如下：

（异议成立的，写明：）×××对管辖权提出的异议成立，本案移送××××人民法院处理。

（异议不成立的，写明：）

驳回×××对本案管辖权提出的异议。

案件受理费……元，由被告……负担（写明当事人姓名或者名称、负担金额）。

本裁定一经作出即生效。

审 判 员 ×××

××××年××月××日

(院印)

书 记 员 ×××

【说　明】

1. 本样式根据《中华人民共和国民事诉讼法》第一百二十七条第一款以及《最高人民法院关于适用〈中华人民共和国民事诉讼法〉的解释》第二百七十八条制定，供第一审人民法院受理小额诉讼案件后，对当事人提出的管辖权异议，裁定移送管辖或者驳回异议用。

2. 案号类型代字为"民初"。

3. 当事人提出案件管辖权异议，异议不成立的，由提出异议的当事人交纳案件受理费；异议成立的，当事人均不交纳案件受理费。

4. 本裁定一经作出即生效。

【法律依据】

1. 《中华人民共和国民事诉讼法》（2017年6月27日）

第一百二十七条第一款　人民法院受理案件后，当事人对管辖权有异议的，应当在提交答辩状期间提出。人民法院对当事人提出的异议，应当审查。异议成立的，裁定将案件移送有管辖权的人民法院；异议不成立的，裁定驳回。

2. 《最高人民法院关于适用〈中华人民共和国民事诉讼法〉的解释》（2020年12月29日）

第二百七十八条　当事人对小额诉讼案件提出管辖异议的，人民法院应当作出裁定。裁定一经作出即生效。

3. 民事裁定书（依职权移送管辖用）

××××人民法院
民事裁定书

（××××）……民初……号

原告：×××，……。
……
被告：×××，……。
……
（以上写明当事人和其他诉讼参加人的姓名或者名称等基本信息）

原告×××与被告×××……（写明案由）一案，本院于××××年××月××日立案。

×××诉称，……（概述原告的诉讼请求、事实和理由）。

×××在提交答辩状期间未对管辖权提出异议/未应诉答辩。

本院经审查认为，……（写明移送的事实和理由）。

依照《中华人民共和国民事诉讼法》第×条、第三十六条规定，裁定如下：

本案移送××××人民法院处理。

本裁定一经作出即生效。

审　判　长　×××
审　判　员　×××
审　判　员　×××
××××年××月××日
（院印）
书　记　员　×××

【说　明】

1. 本样式根据《中华人民共和国民事诉讼法》第三十六条以及《最高人民法院关于适用〈中华人民共和国民事诉讼法〉的解释》第三十五条、第二百一十一条制定，供第一审人民法院发现受理的案件不属于本院管辖的，依职权裁定移送有管辖权的人民法院用。

2. 案号类型代字为"民初"。

3. 当事人在答辩期间届满后未应诉答辩，人民法院在一审开庭前裁定移送的，可以同时援引《最高人民法院关于适用〈中华人民共和国民事诉讼法〉的解释》第三十五条。

4. 本裁定一经作出即生效。

【法律依据】

1. 《中华人民共和国民事诉讼法》（2017年6月27日）

第三十六条　人民法院发现受理的案件不属于本院管辖的，应当移送有管辖权的人民法院，受移送的人民法院应当受理。受移送的人民法院认为受移送的案件依照规定不属于本院管辖的，应当报请上级人民法院指定管辖，不得再自行移送。

2. 《最高人民法院关于适用〈中华人民共和国民事诉讼法〉的解释》（2020年12月29日）

第三十五条　当事人在答辩期间届满后未应诉答辩，人民法院在一审开庭前，发现案件不属于本院管辖的，应当裁定移送有管辖权的人民法院。

第二百一十一条　对本院没有管辖权的案件，告知原告向有管辖权的人民法院起诉；原告坚持起诉的，裁定不予受理；立案后发现本院没有管辖权的，应当将案件移送有管辖权的人民法院。

4. 民事裁定书（依职权提级管辖用）

××××人民法院
民事裁定书

（××××）……民辖……号

原告：×××，……。
……
被告：×××，……。
……
（以上写明当事人和其他诉讼参加人的姓名或者名称等基本信息）

原告×××与被告×××……（写明案由）一案，××××人民法院于××××年××月××日立案。

×××诉称，……（概述原告的诉讼请求、事实和理由）。

本院认为，……（写明提级管辖的理由）。

依照《中华人民共和国民事诉讼法》第三十八条第一款规定，裁定如下：

本案由本院审理。

本裁定一经作出即生效。

审　判　长　×××
审　判　员　×××
审　判　员　×××
××××年××月××日
（院印）
书　记　员　×××

【说　明】

1. 本样式根据《中华人民共和国民事诉讼法》第三十八条第一款制定，供上级人民法院对下级人民法院管辖的第一审民事案件，裁定由本院审理用。

2. 案号类型代字为"民辖"。

3. 本裁定一经作出即生效。

【法律依据】

《中华人民共和国民事诉讼法》（2017年6月27日）

第三十八条第一款　上级人民法院有权审理下级人民法院管辖的第一审民事案件；确有必要将本院管辖的第一审民事案件交下级人民法院审理的，应当报请其上级人民法院批准。

5. 民事裁定书（依报请提级管辖用）

××××人民法院
民事裁定书

（××××）……民辖……号

原告：×××，……。

……

被告：×××，……。

……

（以上写明当事人和其他诉讼参加人的姓名或者名称等基本信息）

原告×××与被告×××（写明案由）一案，××××人民法院于××××年××月××日立案。

×××诉称，……（概述原告的诉讼请求、事实和理由）。

××××人民法院经审查认为，……（写明报请提级管辖的理由）。

本院认为，……（写明对下级法院报请提级管辖的事实与理由的分析意见）。

依照《中华人民共和国民事诉讼法》第三十八条第二款规定，裁定如下：

本案由本院审理。

本裁定一经作出即生效。

审 判 长　×××
审 判 员　×××
审 判 员　×××
××××年××月××日
（院印）
书 记 员　×××

【说　明】

1. 本样式根据《中华人民共和国民事诉讼法》第三十八条第二款制定，供上级人民法院对下级人民法院报请管辖的第一审民事案件，裁定由本院审理用。

2. 案号类型代字为"民辖"。

3. 本裁定一经作出即生效。

4. 上级人民法院不同意提级管辖的，不作裁定。

【法律依据】

《中华人民共和国民事诉讼法》（2017 年 6 月 27 日）

第三十八条第二款　下级人民法院对它所管辖的第一审民事案件，认为需要由上级人民法院审理的，可以报请上级人民法院审理。

6. 民事裁定书（受移送人民法院报请指定管辖案件用）

××××人民法院
民事裁定书

（××××）……民辖……号

原告：×××，……。

……

被告：×××，……。

……

（以上写明当事人和其他诉讼参加人的姓名或者名称等基本信息）

原告×××与被告×××……（写明案由）一案，××××人民法院于××××年××月××日立案。

×××诉称，……（概述原告的诉讼请求、事实和理由）。

××××人民法院认为，……（写明移送管辖的理由）。于××××年××月××日裁定：……（写明移送管辖主文）。

××××年××月××日，××××人民法院以……为由（写明报请指定管辖的理由），报请本院指定管辖。

本院认为，……（写明对下级法院报请指定管辖的事实与理由的分析意见）。

依照《中华人民共和国民事诉讼法》第三十六条规定，裁定如下：

本案由××××人民法院审理。

本裁定一经作出即生效。

审　判　长　×××
审　判　员　×××
审　判　员　×××
××××年××月××日

（院印）

书　记　员　×××

【说　明】

1. 本样式根据《中华人民共和国民事诉讼法》第三十六制定，供上级人民法院对受移送的下级人民法院认为受移送的案件不属于本院管辖而报请指定管辖，裁定指定管辖用。

2. 案号类型代字为"民辖"。

3. 本裁定一经作出即生效。

【法律依据】

《中华人民共和国民事诉讼法》（2017年6月27日）

第三十六条　人民法院发现受理的案件不属于本院管辖的，应当移送有管辖权的人民法院，受移送的人民法院应当受理。受移送的人民法院认为受移送的案件依照规定不属于本院管辖的，应当报请上级人民法院指定管辖，不得再自行移送。

7. 民事裁定书（有管辖权人民法院报请指定管辖案件用）

××××人民法院
民事裁定书

（××××）……民辖……号

原告：×××，……。
……

被告：×××，……。
……

（以上写明当事人和其他诉讼参加人的姓名或者名称等基本信息）

原告×××与被告×××……（写明案由）一案，××××人民法院于××××年××月××日立案。

×××诉称，……（概述原告的诉讼请求、事实和理由）。

××××人民法院经审查认为，因……（写明报请指定管辖的理由），不能行使管辖权。

本院认为，……（写明对下级法院报请指定管辖的事实与理由的分析意见）。

依照《中华人民共和国民事诉讼法》第三十七条第一款规定，裁定如下：

本案由××××人民法院审理。

本裁定一经作出即生效。

审　判　长　×××
审　判　员　×××
审　判　员　×××
××××年××月××日
（院印）
书　记　员　×××

【说　明】

1. 本样式根据《中华人民共和国民事诉讼法》第三十七条第一款制定，供上级人民法院对有管辖权的下级人民法院由于特殊原因不能行使管辖权而报请指定管辖，裁定指定管辖用。

2. 案号类型代字为"民辖"。

3. 本裁定一经作出即生效。

【法律依据】

《中华人民共和国民事诉讼法》（2017年6月27日）

第三十七条第一款　有管辖权的人民法院由于特殊原因，不能行使管辖权的，由上级人民法院指定管辖。

8. 民事裁定书（因管辖权争议报请指定管辖案件用）

××××人民法院
民事裁定书

（××××）……民辖……号

原告：×××，……。
……
被告：×××，……。
……

（以上写明当事人和其他诉讼参加人的姓名或者名称等基本信息）

××××年××月××日××××人民法院立案的（××××）……民初……号……（写明当事人及案由）一案，与××××年××月××日××××人民法院立案的（××××）……民初……号……（写明当事人及案由）一案，两地人民法院之间因管辖权产生争议，协商未果。××××年××月××日，××××人民法院（写明报请人民法院名称）报请本院指定管辖。

本院经审查认为，……（写明指定管辖的事实和理由）。

依照《中华人民共和国民事诉讼法》第三十七条第二款、《最高人民法院关于适用〈中华人民共和国民事诉讼法〉的解释》第四十条、第四十一条规定，裁定如下：

一、撤销××××人民法院（××××）……民初……号民事判决/裁定（不需要撤销的，不写该项）；

二、……（写明当事人及案由）一案由××××人民法院（写明被指定人民法院名称）审理；

三、××××人民法院自接到本裁定之日起××日内将（××××）……民初……号……（写明当事人及案由）一案全部卷宗材料及诉讼费移送××××人民法院（写明被指定人民法院名称）。

本裁定一经作出即生效。

$$\text{审 判 长 } \times\times\times$$
$$\text{审 判 员 } \times\times\times$$
$$\text{审 判 员 } \times\times\times$$
$$\times\times\times\times\text{年}\times\times\text{月}\times\times\text{日}$$
$$\text{（院印）}$$
$$\text{书 记 员 } \times\times\times$$

【说 明】

1. 本样式根据《中华人民共和国民事诉讼法》第三十七条第二款以及《最高人民法院关于适用〈中华人民共和国民事诉讼法〉的解释》第四十条、第四十一条制定，供上级人民法院对下级人民法院之间因管辖权发生争议且协商解决不了报请指定管辖，裁定指定管辖用。

2. 案号类型代字为"民辖"。

3. 当事人诉讼地位，按照先报请指定管辖法院立案的案件当事人的诉讼地位列明。

4. 依照《中华人民共和国民事诉讼法》第三十七条第二款规定，发生管辖权争议的两个人民法院因协商不成报请它们的共同上级人民法院指定管辖时，双方为同属一个地、市辖区的基层人民法院的，由该地、市的中级人民法院及时指定管辖；同属一个省、自治区、直辖市的两个人民法院的，由该省、自治区、直辖市的高级人民法院及时指定管辖；双方为跨省、自治区、直辖市的人民法院，高级人民法院协商不成的，由最高人民法院及时指定管辖。报请上级人民法院指定管辖时，应当逐级进行。

5. 对报请上级人民法院指定管辖的案件，下级人民法院应当中止审理。报请指定管辖后，上级人民法院作出指定管辖裁定前，下级人民法院对案件作出判决、裁定的，上级人民法院应当在裁定指定管辖的同时，一并撤销下级人民法院的判决、裁定。

6. 本裁定一经作出即生效。

【法律依据】

1.《中华人民共和国民事诉讼法》(2017年6月27日)

第三十七条第二款 人民法院之间因管辖权发生争议，由争议双方协商解决；协商解决不了的，报请它们的共同上级人民法院指定管辖。

2.《最高人民法院关于适用〈中华人民共和国民事诉讼法〉的解释》(2020年12月29日)

第四十条 依照民事诉讼法第三十七条第二款规定，发生管辖权争议的两个人民法院因协商不成报请它们的共同上级人民法院指定管辖时，双方为同属一个地、市辖区的基层人民法院的，由该地、市的中级人民法院及时指定管辖；同属一个省、自治区、直辖市的两个人民法院的，由该省、自治区、直辖市的高级人民法院及时指定管辖；双方为跨省、自治区、直辖市的人民法院，高级人民法院协商不成的，由最高人民法院及时指定管辖。

依照前款规定报请上级人民法院指定管辖时，应当逐级进行。

第四十一条 人民法院依照民事诉讼法第三十七条第二款规定指定管辖的，应当作出裁定。

对报请上级人民法院指定管辖的案件，下级人民法院应当中止审理。指定管辖裁定作出前，下级人民法院对案件作出判决、裁定的，上级人民法院应当在裁定指定管辖的同时，一并撤销下级人民法院的判决、裁定。

9. 民事裁定书（上级法院移交下级法院审理用）

××××人民法院
民事裁定书

（××××）……民初……号

原告：×××，……。

……

被告：×××，……。

……

（以上写明当事人和其他诉讼参加人的姓名或者名称等基本信息）

原告×××与被告×××……（写明案由）一案，本院于××××年××月××日立案。

本院经审查认为，……（写明移交管辖的事实和理由）。且已经报请××××人民法院（写明上一级人民法院名称）批准。依照《中华人民共和国民事诉讼法》第三十八条第一款、《最高人民法院关于适用〈中华人民共和国民事诉讼法〉的解释》第四十二条规定，裁定如下：

本案由××××人民法院（写明下一级人民法院名称）审理。

本裁定一经作出即生效。

审　判　长　×××
审　判　员　×××
审　判　员　×××
××××年××月××日
（院印）
书　记　员　×××

【说　明】

1. 本样式根据《中华人民共和国民事诉讼法》第三十八条第一款以及《最高人民法院关于适用〈中华人民共和国民事诉讼法〉的解释》第四十二条制定，供人民法院报请上一级人民法院同意后，将其管辖的第一审民事案件裁定交下级人民法院审理用。

2. 案号类型代字为"民初"。

3. 下列第一审民事案件，人民法院报请其上级人民法院批准，可以在开庭前交下级人民法院审理：（1）破产程序中有关债务人的诉讼案件；（2）当事人人数众多且不方便诉讼的案件；（3）最高人民法院确定的其他类型案件。

4. 本裁定一经作出即生效。

【法律依据】

1.《中华人民共和国民事诉讼法》（2017年6月27日）

第三十八条第一款　上级人民法院有权审理下级人民法院管辖的第一审民事案件；确有必要将本院管辖的第一审民事案件交下级人民法院审理的，应当报请其上级人民法院批准。

2.《最高人民法院关于适用〈中华人民共和国民事诉讼法〉的解释》（2020年12月29日）

第四十二条　下列第一审民事案件，人民法院依照民事诉讼法第三十八条第一款规定，可以在开庭前交下级人民法院审理：

（一）破产程序中有关债务人的诉讼案件；

（二）当事人人数众多且不方便诉讼的案件；

（三）最高人民法院确定的其他类型案件。

人民法院交下级人民法院审理前，应当报请其上级人民法院批准。上级人民法院批准后，人民法院应当裁定将案件交下级人民法院审理。

10. 民事裁定书（不服管辖裁定上诉案件用）

××××人民法院
民事裁定书

（××××）……民辖终……号

上诉人（原审××）：×××，……。

……

被上诉人（原审××）：×××，……。

……

（以上写明当事人和其他诉讼参加人的姓名或者名称等基本信息）

上诉人×××因……（写明当事人及案由）一案，不服××××人民法院（××××）……民初……号民事裁定，向本院提起上诉。

×××上诉称，……（概述上诉请求、事实和理由）。

×××答辩称，……（概述被上诉人答辩意见）。

本院经审查认为，……（写明上诉请求是否成立的理由）。

依照《中华人民共和国民事诉讼法》第一百七十条第一款第一/二项、第一百七十一条规定，裁定如下：

（维持原裁定的，写明：）驳回上诉，维持原裁定。

（撤销原裁定的，写明：）

一、撤销××××人民法院（××××）……民初……号民事裁定；

二、本案由××××人民法院管辖（辖区内的）/本案移送××××人民法院处理（辖区外的）。

本裁定为终审裁定。

审　判　长　×××
审　判　员　×××
审　判　员　×××

×××年××月××日
(院印)
书 记 员 ×××

【说　明】

1. 本样式根据《中华人民共和国民事诉讼法》第一百七十条第一款第一项、第二项及第一百七十一条制定，供第二审人民法院对当事人不服驳回管辖权异议裁定上诉，裁定驳回上诉或者撤销原裁定用。

2. 案号类型代字为"民辖终"。

3. 维持原裁定的，引用《中华人民共和国民事诉讼法》第一百七十条第一款第一项；撤销原裁定的，引用《中华人民共和国民事诉讼法》第一百七十条第一款第二项。

【法律依据】

《中华人民共和国民事诉讼法》（2017年6月27日）

第一百七十条　第二审人民法院对上诉案件，经过审理，按照下列情形，分别处理：

（一）原判决、裁定认定事实清楚，适用法律正确的，以判决、裁定方式驳回上诉，维持原判决、裁定；

（二）原判决、裁定认定事实错误或者适用法律错误的，以判决、裁定方式依法改判、撤销或者变更；

（三）原判决认定基本事实不清的，裁定撤销原判决，发回原审人民法院重审，或者查清事实后改判；

（四）原判决遗漏当事人或者违法缺席判决等严重违反法定程序的，裁定撤销原判决，发回原审人民法院重审。

原审人民法院对发回重审的案件作出判决后，当事人提起上诉的，第二审人民法院不得再次发回重审。

第一百七十一条　第二审人民法院对不服第一审人民法院裁定的上诉案件的处理，一律使用裁定。

11. 请示（报请提级管辖用）

关于……（写明当事人及案由）一案报请提级管辖的请示

（××××）……民初……号

××××人民法院：

原告×××与被告×××……（写明案由）一案，本院于××××年××月××日立案。尚未开庭审理。

×××诉称，……（概述原告的诉讼请求、事实和理由）。

本院认为，……（写明报请提级管辖的事实和理由）。

依照《中华人民共和国民事诉讼法》第三十八条第二款规定，现报请你院提级管辖（××××）……民初……号……（写明当事人和案由）一案。

以上请示，请批复。

附：案卷×宗

××××年××月××日

（院印）

【说　明】

1. 本样式根据《中华人民共和国民事诉讼法》第三十八条第二款制定，供下级人民法院对它所管辖的第一审民事案件认为需要由上级人民法院审理的，向上级人民法院请示用。

2. 案号类型代字为"民初"。

3. 对于本请示，上级人民法院立提级管辖案件审查，案号类型代字为"民辖"。同意提级管辖的，适用样式5民事裁定书（依报请提级管辖案件用），不需要制作批复；不同意提级管辖的，适用样式 16 批复（不同意提级管辖用）。

【法律依据】

《中华人民共和国民事诉讼法》（2017 年 6 月 27 日）

第三十八条第二款　下级人民法院对它所管辖的第一审民事案件，认为需要由上级人民法院审理的，可以报请上级人民法院审理。

12. 请示（受移送人民法院报请指定管辖用）

关于……（写明当事人及案由）
一案报请指定管辖的请示

（××××）……民初……号

××××人民法院：

原告×××与被告×××……（写明案由）一案，××××人民法院于××××年××月××日立案。

×××诉称，……（概述原告的诉讼请求、事实和理由）。

××××人民法院认为，……（写明移送管辖的理由），于××××年××月××日作出（××××）……民初……号民事裁定，将本案移送我院管辖。

我院经审查认为，……（写明事实和理由）。本案依法不属于我院管辖。依照《中华人民共和国民事诉讼法》第三十六条规定，现将本案报请你院指定管辖。

以上请示，请批复。

附：案卷×宗

××××年××月××日

（院印）

【说　明】

1. 本样式根据《中华人民共和国民事诉讼法》第三十六条制定，供受移送的人民法院认为受移送的案件依法不属于本院管辖，报请上级人民法院指定管辖用。

2. 案号类型代字为"民初"。

3. 上级人民法院立指定管辖案件审查，案号类型代字为"民辖"。指定管辖的，适用样式6民事裁定书（受移送人民法院报请指定管辖案件用）。不同意指定管辖的，参照样式16制作批复。

【法律依据】

《中华人民共和国民事诉讼法》（2017年6月27日）

第三十六条　人民法院发现受理的案件不属于本院管辖的，应当移送有管辖权的人民法院，受移送的人民法院应当受理。受移送的人民法院认为受移送的案件依照规定不属于本院管辖的，应当报请上级人民法院指定管辖，不得再自行移送。

13. 请示（有管辖权人民法院报请指定管辖用）

关于……（写明当事人及案由）
一案报请指定管辖的请示

（××××）……民初……号

××××人民法院：

原告×××与被告×××……（写明案由）一案，本院于××××年××月××日立案。

×××诉称，……（概述原告的诉讼请求、事实和理由）。

我院经审查认为，……（写明不能行使管辖权的特殊原因）。我院依法不能行使管辖权。

依照《中华人民共和国民事诉讼法》第三十七条第一款规定，现将本案报请你院指定管辖。

以上请示，请批复。

附：案卷×宗

××××年××月××日
（院印）

【说　明】

1. 本样式根据《中华人民共和国民事诉讼法》第三十七条第一款制定，供有管辖权的人民法院由于特殊原因不能行使管辖权，报请上级人民法院指定管辖用。

2. 案号类型代字为"民初"。

3. 上级人民法院立指定管辖案件审查，案号类型代字为"民辖"。指定管辖的，适用样式7民事裁定书（有管辖权人民法院报请指定管辖案件用）。不指定管辖的，制作批复。

【法律依据】

《中华人民共和国民事诉讼法》(2017年6月27日)

第三十七条第一款 有管辖权的人民法院由于特殊原因,不能行使管辖权的,由上级人民法院指定管辖。

14. 请示（因管辖权争议报请指定管辖用）

关于……（写明当事人及案由）
一案报请指定管辖的请示

（××××）……民初……号

××××人民法院：

　　××××年××月××日，××××人民法院受理（××××）……民初……号……（写明当事人及案由）一案。××××年××月××日，××××人民法院/本院受理（××××）……民初……号……（写明当事人及案由）一案。两地人民法院之间因管辖权发生争议，协商未果。

　　我院经审查认为，……（写明事实和理由）。

　　依照《中华人民共和国民事诉讼法》第三十七条第二款规定，报请你院指定管辖。

　　以上请示，请批复。

　　附：案卷×宗

××××年××月××日
（院印）

【说　明】

　　1. 本样式根据《中华人民共和国民事诉讼法》第三十七条第二款制定，供人民法院之间因管辖权发生争议协商未果，报请它们的共同上级人民法院指定管辖用。

　　2. 案号类型代字为"民初"。

　　3. 共同上级人民法院立指定管辖案件审查，案号类型代字为"民辖"。指定管辖，适用样式8民事裁定书（因管辖权争议报请指定管辖案件用），不需要制作批复。

【法律依据】

《**中华人民共和国民事诉讼法**》（2017 年 6 月 27 日）

第三十七条第二款 人民法院之间因管辖权发生争议，由争议双方协商解决；协商解决不了的，报请它们的共同上级人民法院指定管辖。

15. 请示（报请移交管辖用）

关于……（写明当事人及案由）一案报请移交管辖的请示

（××××）……民初……号

××××人民法院：

原告×××与被告×××……（写明案由）一案，本院于××××年××月××日立案。尚未开庭审理。

×××诉称，……（概述原告的诉讼请求、事实和理由）。

本院认为，……（写明案件需要移交下级人民法院审理的事实和理由）。

依照《中华人民共和国民事诉讼法》第三十八条第一款、《最高人民法院关于适用〈中华人民共和国民事诉讼法〉的解释》第四十二条规定，申请将（××××）……民初……号……（写明当事人及案由）一案移交××××人民法院审理。

以上请示，请批复。

附：案卷×宗

××××年××月××日
（院印）

【说　明】

1. 本样式根据《中华人民共和国民事诉讼法》第三十八条第一款以及《最高人民法院关于适用〈中华人民共和国民事诉讼法〉的解释》第四十二条制定，供人民法院认为确有必要将本院管辖的第一审民事案件交下级人民法院审理的，向其上一级人民法院请示用。

2. 案号类型代字为"民初"。

3. 下列第一审民事案件，人民法院报请其上级人民法院批准，可以在开庭前交下级人民法院审理：（1）破产程序中有关债务人的诉讼案件；（2）当事人人数众多且不方便诉讼的案件；（3）最高人民法院确定的其他类型案件。

【法律依据】

1.《中华人民共和国民事诉讼法》（2017年6月27日）

第三十八条第一款　上级人民法院有权审理下级人民法院管辖的第一审民事案件；确有必要将本院管辖的第一审民事案件交下级人民法院审理的，应当报请其上级人民法院批准。

2.《最高人民法院关于适用〈中华人民共和国民事诉讼法〉的解释》（2020年12月29日）

第四十二条　下列第一审民事案件，人民法院依照民事诉讼法第三十八条第一款规定，可以在开庭前交下级人民法院审理：

（一）破产程序中有关债务人的诉讼案件；

（二）当事人人数众多且不方便诉讼的案件；

（三）最高人民法院确定的其他类型案件。

人民法院交下级人民法院审理前，应当报请其上级人民法院批准。上级人民法院批准后，人民法院应当裁定将案件交下级人民法院审理。

16. 批复（不同意提级管辖用）

关于对……（写明当事人及案由）
一案报请提级管辖的批复

（××××）……民辖……号

××××人民法院：

你院《关于……一案报请提级管辖的请示》收悉。经研究，批复如下：

不同意……一案由我院提级管辖。

此复

××××年××月××日

（院印）

【说　明】

1. 本样式根据《中华人民共和国民事诉讼法》第三十八条第二款制定，供上级人民法院对于下级人民法院报请提级管辖案件，批复不同意提级管辖用。

2. 案号类型代字为"民辖"。

3. 同意提级管辖的，适用样式5民事裁定书（依报请提级管辖案件用），不需要制作批复。

【法律依据】

《中华人民共和国民事诉讼法》（2017年6月27日）

第三十八条第二款　下级人民法院对它所管辖的第一审民事案件，认为需要由上级人民法院审理的，可以报请上级人民法院审理。

17. 批复（报请移交管辖案件审批用）

关于对……（写明当事人及案由）一案报请移交管辖的批复

（××××）……民辖……号

××××人民法院：

你院《关于……一案报请移交管辖的请示》收悉。经研究，批复如下：

（批准下交审理的，写明：）同意将……（写明当事人及案由）一案交××××人民法院审理。

（不批准下交审理的，写明：）不同意将……（写明当事人及案由）一案交××××人民法院审理。

此复

××××年××月××日
（院印）

【说　明】

1. 本样式根据《中华人民共和国民事诉讼法》第三十八条第一款以及《最高人民法院关于适用〈中华人民共和国民事诉讼法〉的解释》第四十二条制定，供上级人民法院对于下级人民法院报请的移交管辖审批案件，批复是否同意用。

2. 案号类型代字为"民辖"。

3. 上级人民法院批准移交管辖的，报请的人民法院应当适用样式9民事裁定书（上级法院移交管辖用）。

【法律依据】

1. 《**中华人民共和国民事诉讼法**》（2017 年 6 月 27 日）

第三十八条第一款 上级人民法院有权审理下级人民法院管辖的第一审民事案件；确有必要将本院管辖的第一审民事案件交下级人民法院审理的，应当报请其上级人民法院批准。

2. 《**最高人民法院关于适用〈中华人民共和国民事诉讼法〉的解释**》（2020 年 12 月 29 日）

第四十二条 下列第一审民事案件，人民法院依照民事诉讼法第三十八条第一款规定，可以在开庭前交下级人民法院审理：

（一）破产程序中有关债务人的诉讼案件；

（二）当事人人数众多且不方便诉讼的案件；

（三）最高人民法院确定的其他类型案件。

人民法院交下级人民法院审理前，应当报请其上级人民法院批准。上级人民法院批准后，人民法院应当裁定将案件交下级人民法院审理。

18. 民事管辖协商函（管辖争议协商用）

×××高级人民法院
民事管辖协商函

（××××）……民辖……号

×××人民法院：

××××年××月××日，××××人民法院受理的（××××）……民初……号……（写明当事人及案由）一案，××××年××月××日×××人民法院受理的（××××）……民初……号……（写明当事人及案由）一案，两地人民法院之间对管辖权发生争议，协商未果。××××年××月××日，××××人民法院报请我院协商解决。

本院经审查认为，……（写明事实和理由）。该案依法应当由××××人民法院管辖。

依照《中华人民共和国民事诉讼法》第三十七条第二款、《最高人民法院关于适用〈中华人民共和国民事诉讼法〉的解释》第四十条规定，现函告你院协商解决管辖争议。请你院在收到本函后××日内函复我院。

联系人：……（写明姓名、部门、职务）

联系电话：……

联系地址：……

此致

××××年××月××日

（院印）

【说　明】

1. 本样式根据《中华人民共和国民事诉讼法》第三十七条第二款以及《最高人民法院关于适用〈中华人民共和国民事诉讼法〉的解释》第四十条制定，供高级人民法院对本辖区的下级人民法院和其他辖区的人民法院之间因管辖权发生争议协商未果，商请其他高级人民法院协商解决管辖用。

2. 民事管辖协商案件只能产生于高级人民法院之间。管辖权争议发生后，争议人民法院之间也可以进行协商，但此项协商不属于民事管辖协商案件范畴。

3. 对同一管辖权争议，参与协商的各高级人民法院均编立民事管辖协商案件，案号类型代字为"民辖"。

4. 发生管辖权争议的两个人民法院因协商不成报请它们的共同上级人民法院指定管辖时，双方为同属一个地、市辖区的基层人民法院的，由该地、市的中级人民法院及时指定管辖；同属一个省、自治区、直辖市的两个人民法院的，由该省、自治区、直辖市的高级人民法院及时指定管辖；双方为跨省、自治区、直辖市的人民法院，高级人民法院协商不成的，由最高人民法院及时指定管辖。报请上级人民法院指定管辖时，应当逐级进行。

【法律依据】

1. 《中华人民共和国民事诉讼法》（2017 年 6 月 27 日）

第三十七条第二款　人民法院之间因管辖权发生争议，由争议双方协商解决；协商解决不了的，报请它们的共同上级人民法院指定管辖。

2. 《最高人民法院关于适用〈中华人民共和国民事诉讼法〉的解释》（2020 年 12 月 29 日）

第四十条　依照民事诉讼法第三十七条第二款规定，发生管辖权争议的两个人民法院因协商不成报请它们的共同上级人民法院指定管辖时，双方为同属一个地、市辖区的基层人民法院的，由该地、市的中级人民法院及时指定管辖；同属一个省、自治区、直辖市的两个人民法院的，由该省、自治区、直辖市的高级人民法院及时指定管辖；双方为跨省、自治区、直辖市的人民法院，高级人民法院协商不成的，由最高人民法院及时指定管辖。

依照前款规定报请上级人民法院指定管辖时，应当逐级进行。

19. 民事管辖协商回函（民事管辖协商案件回复用）

×××高级人民法院
民事管辖协商回函

（××××）……民辖……号

××××人民法院：

你院××××年××月××日（××××）……民辖……号民事管辖协商函收悉。

本院经审查认为，……（写明事实和理由）。

（同意对方法院协商意见的，写明：）同意……（写明当事人及案由）一案由××××人民法院审理。

（不同意对方法院协商意见的，写明：）不同意……（写明当事人及案由）一案由××××人民法院审理。该案应当由××××人民法院管辖。

联 系 人：……（写明姓名、部门、职务）

联系电话：……

联系地址：……

××××年××月××日
（院印）

【说　明】

1. 本样式根据《中华人民共和国民事诉讼法》第三十七条第二款以及《最高人民法院关于适用〈中华人民共和国民事诉讼法〉的解释》第四十一条制定，供高级人民法院在收到其他高级人民法院民事管辖协商函后，回复同意或者不同意对方意见用。

2. 案号类型代字为"民辖"。

3. 高级人民法院协商不成的，报请最高人民法院指定管辖。

【法律依据】

1.《中华人民共和国民事诉讼法》(2017 年 6 月 27 日)

第三十七条第二款　人民法院之间因管辖权发生争议,由争议双方协商解决;协商解决不了的,报请它们的共同上级人民法院指定管辖。

2.《最高人民法院关于适用〈中华人民共和国民事诉讼法〉的解释》(2020 年 12 月 29 日)

第四十一条　人民法院依照民事诉讼法第三十七条第二款规定指定管辖的,应当作出裁定。

对报请上级人民法院指定管辖的案件,下级人民法院应当中止审理。指定管辖裁定作出前,下级人民法院对案件作出判决、裁定的,上级人民法院应当在裁定指定管辖的同时,一并撤销下级人民法院的判决、裁定。

20. 案件移送函（向其他人民法院移送案件用）

××××人民法院
案件移送函

（××××）……民初……号

××××人民法院：

……（写明当事人及案由）一案，××××人民法院作出（××××）……民×……号民事裁定，该案由你院审理。现将该案移送你院，请查收。

联系人：……（写明姓名、部门、职务）

联系电话：……

联系地址：……

附件：……

××××年××月××日
（院印）

【说　明】

1. 本样式根据《中华人民共和国民事诉讼法》第三十六条、第三十七条、第三十八条、第一百二十七条第一款制定，供人民法院在受理案件后，向其他人民法院移送案件用。

2. 移送案件时，应将有关材料、证据作为本函的附件一并移送。

【法律依据】

《中华人民共和国民事诉讼法》（2017年6月27日）

第三十六条　人民法院发现受理的案件不属于本院管辖的，应当移送有管辖权的人民法院，受移送的人民法院应当受理。受移送的人民法院认为受移送的案件依照规定不属于本院管辖的,应当报请上级人民法院指定管辖,不得再自行移送。

第三十七条 有管辖权的人民法院由于特殊原因,不能行使管辖权的,由上级人民法院指定管辖。

人民法院之间因管辖权发生争议,由争议双方协商解决;协商解决不了的,报请它们的共同上级人民法院指定管辖。

第三十八条 上级人民法院有权审理下级人民法院管辖的第一审民事案件;确有必要将本院管辖的第一审民事案件交下级人民法院审理的,应当报请其上级人民法院批准。

下级人民法院对它所管辖的第一审民事案件,认为需要由上级人民法院审理的,可以报请上级人民法院审理。

第一百二十七条第一款 人民法院受理案件后,当事人对管辖权有异议的,应当在提交答辩状期间提出。人民法院对当事人提出的异议,应当审查。异议成立的,裁定将案件移送有管辖权的人民法院;异议不成立的,裁定驳回。

二、回　避

1. 决定书（申请回避用）

××××人民法院
决定书

（××××）……号

申请人：×××，……。

……

（以上写明申请人及其代理人的姓名或者名称等基本信息）

本院在审理/执行……（写明当事人及案由）一案中，×××于××××年××月××日申请……（写明被申请人的诉讼地位和姓名）回避。理由是：……（概述申请回避的理由）。

本院院长/审判委员会/本案审判长认为，……（写明准许或者驳回回避申请的理由）。

依照《中华人民共和国民事诉讼法》第四十七条规定，决定如下：

（准许回避申请的，写明：）准许×××提出的回避申请。

（驳回回避申请的，写明：）驳回×××提出的回避申请。

如不服本决定，可以在接到决定书时向本院申请复议一次。

××××年××月××日
（院印）

【说　明】

1. 本样式根据《中华人民共和国民事诉讼法》第四十四条至第四十七条以及《最高人民法院关于适用〈中华人民共和国民事诉讼法〉的解释》第四十三条至第四十九条制定，供人民法院决定准许或者驳回当事人的回避申请用。

2. 当事人提出回避申请，应当说明理由，在案件开始审理时提出；回避事由在案件开始审理后知道的，也可以在法庭辩论终结前提出。被申请回避的人员在人民法院作出是否回避的决定前，应当暂停参与本案的工作，但案件需要采取紧急措施的除外。

3. 被申请回避的人员包括参与本案审理的人民法院院长、副院长、审判委员会委员、庭长、副庭长、审判员、助理审判员、人民陪审员、书记员、翻译人员、鉴定人、勘验人。

4. 院长担任审判长时的回避，由审判委员会决定；审判人员的回避，由院长决定；其他人员的回避，由审判长决定。

5. 人民法院对当事人提出的回避申请，应当在申请提出的三日内，以口头或者书面形式作出决定。申请人对决定不服的，可以在接到决定时申请复议一次。

【法律依据】

1. 《中华人民共和国民事诉讼法》（2017 年 6 月 27 日）

第四十四条　审判人员有下列情形之一的，应当自行回避，当事人有权用口头或者书面方式申请他们回避：

（一）是本案当事人或者当事人、诉讼代理人近亲属的；

（二）与本案有利害关系的；

（三）与本案当事人、诉讼代理人有其他关系，可能影响对案件公正审理的。

审判人员接受当事人、诉讼代理人请客送礼，或者违反规定会见当事人、诉讼代理人的，当事人有权要求他们回避。

审判人员有前款规定的行为的，应当依法追究法律责任。

前三款规定，适用于书记员、翻译人员、鉴定人、勘验人。

第四十五条　当事人提出回避申请，应当说明理由，在案件开始审理时提出；回避事由在案件开始审理后知道的，也可以在法庭辩论终结前提出。

被申请回避的人员在人民法院作出是否回避的决定前，应当暂停参与本案的工作，但案件需要采取紧急措施的除外。

第四十六条 院长担任审判长时的回避，由审判委员会决定；审判人员的回避，由院长决定；其他人员的回避，由审判长决定。

第四十七条 人民法院对当事人提出的回避申请，应当在申请提出的三日内，以口头或者书面形式作出决定。申请人对决定不服的，可以在接到决定时申请复议一次。复议期间，被申请回避的人员，不停止参与本案的工作。人民法院对复议申请，应当在三日内作出复议决定，并通知复议申请人。

2.《最高人民法院关于适用〈中华人民共和国民事诉讼法〉的解释》（2020年12月29日）

第四十三条 审判人员有下列情形之一的，应当自行回避，当事人有权申请其回避：

（一）是本案当事人或者当事人近亲属的；

（二）本人或者其近亲属与本案有利害关系的；

（三）担任过本案的证人、鉴定人、辩护人、诉讼代理人、翻译人员的；

（四）是本案诉讼代理人近亲属的；

（五）本人或者其近亲属持有本案非上市公司当事人的股份或者股权的；

（六）与本案当事人或者诉讼代理人有其他利害关系，可能影响公正审理的。

第四十四条 审判人员有下列情形之一的，当事人有权申请其回避：

（一）接受本案当事人及其受托人宴请，或者参加由其支付费用的活动的；

（二）索取、接受本案当事人及其受托人财物或者其他利益的；

（三）违反规定会见本案当事人、诉讼代理人的；

（四）为本案当事人推荐、介绍诉讼代理人，或者为律师、其他人员介绍代理本案的；

（五）向本案当事人及其受托人借用款物的；

（六）有其他不正当行为，可能影响公正审理的。

第四十五条 在一个审判程序中参与过本案审判工作的审判人员，不得再参与该案其他程序的审判。

发回重审的案件，在一审法院作出裁判后又进入第二审程序的，原第二审程序中合议庭组成人员不受前款规定的限制。

第四十六条 审判人员有应当回避的情形，没有自行回避，当事人也没有申请其回避的，由院长或者审判委员会决定其回避。

第四十七条 人民法院应当依法告知当事人对合议庭组成人员、独任审判员和书记员等人员有申请回避的权利。

第四十八条 民事诉讼法第四十四条所称的审判人员，包括参与本案审理的人民法院院长、副院长、审判委员会委员、庭长、副庭长、审判员、助理审判员和人民陪审员。

第四十九条 书记员和执行员适用审判人员回避的有关规定。

2. 复议决定书（驳回回避申请复议用）

××××人民法院
复议决定书

（××××）……号

复议申请人：×××，……。

……

（以上写明复议申请人及其代理人的姓名或者名称等基本信息）

本院在审理/执行……（写明当事人及案由）一案中，×××申请……（写明被申请人的诉讼地位和姓名）回避。本院于××××年××月××日作出（××××）……号驳回回避申请的决定后，×××不服，申请复议。理由是：……（概述申请复议的理由）。

经复议，本院院长/本院审判委员会/本案审判长认为，……（写明驳回或准许复议申请的理由）。

依照《中华人民共和国民事诉讼法》第四十七条规定，决定如下：

（驳回复议申请的，写明：）驳回复议申请，维持原决定。

（准许复议申请的，写明：）

一、撤销本院××××年××月××日作出的（××××）……号驳回回避申请决定；

二、准许×××提出的回避申请。

本决定为最终决定。

××××年××月××日
（院印）

【说　明】

1. 本样式根据《中华人民共和国民事诉讼法》第四十四条至第四十七条以及《最高人民法院关于适用〈中华人民共和国民事诉讼法〉的解释》第四十三条至第四十九条制定，供人民法院决定驳回或者准许当事人的回避复议申请用。

2. 复议期间，被申请回避的人员，不停止参与本案的工作。人民法院对复议申请，应当在三日内作出复议决定，并通知复议申请人。

【法律依据】

1. 《中华人民共和国民事诉讼法》（2017年6月27日）

第四十四条　审判人员有下列情形之一的，应当自行回避，当事人有权用口头或者书面方式申请他们回避：

（一）是本案当事人或者当事人、诉讼代理人近亲属的；

（二）与本案有利害关系的；

（三）与本案当事人、诉讼代理人有其他关系，可能影响对案件公正审理的。

审判人员接受当事人、诉讼代理人请客送礼，或者违反规定会见当事人、诉讼代理人的，当事人有权要求他们回避。

审判人员有前款规定的行为的，应当依法追究法律责任。

前三款规定，适用于书记员、翻译人员、鉴定人、勘验人。

第四十五条　当事人提出回避申请，应当说明理由，在案件开始审理时提出；回避事由在案件开始审理后知道的，也可以在法庭辩论终结前提出。

被申请回避的人员在人民法院作出是否回避的决定前，应当暂停参与本案的工作，但案件需要采取紧急措施的除外。

第四十六条　院长担任审判长时的回避，由审判委员会决定；审判人员的回避，由院长决定；其他人员的回避，由审判长决定。

第四十七条　人民法院对当事人提出的回避申请，应当在申请提出的三日内，以口头或者书面形式作出决定。申请人对决定不服的，可以在接到决定时申请复议一次。复议期间，被申请回避的人员，不停止参与本案的工作。人民法院对复议申请，应当在三日内作出复议决定，并通知复议申请人。

2.《最高人民法院关于适用〈中华人民共和国民事诉讼法〉的解释》
(2020年12月29日)

第四十三条 审判人员有下列情形之一的,应当自行回避,当事人有权申请其回避:

(一)是本案当事人或者当事人近亲属的;

(二)本人或者其近亲属与本案有利害关系的;

(三)担任过本案的证人、鉴定人、辩护人、诉讼代理人、翻译人员的;

(四)是本案诉讼代理人近亲属的;

(五)本人或者其近亲属持有本案非上市公司当事人的股份或者股权的;

(六)与本案当事人或者诉讼代理人有其他利害关系,可能影响公正审理的。

第四十四条 审判人员有下列情形之一的,当事人有权申请其回避:

(一)接受本案当事人及其受托人宴请,或者参加由其支付费用的活动的;

(二)索取、接受本案当事人及其受托人财物或者其他利益的;

(三)违反规定会见本案当事人、诉讼代理人的;

(四)为本案当事人推荐、介绍诉讼代理人,或者为律师、其他人员介绍代理本案的;

(五)向本案当事人及其受托人借用款物的;

(六)有其他不正当行为,可能影响公正审理的。

第四十五条 在一个审判程序中参与过本案审判工作的审判人员,不得再参与该案其他程序的审判。

发回重审的案件,在一审法院作出裁判后又进入第二审程序的,原第二审程序中合议庭组成人员不受前款规定的限制。

第四十六条 审判人员有应当回避的情形,没有自行回避,当事人也没有申请其回避的,由院长或者审判委员会决定其回避。

第四十七条 人民法院应当依法告知当事人对合议庭组成人员、独任审判员和书记员等人员有申请回避的权利。

第四十八条 民事诉讼法第四十四条所称的审判人员,包括参与本案审理的人民法院院长、副院长、审判委员会委员、庭长、副庭长、审判员、助理审判员和人民陪审员。

第四十九条 书记员和执行员适用审判人员回避的有关规定。

三、诉讼参加人

1. 民事裁定书（变更当事人用）

××××人民法院
民事裁定书

（××××）……民×……号

申请人：×××，……。
　……

（以上写明申请人及其代理人的姓名或者名称等基本信息）

原告×××与被告×××、第三人×××……（写明案由）一案，本院于××××年××月××日立案。××××年××月××日，×××向本院提出申请变更当事人。

×××称，……（概述申请人替代当事人承担诉讼的事实和理由）。

本院经审查认为，……（写明准许变更当事人的理由）。

依照《中华人民共和国民事诉讼法》第一百五十四条第一款第十一项、《最高人民法院关于适用〈中华人民共和国民事诉讼法〉的解释》第二百四十九条、第二百五十条规定，裁定如下：

准许×××替代×××作为本案……（写明诉讼地位）参加诉讼，×××退出诉讼。

审　判　长　×××
审　判　员　×××
审　判　员　×××
××××年××月××日

(院印)

书　记　员　×××

【说　明】

1. 本样式根据《最高人民法院关于适用〈中华人民共和国民事诉讼法〉的解释》第二百四十九条、第二百五十条制定，供人民法院准许争议民事权利义务的受让人申请替代当事人承担诉讼，裁定变更当事人用。

2. 本裁定书案号用诉讼案件的类型代字。

3. 在诉讼中，争议的民事权利义务转移的，不影响当事人的诉讼主体资格和诉讼地位。人民法院作出的发生法律效力的判决、裁定对受让人具有拘束力。受让人申请以无独立请求权的第三人身份参加诉讼的，人民法院可予准许。受让人申请替代当事人承担诉讼的，人民法院可以根据案件的具体情况决定是否准许；不予准许的，可以追加其为无独立请求权的第三人。

4. 裁定变更当事人后，诉讼程序以受让人为当事人继续进行，原当事人应当退出诉讼。原当事人已经完成的诉讼行为对受让人具有拘束力。

【法律依据】

《最高人民法院关于适用〈中华人民共和国民事诉讼法〉的解释》（2020年12月29日）

第二百四十九条　在诉讼中，争议的民事权利义务转移的，不影响当事人的诉讼主体资格和诉讼地位。人民法院作出的发生法律效力的判决、裁定对受让人具有拘束力。

受让人申请以无独立请求权的第三人身份参加诉讼的，人民法院可予准许。受让人申请替代当事人承担诉讼的，人民法院可以根据案件的具体情况决定是否准许；不予准许的，可以追加其为无独立请求权的第三人。

第二百五十条　依照本解释第二百四十九条规定，人民法院准许受让人替代当事人承担诉讼的，裁定变更当事人。

变更当事人后，诉讼程序以受让人为当事人继续进行，原当事人应当退出诉讼。原当事人已经完成的诉讼行为对受让人具有拘束力。

2. 民事裁定书（未参加登记的权利人适用生效判决或裁定用）

××××人民法院
民事裁定书

（××××）……民初……号

原告：×××，……。

……

被告：×××，……。

……

（以上写明当事人和其他诉讼参加人的姓名或者名称等基本信息）

……（写明当事人及案由）一案，本院于××××年××月××日立案后，依法进行了审查。

现已审查终结。

×××向本院提出诉讼请求：1.……2.……（明确原告的诉讼请求）。事实和理由：……（概述原告主张的事实和理由）。

本院认为，本案诉讼标的与本院（××××）……民×……号民事判决/裁定一案的诉讼标的是同一种类。由于该案当事人一方人数众多在起诉时人数尚未确定，本院于××××年××月××日发出公告，说明案件情况和诉讼请求，通知权利人于××××年××月××日前向本院登记。原告未在规定期限内向本院进行登记，但于××××年××月××日在诉讼时效期间提起诉讼，依法应当适用该判决/裁定。

依照《中华人民共和国民事诉讼法》第五十四条、第一百五十四条第一款第十一项、《最高人民法院关于适用〈中华人民共和国民事诉讼法〉的解释》第八十条规定，裁定如下：

本案适用本院（××××）……民×……号民事判决/裁定。

申请费……元，由……负担（写明当事人姓名或者名称、负担金额）。

本裁定一经作出即生效。

审　判　长　×××
审　判　员　×××
审　判　员　×××
××××年××月××日
（院印）
书　记　员　×××

【说　明】

1. 本样式根据《中华人民共和国民事诉讼法》第五十四条以及《最高人民法院关于适用〈中华人民共和国民事诉讼法〉的解释》第八十条制定，供人民法院经审理认定未参加诉讼登记的权利人提起诉讼的请求成立，裁定适用人民法院已作出的判决、裁定用。

2. 标题中的案号为新提起诉讼的案件案号。

3. 本裁定一经作出即生效。

【法律依据】

1. 《中华人民共和国民事诉讼法》（2017年6月27日）

第五十四条　诉讼标的是同一种类、当事人一方人数众多在起诉时人数尚未确定的，人民法院可以发出公告，说明案件情况和诉讼请求，通知权利人在一定期间向人民法院登记。

向人民法院登记的权利人可以推选代表人进行诉讼；推选不出代表人的，人民法院可以与参加登记的权利人商定代表人。

代表人的诉讼行为对其所代表的当事人发生效力，但代表人变更、放弃诉讼请求或者承认对方当事人的诉讼请求，进行和解，必须经被代表的当事人同意。

人民法院作出的判决、裁定，对参加登记的全体权利人发生效力。未参加登记的权利人在诉讼时效期间提起诉讼的，适用该判决、裁定。

2. 《最高人民法院关于适用〈中华人民共和国民事诉讼法〉的解释》（2020年12月29日）

第八十条　根据民事诉讼法第五十四条规定向人民法院登记的权利人，应当证明其与对方当事人的法律关系和所受到的损害。证明不了的，不予登记，权利人可以另行起诉。人民法院的裁判在登记的范围内执行。未参加登记的权利人提起诉讼，人民法院认定其请求成立的，裁定适用人民法院已作出的判决、裁定。

四、证　　据

1. 民事裁定书（申请书证提出命令用）

××××人民法院
民事裁定书

（××××）……民×……号

申请人：×××，……。
……
被申请人：×××，……。
……
（以上写明申请人、被申请人及其代理人的姓名或者名称等基本信息）

　　……（写明当事人及案由）一案，本院于××××年××月××日立案。申请人×××向本院提出书面申请，请求本院责令×××提交……（写明证据名称），以证明……（写明证明对象）。

　　本院经审查认为，……（写明准许或者驳回书证提出命令申请的理由）。

　　依照《中华人民共和国民事诉讼法》第六十四条、第一百五十四条第一款第十一项、《最高人民法院关于适用〈中华人民共和国民事诉讼法〉的解释》第一百一十二条规定，裁定如下：

　　（准许申请的，写明:)

　　×××于××××年××月××日前向本院提交……。

　　无正当理由拒不提交的，本院可以认定申请人主张的书证内容为真实。

　　（驳回申请的，写明:)

驳回×××的申请。

　　　　　　　　　　　　　　　审　判　长　×××
　　　　　　　　　　　　　　　审　判　员　×××
　　　　　　　　　　　　　　　审　判　员　×××
　　　　　　　　　　　　　　　××××年××月××日
　　　　　　　　　　　　　　　　　（院印）
　　　　　　　　　　　　　　　书　记　员　×××

【说　明】

1. 本样式根据《中华人民共和国民事诉讼法》第六十四条、第一百五十四条第一款第十一项以及《最高人民法院关于适用〈中华人民共和国民事诉讼法〉的解释》第一百一十二条制定，供人民法院审查书证提出命令申请后，裁定准许或者驳回书证提出命令申请用。

2. 本裁定书案号用诉讼案件的类型代字。

3. 申请理由成立的，人民法院应当责令对方当事人提交，因提交书证所产生的费用，由申请人负担。对方当事人无正当理由拒不提交的，人民法院可以认定申请人所主张的书证内容为真实。

【法律依据】

1. 《中华人民共和国民事诉讼法》（2017年6月27日）

第六十四条　当事人对自己提出的主张，有责任提供证据。

当事人及其诉讼代理人因客观原因不能自行收集的证据，或者人民法院认为审理案件需要的证据，人民法院应当调查收集。

人民法院应当按照法定程序，全面地、客观地审查核实证据。

第一百五十四条　裁定适用于下列范围：

（一）不予受理；

（二）对管辖权有异议的；

（三）驳回起诉；

（四）保全和先予执行；

（五）准许或者不准许撤诉；

（六）中止或者终结诉讼；

（七）补正判决书中的笔误；

（八）中止或者终结执行；

（九）撤销或者不予执行仲裁裁决；

（十）不予执行公证机关赋予强制执行效力的债权文书；

（十一）其他需要裁定解决的事项。

对前款第一项至第三项裁定，可以上诉。

裁定书应当写明裁定结果和作出该裁定的理由。裁定书由审判人员、书记员署名，加盖人民法院印章。口头裁定的，记入笔录。

2.《最高人民法院关于适用〈中华人民共和国民事诉讼法〉的解释》（2020 年 12 月 29 日）

第一百一十二条 书证在对方当事人控制之下的，承担举证证明责任的当事人可以在举证期限届满前书面申请人民法院责令对方当事人提交。

申请理由成立的，人民法院应当责令对方当事人提交，因提交书证所产生的费用，由申请人负担。对方当事人无正当理由拒不提交的，人民法院可以认定申请人所主张的书证内容为真实。

2. 民事裁定书（申请返还鉴定费用用）

××××人民法院
民事裁定书

（××××）……民×……号

申请人：×××，……。

……

被申请人：×××，……。

……

（以上写明申请人、被申请人及其代理人的姓名或者名称等基本信息）

……（写明当事人及案由）一案，本院于××××年××月××日立案。×××向本院提出申请，……（概述主张鉴定人返还鉴定费用的请求、事实和理由）。

本院经审查认为，……（写明准许或者驳回返还鉴定费用申请的理由）。

依照《中华人民共和国民事诉讼法》第七十八条、第一百五十四条第一款第十一项规定，裁定如下：

（准许申请的，写明：）×××于××××年××月××日前返还×××鉴定费用……元。

（驳回申请的，写明：）驳回×××的申请。

审　判　长　×××
审　判　员　×××
审　判　员　×××
××××年××月××日
（院印）
书　记　员　×××

【说　明】

1. 本样式根据《中华人民共和国民事诉讼法》第七十八条、第一百五十四条第一款第十一项制定，供人民法院对于当事人申请返还鉴定费用，裁定准许或者驳回申请用。

2. 本裁定书案号用诉讼案件的类型代字。

【法律依据】

《中华人民共和国民事诉讼法》（2017 年 6 月 27 日）

第七十八条　当事人对鉴定意见有异议或者人民法院认为鉴定人有必要出庭的，鉴定人应当出庭作证。经人民法院通知，鉴定人拒不出庭作证的，鉴定意见不得作为认定事实的根据；支付鉴定费用的当事人可以要求返还鉴定费用。

第一百五十四条　裁定适用于下列范围：

（一）不予受理；

（二）对管辖权有异议的；

（三）驳回起诉；

（四）保全和先予执行；

（五）准许或者不准许撤诉；

（六）中止或者终结诉讼；

（七）补正判决书中的笔误；

（八）中止或者终结执行；

（九）撤销或者不予执行仲裁裁决；

（十）不予执行公证机关赋予强制执行效力的债权文书；

（十一）其他需要裁定解决的事项。

对前款第一项至第三项裁定，可以上诉。

裁定书应当写明裁定结果和作出该裁定的理由。裁定书由审判人员、书记员署名，加盖人民法院印章。口头裁定的，记入笔录。

3. 民事裁定书（诉前证据保全用）

××××人民法院
民事裁定书

（××××）……证保……号

申请人：×××，……。
……
被申请人：×××，……。
……
担保人：×××，……。

（以上写明申请人、被申请人及其代理人的姓名或者名称等基本信息，如有担保人的应一并写明其基本信息）

申请人×××于××××年××月××日向本院申请诉前保全证据，请求……（写明证据保全措施），并以本人/担保人×××的……（写明担保财产的名称、数量或者数额、所在地点等）提供担保。

本院认为，因情况紧急，在证据可能灭失或者以后难以取得的情况下，利害关系人可以在提起诉讼前向证据所在地、被申请人住所地或者对案件有管辖权的人民法院申请保全证据。申请人×××的申请符合法律规定。

依照《中华人民共和国民事诉讼法》第八十一条第二款、第三款，第一百零一条第一款，第一百五十四条第一款第四项规定，裁定如下：

……（写明证据保全措施）。

如不服本裁定，可以自收到裁定书之日起五日内向本院申请复议一次。复议期间不停止裁定的执行。

申请人在人民法院采取保全措施后三十日内不依法提起诉讼的，本院将依法解除保全。

审 判 长 ×××
审 判 员 ×××

审　判　员　×××

××××年××月××日

（院印）

书　记　员　×××

【说　明】

1. 本样式根据《中华人民共和国民事诉讼法》第八十一条第二款、第三款，第一百零一条第一款，第一百五十四条第一款第四项制定，供人民法院在当事人申请诉前证据保全后，经审查符合法定条件的，裁定采取证据保全措施用。

2. 案号类型代字为"证保"。

3. 因情况紧急，在证据可能灭失或者以后难以取得的情况下，利害关系人可以在提起诉讼前向证据所在地、被申请人住所地或者对案件有管辖权的人民法院申请保全证。

【法律依据】

《中华人民共和国民事诉讼法》（2017 年 6 月 27 日）

第八十一条第二款、第三款　因情况紧急，在证据可能灭失或者以后难以取得的情况下，利害关系人可以在提起诉讼或者申请仲裁前向证据所在地、被申请人住所地或者对案件有管辖权的人民法院申请保全证据。

证据保全的其他程序，参照适用本法第九章保全的有关规定。

第一百五十四条第一款　裁定适用于下列范围：

（一）不予受理；

（二）对管辖权有异议的；

（三）驳回起诉；

（四）保全和先予执行；

（五）准许或者不准许撤诉；

（六）中止或者终结诉讼；

（七）补正判决书中的笔误；

（八）中止或者终结执行；

（九）撤销或者不予执行仲裁裁决；

（十）不予执行公证机关赋予强制执行效力的债权文书；

（十一）其他需要裁定解决的事项。

4. 民事裁定书（诉讼证据保全用）

××××人民法院
民事裁定书

（××××）……民×……号

申请人：×××，……。

……

被申请人：×××，……。

……

担保人：×××，……。

（以上写明申请人、被申请人及其代理人的姓名或者名称等基本信息，如有担保人的应一并写明其基本信息）

……（写明当事人及案由）一案，申请人×××于××××年××月××日向本院申请保全证据，请求……（写明证据保全措施），并以本人/担保人×××的……（写明担保财产名称、数量或者数额、所在地点等）提供担保。

本院经审查认为，在证据可能灭失或者以后难以取得的情况下，当事人可以在诉讼过程中向人民法院申请保全证据。申请人×××的申请符合法律规定。

依照《中华人民共和国民事诉讼法》第八十一条第一款、第三款，第一百条第一款，第一百五十四条第一款第四项规定，裁定如下：

……（写明证据保全措施）。

如不服本裁定，可以自收到裁定书之日起五日内向本院申请复议一次。复议期间不停止裁定的执行。

审　判　长　×××
审　判　员　×××
审　判　员　×××
××××年××月××日

(院印)
　　　　　　　　　　　书　记　员　×××

【说　明】

1. 本样式根据《中华人民共和国民事诉讼法》第八十一条第一款、第三款，第一百条第一款，第一百五十四条第一款第四项制定，供人民法院在当事人申请保全证据后，经审查符合法定条件，裁定采取证据保全措施用。

2. 本裁定书案号用诉讼案件的类型代字。

3. 在证据可能灭失或者以后难以取得的情况下，当事人可以在诉讼过程中向人民法院申请保全证据。

【法律依据】

《中华人民共和国民事诉讼法》（2017年6月27日）

第八十一条第一款、第三款　在证据可能灭失或者以后难以取得的情况下，当事人可以在诉讼过程中向人民法院申请保全证据，人民法院也可以主动采取保全措施。

证据保全的其他程序，参照适用本法第九章保全的有关规定。

第一百条第一款　人民法院对于可能因当事人一方的行为或者其他原因，使判决难以执行或者造成当事人其他损害的案件，根据对方当事人的申请，可以裁定对其财产进行保全、责令其作出一定行为或者禁止其作出一定行为；当事人没有提出申请的，人民法院在必要时也可以裁定采取保全措施。

第一百五十四条第一款　裁定适用于下列范围：

（一）不予受理；

（二）对管辖权有异议的；

（三）驳回起诉；

（四）保全和先予执行；

（五）准许或者不准许撤诉；

（六）中止或者终结诉讼；

（七）补正判决书中的笔误；

（八）中止或者终结执行；

（九）撤销或者不予执行仲裁裁决；

（十）不予执行公证机关赋予强制执行效力的债权文书；

（十一）其他需要裁定解决的事项。

5. **民事裁定书**（仲裁前证据保全用）

××××人民法院
民事裁定书

（××××）……证保……号

申请人：×××，……。
……
被申请人：×××，……。
……
担保人：×××，……。

（以上写明申请人、被申请人及其代理人的姓名或者名称等基本信息，如有担保人的应一并写明其基本信息）

申请人×××于××××年××月××日向本院申请仲裁前保全证据，请求……（写明证据保全措施），并以本人/担保人×××的……（写明担保财产名称、数量或者数额、所在地点等）提供担保。

本院认为，因情况紧急，在证据可能灭失或者以后难以取得的情况下，利害关系人可以在申请仲裁前向证据所在地、被申请人住所地或者对案件有管辖权的人民法院申请保全证据。申请人×××的申请符合法律规定。

依照《中华人民共和国民事诉讼法》第八十一条第二款、第三款，第一百零一条第一款，第一百五十四条第一款第四项规定，裁定如下：

……（写明证据保全措施）。

如不服本裁定，可以自收到裁定书之日起五日内向本院申请复议一次。复议期间不停止裁定的执行。

申请人在人民法院采取保全措施后三十日内不依法申请仲裁的，本院将依法解除保全。

审　判　长　×××
审　判　员　×××

审 判 员 ×××
××××年××月××日
（院印）
书 记 员 ×××

【说　明】

本样式根据《中华人民共和国民事诉讼法》第八十一条第二款、第三款，第一百零一条第一款，第一百五十四条第一款第四项制定，供人民法院在当事人申请仲裁前申请保全证据，经审查符合法定条件，裁定采取证据保全措施时用。

【法律依据】

《中华人民共和国民事诉讼法》（2017年6月27日）

第八十一条第二款、第三款　因情况紧急，在证据可能灭失或者以后难以取得的情况下，利害关系人可以在提起诉讼或者申请仲裁前向证据所在地、被申请人住所地或者对案件有管辖权的人民法院申请保全证据。

证据保全的其他程序，参照适用本法第九章保全的有关规定。

第一百零一条第一款　利害关系人因情况紧急，不立即申请保全将会使其合法权益受到难以弥补的损害的，可以在提起诉讼或者申请仲裁前向被保全财产所在地、被申请人住所地或者对案件有管辖权的人民法院申请采取保全措施。申请人应当提供担保，不提供担保的，裁定驳回申请。

第一百五十四条第一款　裁定适用于下列范围：

（一）不予受理；

（二）对管辖权有异议的；

（三）驳回起诉；

（四）保全和先予执行；

（五）准许或者不准许撤诉；

（六）中止或者终结诉讼；

（七）补正判决书中的笔误；

（八）中止或者终结执行；

（九）撤销或者不予执行仲裁裁决；

（十）不予执行公证机关赋予强制执行效力的债权文书；

（十一）其他需要裁定解决的事项。

6. 民事裁定书（解除证据保全用）

××××人民法院
民事裁定书

（××××）……证保……号

申请人：×××，……。

……

（以上写明申请人及其代理人的姓名或者名称等基本信息）

……（写明当事人及案由）一案，××××法院于××××年××月××日作出（××××）……号民事裁定：……（写明裁定主文）。

本院经审查认为，……（写明解除证据保全措施的事实和理由）。

依照《中华人民共和国民事诉讼法》第一百零一条第三款/《最高人民法院关于适用〈中华人民共和国民事诉讼法〉的解释》第一百六十六条第一款第×项规定，裁定如下：

解除对被保全人×××的……（写明保全对象名称）的保全措施。

本裁定书送达后立即执行。

审　判　长　×××
审　判　员　×××
审　判　员　×××
××××年××月××日
（院印）
书　记　员　×××

【说　明】

1. 本样式根据《中华人民共和国民事诉讼法》第一百零一条第三款以及《最高人民法院关于适用〈中华人民共和国民事诉讼法〉的解释》第一百六十六条制定，供人民法院在采取保全措施后，具备法定情形时，裁定解除保全措施用。

2. 人民法院裁定采取保全措施后，除作出保全裁定的人民法院自行解除或者其上级人民法院决定解除外，在保全期限内，任何单位不得解除保全措施。

3. 申请人在人民法院采取保全措施后三十日内不依法提起诉讼或者申请仲裁的，人民法院应当解除保全。

4. 裁定采取保全措施后，有下列情形之一的，人民法院应当作出解除保全裁定：（1）保全错误的；（2）申请人撤回保全申请的；（3）申请人的起诉或者诉讼请求被生效裁判驳回的；（4）人民法院认为应当解除保全的其他情形。

5. 解除以登记方式实施的保全措施的，应当向登记机关发出协助执行通知书。

【法律依据】

1.《中华人民共和国民事诉讼法》（2017 年 6 月 27 日）

第一百零一条第三款　申请人在人民法院采取保全措施后三十日内不依法提起诉讼或者申请仲裁的，人民法院应当解除保全。

2.《最高人民法院关于适用〈中华人民共和国民事诉讼法〉的解释》（2020 年 12 月 29 日）

第一百六十六条　裁定采取保全措施后，有下列情形之一的，人民法院应当作出解除保全裁定：

（一）保全错误的；

（二）申请人撤回保全申请的；

（三）申请人的起诉或者诉讼请求被生效裁判驳回的；

（四）人民法院认为应当解除保全的其他情形。

解除以登记方式实施的保全措施的，应当向登记机关发出协助执行通知书。

7. 举证通知书（通知当事人用）

××××人民法院
举证通知书

（××××）……民×……号

×××：

　　……（写明当事人及案由）一案，本院依照《中华人民共和国民事诉讼法》第六十五条、《最高人民法院关于适用〈中华人民共和国民事诉讼法〉的解释》第九十九条规定，指定本案的举证期限至××××年××月××日届满。（当事人协商一致的，写明：你方与×××协商一致，确定本案的举证期限至××××年××月××日届满，本院予以准许。）你方应当在该期限前向本院提交证据，逾期提交，将承担相应的不利后果。

　　特此通知。

××××年××月××日
（院印）

【说　明】

　　1. 本样式根据《中华人民共和国民事诉讼法》第六十五条以及《最高人民法院关于适用〈中华人民共和国民事诉讼法〉的解释》第九十九条制定，供人民法院在审理前的准备阶段确定当事人的举证期限后，通知当事人用。

　　2. 本通知书送达各方当事人。

　　3. 举证期限可以由当事人协商，并经人民法院准许。

　　4. 人民法院确定举证期限，第一审普通程序案件不得少于十五日，当事人提供新的证据的第二审案件不得少于十日。

　　5. 举证期限届满后，当事人对已经提供的证据，申请提供反驳证据或者对证据来源、形式等方面的瑕疵进行补正的，人民法院可以酌情再次确定举证期限，该期限不受上述规定的限制。

【法律依据】

1. 《中华人民共和国民事诉讼法》（2017年6月27日）

第六十五条　当事人对自己提出的主张应当及时提供证据。

人民法院根据当事人的主张和案件审理情况，确定当事人应当提供的证据及其期限。当事人在该期限内提供证据确有困难的，可以向人民法院申请延长期限，人民法院根据当事人的申请适当延长。当事人逾期提供证据的，人民法院应当责令其说明理由；拒不说明理由或者理由不成立的，人民法院根据不同情形可以不予采纳该证据，或者采纳该证据但予以训诫、罚款。

2. 《最高人民法院关于适用〈中华人民共和国民事诉讼法〉的解释》（2020年12月29日）

第九十九条　人民法院应当在审理前的准备阶段确定当事人的举证期限。举证期限可以由当事人协商，并经人民法院准许。

人民法院确定举证期限，第一审普通程序案件不得少于十五日，当事人提供新的证据的第二审案件不得少于十日。

举证期限届满后，当事人对已经提供的证据，申请提供反驳证据或者对证据来源、形式等方面的瑕疵进行补正的，人民法院可以酌情再次确定举证期限，该期限不受前款规定的限制。

8. 准许延长举证期限通知书（通知当事人用）

××××人民法院
准许延长举证期限通知书

（××××）……民×……号

×××：

……（写明当事人及案由）一案，×××于××××年××月××日以……（写明申请延长举证期限的理由），在举证期限内提交证据确有困难为由，向本院申请延期举证。

经审查，×××的申请符合《中华人民共和国民事诉讼法》第六十五条第二款、《最高人民法院关于适用〈中华人民共和国民事诉讼法〉的解释》第一百条规定，本院准许你方延长本案举证期限至××××年××月××日。

特此通知。

××××年××月××日

（院印）

【说　明】

1. 本样式根据《中华人民共和国民事诉讼法》第六十五条第二款以及《最高人民法院关于适用〈中华人民共和国民事诉讼法〉的解释》第一百条制定，供人民法院在当事人申请延长举证期限后，通知当事人准许延长举证期限用。

2. 本通知书送达申请人和其他当事人。

【法律依据】

1.《中华人民共和国民事诉讼法》（2017年6月27日）

第六十五条第二款　人民法院根据当事人的主张和案件审理情况，确定当事人应当提供的证据及其期限。当事人在该期限内提供证据确有困难的,可以向人民法院申请延长期限,人民法院根据当事人的申请适当延长。当事人逾期提供证据的,人民法院应当责令其说明理由;拒不说明理由或者理由不成立的,人民法院根据不同情形可以不予采纳该证据,或者采纳该证据但予以训诫、罚款。

2.《最高人民法院关于适用〈中华人民共和国民事诉讼法〉的解释》(2020年12月29日)

第一百条 当事人申请延长举证期限的,应当在举证期限届满前向人民法院提出书面申请。

申请理由成立的,人民法院应当准许,适当延长举证期限,并通知其他当事人。延长的举证期限适用于其他当事人。

申请理由不成立的,人民法院不予准许,并通知申请人。

9. 不准许延长举证期限通知书（通知申请人用）

××××人民法院
不准许延长举证期限通知书

（××××）……民×……号

×××：

　　……（写明当事人及案由）一案，你方于××××年××月××日以……（写明申请延长举证期限的理由），在举证期限内提交证据确有困难为由，向本院申请延期举证。

　　经审查，你方的申请不符合《中华人民共和国民事诉讼法》第六十五条第二款、《最高人民法院关于适用〈中华人民共和国民事诉讼法〉的解释》第一百条规定，本院不予准许。

　　特此通知。

××××年××月××日
（院印）

【说　明】

　　1. 本样式根据《中华人民共和国民事诉讼法》第六十五条第二款以及《最高人民法院关于适用〈中华人民共和国民事诉讼法〉的解释》第一百条制定，供人民法院在当事人申请延长举证期限后，通知申请人不准许延长举证期限用。

　　2. 本通知书只送达申请人，不送达其他当事人。

【法律依据】

　　1.《中华人民共和国民事诉讼法》（2017年6月27日）

　　第六十五条第二款　人民法院根据当事人的主张和案件审理情况，确定当事人应当提供的证据及其期限。当事人在该期限内提供证据确有困难的，可以向人民法院申请延长期限，人民法院根据当事人的申请适当延长。当事人逾期提供证据的，人民法院应当责令其说明理由；拒不说明理由或者理由不成立的，人民法院根据不同情形可以不予采纳该证据，或者采纳该证据但予以训诫、罚款。

2.《最高人民法院关于适用〈中华人民共和国民事诉讼法〉的解释》（2020年12月29日）

第一百条 当事人申请延长举证期限的，应当在举证期限届满前向人民法院提出书面申请。

申请理由成立的，人民法院应当准许，适当延长举证期限，并通知其他当事人。延长的举证期限适用于其他当事人。

申请理由不成立的，人民法院不予准许，并通知申请人。

10. 准许调查收集证据申请通知书（通知当事人用）

××××人民法院
准许调查收集证据申请通知书

（××××）……民×……号

×××：

　　……（写明当事人及案由）一案，×××于××××年××月××日向本院书面申请调查收集……（写明当事人申请调查收集的证据名称）。

　　经审查，×××的申请符合《中华人民共和国民事诉讼法》第六十四条第二款和《最高人民法院关于适用〈中华人民共和国民事诉讼法〉的解释》第九十四条规定，本院予以准许。

　　特此通知。

××××年××月××日
（院印）

【说　明】

　　1. 本样式根据《中华人民共和国民事诉讼法》第六十四条第二款以及《最高人民法院关于适用〈中华人民共和国民事诉讼法〉的解释》第九十四条制定，供人民法院在当事人书面申请人民法院调查收集证据后，通知当事人准许调查收集证据申请用。

　　2. 本通知书送达申请人和其他当事人。

【法律依据】

　　1.《中华人民共和国民事诉讼法》（2017年6月27日）

　　第六十四条　当事人对自己提出的主张，有责任提供证据。

　　当事人及其诉讼代理人因客观原因不能自行收集的证据，或者人民法院认为审理案件需要的证据，人民法院应当调查收集。

人民法院应当按照法定程序，全面地、客观地审查核实证据。

2.《最高人民法院关于适用〈中华人民共和国民事诉讼法〉的解释》（2020年12月29日）

第九十四条 民事诉讼法第六十四条第二款规定的当事人及其诉讼代理人因客观原因不能自行收集的证据包括：

（一）证据由国家有关部门保存，当事人及其诉讼代理人无权查阅调取的；

（二）涉及国家秘密、商业秘密或者个人隐私的；

（三）当事人及其诉讼代理人因客观原因不能自行收集的其他证据。

当事人及其诉讼代理人因客观原因不能自行收集的证据，可以在举证期限届满前书面申请人民法院调查收集。

11. 不准许调查收集证据申请通知书（通知申请人用）

××××人民法院
不准许调查收集证据申请通知书

（××××）……民×……号

×××：

……（写明当事人及案由）一案，你方于××××年××月××日向本院书面申请调查收集……（写明当事人申请调查收集的证据名称）。

经审查，你方的申请不符合《中华人民共和国民事诉讼法》第六十四条第二款和《最高人民法院关于适用〈中华人民共和国民事诉讼法〉的解释》第九十四条规定/你方的申请属于《最高人民法院关于适用〈中华人民共和国民事诉讼法〉的解释》第九十五条规定情形。本院不予准许。

特此通知。

××××年××月××日
（院印）

【说 明】

1. 本样式根据《中华人民共和国民事诉讼法》第六十四条第二款以及《最高人民法院关于适用〈中华人民共和国民事诉讼法〉的解释》第九十四条、第九十五条制定，供人民法院在当事人书面申请人民法院调查收集证据后，通知申请人不准许调查收集证据申请用。

2. 本通知书只送达申请人，不送达其他当事人。

【法律依据】

1.《中华人民共和国民事诉讼法》（2017年6月27日）

第六十四条第二款 当事人及其诉讼代理人因客观原因不能自行收集的

证据，或者人民法院认为审理案件需要的证据，人民法院应当调查收集。

2.《最高人民法院关于适用〈中华人民共和国民事诉讼法〉的解释》（2020年12月29日）

第九十四条 民事诉讼法第六十四条第二款规定的当事人及其诉讼代理人因客观原因不能自行收集的证据包括：

（一）证据由国家有关部门保存，当事人及其诉讼代理人无权查阅调取的；

（二）涉及国家秘密、商业秘密或者个人隐私的；

（三）当事人及其诉讼代理人因客观原因不能自行收集的其他证据。

当事人及其诉讼代理人因客观原因不能自行收集的证据，可以在举证期限届满前书面申请人民法院调查收集。

第九十五条 当事人申请调查收集的证据，与待证事实无关联、对证明待证事实无意义或者其他无调查收集必要的，人民法院不予准许。

12. 准许具有专门知识的人出庭通知书（通知当事人用）

××××人民法院
准许具有专门知识的人出庭通知书

（××××）……民×……号

×××：

……（写明当事人及案由）一案，×××于××××年××月××日向本院申请×××作为具有专门知识的人出庭，就……（鉴定意见或者专业问题）提出意见。

经审查，×××的申请符合《中华人民共和国民事诉讼法》第七十九条、《最高人民法院关于适用〈中华人民共和国民事诉讼法〉的解释》第一百二十二条规定，本院予以准许。相关费用由申请人负担。

特此通知。

××××年××月××日

（院印）

【说　明】

1. 本样式根据《中华人民共和国民事诉讼法》第七十九条以及《最高人民法院关于适用〈中华人民共和国民事诉讼法〉的解释》第一百二十二条制定，供人民法院在当事人申请具有专门知识的人出庭后，通知申请人准许具有专门知识的人出庭用。

2. 本通知书送达申请人并告知其他当事人。

【法律依据】

1.《中华人民共和国民事诉讼法》（2017年6月27日）

第七十九条　当事人可以申请人民法院通知有专门知识的人出庭，就鉴定人作出的鉴定意见或者专业问题提出意见。

2.《最高人民法院关于适用〈中华人民共和国民事诉讼法〉的解释》(2020年12月29日)

第一百二十二条 当事人可以依照民事诉讼法第七十九条的规定，在举证期限届满前申请一至二名具有专门知识的人出庭，代表当事人对鉴定意见进行质证，或者对案件事实所涉及的专业问题提出意见。

具有专门知识的人在法庭上就专业问题提出的意见，视为当事人的陈述。

人民法院准许当事人申请的，相关费用由提出申请的当事人负担。

13. 不准许具有专门知识的人出庭通知书（通知申请人用）

××××人民法院
不准许具有专门知识的人出庭通知书

（××××）……民×……号

×××：

　　……（写明当事人及案由）一案，你于××××年××月××日向本院申请×××作为具有专门知识的人出庭，就……（鉴定意见或者专业问题）提出意见。

　　经审查，你的申请不符合《中华人民共和国民事诉讼法》第七十九条、《最高人民法院关于适用〈中华人民共和国民事诉讼法〉的解释》第一百二十二条规定，本院不予准许。

　　特此通知。

××××年××月××日
（院印）

【说　明】

　　1. 本样式根据《中华人民共和国民事诉讼法》第七十九条以及《最高人民法院关于适用〈中华人民共和国民事诉讼法〉的解释》第一百二十二条制定，供人民法院在当事人申请具有专门知识的人出庭后，通知申请人不准许具有专门知识的人出庭用。

　　2. 本通知书只送达申请人。

【法律依据】

　　1.《中华人民共和国民事诉讼法》（2017年6月27日）

　　第七十九条　当事人可以申请人民法院通知有专门知识的人出庭，就鉴定人作出的鉴定意见或者专业问题提出意见。

2.《最高人民法院关于适用〈中华人民共和国民事诉讼法〉的解释》（2020年12月29日）

第一百二十二条 当事人可以依照民事诉讼法第七十九条的规定，在举证期限届满前申请一至二名具有专门知识的人出庭，代表当事人对鉴定意见进行质证，或者对案件事实所涉及的专业问题提出意见。

具有专门知识的人在法庭上就专业问题提出的意见，视为当事人的陈述。

人民法院准许当事人申请的，相关费用由提出申请的当事人负担。

14. **出庭通知书**（通知证人出庭作证用）

××××人民法院
出庭通知书

（××××）……民×……号

×××：
　　……（写明当事人及案由）一案，本院根据当事人申请/依职权通知你出庭作证。你应于××××年××月××日××时××分携带有效身份证明到……（证人作证的地点）出庭。现将有关事项通知如下：
　　一、凡是知道案件情况的单位和个人，都有义务出庭作证。
　　二、证人应当客观陈述亲身感知的事实，不得使用猜测、推断或者评论性的语言，不得宣读事先准备的书面证言。
　　三、证人应当如实作证，并如实回答审判人员和当事人的询问，作伪证的，应承担相应的法律责任。
　　四、证人不得旁听法庭审理，不得与当事人和其他证人交换意见。
　　五、证人的合法权利受法律保护。
　　联 系 人：……（写明姓名、部门、职务）
　　联系电话：……
　　联系地址：……
　　特此通知。

××××年××月××日
（院印）

【说　明】

　　1. 本样式根据《中华人民共和国民事诉讼法》第七十二条、第七十三条以及《最高人民法院关于适用〈中华人民共和国民事诉讼法〉的解释》第一百一十五条、第一百一十七条制定,供人民法院根据当事人申请或者依职权通知证人出庭作证用。

2. 凡是知道案件情况的单位和个人,都有义务出庭作证。有关单位的负责人应当支持证人作证。不能正确表达意思的人,不能作证。

【法律依据】

1.《中华人民共和国民事诉讼法》(2017 年 6 月 27 日)

第七十二条 凡是知道案件情况的单位和个人,都有义务出庭作证。有关单位的负责人应当支持证人作证。

不能正确表达意思的人,不能作证。

第七十三条 经人民法院通知,证人应当出庭作证。有下列情形之一的,经人民法院许可,可以通过书面证言、视听传输技术或者视听资料等方式作证:

(一)因健康原因不能出庭的;

(二)因路途遥远,交通不便不能出庭的;

(三)因自然灾害等不可抗力不能出庭的;

(四)其他有正当理由不能出庭的。

2.《最高人民法院关于适用〈中华人民共和国民事诉讼法〉的解释》(2020 年 12 月 29 日)

第一百一十五条 单位向人民法院提出的证明材料,应当由单位负责人及制作证明材料的人员签名或者盖章,并加盖单位印章。人民法院就单位出具的证明材料,可以向单位及制作证明材料的人员进行调查核实。必要时,可以要求制作证明材料的人员出庭作证。

单位及制作证明材料的人员拒绝人民法院调查核实,或者制作证明材料的人员无正当理由拒绝出庭作证的,该证明材料不得作为认定案件事实的根据。

第一百一十七条 当事人申请证人出庭作证的,应当在举证期限届满前提出。

符合本解释第九十六条第一款规定情形的,人民法院可以依职权通知证人出庭作证。

未经人民法院通知,证人不得出庭作证,但双方当事人同意并经人民法院准许的除外。

15. **出庭通知书**（通知具有专门知识的人出庭用）

××××人民法院
出庭通知书

（××××）……民×……号

×××：
　　……（写明当事人及案由）一案，×××向本院申请你作为具有专门知识的人出庭，就本案涉及的……（写明协助质证的专门性问题）代表其质证或者提出意见。本院经审查，已准许×××的申请。现将有关事项通知如下：
　　一、你应于××××年××月××日××时××分携带有效身份证明到……（写明法庭审理的地点）出庭。
　　二、你在法庭上可以代表当事人对鉴定意见进行质证，或者对案件事实所涉及的专业问题提出意见。
　　三、审判人员可以对你进行询问。经法庭准许，当事人可以对你进行询问。你可以与对方当事人或其申请的具有专门知识的人就案件中的有关问题进行对质。
　　四、你应当遵守法庭秩序，服从审判人员指挥，不得参与鉴定意见或者专业问题之外的法庭审理活动。
　　联 系 人：……（写明姓名、部门、职务）
　　联系电话：……
　　联系地址：……
　　特此通知。

××××年××月××日
（院印）

【说　明】

1. 本样式根据《中华人民共和国民事诉讼法》第七十九条以及《最高人民法院关于适用〈中华人民共和国民事诉讼法〉的解释》第一百二十二条制定，供人民法院根据当事人申请通知具有专门知识的人出庭用。

2. 当事人可以在举证期限届满前申请一至二名具有专门知识的人出庭，就鉴定人作出的鉴定意见或者专业问题提出意见。

【法律依据】

1.《中华人民共和国民事诉讼法》（2017年6月27日）

第七十九条　当事人可以申请人民法院通知有专门知识的人出庭，就鉴定人作出的鉴定意见或者专业问题提出意见。

2.《最高人民法院关于适用〈中华人民共和国民事诉讼法〉的解释》（2020年12月29日）

第一百二十二条　当事人可以依照民事诉讼法第七十九条的规定，在举证期限届满前申请一至二名具有专门知识的人出庭，代表当事人对鉴定意见进行质证，或者对案件事实所涉及的专业问题提出意见。

具有专门知识的人在法庭上就专业问题提出的意见，视为当事人的陈述。

人民法院准许当事人申请的，相关费用由提出申请的当事人负担。

16. 委托鉴定书（委托鉴定用）

××××人民法院
委托鉴定书

（××××）……民×……号

×××（写明受委托鉴定人名称或姓名）：

我院审理/执行……（写明当事人及案由）一案，需对……（写明委托鉴定的事项）予以鉴定。依照《中华人民共和国民事诉讼法》第七十六条规定，请你进行鉴定，并及时向我院提出书面鉴定意见。

联系人：……（写明姓名、部门、职务）

联系电话：……

附：委托鉴定清单/委托鉴定事项说明

××××年××月××日
（院印）

【说　明】

1. 本样式根据《中华人民共和国民事诉讼法》第七十六条以及《最高人民法院关于适用〈中华人民共和国民事诉讼法〉的解释》第一百二十一条制定，供人民法院在审理或执行案件中，委托具备资格的鉴定人进行鉴定用。

2. 案号适用诉讼案号。

3. 委托书后应附委托鉴定清单或者委托鉴定事项说明。

【法律依据】

1. 《中华人民共和国民事诉讼法》（2017年6月27日）

第七十六条　当事人可以就查明事实的专门性问题向人民法院申请鉴定。

当事人申请鉴定的,由双方当事人协商确定具备资格的鉴定人;协商不成的,由人民法院指定。

当事人未申请鉴定,人民法院对专门性问题认为需要鉴定的,应当委托具备资格的鉴定人进行鉴定。

2.《最高人民法院关于适用〈中华人民共和国民事诉讼法〉的解释》(2020年12月29日)

第一百二十一条 当事人申请鉴定,可以在举证期限届满前提出。申请鉴定的事项与待证事实无关联,或者对证明待证事实无意义的,人民法院不予准许。

人民法院准许当事人鉴定申请的,应当组织双方当事人协商确定具备相应资格的鉴定人。当事人协商不成的,由人民法院指定。

符合依职权调查收集证据条件的,人民法院应当依职权委托鉴定,在询问当事人的意见后,指定具备相应资格的鉴定人。

17. 证据材料收据（收到证据材料用）

××××人民法院
证据材料收据

（××××）……民×……号

今收到×××提交的证据……（单一证据可填写证据名称；如证据较多，可表述为"参见附录"）一式×份。

签收人（签名或者盖章）
××××年××月××日

附录：

序号	证据名称	份数	页数	原件/复制件	证明目的	备注

【说　明】

1. 本样式根据《中华人民共和国民事诉讼法》第六十六条制定，供人民法院收到当事人提交的证据材料后，向当事人出具收据用。

2. 写明证据名称、份数、页数、原件或者复制件、证明目的、收到时间，并由经办人员签名或者盖章。

【法律依据】

《中华人民共和国民事诉讼法》（2017年6月27日）

第六十六条　人民法院收到当事人提交的证据材料，应当出具收据，写明证据名称、页数、份数、原件或者复印件以及收到时间等，并由经办人员签名或者盖章。

18. 调查笔录（庭外调查用）

调查笔录

（××××）……民×……号

时间：××××年××月××日××时××分至××时××分
地点：……
调查人：……（写明职务和姓名）
记录人：……（写明职务和姓名）
被调查人：……（写明基本信息，与当事人的关系）
记录如下：
……（写明记录内容）。
（以下无正文）

被调查人（签名或者盖章）
调查人（签名或者盖章）
记录人（签名或者盖章）

【说　明】

1. 本样式根据《中华人民共和国民事诉讼法》第一百三十条制定，供人民法院派出人员进行庭外调查记录用。
2. 人民法院派出人员进行调查时，应当向被调查人出示证件。
3. 调查笔录经被调查人校阅后，由被调查人和调查人签名或者盖章。

【法律依据】

《中华人民共和国民事诉讼法》（2017 年 6 月 27 日）

第一百三十条　人民法院派出人员进行调查时，应当向被调查人出示证件。

调查笔录经被调查人校阅后，由被调查人、调查人签名或者盖章。

19. 勘验笔录（勘验物证和现场用）

勘验笔录

（××××）……民×……号

时间：××××年××月××日××时××分至××时××分
地点：……
勘验对象：……（写明勘验的现场或物证）
勘验人：……（写明姓名、所在法院和职务）
在场人：×××（写明到场的当事人或者其成年家属、当事人的法定代表人或主要负责人的姓名等基本信息，上述人员拒不到场的，记录在案）
被邀参加人：×××（写明邀请的当地基层组织工作人员或者当事人所在单位的工作人员的姓名等基本信息）
记录人：×××（写明姓名、所在法院和职务）
勘验经过：……。
勘验情况和结果：……。
（以下无正文）

勘验人（签名或者盖章）
在场人（签名或者盖章）
被邀参加人（签名或者盖章）

【说　明】

1. 本样式根据《中华人民共和国民事诉讼法》第八十条以及《最高人民法院关于适用〈中华人民共和国民事诉讼法〉的解释》第一百二十四条制定，供人民法院勘验物证和现场记录用。

2. 勘验物证或者现场，勘验人必须出示人民法院的证件，并邀请当地基层组织或者当事人所在单位派人参加。当事人或者当事人的成年家属应当到场，拒不到场的，不影响勘验的进行。

3. 有关单位和个人根据人民法院的通知，有义务保护现场，协助勘验工作。

4. 勘验人应当将勘验情况和结果制作笔录，由勘验人、当事人和被邀参加人签名或者盖章。

【法律依据】

1. 《中华人民共和国民事诉讼法》（2017 年 6 月 27 日）

第八十条　勘验物证或者现场，勘验人必须出示人民法院的证件，并邀请当地基层组织或者当事人所在单位派人参加。当事人或者当事人的成年家属应当到场，拒不到场的，不影响勘验的进行。

有关单位和个人根据人民法院的通知，有义务保护现场，协助勘验工作。

勘验人应当将勘验情况和结果制作笔录，由勘验人、当事人和被邀参加人签名或者盖章。

2. 《最高人民法院关于适用〈中华人民共和国民事诉讼法〉的解释》（2020 年 12 月 29 日）

第一百二十四条　人民法院认为有必要的，可以根据当事人的申请或者依职权对物证或者现场进行勘验。勘验时应当保护他人的隐私和尊严。

人民法院可以要求鉴定人参与勘验。必要时，可以要求鉴定人在勘验中进行鉴定。

20. 委托书（委托外地法院调查用）

××××人民法院
委托书

（××××）……民×……号

××××人民法院（写明受委托人民法院名称）：

　　我院受理……（写明当事人及案由）一案，因……（写明委托调查的原因）。特此委托你院协助调查下列提纲中所列举的事项。请你院在收到本委托书后三十日内完成调查，并将调查材料函复我院。因故不能完成的，请在上述期限内函告我院。

　　联 系 人：……（写明姓名、部门、职务）
　　联系电话：……
　　联系地址：……

　　附：调查提纲

××××年××月××日
（院印）

【说　明】

　　1. 本样式根据《中华人民共和国民事诉讼法》第一百三十一条制定，供人民法院在必要时委托外地人民法院调查用。

　　2. 委托调查，必须提出明确的项目和要求。受委托人民法院可以主动补充调查。

　　3. 受委托人民法院收到委托书后，应当在三十日内完成调查。因故不能完成的，应当在上述期限内函告委托人民法院。

【法律依据】

《中华人民共和国民事诉讼法》(2017 年 6 月 27 日)

第一百三十一条 人民法院在必要时可以委托外地人民法院调查。

委托调查,必须提出明确的项目和要求。受委托人民法院可以主动补充调查。

受委托人民法院收到委托书后,应当在三十日内完成调查。因故不能完成的,应当在上述期限内函告委托人民法院。

21. 保证书（当事人当庭保证用）

保证书

（××××）……民×……号

姓名：
本案诉讼地位：
案由：

我作为本案当事人，保证向法庭据实陈述。如有虚假陈述，愿意接受罚款、拘留乃至刑事处罚。

特此保证。

保证人（签名或捺印）
××××年××月××日

【说　明】

1. 本样式根据《最高人民法院关于适用〈中华人民共和国民事诉讼法〉的解释》第一百一十条制定，供人民法院在询问到庭当事人之前认为有必要的，要求当事人签署用。

2. 人民法院认为有必要的，可以要求当事人本人到庭，就案件有关事实接受询问。在询问当事人之前，可以要求其签署保证书。

3. 当事人拒绝签署保证书，待证事实又欠缺其他证据证明的，人民法院对其主张的事实不予认定。

【法律依据】

《最高人民法院关于适用〈中华人民共和国民事诉讼法〉的解释》（2020年12月29日）

第一百一十条　人民法院认为有必要的，可以要求当事人本人到庭，就案件有关事实接受询问。在询问当事人之前，可以要求其签署保证书。

保证书应当载明据实陈述、如有虚假陈述愿意接受处罚等内容。当事人应当在保证书上签名或者捺印。

负有举证证明责任的当事人拒绝到庭、拒绝接受询问或者拒绝签署保证书，待证事实又欠缺其他证据证明的，人民法院对其主张的事实不予认定。

22. 保证书（证人出庭作证保证用）

保证书

（××××）……民×……号

姓名		性别		民族		联系方式	
证件类型		证件号码		与本案当事人关系			
职业和工作单位							

我作为本案证人，保证向法庭据实陈述证言。如有虚假陈述，愿意接受罚款、拘留乃至刑事处罚。

特此保证。

保证人（签名或捺印）

××××年××月××日

【说　明】

1. 本样式根据《最高人民法院关于适用〈中华人民共和国民事诉讼法〉的解释》第一百一十九条、第一百二十条制定，供人民法院在证人出庭作证前，责令证人签署用。

2. 人民法院在证人出庭作证前应当告知其如实作证的义务以及作伪证的法律后果，并责令其签署保证书，但无民事行为能力人和限制民事行为能力人除外。

3. 证人拒绝签署保证书的，不得作证，并自行承担相关费用。

【法律依据】

《最高人民法院关于适用〈中华人民共和国民事诉讼法〉的解释》（2020年12月29日）

第一百一十九条　人民法院在证人出庭作证前应当告知其如实作证的义务以及作伪证的法律后果，并责令其签署保证书，但无民事行为能力人和限制民事行为能力人除外。

证人签署保证书适用本解释关于当事人签署保证书的规定。

第一百二十条　证人拒绝签署保证书的，不得作证，并自行承担相关费用。

五、期间和送达

（一）期　间

1. 案件延长审理或者执行期限审批表（延长各类民事案件审理或者执行期限用）

××××人民法院
案件延长审理或者执行期限审批表

××××年××月××日

案号	
案由	
当事人	
审判组织	
适用程序	
审理或执行期限	
收案日期	
期限届满日期	
期限变动情况	
申请延长的理由和时间	
承办人签署意见和日期	

续　表

庭长签署意见和日期	
院长签署意见和日期	
备考	

【说　明】

1. 本样式根据《中华人民共和国民事诉讼法》第一百四十九条、第一百六十一条、第一百八十条、第二百零四条第一款以及《最高人民法院关于适用〈中华人民共和国民事诉讼法〉的解释》第二百四十三条、第二百五十八条、《最高人民法院关于严格执行案件审理期限制度的若干规定》第五条制定，供人民法院在民事案件难以在审理或者执行期限内结案的，报请延长审理或者执行期限用。

2. 本样式作为延长各类案件审理或者执行期限报告或者请示的附件。

3. 审限是指从立案之日起至裁判宣告、调解书送达之日止的期间，但公告期间、鉴定期间、双方当事人和解期间、审理当事人提出的管辖异议以及处理人民法院之间的管辖争议期间不应计算在内。

【法律依据】

1. 《中华人民共和国民事诉讼法》（2017 年 6 月 27 日）

第一百四十九条　人民法院适用普通程序审理的案件，应当在立案之日起六个月内审结。有特殊情况需要延长的，由本院院长批准，可以延长六个月；还需要延长的，报请上级人民法院批准。

第一百六十一条　人民法院适用简易程序审理案件，应当在立案之日起三个月内审结。

第一百八十条　人民法院适用特别程序审理的案件，应当在立案之日起三十日内或者公告期满后三十日内审结。有特殊情况需要延长的，由本院院长批准。但审理选民资格的案件除外。

第二百零四条第一款　人民法院应当自收到再审申请书之日起三个月内审查，符合本法规定的，裁定再审；不符合本法规定的，裁定驳回申请。有特殊情况需要延长的，由本院院长批准。

2. **《最高人民法院关于适用〈中华人民共和国民事诉讼法〉的解释》**（2020年12月29日）

第二百四十三条 民事诉讼法第一百四十九条规定的审限，是指从立案之日起至裁判宣告、调解书送达之日止的期间，但公告期间、鉴定期间、双方当事人和解期间、审理当事人提出的管辖异议以及处理人民法院之间的管辖争议期间不应计算在内。

第二百五十八条 适用简易程序审理的案件，审理期限到期后，双方当事人同意继续适用简易程序的，由本院院长批准，可以延长审理期限。延长后的审理期限累计不得超过六个月。

人民法院发现案情复杂，需要转为普通程序审理的，应当在审理期限届满前作出裁定并将合议庭组成人员及相关事项书面通知双方当事人。

案件转为普通程序审理的，审理期限自人民法院立案之日计算。

3. **《最高人民法院关于严格执行案件审理期限制度的若干规定》**（2008年12月16日）

第五条 执行案件应当在立案之日起六个月内执结，非诉执行案件应当在立案之日起三个月内执结；有特殊情况需要延长的，经本院院长批准，可以延长三个月，还需延长的，层报高级人民法院备案。

委托执行的案件，委托的人民法院应当在立案后一个月内办理完委托执行手续，受委托的人民法院应当在收到委托函件后三十日内执行完毕。未执行完毕，应当在期限届满后十五日内将执行情况函告委托人民法院。

刑事案件没收财产刑应当即时执行。

刑事案件罚金刑，应当在判决、裁定发生法律效力后三个月内执行完毕，至迟不超过六个月。

2. 延长特别程序审理期限报告（报请本院院长批准用）

关于申请延长……（写明当事人及案由）一案审理期限的报告

（××××）……民特……号

院长：

  我院于××××年××月××日立案的……（写明当事人及案由）一案，依法适用特别程序，审理期限到××××年××月××日届满。但因……（写明需要延长审理期限的原因），不能如期结案，需要延长审理期限××日，至××××年××月××日。

  请审批。

  附：案件延长审理或者执行期限审批表一份

审　判　员　×××

××××年××月××日

【说　明】

  1. 本样式根据《中华人民共和国民事诉讼法》第一百八十条制定，供人民法院适用特别程序审理的案件在立案之日起或者公告期满后三十日内未能审结需要延长审理期限的，报请本院院长批准用。

  2. 组成合议庭审理的，落款为合议庭。

  3. 选民资格案件必须在选举日前审结，不得延长审理期限。

【法律依据】

《中华人民共和国民事诉讼法》（2017年6月27日）

第一百八十条 人民法院适用特别程序审理的案件，应当在立案之日起三十日内或者公告期满后三十日内审结。有特殊情况需要延长的，由本院院长批准。但审理选民资格的案件除外。

3. 延长简易程序审理期限报告（报请本院院长批准用）

关于申请延长……（写明当事人及案由）
一案审理期限的报告

（××××）……民初……号

院长：

  我院于××××年××月××日立案的……（写明当事人及案由）一案，依法适用简易程序，审理期限到××××年××月××日届满。但因……（写明需要延长审理期限的原因），不能如期结案，当事人同意继续适用简易程序，需要延长审理期限×个月，至××××年××月××日。请审批。

  附：案件延长审理或者执行期限审批表一份

审　判　员　×××

××××年××月××日

【说　明】

  1. 本样式根据《中华人民共和国民事诉讼法》第一百六十一条以及《最高人民法院关于适用〈中华人民共和国民事诉讼法〉的解释》第二百五十八条制定，供人民法院适用简易程序审理的案件在立案之日起三个月内未能审结，当事人同意继续适用简易程序需要延长审理期限的，报请本院院长批准用。

  2. 延长后的审理期限累计不得超过六个月。

【法律依据】

  1.《中华人民共和国民事诉讼法》（2017年6月27日）

  第一百六十一条　人民法院适用简易程序审理案件，应当在立案之日起三个月内审结。

2.《最高人民法院关于适用〈中华人民共和国民事诉讼法〉的解释》（2020年12月29日）

第二百五十八条 适用简易程序审理的案件，审理期限到期后，双方当事人同意继续适用简易程序的，由本院院长批准，可以延长审理期限。延长后的审理期限累计不得超过六个月。

人民法院发现案情复杂，需要转为普通程序审理的，应当在审理期限届满前作出裁定并将合议庭组成人员及相关事项书面通知双方当事人。

案件转为普通程序审理的，审理期限自人民法院立案之日计算。

4. 延长第一审普通程序审理期限报告（报请本院院长批准用）

关于申请延长……（写明当事人及案由）
一案审理期限的报告

（××××）……民初……号

院长：

  我院于××××年××月××日立案的……（写明当事人及案由）一案，依法适用第一审普通程序，审理期限到××××年××月××日届满。但因……（写明需要延长审理期限的原因），不能如期结案，需要延长审理期限×个月，至××××年××月××日。

  请审批。

  附：案件延长审理或者执行期限审批表一份

审　判　长　×××
审　判　员　×××
审　判　员　×××
××××年××月××日

【说　明】

  1. 本样式根据《中华人民共和国民事诉讼法》第一百四十九条以及《最高人民法院关于适用〈中华人民共和国民事诉讼法〉的解释》第一百二十八条制定，供人民法院适用第一审普通程序审理的案件在立案之日起六个月内未能审结需要延长审理期限的，报请本院院长批准用。

  2. 人民法院适用第一审普通程序审理的案件，应当在立案之日起六个月内审结。有特殊情况需要延长的，由本院院长批准，可以延长六个月；还需要延长的，报请上级人民法院批准。

3. 再审案件按照第一审程序审理的，适用《中华人民共和国民事诉讼法》第一百四十九条规定的审理期限。案号类型代字为"民再"。

4. 人民法院审理涉外民事案件的期间，不受《中华人民共和国民事诉讼法》第一百四十九条规定的限制。

【法律依据】

1.《中华人民共和国民事诉讼法》（2017年6月27日）

第一百四十九条 人民法院适用普通程序审理的案件，应当在立案之日起六个月内审结。有特殊情况需要延长的，由本院院长批准，可以延长六个月；还需要延长的，报请上级人民法院批准。

2.《最高人民法院关于适用〈中华人民共和国民事诉讼法〉的解释》（2020年12月29日）

第一百二十八条 再审案件按照第一审程序或者第二审程序审理的，适用民事诉讼法第一百四十九条、第一百七十六条规定的审限。审限自再审立案的次日起算。

5. 延长第一审普通程序审理期限请示（报请上级人民法院批准用）

**关于延长……（写明当事人及案由）
一案审理期限的请示**

（××××）……民初……号

××××人民法院：

我院于××××年××月××日立案的……（写明当事人及案由）一案，依法适用普通程序，审理期限到××××年××月××日届满。但因……（写明需要延长审理期限的原因），虽经××××年××月××日报请本院院长批准延长审理期限至××××年××月××日，仍不能如期结案，需要继续延长审理期限×个月，至××××年××月××日。

以上请示，请批复。

附：案件延长审理或者执行期限审批表一份

××××年××月××日

（院印）

【说　明】

1. 本样式根据《中华人民共和国民事诉讼法》第一百四十九条以及《最高人民法院关于适用〈中华人民共和国民事诉讼法〉的解释》第一百二十八条制定，供人民法院适用第一审普通程序审理的民事案件在立案之日起六个月内未能审结且经本院院长批准延长六个月还需要延长审理期限的，报请上级人民法院批准用。

2. 人民法院适用第一审普通程序审理的案件，应当在立案之日起六个月内审结。有特殊情况需要延长的，由本院院长批准，可以延长六个月；还需要延长的，报请上级人民法院批准。

3. 再审案件按照第一审程序审理的,适用《中华人民共和国民事诉讼法》第一百四十九条规定的审理期限。案号类型代字为"民再"。

4. 人民法院审理涉外民事案件的期间,不受《中华人民共和国民事诉讼法》第一百四十九条规定的限制。

【法律依据】

1. 《中华人民共和国民事诉讼法》(2017年6月27日)

第一百四十九条 人民法院适用普通程序审理的案件,应当在立案之日起六个月内审结。有特殊情况需要延长的,由本院院长批准,可以延长六个月;还需要延长的,报请上级人民法院批准。

2. 《最高人民法院关于适用〈中华人民共和国民事诉讼法〉的解释》(2020年12月29日)

第一百二十八条 再审案件按照第一审程序或者第二审程序审理的,适用民事诉讼法第一百四十九条、第一百七十六条规定的审限。审限自再审立案的次日起算。

6. 延长第一审普通程序审理期限批复（上级人民法院对申请延长审理期限批复用）

关于对延长……（写明当事人及案由）
一案审理期限的批复

（××××）……民他……号

××××人民法院：

你院××××年××月××日（××××）……民初……号关于申请延长……（写明当事人及案由）一案审理期限的请示收悉。经审查，批复如下：

……（写明批复内容）。

(同意延长审理期限的，写明:) 同意延长审理期限×个月，至××××年××月××日。

××××年××月××日

（院印）

【说　明】

1. 本样式根据《中华人民共和国民事诉讼法》第一百四十九条以及《最高人民法院关于适用〈中华人民共和国民事诉讼法〉的解释》第一百二十八条制定，供上级人民法院对于下级人民法院在审理期限内未能审结且经本院院长批准延长六个月后还需要延长审理期限的，批复同意或不同意延长审理期限用。

2. 案号类型代字为"民他"。

3. 人民法院适用第一审普通程序审理的案件，应当在立案之日起六个月内审结。有特殊情况需要延长的，由本院院长批准，可以延长六个月；还需要延长的，报请上级人民法院批准。

4. 再审案件按照第一审程序审理的，适用《中华人民共和国民事诉讼法》第一百四十九条规定的审理期限。

5. 人民法院审理涉外民事案件的期间，不受《中华人民共和国民事诉讼法》第一百四十九条规定的限制。

【法律依据】

1.《中华人民共和国民事诉讼法》（2017 年 6 月 27 日）

第一百四十九条　人民法院适用普通程序审理的案件，应当在立案之日起六个月内审结。有特殊情况需要延长的，由本院院长批准，可以延长六个月；还需要延长的，报请上级人民法院批准。

2.《最高人民法院关于适用〈中华人民共和国民事诉讼法〉的解释》（2020 年 12 月 29 日）

第一百二十八条　再审案件按照第一审程序或者第二审程序审理的，适用民事诉讼法第一百四十九条、第一百七十六条规定的审限。审限自再审立案的次日起算。

7. 延长第二审程序审理期限报告（报请本院院长批准用）

关于申请延长……（写明当事人及案由）
一案审理期限的报告

（××××）……民终……号

院长：

　　我院于××××年××月××日立案的……（写明当事人及案由）一案，依法适用第二审程序，审理期限到××××年××月××日届满。但因……（写明需要延长审理期限的原因），不能如期结案，需要延长审理期限至××××年××月××日。

　　请审批。

　　附：案件延长审理或者执行期限审批表一份

审　判　长　×××
审　判　员　×××
审　判　员　×××
××××年××月××日

【说　明】

　　1. 本样式根据《中华人民共和国民事诉讼法》第一百七十六条以及《最高人民法院关于适用〈中华人民共和国民事诉讼法〉的解释》第一百二十八条、第三百四十一条制定，供人民法院适用第二审程序审理的案件在立案之日起三个月或者三十日内未能审结需要延长审理期限的，报请本院院长批准用。

　　2. 人民法院审理对判决的上诉案件，应当在第二审立案之日起三个月内审结。有特殊情况需要延长的，由本院院长批准。

3. 人民法院审理对裁定的上诉案件，应当在第二审立案之日起三十日内作出终审裁定。有特殊情况需要延长的，由本院院长批准。

4. 再审案件按照第二审程序审理的，适用《中华人民共和国民事诉讼法》第一百七十六条规定的审理期限。案号类型代字为"民再"。

5. 人民法院审理涉外民事案件的期间，不受《中华人民共和国民事诉讼法》第一百七十六条规定的限制。

【法律依据】

1.《中华人民共和国民事诉讼法》（2017年6月27日）

第一百七十六条 人民法院审理对判决的上诉案件，应当在第二审立案之日起三个月内审结。有特殊情况需要延长的，由本院院长批准。

人民法院审理对裁定的上诉案件，应当在第二审立案之日起三十日内作出终审裁定。

2.《最高人民法院关于适用〈中华人民共和国民事诉讼法〉的解释》（2020年12月29日）

第一百二十八条 再审案件按照第一审程序或者第二审程序审理的，适用民事诉讼法第一百四十九条、第一百七十六条规定的审限。审限自再审立案的次日起算。

第三百四十一条 人民法院审理对裁定的上诉案件，应当在第二审立案之日起三十日内作出终审裁定。有特殊情况需要延长审限的，由本院院长批准。

8. 延长申请再审审查案件程序审理期限报告（报请本院院长批准用）

关于申请延长……（写明当事人及案由）
一案审理期限的报告

（××××）……民申……号

院长：

　　我院于××××年××月××日立案的……（写明当事人及案由）一案，依法适用民事申请再审审查案件程序，审理期限到××××年××月××日届满。但因……（写明需要延长审理期限的原因），不能如期结案，需要延长审理期限至××××年××月××日。

　　请审批。

　　附：案件延长审理或者执行期限审批表一份

审　判　长　×××
审　判　员　×××
审　判　员　×××
××××年××月××日

【说　明】

　　1. 本样式根据《中华人民共和国民事诉讼法》第二百零四条第一款制订，供人民法院审理民事申请再审审查案件在立案之日起三个月内未能审结需要延长审理期限的，报请本院院长批准用。

　　2. 人民法院对涉外民事案件的当事人申请再审进行审查的期间，不受《中华人民共和国民事诉讼法》第二百零四条规定第一款的限制。

【法律依据】

《中华人民共和国民事诉讼法》（2017年6月27日）

第二百零四条第一款 人民法院应当自收到再审申请书之日起三个月内审查，符合本法规定的，裁定再审；不符合本法规定的，裁定驳回申请。有特殊情况需要延长的，由本院院长批准。

9. 延长执行期限报告（报请本院院长批准用）

关于申请延长……（写明当事人及案由）
一案执行期限的报告

（××××）……号

院长：

　　我院于××××年××月××日立案的……（写明当事人及案由）一案，依法适用执行程序，执行期限到××××年××月××日届满。但因……（写明需要延长执行期限的原因），不能如期结案，需要延长执行期限×个月，至××××年××月××日。

　　请审批。

　　附：案件延长审理或者执行期限审批表一份

执　行　员　×××
××××年××月××日

【说　明】

　　1. 本样式根据《最高人民法院关于严格执行案件审理期限制度的若干规定》第五条制定，供人民法院难以在执行期限内执结案件的，报请本院院长批准延长执行期限用。

　　2. 执行案件应当在立案之日起六个月内执结，非诉执行案件应当在立案之日起三个月内执结；有特殊情况需要延长的，经本院院长批准，可以延长三个月，还需延长的，层报高级人民法院备案。

【法律依据】

《最高人民法院关于严格执行案件审理期限制度的若干规定》（2008年12月16日）

第五条 执行案件应当在立案之日起六个月内执结，非诉执行案件应当在立案之日起三个月内执结；有特殊情况需要延长的，经本院院长批准，可以延长三个月，还需延长的，层报高级人民法院备案。

委托执行的案件，委托的人民法院应当在立案后一个月内办理完委托执行手续，受委托的人民法院应当在收到委托函件后三十日内执行完毕。未执行完毕，应当在期限届满后十五日内将执行情况函告委托人民法院。

刑事案件没收财产刑应当即时执行。

刑事案件罚金刑，应当在判决、裁定发生法律效力后三个月内执行完毕，至迟不超过六个月。

（二）送　达

10. 送达地址确认书（确认送达地址用）

<h2 style="text-align:center">送达地址确认书</h2>

案号	
案由	
告知事项	1. 为便于当事人及时收到人民法院诉讼文书，保证诉讼程序顺利进行，当事人应当如实提供确切的送达地址。 2. 如果提供的地址不确切，或不及时告知变更后的地址，使诉讼文书无法送达或未及时送达，当事人将自行承担由此可能产生的法律后果。 3. 为提高送达效率，法院可以采用传真、电子邮件等方式送达诉讼文书，但判决书、裁定书、调解书除外。以发送方设备显示发送成功视为送达。 4. 确认的送达地址适用于一审、二审、再审审查、执行程序。如果送达地址有变更，应当及时书面告知人民法院变更后的送达地址。 5. 有关送达的法律规定，见本确认书后页。
送达地址及方式	指定签收人： 证件类型：　　　证件号码： 确认送达地址： 是否接受电子送达：□是　□否 　□手机号码： 　□传真号码： 　□电子邮件地址： 手机号码：　　　邮编： 其他联系方式：

续　表

受送达人确认	我已阅读（听明白）本确认书的告知事项，提供了上栏送达地址，确认了上栏送达方式，并保证所提供的送达地址各项内容是正确的、有效的。如在诉讼过程中送达地址发生变化，将及时通知法院。 受送达人（签名或者盖章） 年　月　日
备注	
法院工作人员签名	

收到后请于一周内填妥寄回××××人民法院

送达地址有关事项告知书

根据《中华人民共和国民事诉讼法》《最高人民法院关于适用〈中华人民共和国民事诉讼法〉的解释》《最高人民法院关于以法院专递方式邮寄送达民事诉讼文书的若干规定》等，现将送达地址及送达方式有关事项告知如下：

一、法院专递的适用范围

人民法院直接送达诉讼文书有困难的，可以交由国家邮政机构（以下简称邮政机构）以法院专递方式邮寄送达，但有下列情形之一的除外：

1. 受送达人或者其诉讼代理人、受送达人指定的代收人同意在指定的期间到人民法院接受送达的；

2. 受送达人下落不明的；

3. 法律规定或者我国缔结或者参加的国际条约中约定有特别送达方式的。

二、法院专递的法律效力

以法院专递方式邮寄送达民事诉讼文书的，其送达与人民法院送达具有同等法律效力。

三、电子送达的适用范围

经受送达人同意，本院将采用电子送达方式送达诉讼文书，但判决书、裁定书、调解书除外。电子送达到达受送达人特定系统的日期，即人民法院对应系统显示发送成功的日期为送达日期。但受送达人证明到达其特定系统的日期与人民法院对应系统显示发送成功的日期不一致的，以受送达人证明到达其特定系统的日期为准。

四、电子送达的法律效力

以法院电子送达方式送达诉讼文书的,其送达与人民法院送达具有同等法律效力。

五、电子送达的使用说明

如受送达人同意接受电子送达,需向本院提供手机号码,该手机号码将用于接收法院以短信形式发送的电子送达诉讼文书签名码。签名码为身份确认码,受送达人可以凭立案时预留的证件号和签名码签收电子诉讼文书。

为方便受送达人接受送达,本院提供互联网和手机 APP 终端推送电子诉讼文书服务。受送达人可通过中国审判流程信息公开网或者手机 APP 终端项下的"文书签收"栏目签收电子送达的诉讼文书。

六、送达地址的提供或者确认

当事人起诉或者答辩时应当向人民法院提供或者确认自己准确的送达地址,并填写送达地址、送达方式确认书。当事人拒绝提供的,人民法院应该告知其拒不提供送达地址的不利后果,并记入笔录。

七、送达地址的推定

当事人拒绝提供自己的送达地址,经人民法院告知后仍不提供的,自然人以其户籍登记中的住所地或者经常居住地为送达地址;法人或者其他组织以其工商登记或者其他依法登记、备案中的住所地为送达地址。

八、法律后果及其除外条件

因受送达人自己提供或者确认的送达地址不准确、拒不提供送达地址、送达地址变更未及时告知人民法院、受送达人本人或者受送达人指定的代收人拒绝签收,导致诉讼文书未能被受送达人实际接收的,文书退回之日视为送达之日。

受送达人能够证明自己在诉讼文书送达的过程中没有过错的,不适用前款规定。

【说　明】

1. 本样式根据《中华人民共和国民事诉讼法》第八十四条、第八十五条、第八十七条、第九十一条以及《最高人民法院关于适用〈中华人民共和国民事诉讼法〉的解释》第一百三十六条制定,供人民法院确认当事人送达地址用。

2. 受送达人同意采用电子方式送达的，应当在送达地址确认书中予以确认。

【法律依据】

1. 《中华人民共和国民事诉讼法》（2017 年 6 月 27 日）

第八十四条　送达诉讼文书必须有送达回证，由受送达人在送达回证上记明收到日期，签名或者盖章。

受送达人在送达回证上的签收日期为送达日期。

第八十五条　送达诉讼文书，应当直接送交受送达人。受送达人是公民的，本人不在交他的同住成年家属签收；受送达人是法人或者其他组织的，应当由法人的法定代表人、其他组织的主要负责人或者该法人、组织负责收件的人签收；受送达人有诉讼代理人的，可以送交其代理人签收；受送达人已向人民法院指定代收人的，送交代收人签收。

受送达人的同住成年家属，法人或者其他组织的负责收件的人，诉讼代理人或者代收人在送达回证上签收的日期为送达日期。

第八十七条　经受送达人同意，人民法院可以采用传真、电子邮件等能够确认其收悉的方式送达诉讼文书，但判决书、裁定书、调解书除外。

采用前款方式送达的，以传真、电子邮件等到达受送达人特定系统的日期为送达日期。

第九十一条　代为转交的机关、单位收到诉讼文书后，必须立即交受送达人签收，以在送达回证上的签收日期，为送达日期。

2. 《最高人民法院关于适用〈中华人民共和国民事诉讼法〉的解释》（2020 年 12 月 29 日）

第一百三十六条　受送达人同意采用电子方式送达的，应当在送达地址确认书中予以确认。

11. 送达回证（送达民事诉讼文书用）

××××人民法院
送达回证

案号	
案由	
送达文书名称和件数	
受送达人	
送达地址	
受送达人签名或者盖章	
代收人及代收理由	
备考	

填发人：　　　　　　　送达人：

注：①送达民事诉讼文书按照《中华人民共和国民事诉讼法》第八十四条、第八十五条、第八十六条的规定办理。

②代收诉讼文书的，由代收人签名或者盖章后，还应注明其与受送达人的关系及代收理由。

【说　明】

1. 本样式根据《中华人民共和国民事诉讼法》第八十四条、第八十五条、第八十六条、第八十八条、第八十九条、第九十条、第九十一条制定，供人民法院送达民事诉讼文书时，由受送达人在送达回证上签名或者盖章并记明收到日期用。

2. 送达诉讼文书必须有送达回证，但是可以采用传真、电子邮件等能够确认其收悉的方式送达以及公告送达的除外。

3. 如果同时送达多种诉讼文书，在送达回证中的"送达文书名称和件数"栏中分别写明文书的名称和件数。

4. 受送达人是单位的，受送达人签名或者盖章栏内应注明收件人身份。

5. 非直接送达的，在"备考"栏记明送达方式。

6. 送达诉讼文书，应当直接送交受送达人。受送达人是公民的，本人不在交他的同住成年家属签收；受送达人是法人或者其他组织的，应当由法人的法定代表人、其他组织的主要负责人或者该法人、组织负责收件的人签收；受送达人有诉讼代理人的，可以送交其代理人签收；受送达人已向人民法院指定代收人的，送交代收人签收。受送达人的同住成年家属，法人或者其他组织的负责收件的人，诉讼代理人或者代收人在送达回证上签收的日期为送达日期。

7. 受送达人或者他的同住成年家属拒绝接收诉讼文书的，送达人可以邀请有关基层组织或者所在单位的代表到场，说明情况，在送达回证上记明拒收事由和日期，由送达人、见证人签名或者盖章，把诉讼文书留在受送达人的住所；也可以把诉讼文书留在受送达人的住所，并采用拍照、录像等方式记录送达过程，即视为送达。

8. 经受送达人同意，人民法院可以采用传真、电子邮件等能够确认其收悉的方式送达诉讼文书，但判决书、裁定书、调解书除外。以传真、电子邮件等到达受送达人特定系统的日期为送达日期。

9. 直接送达诉讼文书有困难的，可以委托其他人民法院代为送达，或者邮寄送达。邮寄送达的，以回执上注明的收件日期为送达日期。

10. 受送达人是军人的，通过其所在部队团以上单位的政治机关转交。

11. 受送达人被监禁的，通过其所在监所转交。受送达人被采取强制性教育措施的，通过其所在强制性教育机构转交。

12. 代为转交的机关、单位收到诉讼文书后，必须立即交受送达人签收，以在送达回证上的签收日期，为送达日期。

【法律依据】

《中华人民共和国民事诉讼法》（2017年6月27日）

第八十四条　送达诉讼文书必须有送达回证，由受送达人在送达回证上记明收到日期，签名或者盖章。

受送达人在送达回证上的签收日期为送达日期。

第八十五条　送达诉讼文书，应当直接送交受送达人。受送达人是公民的，本人不在交他的同住成年家属签收；受送达人是法人或者其他组织的，应当由法人的法定代表人、其他组织的主要负责人或者该法人、组织负责收件的人签收；受送达人有诉讼代理人的，可以送交其代理人签收；受送达人已向人民法院指定代收人的，送交代收人签收。

受送达人的同住成年家属，法人或者其他组织的负责收件的人，诉讼代理人或者代收人在送达回证上签收的日期为送达日期。

第八十六条 受送达人或者他的同住成年家属拒绝接收诉讼文书的，送达人可以邀请有关基层组织或者所在单位的代表到场，说明情况，在送达回证上记明拒收事由和日期，由送达人、见证人签名或者盖章，把诉讼文书留在受送达人的住所；也可以把诉讼文书留在受送达人的住所，并采用拍照、录像等方式记录送达过程，即视为送达。

第八十八条 直接送达诉讼文书有困难的，可以委托其他人民法院代为送达，或者邮寄送达。邮寄送达的，以回执上注明的收件日期为送达日期。

第八十九条 受送达人是军人的，通过其所在部队团以上单位的政治机关转交。

第九十条 受送达人被监禁的，通过其所在监所转交。

受送达人被采取强制性教育措施的，通过其所在强制性教育机构转交。

第九十一条 代为转交的机关、单位收到诉讼文书后，必须立即交受送达人签收，以在送达回证上的签收日期，为送达日期。

六、调　解

1. 民事调解书（第一审普通程序用）

××××人民法院
民事调解书

（××××）……民初……号

原告：×××，……。
法定代理人/指定代理人/法定代表人/主要负责人：×××，……。
委托诉讼代理人：×××，……。
被告：×××，……。
法定代理人/指定代理人/法定代表人/主要负责人：×××，……。
委托诉讼代理人：×××，……。
第三人：×××，……。
法定代理人/指定代理人/法定代表人/主要负责人：×××，……。
委托诉讼代理人：×××，……。
（以上写明当事人和其他诉讼参加人的姓名或者名称等基本信息）

原告×××与被告×××、第三人×××……（写明案由）一案，本院于××××年××月××日立案后，依法适用普通程序，公开/因涉及……（写明不公开开庭的理由）不公开开庭进行了审理（开庭前调解的，不写开庭情况）。

……（写明当事人的诉讼请求、事实和理由）。

本案审理过程中，经本院主持调解，当事人自愿达成如下协议/当事人自行和解达成如下协议，请求人民法院确认/经本院委托……（写明受委托单位）主持调解，当事人自愿达成如下协议：

一、……；

二、……。

（分项写明调解协议内容）

上述协议，不违反法律规定，本院予以确认。

案件受理费……元，由……负担（写明当事人姓名或者名称、负担金额。调解协议包含诉讼费用负担的，则不写）。

本调解书经各方当事人签收后，即具有法律效力/本调解协议经各方当事人在笔录上签名或者盖章，本院予以确认后即具有法律效力（各方当事人同意在调解协议上签名或者盖章后发生法律效力的）。

审　判　长　×××

审　判　员　×××

审　判　员　×××

××××年××月××日

（院印）

书　记　员　×××

【说　明】

1. 本样式根据《中华人民共和国民事诉讼法》第五十条、第九十五条、第九十六条、第九十七条、第九十八条制定，供人民法院在适用第一审普通程序审理案件过程中，当事人自行和解达成协议请求人民法院确认、人民法院主持调解达成协议、人民法院委托有关单位主持调解达成协议由人民法院确认后，制作民事调解书用。

2. 案号类型代字为"民初"。

3. 调解书应当写明诉讼请求、案件事实和调解结果。

4. 调解协议的内容不得违反法律规定。

5. 诉讼请求和案件事实部分的写法力求简洁、概括，可以不写审理过程及证据情况。

【法律依据】

《中华人民共和国民事诉讼法》（2017年6月27日）

第五十条　双方当事人可以自行和解。

第九十五条 人民法院进行调解,可以邀请有关单位和个人协助。被邀请的单位和个人,应当协助人民法院进行调解。

第九十六条 调解达成协议,必须双方自愿,不得强迫。调解协议的内容不得违反法律规定。

第九十七条 调解达成协议,人民法院应当制作调解书。调解书应当写明诉讼请求、案件的事实和调解结果。

调解书由审判人员、书记员署名,加盖人民法院印章,送达双方当事人。

调解书经双方当事人签收后,即具有法律效力。

第九十八条 下列案件调解达成协议,人民法院可以不制作调解书:

(一)调解和好的离婚案件;

(二)调解维持收养关系的案件;

(三)能够即时履行的案件;

(四)其他不需要制作调解书的案件。

对不需要制作调解书的协议,应当记入笔录,由双方当事人、审判人员、书记员签名或者盖章后,即具有法律效力。

2. 民事调解书（简易程序用）

××××人民法院
民事调解书

（××××）……民初……号

原告：×××，……。
……
被告：×××，……。
……

（以上写明当事人和其他诉讼参加人的姓名或者名称等基本信息）

原告×××与被告×××……（写明案由）一案，本院于××××年××月××日立案后，依法适用简易程序公开/因涉及……（写明不公开开庭的理由）不公开开庭进行了审理（开庭前调解的，不写开庭情况）。

……（写明当事人的诉讼请求、事实和理由）。

本案审理过程中，经本院主持调解，当事人自愿达成如下协议/当事人自行和解达成如下协议，请求人民法院确认/经本院委托……（写明受委托单位）主持调解，当事人自愿达成如下协议：

一、……；

二、……。

（分项写明调解协议内容）

上述协议，不违反法律规定，本院予以确认。

案件受理费……元，由……负担（写明当事人姓名或者名称、负担金额。调解协议包含诉讼费用负担的，则不写）。

本调解书经各方当事人签收后，即具有法律效力/本调解协议经各方当事人在笔录上签名或者盖章，本院予以确认后即具有法律效力（各方当事人同意在调解协议上签名或者盖章后发生法律效力的）。

审　判　员　×××

××××年××月××日

（院印）

书　记　员　×××

【说　明】

1. 本样式根据《中华人民共和国民事诉讼法》第五十条、第九十五条、第九十六条、第九十七条、第九十八条以及《最高人民法院关于适用〈中华人民共和国民事诉讼法〉的解释》第一百五十一条、第二百七十条第一项制定，供人民法院在适用简易程序审理案件过程中，当事人自行和解达成协议请求人民法院确认、人民法院主持调解达成协议、人民法院委托有关单位主持调解达成协议由人民法院确认后，制作民事调解书用。

2. 对于不需要制作调解书的，当事人各方同意在调解协议上签名或者盖章后即发生法律效力，经人民法院审查确认后，应当记入笔录或者将调解协议附卷，并由当事人、审判人员、书记员签名或者盖章后即具有法律效力。当事人请求制作调解书的，人民法院审查确认后可以制作调解书送交当事人。当事人拒收调解书的，不影响调解协议的效力。

【法律依据】

1.《中华人民共和国民事诉讼法》（2017年6月27日）

第五十条　双方当事人可以自行和解。

第九十五条　人民法院进行调解，可以邀请有关单位和个人协助。被邀请的单位和个人，应当协助人民法院进行调解。

第九十六条　调解达成协议，必须双方自愿，不得强迫。调解协议的内容不得违反法律规定。

第九十七条　调解达成协议，人民法院应当制作调解书。调解书应当写明诉讼请求、案件的事实和调解结果。

调解书由审判人员、书记员署名，加盖人民法院印章，送达双方当事人。

调解书经双方当事人签收后，即具有法律效力。

第九十八条　下列案件调解达成协议，人民法院可以不制作调解书：

（一）调解和好的离婚案件；

（二）调解维持收养关系的案件；

（三）能够即时履行的案件；

（四）其他不需要制作调解书的案件。

对不需要制作调解书的协议，应当记入笔录，由双方当事人、审判人员、书记员签名或者盖章后，即具有法律效力。

2.《最高人民法院关于适用〈中华人民共和国民事诉讼法〉的解释》（2020 年 12 月 29 日）

第一百五十一条 根据民事诉讼法第九十八条第一款第四项规定，当事人各方同意在调解协议上签名或者盖章后即发生法律效力的，经人民法院审查确认后，应当记入笔录或者将调解协议附卷，并由当事人、审判人员、书记员签名或者盖章后即具有法律效力。

前款规定情形，当事人请求制作调解书的，人民法院审查确认后可以制作调解书送交当事人。当事人拒收调解书的，不影响调解协议的效力。

第二百七十条 适用简易程序审理的案件，有下列情形之一的，人民法院在制作判决书、裁定书、调解书时，对认定事实或者裁判理由部分可以适当简化：

（一）当事人达成调解协议并需要制作民事调解书的；

（二）一方当事人明确表示承认对方全部或者部分诉讼请求的；

（三）涉及商业秘密、个人隐私的案件，当事人一方要求简化裁判文书中的相关内容，人民法院认为理由正当的；

（四）当事人双方同意简化的。

3. 民事调解书（小额诉讼程序用）①

××××人民法院
民事调解书

（××××）……民初……号

原告：×××，……。

……

被告：×××，……。

……

（以上写明当事人和其他诉讼参加人的姓名或者名称等基本信息）

原告×××与被告×××……（写明案由）一案，本院于××××年××月××日立案后，依法适用小额诉讼程序进行了审理。

……（写明当事人的诉讼请求、事实和理由）。

本案审理过程中，经本院主持调解，当事人自愿达成如下协议/当事人自行和解达成如下协议，请求人民法院确认/经本院委托……（写明受委托单位）主持调解，当事人自愿达成如下协议：

一、……；

二、……。

（分项写明调解协议内容）

上述协议，不违反法律规定，本院予以确认。

案件受理费……元，由……负担（写明当事人姓名或者名称、负担金额。调解协议包含诉讼费用负担的，则不写）。

本调解书经各方当事人签收后，即具有法律效力/本调解协议经各方当事人在笔录上签名或者盖章，本院予以确认后即具有法律效力（各方当事人同

---

① 最高人民法院于 2020 年 9 月 30 日发布《民事诉讼程序繁简分流改革试点相关诉讼文书样式》，"10. 民事调解书（小额诉讼程序用）"样式根据《最高人民法院关于民事诉讼程序繁简分流改革试点实施办法》第五条对本样式作出修改。

意在调解协议上签名或者盖章后发生法律效力的）。

审　判　员　×××

××××年××月××日

（院印）

书　记　员　×××

【说　明】

1. 本样式根据《中华人民共和国民事诉讼法》第五十条、第九十五条、第九十六条、第九十七条、第九十八条以及《最高人民法院关于适用〈中华人民共和国民事诉讼法〉的解释》第一百五十一条、第二百八十二条制定，供人民法院在适用小额诉讼程序审理案件过程中，当事人自行和解达成协议请求人民法院确认、人民法院主持调解达成协议、人民法院委托有关单位主持调解达成协议由人民法院确认后，制作民事调解书用。

2. 小额诉讼案件，可以不写案件事实。

【法律依据】

1.《中华人民共和国民事诉讼法》（2017 年 6 月 27 日）

第五十条　双方当事人可以自行和解。

第九十五条　人民法院进行调解，可以邀请有关单位和个人协助。被邀请的单位和个人，应当协助人民法院进行调解。

第九十六条　调解达成协议，必须双方自愿，不得强迫。调解协议的内容不得违反法律规定。

第九十七条　调解达成协议，人民法院应当制作调解书。调解书应当写明诉讼请求、案件的事实和调解结果。

调解书由审判人员、书记员署名，加盖人民法院印章，送达双方当事人。

调解书经双方当事人签收后，即具有法律效力。

第九十八条　下列案件调解达成协议，人民法院可以不制作调解书：

（一）调解和好的离婚案件；

（二）调解维持收养关系的案件；

（三）能够即时履行的案件；

（四）其他不需要制作调解书的案件。

对不需要制作调解书的协议，应当记入笔录，由双方当事人、审判人员、书记员签名或者盖章后，即具有法律效力。

2. 《最高人民法院关于适用〈中华人民共和国民事诉讼法〉的解释》（2020年12月29日）

第一百五十一条 根据民事诉讼法第九十八条第一款第四项规定，当事人各方同意在调解协议上签名或者盖章后即发生法律效力的，经人民法院审查确认后，应当记入笔录或者将调解协议附卷，并由当事人、审判人员、书记员签名或者盖章后即具有法律效力。

前款规定情形，当事人请求制作调解书的，人民法院审查确认后可以制作调解书送交当事人。当事人拒收调解书的，不影响调解协议的效力。

第二百八十二条 小额诉讼案件的裁判文书可以简化，主要记载当事人基本信息、诉讼请求、裁判主文等内容。

4. 民事调解书（公益诉讼用）

××××人民法院
民事调解书

（××××）……民初……号

原告：×××，……。

……

被告：×××，……。

……

第三人：×××，……。

……

（以上写明当事人和其他诉讼参加人的姓名或者名称等基本信息）

原告×××与被告×××、第三人×××……公益诉讼（写明案由）一案，本院于××××年××月××日立案后，依法适用普通程序审理。

×××诉称，……（概述原告的诉讼请求、事实和理由）。

×××辩称，……（概述被告答辩意见）。

×××述称，……（概述第三人陈述意见）。

经审理，本院认定事实如下：

……（写明法院查明的事实和证据）。

本案审理过程中，经本院主持调解，当事人自愿达成如下协议/当事人自行和解达成如下协议，请求人民法院确认：

一、……；

二、……。

（分项写明调解协议内容）

本院于××××年××月××日将民事起诉状、和解/调解协议、整改/技术处理方案在本院公告栏、人民法院报和……（当地媒体）上进行了为期××日（不少于三十日）的公告。（无异议的，写明：）公告期满后未收到任何意见或建议。(有异议的，写明:)公告期满后收到×××(写明异议人)提出的异议认为……(概述异议内容)。

本院认为，×××提出的异议，……(概述异议不成立的理由)，本院不予采纳(没有异议的，不写)。上述协议不违反法律规定和社会公共利益，本院予以确认。

本调解书经各方当事人签收后，即具有法律效力。

审　判　长　×××
审　判　员　×××
审　判　员　×××
××××年××月××日
（院印）
书　记　员　×××

【说　明】

1. 本样式根据《中华人民共和国民事诉讼法》第五十条、第九十七条以及《最高人民法院关于适用〈中华人民共和国民事诉讼法〉的解释》第二百八十九条制定，供人民法院在适用第一审普通程序审理公益诉讼案件过程中，当事人自行和解达成协议请求人民法院确认或者人民法院主持调解达成协议，人民法院进行公告期满后，经审查和解或者调解协议不违反社会公共利益的，制作民事调解书用。

2. 公益诉讼当事人达成和解或者调解协议后，人民法院应当将和解或者调解协议公告。公告期间不少于三十日。

3. 公告期满后，人民法院经审查，和解或者调解协议不违反社会公共利益的，应当出具调解书；和解或者调解协议违反社会公共利益的，不予出具调解书，继续对案件审理并依法裁判。

4. 没有整改方案或者技术处理方案等的，不写相应内容。

【法律依据】

1. 《中华人民共和国民事诉讼法》(2017 年 6 月 27 日)

第五十条　双方当事人可以自行和解。

第九十七条　调解达成协议，人民法院应当制作调解书。调解书应当写明诉讼请求、案件的事实和调解结果。

调解书由审判人员、书记员署名，加盖人民法院印章，送达双方当事人。

调解书经双方当事人签收后，即具有法律效力。

2.《最高人民法院关于适用〈中华人民共和国民事诉讼法〉的解释》（2020 年 12 月 29 日）

第二百八十九条　对公益诉讼案件，当事人可以和解，人民法院可以调解。

当事人达成和解或者调解协议后，人民法院应当将和解或者调解协议进行公告。公告期间不得少于三十日。

公告期满后，人民法院经审查，和解或者调解协议不违反社会公共利益的，应当出具调解书；和解或者调解协议违反社会公共利益的，不予出具调解书，继续对案件进行审理并依法作出裁判。

5. 民事调解书（第二审程序用）

××××人民法院
民事调解书

（××××）……民终……号

上诉人（原审原告/被告/第三人）：×××，……。
……

被上诉人（原审原告/被告/第三人）：×××，……。
……

原审原告/被告/第三人：×××，……。
……

（以上写明当事人和其他诉讼参加人的姓名或者名称等基本信息）

上诉人×××因与被上诉人×××/上诉人×××、第三人×××……（写明案由）一案，不服××××人民法院（××××）……民初……号民事判决，向本院提起上诉。本院于××××年××月××日立案后，依法组成合议庭审理了本案（开庭前调解的，不写开庭情况）。

×××上诉称，……（概述上诉人的上诉请求、事实和理由）。

本案审理过程中，经本院主持调解，当事人自愿达成如下协议/当事人自行和解达成如下协议，请求人民法院确认：

一、……；

二、……。

（分项写明调解协议内容）

上述协议，不违反法律规定，本院予以确认。

一审案件受理费……元，由……负担；二审案件受理费……元，由……负担（写明当事人姓名或者名称、负担金额。调解协议包含诉讼费用负担的，则不写）。

本调解书经各方当事人签收后，即具有法律效力。

审　判　长　×××
审　判　员　×××
审　判　员　×××
××××年××月××日
(院印)
书　记　员　×××

【说　明】

1. 本样式根据《中华人民共和国民事诉讼法》第一百七十二条以及《最高人民法院关于适用〈中华人民共和国民事诉讼法〉的解释》第三百三十九条制定，供人民法院在审理第二审民事案件审理过程中，当事人自行达成和解协议请求人民法院确认或者人民法院主持调解达成协议，制作民事调解书用。

2. 本调解书送达后，原审人民法院的判决即视为撤销。

【法律依据】

1. 《中华人民共和国民事诉讼法》（2017年6月27日）

第一百七十二条　第二审人民法院审理上诉案件，可以进行调解。调解达成协议，应当制作调解书，由审判人员、书记员署名，加盖人民法院印章。调解书送达后，原审人民法院的判决即视为撤销。

2. 《最高人民法院关于适用〈中华人民共和国民事诉讼法〉的解释》（2020年12月29日）

第三百三十九条　当事人在第二审程序中达成和解协议的，人民法院可以根据当事人的请求，对双方达成的和解协议进行审查并制作调解书送达当事人；因和解而申请撤诉，经审查符合撤诉条件的，人民法院应予准许。

6. 民事调解书（申请撤销劳动争议仲裁裁决案件用）

××××人民法院
民事调解书

（××××）……民特……号

申请人：×××，……。
……

被申请人：×××，……。
……

（以上写明申请人、被申请人及其代理人的姓名或者名称等基本信息）

申请人×××与被申请人×××申请撤销……（写明仲裁机构名称、仲裁书的文号）劳动争议仲裁裁决一案，本院于××××年××月××日立案后，依法组成合议庭进行了审理。

×××申请称，……（概述申请人的请求、撤销裁决的事实和理由）。

×××辩称，……（概述被申请人的意见）。

……（概述案件事实，写明劳动争议仲裁裁决结果）。

本案审理过程中，经本院主持调解，当事人自愿达成如下协议/当事人自行和解达成如下协议，请求人民法院确认：

一、……；

二、……。

（分项写明调解协议内容）

上述协议，不违反法律规定，本院予以确认。

案件受理费……元，由……负担（写明当事人姓名或者名称、负担金额。调解协议包含诉讼费用负担的，则不写）。

本调解书经各方当事人签收后，即具有法律效力。

审　判　长　×××
审　判　员　×××
审　判　员　×××
××××年××月××日
（院印）
书　记　员　×××

【说　明】

1. 本样式根据《中华人民共和国民事诉讼法》第九十七条以及《最高人民法院关于审理劳动争议案件适用法律若干问题的解释（四）》第三条制定，供中级人民法院审理用人单位申请撤销劳动争议终局裁决的案件，调解达成协议，制作民事调解书用。

2. 案号类型代字为"民特"。

3. 当事人为申请人和被申请人。

【法律依据】

1.《中华人民共和国民事诉讼法》（2017年6月27日）

第九十七条　调解达成协议，人民法院应当制作调解书。调解书应当写明诉讼请求、案件的事实和调解结果。

调解书由审判人员、书记员署名，加盖人民法院印章，送达双方当事人。

调解书经双方当事人签收后，即具有法律效力。

2.《最高人民法院关于审理劳动争议案件适用法律问题的解释（一）》（2020年12月29日）

第二十三条　中级人民法院审理用人单位申请撤销终局裁决的案件，应当组成合议庭开庭审理。经过阅卷、调查和询问当事人，对没有新的事实、证据或者理由，合议庭认为不需要开庭审理的，可以不开庭审理。

中级人民法院可以组织双方当事人调解。达成调解协议的，可以制作调解书。一方当事人逾期不履行调解协议的，另一方可以申请人民法院强制执行。

7. 民事调解书（再审案件用）

××××人民法院
民事调解书

（××××）……民再……号

再审申请人（原审……）：×××，……。
……

被申请人（原审……）：×××，……。
……

（以上写明当事人和其他诉讼参加人的姓名或者名称等基本信息）

再审申请人×××因与被申请人×××/再审申请人×××及原审×××……（写明案由）一案，不服××××人民法院（××××）……号民事判决/民事裁定/民事调解书，申请再审。××××年××月××日，本院/××××人民法院作出（××××）……民×……号民事裁定，本案由本院再审。本院依法组成合议庭审理了本案。

×××再审请求，……（写明当事人的再审请求、事实和理由）。

×××辩称，……（概述被申请人的答辩意见）。

……（概述案件事实，写明原审裁判结果）。

本案再审审理过程中，经本院主持调解，当事人自愿达成如下协议/当事人自行和解达成如下协议，请求人民法院确认：

一、……；

二、……。

（分项写明调解协议内容）

上述协议，不违反法律规定，本院予以确认。

一审案件受理费……元，由……负担；二审案件受理费……元，由……负担（写明当事人姓名或者名称、负担金额。调解协议包含诉讼费用负担的，则不写）。

本调解书经各方当事人签收后，即具有法律效力。

审　判　长　×××
审　判　员　×××
审　判　员　×××
××××年××月××日
（院印）
书　记　员　×××

【说　明】

1. 本样式根据《中华人民共和国民事诉讼法》第五十条、第九十七条、第二百零七条制定，供人民法院在适用审判监督程序再审案件过程中，当事人自行和解达成协议请求人民法院确认或者人民法院主持调解达成协议后，制作民事调解书用。

2. 对于依职权、依抗诉等再审案件适用本样式的，需要对当事人诉讼地位和案件由来和审理过程部分等表述作相应调整。

3. 调解书由当事人签收生效后，原生效裁判即视为撤销。

【法律依据】

《中华人民共和国民事诉讼法》（2017年6月27日）

第五十条　双方当事人可以自行和解。

第九十七条　调解达成协议，人民法院应当制作调解书。调解书应当写明诉讼请求、案件的事实和调解结果。

调解书由审判人员、书记员署名，加盖人民法院印章，送达双方当事人。

调解书经双方当事人签收后，即具有法律效力。

第二百零七条　人民法院按照审判监督程序再审的案件，发生法律效力的判决、裁定是由第一审法院作出的，按照第一审程序审理，所作的判决、裁定，当事人可以上诉；发生法律效力的判决、裁定是由第二审法院作出的，按照第二审程序审理，所作的判决、裁定，是发生法律效力的判决、裁定；上级人民法院按照审判监督程序提审的，按照第二审程序审理，所作的判决、裁定是发生法律效力的判决、裁定。

人民法院审理再审案件，应当另行组成合议庭。

8. 调解笔录（庭外调解用）

调解笔录

时间：××××年××月××日××时××分至××时××分

地点：……

审判人员：……（写明职务和姓名）

书记员：×××

协助调解人员：……（写明单位、职务、姓名）

调解经过和结果：

（首先核对当事人和其他诉讼参加人身份、宣布案由、告知诉讼权利义务等）

……。

（调解达成协议的，写明：）

经主持调解，当事人自愿达成如下协议：

……。

（确定调解协议签名生效的，写明：）本调解协议经各方当事人在调解笔录上签名或者盖章后，即具有法律效力。

（以下无正文）

当事人和其他诉讼参加人（签名或者盖章）

审判人员（签名）

书记员（签名）

【说　明】

1. 本样式根据《中华人民共和国民事诉讼法》第八章制定，供人民法院制作调解记录用。

2. 对于调解和好的离婚案件、调解维持收养关系的案件、能够即时履行的案件以及其他不需要制作调解书的案件，调解协议记入笔录，由双方当事人、审判人员、书记员签名或者盖章后，即具有法律效力。

3. 在庭前会议或开庭审理期间调解的，记入庭前会议笔录或法庭笔录，不需要另行制作调解笔录。

【法律依据】

《中华人民共和国民事诉讼法》（2017 年 6 月 27 日）

第八章　调　解

第九十三条　人民法院审理民事案件，根据当事人自愿的原则，在事实清楚的基础上，分清是非，进行调解。

第九十四条　人民法院进行调解，可以由审判员一人主持，也可以由合议庭主持，并尽可能就地进行。

人民法院进行调解，可以用简便方式通知当事人、证人到庭。

第九十五条　人民法院进行调解，可以邀请有关单位和个人协助。被邀请的单位和个人，应当协助人民法院进行调解。

第九十六条　调解达成协议，必须双方自愿，不得强迫。调解协议的内容不得违反法律规定。

第九十七条　调解达成协议，人民法院应当制作调解书。调解书应当写明诉讼请求、案件的事实和调解结果。

调解书由审判人员、书记员署名，加盖人民法院印章，送达双方当事人。

调解书经双方当事人签收后，即具有法律效力。

第九十八条　下列案件调解达成协议，人民法院可以不制作调解书：

（一）调解和好的离婚案件；

（二）调解维持收养关系的案件；

（三）能够即时履行的案件；

（四）其他不需要制作调解书的案件。

对不需要制作调解书的协议，应当记入笔录，由双方当事人、审判人员、书记员签名或者盖章后，即具有法律效力。

第九十九条　调解未达成协议或者调解书送达前一方反悔的，人民法院应当及时判决。

七、保全和先予执行

1. **民事裁定书**（诉前财产保全用）

××××人民法院
民事裁定书

（××××）……财保……号

申请人：×××，……。

……

被申请人：×××，……。

……

（以上写明申请人、被申请人及其代理人的姓名或者名称等基本信息）

申请人×××于××××年××月××日向本院申请诉前财产保全，请求对被申请人×××……（写明申请采取财产保全措施的具体内容）。申请人×××/担保人×××以……（写明担保财产的名称、数量或者数额、所在地点等）提供担保。

本院经审查认为，……（写明采取财产保全措施的理由）。依照《中华人民共和国民事诉讼法》第一百零一条、第一百零二条、第一百零三条第一款规定，裁定如下：

查封/扣押/冻结被申请人×××的……（写明保全财产名称、数量或者数额、所在地点等），期限为……年/月/日（写明保全的期限）。

案件申请费……元，由……负担（写明当事人姓名或者名称、负担金额）。

本裁定立即开始执行。

如不服本裁定，可以自收到裁定书之日起五日内向本院申请复议一次。

复议期间不停止裁定的执行。

申请人在人民法院采取保全措施后三十日内不依法提起诉讼或者申请仲裁的，本院将依法解除保全。

审 判 员 ×××

××××年××月××日

（院印）

书 记 员 ×××

【说 明】

1. 本样式根据《中华人民共和国民事诉讼法》第一百零一条、第一百零二条、第一百零三条第一款制定，供当事人提起诉讼或者申请仲裁前向人民法院申请财产保全，人民法院裁定采取财产保全措施用。

2. 保全民事裁定中，没有担保人的，不写相应内容。

【法律依据】

《中华人民共和国民事诉讼法》（2017年6月27日）

第一百零一条 利害关系人因情况紧急，不立即申请保全将会使其合法权益受到难以弥补的损害的，可以在提起诉讼或者申请仲裁前向被保全财产所在地、被申请人住所地或者对案件有管辖权的人民法院申请采取保全措施。申请人应当提供担保，不提供担保的，裁定驳回申请。

人民法院接受申请后，必须在四十八小时内作出裁定；裁定采取保全措施的，应当立即开始执行。

申请人在人民法院采取保全措施后三十日内不依法提起诉讼或者申请仲裁的，人民法院应当解除保全。

第一百零二条 保全限于请求的范围，或者与本案有关的财物。

第一百零三条第一款 财产保全采取查封、扣押、冻结或者法律规定的其他方法。人民法院保全财产后，应当立即通知被保全财产的人。

2. 民事裁定书（仲裁中财产保全用）

××××人民法院
民事裁定书

（××××）……财保……号

申请人：×××，……。
……
被申请人：×××，……。
……

（以上写明申请人、被申请人及其代理人的姓名或者名称等基本信息）

申请人×××于××××年××月××日向××××仲裁委员会申请财产保全，请求对被申请人×××……（写明申请采取财产保全措施的具体内容）。申请人×××/担保人×××以……（写明担保财产的名称、数量或者数额、所在地点等）提供担保。××××年××月××日，××××仲裁委员会将保全申请书、担保材料等提交本院。

本院经审查认为，……（写明采取财产保全措施的理由）。依照《中华人民共和国仲裁法》第二十八条、《中华人民共和国民事诉讼法》第一百零三条第一款规定，裁定如下：

查封/扣押/冻结被申请人×××的……（写明保全财产名称、数量或者数额、所在地点等），期限为……年/月/日（写明保全的期限）。

案件申请费……元，由……负担（写明当事人姓名或者名称、负担金额）。

本裁定立即开始执行。

如不服本裁定，可以自收到裁定书之日起五日内向本院申请复议一次。复议期间不停止裁定的执行。

审 判 员 ×××
××××年××月××日

(院印)

书　记　员　×××

【说　明】

本样式根据《中华人民共和国仲裁法》第二十八条、《中华人民共和国民事诉讼法》第一百零三条第一款制定，供人民法院在仲裁委员会提交当事人财产保全申请后，裁定采取财产保全措施用。

【法律依据】

1.《中华人民共和国仲裁法》（2017年9月1日）

第二十八条　一方当事人因另一方当事人的行为或者其他原因，可能使裁决不能执行或者难以执行的，可以申请财产保全。

当事人申请财产保全的，仲裁委员会应当将当事人的申请依照民事诉讼法的有关规定提交人民法院。

申请有错误的，申请人应当赔偿被申请人因财产保全所遭受的损失。

2.《中华人民共和国民事诉讼法》（2017年6月27日）

第一百零三条第一款　财产保全采取查封、扣押、冻结或者法律规定的其他方法。人民法院保全财产后，应当立即通知被保全财产的人。

3. 民事裁定书（执行前保全用）

××××人民法院
民事裁定书

（××××）……号

申请人：×××，……。
……
被申请人：×××，……。
……
（以上写明申请人、被申请人及其代理人的姓名或者名称等基本信息）

申请人×××根据已经生效的……（写明生效法律文书的制作单位、案号、文书名称），于××××年××月××日向本院申请保全，请求对被申请人×××……（写明申请采取保全措施的具体内容）。

本院经审查认为，……（写明采取保全措施的理由）。依照《中华人民共和国民事诉讼法》第一百条、《最高人民法院关于适用〈中华人民共和国民事诉讼法〉的解释》第一百六十三条规定，裁定如下：

……（财产保全的，应当写明保全财产的名称、数量或者数额、所在地点等，以及保全的期限；行为保全的，应当写明行为保全措施）。

案件申请费……元，由……负担（写明当事人姓名或者名称、负担金额）。

本裁定立即开始执行。

如不服本裁定，可以自收到裁定书之日起五日内向本院申请复议一次。复议期间不停止裁定的执行。

申请人在生效法律文书指定的履行期间届满后五日内不申请执行的，本院将依法解除保全。

　　　　　　　　　　　审　判　员　×××
　　　　　　　　　　××××年××月××日
　　　　　　　　　　　　（院印）
　　　　　　　　　　　书　记　员　×××

【说　明】

　　本样式根据《中华人民共和国民事诉讼法》第一百条、第一百零二条、第一百零三条第一款、《最高人民法院关于适用〈中华人民共和国民事诉讼法〉的解释》第一百六十三条制定，供执行法院在法律文书生效后，进入执行程序前，因紧急情况，债权人申请保全，裁定采取保全措施用。

【法律依据】

　　1.《中华人民共和国民事诉讼法》（2017年6月27日）

　　第一百条　人民法院对于可能因当事人一方的行为或者其他原因，使判决难以执行或者造成当事人其他损害的案件，根据对方当事人的申请，可以裁定对其财产进行保全、责令其作出一定行为或者禁止其作出一定行为；当事人没有提出申请的，人民法院在必要时也可以裁定采取保全措施。

　　人民法院采取保全措施，可以责令申请人提供担保，申请人不提供担保的，裁定驳回申请。

　　人民法院接受申请后，对情况紧急的，必须在四十八小时内作出裁定；裁定采取保全措施的，应当立即开始执行。

　　第一百零二条　保全限于请求的范围，或者与本案有关的财物。

　　第一百零三条第一款　财产保全采取查封、扣押、冻结或者法律规定的其他方法。人民法院保全财产后，应当立即通知被保全财产的人。

　　2.《最高人民法院关于适用〈中华人民共和国民事诉讼法〉的解释》（2020年12月29日）

　　第一百六十三条　法律文书生效后，进入执行程序前，债权人因对方当事人转移财产等紧急情况，不申请保全将可能导致生效法律文书不能执行或者难以执行的，可以向执行法院申请采取保全措施。债权人在法律文书指定的履行期间届满后五日内不申请执行的，人民法院应当解除保全。

4. 民事裁定书（诉前行为保全用）

××××人民法院
民事裁定书

（××××）……行保……号

申请人：×××，……。

……

被申请人：×××，……。

……

（以上写明申请人、被申请人及其代理人的姓名或者名称等基本信息）

申请人×××于××××年××月××日向本院申请诉前行为保全，请求对被申请人×××……（写明申请采取行为保全措施的具体内容）。申请人×××/担保人×××以……（写明担保财产的名称、数量或者数额、所在地点等）提供担保。

本院经审查认为，……（写明采取行为保全措施的理由）。依照《中华人民共和国民事诉讼法》第一百零一条、第一百零二条规定，裁定如下：

……（写明行为保全措施）。

案件申请费……元，由……负担（写明当事人姓名或者名称、负担金额）。

本裁定立即开始执行。

如不服本裁定，可以自收到裁定书之日起五日内向本院申请复议一次。复议期间不停止裁定的执行。

申请人在人民法院采取保全措施后三十日内不依法提起诉讼或者申请仲裁的，本院将依法解除保全。

审　判　员　×××
××××年××月××日
（院印）
书　记　员　×××

【说　明】

本样式根据《中华人民共和国民事诉讼法》第一百零一条、第一百零二条制定，供人民法院依当事人诉前行为保全申请，裁定采取行为保全措施用。

【法律依据】

《中华人民共和国民事诉讼法》（2017年6月27日）

第一百零一条　利害关系人因情况紧急，不立即申请保全将会使其合法权益受到难以弥补的损害的，可以在提起诉讼或者申请仲裁前向被保全财产所在地、被申请人住所地或者对案件有管辖权的人民法院申请采取保全措施。申请人应当提供担保，不提供担保的，裁定驳回申请。

人民法院接受申请后，必须在四十八小时内作出裁定；裁定采取保全措施的，应当立即开始执行。

申请人在人民法院采取保全措施后三十日内不依法提起诉讼或者申请仲裁的，人民法院应当解除保全。

第一百零二条　保全限于请求的范围，或者与本案有关的财物。

5. 民事裁定书（诉讼财产保全用）

××××人民法院
民事裁定书

（××××）……民×……号

申请人：×××，……。
……
被申请人：×××，……。
……
（以上写明申请人、被申请人及其代理人的姓名或者名称等基本信息）

……（写明当事人及案由）一案，申请人×××于××××年××月××日向本院申请财产保全，请求对被申请人×××……（写明申请采取财产保全措施的具体内容）。申请人×××/担保人×××以……（写明担保财产的名称、数量或者数额、所在地点等）提供担保。

本院经审查认为，……（写明采取财产保全措施的理由）。依照《中华人民共和国民事诉讼法》第一百条、第一百零二条、第一百零三条第一款规定，裁定如下：

查封/扣押/冻结被申请人×××的……（写明保全财产名称、数量或者数额、所在地点等），期限为……年/月/日（写明保全的期限）。

案件申请费……元，由……负担（写明当事人姓名或者名称、负担金额）。

本裁定立即开始执行。

如不服本裁定，可以自收到裁定书之日起五日内向本院申请复议一次。复议期间不停止裁定的执行。

审　判　长　×××
审　判　员　×××

审　判　员　×××
××××年××月××日
（院印）
书　记　员　×××

【说　明】

1. 本样式根据《中华人民共和国民事诉讼法》第一百条、第一百零二条、第一百零三条第一款制定，供人民法院在诉讼中，依当事人申请裁定采取财产保全措施用。

2. 本裁定书案号用诉讼案件的类型代字。

3. 独任审判的，裁定书署独任审判员的姓名。

4. 对当事人不服一审判决提起上诉的案件，在第二审人民法院接到报送的案件之前，当事人有转移、隐匿、出卖或者毁损财产等行为，必须采取保全措施的，由第一审人民法院依当事人申请或者依职权采取。第一审人民法院的保全裁定，应当及时报送第二审人民法院。

【法律依据】

《中华人民共和国民事诉讼法》（2017年6月27日）

第一百条　人民法院对于可能因当事人一方的行为或者其他原因，使判决难以执行或者造成当事人其他损害的案件，根据对方当事人的申请，可以裁定对其财产进行保全、责令其作出一定行为或者禁止其作出一定行为；当事人没有提出申请的，人民法院在必要时也可以裁定采取保全措施。

人民法院采取保全措施，可以责令申请人提供担保，申请人不提供担保的，裁定驳回申请。

人民法院接受申请后，对情况紧急的，必须在四十八小时内作出裁定；裁定采取保全措施的，应当立即开始执行。

第一百零二条　保全限于请求的范围，或者与本案有关的财物。

第一百零三条第一款　财产保全采取查封、扣押、冻结或者法律规定的其他方法。人民法院保全财产后，应当立即通知被保全财产的人。

6. 民事裁定书（诉讼行为保全用）

××××人民法院
民事裁定书

（××××）……民×……号

申请人：×××，……。
……

被申请人：×××，……。
……

（以上写明申请人、被申请人及其代理人的姓名或者名称等基本信息）

……（写明当事人及案由）一案，申请人×××于××××年××月××日向本院申请行为保全，请求对被申请人×××……（写明申请采取行为保全措施的具体内容）。申请人×××/担保人×××以……（写明担保财产的名称、数量或者数额、所在地点等）提供担保。

本院经审查认为，……（写明采取行为保全措施的理由）。依照《中华人民共和国民事诉讼法》第一百条、第一百零二条规定，裁定如下：

……（写明行为保全措施）。

案件申请费……元，由……负担（写明当事人姓名或者名称、负担金额）。

本裁定立即开始执行。

如不服本裁定，可以自收到裁定书之日起五日内向本院申请复议一次。复议期间不停止裁定的执行。

审　判　长　×××
审　判　员　×××
审　判　员　×××
××××年××月××日
（院印）
书　记　员　×××

【说　明】

1. 本样式根据《中华人民共和国民事诉讼法》第一百条、第一百零二条制定，供人民法院在诉讼中，依当事人申请裁定采取行为保全措施用。
2. 本裁定书案号用诉讼案件的类型代字。
3. 独任审判的，裁定书署独任审判员的姓名。

【法律依据】

《中华人民共和国民事诉讼法》（2017年6月27日）

第一百条　人民法院对于可能因当事人一方的行为或者其他原因，使判决难以执行或者造成当事人其他损害的案件，根据对方当事人的申请，可以裁定对其财产进行保全、责令其作出一定行为或者禁止其作出一定行为；当事人没有提出申请的，人民法院在必要时也可以裁定采取保全措施。

人民法院采取保全措施，可以责令申请人提供担保，申请人不提供担保的，裁定驳回申请。

人民法院接受申请后，对情况紧急的，必须在四十八小时内作出裁定；裁定采取保全措施的，应当立即开始执行。

第一百零二条　保全限于请求的范围，或者与本案有关的财物。

7. 民事裁定书（依职权诉讼保全用）

××××人民法院
民事裁定书

（××××）……民×……号

原告：×××，……。
……

被告：×××，……。
……

（以上写明当事人及其代理人的姓名或者名称等基本信息）

……（写明当事人及案由）一案，本院于××××年××月××日立案。

本院经审查认为，……（写明依职权采取诉讼保全措施的理由）。依照《中华人民共和国民事诉讼法》第一百条第一款规定，裁定如下：

……（写明保全措施）。

案件申请费……元，由……负担（写明当事人姓名或者名称、负担金额）。

本裁定立即开始执行。

如不服本裁定，可以自收到裁定书之日起五日内向本院申请复议一次。复议期间不停止裁定的执行。

审　判　长　×××
审　判　员　×××
审　判　员　×××
××××年××月××日
（院印）
书　记　员　×××

【说　明】

1. 本样式根据《中华人民共和国民事诉讼法》第一百条第一款制定，供人民法院在诉讼过程中，依职权采取保全措施用。
2. 本裁定书案号用诉讼案件的类型代字。
3. 独任审判的，裁定书署独任审判员的姓名。

【法律依据】

《中华人民共和国民事诉讼法》（2017 年 6 月 27 日）

第一百条第一款　人民法院对于可能因当事人一方的行为或者其他原因，使判决难以执行或者造成当事人其他损害的案件，根据对方当事人的申请，可以裁定对其财产进行保全、责令其作出一定行为或者禁止其作出一定行为；当事人没有提出申请的，人民法院在必要时也可以裁定采取保全措施。

8. 民事裁定书（解除保全用）

××××人民法院
民事裁定书

（××××）……号

解除保全申请人：×××，……。

……

被申请人：×××，……。

……

（以上写明申请人、被申请人及其代理人的姓名或者名称等基本信息）

……（写明当事人及案由）一案，本院于××××年××月××日作出（××××）……号民事裁定，……（写明已经采取的保全措施）。×××于××××年××月××日向本院申请解除上述保全措施。

本院经审查认为，……（写明解除保全的事实和理由）。依照《中华人民共和国民事诉讼法》第一百零一条第三款/《最高人民法院关于适用〈中华人民共和国民事诉讼法〉的解释》第一百六十六条第一款第×项规定，裁定如下：

解除对×××（被保全人姓名或者名称）的……（写明保全措施）。

案件申请费……元，由……负担（写明当事人姓名或者名称、负担金额）。

本裁定立即开始执行。

如不服本裁定，可以自收到裁定书之日起五日内向本院申请复议一次。复议期间不停止裁定的执行。

审　判　长　×××
审　判　员　×××
审　判　员　×××

××××年××月××日
(院印)
书　记　员　×××

【说　明】

1. 本样式根据《中华人民共和国民事诉讼法》第一百零一条第三款以及《最高人民法院关于适用〈中华人民共和国民事诉讼法〉的解释》第一百六十六条制定，供人民法院在采取保全措施后，依法裁定解除保全措施用。

2. 人民法院依职权裁定解除保全的，当事人按照原裁定保全案件的当事人列。

3. 独任审判的，裁定书署独任审判员的姓名。

4. 本裁定书案号，在诉讼中解除保全的，用诉讼案件类型代字；其他解除保全的，用保全裁定的类型代字。

【法律依据】

1. 《中华人民共和国民事诉讼法》（2017年6月27日）

第一百条第三款　人民法院接受申请后，对情况紧急的，必须在四十八小时内作出裁定；裁定采取保全措施的，应当立即开始执行。

2. 《最高人民法院关于适用〈中华人民共和国民事诉讼法〉的解释》（2020年12月29日）

第一百六十六条　裁定采取保全措施后，有下列情形之一的，人民法院应当作出解除保全裁定：

（一）保全错误的；

（二）申请人撤回保全申请的；

（三）申请人的起诉或者诉讼请求被生效裁判驳回的；

（四）人民法院认为应当解除保全的其他情形。

解除以登记方式实施的保全措施的，应当向登记机关发出协助执行通知书。

9. 民事裁定书（变更保全用）

××××人民法院
民事裁定书

（××××）……号

变更保全申请人（被保全人）：×××，……。
……
被申请人：×××，……。
……
（以上写明申请人、被申请人及其代理人的姓名或者名称等基本信息）
……（写明当事人及案由）一案，本院于××××年××月××日作出（××××）……号民事裁定，……（写明保全措施）。被保全人×××于×××年××月××日向本院提供……（写明其他等值担保财产的名称、数量或者数额、所在地点等）作为其他等值担保财产，请求变更保全标的物。

本院经审查认为，申请人的请求符合法律规定。依照《最高人民法院关于适用〈中华人民共和国民事诉讼法〉的解释》第一百六十七条规定，裁定如下：

一、查封/扣押/冻结申请人/担保人×××的……（写明其他等值担保财产名称、数量或者数额、所在地点等），期限为……年/月/日（写明保全的期限）；

二、解除对被保全人×××的……（写明被保全财产名称、数量、所在地点等）的查封/扣押/冻结。

案件申请费……元，由……负担（写明当事人姓名或者名称、负担金额）。

本裁定立即开始执行。

如不服本裁定，可以自收到裁定书之日起五日内向本院申请复议一次。复议期间不停止裁定的执行。

审　判　长　×××
审　判　员　×××
审　判　员　×××
××××年××月××日
（院印）
书　记　员　×××

【说　明】

1. 本样式根据《最高人民法院关于适用〈中华人民共和国民事诉讼法〉的解释》第一百六十七条制定，供人民法院在被保全人申请变更保全标的物，并提供其他等值担保财产且有利于执行，裁定变更保全标的物用。

2. 独任审判的，裁定书署独任审判员的姓名。

3. 本裁定书案号，在诉讼中变更保全的，用诉讼案件类型代字；其他变更保全的，用保全裁定的类型代字。

【法律依据】

《最高人民法院关于适用〈中华人民共和国民事诉讼法〉的解释》（2020年12月29日）

第一百六十七条　财产保全的被保全人提供其他等值担保财产且有利于执行的，人民法院可以裁定变更保全标的物为被保全人提供的担保财产。

10. 民事裁定书（先予执行用）

××××人民法院
民事裁定书

（××××）……民×……号

申请人：×××，……。

……

被申请人：×××，……。

……

（以上写明申请人、被申请人及其代理人的姓名或者名称等基本信息）

……（写明当事人及案由）一案，申请人×××于××××年××月××日向本院申请先予执行，请求……（写明先予执行内容）。申请人×××/担保人×××向本院提供……（写明担保财产的名称、数量或者数额、所在地点等）作为担保（不提供担保的，不写）。

本院经审查认为，申请人×××的申请符合法律规定。依照《中华人民共和国民事诉讼法》第一百零六条、第一百零七条规定，裁定如下：

……（写明先予执行的内容）。

案件申请费……元，由……负担（写明当事人姓名或者名称、负担金额）。

如不服本裁定，可以自收到裁定书之日起五日内向本院申请复议一次。复议期间不停止裁定的执行。

审　判　长　×××
审　判　员　×××
审　判　员　×××
××××年××月××日
（院印）
书　记　员　×××

【说　明】

1. 本样式根据《中华人民共和国民事诉讼法》第一百零六条、第一百零七条制定，供人民法院依当事人申请裁定先予执行用。

2. 本裁定书案号用诉讼案件的类型代字。

3. 独任审判的，裁定书署独任审判员的姓名。

【法律依据】

《中华人民共和国民事诉讼法》（2017 年 6 月 27 日）

第一百零六条　人民法院对下列案件，根据当事人的申请，可以裁定先予执行：

（一）追索赡养费、扶养费、抚育费、抚恤金、医疗费用的；

（二）追索劳动报酬的；

（三）因情况紧急需要先予执行的。

第一百零七条　人民法院裁定先予执行的，应当符合下列条件：

（一）当事人之间权利义务关系明确，不先予执行将严重影响申请人的生活或者生产经营的；

（二）被申请人有履行能力。

人民法院可以责令申请人提供担保，申请人不提供担保的，驳回申请。申请人败诉的，应当赔偿被申请人因先予执行遭受的财产损失。

11. **民事裁定书**（驳回保全或者先予执行申请用）

**××××人民法院
民事裁定书**

（××××）……号

申请人：×××，……。
……
被申请人：×××，……。
……
（以上写明申请人、被申请人及其代理人的姓名或者名称等基本信息）

申请人×××于××××年××月××日向本院申请财产保全/行为保全/先予执行。

本院经审查认为，……（写明驳回保全或者先予执行申请的理由）。依照《中华人民共和国民事诉讼法》第一百条第一款/第一百条第二款/第一百零一条第一款/第一百零六条/第一百零七条第一款/第一百零七条第二款规定，裁定如下：

驳回×××的申请。

审　判　长　×××
审　判　员　×××
审　判　员　×××
××××年××月××日
（院印）
书　记　员　×××

【说　明】

1. 本样式根据《中华人民共和国民事诉讼法》第一百条第一款、第一百条第二款、第一百零一条第一款、第一百零六条、第一百零七条制定，供人民法院裁定驳回保全或者先予执行申请用。

2. 独任审判的，裁定书署独任审判员的姓名。

【法律依据】

《中华人民共和国民事诉讼法》（2017年6月27日）

第一百条第一款、第二款　人民法院对于可能因当事人一方的行为或者其他原因，使判决难以执行或者造成当事人其他损害的案件，根据对方当事人的申请，可以裁定对其财产进行保全、责令其作出一定行为或者禁止其作出一定行为；当事人没有提出申请的，人民法院在必要时也可以裁定采取保全措施。

人民法院采取保全措施，可以责令申请人提供担保，申请人不提供担保的，裁定驳回申请。

第一百零一条第一款　利害关系人因情况紧急，不立即申请保全将会使其合法权益受到难以弥补的损害的，可以在提起诉讼或者申请仲裁前向被保全财产所在地、被申请人住所地或者对案件有管辖权的人民法院申请采取保全措施。申请人应当提供担保，不提供担保的，裁定驳回申请。

第一百零六条　人民法院对下列案件，根据当事人的申请，可以裁定先予执行：

（一）追索赡养费、扶养费、抚育费、抚恤金、医疗费用的；

（二）追索劳动报酬的；

（三）因情况紧急需要先予执行的。

第一百零七条　人民法院裁定先予执行的，应当符合下列条件：

（一）当事人之间权利义务关系明确，不先予执行将严重影响申请人的生活或者生产经营的；

（二）被申请人有履行能力。

人民法院可以责令申请人提供担保，申请人不提供担保的，驳回申请。申请人败诉的，应当赔偿被申请人因先予执行遭受的财产损失。

12. 民事裁定书（保全或者先予执行裁定复议用）

××××人民法院
民事裁定书

（××××）……号

复议申请人：×××，……。

……

被申请人：×××，……。

……

（以上写明复议申请人、被申请人及其代理人的姓名或者名称等基本信息）

……（写明当事人及案由）一案（如属于诉前、执行前、仲裁中保全裁定，不写），本院于××××年××月××日作出（××××）……号财产保全/行为保全/先予执行民事裁定。×××不服，于××××年××月××日向本院提出复议申请。

×××复议称，……（写明复议申请人的请求、事实和理由）。

本院经审查认为，……（写明保全或者先予执行裁定正确或不当的事实和理由）。依照《中华人民共和国民事诉讼法》第一百零八条、《最高人民法院关于适用〈中华人民共和国民事诉讼法〉的解释》第一百七十一条规定，裁定如下：

（原裁定正确的，写明:）驳回×××的复议请求。

（原裁定不当予以撤销的，写明:）撤销本院（××××）……号保全/先予执行民事裁定。

（原裁定不当予以变更的，写明:）

一、……（写明新的保全或者先予执行措施）；

二、撤销本院（××××）……号保全/先予执行民事裁定。

本裁定立即开始执行。

审　判　长　×××
审　判　员　×××
审　判　员　×××
××××年××月××日
（院印）
书　记　员　×××

【说　明】

1. 本样式根据《中华人民共和国民事诉讼法》第一百零八条以及《最高人民法院关于适用〈中华人民共和国民事诉讼法〉的解释》第一百七十一条制定，供人民法院在当事人对保全或者先予执行裁定不服申请复议后，裁定驳回申请或者变更、撤销原裁定用。

2. 案号与原裁定的案号相同。

3. 人民法院应当在收到复议申请后十日内审查。裁定正确的，驳回当事人的申请；裁定不当的，变更或者撤销原裁定。

4. 独任审判的，裁定书署独任审判员的姓名。

【法律依据】

1. 《中华人民共和国民事诉讼法》（2017年6月27日）

第一百零八条　当事人对保全或者先予执行的裁定不服的，可以申请复议一次。复议期间不停止裁定的执行。

2. 《最高人民法院关于适用〈中华人民共和国民事诉讼法〉的解释》（2020年12月29日）

第一百七十一条　当事人对保全或者先予执行裁定不服的，可以自收到裁定书之日起五日内向作出裁定的人民法院申请复议。人民法院应当在收到复议申请后十日内审查。裁定正确的，驳回当事人的申请；裁定不当的，变更或者撤销原裁定。

13. 提供担保通知书（责令提供担保用）

××××人民法院
提供担保通知书

（××××）……号

×××（写明保全或者先予执行申请人姓名或者名称）：

　　……（写明当事人及案由）一案，你/你单位于××××年××月××日向本院申请财产保全/行为保全/先予执行。依照《中华人民共和国民事诉讼法》第一百条/第一百零一条/第一百零七条、《最高人民法院关于适用〈中华人民共和国民事诉讼法〉的解释》第一百五十二条规定，你/你单位应当在接到本通知书之日起××日内向本院提供……（写明担保方式、担保金额等）。逾期不提供担保的，本院将裁定驳回保全/先予执行申请。

　　特此通知。

××××年××月××日
（院印）

【说　明】

　　本样式根据《中华人民共和国民事诉讼法》第一百条、第一百零一条、第一百零七条以及《最高人民法院关于适用〈中华人民共和国民事诉讼法〉的解释》第一百五十二条制定，供人民法院在裁定诉前、诉讼保全/先予执行时，责令当事人或者利害关系人提供担保用。

【法律依据】

1. 《中华人民共和国民事诉讼法》（2017年6月27日）

　　第一百条　人民法院对于可能因当事人一方的行为或者其他原因，使判决难以执行或者造成当事人其他损害的案件，根据对方当事人的申请，可以裁定对其财产进行保全、责令其作出一定行为或者禁止其作出一定行为；当事人没有提出申请的，人民法院在必要时也可以裁定采取保全措施。

人民法院采取保全措施，可以责令申请人提供担保，申请人不提供担保的，裁定驳回申请。

人民法院接受申请后，对情况紧急的，必须在四十八小时内作出裁定；裁定采取保全措施的，应当立即开始执行。

第一百零一条 利害关系人因情况紧急，不立即申请保全将会使其合法权益受到难以弥补的损害的，可以在提起诉讼或者申请仲裁前向被保全财产所在地、被申请人住所地或者对案件有管辖权的人民法院申请采取保全措施。申请人应当提供担保，不提供担保的，裁定驳回申请。

人民法院接受申请后，必须在四十八小时内作出裁定；裁定采取保全措施的，应当立即开始执行。

申请人在人民法院采取保全措施后三十日内不依法提起诉讼或者申请仲裁的，人民法院应当解除保全。

第一百零七条 人民法院裁定先予执行的，应当符合下列条件：

（一）当事人之间权利义务关系明确，不先予执行将严重影响申请人的生活或者生产经营的；

（二）被申请人有履行能力。

人民法院可以责令申请人提供担保，申请人不提供担保的，驳回申请。申请人败诉的，应当赔偿被申请人因先予执行遭受的财产损失。

2.《最高人民法院关于适用〈中华人民共和国民事诉讼法〉的解释》（2020年12月29日）

第一百五十二条 人民法院依照民事诉讼法第一百条、第一百零一条规定，在采取诉前保全、诉讼保全措施时，责令利害关系人或者当事人提供担保的，应当书面通知。

利害关系人申请诉前保全的，应当提供担保。申请诉前财产保全的，应当提供相当于请求保全数额的担保；情况特殊的，人民法院可以酌情处理。申请诉前行为保全的，担保的数额由人民法院根据案件的具体情况决定。

在诉讼中，人民法院依申请或者依职权采取保全措施的，应当根据案件的具体情况，决定当事人是否应当提供担保以及担保的数额。

14. 指定保管人通知书（财产保全指定保管人用）

××××人民法院
指定保管人通知书

（××××）……号

×××（写明保管人姓名或名称）：

　　……（写明当事人及案由）一案，本院作出（××××）……号财产保全民事裁定，查封/扣押/冻结×××的……（写明保全财产名称、数量或者数额、所在地点等），因保全财产不宜由人民法院保管，依照《最高人民法院关于适用〈中华人民共和国民事诉讼法〉的解释》第一百五十四条、第一百五十五条规定，通知如下：

　　指定×××负责保管被保全财产。在保全期间，对被保全的财产应当妥善保管，可以/不得使用，不得转移，不得设定权利负担，也不得有其他妨碍行为。

　　特此通知。

××××年××月××日
（院印）

【说　明】

　　1. 本样式根据《最高人民法院关于适用〈中华人民共和国民事诉讼法〉的解释》第一百五十四条、第一百五十五条制定，供人民法院采取诉讼财产保全时，指定保全财产保管人用。

　　2. 由人民法院指定被保管人保管的财产，如果继续使用对该财产的价值无重大影响，可以允许被保全人继续使用；由人民法院保管或者委托他人、申请保全人保管的财产，人民法院和其他保管人不得使用。

【法律依据】

《最高人民法院关于适用〈中华人民共和国民事诉讼法〉的解释》（2020年12月29日）

第一百五十四条 人民法院在财产保全中采取查封、扣押、冻结财产措施时，应当妥善保管被查封、扣押、冻结的财产。不宜由人民法院保管的，人民法院可以指定被保全人负责保管；不宜由被保全人保管的，可以委托他人或者申请保全人保管。

查封、扣押、冻结担保物权人占有的担保财产，一般由担保物权人保管；由人民法院保管的，质权、留置权不因采取保全措施而消灭。

第一百五十五条 由人民法院指定被保全人保管的财产，如果继续使用对该财产的价值无重大影响，可以允许被保全人继续使用；由人民法院保管或者委托他人、申请保全人保管的财产，人民法院和其他保管人不得使用。

15. 委托保全函（委托原人民法院采取保全措施用）

××××人民法院
委托保全函

（××××）……民×……号

××××人民法院：

……（写明当事人及案由）一案，本院作出（××××）……号财产保全/行为保全民事裁定。依照《最高人民法院关于适用〈中华人民共和国民事诉讼法〉的解释》第一百六十二条规定，委托你院采取保全措施。请接到本函后，立即进行保全，并将保全情况及时函复我院。

联 系 人：……（写明姓名、部门、职务）
联系电话：……
联系地址：……

附：
1. 诉讼案件立案材料
2. （××××）……民×……号财产保全/行为保全民事裁定书
3. 有关委托保全财产情况的材料

××××年××月××日
（院印）

【说 明】

1. 本样式根据《最高人民法院关于适用〈中华人民共和国民事诉讼法〉的解释》第一百六十二条制定，供第二审人民法院、再审人民法院在对原保全措施予以续保或者采取新的保全措施的，委托第一审人民法院、原审人民法院或者执行法院保全用。

2. 第二审人民法院裁定对第一审人民法院采取的保全措施予以续保或者采取新的保全措施的，可以自行实施，也可以委托第一审人民法院实施。再审人民法院裁定对原保全措施予以续保或者采取新的保全措施的，可以自行实施，也可以委托原审人民法院或者执行法院实施。

【法律依据】

《最高人民法院关于适用〈中华人民共和国民事诉讼法〉的解释》（2020年12月29日）

第一百六十二条 第二审人民法院裁定对第一审人民法院采取的保全措施予以续保或者采取新的保全措施的，可以自行实施，也可以委托第一审人民法院实施。

再审人民法院裁定对原保全措施予以续保或者采取新的保全措施的，可以自行实施，也可以委托原审人民法院或者执行法院实施。

八、对妨害民事诉讼的强制措施

1. **决定书**（司法拘留用）

××××人民法院
决定书

（××××）……司惩……号

被拘留人：×××，……（写明姓名等基本信息）。

本院在审理/执行（××××）……号……（写明当事人及案由）一案中，查明……（写明被拘留人妨害民事诉讼的事实和予以拘留的理由）。

依照《中华人民共和国民事诉讼法》第×条、第一百一十五条第二款、第一百一十六条第一款、第三款规定，决定如下：

对×××拘留×日。

如不服本决定，可以在收到决定书之日起三日内，口头或者书面向××××人民法院（写明上一级人民法院名称）申请复议一次。复议期间，不停止本决定的执行。

××××年××月××日
（院印）

【说 明】

1. 本样式根据《中华人民共和国民事诉讼法》第一百一十条至第一百一十六条以及《最高人民法院关于适用〈中华人民共和国民事诉讼法〉的解释》"八、对妨害民事诉讼的强制措施"制定，供人民法院对实施妨害民事诉讼行为的个人，决定采取拘留措施用。

2. 案号类型代字为"司惩"。

3. 本决定书应当先引用《中华人民共和国民事诉讼法》第一百一十条至第一百一十四条的相应条款项，后引用第一百一十五条第二款、第一百一十六条。

4. 拘留必须经院长批准。

5. 拘留的期限，为十五日以下。被拘留的人，由人民法院司法警察将被拘留人送交当地公安机关看管。

6. 人民法院对被拘留人采取拘留措施后，应当在二十四小时内通知其家属；确实无法按时通知或者通知不到的，应当记录在案。

7. 因哄闹、冲击法庭，用暴力、威胁等方法抗拒执行公务等紧急情况，必须立即采取拘留措施的，可在拘留后，立即报告院长补办批准手续。院长认为拘留不当的，应当解除拘留。

【法律依据】

1.《中华人民共和国民事诉讼法》（2017 年 6 月 27 日）

第一百一十条　诉讼参与人和其他人应当遵守法庭规则。

人民法院对违反法庭规则的人，可以予以训诫，责令退出法庭或者予以罚款、拘留。

人民法院对哄闹、冲击法庭，侮辱、诽谤、威胁、殴打审判人员，严重扰乱法庭秩序的人，依法追究刑事责任；情节较轻的，予以罚款、拘留。

第一百一十一条　诉讼参与人或者其他人有下列行为之一的，人民法院可以根据情节轻重予以罚款、拘留；构成犯罪的，依法追究刑事责任：

（一）伪造、毁灭重要证据，妨碍人民法院审理案件的；

（二）以暴力、威胁、贿买方法阻止证人作证或者指使、贿买、胁迫他人作伪证的；

（三）隐藏、转移、变卖、毁损已被查封、扣押的财产，或者已被清点并责令其保管的财产，转移已被冻结的财产的；

（四）对司法工作人员、诉讼参加人、证人、翻译人员、鉴定人、勘验人、协助执行的人，进行侮辱、诽谤、诬陷、殴打或者打击报复的；

（五）以暴力、威胁或者其他方法阻碍司法工作人员执行职务的；

（六）拒不履行人民法院已经发生法律效力的判决、裁定的。

人民法院对有前款规定的行为之一的单位，可以对其主要负责人或者直接责任人员予以罚款、拘留；构成犯罪的，依法追究刑事责任。

第一百一十二条 当事人之间恶意串通，企图通过诉讼、调解等方式侵害他人合法权益的，人民法院应当驳回其请求，并根据情节轻重予以罚款、拘留；构成犯罪的，依法追究刑事责任。

第一百一十三条 被执行人与他人恶意串通，通过诉讼、仲裁、调解等方式逃避履行法律文书确定的义务的，人民法院应当根据情节轻重予以罚款、拘留；构成犯罪的，依法追究刑事责任。

第一百一十四条 有义务协助调查、执行的单位有下列行为之一的，人民法院除责令其履行协助义务外，并可以予以罚款：

（一）有关单位拒绝或者妨碍人民法院调查取证的；

（二）有关单位接到人民法院协助执行通知书后，拒不协助查询、扣押、冻结、划拨、变价财产的；

（三）有关单位接到人民法院协助执行通知书后，拒不协助扣留被执行人的收入、办理有关财产权证照转移手续、转交有关票证、证照或者其他财产的；

（四）其他拒绝协助执行的。

人民法院对有前款规定的行为之一的单位，可以对其主要负责人或者直接责任人员予以罚款；对仍不履行协助义务的，可以予以拘留；并可以向监察机关或者有关机关提出予以纪律处分的司法建议。

第一百一十五条 对个人的罚款金额，为人民币十万元以下。对单位的罚款金额，为人民币五万元以上一百万元以下。

拘留的期限，为十五日以下。

被拘留的人，由人民法院交公安机关看管。在拘留期间，被拘留人承认并改正错误的，人民法院可以决定提前解除拘留。

第一百一十六条 拘传、罚款、拘留必须经院长批准。

拘传应当发拘传票。

罚款、拘留应当用决定书。对决定不服的，可以向上一级人民法院申请复议一次。复议期间不停止执行。

2.《最高人民法院关于适用〈中华人民共和国民事诉讼法〉的解释》（2020年12月29日）

八、对妨害民事诉讼的强制措施

第一百七十四条 民事诉讼法第一百零九条规定的必须到庭的被告，是指负有赡养、抚育、扶养义务和不到庭就无法查清案情的被告。

人民法院对必须到庭才能查清案件基本事实的原告，经两次传票传唤，无正当理由拒不到庭的，可以拘传。

第一百七十五条 拘传必须用拘传票，并直接送达被拘传人；在拘传前，应当向被拘传人说明拒不到庭的后果，经批评教育仍拒不到庭的，可以拘传其到庭。

第一百七十六条 诉讼参与人或者其他人有下列行为之一的，人民法院可以适用民事诉讼法第一百一十条规定处理：

（一）未经准许进行录音、录像、摄影的；

（二）未经准许以移动通信等方式现场传播审判活动的；

（三）其他扰乱法庭秩序，妨害审判活动进行的。

有前款规定情形的，人民法院可以暂扣诉讼参与人或者其他人进行录音、录像、摄影、传播审判活动的器材，并责令其删除有关内容；拒不删除的，人民法院可以采取必要手段强制删除。

第一百七十七条 训诫、责令退出法庭由合议庭或者独任审判员决定。训诫的内容、被责令退出法庭者的违法事实应当记入庭审笔录。

第一百七十八条 人民法院依照民事诉讼法第一百一十条至第一百一十四条的规定采取拘留措施的，应经院长批准，作出拘留决定书，由司法警察将被拘留人送交当地公安机关看管。

第一百七十九条 被拘留人不在本辖区的，作出拘留决定的人民法院应当派员到被拘留人所在地的人民法院，请该院协助执行，受委托的人民法院应当及时派员协助执行。被拘留人申请复议或者在拘留期间承认并改正错误，需要提前解除拘留的，受委托人民法院应当向委托人民法院转达或者提出建议，由委托人民法院审查决定。

第一百八十条 人民法院对被拘留人采取拘留措施后，应当在二十四小时内通知其家属；确实无法按时通知或者通知不到的，应当记录在案。

第一百八十一条 因哄闹、冲击法庭，用暴力、威胁等方法抗拒执行公务等紧急情况，必须立即采取拘留措施的，可在拘留后，立即报告院长补办批准手续。院长认为拘留不当的，应当解除拘留。

第一百八十二条 被拘留人在拘留期间认错悔改的，可以责令其具结悔过，提前解除拘留。提前解除拘留，应报经院长批准，并作出提前解除拘留决定书，交负责看管的公安机关执行。

第一百八十三条　民事诉讼法第一百一十条至第一百一十三条规定的罚款、拘留可以单独适用，也可以合并适用。

第一百八十四条　对同一妨害民事诉讼行为的罚款、拘留不得连续适用。发生新的妨害民事诉讼行为的，人民法院可以重新予以罚款、拘留。

第一百八十五条　被罚款、拘留的人不服罚款、拘留决定申请复议的，应当自收到决定书之日起三日内提出。上级人民法院应当在收到复议申请后五日内作出决定，并将复议结果通知下级人民法院和当事人。

第一百八十六条　上级人民法院复议时认为强制措施不当的，应当制作决定书，撤销或者变更下级人民法院作出的拘留、罚款决定。情况紧急的，可以在口头通知后三日内发出决定书。

第一百八十七条　民事诉讼法第一百一十一条第一款第五项规定的以暴力、威胁或者其他方法阻碍司法工作人员执行职务的行为，包括：

（一）在人民法院哄闹、滞留，不听从司法工作人员劝阻的；

（二）故意毁损、抢夺人民法院法律文书、查封标志的；

（三）哄闹、冲击执行公务现场，围困、扣押执行或者协助执行公务人员的；

（四）毁损、抢夺、扣留案件材料、执行公务车辆、其他执行公务器械、执行公务人员服装和执行公务证件的；

（五）以暴力、威胁或者其他方法阻碍司法工作人员查询、查封、扣押、冻结、划拨、拍卖、变卖财产的；

（六）以暴力、威胁或者其他方法阻碍司法工作人员执行职务的其他行为。

第一百八十八条　民事诉讼法第一百一十一条第一款第六项规定的拒不履行人民法院已经发生法律效力的判决、裁定的行为，包括：

（一）在法律文书发生法律效力后隐藏、转移、变卖、毁损财产或者无偿转让财产，以明显不合理的价格交易财产，放弃到期债权，无偿为他人提供担保等，致使人民法院无法执行的；

（二）隐藏、转移、毁损或者未经人民法院允许处分已向人民法院提供担保的财产的；

（三）违反人民法院限制高消费令进行消费的；

（四）有履行能力而拒不按照人民法院执行通知履行生效法律文书确定的义务的；

（五）有义务协助执行的个人接到人民法院协助执行通知书后，拒不协助执行的。

第一百八十九条 诉讼参与人或者其他人有下列行为之一的，人民法院可以适用民事诉讼法第一百一十一条的规定处理：

（一）冒充他人提起诉讼或者参加诉讼的；

（二）证人签署保证书后作虚假证言，妨碍人民法院审理案件的；

（三）伪造、隐藏、毁灭或者拒绝交出有关被执行人履行能力的重要证据，妨碍人民法院查明被执行人财产状况的；

（四）擅自解冻已被人民法院冻结的财产的；

（五）接到人民法院协助执行通知书后，给当事人通风报信，协助其转移、隐匿财产的。

第一百九十条 民事诉讼法第一百一十二条规定的他人合法权益，包括案外人的合法权益、国家利益、社会公共利益。

第三人根据民事诉讼法第五十六条第三款规定提起撤销之诉，经审查，原案当事人之间恶意串通进行虚假诉讼的，适用民事诉讼法第一百一十二条规定处理。

第一百九十一条 单位有民事诉讼法第一百一十二条或者第一百一十三条规定行为的，人民法院应当对该单位进行罚款，并可以对其主要负责人或者直接责任人员予以罚款、拘留；构成犯罪的，依法追究刑事责任。

第一百九十二条 有关单位接到人民法院协助执行通知书后，有下列行为之一的，人民法院可以适用民事诉讼法第一百一十四条规定处理：

（一）允许被执行人高消费的；

（二）允许被执行人出境的；

（三）拒不停止办理有关财产权证照转移手续、权属变更登记、规划审批等手续的；

（四）以需要内部请示、内部审批，有内部规定等为由拖延办理的。

第一百九十三条 人民法院对个人或者单位采取罚款措施时，应当根据其实施妨害民事诉讼行为的性质、情节、后果，当地的经济发展水平，以及诉讼标的额等因素，在民事诉讼法第一百一十五条第一款规定的限额内确定相应的罚款金额。

2. 决定书（司法罚款用）

××××人民法院
决定书

（××××）……司惩……号

被罚款人：×××，……（写明姓名或者名称等基本信息）。

本院在审理/执行（××××）……号……（写明当事人及案由）一案中，查明……（写明被罚款人妨害民事诉讼行为的事实和予以罚款的理由）。

依照《中华人民共和国民事诉讼法》第×条、第一百一十五条第一款、第一百一十六条第一款、第三款规定，决定如下：

对×××罚款……元，限于××××年××月××日前交纳。

如不服本决定，可以在收到决定书之日起三日内，口头或者书面向××××人民法院（写明上一级人民法院名称）申请复议一次。复议期间，不停止本决定的执行。

××××年××月××日
（院印）

【说　明】

1. 本样式根据《中华人民共和国民事诉讼法》第一百一十条至第一百一十六条以及《最高人民法院关于适用〈中华人民共和国民事诉讼法〉的解释》"八、对妨害民事诉讼的强制措施"制定，供人民法院对实施妨害民事诉讼的个人或者单位，决定采取罚款措施用。

2. 案号类型代字为"司惩"。

3. 本决定书应当先引用《中华人民共和国民事诉讼法》第一百一十条至第一百一十四条的相应条款项，后引用第一百一十五条第一款、第一百一十六条。

4. 罚款必须经院长批准。

5. 对个人的罚款金额，为人民币十万元以下。对单位的罚款金额，为人民币五万元以上一百万元以下。

【法律依据】

参见本书"八、对妨害民事诉讼的强制措施——1. 决定书（司法拘留用）"样式的法律依据。

3. 决定书（司法拘留并罚款用）

××××人民法院
决定书

（××××）……司惩……号

被拘留、罚款人：×××，……（写明姓名等基本信息）。

本院在审理/执行（××××）……号……（写明当事人及案由）一案中，查明……（写明被拘留、罚款人实施妨害民事诉讼行为的事实和予以拘留、罚款的理由）。

依照《中华人民共和国民事诉讼法》第×条、第一百一十五条、第一百一十六条第一款、第三款、《最高人民法院关于适用〈中华人民共和国民事诉讼法〉的解释》第一百八十三条规定，决定如下：

对×××拘留×日；对×××罚款……元，限于××××年××月××日前交纳。

如不服本决定，可以在收到决定书之日起三日内，向××××人民法院（写明上一级人民法院名称）申请复议一次。复议期间，不停止本决定的执行。

××××年××月××日
（院印）

【说　明】

1. 本样式根据《中华人民共和国民事诉讼法》第一百一十条至第一百一十六条以及《最高人民法院关于适用〈中华人民共和国民事诉讼法〉的解释》"八、对妨害民事诉讼的强制措施"制定，供人民法院对实施妨害民事诉讼的个人或者单位，决定采取拘留并罚款措施时用。

2. 案号类型代字为"司惩"。

3. 本决定书应当先引用《中华人民共和国民事诉讼法》第一百一十条至第一百一十四条的相应条款项，后引用第一百一十五条、第一百一十六条。

4. 拘留并罚款必须经院长批准。

5. 拘留的期限，为十五日以下。对个人的罚款金额，为人民币十万元以下。对单位的罚款金额，为人民币五万元以上一百万元以下。

【法律依据】

参见本书"八、对妨害民事诉讼的强制措施——1. 决定书（司法拘留用）"样式的法律依据。

4. 决定书（提前解除司法拘留用）

××××人民法院
决定书

（××××）……司惩……号

被拘留人：×××，……（写明姓名等基本信息）。

因×××妨害民事诉讼，本院于××××年××月××日作出（××××）……司惩……号拘留决定书，决定对×××拘留×日，已交由公安机关执行。在拘留期间，被拘留人×××……（写明承认并改正错误的事实以及提前解除拘留的理由）。

依照《中华人民共和国民事诉讼法》第一百一十五条第三款规定，决定如下：

提前解除对×××的拘留。

本决定一经作出即生效。

××××年××月××日
（院印）

【说　明】

1. 本样式根据《中华人民共和国民事诉讼法》第一百一十五条第三款以及《最高人民法院关于适用〈中华人民共和国民事诉讼法〉的解释》第一百八十二条制定，供人民法院对妨害民事诉讼的被拘留人，决定提前解除拘留用。

2. 案号类型代字为"司惩"。

3. 提前解除拘留，应报经院长批准，并作出提前解除拘留决定书，交负责看管的公安机关执行。

【法律依据】

1.《中华人民共和国民事诉讼法》（2017年6月27日）

第一百一十五条第三款　被拘留的人，由人民法院交公安机关看管。在拘留期间，被拘留人承认并改正错误的，人民法院可以决定提前解除拘留。

2.《最高人民法院关于适用〈中华人民共和国民事诉讼法〉的解释》（2020年12月29日）

第一百八十二条　被拘留人在拘留期间认错悔改的，可以责令其具结悔过，提前解除拘留。提前解除拘留，应报经院长批准，并作出提前解除拘留决定书，交负责看管的公安机关执行。

5. 复议决定书（司法制裁复议案件用）

××××人民法院
复议决定书

（××××）……司惩复……号

复议申请人：×××，……（写明姓名或者名称等基本信息）。

复议申请人×××不服××××人民法院于××××年××月××日作出的（××××）……司惩……号拘留/罚款/拘留并罚款决定，向本院申请复议。

×××提出，……（写明申请复议的请求和理由）。

经审查查明：……（写明复议审查查明的妨害民事诉讼事实，与原决定一致的不写）。

本院经审查认为，……（写明作出复议决定的理由）。

依照《中华人民共和国民事诉讼法》第一百一十六条规定，决定如下：

（维持原决定的，写明：）驳回×××的复议申请，维持原决定。

（撤销原决定的，写明：）撤销××××人民法院（××××）……司惩……号决定。

（变更原决定的，写明：）

一、撤销××××人民法院（××××）……司惩……号决定；

二、对×××拘留×日/罚款……元，限于××××年××月××日前交纳。

本决定一经作出即生效。

××××年××月××日

（院印）

【说　明】

1. 本样式根据《中华人民共和国民事诉讼法》第一百一十六条以及《最高人民法院关于适用〈中华人民共和国民事诉讼法〉的解释》第一百八十五条、第一百八十六条制定，供上级人民法院对当事人不服下级人民法院作出的拘留、罚款决定所提出的复议申请，作出复议决定用。

2. 案号类型代字为"司惩复"。

3. 上级人民法院应当在收到复议申请后五日内作出决定，并将复议结果通知下级人民法院并送达当事人。

4. 上级人民法院复议时认为强制措施不当的，应当制作决定书，撤销或者变更下级人民法院作出的拘留、罚款决定。情况紧急的，可以在口头通知后三日内发出决定书。

【法律依据】

1. **《中华人民共和国民事诉讼法》**（2017 年 6 月 27 日）

第一百一十六条　拘传、罚款、拘留必须经院长批准。

拘传应当发拘传票。

罚款、拘留应当用决定书。对决定不服的，可以向上一级人民法院申请复议一次。复议期间不停止执行。

2. **《最高人民法院关于适用〈中华人民共和国民事诉讼法〉的解释》**（2020 年 12 月 29 日）

第一百八十五条　被罚款、拘留的人不服罚款、拘留决定申请复议的，应当自收到决定书之日起三日内提出。上级人民法院应当在收到复议申请后五日内作出决定，并将复议结果通知下级人民法院和当事人。

第一百八十六条　上级人民法院复议时认为强制措施不当的，应当制作决定书，撤销或者变更下级人民法院作出的拘留、罚款决定。情况紧急的，可以在口头通知后三日内发出决定书。

6. 执行拘留通知书（通知公安机关用）

××××人民法院
执行拘留通知书

（××××）……司惩……号

××××公安局：

  本院审理/执行（××××）……号……（写明当事人及案由）一案中，×××因……（写明采取拘留措施的理由），本院决定对其拘留×日。请你局收押看管，期满解除。

  拘留期间自××××年××月××日起至××××年××月××日止。

  附：××××人民法院（××××）……司惩……号决定书×份

××××年××月××日
（院印）

此联交由公安机关收执

××××人民法院
执行拘留通知书（回执）

（××××）……司惩……号

××××人民法院：

你院（××××）……司惩……号执行拘留通知书及附件收悉。我局已于××××年××月××日××时将×××收押看管在……（写明看守所名称）。

××××年××月××日

（公章）

此联由公安机关填写并加盖公章后退回法院入卷

【说　明】

1. 本样式根据《中华人民共和国民事诉讼法》第一百一十五条以及《最高人民法院关于适用〈中华人民共和国民事诉讼法〉的解释》第一百七十八条制定，供人民法院在审理或者执行案件中，依法对妨害民事诉讼的行为人经院长批准作出拘留决定后，通知公安机关收押看管用。

2. 案号类型代字为"司惩"。

【法律依据】

1.《中华人民共和国民事诉讼法》（2017年6月27日）

第一百一十五条　对个人的罚款金额，为人民币十万元以下。对单位的罚款金额，为人民币五万元以上一百万元以下。

拘留的期限，为十五日以下。

被拘留的人，由人民法院交公安机关看管。在拘留期间，被拘留人承认并改正错误的，人民法院可以决定提前解除拘留。

2. 《最高人民法院关于适用〈中华人民共和国民事诉讼法〉的解释》(2020年12月29日)

第一百七十八条 人民法院依照民事诉讼法第一百一十条至第一百一十四条的规定采取拘留措施的,应经院长批准,作出拘留决定书,由司法警察将被拘留人送交当地公安机关看管。

7. 提前解除拘留通知书（通知公安机关用）

××××人民法院
提前解除拘留通知书

（××××）……司惩……号

××××××公安局：

　　因×××在拘留期间，承认并改正错误，我院决定提前对其解除拘留。请你局在接到本通知书后，立即对×××解除看管。

　　附：××××人民法院（××××）……司惩……号决定书×份

××××年××月××日
（院印）

此联交由公安机关收执

××××人民法院
提前解除拘留通知书（回执）

（××××）……司惩……号

××××人民法院：

　　你院（××××）……司惩……号提前解除拘留通知书及附件收悉。我局已于××××年××月××日对×××解除拘留。

××××年××月××日
（公章）

此联由公安机关填写并加盖公章后退回法院入卷

【说　明】

1. 本样式根据《中华人民共和国民事诉讼法》第一百一十五条第三款以及《最高人民法院关于适用〈中华人民共和国民事诉讼法〉的解释》第一百八十二条制定，供人民法院在审理或者执行案件中，对已被拘留的妨害民事诉讼行为人经院长批准作出提前解除拘留决定后，通知公安机关立即解除看管用。

2. 案号类型代字为"司惩"。

【法律依据】

1. 《中华人民共和国民事诉讼法》（2017年6月27日）

　　第一百一十五条第三款　被拘留的人，由人民法院交公安机关看管。在拘留期间，被拘留人承认并改正错误的，人民法院可以决定提前解除拘留。

2. 《最高人民法院关于适用〈中华人民共和国民事诉讼法〉的解释》（2020年12月29日）

　　第一百八十二条　被拘留人在拘留期间认错悔改的，可以责令其具结悔过，提前解除拘留。提前解除拘留，应报经院长批准，并作出提前解除拘留决定书，交负责看管的公安机关执行。

8. 拘传票（拘传用）

××××人民法院
拘传票（审批联）

（××××）……号

被拘传人姓名		性别		民族		出生日期	年　月　日
住所地							
工作单位							
应到时间	年　月　日			应到处所			

拘传原因及理由：

　　本院在审理/执行（××××）……号……（写明当事人及案由）一案中，×××（写明被拘传人姓名）经两次传票/依法传唤无正当理由拒不到庭/场，影响了本案的审理/执行，依照《中华人民共和国民事诉讼法》第一百一十六条规定，决定对×××予以拘传。

　　　　　　　　　　　　　　　　　　　　　　审　判　员（签名）
　　　　　　　　　　　　　　　　　　　　　　××××年××月××日

　　　　　　　　　　　　　　　　　　　　　　批　准　人（签名）
　　　　　　　　　　　　　　　　　　　　　　××××年××月××日

本联存卷

××××人民法院
拘传票

(××××)……号

被拘传人姓名		性别		民族		出生日期	年　月　日
住所地							
工作单位							
应到时间	年　月　日			应到处所			

执行人宣布：

　　本院在审理/执行（××××）……号……（写明当事人及案由）一案中，×××（写明被拘传人姓名）经两次传票/依法传唤无正当理由拒不到庭/场，影响了本案的审理/执行，依照《中华人民共和国民事诉讼法》第一百一十六条规定，决定对×××予以拘传。

××××年××月××日

（院印）

本拘传票已于××××年××月××日××时××分送达被拘传人。

被拘传人×××

（签名）

××××年×月×日

执行拘传情况：

执行人×××

××××年×月×日

本联执行拘传后存卷

【说　明】

1. 本样式根据《中华人民共和国民事诉讼法》第一百零九条、第一百一十六条第一款、第二款以及《最高人民法院关于适用〈中华人民共和国民事诉讼法〉的解释》第一百七十四条、第一百七十五条、第二百三十五条、第四百八十四条制定，供人民法院对必须到庭或者接受调查询问的人员经两次传票传唤或者依法传唤无正当理由拒不到庭或到场的，拘传用。

2. 拘传必须经院长批准。

3. 拘传必须用拘传票，并直接送达被拘传人；在拘传前，应当向被拘传人说明拒不到庭的后果，经批评教育仍拒不到庭的，可以拘传其到庭。

4. 本拘传票应由被拘传人签名，拒绝签名的，应在"执行拘传情况"栏中注明。

5. 负有赡养、抚育、扶养义务和不到庭就无法查清案情的被告，必须到庭才能查清案件基本事实的原告，以及必须到庭的无民事行为能力当事人的法定代理人，经两次传票传唤，无正当理由拒不到庭的，可以拘传。

6. 对必须接受调查询问的被执行人、被执行人的法定代表人、负责人或者实际控制人，经依法传唤无正当理由拒不到场的，人民法院可以拘传其到场。人民法院应当及时对被拘传人进行调查询问，调查询问的时间不得超过八小时；情况复杂，依法可能采取拘留措施的，调查询问的时间不得超过二十四小时。人民法院在本辖区以外采取拘传措施时，可以将被拘传人拘传到当地人民法院，当地人民法院应予协助。

【法律依据】

1.《中华人民共和国民事诉讼法》（2017 年 6 月 27 日）

第一百零九条　人民法院对必须到庭的被告，经两次传票传唤，无正当理由拒不到庭的，可以拘传。

第一百一十六条第一款、第二款　拘传、罚款、拘留必须经院长批准。

拘传应当发拘传票。

2.《最高人民法院关于适用〈中华人民共和国民事诉讼法〉的解释》（2020 年 12 月 29 日）

第一百七十四条　民事诉讼法第一百零九条规定的必须到庭的被告，是指负有赡养、抚育、扶养义务和不到庭就无法查清案情的被告。

人民法院对必须到庭才能查清案件基本事实的原告，经两次传票传唤，无正当理由拒不到庭的，可以拘传。

第一百七十五条　拘传必须用拘传票，并直接送达被拘传人；在拘传前，应当向被拘传人说明拒不到庭的后果，经批评教育仍拒不到庭的，可以拘传其到庭。

第二百三十五条　无民事行为能力的当事人的法定代理人，经传票传唤无正当理由拒不到庭，属于原告方的，比照民事诉讼法第一百四十三条的规定，按撤诉处理；属于被告方的，比照民事诉讼法第一百四十四条的规定，缺席判决。必要时，人民法院可以拘传其到庭。

第四百八十四条　对必须接受调查询问的被执行人、被执行人的法定代表人、负责人或者实际控制人，经依法传唤无正当理由拒不到场的，人民法院可以拘传其到场。

人民法院应当及时对被拘传人进行调查询问，调查询问的时间不得超过八小时；情况复杂，依法可能采取拘留措施的，调查询问的时间不得超过二十四小时。

人民法院在本辖区以外采取拘传措施时，可以将被拘传人拘传到当地人民法院，当地人民法院应予协助。

九、诉讼费用

1. 民事裁定书（未预交案件受理费按撤回起诉处理用）

××××人民法院
民事裁定书

（××××）……民初……号

原告：×××，……。
法定代理人/指定代理人/法定代表人/主要负责人：×××，……。
委托诉讼代理人：×××，……。
被告：×××，……。
法定代理人/指定代理人/法定代表人/主要负责人：×××，……。
委托诉讼代理人：×××，……。
（以上写明当事人和其他诉讼参加人的姓名或者名称等基本信息）

原告×××与被告×××……（写明案由）一案，本院于××××年××月××日立案。原告×××在本院依法送达交纳诉讼费用通知后，未在七日内预交案件受理费/申请减、缓、免未获批准而仍不预交。

依照《中华人民共和国民事诉讼法》第一百一十八条、第一百五十四条第一款第十一项、《最高人民法院关于适用〈中华人民共和国民事诉讼法〉的解释》第二百一十三条规定，裁定如下：

本案按×××撤回起诉处理。

审　判　长　×××
审　判　员　×××
审　判　员　×××

××××年××月××日
(院印)
书 记 员 ×××

【说 明】

1. 本样式根据《中华人民共和国民事诉讼法》第一百一十八条以及《最高人民法院关于适用〈中华人民共和国民事诉讼法〉的解释》第二百一十三条制定，供第一审人民法院对原告应当预交而未预交案件受理费的，裁定按撤回起诉处理用。

2. 案号类型代字为"民初"。

3. 因未预交案件受理费而裁定按撤回起诉处理的，不需另行交纳案件受理费。

【法律依据】

1.《中华人民共和国民事诉讼法》(2017年6月27日)

第一百一十八条　当事人进行民事诉讼，应当按照规定交纳案件受理费。财产案件除交纳案件受理费外，并按照规定交纳其他诉讼费用。

当事人交纳诉讼费用确有困难的，可以按照规定向人民法院申请缓交、减交或者免交。

收取诉讼费用的办法另行制定。

2.《最高人民法院关于适用〈中华人民共和国民事诉讼法〉的解释》(2020年12月29日)

第二百一十三条　原告应当预交而未预交案件受理费，人民法院应当通知其预交，通知后仍不预交或者申请减、缓、免未获批准而仍不预交的，裁定按撤诉处理。

2. 民事裁定书（未补交案件受理费按撤回起诉处理用）

××××人民法院
民事裁定书

（××××）……民初……号

原告：×××，……。

……

被告：×××，……。

……

（以上写明当事人和其他诉讼参加人的姓名或者名称等基本信息）

原告×××与被告×××……（写明案由）一案，本院于××××年××月××日立案，适用简易程序审理。后发现本案不宜适用简易程序，于××××年××月××日裁定转为普通程序，并于××××年××月××日向原告送达补交案件受理费通知。×××无正当理由未按期足额补交，

应当按撤诉处理。

依照《中华人民共和国民事诉讼法》第一百一十八条、第一百五十四条第一款第十一项、《最高人民法院关于适用〈中华人民共和国民事诉讼法〉的解释》第一百九十九条规定，裁定如下：

本案按×××撤回起诉处理。

已经收取的案件受理费……元，减半收取计……元。

审　判　长　×××
审　判　员　×××
审　判　员　×××
××××年××月××日
（院印）
书　记　员　×××

【说　明】

1. 本样式根据《中华人民共和国民事诉讼法》第一百一十八条以及《最高人民法院关于适用〈中华人民共和国民事诉讼法〉的解释》第一百九十九条制定，供第一审人民法院对适用简易程序审理的案件转为普通程序的原告应当补交而未补交案件受理费的，裁定按撤回起诉处理用。

2. 案号类型代字为"民初"。

3. 适用简易程序审理的案件转为普通程序的，原告自接到人民法院交纳诉讼费用通知之日起七日内补交案件受理费。原告无正当理由未按期足额补交的，按撤诉处理，已经收取的诉讼费用退还一半。

【法律依据】

1. 《中华人民共和国民事诉讼法》（2017年6月27日）

第一百一十八条　当事人进行民事诉讼，应当按照规定交纳案件受理费。财产案件除交纳案件受理费外，并按照规定交纳其他诉讼费用。

当事人交纳诉讼费用确有困难的，可以按照规定向人民法院申请缓交、减交或者免交。

收取诉讼费用的办法另行制定。

2. 《最高人民法院关于适用〈中华人民共和国民事诉讼法〉的解释》（2020年12月29日）

第一百九十九条　适用简易程序审理的案件转为普通程序的，原告自接到人民法院交纳诉讼费用通知之日起七日内补交案件受理费。

原告无正当理由未按期足额补交的，按撤诉处理，已经收取的诉讼费用退还一半。

3. 交纳诉讼费用通知书（通知当事人用）

××××人民法院
交纳诉讼费用通知书

（××××）……号

×××：

　　……（写明当事人及案由）一案，你向本院提起诉讼/反诉/上诉/申请。依照《中华人民共和国民事诉讼法》第一百一十八条、《诉讼费用交纳办法》规定，你应当交纳案件受理费……元、申请费……元、其他诉讼费……元，合计……元。限你于收到本通知书次日起七日内向本院预交。期满仍未预交的，按撤回起诉/反诉/上诉/申请处理。

　　本院诉讼费专户名称：××××人民法院（财政汇缴专户）；开户银行：……银行；账号：……。

　　特此通知。

××××年××月××日
（院印）

【说　明】

　　1. 本样式根据《中华人民共和国民事诉讼法》第一百一十八条、《诉讼费用交纳办法》以及《最高人民法院关于适用〈中华人民共和国民事诉讼法〉的解释》"九、诉讼费用"制定，供人民法院在受理案件后，通知当事人交纳诉讼费用用。

　　2. 当事人应当向人民法院交纳的诉讼费用包括案件受理费、申请费和其他诉讼费用。案件受理费包括第一审案件受理费、第二审案件受理费、再审案件中需要交纳的案件受理费。

　　3. 当事人增加诉讼请求、支付令失效后转入诉讼程序、适用简易程序审理的案件转为普通程序的，人民法院应当通知当事人补交案件受理

【法律依据】

1. 《中华人民共和国民事诉讼法》（2017年6月27日）

第一百一十八条 当事人进行民事诉讼，应当按照规定交纳案件受理费。财产案件除交纳案件受理费外，并按照规定交纳其他诉讼费用。

当事人交纳诉讼费用确有困难的，可以按照规定向人民法院申请缓交、减交或者免交。

收取诉讼费用的办法另行制定。

2. 《诉讼费用交纳办法》（2006年12月19日）

第一章 总 则

第一条 根据《中华人民共和国民事诉讼法》（以下简称民事诉讼法）和《中华人民共和国行政诉讼法》（以下简称行政诉讼法）的有关规定，制定本办法。

第二条 当事人进行民事诉讼、行政诉讼，应当依照本办法交纳诉讼费用。

本办法规定可以不交纳或者免予交纳诉讼费用的除外。

第三条 在诉讼过程中不得违反本办法规定的范围和标准向当事人收取费用。

第四条 国家对交纳诉讼费用确有困难的当事人提供司法救助，保障其依法行使诉讼权利，维护其合法权益。

第五条 外国人、无国籍人、外国企业或者组织在人民法院进行诉讼，适用本办法。

外国法院对中华人民共和国公民、法人或者其他组织，与其本国公民、法人或者其他组织在诉讼费用交纳上实行差别对待的，按照对等原则处理。

第二章 诉讼费用交纳范围

第六条 当事人应当向人民法院交纳的诉讼费用包括：

（一）案件受理费；

（二）申请费；

（三）证人、鉴定人、翻译人员、理算人员在人民法院指定日期出庭发生的交通费、住宿费、生活费和误工补贴。

第七条 案件受理费包括：

（一）第一审案件受理费；

（二）第二审案件受理费；
（三）再审案件中，依照本办法规定需要交纳的案件受理费。

第八条 下列案件不交纳案件受理费：
（一）依照民事诉讼法规定的特别程序审理的案件；
（二）裁定不予受理、驳回起诉、驳回上诉的案件；
（三）对不予受理、驳回起诉和管辖权异议裁定不服，提起上诉的案件；
（四）行政赔偿案件。

第九条 根据民事诉讼法和行政诉讼法规定的审判监督程序审理的案件，当事人不交纳案件受理费。但是，下列情形除外：
（一）当事人有新的证据，足以推翻原判决、裁定，向人民法院申请再审，人民法院经审查决定再审的案件；
（二）当事人对人民法院第一审判决或者裁定未提出上诉，第一审判决、裁定或者调解书发生法律效力后又申请再审，人民法院经审查决定再审的案件。

第十条 当事人依法向人民法院申请下列事项，应当交纳申请费：
（一）申请执行人民法院发生法律效力的判决、裁定、调解书，仲裁机构依法作出的裁决和调解书，公证机构依法赋予强制执行效力的债权文书；
（二）申请保全措施；
（三）申请支付令；
（四）申请公示催告；
（五）申请撤销仲裁裁决或者认定仲裁协议效力；
（六）申请破产；
（七）申请海事强制令、共同海损理算、设立海事赔偿责任限制基金、海事债权登记、船舶优先权催告；
（八）申请承认和执行外国法院判决、裁定和国外仲裁机构裁决。

第十一条 证人、鉴定人、翻译人员、理算人员在人民法院指定日期出庭发生的交通费、住宿费、生活费和误工补贴，由人民法院按照国家规定标准代为收取。

当事人复制案件卷宗材料和法律文书应当按实际成本向人民法院交纳工本费。

第十二条 诉讼过程中因鉴定、公告、勘验、翻译、评估、拍卖、变卖、仓储、保管、运输、船舶监管等发生的依法应当由当事人负担的费用，人民法院根据谁主张、谁负担的原则，决定由当事人直接支付给有关机构或者单位，人民法院不得代收代付。

人民法院依照民事诉讼法第十一条第三款规定提供当地民族通用语言、文字翻译的，不收取费用。

第三章　诉讼费用交纳标准

第十三条　案件受理费分别按照下列标准交纳：

（一）财产案件根据诉讼请求的金额或者价额，按照下列比例分段累计交纳：

1. 不超过 1 万元的，每件交纳 50 元；

2. 超过 1 万元至 10 万元的部分，按照 2.5% 交纳；

3. 超过 10 万元至 20 万元的部分，按照 2% 交纳；

4. 超过 20 万元至 50 万元的部分，按照 1.5% 交纳；

5. 超过 50 万元至 100 万元的部分，按照 1% 交纳；

6. 超过 100 万元至 200 万元的部分，按照 0.9% 交纳；

7. 超过 200 万元至 500 万元的部分，按照 0.8% 交纳；

8. 超过 500 万元至 1000 万元的部分，按照 0.7% 交纳；

9. 超过 1000 万元至 2000 万元的部分，按照 0.6% 交纳；

10. 超过 2000 万元的部分，按照 0.5% 交纳。

（二）非财产案件按照下列标准交纳：

1. 离婚案件每件交纳 50 元至 300 元。涉及财产分割，财产总额不超过 20 万元的，不另行交纳；超过 20 万元的部分，按照 0.5% 交纳。

2. 侵害姓名权、名称权、肖像权、名誉权、荣誉权以及其他人格权的案件，每件交纳 100 元至 500 元。涉及损害赔偿，赔偿金额不超过 5 万元的，不另行交纳；超过 5 万元至 10 万元的部分，按照 1% 交纳；超过 10 万元的部分，按照 0.5% 交纳。

3. 其他非财产案件每件交纳 50 元至 100 元。

（三）知识产权民事案件，没有争议金额或者价额的，每件交纳 500 元至 1000 元；有争议金额或者价额的，按照财产案件的标准交纳。

（四）劳动争议案件每件交纳 10 元。

（五）行政案件按照下列标准交纳：

1. 商标、专利、海事行政案件每件交纳 100 元；

2. 其他行政案件每件交纳 50 元。

（六）当事人提出案件管辖权异议，异议不成立的，每件交纳50元至100元。

省、自治区、直辖市人民政府可以结合本地实际情况在本条第（二）项、第（三）项、第（六）项规定的幅度内制定具体交纳标准。

第十四条 申请费分别按照下列标准交纳：

（一）依法向人民法院申请执行人民法院发生法律效力的判决、裁定、调解书，仲裁机构依法作出的裁决和调解书，公证机关依法赋予强制执行效力的债权文书，申请承认和执行外国法院判决、裁定以及国外仲裁机构裁决的，按照下列标准交纳：

1. 没有执行金额或者价额的，每件交纳50元至500元。

2. 执行金额或者价额不超过1万元的，每件交纳50元；超过1万元至50万元的部分，按照1.5%交纳；超过50万元至500万元的部分，按照1%交纳；超过500万元至1000万元的部分，按照0.5%交纳；超过1000万元的部分，按照0.1%交纳。

3. 符合民事诉讼法第五十五条第四款规定，未参加登记的权利人向人民法院提起诉讼的，按照本项规定的标准交纳申请费，不再交纳案件受理费。

（二）申请保全措施的，根据实际保全的财产数额按照下列标准交纳：

财产数额不超过1000元或者不涉及财产数额的，每件交纳30元；超过1000元至10万元的部分，按照1%交纳；超过10万元的部分，按照0.5%交纳。但是，当事人申请保全措施交纳的费用最多不超过5000元。

（三）依法申请支付令的，比照财产案件受理费标准的1/3交纳。

（四）依法申请公示催告的，每件交纳100元。

（五）申请撤销仲裁裁决或者认定仲裁协议效力的，每件交纳400元。

（六）破产案件依据破产财产总额计算，按照财产案件受理费标准减半交纳，但是，最高不超过30万元。

（七）海事案件的申请费按照下列标准交纳：

1. 申请设立海事赔偿责任限制基金的，每件交纳1000元至1万元；

2. 申请海事强制令的，每件交纳1000元至5000元；

3. 申请船舶优先权催告的，每件交纳1000元至5000元；

4. 申请海事债权登记的，每件交纳1000元；

5. 申请共同海损理算的，每件交纳1000元。

第十五条 以调解方式结案或者当事人申请撤诉的，减半交纳案件受理费。

第十六条 适用简易程序审理的案件减半交纳案件受理费。

第十七条 对财产案件提起上诉的，按照不服一审判决部分的上诉请求数额交纳案件受理费。

第十八条 被告提起反诉、有独立请求权的第三人提出与本案有关的诉讼请求，人民法院决定合并审理的，分别减半交纳案件受理费。

第十九条 依照本办法第九条规定需要交纳案件受理费的再审案件，按照不服原判决部分的再审请求数额交纳案件受理费。

第四章 诉讼费用的交纳和退还

第二十条 案件受理费由原告、有独立请求权的第三人、上诉人预交。被告提起反诉，依照本办法规定需要交纳案件受理费的，由被告预交。追索劳动报酬的案件可以不预交案件受理费。

申请费由申请人预交。但是，本办法第十条第（一）项、第（六）项规定的申请费不由申请人预交，执行申请费执行后交纳，破产申请费清算后交纳。

本办法第十一条规定的费用，待实际发生后交纳。

第二十一条 当事人在诉讼中变更诉讼请求数额，案件受理费依照下列规定处理：

（一）当事人增加诉讼请求数额的，按照增加后的诉讼请求数额计算补交；

（二）当事人在法庭调查终结前提出减少诉讼请求数额的，按照减少后的诉讼请求数额计算退还。

第二十二条 原告自接到人民法院交纳诉讼费用通知次日起7日内交纳案件受理费；反诉案件由提起反诉的当事人自提起反诉次日起7日内交纳案件受理费。

上诉案件的案件受理费由上诉人向人民法院提交上诉状时预交。双方当事人都提起上诉的，分别预交。上诉人在上诉期内未预交诉讼费用的，人民法院应当通知其在7日内预交。

申请费由申请人在提出申请时或者在人民法院指定的期限内预交。

当事人逾期不交纳诉讼费用又未提出司法救助申请，或者申请司法救助未获批准，在人民法院指定期限内仍未交纳诉讼费用的，由人民法院依照有关规定处理。

第二十三条　依照本办法第九条规定需要交纳案件受理费的再审案件，由申请再审的当事人预交。双方当事人都申请再审的，分别预交。

第二十四条　依照民事诉讼法第三十六条、第三十七条、第三十八条、第三十九条规定移送、移交的案件，原受理人民法院应当将当事人预交的诉讼费用随案移交接收案件的人民法院。

第二十五条　人民法院审理民事案件过程中发现涉嫌刑事犯罪并将案件移送有关部门处理的，当事人交纳的案件受理费予以退还；移送后民事案件需要继续审理的，当事人已交纳的案件受理费不予退还。

第二十六条　中止诉讼、中止执行的案件，已交纳的案件受理费、申请费不予退还。中止诉讼、中止执行的原因消除，恢复诉讼、执行的，不再交纳案件受理费、申请费。

第二十七条　第二审人民法院决定将案件发回重审的，应当退还上诉人已交纳的第二审案件受理费。

第一审人民法院裁定不予受理或者驳回起诉的，应当退还当事人已交纳的案件受理费；当事人对第一审人民法院不予受理、驳回起诉的裁定提起上诉，第二审人民法院维持第一审人民法院作出的裁定的，第一审人民法院应当退还当事人已交纳的案件受理费。

第二十八条　依照民事诉讼法第一百三十七条规定终结诉讼的案件，依照本办法规定已交纳的案件受理费不予退还。

第五章　诉讼费用的负担

第二十九条　诉讼费用由败诉方负担，胜诉方自愿承担的除外。

部分胜诉、部分败诉的，人民法院根据案件的具体情况决定当事人各自负担的诉讼费用数额。

共同诉讼当事人败诉的，人民法院根据其对诉讼标的的利害关系，决定当事人各自负担的诉讼费用数额。

第三十条　第二审人民法院改变第一审人民法院作出的判决、裁定的，应当相应变更第一审人民法院对诉讼费用负担的决定。

第三十一条　经人民法院调解达成协议的案件，诉讼费用的负担由双方当事人协商解决；协商不成的，由人民法院决定。

第三十二条　依照本办法第九条第（一）项、第（二）项的规定应当交纳案件受理费的再审案件，诉讼费用由申请再审的当事人负担；双方当事人都申请再审的，诉讼费用依照本办法第二十九条的规定负担。原审诉讼费用的负担由人民法院根据诉讼费用负担原则重新确定。

第三十三条 离婚案件诉讼费用的负担由双方当事人协商解决；协商不成的，由人民法院决定。

第三十四条 民事案件的原告或者上诉人申请撤诉，人民法院裁定准许的，案件受理费由原告或者上诉人负担。

行政案件的被告改变或者撤销具体行政行为，原告申请撤诉，人民法院裁定准许的，案件受理费由被告负担。

第三十五条 当事人在法庭调查终结后提出减少诉讼请求数额的，减少请求数额部分的案件受理费由变更诉讼请求的当事人负担。

第三十六条 债务人对督促程序未提出异议的，申请费由债务人负担。债务人对督促程序提出异议致使督促程序终结的，申请费由申请人负担；申请人另行起诉的，可以将申请费列入诉讼请求。

第三十七条 公示催告的申请费由申请人负担。

第三十八条 本办法第十条第（一）项、第（八）项规定的申请费由被执行人负担。

执行中当事人达成和解协议的，申请费的负担由双方当事人协商解决；协商不成的，由人民法院决定。

本办法第十条第（二）项规定的申请费由申请人负担，申请人提起诉讼的，可以将该申请费列入诉讼请求。

本办法第十条第（五）项规定的申请费，由人民法院依照本办法第二十九条规定决定申请费的负担。

第三十九条 海事案件中的有关诉讼费用依照下列规定负担：

（一）诉前申请海事请求保全、海事强制令的，申请费由申请人负担；申请人就有关海事请求提起诉讼的，可将上述费用列入诉讼请求；

（二）诉前申请海事证据保全的，申请费由申请人负担；

（三）诉讼中拍卖、变卖被扣押船舶、船载货物、船用燃油、船用物料发生的合理费用，由申请人预付，从拍卖、变卖价款中先行扣除，退还申请人；

（四）申请设立海事赔偿责任限制基金、申请债权登记与受偿、申请船舶优先权催告案件的申请费，由申请人负担；

（五）设立海事赔偿责任限制基金、船舶优先权催告程序中的公告费用由申请人负担。

第四十条 当事人因自身原因未能在举证期限内举证，在二审或者再审期间提出新的证据致使诉讼费用增加的,增加的诉讼费用由该当事人负担。

第四十一条 依照特别程序审理案件的公告费,由起诉人或者申请人负担。

第四十二条 依法向人民法院申请破产的,诉讼费用依照有关法律规定从破产财产中拨付。

第四十三条 当事人不得单独对人民法院关于诉讼费用的决定提起上诉。

当事人单独对人民法院关于诉讼费用的决定有异议的,可以向作出决定的人民法院院长申请复核。复核决定应当自收到当事人申请之日起15日内作出。

当事人对人民法院决定诉讼费用的计算有异议的,可以向作出决定的人民法院请求复核。计算确有错误的,作出决定的人民法院应当予以更正。

第六章 司法救助

第四十四条 当事人交纳诉讼费用确有困难的,可以依照本办法向人民法院申请缓交、减交或者免交诉讼费用的司法救助。

诉讼费用的免交只适用于自然人。

第四十五条 当事人申请司法救助,符合下列情形之一的,人民法院应当准予免交诉讼费用:

(一)残疾人无固定生活来源的;

(二)追索赡养费、扶养费、抚育费、抚恤金的;

(三)最低生活保障对象、农村特困定期救济对象、农村五保供养对象或者领取失业保险金人员,无其他收入的;

(四)因见义勇为或者为保护社会公共利益致使自身合法权益受到损害,本人或者其近亲属请求赔偿或者补偿的;

(五)确实需要免交的其他情形。

第四十六条 当事人申请司法救助,符合下列情形之一的,人民法院应当准予减交诉讼费用:

(一)因自然灾害等不可抗力造成生活困难,正在接受社会救济,或者家庭生产经营难以为继的;

(二)属于国家规定的优抚、安置对象的;

(三)社会福利机构和救助管理站;

(四)确实需要减交的其他情形。

人民法院准予减交诉讼费用的,减交比例不得低于30%。

第四十七条 当事人申请司法救助,符合下列情形之一的,人民法院应当准予缓交诉讼费用:

(一)追索社会保险金、经济补偿金的;

(二)海上事故、交通事故、医疗事故、工伤事故、产品质量事故或者其他人身伤害事故的受害人请求赔偿的;

(三)正在接受有关部门法律援助的;

(四)确实需要缓交的其他情形。

第四十八条 当事人申请司法救助,应当在起诉或者上诉时提交书面申请、足以证明其确有经济困难的证明材料以及其他相关证明材料。

因生活困难或者追索基本生活费用申请免交、减交诉讼费用的,还应当提供本人及其家庭经济状况符合当地民政、劳动保障等部门规定的公民经济困难标准的证明。

人民法院对当事人的司法救助申请不予批准的,应当向当事人书面说明理由。

第四十九条 当事人申请缓交诉讼费用经审查符合本办法第四十七条规定的,人民法院应当在决定立案之前作出准予缓交的决定。

第五十条 人民法院对一方当事人提供司法救助,对方当事人败诉的,诉讼费用由对方当事人负担;对方当事人胜诉的,可以视申请司法救助的当事人的经济状况决定其减交、免交诉讼费用。

第五十一条 人民法院准予当事人减交、免交诉讼费用的,应当在法律文书中载明。

第七章 诉讼费用的管理和监督

第五十二条 诉讼费用的交纳和收取制度应当公示。人民法院收取诉讼费用按照其财务隶属关系使用国务院财政部门或者省级人民政府财政部门印制的财政票据。案件受理费、申请费全额上缴财政,纳入预算,实行收支两条线管理。

人民法院收取诉讼费用应当向当事人开具缴费凭证,当事人持缴费凭证到指定代理银行交费。依法应当向当事人退费的,人民法院应当按照国家有关规定办理。诉讼费用缴库和退费的具体办法由国务院财政部门商最高人民法院另行制定。

在边远、水上、交通不便地区,基层巡回法庭当场审理案件,当事人提出向指定代理银行交纳诉讼费用确有困难的,基层巡回法庭可以当场收取诉讼费用，并向当事人出具省级人民政府财政部门印制的财政票据；不出具省级人民政府财政部门印制的财政票据的，当事人有权拒绝交纳。

第五十三条 案件审结后，人民法院应当将诉讼费用的详细清单和当事人应当负担的数额书面通知当事人，同时在判决书、裁定书或者调解书中写明当事人各方应当负担的数额。

需要向当事人退还诉讼费用的，人民法院应当自法律文书生效之日起15日内退还有关当事人。

第五十四条 价格主管部门、财政部门按照收费管理的职责分工，对诉讼费用进行管理和监督；对违反本办法规定的乱收费行为，依照法律、法规和国务院相关规定予以查处。

第八章 附 则

第五十五条 诉讼费用以人民币为计算单位。以外币为计算单位的，依照人民法院决定受理案件之日国家公布的汇率换算成人民币计算交纳；上诉案件和申请再审案件的诉讼费用，按照第一审人民法院决定受理案件之日国家公布的汇率换算。

第五十六条 本办法自2007年4月1日起施行。

3.《最高人民法院关于适用〈中华人民共和国民事诉讼法〉的解释》（2020年12月29日）

九、诉讼费用

第一百九十四条 依照民事诉讼法第五十四条审理的案件不预交案件受理费，结案后按照诉讼标的额由败诉方交纳。

第一百九十五条 支付令失效后转入诉讼程序的，债权人应当按照《诉讼费用交纳办法》补交案件受理费。

支付令被撤销后，债权人另行起诉的，按照《诉讼费用交纳办法》交纳诉讼费用。

第一百九十六条 人民法院改变原判决、裁定、调解结果的，应当在裁判文书中对原审诉讼费用的负担一并作出处理。

第一百九十七条 诉讼标的物是证券的，按照证券交易规则并根据当事人起诉之日前最后一个交易日的收盘价、当日的市场价或者其载明的金额计算诉讼标的金额。

第一百九十八条 诉讼标的物是房屋、土地、林木、车辆、船舶、文物等特定物或者知识产权，起诉时价值难以确定的，人民法院应当向原告释明主张过高或者过低的诉讼风险，以原告主张的价值确定诉讼标的金额。

第一百九十九条 适用简易程序审理的案件转为普通程序的，原告自接到人民法院交纳诉讼费用通知之日起七日内补交案件受理费。

原告无正当理由未按期足额补交的，按撤诉处理，已经收取的诉讼费用退还一半。

第二百条 破产程序中有关债务人的民事诉讼案件，按照财产案件标准交纳诉讼费，但劳动争议案件除外。

第二百零一条 既有财产性诉讼请求，又有非财产性诉讼请求的，按照财产性诉讼请求的标准交纳诉讼费。

有多个财产性诉讼请求的，合并计算交纳诉讼费；诉讼请求中有多个非财产性诉讼请求的，按一件交纳诉讼费。

第二百零二条 原告、被告、第三人分别上诉的，按照上诉请求分别预交二审案件受理费。

同一方多人共同上诉的，只预交一份二审案件受理费；分别上诉的，按照上诉请求分别预交二审案件受理费。

第二百零三条 承担连带责任的当事人败诉的，应当共同负担诉讼费用。

第二百零四条 实现担保物权案件，人民法院裁定拍卖、变卖担保财产的，申请费由债务人、担保人负担；人民法院裁定驳回申请的，申请费由申请人负担。

申请人另行起诉的，其已经交纳的申请费可以从案件受理费中扣除。

第二百零五条 拍卖、变卖担保财产的裁定作出后，人民法院强制执行的，按照执行金额收取执行申请费。

第二百零六条 人民法院决定减半收取案件受理费的，只能减半一次。

第二百零七条 判决生效后，胜诉方预交但不应负担的诉讼费用，人民法院应当退还，由败诉方向人民法院交纳，但胜诉方自愿承担或者同意败诉方直接向其支付的除外。

当事人拒不交纳诉讼费用的，人民法院可以强制执行。

4. 退还诉讼费用通知书（通知当事人用）

××××人民法院
退还诉讼费用通知书

（××××）……号

×××：

　　……（写明当事人及案由）一案，已经结案。依照《诉讼费用交纳办法》规定，应当退还案件受理费……元、申请费……元、其他诉讼费……元，合计……元。限你于收到本通知书次日起七日内向本院领取。

　　特此通知。

××××年××月××日
（院印）

【说　明】

　　1. 本样式根据《诉讼费用交纳办法》以及《最高人民法院关于适用〈中华人民共和国民事诉讼法〉的解释》第二百零七条制定，供人民法院在案件生效后，通知当事人退还诉讼费用。

　　2. 人民法院应当退还诉讼费用的情形包括不予受理、驳回起诉、减少诉讼请求、发现涉嫌刑事犯罪并将案件移送有关部门处理、发回重审等。

　　3. 判决生效后，胜诉方预交但不应负担的诉讼费用，人民法院应当退还，由败诉方向人民法院交纳，但胜诉方自愿承担或者同意败诉方直接向其支付的除外。

【法律依据】

1.《诉讼费用交纳办法》(2006 年 12 月 19 日)

参见本书"九、诉讼费用——3. 交纳诉讼费用通知书(通知当事人用)"样式的法律依据。

2.《最高人民法院关于适用〈中华人民共和国民事诉讼法〉的解释》(2020 年 12 月 29 日)

第二百零七条 判决生效后,胜诉方预交但不应负担的诉讼费用,人民法院应当退还,由败诉方向人民法院交纳,但胜诉方自愿承担或者同意败诉方直接向其支付的除外。

当事人拒不交纳诉讼费用的,人民法院可以强制执行。

5. 准予缓交、减交、免交诉讼费用通知书（通知当事人用）

××××人民法院
准予缓交、减交、免交诉讼费用通知书

（××××）……号

×××：

　　……（写明当事人及案由）一案，你向本院提出缓交/减交/免交诉讼费用……元的申请，并提交了……（写明证据名称）证明材料。

　　本院认为，当事人交纳诉讼费用确有困难的，可以申请缓交、减交或者免交。依照《中华人民共和国民事诉讼法》第一百一十八条、《诉讼费用交纳办法》规定，准予你缓交/减交/免交诉讼费……元。

　　特此通知。

××××年××月××日
（院印）

【说　明】

　　1. 本样式根据《中华人民共和国民事诉讼法》第一百一十八条以及《诉讼费用交纳办法》制定，供人民法院对于申请缓交、减交或者免交诉讼费用的当事人，通知准予缓交、减交或者免交诉讼费用用。

　　2. 当事人申请司法救助，符合下列情形之一的，人民法院应当准予缓交诉讼费用：（1）追索社会保险金、经济补偿金的；（2）海上事故、交通事故、医疗事故、工伤事故、产品质量事故或者其他人身伤害事故的受害人请求赔偿的；（3）正在接受有关部门法律援助的；（4）确实需要缓交的其他情形。

　　3. 当事人申请司法救助，符合下列情形之一的，人民法院应当准予减交诉讼费用：（1）因自然灾害等不可抗力造成生活困难，正在接受社会救济，或者家庭生产经营难以为继的；（2）属于国家规定的优抚、安置对象的；

(3) 社会福利机构和救助管理站；(4) 确实需要减交的其他情形。人民法院准予减交诉讼费用的，减交比例不得低于30%。

4. 当事人申请司法救助，符合下列情形之一的，人民法院应当准予免交诉讼费用：(1) 残疾人无固定生活来源的；(2) 追索赡养费、扶养费、抚育费、抚恤金的；(3) 最低生活保障对象、农村特困定期救济对象、农村五保供养对象或者领取失业保险金人员，无其他收入的；(4) 因见义勇为或者为保护社会公共利益致使自身合法权益受到损害，本人或者其近亲属请求赔偿或者补偿的；(5) 确实需要免交的其他情形。诉讼费用的免交只适用于自然人。

【法律依据】

1. 《中华人民共和国民事诉讼法》（2017年6月27日）

第一百一十八条　当事人进行民事诉讼，应当按照规定交纳案件受理费。财产案件除交纳案件受理费外，并按照规定交纳其他诉讼费用。

当事人交纳诉讼费用确有困难的，可以按照规定向人民法院申请缓交、减交或者免交。

收取诉讼费用的办法另行制定。

2. 《**诉讼费用交纳办法**》（2006年12月19日）

参见本书"九、诉讼费用——3. 交纳诉讼费用通知书（通知当事人用）"样式的法律依据。

6. 不准予缓交、减交、免交诉讼费用通知书（通知当事人用）

××××人民法院
不准予缓交、减交、免交诉讼费用通知书

（××××）……号

×××：

　　……（写明当事人及案由）一案，你向本院提出缓交/减交/免交诉讼费用……元的申请，并提交了……（写明证据名称）证明材料。

　　本院认为，……（写明不准予申请的理由）。依照《中华人民共和国民事诉讼法》第一百一十八条、《诉讼费用交纳办法》规定，不准予你缓交/减交/免交诉讼费。

　　特此通知。

××××年××月××日
（院印）

【说　明】

　　1. 本样式根据《中华人民共和国民事诉讼法》第一百一十八条以及《诉讼费用交纳办法》制定，供人民法院对于申请缓交、减交或者免交诉讼费用的当事人，通知不准予缓交、减交或者免交诉讼费用用。

　　2. 人民法院对当事人的司法救助申请不予批准的，应当向当事人书面说明理由。

【法律依据】

　　1.《中华人民共和国民事诉讼法》（2017年6月27日）

　　第一百一十八条　当事人进行民事诉讼，应当按照规定交纳案件受理费。财产案件除交纳案件受理费外，并按照规定交纳其他诉讼费用。

当事人交纳诉讼费用确有困难的,可以按照规定向人民法院申请缓交、减交或者免交。

收取诉讼费用的办法另行制定。

2. **《诉讼费用交纳办法》**(2006年12月19日)

参见本书"九、诉讼费用——3. 交纳诉讼费用通知书(通知当事人用)"样式的法律依据。

十、第一审普通程序[①]

（一）民事判决书

1. 民事判决书（第一审普通程序用）

××××人民法院
民事判决书

（××××）……民初……号

原告：×××，男/女，××××年××月××日出生，×族，……（工作单位和职务或者职业），住……。

法定代理人/指定代理人：×××，……。

委托诉讼代理人：×××，……。

被告：×××，住所地……。

法定代表人/主要负责人：×××，……。

委托诉讼代理人：×××，……。

第三人：×××，……。

法定代理人/指定代理人/法定代表人/主要负责人：×××，……。

委托诉讼代理人：×××，……。

（以上写明当事人和其他诉讼参加人的姓名或者名称等基本信息）

[①] 最高人民法院于2020年9月30日发布《民事诉讼程序繁简分流改革试点相关诉讼文书样式》，新增"7. 民事裁定书（一审普通程序独任审理转为合议庭审理用）""11. 民事判决书（一审普通程序独任审理用）""14. 一审普通程序独任审理通知书（通知当事人适用普通程序独任审理用）"样式。

原告×××与被告×××、第三人×××……（写明案由）一案，本院于××××年××月××日立案后，依法适用普通程序，公开/因涉及……（写明不公开开庭的理由）不公开开庭进行了审理。原告×××、被告×××、第三人×××（写明当事人和其他诉讼参加人的诉讼地位和姓名或者名称）到庭参加诉讼。本案现已审理终结。

×××向本院提出诉讼请求：1.……；2.……（明确原告的诉讼请求）。事实和理由：……（概述原告主张的事实和理由）。

×××辩称，……（概述被告答辩意见）。

×××诉/述称，……（概述第三人陈述意见）。

当事人围绕诉讼请求依法提交了证据，本院组织当事人进行了证据交换和质证。对当事人无异议的证据，本院予以确认并在卷佐证。对有争议的证据和事实，本院认定如下：1.……；2.……（写明法院是否采信证据，事实认定的意见和理由）。

本院认为，……（写明争议焦点，根据认定的事实和相关法律，对当事人的诉讼请求作出分析评判，说明理由）。

综上所述，……（对当事人的诉讼请求是否支持进行总结评述）。依照《中华人民共和国……法》第×条、……（写明法律文件名称及其条款项序号）规定，判决如下：

一、……；

二、……。

（以上分项写明判决结果）

如果未按本判决指定的期间履行给付金钱义务，应当依照《中华人民共和国民事诉讼法》第二百五十三条规定，加倍支付迟延履行期间的债务利息（没有给付金钱义务的，不写）。

案件受理费……元，由……负担（写明当事人姓名或者名称、负担金额）。

如不服本判决，可以在判决书送达之日起十五日内，向本院递交上诉状，并按照对方当事人或者代表人的人数提出副本，上诉于××××人民法院。

审　判　长　×××
审　判　员　×××
审　判　员　×××

××××年××月××日

(院印)

书　记　员　×××

【说　明】

一、依据

本样式根据《中华人民共和国民事诉讼法》第一百五十二条等制定，供人民法院适用第一审普通程序开庭审理民事案件终结后，根据已经查明的事实、证据和有关的法律规定，对案件的实体问题作出判决用。除有特别规定外，其他民事判决书可以参照本判决书样式和说明制作。

二、标题

标题由法院名称、文书名称、案号组成。

依照《中华人民共和国民事诉讼法》第一百五十三条规定就一部分事实先行判决的，第二份民事判决书开始可在案号后缀"之一""之二"……，以示区别。

三、首部

首部依次写明诉讼参加人基本情况、案件由来和审理经过。

（一）诉讼参加人基本情况

1. 诉讼参加人包括当事人、诉讼代理人。全部诉讼参加人均分行写明。

2. 当事人诉讼地位写明"原告""被告"。反诉的写明"原告（反诉被告）""被告（反诉原告）"。有独立请求权第三人或者无独立请求权第三人，均写明"第三人"。

当事人是自然人的，写明姓名、性别、出生年月日、民族、工作单位和职务或者职业、住所。外国人写明国籍，无国籍人写明"无国籍"；港澳台地区的居民分别写明"香港特别行政区居民""澳门特别行政区居民""台湾地区居民"。

共同诉讼代表人参加诉讼的，按照当事人是自然人的基本信息内容写明。

当事人是法人或者其他组织的，写明名称、住所。另起一行写明法定代表人或者主要负责人及其姓名、职务。

当事人是无民事行为能力人或者限制民事行为能力人的，写明法定代理人或者指定代理人及其姓名、住所，并在姓名后括注与当事人的关系。

当事人及其法定代理人有委托诉讼代理人的，写明委托诉讼代理人的诉讼地位、姓名。委托诉讼代理人是当事人近亲属的，近亲属姓名后括注其与当事人的关系，写明住所；委托诉讼代理人是当事人本单位工作人员的，写明姓名、性别及其工作人员身份；委托诉讼代理人是律师的，写明姓名、律师事务所的名称及律师执业身份；委托诉讼代理人是基层法律服务工作者的，写明姓名、法律服务所名称及基层法律服务工作者执业身份；委托诉讼代理人是当事人所在社区、单位以及有关社会团体推荐的公民的，写明姓名、性别、住所及推荐的社区、单位或有关社会团体名称。

委托诉讼代理人排列顺序，近亲属或者本单位工作人员在前，律师、法律工作者、被推荐公民在后。

委托诉讼代理人为当事人共同委托的，可以合并写明。

(二) 案件由来和审理经过

案件由来和审理经过，依次写明当事人诉讼地位和姓名或者名称、案由、立案日期、适用普通程序、开庭日期、开庭方式、到庭参加诉讼人员、未到庭或者中途退庭诉讼参加人、审理终结。

不公开审理的，写明不公开审理的理由，例："因涉及国家秘密"或者"因涉及个人隐私"或者"因涉及商业秘密，×××申请"或者"因涉及离婚，×××申请"。

当事人及其诉讼代理人均到庭的，可以合并写明。例："原告×××及其委托诉讼代理人×××、被告×××、第三人×××到庭参加诉讼。"

诉讼参加人均到庭参加诉讼的，可以合并写明，例："本案当事人和委托诉讼代理人均到庭参加诉讼。"

当事人经合法传唤未到庭参加诉讼的，写明："×××经传票传唤无正当理由拒不到庭参加诉讼。"或者"×××经公告送达开庭传票，未到庭参加诉讼。"

当事人未经法庭许可中途退庭的，写明："×××未经法庭许可中途退庭。"

诉讼过程中，如果存在指定管辖、移送管辖、程序转化、审判人员变更、中止诉讼等情形，应当同时写明。

四、事实

事实部分主要包括：原告起诉的诉讼请求、事实和理由，被告答辩的事实和理由，人民法院认定的证据和事实。

（一）当事人诉辩意见

诉辩意见包括原告诉称、被告辩称，有第三人的，还包括第三人诉（述）称。

1. 原告诉称包括原告诉讼请求、事实和理由

先写诉讼请求，后写事实和理由。诉讼请求两项以上的，用阿拉伯数字加点号分项写明。

诉讼过程中增加、变更、放弃诉讼请求的，应当连续写明。增加诉讼请求的，写明："诉讼过程中，×××增加诉讼请求：……。"变更诉讼请求的，写明："诉讼过程中，×××变更……诉讼请求为：……。"放弃诉讼请求的，写明："诉讼过程中，×××放弃……的诉讼请求。"

2. 被告辩称包括对诉讼请求的意见、事实和理由

被告承认原告主张的全部事实的，写明："×××承认×××主张的事实。"被告承认原告主张的部分事实的，先写明："×××承认×××主张的……事实。"后写明有争议的事实。

被告承认全部诉讼请求的，写明："×××承认×××的全部诉讼请求。"被告承认部分诉讼请求的，写明被告承认原告的部分诉讼请求的具体内容。

被告提出反诉的，写明："×××向本院提出反诉请求：1……；2……。"后接反诉的事实和理由。再另段写明："×××对×××的反诉辩称，……。"

被告未作答辩的，写明："×××未作答辩。"

3. 第三人诉（述）称包括第三人主张、事实和理由

有独立请求权的第三人，写明："×××向本院提出诉讼请求：……。"后接第三人请求的事实和理由。再另段写明原告、被告对第三人的诉讼请求的答辩意见："×××对×××的诉讼请求辩称，……。"

无独立请求权第三人，写明："×××述称，……。"第三人未作陈述的，写明："×××未作陈述。"

原告、被告或者第三人有多名，且意见一致的，可以合并写明；意见不同的，应当分别写明。

（二）证据和事实认定

对当事人提交的证据和人民法院调查收集的证据数量较多的，原则上不一一列举，可以附证据目录清单。

对当事人没有争议的证据，写明："对当事人无异议的证据，本院予以确认并在卷佐证。"

对有争议的证据，应当写明争议证据的名称及法院对争议证据的认定意见和理由；对争议的事实，应当写明事实认定意见和理由。

争议的事实较多的，可以对争议事实分别认定；针对同一事实有较多争议证据的，可以对争议的证据分别认定。

对争议的证据和事实，可以一并叙明；也可以先单独对争议证据进行认定后，另段概括写明认定的案件基本事实，即"根据当事人陈述和经审查确认的证据，本院认定事实如下：……。"

对于人民法院调取的证据、鉴定意见，经庭审质证后，按照是否有争议分别写明。

召开庭前会议或者在庭审时归纳争议焦点的，应当写明争议焦点。争议焦点的摆放位置，可以根据争议的内容处理。争议焦点中有证据和事实内容的，可以在当事人诉辩意见之后写明。争议焦点主要是法律适用问题的，可以在本院认为部分，先写明争议焦点，再进行说理。

五、理由

理由应当围绕当事人的诉讼请求，根据认定的事实和相关法律，逐一评判并说明理由。

理由部分，有争议焦点的，先列争议焦点，再分别分析认定，后综合分析认定。

没有列争议焦点的，直接写明裁判理由。

被告承认原告全部诉讼请求，且不违反法律规定的，只写明："被告承认原告的诉讼请求，不违反法律规定。"

就一部分事实先行判决的，写明："本院对已经清楚的部分事实，先行判决。"

经审判委员会讨论决定的，在法律依据引用前写明："经本院审判委员会讨论决定，……。"

六、裁判依据

在说理之后，作出判决前，应当援引法律依据。

分项说理后，可以另起一段，综述对当事人诉讼请求是否支持的总结评价，后接法律依据，直接引出判决主文。说理部分已经完成，无需再对诉讼请求进行总结评价的，直接另段援引法律依据，写明判决主文。

援引法律依据，应当依照《最高人民法院关于裁判文书引用法律、法规等规范性法律文件的规定》处理。

法律文件引用顺序，先基本法律，后其他法律；先法律，后行政法规和司法解释；先实体法，后程序法。实体法的司法解释可以放在被解释的实体法之后。

七、判决主文

判决主文两项以上的，各项前依次使用汉字数字分段写明。

单项判决主文和末项判决主文句末用句号，其余判决主文句末用分号。如果一项判决主文句中有分号或者句号的，各项判决主文后均用句号。

判决主文中可以用括注，对判项予以说明。括注应当紧跟被注释的判决主文。例：（已给付……元，尚需给付……元）；（已给付……元，应返还……元）；（已履行）；（按双方订立的《×× 借款合同》约定的标准执行）；（内容须事先经本院审查）；（清单详见附件）等等。

判决主文中当事人姓名或者名称应当用全称，不得用简称。

金额，用阿拉伯数字。金额前不加"人民币"；人民币以外的其他种类货币的，金额前加货币种类。有两种以上货币的，金额前要加货币种类。

八、尾部

尾部包括迟延履行责任告知、诉讼费用负担、上诉权利告知。

1. 迟延履行责任告知

判决主文包括给付金钱义务的，在判决主文后另起一段写明："如果未按本判决指定的期间履行给付金钱义务，应当依照《中华人民共和国民事诉讼法》第二百五十三条规定，加倍支付迟延履行期间的债务利息。"

2. 诉讼费用负担根据《诉讼费用交纳办法》决定

案件受理费，写明："案件受理费……元"。

减免费用的，写明："减交……元"或者"免予收取"。

单方负担案件受理费的，写明："由×××负担"。

分别负担案件受理费的，写明："由×××负担……元，×××负担……元。"

3. 告知当事人上诉权利

当事人上诉期为十五日。在中华人民共和国领域内没有住所的当事人上诉期为三十日。同一案件既有当事人的上诉期为十五日又有当事人的上诉期为三十日的，写明："×××可以在判决书送达之日起十五日内，×××可以在判决书送达之日起三十日内，……。"

九、落款

落款包括合议庭署名、日期、书记员署名、院印。

合议庭的审判长，不论审判职务，均署名为"审判长"；合议庭成员有审判员的，署名为"审判员"；有助理审判员的，署名为"代理审判员"；有陪审员的，署名为"人民陪审员"。书记员，署名为"书记员"。

合议庭按照审判长、审判员、代理审判员、人民陪审员的顺序分行署名。

落款日期为作出判决的日期，即判决书的签发日期。当庭宣判的，应当写宣判的日期。

两名以上书记员的，分行署名。

落款应当在同一页上，不得分页。落款所在页无其他正文内容的，应当调整行距，不写"本页无正文"。

院印加盖在审判人员和日期上，要求骑年盖月、朱在墨上。

加盖"本件与原本核对无异"印戳。

十、附录

确有必要的，可以另页附录。

【法律依据】

《中华人民共和国民事诉讼法》（2017年6月27日）

第一百五十二条 判决书应当写明判决结果和作出该判决的理由。判决书内容包括：

（一）案由、诉讼请求、争议的事实和理由；

（二）判决认定的事实和理由、适用的法律和理由；

（三）判决结果和诉讼费用的负担；

（四）上诉期间和上诉的法院。

判决书由审判人员、书记员署名，加盖人民法院印章。

第一百五十三条 人民法院审理案件，其中一部分事实已经清楚，可以就该部分先行判决。

（二）民事裁定书

2. 民事裁定书（对起诉不予受理用）

×××× 人民法院
民事裁定书

（××××）……民初……号

起诉人：×××，……。
……

（以上写明起诉人及其代理人的姓名或者名称等基本信息）

××××年××月××日，本院收到×××的起诉状。起诉人×××向本院提出诉讼请求：1.……；2.……（明确原告的诉讼请求）。事实和理由：……（概述原告主张的事实和理由）。

本院经审查认为，……（写明对起诉不予受理的理由）。

依照《中华人民共和国民事诉讼法》第一百一十九条、第一百二十三条规定，裁定如下：

对×××的起诉，本院不予受理。

如不服本裁定，可以在裁定书送达之日起十日内，向本院递交上诉状，上诉于××××人民法院。

审　判　长　×××
审　判　员　×××
审　判　员　×××
××××年××月××日
（院印）
书　记　员　×××

【说　明】

1. 本样式根据《中华人民共和国民事诉讼法》第一百一十九条、第一百二十三条制定，供第一审人民法院因起诉人的起诉不符合起诉条件裁定不予受理用。

2. 案号类型代字为"民初"。

3. 根据《最高人民法院关于在同一案件多个裁判文书上规范使用案号有关事项的通知》，对同一案件出现多个裁定书的，首份裁定书直接使用案号，第二份裁定书开始在案号后缀"之一""之二"等，以示区别。

4. 首部中不列被起诉人。

5. 具有相应情形的，法律依据可以同时引用《中华人民共和国民事诉讼法》第一百二十四条或者司法解释中的相应规定。

6. 起诉人在中华人民共和国领域内没有住所的，尾部中的上诉期改为三十日，即"可以在裁定书送达之日起三十日内"。

7. 本裁定书只送达起诉人一方。

8. 对第三人撤销之诉不予受理的，不适用本样式。

9. 制作简易程序、小额诉讼程序、公益诉讼、第三人撤销之诉、执行异议之诉等适用第一审程序的民事裁定书，准用第一审普通程序民事裁定书样式。但是，其他第一审程序民事裁定书已规定专门样式的除外；第三人撤销之诉的案号类型代字应当改为"民撤"；简易程序、小额诉讼程序落款中的审判组织应当改为"审判员"或者"代理审判员"一人。

【法律依据】

《中华人民共和国民事诉讼法》（2017年6月27日）

第一百一十九条　起诉必须符合下列条件：

（一）原告是与本案有直接利害关系的公民、法人和其他组织；

（二）有明确的被告；

（三）有具体的诉讼请求和事实、理由；

（四）属于人民法院受理民事诉讼的范围和受诉人民法院管辖。

第一百二十三条　人民法院应当保障当事人依照法律规定享有的起诉权利。对符合本法第一百一十九条的起诉，必须受理。符合起诉条件的，应当在七日内立案，并通知当事人；不符合起诉条件的，应当在七日内作出裁定书，不予受理；原告对裁定不服的，可以提起上诉。

第一百二十四条 人民法院对下列起诉，分别情形，予以处理：

（一）依照行政诉讼法的规定，属于行政诉讼受案范围的，告知原告提起行政诉讼；

（二）依照法律规定，双方当事人达成书面仲裁协议申请仲裁、不得向人民法院起诉的，告知原告向仲裁机构申请仲裁；

（三）依照法律规定，应当由其他机关处理的争议，告知原告向有关机关申请解决；

（四）对不属于本院管辖的案件，告知原告向有管辖权的人民法院起诉；

（五）对判决、裁定、调解书已经发生法律效力的案件，当事人又起诉的，告知原告申请再审，但人民法院准许撤诉的裁定除外；

（六）依照法律规定，在一定期限内不得起诉的案件，在不得起诉的期限内起诉的，不予受理；

（七）判决不准离婚和调解和好的离婚案件，判决、调解维持收养关系的案件，没有新情况、新理由，原告在六个月内又起诉的，不予受理。

3. 民事裁定书（对反诉不予受理用）

××××人民法院
民事裁定书

（××××）……民初……号

反诉人：×××，……。

……

（以上写明反诉人及其代理人的姓名或者名称等基本信息）

××××年××月××日，本院收到×××的反诉状。反诉人×××向本院提出反诉请求：1.……；2.……（明确原告的诉讼请求）。事实和理由：……（概述原告主张的事实和理由）。

本院经审查认为，……（写明对反诉不予受理的理由）。

依照《中华人民共和国民事诉讼法》第一百一十九条、第一百二十三条、《最高人民法院关于适用〈中华人民共和国民事诉讼法〉的解释》第二百三十三条规定，裁定如下：

对×××的反诉，本院不予受理。

审　判　长　×××
审　判　员　×××
审　判　员　×××
××××年××月××日
（院印）
书　记　员　×××

【说　明】

1. 本样式根据《中华人民共和国民事诉讼法》第一百一十九条、第一百二十三条以及《最高人民法院关于适用〈中华人民共和国民事诉讼法〉的解释》第二百三十三条制定，供第一审人民法院对反诉人的反诉经审查认为不符合反诉条件的，裁定不予受理用。

2. 案号适用本诉案号。

3. 首部中不列被反诉人。

4. 反诉的当事人应当限于本诉的当事人的范围。反诉与本诉的诉讼请求基于相同法律关系、诉讼请求之间具有因果关系，或者反诉与本诉的诉讼请求基于相同事实的，人民法院应当合并审理。反诉应由其他人民法院专属管辖，或者与本诉的诉讼标的及诉讼请求所依据的事实、理由无关联的，裁定不予受理，告知另行起诉。

5. 本裁定书只送达反诉人一方。

【法律依据】

1. 《中华人民共和国民事诉讼法》（2017年6月27日）

第一百一十九条 起诉必须符合下列条件：

（一）原告是与本案有直接利害关系的公民、法人和其他组织；

（二）有明确的被告；

（三）有具体的诉讼请求和事实、理由；

（四）属于人民法院受理民事诉讼的范围和受诉人民法院管辖。

第一百二十三条 人民法院应当保障当事人依照法律规定享有的起诉权利。对符合本法第一百一十九条的起诉，必须受理。符合起诉条件的，应当在七日内立案，并通知当事人；不符合起诉条件的，应当在七日内作出裁定书，不予受理；原告对裁定不服的，可以提起上诉。

2. 《最高人民法院关于适用〈中华人民共和国民事诉讼法〉的解释》（2020年12月29日）

第二百三十三条 反诉的当事人应当限于本诉的当事人的范围。

反诉与本诉的诉讼请求基于相同法律关系、诉讼请求之间具有因果关系，或者反诉与本诉的诉讼请求基于相同事实的，人民法院应当合并审理。

反诉应由其他人民法院专属管辖，或者与本诉的诉讼标的及诉讼请求所依据的事实、理由无关联的，裁定不予受理，告知另行起诉。

4. 民事裁定书（驳回起诉用）

××××人民法院
民事裁定书

（××××）……民初……号

原告：×××，……。
……
被告：×××，……。
……

（以上写明当事人和其他诉讼参加人的姓名或者名称等基本信息）

原告×××与被告×××……（写明案由）一案，本院于××××年××月××日立案后，依法进行审理。

×××向本院提出诉讼请求：1.……；2.……（明确原告的诉讼请求）。事实和理由：……（概述原告主张的事实和理由）。

本院经审查认为，……（写明驳回起诉的理由）。

依照《中华人民共和国民事诉讼法》第一百一十九条/第一百二十四条第×项、第一百五十四条第一款第三项、《最高人民法院关于适用〈中华人民共和国民事诉讼法〉的解释》第二百零八条第三款规定，裁定如下：

驳回×××的起诉。

如不服本裁定，可以在裁定书送达之日起十日内，向本院递交上诉状，并按照对方当事人或者代表人的人数提出副本，上诉于××××人民法院。

审　判　长　×××
审　判　员　×××
审　判　员　×××
××××年××月××日
（院印）
书　记　员　×××

【说　明】

1. 本样式根据《中华人民共和国民事诉讼法》第一百一十九条、第一百二十四条、第一百五十四条第一款第三项以及《最高人民法院关于适用〈中华人民共和国民事诉讼法〉的解释》第二百零八条第三款制定，供第一审人民法院在立案后发现不符合起诉条件或者属于《中华人民共和国民事诉讼法》第一百二十四条规定情形的，裁定驳回起诉用。

2. 案号类型代字为"民初"。

3. 当事人在中华人民共和国领域内没有住所的，尾部上诉期改为三十日，即"可以在裁定书送达之日起三十日内"。

4. 小额诉讼程序裁定驳回起诉的，适用民事裁定书（小额诉讼程序驳回起诉用）。

【法律依据】

1.《中华人民共和国民事诉讼法》（2017年6月27日）

第一百一十九条　起诉必须符合下列条件：

（一）原告是与本案有直接利害关系的公民、法人和其他组织；

（二）有明确的被告；

（三）有具体的诉讼请求和事实、理由；

（四）属于人民法院受理民事诉讼的范围和受诉人民法院管辖。

第一百二十四条　人民法院对下列起诉，分别情形，予以处理：

（一）依照行政诉讼法的规定，属于行政诉讼受案范围的，告知原告提起行政诉讼；

（二）依照法律规定，双方当事人达成书面仲裁协议申请仲裁、不得向人民法院起诉的，告知原告向仲裁机构申请仲裁；

（三）依照法律规定，应当由其他机关处理的争议，告知原告向有关机关申请解决；

（四）对不属于本院管辖的案件，告知原告向有管辖权的人民法院起诉；

（五）对判决、裁定、调解书已经发生法律效力的案件，当事人又起诉的，告知原告申请再审，但人民法院准许撤诉的裁定除外；

（六）依照法律规定，在一定期限内不得起诉的案件，在不得起诉的期限内起诉的，不予受理；

（七）判决不准离婚和调解和好的离婚案件，判决、调解维持收养关系的案件，没有新情况、新理由，原告在六个月内又起诉的，不予受理。

第一百五十四条第一款 裁定适用于下列范围：

（一）不予受理；

（二）对管辖权有异议的；

（三）驳回起诉；

（四）保全和先予执行；

（五）准许或者不准许撤诉；

（六）中止或者终结诉讼；

（七）补正判决书中的笔误；

（八）中止或者终结执行；

（九）撤销或者不予执行仲裁裁决；

（十）不予执行公证机关赋予强制执行效力的债权文书；

（十一）其他需要裁定解决的事项。

2.《最高人民法院关于适用〈中华人民共和国民事诉讼法〉的解释》（2020年12月29日）

第二百零八条第三款 立案后发现不符合起诉条件或者属于民事诉讼法第一百二十四条规定情形的，裁定驳回起诉。

5. 民事裁定书（驳回追加共同诉讼当事人申请用）

××××人民法院
民事裁定书

（××××）……民初……号

申请人：×××，……。

……

(以上写明申请人及其代理人的姓名或者名称等基本信息)

原告×××与被告×××……（写明案由）一案，本院于××××年××月××日立案。

××××年××月××日，×××向本院申请追加×××为共同原告/被告，……（概述申请追加共同诉讼当事人的事实和理由）。

本院经审查认为，……（写明驳回追加共同诉讼当事人申请的理由）。

依照《中华人民共和国民事诉讼法》第一百五十四条第一款第十一项、《最高人民法院关于适用〈中华人民共和国民事诉讼法〉的解释》第七十三条规定，裁定如下：

驳回×××追加×××为共同原告/被告的申请。

审　判　长　×××
审　判　员　×××
审　判　员　×××
××××年××月××日
（院印）
书　记　员　×××

【说　明】

1. 本样式根据《中华人民共和国民事诉讼法》第一百五十四条第一款第十一项、《最高人民法院关于适用〈中华人民共和国民事诉讼法〉的解释》第七十三条制定，供第一审人民法院对追加共同诉讼当事人的申请，经审查认为理由不成立裁定驳回申请用。

2. 案号类型代字为"民初"。

3. 申请理由不成立的，裁定驳回；申请理由成立的，书面通知被追加的当事人参加诉讼，不需要出具裁定书。

【法律依据】

1. 《中华人民共和国民事诉讼法》（2017年6月27日）

第一百五十四条第一款　裁定适用于下列范围：

（一）不予受理；

（二）对管辖权有异议的；

（三）驳回起诉；

（四）保全和先予执行；

（五）准许或者不准许撤诉；

（六）中止或者终结诉讼；

（七）补正判决书中的笔误；

（八）中止或者终结执行；

（九）撤销或者不予执行仲裁裁决；

（十）不予执行公证机关赋予强制执行效力的债权文书；

（十一）其他需要裁定解决的事项。

2. 《最高人民法院关于适用〈中华人民共和国民事诉讼法〉的解释》（2020年12月29日）

第七十三条　必须共同进行诉讼的当事人没有参加诉讼的，人民法院应当依照民事诉讼法第一百三十二条的规定，通知其参加；当事人也可以向人民法院申请追加。人民法院对当事人提出的申请，应当进行审查，申请理由不成立的，裁定驳回；申请理由成立的，书面通知被追加的当事人参加诉讼。

6. 民事裁定书（不参加诉讼按撤诉处理用）

××××人民法院
民事裁定书

（××××）……民初……号

原告：×××，……。
……
被告：×××，……。
……
（以上写明当事人和其他诉讼参加人的姓名或者名称等基本信息）
　　……（写明当事人及案由）一案，本院于××××年××月××日立案。××××年××月××日，×××经传票传唤，无正当理由拒不到庭/未经法庭许可中途退庭。
　　依照《中华人民共和国民事诉讼法》第一百四十三条、第一百五十四条第一款第十一项规定，裁定如下：
　　本案按×××撤诉处理。
　　案件受理费……元，减半收取计……元，由×××负担。

审　判　长　×××
审　判　员　×××
审　判　员　×××
××××年××月××日
（院印）
书　记　员　×××

【说　明】

1. 本样式根据《中华人民共和国民事诉讼法》第一百四十三条、第一百五十四条第一款第十一项制定，供第一审人民法院对原告无正当理由拒不到庭或者未经法庭许可中途退庭的，裁定按撤回起诉处理用。

2. 案号类型代字为"民初"。

3. 原告法定代理人或者有独立请求权的第三人经传票传唤，无正当理由拒不到庭或者未经法庭许可中途退庭，比照《中华人民共和国民事诉讼法》第一百四十三条的规定按撤诉处理，分别另行引用《最高人民法院关于适用〈中华人民共和国民事诉讼法〉的解释》第二百三十五条或者第二百三十六条。

【法律依据】

《中华人民共和国民事诉讼法》（2017年6月27日）

第一百四十三条　原告经传票传唤，无正当理由拒不到庭的，或者未经法庭许可中途退庭的，可以按撤诉处理；被告反诉的，可以缺席判决。

第一百五十四条第一款　裁定适用于下列范围：

（一）不予受理；

（二）对管辖权有异议的；

（三）驳回起诉；

（四）保全和先予执行；

（五）准许或者不准许撤诉；

（六）中止或者终结诉讼；

（七）补正判决书中的笔误；

（八）中止或者终结执行；

（九）撤销或者不予执行仲裁裁决；

（十）不予执行公证机关赋予强制执行效力的债权文书；

（十一）其他需要裁定解决的事项。

7. 民事裁定书（准许撤诉用）

××××人民法院
民事裁定书

（××××）……民初……号

原告：×××，……。
……
被告：×××，……。
……

（以上写明当事人和其他诉讼参加人的姓名或者名称等基本信息）

……（写明当事人及案由）一案，本院于××××年××月××日立案。原告×××于××××年××月××日向本院提出撤诉申请。

本院认为，……（写明准许撤诉的理由）。

依照《中华人民共和国民事诉讼法》第一百四十五条第一款规定，裁定如下：

准许×××撤诉。

案件受理费……元，减半收取计……元，由×××负担。

审　判　长　×××
审　判　员　×××
审　判　员　×××
××××年××月××日
（院印）
书　记　员　×××

【说　明】

1. 本样式根据《中华人民共和国民事诉讼法》第一百四十五条第一款制定，供第一审人民法院对宣判前原告申请撤诉的，裁定准许原告撤诉用。

2. 案号类型代字为"民初"。

3. 准许撤诉的，案件受理费减半收取。

【法律依据】

《中华人民共和国民事诉讼法》（2017年6月27日）

第一百四十五条第一款　宣判前，原告申请撤诉的，是否准许，由人民法院裁定。

8. 民事裁定书（准许撤回反诉用）

××××人民法院
民事裁定书

（××××）……民初……号

反诉原告：×××，……。

……

反诉被告：×××，……。

……

（以上写明反诉当事人和其他诉讼参加人的姓名或者名称等基本信息）

……（写明当事人及案由）一案，本院于××××年××月××日立案。××××年××月××日，被告×××对原告×××提出反诉。××××年××月××日，反诉原告×××向本院提出撤回反诉申请。

本院认为，……（写明准许撤回反诉的理由）。

依照《中华人民共和国民事诉讼法》第一百四十五条第一款、《最高人民法院关于适用〈中华人民共和国民事诉讼法〉的解释》第二百三十九条规定，裁定如下：

准许×××撤回反诉。

反诉案件受理费……元，减半收取计……元，由……负担（写明当事人姓名或者名称、负担金额）。

审　判　长　×××
审　判　员　×××
审　判　员　×××
××××年××月××日
（院印）
书　记　员　×××

【说　明】

1. 本样式根据《中华人民共和国民事诉讼法》第一百四十五条第一款以及《最高人民法院关于适用〈中华人民共和国民事诉讼法〉的解释》第二百三十九条制定，供第一审人民法院对宣判前反诉原告申请撤回反诉的，裁定准许反诉原告撤回反诉用。

2. 案号适用本诉案号。

3. 准许撤回反诉的，反诉案件受理费减半收取。

【法律依据】

1.《中华人民共和国民事诉讼法》（2017年6月27日）

第一百四十五条第一款　宣判前，原告申请撤诉的，是否准许，由人民法院裁定。

2.《最高人民法院关于适用〈中华人民共和国民事诉讼法〉的解释》（2020年12月29日）

第二百三十九条　人民法院准许本诉原告撤诉的，应当对反诉继续审理；被告申请撤回反诉的，人民法院应予准许。

9. 民事裁定书（不准许撤诉用）

××××人民法院
民事裁定书

（××××）……民初……号

原告：×××，……。

……

被告：×××，……。

……

（以上写明当事人和其他诉讼参加人的姓名或者名称等基本信息）

……（写当事人及案由）一案，本院于××××年××月××日立案。原告×××于××××年××月××日向本院提出撤诉申请。

本院经审查认为，……（写明不准许撤诉的理由）。

依照《中华人民共和国民事诉讼法》第一百四十五条第一款、《最高人民法院关于适用〈中华人民共和国民事诉讼法〉的解释》第二百三十八条第×款规定，裁定如下：

不准许×××撤诉。

审　判　长　×××
审　判　员　×××
审　判　员　×××
××××年××月××日
（院印）
书　记　员　×××

【说　明】

1. 本样式根据《中华人民共和国民事诉讼法》第一百四十五条第一款以及《最高人民法院关于适用〈中华人民共和国民事诉讼法〉的解释》第二百三十八条制定，供第一审人民法院对宣判前原告申请撤诉的，裁定不准许原告撤诉用。

2. 案号类型代字为"民初"。

3. 不准许撤诉的，在"本院认为"部分写明理由。有两种情形：一是根据《最高人民法院关于适用〈中华人民共和国民事诉讼法〉的解释》第二百三十八条第一款规定，当事人有违反法律的行为需要依法处理；二是根据《最高人民法院关于适用〈中华人民共和国民事诉讼法〉的解释》第二百三十八条第二款规定，法庭辩论终结后原告申请撤诉，被告不同意。

【法律依据】

1. 《中华人民共和国民事诉讼法》（2017 年 6 月 27 日）

第一百四十五条第一款　宣判前，原告申请撤诉的，是否准许，由人民法院裁定。

2. 《最高人民法院关于适用〈中华人民共和国民事诉讼法〉的解释》（2020 年 12 月 29 日）

第二百三十八条　当事人申请撤诉或者依法可以按撤诉处理的案件，如果当事人有违反法律的行为需要依法处理的，人民法院可以不准许撤诉或者不按撤诉处理。

法庭辩论终结后原告申请撤诉，被告不同意的，人民法院可以不予准许。

10. 民事裁定书（合并审理用）

××××人民法院
民事裁定书

（××××）……民初……号

原告：×××，……。

……

被告：×××，……。

……

(以上写明当事人和其他诉讼参加人的姓名或者名称等基本信息)

……（写明当事人及案由）一案，本院于××××年××月××日立案。

本院经审查认为，……（写明合并审理的事实和理由）。

依照《中华人民共和国民事诉讼法》第五十二条第一款、第一百五十四条第一款第十一项、《最高人民法院关于适用〈中华人民共和国民事诉讼法〉的解释》第二百二十一条规定，裁定如下：

本案并入本院（××××）……民初……号案件审理。

审　判　长　×××
审　判　员　×××
审　判　员　×××
××××年××月××日
（院印）
书　记　员　×××

【说　明】

1. 本样式根据《中华人民共和国民事诉讼法》第五十二条第一款、第一百五十四条第一款第十一项以及《最高人民法院关于适用〈中华人民共和国民事诉讼法〉的解释》第二百二十一条制定,供人民法院对于同一法院受理的可以合并审理的案件,裁定合并审理用。

2. 标题中的案号为被并入的案件案号。

3. 裁定合并审理的情形包括:当事人一方或者双方为二人以上,其诉讼标的是共同的,或者诉讼标的是同一种类、人民法院认为可以合并审理并经当事人同意的;基于同一事实发生的纠纷,当事人分别向同一人民法院起诉的。

4. 基于同一事实发生的纠纷,当事人分别向同一人民法院起诉,裁定合并审理的,同时引用《最高人民法院关于适用〈中华人民共和国民事诉讼法〉解释》第二百二十一条。

【法律依据】

1. **《中华人民共和国民事诉讼法》**(2017 年 6 月 27 日)

第五十二条第一款 当事人一方或者双方为二人以上,其诉讼标的是共同的,或者诉讼标的是同一种类、人民法院认为可以合并审理并经当事人同意的,为共同诉讼。

第一百五十四条第一款 裁定适用于下列范围:

(一)不予受理;

(二)对管辖权有异议的;

(三)驳回起诉;

(四)保全和先予执行;

(五)准许或者不准许撤诉;

(六)中止或者终结诉讼;

(七)补正判决书中的笔误;

(八)中止或者终结执行;

(九)撤销或者不予执行仲裁裁决;

(十)不予执行公证机关赋予强制执行效力的债权文书;

(十一)其他需要裁定解决的事项。

2. **《最高人民法院关于适用〈中华人民共和国民事诉讼法〉的解释》**(2020 年 12 月 29 日)

第二百二十一条 基于同一事实发生的纠纷,当事人分别向同一人民法院起诉的,人民法院可以合并审理。

11. 民事裁定书（中止诉讼用）

××××人民法院
民事裁定书

（××××）……民初……号

原告：×××，……。
……
被告：×××，……。
……

（以上写明当事人和其他诉讼参加人的姓名或者名称等基本信息）

……（写明当事人及案由）一案，本院于××××年××月××日立案。

本案在审理过程中，……（写明中止诉讼的事实依据）。

本院经审查认为，……（写明中止诉讼的理由）。

依照《中华人民共和国民事诉讼法》第一百五十条第一款第×项、第一百五十四条第一款第六项规定，裁定如下：

本案中止诉讼。

审　判　长　×××
审　判　员　×××
审　判　员　×××
××××年××月××日
（院印）
书　记　员　×××

【说　明】

1. 本样式根据《中华人民共和国民事诉讼法》第一百五十条、第一百五十四条第一款第六项制定，供第一审人民法院在出现中止诉讼的法定情形后，裁定中止诉讼用。

2. 案号类型代字为"民初"。

3. 有下列情形之一的，中止诉讼：(1) 一方当事人死亡，需要等待继承人表明是否参加诉讼的；(2) 一方当事人丧失诉讼行为能力，尚未确定法定代理人的；(3) 作为一方当事人的法人或者其他组织终止，尚未确定权利义务承受人的；(4) 一方当事人因不可抗拒的事由，不能参加诉讼的；(5) 本案必须以另一案的审理结果为依据，而另一案尚未审结的；(6) 其他应当中止诉讼的情形。

4. 中止诉讼的原因消除后，恢复诉讼。

【法律依据】

《中华人民共和国民事诉讼法》（2017年6月27日）

第一百五十条 有下列情形之一的，中止诉讼：

（一）一方当事人死亡，需要等待继承人表明是否参加诉讼的；

（二）一方当事人丧失诉讼行为能力，尚未确定法定代理人的；

（三）作为一方当事人的法人或者其他组织终止，尚未确定权利义务承受人的；

（四）一方当事人因不可抗拒的事由，不能参加诉讼的；

（五）本案必须以另一案的审理结果为依据，而另一案尚未审结的；

（六）其他应当中止诉讼的情形。

中止诉讼的原因消除后，恢复诉讼。

第一百五十四条第一款 裁定适用于下列范围：

（一）不予受理；

（二）对管辖权有异议的；

（三）驳回起诉；

（四）保全和先予执行；

（五）准许或者不准许撤诉；

（六）中止或者终结诉讼；

（七）补正判决书中的笔误；

（八）中止或者终结执行；

（九）撤销或者不予执行仲裁裁决；

（十）不予执行公证机关赋予强制执行效力的债权文书；

（十一）其他需要裁定解决的事项。

12. 民事裁定书（终结诉讼用）

××××人民法院
民事裁定书

（××××）……民初……号

原告：×××，……。
……
被告：×××，……。
……
（以上写明当事人和其他诉讼参加人的姓名或者名称等基本信息）

……（写明当事人及案由）一案，本院于××××年××月××日立案。

本案在审理过程中，……（写明终结诉讼的事实依据）。

本院经审查认为，……（写明终结诉讼的理由）。

依照《中华人民共和国民事诉讼法》第一百五十一条第×项、第一百五十四条第一款第六项规定，裁定如下：

本案终结诉讼。

×××已经预交的案件受理费……元，不予退还。

审　判　长　×××
审　判　员　×××
审　判　员　×××
××××年××月××日
（院印）
书　记　员　×××

【说　明】

1. 本样式根据《中华人民共和国民事诉讼法》第一百五十一条、第一百五十四条第一款第六项制定，供第一审人民法院在出现终结诉讼的法定情形后，裁定终结诉讼用。

2. 案号类型代字为"民初"。

3. 有下列情形之一的，终结诉讼：（1）原告死亡，没有继承人，或者继承人放弃诉讼权利的；（2）被告死亡，没有遗产，也没有应当承担义务的人的；（3）离婚案件一方当事人死亡的；（4）追索赡养费、扶养费、抚育费以及解除收养关系案件的一方当事人死亡的。

4. 终结诉讼的案件，已经预交的案件受理费不予退还。

【法律依据】

《中华人民共和国民事诉讼法》（2017年6月27日）

第一百五十一条　有下列情形之一的，终结诉讼：

（一）原告死亡，没有继承人，或者继承人放弃诉讼权利的；

（二）被告死亡，没有遗产，也没有应当承担义务的人的；

（三）离婚案件一方当事人死亡的；

（四）追索赡养费、扶养费、抚育费以及解除收养关系案件的一方当事人死亡的。

第一百五十四条第一款　裁定适用于下列范围：

（一）不予受理；

（二）对管辖权有异议的；

（三）驳回起诉；

（四）保全和先予执行；

（五）准许或者不准许撤诉；

（六）中止或者终结诉讼；

（七）补正判决书中的笔误；

（八）中止或者终结执行；

（九）撤销或者不予执行仲裁裁决；

（十）不予执行公证机关赋予强制执行效力的债权文书；

（十一）其他需要裁定解决的事项。

13. 民事裁定书（补正法律文书中的笔误用）

××××人民法院
民事裁定书

（××××）……民初……号

本院于××××年××月××日对……（写明当事人及案由）一案作出的（××××）……民×……号……（写明被补正的法律文书名称）中，存在笔误，应予补正。

依照《中华人民共和国民事诉讼法》第一百五十四条第一款第七项、《最高人民法院关于适用〈中华人民共和国民事诉讼法〉的解释》第二百四十五条规定，裁定如下：

（××××）……民×……号……（写明被补正的法律文书名称）中"……"（写明法律文书误写、误算，诉讼费用漏写、误算和其他笔误）补正为"……"（写明补正后的内容）。

审　判　长　×××
审　判　员　×××
审　判　员　×××
××××年××月××日
（院印）
书　记　员　×××

【说　明】

1. 本样式根据《中华人民共和国民事诉讼法》第一百五十四条第一款第七项以及《最高人民法院关于适用〈中华人民共和国民事诉讼法〉的解释》第二百四十五条制定，供人民法院在发现法律文书笔误后，裁定补正笔误用。

2. 案号与被补正的法律文书案号相同。

3. 不需要写明首部、事实、法律依据等内容。

4. 法律文书既包括判决书，也包括裁定书、调解书、决定书等其他法律文书。

5. 法律文书中的笔误是指法律文书误写、误算，诉讼费用漏写、误算和其他笔误。

【法律依据】

1. 《中华人民共和国民事诉讼法》（2017 年 6 月 27 日）

第一百五十四条第一款 裁定适用于下列范围：

（一）不予受理；

（二）对管辖权有异议的；

（三）驳回起诉；

（四）保全和先予执行；

（五）准许或者不准许撤诉；

（六）中止或者终结诉讼；

（七）补正判决书中的笔误；

（八）中止或者终结执行；

（九）撤销或者不予执行仲裁裁决；

（十）不予执行公证机关赋予强制执行效力的债权文书；

（十一）其他需要裁定解决的事项。

2. 《最高人民法院关于适用〈中华人民共和国民事诉讼法〉的解释》（2020 年 12 月 29 日）

第二百四十五条 民事诉讼法第一百五十四条第一款第七项规定的笔误是指法律文书误写、误算，诉讼费用漏写、误算和其他笔误。

（三）其 他

14. 受理案件通知书（通知提起诉讼的当事人用）

××××人民法院
受理案件通知书

（××××）……民初……号

×××：

……（写明当事人及案由）一案，本院于××××年××月××日立案。本案案号为（××××）……民初……号。现将受理案件的有关事项通知如下：

一、在诉讼过程中，当事人必须依法行使诉讼权利，有权行使《中华人民共和国民事诉讼法》第四十九条、第五十条、第五十一条等规定的诉讼权利，同时也必须遵守诉讼秩序，履行诉讼义务。

二、自然人应当提交身份证或者通行证、护照复印件；法人或者其他组织应当提交营业执照或者事业单位法人代码证复印件、法定代表人或者主要负责人身份证明书。

三、当事人、法定代理人可以委托一至二人作为诉讼代理人。

委托他人代为诉讼，必须向人民法院提交由委托人签名或者盖章的授权委托书。授权委托书必须记明委托事项和权限。诉讼代理人代为承认、放弃、变更诉讼请求，进行和解，提起反诉或者上诉，必须有委托人的特别授权。

侨居在国外的中华人民共和国公民从国外寄交或者托交的授权委托书，必须经中华人民共和国驻该国的使领馆证明；没有使领馆的，由与中华人民共和国有外交关系的第三国驻该国的使领馆证明，再转由中华人民共和国驻该第三国使领馆证明，或者由当地的爱国华侨团体证明。

四、应在接到本通知书后七日内，向本院预交案件受理费/申请费……元。本院诉讼费开户名称：××××人民法院（财政汇缴专户）；开户银行：……；账号：……。

五、根据《最高人民法院关于人民法院在互联网公布裁判文书的规定》，本院作出的生效裁判文书将在中国裁判文书网上公布。如果你认为案件涉及个人隐私或商业秘密，申请对裁判文书中的有关内容进行技术处理或者申请不予公布的，至迟应在裁判文书送达之日起三日内以书面形式提出并说明具体理由。经本院审查认为理由正当的，可以在公布裁判文书时隐去相关内容或不予公布。

六、本案审判组织成员为审判长×××、审判员/代理审判员/人民陪审员×××、审判员/代理审判员/人民陪审员×××，书记员×××。

联系人：……（写明姓名、部门、职务）

联系电话：……

联系地址：……

特此通知。

××××年××月××日
（院印）

【说　明】

本样式根据《中华人民共和国民事诉讼法》第一百二十六条制定，供第一审人民法院在立案受理后，通知提起民事诉讼的当事人受理案件用。

【法律依据】

《中华人民共和国民事诉讼法》（2017年6月27日）

第一百二十六条　人民法院对决定受理的案件，应当在受理案件通知书和应诉通知书中向当事人告知有关的诉讼权利义务，或者口头告知。

15. **应诉通知书**（通知对方当事人用）

××××人民法院
应诉通知书

（××××）……民初……号

×××：

……（写明当事人及案由）一案，本院于××××年××月××日立案。本案案号为（××××）……民初……号。现将应诉的有关事项通知如下：

一、在诉讼过程中，当事人必须依法行使诉讼权利，有权行使《中华人民共和国民事诉讼法》第四十九条、第五十条、第五十一条等规定的诉讼权利，同时也必须遵守诉讼秩序，履行诉讼义务。

二、在收到起诉状/答辩状/申请书副本后十五/三十日内向本院提交答辩状，并按对方当事人的人数提出副本。

三、自然人应当提交身份证或者通行证、护照复印件；法人或者其他组织应当提交营业执照或者事业单位法人代码证复印件、法定代表人或者主要负责人身份证明书。

四、当事人、法定代理人可以委托一至二人作为诉讼代理人。

委托他人代为诉讼，必须向人民法院提交由委托人签名或者盖章的授权委托书。授权委托书必须记明委托事项和权限。诉讼代理人代为承认、放弃、变更诉讼请求，进行和解，提起反诉或者上诉，必须有委托人的特别授权。

侨居在国外的中华人民共和国公民从国外寄交或者托交的授权委托书，必须经中华人民共和国驻该国的使领馆证明；没有使领馆的，由与中华人民共和国有外交关系的第三国驻该国的使领馆证明，再转由中华人民共和国驻该第三国使领馆证明，或者由当地的爱国华侨团体证明。

五、根据《最高人民法院关于人民法院在互联网公布裁判文书的规定》，本院作出的生效裁判文书将在中国裁判文书网上公布。如果你认为案件涉及个人隐私或商业秘密，申请对裁判文书中的有关内容进行技术处理或者申请不予公布的，至迟应在裁判文书送达之日起三日内以书面形式提出并说明具体理由。经本院审查认为理由正当的，可以在公布裁判文书时隐去相关内容或不予公布。

六、本案审判组织成员为审判长×××、审判员／代理审判员／人民陪审员×××、审判员／代理审判员／人民陪审员×××，书记员×××。

联系人：……（写明姓名、部门、职务）

联系电话：……

联系地址：……

特此通知。

××××年××月××日
（院印）

【说　明】

1. 本样式根据《中华人民共和国民事诉讼法》第一百二十六条制定，供第一审人民法院立案受理后，通知提起民事诉讼当事人的对方当事人应诉用。

2. 提起诉讼当事人的相对方是指民事一审被告、二审被上诉人、非讼程序被申请人、再审被申请人等。

3. 对执行案件的被申请人，不发放应诉通知书，而发放执行通知书。

【法律依据】

《中华人民共和国民事诉讼法》（2017年6月27日）

第一百二十六条　人民法院对决定受理的案件，应当在受理案件通知书和应诉通知书中向当事人告知有关的诉讼权利义务，或者口头告知。

16. 参加诉讼通知书（通知其他当事人用）

××××人民法院
参加诉讼通知书

（××××）……民初……号

×××：

……（写明当事人及案由）一案，本院于××××年××月××日立案。……（写明通知参加诉讼的原因），通知你作为原告/被告/共同原告/共同被告/有独立请求权的第三人/无独立请求权的第三人/法定代理人/共同诉讼代表人参加诉讼。现将参加诉讼的有关事项通知如下：

一、在诉讼过程中，当事人必须依法行使诉讼权利，有权行使《中华人民共和国民事诉讼法》第四十九条、第五十条、第五十一条等规定的诉讼权利，同时也必须遵守诉讼秩序，履行诉讼义务。

二、自然人应当提交身份证或者通行证、护照复印件；法人或者其他组织应当提交营业执照或者事业单位法人代码证复印件、法定代表人或者主要负责人身份证明书。

三、当事人、法定代理人可以委托一至二人作为诉讼代理人。

委托他人代为诉讼，必须向人民法院提交由委托人签名或者盖章的授权委托书。授权委托书必须记明委托事项和权限。诉讼代理人代为承认、放弃、变更诉讼请求，进行和解，提起反诉或者上诉，必须有委托人的特别授权。

侨居在国外的中华人民共和国公民从国外寄交或者托交的授权委托书，必须经中华人民共和国驻该国的使领馆证明；没有使领馆的，由与中华人民共和国有外交关系的第三国驻该国的使领馆证明，再转由中华人民共和国驻该第三国使领馆证明，或者由当地的爱国华侨团体证明。

四、根据《最高人民法院关于人民法院在互联网公布裁判文书的规定》，本院作出的生效裁判文书将在中国裁判文书网上公布。如果你认为案件涉及个人隐私或商业秘密，申请对裁判文书中的有关内容进行技术处理或者申请不予公布的，至迟应在裁判文书送达之日起三日内以书面形式提出并说明具体理由。经本院审查认为理由正当的，可以在公布裁判文书时隐去相关内容或不予公布。

五、本案审判组织成员为审判长×××、审判员/代理审判员/人民陪审员×××、审判员/代理审判员/人民陪审员×××，书记员×××。

联系人：……（写明姓名、部门、职务）

联系电话：……

联系地址：……

特此通知。

××××年××月××日

（院印）

【说　明】

1. 本样式根据《中华人民共和国民事诉讼法》第五十六条第二款、第五十七条、第一百三十二条以及《最高人民法院关于适用〈中华人民共和国民事诉讼法〉的解释》第五十五条、第六十三条、第六十四条、第七十三条、第七十四条、第七十七条、第八十一条、第八十三条等制定，供人民法院通知必须共同进行诉讼的当事人、有独立请求权的第三人、无独立请求权的第三人、当事人的继承人或者权利义务承受人、原审其他当事人等参加诉讼用。

2. 必须共同进行诉讼的当事人没有参加诉讼的，人民法院应当通知其参加诉讼。

3. 有独立请求权的第三人申请参加诉讼的，人民法院应当通知其参加诉讼。对当事人双方的诉讼标的虽然没有独立请求权，但案件处理结果同他有法律上的利害关系的人，可以依申请或者人民法院依职权通知其作为无独立请求权的第三人参加诉讼。

4. 当事人死亡的，人民法院应当通知其继承人参加诉讼。企业法人未依法清算即被注销的，人民法院应当通知该企业法人的股东、发起人或者出资人参加诉讼。

5. 无民事行为能力人或限制民事行为能力人事先没有确定监护人且有监护资格的人协商确定不成的，人民法院可以指定其中一人为诉讼中的法定代理人参加诉讼。当事人没有法律规定的监护人的，人民法院可以指定法律规定的有关组织担任诉讼中的法定代理人。

6. 当事人一方人数众多在起诉时不确定，当事人推选不出代表人且协商不成的，人民法院可以在起诉的当事人中指定代表人参加诉讼。

7. 对于民事二审案件的上诉人和被上诉人以外的原审其他当事人，民事审判监督案件再审申请人和被申请人以外的原审其他当事人，适用本样式。

【法律依据】

1. 《中华人民共和国民事诉讼法》（2017 年 6 月 27 日）

第五十六条第二款 对当事人双方的诉讼标的，第三人虽然没有独立请求权，但案件处理结果同他有法律上的利害关系的，可以申请参加诉讼，或者由人民法院通知他参加诉讼。人民法院判决承担民事责任的第三人，有当事人的诉讼权利义务。

第五十七条 无诉讼行为能力人由他的监护人作为法定代理人代为诉讼。法定代理人之间互相推诿代理责任的，由人民法院指定其中一人代为诉讼。

第一百三十二条 必须共同进行诉讼的当事人没有参加诉讼的，人民法院应当通知其参加诉讼。

2. 《最高人民法院关于适用〈中华人民共和国民事诉讼法〉的解释》（2020 年 12 月 29 日）

第五十五条 在诉讼中，一方当事人死亡，需要等待继承人表明是否参加诉讼的，裁定中止诉讼。人民法院应当及时通知继承人作为当事人承担诉讼，被继承人已经进行的诉讼行为对承担诉讼的继承人有效。

第六十三条 企业法人合并的，因合并前的民事活动发生的纠纷，以合并后的企业为当事人；企业法人分立的，因分立前的民事活动发生的纠纷，以分立后的企业为共同诉讼人。

第六十四条 企业法人解散的，依法清算并注销前，以该企业法人为当事人；未依法清算即被注销的，以该企业法人的股东、发起人或者出资人为当事人。

第七十三条 必须共同进行诉讼的当事人没有参加诉讼的，人民法院应当依照民事诉讼法第一百三十二条的规定，通知其参加；当事人也可以向人民法院申请追加。人民法院对当事人提出的申请，应当进行审查，申请理由不成立的，裁定驳回；申请理由成立的，书面通知被追加的当事人参加诉讼。

第七十四条 人民法院追加共同诉讼的当事人时，应当通知其他当事人。

应当追加的原告，已明确表示放弃实体权利的，可不予追加；既不愿意参加诉讼，又不放弃实体权利的，仍应追加为共同原告，其不参加诉讼，不影响人民法院对案件的审理和依法作出判决。

第七十七条 根据民事诉讼法第五十四条规定，当事人一方人数众多在起诉时不确定的，由当事人推选代表人。当事人推选不出的，可以由人民法院提出人选与当事人协商；协商不成的，也可以由人民法院在起诉的当事人中指定代表人。

第八十一条 根据民事诉讼法第五十六条的规定，有独立请求权的第三人有权向人民法院提出诉讼请求和事实、理由，成为当事人；无独立请求权的第三人，可以申请或者由人民法院通知参加诉讼。

第一审程序中未参加诉讼的第三人，申请参加第二审程序的，人民法院可以准许。

第八十三条 在诉讼中，无民事行为能力人、限制民事行为能力人的监护人是他的法定代理人。事先没有确定监护人的，可以由有监护资格的人协商确定；协商不成的，由人民法院在他们之中指定诉讼中的法定代理人。当事人没有民法典第二十七条、第二十八条规定的监护人的，可以指定民法典第三十二条规定的有关组织担任诉讼中的法定代理人。

17. 诉讼权利义务告知书（告知当事人用）

诉讼权利义务告知书

一、当事人的诉讼权利

1. 原告有向法院提起诉讼和放弃、变更诉讼请求的权利，有申请财产保全、证据保全的权利；

2. 被告针对原告的起诉，有应诉和答辩及提起反诉的权利；

3. 有委托诉讼代理人参加诉讼的权利；

4. 有使用本民族语言文字进行诉讼的权利；

5. 审判人员、书记员、翻译人员、鉴定人、勘验人有下列情形之一的，有申请回避的权利：

（1）是本案当事人或者当事人、诉讼代理人近亲属的；

（2）与本案有利害关系的；

（3）与本案当事人、诉讼代理人有其他关系，可能影响对案件公正审理的；

6. 有按规定申请延长举证期限或向法院申请调查、收集证据的权利；

7. 有进行辩论、请求调解、自行和解的权利；

8. 有查阅法庭笔录并要求补正的权利；

9. 有在法定期限内提起上诉的权利；

10. 有申请执行已经发生法律效力的判决、裁定、调解书的权利。

二、当事人的诉讼义务及责任

1. 依法行使诉讼权利的义务；

2. 按规定交纳诉讼费用的义务；

3. 向法院提供准确的送达地址和联系方式的义务；

4. 按规定期限向法院提供证据的义务；

5. 按时到庭参加诉讼的义务；

6. 服从法庭指挥，遵守诉讼秩序的义务；

7. 履行已经发生法律效力的判决、裁定、调解书的义务。

对于不履行诉讼义务妨害民事诉讼的行为，根据情节轻重，人民法院可以分别采取训诫、罚款、拘留等强制措施；构成犯罪的，依法追究刑事责任。

三、根据《最高人民法院关于人民法院在互联网公布裁判文书的规定》，本院作出的生效裁判文书将在中国裁判文书网上公布。如果认为案件涉及个人隐私或商业秘密，申请对裁判文书中的有关内容进行技术处理或者申请不予公布的，至迟应在裁判文书送达之日起三日内以书面形式提出并说明具体理由。经本院审查认为理由正当的，可以在公布裁判文书时隐去相关内容或不予公布。

【说　明】

1. 本样式根据《中华人民共和国民事诉讼法》第一百二十六条制定，供人民法院在受理案件后，告知当事人诉讼权利义务用。

2. 在向当事人送达受理案件通知书、应诉通知书、参加诉讼通知书时，可以一并送达诉讼权利义务告知书。

【法律依据】

《中华人民共和国民事诉讼法》（2017年6月27日）

第一百二十六条　人民法院对决定受理的案件，应当在受理案件通知书和应诉通知书中向当事人告知有关的诉讼权利义务，或者口头告知。

18. 合议庭组成人员通知书（通知当事人用）

××××人民法院
合议庭组成人员通知书

（××××）……民初……号

×××：

本院受理……（写明当事人及案由）一案，决定由×××担任审判长，与审判员/代理审判员/人民陪审员×××、审判员/代理审判员/人民陪审员×××组成合议庭进行审理。

特此通知。

××××年××月××日
（院印）

【说　明】

1. 本样式根据《中华人民共和国民事诉讼法》第一百二十八条制定，供人民法院在合议庭组成人员确定后，通知当事人用。

2. 确定合议庭组成人员后，可以用受理案件通知书、应诉通知书、参加诉讼通知书等其他方式通知。

【法律依据】

《中华人民共和国民事诉讼法》（2017年6月27日）

第一百二十八条　合议庭组成人员确定后，应当在三日内告知当事人。

19. 变更合议庭组成人员通知书（通知当事人用）

××××人民法院
变更合议庭组成人员通知书

（××××）……民初……号

×××：

　　本院受理……（写明当事人及案由）一案，因……（写明变更理由），需要变更本案合议庭组成人员，决定由×××担任审判长，与审判员/代理审判员/人民陪审员×××、审判员/代理审判员/人民陪审员×××组成合议庭进行审理。

　　特此通知。

××××年××月××日
（院印）

【说　明】

　　1. 本样式根据《中华人民共和国民事诉讼法》第一百二十八条制定，供人民法院在合议庭组成人员变更后，通知当事人用。

　　2. 变更合议庭组成人员后，可以用笔录、传票等其他方式通知。

【法律依据】

《中华人民共和国民事诉讼法》（2017年6月27日）

　　第一百二十八条　合议庭组成人员确定后，应当在三日内告知当事人。

20. 传票（传唤当事人用）

××××人民法院
传票（存根）

案号	（××××）……号
案由	
被传唤人	
住所	
传唤事由	
应到时间	年　月　日　时　分
应到处所	
备　考	××××年××月××日 （院印）

本联存卷

××××人民法院
传票

案号	（××××）……号
案由	
被传唤人	
住所	
传唤事由	
应到时间	年　月　日　时　分
应到处所	

注意事项：
1. 被传唤人必须准时到达应到处所；
2. 本传票由被传唤人携带来院报到；
3. 被传唤人收到传票后，应在送达回证上签名或者盖章。

××××年××月××日
（院印）

本联送达被传唤人

【说　明】

1. 本样式根据《中华人民共和国民事诉讼法》第一百三十六条、第二百四十九条等以及《最高人民法院关于适用〈中华人民共和国民事诉讼法〉的解释》第二百二十七条制定，供人民法院在审理或执行案件过程中，传唤当事人到庭或者到指定处所用。

2. 本传票应当在应到时间三日前送达当事人。当事人在外地的，应当留有必要的在途时间。

3. 如有其他事项，可以在注意事项栏内续号增写。

【法律依据】

1. 《中华人民共和国民事诉讼法》（2017 年 6 月 27 日）

第一百三十六条　人民法院审理民事案件，应当在开庭三日前通知当事人和其他诉讼参与人。公开审理的，应当公告当事人姓名、案由和开庭的时间、地点。

第二百四十九条　法律文书指定交付的财物或者票证，由执行员传唤双方当事人当面交付，或者由执行员转交，并由被交付人签收。

有关单位持有该项财物或者票证的，应当根据人民法院的协助执行通知书转交，并由被交付人签收。

有关公民持有该项财物或者票证的，人民法院通知其交出。拒不交出的，强制执行。

2. 《最高人民法院关于适用〈中华人民共和国民事诉讼法〉的解释》（2020 年 12 月 29 日）

第二百二十七条　人民法院适用普通程序审理案件，应当在开庭三日前用传票传唤当事人。对诉讼代理人、证人、鉴定人、勘验人、翻译人员应当用通知书通知其到庭。当事人或者其他诉讼参与人在外地的，应当留有必要的在途时间。

21. 出庭通知书（传唤其他诉讼参与人用）

××××人民法院
出庭通知书

（××××）……民×……号

×××：

本院受理……（写明当事人及案由）一案，定于××××年××月××日××时××分在……（写明地址）本院第×法庭开庭审理。依照《中华人民共和国民事诉讼法》第一百三十六条、《最高人民法院关于适用〈中华人民共和国民事诉讼法〉的解释》第二百二十七条规定，你作为委托诉讼代理人/鉴定人/勘验人/翻译人员应准时出庭。

联系人：……（写明姓名、部门、职务）

联系电话：……

联系地址：……

特此通知。

××××年××月××日
（院印）

【说　明】

1. 本样式根据《中华人民共和国民事诉讼法》第一百三十六条以及《最高人民法院关于适用〈中华人民共和国民事诉讼法〉的解释》第二百二十七条制定，供人民法院适用普通程序审理案件在开庭三日前，通知诉讼代理人、鉴定人、勘验人、翻译人员到庭用。

2. 诉讼参与人在外地的，应当留有必要的在途时间。

【法律依据】

1.《中华人民共和国民事诉讼法》(2017年6月27日)

第一百三十六条　人民法院审理民事案件，应当在开庭三日前通知当事人和其他诉讼参与人。公开审理的，应当公告当事人姓名、案由和开庭的时间、地点。

2.《最高人民法院关于适用〈中华人民共和国民事诉讼法〉的解释》(2020年12月29日)

第二百二十七条　人民法院适用普通程序审理案件，应当在开庭三日前用传票传唤当事人。对诉讼代理人、证人、鉴定人、勘验人、翻译人员应当用通知书通知其到庭。当事人或者其他诉讼参与人在外地的，应当留有必要的在途时间。

22. 公告（通知共同诉讼权利人登记用）

××××人民法院

公告

（××××）……民×……号

本院受理……（写明当事人及案由）一案，原告×××向本院提出诉讼请求：1.……；2.……（明确原告的诉讼请求）。事实和理由：……（概述原告主张的事实和理由）。因与本案诉讼标的为同一种类的案件众多，故相关权利人应在公告之日起×天内向本院登记。

特此公告。

××××年××月××日

（院印）

【说　明】

1. 本样式根据《中华人民共和国民事诉讼法》第五十四条以及《最高人民法院关于适用〈中华人民共和国民事诉讼法〉的解释》第七十九条制定，供第一审人民法院对于诉讼标的是同一种类，当事人一方人数众多在起诉时人数尚不确定的，通知权利人在一定期间内向人民法院登记用。

2. 公告期间根据案件的具体情况确定，但不得少于三十日。

【法律依据】

1.《中华人民共和国民事诉讼法》（2017年6月27日）

第五十四条　诉讼标的是同一种类、当事人一方人数众多在起诉时人数尚未确定的，人民法院可以发出公告，说明案件情况和诉讼请求，通知权利人在一定期间向人民法院登记。

向人民法院登记的权利人可以推选代表人进行诉讼；推选不出代表人的，

人民法院可以与参加登记的权利人商定代表人。

代表人的诉讼行为对其所代表的当事人发生效力，但代表人变更、放弃诉讼请求或者承认对方当事人的诉讼请求，进行和解，必须经被代表的当事人同意。

人民法院作出的判决、裁定，对参加登记的全体权利人发生效力。未参加登记的权利人在诉讼时效期间提起诉讼的，适用该判决、裁定。

2.**《最高人民法院关于适用〈中华人民共和国民事诉讼法〉的解释》**（2020年12月29日）

第七十九条 依照民事诉讼法第五十四条规定受理的案件，人民法院可以发出公告，通知权利人向人民法院登记。公告期间根据案件的具体情况确定，但不得少于三十日。

23. 公告（公告开庭用）

××××人民法院
公告

（××××）……民×……号

　　本院定于××××年××月××日……（具体时间）在……（写明开庭地点）公开开庭审理……（写明当事人及案由）一案。
　　特此公告。

××××年××月××日
（院印）

【说　明】

　　1. 本样式根据《中华人民共和国民事诉讼法》第一百三十六条制定，供人民法院公告开庭用。
　　2. 公开审理的，应当公告当事人姓名或名称、案由和开庭的时间、地点。

【法律依据】

《中华人民共和国民事诉讼法》（2017年6月27日）
　　第一百三十六条　人民法院审理民事案件，应当在开庭三日前通知当事人和其他诉讼参与人。公开审理的，应当公告当事人姓名、案由和开庭的时间、地点。

24. 庭前会议笔录（召开庭前会议用）

庭前会议笔录

（××××）……民×……号

时间：××××年××月××日××时××分至××时××分
地点：……
审判人员：……（写明职务和姓名）
书记员：×××
记录如下：
……（写明记录内容）。
（以下无正文）

当事人和其他诉讼参加人（签名或者盖章）
审判人员（签名）
书记员（签名）

【说　明】

1. 本样式根据《中华人民共和国民事诉讼法》第一百三十三条第四项以及《最高人民法院关于适用〈中华人民共和国民事诉讼法〉的解释》第二百二十四条、第二百二十五条制定，供人民法院在答辩期届满后，召开庭前会议记录用。

2. 庭前会议可以包括下列内容：（1）明确原告的诉讼请求和被告的答辩意见；（2）审查处理当事人增加、变更诉讼请求的申请和提出的反诉，以及第三人提出的与本案有关的诉讼请求；（3）根据当事人的申请决定调查收集证据，委托鉴定，要求当事人提供证据，进行勘验，进行证据保全；（4）组织交换证据；（5）归纳争议焦点；（6）进行调解。

【法律依据】

1. 《中华人民共和国民事诉讼法》（2017 年 6 月 27 日）

第一百三十三条　人民法院对受理的案件，分别情形，予以处理：

（一）当事人没有争议，符合督促程序规定条件的，可以转入督促程序；

（二）开庭前可以调解的，采取调解方式及时解决纠纷；

（三）根据案件情况，确定适用简易程序或者普通程序；

（四）需要开庭审理的，通过要求当事人交换证据等方式，明确争议焦点。

2. 《最高人民法院关于适用〈中华人民共和国民事诉讼法〉的解释》（2020 年 12 月 29 日）

第二百二十四条　依照民事诉讼法第一百三十三条第四项规定，人民法院可以在答辩期届满后，通过组织证据交换、召集庭前会议等方式，作好审理前的准备。

第二百二十五条　根据案件具体情况，庭前会议可以包括下列内容：

（一）明确原告的诉讼请求和被告的答辩意见；

（二）审查处理当事人增加、变更诉讼请求的申请和提出的反诉，以及第三人提出的与本案有关的诉讼请求；

（三）根据当事人的申请决定调查收集证据，委托鉴定，要求当事人提供证据，进行勘验，进行证据保全；

（四）组织交换证据；

（五）归纳争议焦点；

（六）进行调解。

25. 法庭笔录（开庭审理用）

法庭笔录

时间：××××年××月××日××时××分至××时××分

地点：××××人民法院第×法庭

案号：（××××）……民×……号

案由：……（写明案由）

审判人员：……（写明职务和姓名）

书记员：×××

（开庭审理前，书记员应当查明当事人和其他诉讼参与人是否到庭，落座后宣布法庭纪律，请审判人员入庭就座）

审判人员：（敲击法槌）现在开庭。首先核对当事人和其他诉讼参加人的基本信息。

原告：×××，……。

被告：×××，……。

第三人：×××，……。

（以上写明当事人和其他诉讼参加人的基本信息，未到庭的括注未到庭，委托诉讼代理人括注代理权限）

审判人员：原告对出庭人员有无异议？

原告：……。

审判人员：被告对出庭人员有无异议？

被告：……。

审判人员：第三人对出庭人员有无异议？

第三人：……。

审判人员：经核对，各方当事人和其他诉讼参加人均符合法律规定，可以参加本案诉讼活动。

××××人民法院依照《中华人民共和国民事诉讼法》第一百三十四条规定，今天依法适用普通程序，公开/不公开开庭审理（××××）……民×……号……（写明当事人及案由）一案。本案由审判员×××、审判员/代理审判员/人民陪审员×××、审判员/代理审判员/人民陪审员×××组成合议庭，由审判员×××担任审判长，由书记员×××担任记录。

告知当事人有关的诉讼权利义务。

审判人员：当事人可以提出回避申请。原告是否申请回避？

原告：……。

审判人员：被告是否申请回避？

被告：……。

审判人员：第三人是否申请回避？

第三人：……。

审判人员：现在进行法庭调查。首先由原告陈述诉讼请求、事实和理由。

原告：诉讼请求：……。

事实与理由：……。

审判人员：现在由被告答辩。

被告：……。

审判人员：现在由第三人陈述。

第三人：……。

审判人员：根据各方当事人的诉讼请求、答辩意见以及证据交换情况，合议庭归纳本案庭审争议焦点如下：一、……；二……；三、……。各方当事人对合议庭归纳的争议焦点是否有异议？

原告：……。

被告：……。

第三人：……。

审判人员：下面围绕本案争议焦点涉及的事实问题展开调查。

问题一：……。

原告：……。

被告：……。

第三人：……。

问题二：……。

原告：……。

被告：……。

第三人：……。

……。

审判人员：现在进行法庭辩论。法庭辩论阶段需要当事人发表法律意见的问题是：一、……；二、……；三、……。首先由原告发言。

原告：……。

审判人员：现在由被告答辩。

被告：……。

审判人员：现在由第三人发言/答辩。

第三人：……。

审判人员：现在由当事人互相辩论。首先由原告发表辩论意见。

原告：……。

审判人员：现在由被告发表辩论意见。

被告：……。

审判人员：现在由第三人发表辩论意见。

第三人：……。

审判人员：法庭辩论终结。现在由当事人最后陈述。首先由原告陈述。

原告：……

审判人员：现在由被告陈述。

被告：……

审判人员：现在由第三人陈述。

第三人：……

审判人员：征询各方当事人的调解意向。原告是否愿意调解？

原告：……。

审判人员：被告是否愿意调解？

被告：……。

审判人员：第三人是否愿意调解？

第三人：……。

审判人员：现在闭庭。（敲击法槌）

原告（签名或者盖章）

被告（签名或者盖章）

第三人（签名或者盖章）

审判人员（签名）

书记员（签名）

（如当庭宣判的，按下列格式：）

审判人员：现在休庭×分钟，由合议庭进行评议。（敲击法槌）

审判人员：（敲击法槌）现在继续开庭。

审判人员：……（写明当事人及案由）一案，合议庭经过审理，并进行了评议。现在当庭宣告裁判内容如下：（敲击法槌）

书记员：全体起立。

审判人员：……（宣告判决主文）。

如不服本判决，可以在判决书送达之日起十五日内，向本院递交上诉状，并按对方当事人或者代表人的人数提出副本，上诉于××××人民法院。

如当事人不当庭要求邮寄发送本裁判文书，应在××××年××月××日到××××处领取裁判文书，否则承担相应后果。

审：现在闭庭。（敲击法槌）

原告（签名或者盖章）

被告（签名或者盖章）

第三人（签名或者盖章）

审判人员（签名）

书记员（签名）

【说　明】

1. 本样式根据《中华人民共和国民事诉讼法》第一百三十四条至第一百四十八条、《最高人民法院关于适用〈中华人民共和国民事诉讼法〉的解释》第二百五十三条制定，供人民法院适用第一审普通程序开庭审理记录用。

2. 书记员应当将法庭审理的全部活动记入笔录。

3. 法庭笔录应当当庭宣读，也可以告知当事人和其他诉讼参与人当庭或者在五日内阅读。当事人和其他诉讼参与人认为对自己的陈述记录有遗漏或者差错的，有权申请补正。如果不予补正，应当将申请记录在案。

4. 法庭笔录由当事人和其他诉讼参与人签名或者盖章。拒绝签名盖章的，记明情况附卷。

5. 法庭笔录由审判人员和书记员签名。

6. 当庭调解达成协议的，使用法庭笔录记明，不另行制作调解笔录。

7. 当庭宣判的，使用法庭笔录记明，不另行制作宣判笔录。

【法律依据】

1.《中华人民共和国民事诉讼法》（2017年6月27日）

第一百三十四条　人民法院审理民事案件，除涉及国家秘密、个人隐私或者法律另有规定的以外，应当公开进行。

离婚案件，涉及商业秘密的案件，当事人申请不公开审理的，可以不公开审理。

第一百三十五条　人民法院审理民事案件，根据需要进行巡回审理，就地办案。

第一百三十六条　人民法院审理民事案件，应当在开庭三日前通知当事人和其他诉讼参与人。公开审理的，应当公告当事人姓名、案由和开庭的时间、地点。

第一百三十七条　开庭审理前，书记员应当查明当事人和其他诉讼参与人是否到庭，宣布法庭纪律。

开庭审理时，由审判长核对当事人，宣布案由，宣布审判人员、书记员名单，告知当事人有关的诉讼权利义务，询问当事人是否提出回避申请。

第一百三十八条　法庭调查按照下列顺序进行：

（一）当事人陈述；

（二）告知证人的权利义务，证人作证，宣读未到庭的证人证言；

（三）出示书证、物证、视听资料和电子数据；

（四）宣读鉴定意见；

（五）宣读勘验笔录。

第一百三十九条　当事人在法庭上可以提出新的证据。

当事人经法庭许可，可以向证人、鉴定人、勘验人发问。

当事人要求重新进行调查、鉴定或者勘验的，是否准许，由人民法院决定。

第一百四十条　原告增加诉讼请求，被告提出反诉，第三人提出与本案有关的诉讼请求，可以合并审理。

第一百四十一条　法庭辩论按照下列顺序进行：

（一）原告及其诉讼代理人发言；

（二）被告及其诉讼代理人答辩；

（三）第三人及其诉讼代理人发言或者答辩；

（四）互相辩论。

法庭辩论终结，由审判长按照原告、被告、第三人的先后顺序征询各方最后意见。

第一百四十二条 法庭辩论终结，应当依法作出判决。判决前能够调解的，还可以进行调解，调解不成的，应当及时判决。

第一百四十三条 原告经传票传唤，无正当理由拒不到庭的，或者未经法庭许可中途退庭的，可以按撤诉处理；被告反诉的，可以缺席判决。

第一百四十四条 被告经传票传唤，无正当理由拒不到庭的，或者未经法庭许可中途退庭的，可以缺席判决。

第一百四十五条 宣判前，原告申请撤诉的，是否准许，由人民法院裁定。

人民法院裁定不准许撤诉的，原告经传票传唤，无正当理由拒不到庭的，可以缺席判决。

第一百四十六条 有下列情形之一的，可以延期开庭审理：

（一）必须到庭的当事人和其他诉讼参与人有正当理由没有到庭的；

（二）当事人临时提出回避申请的；

（三）需要通知新的证人到庭，调取新的证据，重新鉴定、勘验，或者需要补充调查的；

（四）其他应当延期的情形。

第一百四十七条 书记员应当将法庭审理的全部活动记入笔录，由审判人员和书记员签名。

法庭笔录应当当庭宣读，也可以告知当事人和其他诉讼参与人当庭或者在五日内阅读。当事人和其他诉讼参与人认为对自己的陈述记录有遗漏或者差错的，有权申请补正。如果不予补正，应当将申请记录在案。

法庭笔录由当事人和其他诉讼参与人签名或者盖章。拒绝签名盖章的，记明情况附卷。

第一百四十八条 人民法院对公开审理或者不公开审理的案件，一律公开宣告判决。

当庭宣判的，应当在十日内发送判决书；定期宣判的，宣判后立即发给判决书。

宣告判决时，必须告知当事人上诉权利、上诉期限和上诉的法院。

宣告离婚判决，必须告知当事人在判决发生法律效力前不得另行结婚。

2.《最高人民法院关于适用〈中华人民共和国民事诉讼法〉的解释》(2020年12月29日)

第二百五十三条 当庭宣判的案件,除当事人当庭要求邮寄发送裁判文书的外,人民法院应当告知当事人或者诉讼代理人领取裁判文书的时间和地点以及逾期不领取的法律后果。上述情况,应当记入笔录。

26. 合议庭评议笔录（合议庭评议案件用）

合议庭评议笔录

（××××）……民×……号

时间：××××年××月××日××时××分至××时××分

地点：……

合议庭成员：审判长×××、审判员／代理审判员／人民陪审员×××、审判员／代理审判员／人民陪审员×××

书记员：×××

评议（××××）……民×……号……（写明当事人及案由）一案记录如下：

……（记明合议庭评议内容）。

合议庭评议结论：

……。

（以下无正文）

审判人员（签名）

书记员（签名）

【说 明】

1. 本样式根据《中华人民共和国民事诉讼法》第四十二条制定，供人民法院合议庭审理后评议案件记录用。

2. 合议庭评议案件，实行少数服从多数的原则。评议应当制作笔录，由合议庭成员签名。评议中的不同意见，必须如实记入笔录。

【法律依据】

《中华人民共和国民事诉讼法》(2017年6月27日)

第四十二条 合议庭评议案件,实行少数服从多数的原则。评议应当制作笔录,由合议庭成员签名。评议中的不同意见,必须如实记入笔录。

27. 审判委员会讨论案件笔录（审判委员会讨论案件用）

审判委员会讨论案件笔录
（第×次会议）

时间：××××年××月××日××时××分至××时××分

地点：……

会议主持人：×××

出席委员：……

列席人员：……

案件汇报人：×××

讨论××××人民法院（××××）……民×……号……（写明当事人及案由）一案

记录如下：

……（记明审判委员会讨论内容）。

审判委员会讨论结论：

……。

（以下无正文）

审判委员会委员（签名）

记录人（签名）

【说　明】

1. 本样式根据《中华人民共和国人民法院组织法》第十条制定，供人民法院审判委员会讨论重大的或者疑难的民事案件记录用。

2. 提交审判委员会讨论案件，应当有书面报告。审判委员会讨论案件，实行少数服从多数的原则。讨论应当制作笔录，由出席委员签名。评议中的不同意见，必须如实记入笔录。

3. 列席人员，应写明姓名、单位和职务。

【法律依据】

《中华人民共和国人民法院组织法》（2018 年 10 月 26 日）

第三十六条　各级人民法院设审判委员会。审判委员会由院长、副院长和若干资深法官组成，成员应当为单数。

审判委员会会议分为全体会议和专业委员会会议。

中级以上人民法院根据审判工作需要，可以按照审判委员会委员专业和工作分工，召开刑事审判、民事行政审判等专业委员会会议。

第三十七条　审判委员会履行下列职能：

（一）总结审判工作经验；

（二）讨论决定重大、疑难、复杂案件的法律适用；

（三）讨论决定本院已经发生法律效力的判决、裁定、调解书是否应当再审；

（四）讨论决定其他有关审判工作的重大问题。

最高人民法院对属于审判工作中具体应用法律的问题进行解释，应当由审判委员会全体会议讨论通过；发布指导性案例，可以由审判委员会专业委员会会议讨论通过。

第三十八条　审判委员会召开全体会议和专业委员会会议，应当有其组成人员的过半数出席。

审判委员会会议由院长或者院长委托的副院长主持。审判委员会实行民主集中制。

审判委员会举行会议时，同级人民检察院检察长或者检察长委托的副检察长可以列席。

第三十九条　合议庭认为案件需要提交审判委员会讨论决定的，由审判长提出申请，院长批准。

审判委员会讨论案件，合议庭对其汇报的事实负责，审判委员会委员对本人发表的意见和表决负责。审判委员会的决定，合议庭应当执行。

审判委员会讨论案件的决定及其理由应当在裁判文书中公开，法律规定不公开的除外。

28. **宣判笔录**（定期宣告判决用）

宣判笔录

时间：××××年××月××日××时××分至××时××分

地点：××××人民法院第×法庭

旁听人数：×人

审判人员：……（写明职务和姓名）

书记员：×××

到庭的当事人和其他诉讼参加人：

……（写明诉讼地位和姓名）

书记员：全体起立。

审判人员：（××××）……民×……号……（写明当事人及案由）一案，宣告判决如下：

……（写明判决结果）。

如不服本判决，可以在判决书送达之日起十五日内，向本院递交上诉状，并按对方当事人或者代表人的人数提出副本，上诉于××××人民法院。

（判决准予离婚的，写明：）当事人在判决发生法律效力前不得另行结婚。

（以下无正文）

原告（签名或者盖章）

被告（签名或者盖章）

第三人（签名或者盖章）

审判人员（签名）

书记员（签名）

【说　明】

1. 本样式根据《中华人民共和国民事诉讼法》第一百四十七条、第一百四十八条制定，供人民法院定期宣告判决记录用。

2. 宣判笔录应当写明判决结果。

3. 宣告判决时，必须告知当事人上诉权利、上诉期限和上诉的法院。

4. 宣告离婚判决，必须告知当事人在判决发生法律效力前不得另行结婚。

5. 宣判笔录由到庭的当事人和其他诉讼参与人签名或者盖章。拒绝签名盖章的，应记明情况。

6. 参加宣判的审判人员和书记员应在宣判笔录上签名。

7. 定期宣判的，宣判后立即发给判决书。

【法律依据】

《中华人民共和国民事诉讼法》（2017 年 6 月 27 日）

第一百四十七条 书记员应当将法庭审理的全部活动记入笔录，由审判人员和书记员签名。

法庭笔录应当当庭宣读，也可以告知当事人和其他诉讼参与人当庭或者在五日内阅读。当事人和其他诉讼参与人认为对自己的陈述记录有遗漏或者差错的，有权申请补正。如果不予补正，应当将申请记录在案。

法庭笔录由当事人和其他诉讼参与人签名或者盖章。拒绝签名盖章的，记明情况附卷。

第一百四十八条 人民法院对公开审理或者不公开审理的案件，一律公开宣告判决。

当庭宣判的，应当在十日内发送判决书；定期宣判的，宣判后立即发给判决书。

宣告判决时，必须告知当事人上诉权利、上诉期限和上诉的法院。

宣告离婚判决，必须告知当事人在判决发生法律效力前不得另行结婚。

29. 证明书（证明裁判文书生效用）

××××人民法院
证明书

（××××）……民×……号

本院于××××年××月××日作出的（××××）……民×……号……（写明当事人及案由）民事判决/民事裁定/民事调解书已于××××年××月××日生效。

特此证明。

××××年××月××日
（院印）

【说　明】

1. 本样式根据《中华人民共和国民事诉讼法》第一百五十五条以及《最高人民法院关于适用〈中华人民共和国民事诉讼法〉的解释》第五百五十条制定，供作出生效判决书、裁定书、调解书的人民法院根据当事人申请或者外国法院要求，证明判决书、裁定书、调解书的法律效力用。

2. 案号为诉讼案件案号。

3. 出具证明书的情形包括：超过上诉期没有上诉的；当事人在中华人民共和国领域外使用中华人民共和国法院的判决书、裁定书，要求中华人民共和国法院证明其法律效力的；外国法院要求中华人民共和国法院证明判决书、裁定书的法律效力的。

【法律依据】

1.《中华人民共和国民事诉讼法》（2017 年 6 月 27 日）

第一百五十五条　最高人民法院的判决、裁定，以及依法不准上诉或者超过上诉期没有上诉的判决、裁定,是发生法律效力的判决、裁定。

2.《最高人民法院关于适用〈中华人民共和国民事诉讼法〉的解释》(2020年12月29日)

第五百五十条　当事人在中华人民共和国领域外使用中华人民共和国法院的判决书、裁定书,要求中华人民共和国法院证明其法律效力的,或者外国法院要求中华人民共和国法院证明判决书、裁定书的法律效力的,作出判决、裁定的中华人民共和国法院,可以本法院的名义出具证明。

30. 司法建议书（提出书面建议用）

××××人民法院
司法建议书

×××：

　　本院在审理/执行……（写明当事人及案由）中，发现……（写明发现有关单位或者人员存在的重要问题和提出建议的理由）。为此，特建议：

　　……（写明建议的具体事项，内容多的可以分项书写）。

　　以上建议请研究处理，并将处理结果或者反馈意见于××××年××月××日前函告本院。

　　联系人：……（写明姓名、部门、职务）

　　联系电话：……

　　联系地址：……

　　附：相关判决书或裁定书×份及其他材料

××××年××月××日
（院印）

【说　明】

　　1. 本样式根据《中华人民共和国民事诉讼法》第一百一十四条制定，供人民法院在审理和执行过程中发现有关单位或者人员存在重要问题，向该单位或其上级领导机关提出解决问题和改进工作的书面建议用。

　　2. "存在的问题"要书写清楚，"提出建议的理由"要有法律依据，建议的具体事项要明确，切实可行。

　　3. 司法建议书应当附相关的法律文书。

【法律依据】

《中华人民共和国民事诉讼法》(2017 年 6 月 27 日)

第一百一十四条 有义务协助调查、执行的单位有下列行为之一的,人民法院除责令其履行协助义务外,并可以予以罚款:

(一)有关单位拒绝或者妨碍人民法院调查取证的;

(二)有关单位接到人民法院协助执行通知书后,拒不协助查询、扣押、冻结、划拨、变价财产的;

(三)有关单位接到人民法院协助执行通知书后,拒不协助扣留被执行人的收入、办理有关财产权证照转移手续、转交有关票证、证照或者其他财产的;

(四)其他拒绝协助执行的。

人民法院对有前款规定的行为之一的单位,可以对其主要负责人或者直接责任人员予以罚款;对仍不履行协助义务的,可以予以拘留;并可以向监察机关或者有关机关提出予以纪律处分的司法建议。

31. 委托函（委托送达用）

××××人民法院
委托函

（××××）……号

××××人民法院（写明受委托人民法院名称）：

  我院受理……（写明当事人及案由）一案，现委托你院送达有关诉讼文书。随函寄去××书×份、送达回证×份，请在收到后十日内代为向×××送达，并将送达回证尽快寄回我院。

  联系人：……（写明姓名、部门、职务）

  联系电话：……

  联系地址：……

××××年××月××日
（院印）

【说 明】

  1. 本样式根据《中华人民共和国民事诉讼法》第八十八条以及《最高人民法院关于适用〈中华人民共和国民事诉讼法〉的解释》第一百三十四条制定，供人民法院直接送达诉讼文书有困难的，委托其他人民法院代为送达用。

  2. 委托其他人民法院代为送达的，委托法院应当出具委托函，并附需要送达的诉讼文书和送达回证，以受送达人在送达回证上签收的日期为送达日期。委托送达的，受委托人民法院应当自收到委托函及相关诉讼文书之日起十日内代为送达。

【法律依据】

1.《中华人民共和国民事诉讼法》（2017年6月27日）

第八十八条 直接送达诉讼文书有困难的，可以委托其他人民法院代为送达，或者邮寄送达。邮寄送达的，以回执上注明的收件日期为送达日期。

2.《最高人民法院关于适用〈中华人民共和国民事诉讼法〉的解释》（2020年12月29日）

第一百三十四条 依照民事诉讼法第八十八条规定，委托其他人民法院代为送达的，委托法院应当出具委托函，并附需要送达的诉讼文书和送达回证，以受送达人在送达回证上签收的日期为送达日期。

委托送达的，受委托人民法院应当自收到委托函及相关诉讼文书之日起十日内代为送达。

32. 委托宣判函（委托宣判用）

××××人民法院
委托宣判函

（××××）……民×……号

××××人民法院（写明受委托人民法院名称）：

　　我院受理……（写明当事人及案由）一案，现已审理终结。随函寄去本院（××××）……民×……号……书×份、送达回证×份，请于收到后十日内代为宣判和送达，并将宣判笔录和送达回证尽快寄回我院。因故不能完成的，请在上述期限内函告我院。

　　联系人：……（写明姓名、部门、职务）

　　联系电话：……

　　联系地址：……

××××年××月××日
（院印）

【说　明】

　　1. 本样式根据《中华人民共和国民事诉讼法》第八十八条以及《最高人民法院关于适用〈中华人民共和国民事诉讼法〉的解释》第一百三十四条制定，供人民法院在必要时，委托其他人民法院宣判用。

　　2. 委托其他人民法院代为宣判的，委托法院应当出具委托函，并附需要送达的裁判文书、宣判笔录和送达回证，以受送达人在送达回证上签收的日期为送达日期。委托宣判的，受委托人民法院应当自收到委托函及相关诉讼文书之日起十日内代为宣判。

【法律依据】

1. 《中华人民共和国民事诉讼法》（2017 年 6 月 27 日）

第八十八条 直接送达诉讼文书有困难的，可以委托其他人民法院代为送达，或者邮寄送达。邮寄送达的，以回执上注明的收件日期为送达日期。

2. 《最高人民法院关于适用〈中华人民共和国民事诉讼法〉的解释》（2020 年 12 月 29 日）

第一百三十四条 依照民事诉讼法第八十八条规定，委托其他人民法院代为送达的，委托法院应当出具委托函，并附需要送达的诉讼文书和送达回证，以受送达人在送达回证上签收的日期为送达日期。

委托送达的，受委托人民法院应当自收到委托函及相关诉讼文书之日起十日内代为送达。

33. 代办事毕复函（答复委托人民法院用）

××××人民法院
代办事毕复函

（××××）……民他……号

××××人民法院（写明委托人民法院名称）：

你院××××年××月××日（××××）……号及附件收悉。现将你院委托事项的办理情况和结果，函复如下：

……（写明办理委托事项的有关情况和结果）。

联系人：……（写明姓名、部门、职务）

联系电话：……

联系地址：……

附件：……

××××年××月××日
（院印）

【说　明】

1. 本样式根据《中华人民共和国民事诉讼法》第一百三十一条第三款制定，供受委托人民法院在代办委托送达、委托调查、委托宣判等代办事毕后，函告委托人民法院用。

2. 受委托人民法院收到委托书后，应当在法定期限内完成代办事项。因故不能完成的，应当在法定期限内函告委托人民法院。

【法律依据】

《中华人民共和国民事诉讼法》（2017年6月27日）

第一百三十一条第三款　受委托人民法院收到委托书后，应当在三十日内完成调查。因故不能完成的，应当在上述期限内函告委托人民法院。

34. 调卷函（向其他人民法院调阅案卷用）

× × × ×人民法院
调卷函

（× × × ×）……号

× × × ×人民法院（写明其他人民法院名称）：

　　你院（× × × ×）……民×……号……（写明当事人及案由）一案，现因……（写明调阅案卷原因），请将该案的全部案卷材料检送我院。

　　联系人：……（写明姓名、部门、职务）

　　联系电话：……

　　联系地址：……

　　附：需调取卷宗的案件案号：× × × ×人民法院（× × × ×）……民×……号

× × × ×年× ×月× ×日
（院印）

【说　明】

　　1. 本样式根据《人民法院诉讼档案管理办法》第十三条、第十四条制定，供人民法院向其他人民法院调阅案卷材料用。

　　2. 应当写明需要调取卷宗的案件案号。

【法律依据】

《人民法院诉讼档案管理办法》（1984年1月4日）

第十三条　本院审判庭的案件承办人因办案需要，可以调借本单位归档的档案，有明文规定须经领导批准者除外。非归档单位因工作需要调阅诉讼档案，要有一定的批准手续。

第十四条 上级人民法院和同级公安、检察机关调借案件档案，应根据正式调卷函件，经主管领导批准后办理借出手续，并规定调借期限。其他外单位调借时原则上一律不借出，因特殊情况必须借出的，应经院领导批准。借出时，要点交清楚，取得正式收据并限期归还。

调借的档案，不得转借其他单位或其他人员使用。

35. 送卷函（向调卷人民法院移送案卷用）

××××人民法院
送卷函

（××××）……号

××××人民法院（写明调卷人民法院名称）：

你院（××××）……号调卷函收到。现检送我院（××××）……民×……号……（写明当事人及案由）一案的全部案卷材料，请查收。

联系人：……（写明姓名、部门、职务）

联系电话：……

联系地址：……

附：卷宗合计×册
1. ××××人民法院（××××）……民×……号案件卷宗正卷×册
2. ××××人民法院（××××）……民×……号案件卷宗副卷×册

××××年××月××日
（院印）

【说　明】

1. 本样式根据《人民法院诉讼档案管理办法》第十三条、第十四条制定，供人民法院在收到调卷函后，向调卷人民法院移送案卷用。

2. 附件应当写明卷宗的案号和册数。

【法律依据】

《人民法院诉讼档案管理办法》（1984年1月4日）

第十三条　本院审判庭的案件承办人因办案需要，可以调借本单位归档的档案，有明文规定须经领导批准者除外。非归档单位因工作需要调阅诉讼档案，要有一定的批准手续。

第十四条 上级人民法院和同级公安、检察机关调借案件档案，应根据正式调卷函件，经主管领导批准后办理借出手续，并规定调借期限。其他外单位调借时原则上一律不借出，因特殊情况必须借出的，应经院领导批准。借出时，要点交清楚，取得正式收据并限期归还。

调借的档案，不得转借其他单位或其他人员使用。

36. 退卷函（向送卷人民法院退还案卷用）

××××人民法院
退卷函

（××××）……号

××××人民法院（写明送卷人民法院名称）：

现将你院（××××）……民×……号……（写明当事人及案由）一案的全部案卷材料退还，请查收。

联系人：……（写明姓名、部门、职务）

联系电话：……

联系地址：……

附：卷宗合计×册

1. ××××人民法院（××××）……民×……号案件卷宗正卷×册
2. ××××人民法院（××××）……民×……号案件卷宗副卷×册

××××年××月××日
（院印）

【说　明】

1. 本样式根据《人民法院诉讼档案管理办法》第十七条制定，供调卷人民法院向送卷人民法院退还案卷材料用。

2. 附件应当写明卷宗的案号和册数。

【法律依据】

《人民法院诉讼档案管理办法》(1984年1月4日)

第十七条 调阅或借出的诉讼档案要按时催还。还回时如发现案卷被拆、文件材料短缺、涂改、增删、污损等情况,应报告领导并及时追查。

十一、简易程序[①]

1. 民事判决书（当事人对案件事实有争议的用）

××××人民法院
民事判决书

（××××）……民初……号

原告：×××，男/女，××××年×月×日出生，×族，……（工作单位和职务或者职业），住……。

法定代理人/指定代理人/法定代表人/主要负责人：×××，……。

委托诉讼代理人：×××，……。

被告：×××，……。

法定代理人/指定代理人/法定代表人/主要负责人：×××，……。

委托诉讼代理人：×××，……。

（以上写明当事人和其他诉讼参加人的姓名或者名称等基本信息）

原告×××与被告×××……（写明案由）一案，本院于××××年××月××日立案后，依法适用简易程序，公开/因涉及……（写明不公开开庭的理由）不公开开庭进行了审理。原告×××、被告×××（写明当事人和其他诉讼参加人的诉讼地位和姓名或者名称）到庭参加诉讼。本案现已审理终结。

×××向本院提出诉讼请求：1.……；2.……（明确原告的诉讼请求）。事实和理由：……（概述原告主张的事实和理由）。

[①] 最高人民法院于 2020 年 9 月 30 日发布《民事诉讼程序繁简分流改革试点相关诉讼文书样式》，新增"5. 民事裁定书（简易程序转为小额诉讼程序用）""6. 民事裁定书（简易程序转为普通程序独任审理用）"样式。

×××辩称，……（概述被告答辩意见）。

本院经审理认定事实如下：对于当事人双方没有争议的事实，本院予以确认。……（概述当事人有争议的事实的质证和认定情况）。

本院认为，被告承认原告的诉讼请求部分，不违反法律规定，本院予以支持。……（对当事人诉讼请求进行简要评判）。

综上所述，……（写明对当事人的诉讼请求是否支持进行评述）。依照《中华人民共和国……法》第×条、……（写明法律文件名称及其条款项序号）规定，判决如下：

……（写明判决结果）。

如果未按本判决指定的期间履行给付金钱义务，应当依照《中华人民共和国民事诉讼法》第二百五十三条规定，加倍支付迟延履行期间的债务利息（没有给付金钱义务的，不写）。

案件受理费……元，由……负担（写明当事人姓名或者名称、负担金额）。

如不服本判决，可以在判决书送达之日起十五日内，向本院递交上诉状，并按对方当事人的人数提出副本，上诉于××××人民法院。

审　判　员　×××
×××年××月××日
（院印）
书　记　员　×××

【说　明】

1. 本样式根据《中华人民共和国民事诉讼法》第一百五十二条、第一百五十七条、第一百六十条制定，供基层人民法院适用简易程序开庭审理民事案件终结后，对于当事人对案件事实争议较大的作出判决用。

2. 案号类型代字为"民初"。

3. 不公开审理的，写明不公开审理的理由，例："因涉及国家秘密"或者"因涉及个人隐私"或者"因涉及商业秘密，×××申请"或者"因涉及离婚，×××申请"。

诉讼参加人均到庭参加诉讼的，可以合并写明，例："本案当事人和委托诉讼代理人均到庭参加诉讼。"

4. 单方负担案件受理费的，写明："案件受理费……元，减半收取计……元，由×××负担。"分别负担案件受理费的，写明："案件受理费……元，减半收取计……元，由×××负担……元，×××负担……元。"

5. 落款中的署名为"审判员"或者"代理审判员"。

【法律依据】

《中华人民共和国民事诉讼法》（2017年6月27日）

第一百五十二条 判决书应当写明判决结果和作出该判决的理由。判决书内容包括：

（一）案由、诉讼请求、争议的事实和理由；

（二）判决认定的事实和理由、适用的法律和理由；

（三）判决结果和诉讼费用的负担；

（四）上诉期间和上诉的法院。

判决书由审判人员、书记员署名，加盖人民法院印章。

第一百五十七条 基层人民法院和它派出的法庭审理事实清楚、权利义务关系明确、争议不大的简单的民事案件，适用本章规定。

基层人民法院和它派出的法庭审理前款规定以外的民事案件，当事人双方也可以约定适用简易程序。

第一百六十条 简单的民事案件由审判员一人独任审理，并不受本法第一百三十六条、第一百三十八条、第一百四十一条规定的限制。

2. 民事判决书（当事人对案件事实没有争议的用）

××××人民法院
民事判决书

（××××）……民初……号

原告：×××，……。

……

被告：×××，……。

……

（以上写明当事人和其他诉讼参加人的姓名或者名称等基本信息）

原告×××与被告×××……（写明案由）一案，本院于××××年××月××日立案后，依法适用简易程序，公开/因涉及……（写明不公开开庭的理由）不公开开庭进行了审理。原告×××、被告×××（写明当事人和其他诉讼参加人的诉讼地位和姓名或者名称）到庭参加诉讼。本案现已审理终结。

×××向本院提出诉讼请求：1.……；2.……（明确原告的诉讼请求）。事实和理由：……（概述原告主张的事实和理由）。

×××承认原告在本案中所主张的事实，但认为，……（概述被告对法律适用、责任承担的意见）。

本院认为，×××承认×××在本案中主张的事实，故对×××主张的事实予以确认。……（对当事人诉讼请求进行简要评判）。

依照《中华人民共和国……法》第×条、……（写明法律文件名称及其条款项序号）规定，判决如下：

……（写明判决结果）。

如果未按本判决指定的期间履行给付金钱义务，应当依照《中华人民共和国民事诉讼法》第二百五十三条规定，加倍支付迟延履行期间的债务利息（没有给付金钱义务的，不写）。

案件受理费……元，减半收取计……元，由……负担（写明当事人姓名或者名称、负担金额）。

如不服本判决，可以在判决书送达之日起十五日内，向本院递交上诉状，并按对方当事人的人数提出副本，上诉于××××人民法院。

审　判　员　×××

××××年××月××日

（院印）

书　记　员　×××

【说　明】

1. 本样式根据《中华人民共和国民事诉讼法》第一百五十二条、第一百五十七条、第一百六十条以及《最高人民法院关于适用〈中华人民共和国民事诉讼法〉的解释》第二百七十条制定，供基层人民法院适用简易程序开庭审理民事案件终结后，对于当事人对案件事实没有争议的作出判决用。

2. 适用简易程序审理的案件，有下列情形之一的，判决书对认定事实或者裁判理由部分可以适当简化：一方当事人明确表示承认对方全部或者部分诉讼请求的；涉及商业秘密、个人隐私的案件，当事人一方要求简化裁判文书中的相关内容，人民法院认为理由正当的；当事人双方同意简化的。

3. 单方负担案件受理费的，写明："案件受理费……元，减半收取计……元，由×××负担。"分别负担案件受理费的，写明："案件受理费……元，减半收取计……元，由×××负担……元，×××负担……元。"

【法律依据】

1.《中华人民共和国民事诉讼法》（2017年6月27日）

第一百五十二条　判决书应当写明判决结果和作出该判决的理由。判决书内容包括：

（一）案由、诉讼请求、争议的事实和理由；

（二）判决认定的事实和理由、适用的法律和理由；

（三）判决结果和诉讼费用的负担；

（四）上诉期间和上诉的法院。

判决书由审判人员、书记员署名，加盖人民法院印章。

第一百五十七条 基层人民法院和它派出的法庭审理事实清楚、权利义务关系明确、争议不大的简单的民事案件，适用本章规定。

基层人民法院和它派出的法庭审理前款规定以外的民事案件，当事人双方也可以约定适用简易程序。

第一百六十条 简单的民事案件由审判员一人独任审理，并不受本法第一百三十六条、第一百三十八条、第一百四十一条规定的限制。

2.《最高人民法院关于适用〈中华人民共和国民事诉讼法〉的解释》（2020年12月29日）

第二百七十条 适用简易程序审理的案件，有下列情形之一的，人民法院在制作判决书、裁定书、调解书时，对认定事实或者裁判理由部分可以适当简化：

（一）当事人达成调解协议并需要制作民事调解书的；

（二）一方当事人明确表示承认对方全部或者部分诉讼请求的；

（三）涉及商业秘密、个人隐私的案件，当事人一方要求简化裁判文书中的相关内容，人民法院认为理由正当的；

（四）当事人双方同意简化的。

3. 民事判决书（被告承认原告全部诉讼请求的用）

××××人民法院
民事判决书

（××××）……民初……号

原告：×××，……。
……
被告：×××，……。
……

（以上写明当事人和其他诉讼参加人的姓名或者名称等基本信息）

原告×××与被告×××……（写明案由）一案，本院于××××年××月××日立案后，依法适用简易程序，公开/因涉及……（写明不公开开庭的理由）不公开开庭进行了审理。原告×××、被告×××（写明当事人和其他诉讼参加人的诉讼地位和姓名或者名称）到庭参加诉讼。本案现已审理终结。

×××向本院提出诉讼请求：1.……；2.……（明确原告的诉讼请求）。事实和理由：……（概述原告主张的事实和理由）。

×××承认×××提出的全部诉讼请求。

本院认为，当事人有权在法律规定的范围内处分自己的民事权利和诉讼权利。被告承认原告的诉讼请求，不违反法律规定。

依照《中华人民共和国民事诉讼法》第十三条第二款规定，判决如下：

……（写明判决结果）。

如果未按本判决指定的期间履行给付金钱义务，应当依照《中华人民共和国民事诉讼法》第二百五十三条规定，加倍支付迟延履行期间的债务利息（没有给付金钱义务的，不写）。

案件受理费……元，减半收取计……元，由……负担（写明当事人姓名或者名称、负担金额）。

如不服本判决，可以在判决书送达之日起十五日内，向本院递交上诉状，并按对方当事人的人数提出副本，上诉于××××人民法院。

审 判 员　×××
××××年××月××日
（院印）
书 记 员　×××

【说　明】

1. 本样式根据《中华人民共和国民事诉讼法》第一百五十二条、第一百五十七条、第一百六十条以及《最高人民法院关于适用〈中华人民共和国民事诉讼法〉的解释》第二百七十条制定，供基层人民法院适用简易程序开庭审理民事案件终结后，对于被告承认原告全部诉讼请求的作出判决用。

2. 适用简易程序审理的案件，有下列情形之一的，判决书对认定事实或者裁判理由部分可以适当简化：一方当事人明确表示承认对方全部或者部分诉讼请求的；涉及商业秘密、个人隐私的案件，当事人一方要求简化裁判文书中的相关内容，人民法院认为理由正当的；当事人双方同意简化的。

【法律依据】

1. 《中华人民共和国民事诉讼法》（2017年6月27日）

第一百五十二条　判决书应当写明判决结果和作出该判决的理由。判决书内容包括：

（一）案由、诉讼请求、争议的事实和理由；

（二）判决认定的事实和理由、适用的法律和理由；

（三）判决结果和诉讼费用的负担；

（四）上诉期间和上诉的法院。

判决书由审判人员、书记员署名，加盖人民法院印章。

第一百五十七条　基层人民法院和它派出的法庭审理事实清楚、权利义务关系明确、争议不大的简单的民事案件，适用本章规定。

基层人民法院和它派出的法庭审理前款规定以外的民事案件，当事人双方也可以约定适用简易程序。

第一百六十条　简单的民事案件由审判员一人独任审理，并不受本法第一百三十六条、第一百三十八条、第一百四十一条规定的限制。

2. 《最高人民法院关于适用〈中华人民共和国民事诉讼法〉的解释》（2020年12月29日）

第二百七十条 适用简易程序审理的案件，有下列情形之一的，人民法院在制作判决书、裁定书、调解书时，对认定事实或者裁判理由部分可以适当简化：

（一）当事人达成调解协议并需要制作民事调解书的；

（二）一方当事人明确表示承认对方全部或者部分诉讼请求的；

（三）涉及商业秘密、个人隐私的案件，当事人一方要求简化裁判文书中的相关内容，人民法院认为理由正当的；

（四）当事人双方同意简化的。

4. 民事裁定书（简易程序转为普通程序用）

××××人民法院
民事裁定书

（××××）……民初……号

原告：×××，……。
……
被告：×××，……。
……

（以上写明当事人和其他诉讼参加人的姓名或者名称等基本信息）

原告×××与被告×××……（写明案由）一案，本院于××××年××月××日立案后，依法适用简易程序。

××××年××月××日，×××提出异议认为，……（概述不宜适用简易程序的事实和理由），本案不宜适用简易程序。（法院依职权发现不宜适用简易程序的，不写）

本院经审查认为，……（写明不宜适用简易程序的情形），本案不宜适用简易程序。

依照《中华人民共和国民事诉讼法》第一百六十三条规定，裁定如下：

本案转为普通程序。

审　判　长　×××
审　判　员　×××
审　判　员　×××
××××年××月××日
（院印）
书　记　员　×××

【说　明】

1. 本样式根据《中华人民共和国民事诉讼法》第一百六十三条以及《最高人民法院关于适用〈中华人民共和国民事诉讼法〉的解释》第二百五十七条、第二百五十八条、第二百六十九条制定，供基层人民法院在适用简易程序审理过程中发现案件不宜适用简易程序后，裁定转为普通程序用。

2. 下列案件，不适用简易程序：(1) 起诉时被告下落不明的；(2) 发回重审的；(3) 当事人一方人数众多的；(4) 适用审判监督程序的；(5) 涉及国家利益、社会公共利益的；(6) 第三人起诉请求改变或者撤销生效判决、裁定、调解书的；(7) 其他不宜适用简易程序的案件。

3. 人民法院发现案情复杂，依职权转为普通程序的，可以同时引用《最高人民法院关于适用〈中华人民共和国民事诉讼法〉的解释》第二百五十七条、第二百五十八条；当事人就案件适用简易程序提出异议，人民法院经审查异议成立转为普通程序的，可以同时引用《最高人民法院关于适用〈中华人民共和国民事诉讼法〉的解释》第二百五十七条、第二百六十九条。

4. 人民法院发现案情复杂，需要转为普通程序审理的，应当在审理期限届满前作出裁定。

5. 落款中的审判组织为转为普通程序后的合议庭组成人员。送达本裁定书后，不需要向当事人另行送达确定合议庭组成人员通知书或者变更合议庭组成人员通知书。

6. 简易程序中的小额诉讼程序转为普通程序的，适用本样式。

【法律依据】

1. 《中华人民共和国民事诉讼法》（2017 年 6 月 27 日）

第一百六十三条　人民法院在审理过程中，发现案件不宜适用简易程序的，裁定转为普通程序。

2. 《最高人民法院关于适用〈中华人民共和国民事诉讼法〉的解释》（2020 年 12 月 29 日）

第二百五十七条　下列案件，不适用简易程序：

（一）起诉时被告下落不明的；

（二）发回重审的；

（三）当事人一方人数众多的；

（四）适用审判监督程序的；

（五）涉及国家利益、社会公共利益的；

（六）第三人起诉请求改变或者撤销生效判决、裁定、调解书的；

（七）其他不宜适用简易程序的案件。

第二百五十八条 适用简易程序审理的案件，审理期限到期后，双方当事人同意继续适用简易程序的，由本院院长批准，可以延长审理期限。延长后的审理期限累计不得超过六个月。

人民法院发现案情复杂，需要转为普通程序审理的，应当在审理期限届满前作出裁定并将合议庭组成人员及相关事项书面通知双方当事人。

案件转为普通程序审理的，审理期限自人民法院立案之日计算。

第二百六十九条 当事人就案件适用简易程序提出异议，人民法院经审查，异议成立的，裁定转为普通程序；异议不成立的，口头告知当事人，并记入笔录。

转为普通程序的，人民法院应当将合议庭组成人员及相关事项以书面形式通知双方当事人。

转为普通程序前，双方当事人已确认的事实，可以不再进行举证、质证。

十二、简易程序中的小额诉讼①

1. **民事判决书**（小额诉讼程序令状式判决用）②

××××人民法院
民事判决书

（××××）……民初……号

原告：×××，男/女，××××年××月××日出生，×族，……（工作单位和职务或者职业），住……。

法定代理人/指定代理人/法定代表人/主要负责人：×××，……。

委托诉讼代理人：×××，……。

被告：×××，……。

法定代理人/指定代理人/法定代表人/主要负责人：×××，……。

委托诉讼代理人：×××，……。

（以上写明当事人和其他诉讼参加人的姓名或者名称等基本信息）

……（写明当事人及案由）一案，本院于××××年××月××日立案后，依法适用简易程序，公开/因涉及……（写明不公开开庭的理由）不公开开庭进行了审理。原告×××、被告×××（写明当事人和其他诉讼参加人

---

① 最高人民法院于2020年9月30日发布《民事诉讼程序繁简分流改革试点相关诉讼文书样式》，新增"1. 民事裁定书（小额诉讼程序转为简易程序用）""2. 民事裁定书（小额诉讼程序转为普通程序独任审理用）""3. 民事裁定书（小额诉讼程序转为普通程序合议庭审理用）""9. 民事判决书（小额诉讼程序简式裁判文书用）"样式。

② 最高人民法院于2020年9月30日发布《民事诉讼程序繁简分流改革试点相关诉讼文书样式》，"9. 民事判决书（小额诉讼程序简式裁判文书用）"样式的【说明】规定，适用本令状式判决书格式时，需在首部中的"案件由来和审理经过"部分添加"根据《全国人民代表大会长常务委员会关于授权最高人民法院在部分地区开展民事诉讼程序繁简分流改革试点工作的决定》，依法适用小额诉讼程序"。

的诉讼地位和姓名或者名称）到庭参加诉讼。本案现已审理终结。

×××向本院提出诉讼请求：1.……；2.……（明确原告的诉讼请求）。事实和理由：……（概述原告主张的事实和理由，可以非常简略）。

×××辩称，……（概述被告答辩意见，可以非常简略）。

本院认为，……（结合查明的案件事实，对诉讼请求作出评判）。

依照《中华人民共和国……法》第×条、……（写明法律文件名称及其条款项序号）、《中华人民共和国民事诉讼法》第一百六十二条规定，判决如下：

……（写明判决结果）。

如果未按本判决指定的期间履行给付金钱义务，应当依照《中华人民共和国民事诉讼法》第二百五十三条规定，加倍支付迟延履行期间的债务利息（没有给付金钱义务的，不写）。

案件受理费……元，由……负担（写明当事人姓名或者名称、负担金额）。

本判决为终审判决。

审　判　员　×××

××××年××月××日

（院印）

书　记　员　×××

【说　明】

1. 本样式根据《中华人民共和国民事诉讼法》第一百六十二条以及《最高人民法院关于适用〈中华人民共和国民事诉讼法〉的解释》第二百八十二条制定，供基层人民法院适用简易程序中的小额诉讼程序开庭审理民事案件终结后，采用令状式判决用。

2. 令状式判决可以简化，主要记载当事人基本信息、诉讼请求、判决主文等内容。

3. 适用小额诉讼程序审理的民事案件实行一审终审。

【法律依据】

1.《中华人民共和国民事诉讼法》(2017年6月27日)

第一百六十二条 基层人民法院和它派出的法庭审理符合本法第一百五十七条第一款规定的简单的民事案件,标的额为各省、自治区、直辖市上年度就业人员年平均工资百分之三十以下的,实行一审终审。

2.《最高人民法院关于适用〈中华人民共和国民事诉讼法〉的解释》(2020年12月29日)

第二百八十二条 小额诉讼案件的裁判文书可以简化,主要记载当事人基本信息、诉讼请求、裁判主文等内容。

2. 民事判决书（被告对原告所主张的事实和诉讼请求无异议的小额诉讼程序表格式判决用）①

<table>
<tr><td colspan="2" align="center">××××人民法院
民事判决书</td></tr>
<tr><td colspan="2" align="right">（××××）……民初……号</td></tr>
<tr><td>原告</td><td>写明当事人基本信息</td></tr>
<tr><td>被告</td><td>写明当事人基本信息</td></tr>
<tr><td>案由</td><td align="center">……纠纷</td></tr>
<tr><td>诉讼请求</td><td align="center">1.……；2.……</td></tr>
<tr><td colspan="2">
　　本院于××××年××月××日对本案适用小额诉讼程序公开/不公开开庭（写明不公开开庭的理由）进行了审理。本案现已审理终结。
　　依照《中华人民共和国……法》第×条、……（写明法律文件名称及其项序号）、《中华人民共和国民事诉讼法》第一百六十二条规定，判决如下：
　　……（写明判决结果）。
　　如果未按本判决指定的期间履行给付金钱义务，应当依照《中华人民共和国民事诉讼法》第二百五十三条规定，加倍支付迟延履行期间的债务利息（没有给付金钱义务的，不写）。
　　案件受理费……元，由……负担（写明当事人姓名或者名称、负担金额）。
　　本判决为终审判决。

审　判　员　×××
××××年××月××日
（院印）
书　记　员　×××
</td></tr>
</table>

---

① 最高人民法院于 2020 年 9 月 30 日发布《民事诉讼程序繁简分流改革试点相关诉讼文书样式》，"9. 民事判决书（小额诉讼程序简式裁判文书用）"样式的【说明】规定，适用本表格式判决书格式时，需在首部中的"案件由来和审理经过"部分添加"根据《全国人民代表大会常务委员会关于授权最高人民法院在部分地区开展民事诉讼程序繁简分流改革试点工作的决定》，依法适用小额诉讼程序"。

【说　明】

1. 本样式根据《中华人民共和国民事诉讼法》第一百六十二条以及《最高人民法院关于适用〈中华人民共和国民事诉讼法〉的解释》第二百八十二条制定，供基层人民法院适用简易程序中的小额诉讼程序开庭审理民事案件终结后，采用表格式判决用。

2. 表格式判决主要记载当事人基本信息、诉讼请求、判决主文等内容。

3. 适用小额诉讼程序审理的民事案件实行一审终审。

【法律依据】

1.《中华人民共和国民事诉讼法》（2017年6月27日）

第一百六十二条　基层人民法院和它派出的法庭审理符合本法第一百五十七条第一款规定的简单的民事案件，标的额为各省、自治区、直辖市上年度就业人员年平均工资百分之三十以下的，实行一审终审。

2.《最高人民法院关于适用〈中华人民共和国民事诉讼法〉的解释》（2020年12月29日）

第二百八十二条　小额诉讼案件的裁判文书可以简化，主要记载当事人基本信息、诉讼请求、裁判主文等内容。

3. 民事判决书（简易程序和小额诉讼程序要素式判决用，以劳动争议为例）[①]

××××人民法院
民事判决书

（××××）……民初……号

原告：×××，……。

……

被告：×××，……。

……

（以上写明当事人和其他诉讼参加人的姓名或者名称等基本信息）

……（写明当事人及案由）一案，本院于××××年××月××日立案后，依法适用小额诉讼程序，公开/因涉及……（写明不公开开庭的理由）不公开开庭进行了审理。原告×××、被告×××（写明当事人和其他诉讼参加人的诉讼地位和姓名或者名称）到庭参加诉讼。本案现已审理终结。本案查明的事实如下：

一、入职时间：＿＿＿＿年＿＿月＿＿日。

二、签订书面劳动合同时间：＿＿＿＿年＿＿月＿＿日（未签的写"未签订"，如有签订多份的，请逐份载明）。

三、合同期满时间：＿＿＿＿年＿＿月＿＿日。

四、劳动者工作岗位：＿＿＿＿＿＿（如合同约定与实际工作岗位不一致的，分别列出合同约定岗位和实际工作岗位）。

五、合同约定的工时制度、每月工资数及工资构成：＿＿＿＿＿＿＿＿＿＿＿＿＿＿＿＿＿＿＿＿＿＿＿＿＿＿＿＿＿＿＿＿＿＿＿＿。

[①] 最高人民法院于2020年9月30日发布《民事诉讼程序繁简分流改革试点相关诉讼文书样式》，"9. 民事判决书（小额诉讼程序简式裁判文书用）"样式的【说明】规定，适用本要素式判决书格式时，需在首部中的"案件由来和审理经过"部分添加"根据《全国人民代表大会常务委员会关于授权最高人民法院在部分地区开展民事诉讼程序繁简分流改革试点工作的决定》，依法适用小额诉讼程序"。

原告主张及证据：_____。

被告抗辩意见及证据：_____。

法院认定及理由：_____。

六、劳动者实际实行的工时制度、领取的每月工资数及工资构成：_____
_____。

七、参加社会保险的时间和险种：_____；申请社会保险待遇：
_____。

八、发生工伤时间：_____年___月___日；死亡时间：_____年___
月___日；工伤认定情况：_____。

九、住院起止时间：_____年___月___日至_____年___月___日。

十、工伤各项费用：医疗费数额：_____；假肢安装费数额：
_____；伙食补助费数额：_____；交通费数额：
_____；丧葬费：_____（可视实际情况增加）。

十一、伤残等级鉴定时间：_____年___月___日；鉴定结果：_____
_____。

十二、受伤后至劳动能力鉴定前工资发放情况：_____。

十三、×××上年度职工月平均工资：_____；同期最低工资标
准：_____。

十四、用人单位需支付的保险待遇种类及金额：_____。

十五、加班时间：正常工作日加班时间____小时、法定休息日加班时间
____小时、法定节假日加班时间____小时。

十六、加班工资计算基数：_____。

十七、应发工资金额：_____，计算期间：_____，工资构成：_____，
加班工资的计算方法：_____。

十八、实发工资金额：_____，计算期间：_____，工资构成：_____，
加班工资的计算方法：_____。

十九、欠发工资及加班工资数额：_____。

二十、解除或终止劳动关系前十二个月劳动者的月平均工资数
额：_____。

二十一、劳动者的工作年限：_____。

二十二、解除或终止劳动关系的原因：_____。

二十三、解除或终止劳动关系的时间：_____年___月___日。

二十四、解除或终止劳动关系经济补偿金或赔偿金数额：_____。

二十五、应休年休假：_____日，实休年休假：_____日。

二十六、扣除加班工资后的本人工资数额：_____。

二十七、未休年休假工资：_____。

二十八、未签订书面劳动合同的二倍工资：_____。

二十九、双方发生劳动争议的时间：_____年___月___日。

三十、申请仲裁时间：_____年___月___日。

三十一、仲裁请求：_____。

三十二、仲裁结果：_____。

三十三、需要说明的其他事项：_____（包括先予执行、诉讼保全、鉴定等需要说明的问题）。

三十四、原告的诉讼请求：_____。

以上事项中，双方有争议的事项为第×项、第×项，其他事项双方无争议。

依照《中华人民共和国……法》第×条、……（写明法律文件名称及其条款项序号）、《中华人民共和国民事诉讼法》第一百六十二条规定，判决如下：

……（写明判决结果）。

如果未按本判决指定的期间履行给付金钱义务，应当依照《中华人民共和国民事诉讼法》第二百五十三条规定，加倍支付迟延履行期间的债务利息（没有给付金钱义务的，不写）。

案件受理费……元，由……负担（写明当事人姓名或者名称、负担金额）。

本判决为终审判决。

审　判　员　×××

××××年××月××日

(院印)

书　记　员　×××

劳动争议案件劳动者要素表

（××××）……民初……号

重要声明

1. 为了使您更好地参加诉讼，保护您的合法权利，特发本表。
2. 本表所列各项内容都是法院查明案件事实所需要了解的，请您务必认真阅读，如实填写。
3. 由于本表的设计是针对普通劳动争议案件，其中有些项目可能与您的案件无关，对于您认为与您案件无关的项目可以填"无"或不填。对于本表中有遗漏的项目，您可以在本表中另行填写。
4. 您在本表中所填写内容属于您依法向法院陈述的重要内容，您填写的要素表副本，本院将会依法送达给其他诉讼参与人。

请填写与案件相关的以下内容：

一、入职时间：＿＿＿＿年＿＿月＿＿日。

二、签订书面劳动合同时间：＿＿＿＿年＿＿月＿＿日（未签订书面劳动合同的写明"未签"，如有签订多份的，请逐份载明）。

三、合同期满时间：＿＿＿＿年＿＿月＿＿日。

四、劳动者工作岗位：＿＿＿＿＿＿（如合同约定与实际工作岗位不一致的，分别列出合同约定岗位和实际工作岗位）。

五、合同约定的工时制度、每月工资数及工资构成：＿＿＿＿＿＿＿＿。

六、劳动者实际实行的工时制度、领取的每月工资数及工资构成：＿＿＿。

七、办理社会保险的时间和险种：＿＿＿＿＿＿（未办的写明未办理社会保险）；申请社会保险待遇：＿＿＿＿＿＿。

八、发生工伤时间：＿＿＿＿年＿＿月＿＿日；死亡时间：＿＿＿＿年＿＿月＿＿日；工伤认定情况：＿＿＿＿＿＿。

九、住院起止时间：＿＿＿＿年＿＿月＿＿日至＿＿＿＿年＿＿月＿＿日。

十、工伤各项费用：医疗费数额：＿＿＿＿＿＿；假肢安装费数额：＿＿＿＿＿＿；伙食补助费数额：＿＿＿＿＿＿；交通费数额

_____；丧葬费：_____（可视实际情况增加）。

十一、伤残等级鉴定时间：_____年____月____日；鉴定结果：_____。

十二、受伤后至劳动能力鉴定前工资发放数额：_____。

十三、加班时间：正常工作日加班时间_____小时、法定休息日加班时间_____小时、法定节假日加班时间_____小时。

十四、加班工资计算基数：_____。

十五、应发工资金额：_____，计算期间：_____，工资构成：_____，加班工资的计算方法：_____。

十六、实发工资金额：_____，计算期间：_____，工资构成：_____，加班工资的计算方法：_____。

十七、双方解除或终止劳动关系前十二个月劳动者的月平均工资数额：_____。

十八、双方发生劳动争议的时间：_____年____月____日。

十九、双方解除或终止劳动关系的原因：_____。

二十、解除或终止劳动关系的时间：_____年____月____日。

二十一、劳动者的工作年限：_____。

二十二、应休年休假：_____日；实休年休假：_____日。

二十三、申请仲裁时间：_____年____月____日。

二十四、需要说明的其他事项：_____。

请对上述内容重新核对，确认后签名。

劳动者（签名）

××××年××月××日

劳动争议案件用人单位要素表

（××××）……民初……号

> **重要声明**
> 1. 为了使您更好地参加诉讼，保护您的合法权利，特发本表。
> 2. 本表所列各项内容都是法院查明案件事实所需要了解的，请您务必认真阅读，如实填写。
> 3. 由于本表的设计是针对普通劳动争议案件，其中有些项目可能与您的案件无关，对于您认为与您案件无关的项目可以填"无"或不填。对于本表中有遗漏的项目，您可以在本表中另行填写。
> 4. 您在本表中所填写内容属于您依法向法院陈述的重要内容，您填写的要素表副本，本院将会依法送达给其他诉讼参与人。

请填写与案件相关的以下内容：

一、入职时间：_____年___月___日。

二、签订书面劳动合同时间：_____年___月___日（未签订书面劳动合同的写明"未签"，如有签订多份的，请逐份载明）。

三、合同期满时间：_____年___月___日。

四、劳动者工作岗位：_____（如合同约定与实际工作岗位不一致的，分别列出合同约定岗位和实际工作岗位）。

五、合同约定的工时制度、每月工资数及工资构成：_____。

六、劳动者实际实行的工时制度、领取的每月工资数及工资构成：_____。

七、办理社会保险的时间和险种：_____（未办的写明未办理社会保险）；申请社会保险待遇：_____。

八、发生工伤时间：_____年___月___日；死亡时间：_____年___月___日；工伤认定情况：_____。

九、住院起止时间：_____年___月___日至_____年___月___日。

十、工伤各项费用：医疗费数额：_____；假肢安装费数额：

＿＿＿＿＿＿＿＿＿＿＿；伙食补助费数额：＿＿＿＿＿＿＿＿＿；交通费数额：＿＿＿＿＿＿＿＿＿；丧葬费：＿＿＿＿＿＿（可视实际情况增加）。

十一、伤残等级鉴定时间：＿＿＿年＿＿月＿＿日；鉴定结果：＿＿＿＿＿＿＿＿。

十二、受伤后至劳动能力鉴定前工资发放数额：＿＿＿＿＿＿＿。

十三、加班时间：正常工作日加班时间＿＿＿＿小时、法定休息日加班时间＿＿＿＿小时、法定节假日加班时间＿＿＿＿小时。

十四、加班工资计算基数：＿＿＿＿＿＿＿＿＿＿。

十五、应发工资金额：＿＿＿＿＿＿，计算期间：＿＿＿＿＿＿，工资构成：＿＿＿＿＿＿，加班工资的计算方法：＿＿＿＿＿＿。

十六、实发工资金额：＿＿＿＿＿＿，计算期间：＿＿＿＿＿＿，工资构成：＿＿＿＿＿＿，加班工资的计算方法：＿＿＿＿＿＿。

十七、双方解除或终止劳动关系前十二个月劳动者的月平均工资数额：＿＿＿＿＿＿＿。

十八、双方发生劳动争议的时间：＿＿＿年＿＿月＿＿日。

十九、双方解除或终止劳动关系的原因：＿＿＿＿＿＿＿。

二十、解除或终止劳动关系的时间：＿＿＿年＿＿月＿＿日。

二十一、劳动者的工作年限：＿＿＿＿＿＿。

二十二、应休年休假：＿＿＿日；实休年休假：＿＿＿日。

二十三、申请仲裁时间：＿＿＿年＿＿月＿＿日。

二十四、需要说明的其他事项：＿＿＿＿＿＿＿。

请对上述内容重新核对，确认后盖章。

用人单位（盖章）

××××年××月××日

【说　明】

1. 本样式根据《中华人民共和国民事诉讼法》第一百六十二条以及《最高人民法院关于适用〈中华人民共和国民事诉讼法〉的解释》第二百八十二条制定，供基层人民法院适用简易程序中的小额诉讼程序开庭审理民事案件终结后，采用要素式判决用。

2. 要素式民事裁判文书是指对于能够概括出固定要素的案件，在撰写裁判文书时不再分开陈述当事人诉辩意见、本院查明、本院认为部分,而是围绕着争议的特定要素,陈述当事人诉辩意见、相关证据以及法院认定的理由和依据的法律文书。

3. 要素式裁判文书要与要素表、要素式庭审结合。要素式文书要求当事人庭前填写要素表。要素表既是对当事人的诉讼指引和服务,也是对法官的一种指引和约束。

对于基层法院选择适用要素式文书的案件,立案部门在立案时应向原告送达原告诉讼要素表,并指导原告填写。在向被告、第三人送达起诉状副本时一并送达原告诉讼要素表副本,并要求被告和第三人填写被告(第三人)应诉要素表,于答辩期满前提交。法院不得以当事人未填写案件的要素表为由不予立案。

当事人在开庭前未填写要素表的,法院在审理时可以要素表的基本要素为线索,逐项当庭征求双方当事人意见,对双方无争议的要素予以确认并记入法庭笔录;对于双方有争议的要素应重点审查。对于无争议要素的证据可以不用质证,证据的展示和质证只需围绕争议要素展开。

4. 要素式裁判文书要求庭审时围绕要素进行调查和辩论,不再单独分开传统裁判文书所对应的法庭调查和法庭辩论两个环节。

5. 要素式文书对于无争议要素(事实)用一句话概括,不再分开陈述原告、被告和法院三方意见。在具体写作方法上,要素式文书采用"夹叙夹议"的写作方法。

6. 其他要素式裁判文书可以参照本文书样式进行撰写,各基层人民法院在审判实践中也可以根据案件具体情况作出适当调整。

7. 简易程序也可适用本要素式裁判文书,结尾部分写明:"如不服本判决,可以在判决书送达之日起十五日内,向本院递交上诉状,并按对方当事人或者代表人的人数提出副本,上诉于××××人民法院。"

【法律依据】

1. 《中华人民共和国民事诉讼法》(2017 年 6 月 27 日)

第一百六十二条　基层人民法院和它派出的法庭审理符合本法第一百五十七条第一款规定的简单的民事案件,标的额为各省、自治区、直辖市上年度就业人员年平均工资百分之三十以下的,实行一审终审。

2.《最高人民法院关于适用〈中华人民共和国民事诉讼法〉的解释》（2020年12月29日）

第二百八十二条 小额诉讼案件的裁判文书可以简化，主要记载当事人基本信息、诉讼请求、裁判主文等内容。

4. 民事裁定书（小额诉讼程序驳回起诉用）[①]

×××× 人民法院
民事裁定书

（××××）……民初……号

原告：×××，……。

……

被告：×××，……。

……

（以上写明当事人和其他诉讼参加人的姓名或者名称等基本信息）

……（写明当事人及案由）一案，本院于××××年××月××日立案后，依法适用小额诉讼程序进行了审理。本案现已审理终结。

×××向本院提出诉讼请求：1.……；2.……（明确原告的诉讼请求）。事实和理由：……（概述原告主张的事实和理由）。

本院认为，……（写明驳回起诉的理由）。

依照《中华人民共和国民事诉讼法》第一百一十九条、第一百五十四条第一款第三项、《最高人民法院关于适用〈中华人民共和国民事诉讼法〉的解释》第二百七十九条规定，裁定如下：

驳回×××的起诉。

本裁定一经作出即生效。

审　判　员　×××
××××年××月××日
（院印）
书　记　员　×××

[①] 最高人民法院于2020年9月30日发布《民事诉讼程序繁简分流改革试点相关诉讼文书样式》，"4. 民事裁定书（小额诉讼程序用，以驳回起诉为例）"样式根据《最高人民法院关于民事诉讼程序繁简分流改革试点实施办法》第五条对本样式作出修改。适用小额诉讼程序审理的其他民事裁定书，在首部中的"案件由来和审理经过"添加"根据《全国人民代表大会常务委员会关于授权最高人民法院在部分地区开展民事诉讼程序繁简分流改革试点工作的决定》，依法适用小额诉讼程序"，其他部分内容继续参照本样式。

【说　明】

1. 本样式根据《中华人民共和国民事诉讼法》第一百一十九条、第一百五十四条第一款第三项以及《最高人民法院关于适用〈中华人民共和国民事诉讼法〉的解释》第二百七十九条制定，供基层人民法院在立案受理小额诉讼案件后，发现起诉不符合《中华人民共和国民事诉讼法》第一百一十九条规定的起诉条件的，裁定驳回起诉用。

2. 本裁定一经作出即生效。

【法律依据】

1. 《中华人民共和国民事诉讼法》（2017 年 6 月 27 日）

第一百一十九条　起诉必须符合下列条件：

（一）原告是与本案有直接利害关系的公民、法人和其他组织；

（二）有明确的被告；

（三）有具体的诉讼请求和事实、理由；

（四）属于人民法院受理民事诉讼的范围和受诉人民法院管辖。

第一百五十四条第一款　裁定适用于下列范围：

（一）不予受理；

（二）对管辖权有异议的；

（三）驳回起诉；

（四）保全和先予执行；

（五）准许或者不准许撤诉；

（六）中止或者终结诉讼；

（七）补正判决书中的笔误；

（八）中止或者终结执行；

（九）撤销或者不予执行仲裁裁决；

（十）不予执行公证机关赋予强制执行效力的债权文书；

（十一）其他需要裁定解决的事项。

2. 《最高人民法院关于适用〈中华人民共和国民事诉讼法〉的解释》（2020 年 12 月 29 日）

第二百七十九条　人民法院受理小额诉讼案件后，发现起诉不符合民事诉讼法第一百一十九条规定的起诉条件的，裁定驳回起诉。裁定一经作出即生效。

5. 小额诉讼程序告知书（告知当事人小额诉讼程序用）①

小额诉讼程序告知书

一、小额诉讼程序审理的构成要件

（一）事实清楚、权利义务关系明确、争议不大的简单民事案件；

（二）标的额为各省、自治区、直辖市上年度就业人员年平均工资百分之三十以下。

二、小额诉讼程序审理的案件类型

（一）买卖合同、借款合同、租赁合同纠纷；

（二）身份关系清楚，仅在给付的数额、时间、方式上存在争议的赡养费、抚育费、扶养费纠纷；

（三）责任明确，仅在给付的数额、时间、方式上存在争议的交通事故损害赔偿和其他人身损害赔偿纠纷；

（四）供用水、电、气、热力合同纠纷；

（五）银行卡纠纷；

（六）劳动关系清楚，仅在劳动报酬、工伤医疗费、经济补偿金或者赔偿金给付数额、时间、方式上存在争议的劳动合同纠纷；

（七）劳务关系清楚，仅在劳务报酬给付数额、时间、方式上存在争议的劳务合同纠纷；

（八）物业、电信等服务合同纠纷；

（九）其他金钱给付纠纷。

三、不适用小额诉讼程序审理的案件类型

（一）人身关系、财产确权纠纷；

（二）涉外民事纠纷；

（三）知识产权纠纷；

---

① 最高人民法院于 2020 年 9 月 30 日发布《民事诉讼程序繁简分流改革试点相关诉讼文书样式》，"13. 小额诉讼程序告知书（告知当事人小额诉讼程序用）"样式根据《最高人民法院关于民事诉讼程序繁简分流改革试点实施办法》第五条至第十一条对本样式作出修改。

（四）需要评估、鉴定或者对诉前评估、鉴定结果有异议的纠纷；

（五）其他不宜适用一审终审的纠纷。

四、小额诉讼程序审理适用简易程序的一般规定

（一）原告可以口头起诉。当事人双方可以同时到基层人民法院或者它派出的法庭，请求解决纠纷。法院可以当即审理，也可以另定日期审理。

（二）可以用简便方式传唤当事人和证人、送达诉讼文书、审理案件，但应当保障当事人陈述意见的权利。

（三）由审判员一人独任审理，并不受《中华人民共和国民事诉讼法》第一百三十六条、第一百三十八条、第一百四十一条规定的限制。

（四）应当在立案之日起三个月内审结。

五、小额诉讼程序审理的特殊规定

（一）举证期限由人民法院确定，也可以由当事人协商一致并经人民法院准许，但一般不超过七日。被告要求书面答辩的，人民法院可以在征得其同意的基础上合理确定答辩期间，但最长不得超过十五日。当事人到庭后表示不需要举证期限和答辩期间的，人民法院可立即开庭审理。

（二）当事人对小额诉讼案件提出管辖异议的，人民法院应当作出裁定。裁定一经作出即生效。

（三）人民法院受理小额诉讼案件后，发现起诉不符合《中华人民共和国民事诉讼法》第一百一十九条规定的起诉条件的，裁定驳回起诉。裁定一经作出即生效。

（四）因当事人申请增加或者变更诉讼请求、提出反诉、追加当事人等，致使案件不符合小额诉讼程序条件的，应当适用简易程序的其他规定审理或者裁定转为普通程序。适用简易程序的其他规定或者普通程序审理前，双方当事人已确认的事实，可以不再进行举证、质证。

（五）当事人对按照小额诉讼案件审理有异议的，应当在开庭前提出。人民法院经审查，异议成立的，适用简易程序的其他规定审理；异议不成立的，告知当事人，并记入笔录。

（六）小额诉讼案件的裁判文书可以简化，主要记载当事人基本信息、诉讼请求、裁判主文等内容。

（七）小额诉讼案件实行一审终审。

（八）对小额诉讼案件的判决、裁定，当事人以《中华人民共和国民事诉讼法》第二百条规定的事由向原审人民法院申请再审的，人民法院应当受理。

申请再审事由成立的，应当裁定再审，组成合议庭进行审理。作出的再审判决、裁定，当事人不得上诉。当事人以不应按小额诉讼案件审理为由向原审人民法院申请再审的，人民法院应当受理。理由成立的，应当裁定再审，组成合议庭审理。作出的再审判决、裁定，当事人可以上诉。

【说　明】

1. 本样式根据《中华人民共和国民事诉讼法》第一百五十七条至第一百六十三条以及《最高人民法院关于适用〈中华人民共和国民事诉讼法〉的解释》第二百七十一条至第二百八十三条、第四百二十六条制定，供基层人民法院受理案件后决定适用小额诉讼程序的，告知当事人小额诉讼程序用。

2. 人民法院受理小额诉讼案件，应当向当事人告知该类案件的审判组织、一审终审、审理期限等相关事项。

【法律依据】

1.《中华人民共和国民事诉讼法》（2017年6月27日）

第一百五十七条　基层人民法院和它派出的法庭审理事实清楚、权利义务关系明确、争议不大的简单的民事案件，适用本章规定。

基层人民法院和它派出的法庭审理前款规定以外的民事案件，当事人双方也可以约定适用简易程序。

第一百五十八条　对简单的民事案件，原告可以口头起诉。

当事人双方可以同时到基层人民法院或者它派出的法庭，请求解决纠纷。基层人民法院或者它派出的法庭可以当即审理，也可以另定日期审理。

第一百五十九条　基层人民法院和它派出的法庭审理简单的民事案件，可以用简便方式传唤当事人和证人、送达诉讼文书、审理案件，但应当保障当事人陈述意见的权利。

第一百六十条　简单的民事案件由审判员一人独任审理，并不受本法第一百三十六条、第一百三十八条、第一百四十一条规定的限制。

第一百六十一条　人民法院适用简易程序审理案件，应当在立案之日起三个月内审结。

第一百六十二条　基层人民法院和它派出的法庭审理符合本法第一百五十七条第一款规定的简单的民事案件，标的额为各省、自治区、直辖市上年度就业人员年平均工资百分之三十以下的，实行一审终审。

第一百六十三条 人民法院在审理过程中,发现案件不宜适用简易程序的,裁定转为普通程序。

2.《最高人民法院关于适用〈中华人民共和国民事诉讼法〉的解释》(2020年12月29日)

第二百七十一条 人民法院审理小额诉讼案件,适用民事诉讼法第一百六十二条的规定,实行一审终审。

第二百七十二条 民事诉讼法第一百六十二条规定的各省、自治区、直辖市上年度就业人员年平均工资,是指已经公布的各省、自治区、直辖市上一年度就业人员年平均工资。在上一年度就业人员年平均工资公布前,以已经公布的最近年度就业人员年平均工资为准。

第二百七十三条 海事法院可以审理海事、海商小额诉讼案件。案件标的额应当以实际受理案件的海事法院或者其派出法庭所在的省、自治区、直辖市上年度就业人员年平均工资百分之三十为限。

第二百七十四条 下列金钱给付的案件,适用小额诉讼程序审理:

(一)买卖合同、借款合同、租赁合同纠纷;

(二)身份关系清楚,仅在给付的数额、时间、方式上存在争议的赡养费、抚育费、扶养费纠纷;

(三)责任明确,仅在给付的数额、时间、方式上存在争议的交通事故损害赔偿和其他人身损害赔偿纠纷;

(四)供用水、电、气、热力合同纠纷;

(五)银行卡纠纷;

(六)劳动关系清楚,仅在劳动报酬、工伤医疗费、经济补偿金或者赔偿金给付数额、时间、方式上存在争议的劳动合同纠纷;

(七)劳务关系清楚,仅在劳务报酬给付数额、时间、方式上存在争议的劳务合同纠纷;

(八)物业、电信等服务合同纠纷;

(九)其他金钱给付纠纷。

第二百七十五条 下列案件,不适用小额诉讼程序审理:

(一)人身关系、财产确权纠纷;

(二)涉外民事纠纷;

(三)知识产权纠纷;

(四)需要评估、鉴定或者对诉前评估、鉴定结果有异议的纠纷;

（五）其他不宜适用一审终审的纠纷。

第二百七十六条 人民法院受理小额诉讼案件，应当向当事人告知该类案件的审判组织、一审终审、审理期限、诉讼费用交纳标准等相关事项。

第二百七十七条 小额诉讼案件的举证期限由人民法院确定，也可以由当事人协商一致并经人民法院准许，但一般不超过七日。

被告要求书面答辩的，人民法院可以在征得其同意的基础上合理确定答辩期间，但最长不得超过十五日。

当事人到庭后表示不需要举证期限和答辩期间的，人民法院可立即开庭审理。

第二百七十八条 当事人对小额诉讼案件提出管辖异议的，人民法院应当作出裁定。裁定一经作出即生效。

第二百七十九条 人民法院受理小额诉讼案件后，发现起诉不符合民事诉讼法第一百一十九条规定的起诉条件的，裁定驳回起诉。裁定一经作出即生效。

第二百八十条 因当事人申请增加或者变更诉讼请求、提出反诉、追加当事人等，致使案件不符合小额诉讼案件条件的，应当适用简易程序的其他规定审理。

前款规定案件，应当适用普通程序审理的，裁定转为普通程序。

适用简易程序的其他规定或者普通程序审理前，双方当事人已确认的事实，可以不再进行举证、质证。

第二百八十一条 当事人对按照小额诉讼案件审理有异议的，应当在开庭前提出。人民法院经审查，异议成立的，适用简易程序的其他规定审理；异议不成立的，告知当事人，并记入笔录。

第二百八十二条 小额诉讼案件的裁判文书可以简化，主要记载当事人基本信息、诉讼请求、裁判主文等内容。

第二百八十三条 人民法院审理小额诉讼案件，本解释没有规定的，适用简易程序的其他规定。

第四百二十六条 对小额诉讼案件的判决、裁定，当事人以民事诉讼法第二百条规定的事由向原审人民法院申请再审的，人民法院应当受理。申请再审事由成立的，应当裁定再审，组成合议庭进行审理。作出的再审判决、裁定，当事人不得上诉。

当事人以不应按小额诉讼案件审理为由向原审人民法院申请再审的，人民法院应当受理。理由成立的，应当裁定再审，组成合议庭审理。作出的再审判决、裁定，当事人可以上诉。

6. 适用简易程序其他规定审理通知书（小额诉讼转换通知当事人用）

××××人民法院
适用简易程序其他规定审理通知书

（××××）……民初……号

×××：

　　……（写明当事人及案由）一案，本院在适用小额诉讼程序审理过程中，发现案件不符合小额诉讼条件。依照《中华人民共和国民事诉讼法》第一百五十七条、《最高人民法院关于适用〈中华人民共和国民事诉讼法〉的解释》第二百八十条/第二百八十一条规定，决定本案适用简易程序的其他规定审理。

　　特此通知。

××××年××月××日
（院印）

【说　明】

　　1. 本样式根据《中华人民共和国民事诉讼法》第一百五十七条以及《最高人民法院关于适用〈中华人民共和国民事诉讼法〉的解释》第二百八十条、第二百八十一条制定，供人民法院在适用小额诉讼程序审理过程中，发现案件不符合小额诉讼条件，通知当事人适用简易程序的其他规定审理用。

　　2. 人民法院依职权适用简易程序的其他规定审理的，引用《最高人民法院关于适用〈中华人民共和国民事诉讼法〉的解释》第二百八十条；依申请适用简易程序的其他规定审理的，引用《最高人民法院关于适用〈中华人民共和国民事诉讼法〉的解释》第二百八十一条。

　　3. 当事人对按照小额诉讼案件审理有异议的，应当在开庭前提出。人民法院经审查，异议成立的，适用简易程序的其他规定审理；异议不成立的，告知当事人，并记入笔录。

【法律依据】

1. 《中华人民共和国民事诉讼法》（2017年6月27日）

第一百五十七条　基层人民法院和它派出的法庭审理事实清楚、权利义务关系明确、争议不大的简单的民事案件，适用本章规定。

基层人民法院和它派出的法庭审理前款规定以外的民事案件，当事人双方也可以约定适用简易程序。

2. 《最高人民法院关于适用〈中华人民共和国民事诉讼法〉的解释》（2020年12月29日）

第二百八十条　因当事人申请增加或者变更诉讼请求、提出反诉、追加当事人等，致使案件不符合小额诉讼案件条件的，应当适用简易程序的其他规定审理。

前款规定案件，应当适用普通程序审理的，裁定转为普通程序。

适用简易程序的其他规定或者普通程序审理前，双方当事人已确认的事实，可以不再进行举证、质证。

第二百八十一条　当事人对按照小额诉讼案件审理有异议的，应当在开庭前提出。人民法院经审查，异议成立的，适用简易程序的其他规定审理；异议不成立的，告知当事人，并记入笔录。

十三、公益诉讼①

1. 民事判决书（环境污染或者生态破坏公益诉讼用）

××××人民法院
民事判决书

（××××）……民初……号

原告：×××，住所地……。

法定代表人/主要负责人：×××，……（职务）。

委托诉讼代理人：×××，……。

被告：×××，……。

法定代理人/指定代理人/法定代表人/主要负责人：×××，……。

委托诉讼代理人：×××，……。

（以上写明当事人和其他诉讼参加人的姓名或者名称等基本信息）

原告×××与被告×××……公益诉讼（写明案由）一案，本院于××××年××月××日立案后，依法适用普通程序，于××××年××月××日公告了案件受理情况。×××于××××年××月××日申请参加诉讼，经本院准许列为共同原告。本院于××××年××月××日公开开庭进行了审理，原告×××、被告×××、第三人×××（写明当事人和其他诉讼参加人的诉讼地位和姓名或者名称）到庭参加诉讼。×××向本院提交书面意见，协助原告调查取证，支持提起公益诉讼，指派×××参加庭审。本案现已审理终结。

---

① 最高人民法院于 2020 年 3 月 6 日发布《公益诉讼文书样式（试行）》。在人民法院制作民事公益诉讼文书样式时，《公益诉讼文书样式（试行）》有规定的，适用《公益诉讼文书样式（试行）》。《公益诉讼文书样式（试行）》未作规定的文书以及文书的写作规范等内容，适用本部分的相关样式。

×××向本院提出诉讼请求：1.……；2.……（明确原告的诉讼请求）。事实和理由：……（概述原告主张的事实和理由）。

××××支持起诉称，……（概述支持起诉意见）。

×××辩称，……（概述被告答辩意见）。

具有专门知识的人×××发表以下意见：……。

当事人围绕诉讼请求依法提交了证据，本院组织当事人进行了证据交换和质证。对当事人无异议的证据，本院予以确认并在卷佐证。对有争议的证据和事实，本院认定如下：1.……；2.……（写明法院是否采信证据，事实认定的意见和理由）。

本院认为，……（围绕争议焦点，根据认定的事实和相关法律，对当事人的诉讼请求进行分析评判，说明理由）。

综上所述，……（对当事人的诉讼请求是否支持进行总结评述）。依照《中华人民共和国……法》第×条、……（写明法律文件名称及其条款项序号）规定，判决如下：

一、……；

二、……。

（以上分项写明判决结果）

如果未按本判决指定的期间履行给付金钱义务，应当依照《中华人民共和国民事诉讼法》第二百五十三条规定，加倍支付迟延履行期间的债务利息（没有给付金钱义务的，不写）。

案件受理费……元，由……负担（写明当事人姓名或者名称、负担金额）。

如不服本判决，可以在判决书送达之日起十五日内，向本院递交上诉状，并按对方当事人或者代表人的人数提出副本，上诉于××××人民法院。

审　判　长　×××
审　判　员　×××
审　判　员　×××
××××年××月××日
（院印）
书　记　员　×××

【说 明】

1. 本样式根据《中华人民共和国民事诉讼法》第五十五条、第十五条，《中华人民共和国环境保护法》第五十八条以及《最高人民法院关于适用〈中华人民共和国民事诉讼法〉的解释》"十三、公益诉讼"、《最高人民法院关于审理环境民事公益诉讼案件适用法律若干问题的解释》制定，供人民法院适用第一审普通程序审理环境污染或者生态破坏公益诉讼案，作出实体判决用。

2. 依法在设区的市级以上人民政府民政部门登记、专门从事环境保护公益活动连续五年以上且无违法记录的社会组织，可以作为原告提起环境污染或者生态破坏公益诉讼。

3. 检察机关提起民事公益诉讼的，表述为："公益诉讼人×××人民检察院"。其他机关和社会组织参加检察机关提起的民事公益诉讼的，仍表述为："原告×××"。

4. 人民法院受理公益诉讼案件后，依法可以提起诉讼的其他机关和有关组织，可以在一审开庭前向人民法院申请参加诉讼。人民法院准许参加诉讼的，列为共同原告。在案件的由来和审理经过中写明："×××于××××年××月××日申请参加诉讼，经本院准许列为共同原告。"

5. 检察机关、负有环境保护监督管理职责的部门及其他机关、社会组织、企业事业单位支持原告起诉，提交相关书面意见、代为调查收集证据等，在首部作出相应表述。如派员出庭，则表述出庭人员的身份和姓名；未派员出庭，则仅表述支持起诉的方式。在当事人诉辩意见部分，原告意见之后，概述支持起诉单位的意见。如支持起诉的单位提交了相关证据，应作为原告的证据在庭审中予以质证、认证，并在法院认定的事实部分作出表述。

6. 当事人申请具有专门知识的人出庭的，表述为："具有专门知识的人×××发表以下意见：……。"概述具有专门知识的人就案件所涉专门知识等问题提出的专家意见。

7. 如原告在其起诉状中明确请求被告承担本案所涉检验、鉴定费用、合理的律师费用及为诉讼支出的其他合理费用的，应在判项中一一列明。如原告败诉，其所需承担的调查取证、专家咨询、检验、鉴定等必要费用，可以依据《最高人民法院关于审理环境民事公益诉讼案件适用法律若干问题的解释》第二十四条的规定酌情支付，且应在判项中列明。

【法律依据】

1.《中华人民共和国民事诉讼法》（2017 年 6 月 27 日）

第五十五条 对污染环境、侵害众多消费者合法权益等损害社会公共利益的行为，法律规定的机关和有关组织可以向人民法院提起诉讼。

人民检察院在履行职责中发现破坏生态环境和资源保护、食品药品安全领域侵害众多消费者合法权益等损害社会公共利益的行为，在没有前款规定的机关和组织或者前款规定的机关和组织不提起诉讼的情况下，可以向人民法院提起诉讼。前款规定的机关或者组织提起诉讼的，人民检察院可以支持起诉。

第十五条 机关、社会团体、企业事业单位对损害国家、集体或者个人民事权益的行为，可以支持受损害的单位或者个人向人民法院起诉。

2.《中华人民共和国环境保护法》（2014 年 4 月 24 日）

第五十八条 对污染环境、破坏生态，损害社会公共利益的行为，符合下列条件的社会组织可以向人民法院提起诉讼：

（一）依法在设区的市级以上人民政府民政部门登记；

（二）专门从事环境保护公益活动连续五年以上且无违法记录。

符合前款规定的社会组织向人民法院提起诉讼，人民法院应当依法受理。

提起诉讼的社会组织不得通过诉讼牟取经济利益。

3.《最高人民法院关于适用〈中华人民共和国民事诉讼法〉的解释》（2020 年 12 月 29 日）

十三、公益诉讼

第二百八十四条 环境保护法、消费者权益保护法等法律规定的机关和有关组织对污染环境、侵害众多消费者合法权益等损害社会公共利益的行为，根据民事诉讼法第五十五条规定提起公益诉讼，符合下列条件的，人民法院应当受理：

（一）有明确的被告；

（二）有具体的诉讼请求；

（三）有社会公共利益受到损害的初步证据；

（四）属于人民法院受理民事诉讼的范围和受诉人民法院管辖。

第二百八十五条 公益诉讼案件由侵权行为地或者被告住所地中级人民法院管辖，但法律、司法解释另有规定的除外。

因污染海洋环境提起的公益诉讼，由污染发生地、损害结果地或者采取预防污染措施地海事法院管辖。

对同一侵权行为分别向两个以上人民法院提起公益诉讼的，由最先立案的人民法院管辖，必要时由它们的共同上级人民法院指定管辖。

第二百八十六条 人民法院受理公益诉讼案件后，应当在十日内书面告知相关行政主管部门。

第二百八十七条 人民法院受理公益诉讼案件后，依法可以提起诉讼的其他机关和有关组织，可以在开庭前向人民法院申请参加诉讼。人民法院准许参加诉讼的，列为共同原告。

第二百八十八条 人民法院受理公益诉讼案件，不影响同一侵权行为的受害人根据民事诉讼法第一百一十九条规定提起诉讼。

第二百八十九条 对公益诉讼案件，当事人可以和解，人民法院可以调解。

当事人达成和解或者调解协议后，人民法院应当将和解或者调解协议进行公告。公告期间不得少于三十日。

公告期满后，人民法院经审查，和解或者调解协议不违反社会公共利益的，应当出具调解书；和解或者调解协议违反社会公共利益的，不予出具调解书，继续对案件进行审理并依法作出裁判。

第二百九十条 公益诉讼案件的原告在法庭辩论终结后申请撤诉的，人民法院不予准许。

第二百九十一条 公益诉讼案件的裁判发生法律效力后，其他依法具有原告资格的机关和有关组织就同一侵权行为另行提起公益诉讼的，人民法院裁定不予受理，但法律、司法解释另有规定的除外。

4.《最高人民法院关于审理环境民事公益诉讼案件适用法律若干问题的解释》（2020年12月29日）

为正确审理环境民事公益诉讼案件，根据《中华人民共和国民法典》《中华人民共和国环境保护法》《中华人民共和国民事诉讼法》等法律的规定，结合审判实践，制定本解释。

第一条 法律规定的机关和有关组织依据民事诉讼法第五十五条、环境保护法第五十八条等法律的规定，对已经损害社会公共利益或者具有损害社会公共利益重大风险的污染环境、破坏生态的行为提起诉讼，符合民事诉讼法第一百一十九条第二项、第三项、第四项规定的，人民法院应予受理。

第二条 依照法律、法规的规定,在设区的市级以上人民政府民政部门登记的社会团体、基金会以及社会服务机构等,可以认定为环境保护法第五十八条规定的社会组织。

第三条 设区的市,自治州、盟、地区,不设区的地级市,直辖市的区以上人民政府民政部门,可以认定为环境保护法第五十八条规定的"设区的市级以上人民政府民政部门"。

第四条 社会组织章程确定的宗旨和主要业务范围是维护社会公共利益,且从事环境保护公益活动的,可以认定为环境保护法第五十八条规定的"专门从事环境保护公益活动"。

社会组织提起的诉讼所涉及的社会公共利益,应与其宗旨和业务范围具有关联性。

第五条 社会组织在提起诉讼前五年内未因从事业务活动违反法律、法规的规定受过行政、刑事处罚的,可以认定为环境保护法第五十八条规定的"无违法记录"。

第六条 第一审环境民事公益诉讼案件由污染环境、破坏生态行为发生地、损害结果地或者被告住所地的中级以上人民法院管辖。

中级人民法院认为确有必要的,可以在报请高级人民法院批准后,裁定将本院管辖的第一审环境民事公益诉讼案件交由基层人民法院审理。

同一原告或者不同原告对同一污染环境、破坏生态行为分别向两个以上有管辖权的人民法院提起环境民事公益诉讼的,由最先立案的人民法院管辖,必要时由共同上级人民法院指定管辖。

第七条 经最高人民法院批准,高级人民法院可以根据本辖区环境和生态保护的实际情况,在辖区内确定部分中级人民法院受理第一审环境民事公益诉讼案件。

中级人民法院管辖环境民事公益诉讼案件的区域由高级人民法院确定。

第八条 提起环境民事公益诉讼应当提交下列材料:

(一)符合民事诉讼法第一百二十一条规定的起诉状,并按照被告人数提出副本;

(二)被告的行为已经损害社会公共利益或者具有损害社会公共利益重大风险的初步证明材料;

(三)社会组织提起诉讼的,应当提交社会组织登记证书、章程、起诉前连续五年的年度工作报告书或者年检报告书,以及由其法定代表人或者负责人签字并加盖公章的无违法记录的声明。

第九条 人民法院认为原告提出的诉讼请求不足以保护社会公共利益的，可以向其释明变更或者增加停止侵害、修复生态环境等诉讼请求。

第十条 人民法院受理环境民事公益诉讼后，应当在立案之日起五日内将起诉状副本发送被告，并公告案件受理情况。

有权提起诉讼的其他机关和社会组织在公告之日起三十日内申请参加诉讼，经审查符合法定条件的，人民法院应当将其列为共同原告；逾期申请的，不予准许。

公民、法人和其他组织以人身、财产受到损害为由申请参加诉讼的，告知其另行起诉。

第十一条 检察机关、负有环境资源保护监督管理职责的部门及其他机关、社会组织、企业事业单位依据民事诉讼法第十五条的规定，可以通过提供法律咨询、提交书面意见、协助调查取证等方式支持社会组织依法提起环境民事公益诉讼。

第十二条 人民法院受理环境民事公益诉讼后，应当在十日内告知对被告行为负有环境资源保护监督管理职责的部门。

第十三条 原告请求被告提供其排放的主要污染物名称、排放方式、排放浓度和总量、超标排放情况以及防治污染设施的建设和运行情况等环境信息，法律、法规、规章规定被告应当持有或者有证据证明被告持有而拒不提供，如果原告主张相关事实不利于被告的，人民法院可以推定该主张成立。

第十四条 对于审理环境民事公益诉讼案件需要的证据，人民法院认为必要的，应当调查收集。

对于应当由原告承担举证责任且为维护社会公共利益所必要的专门性问题，人民法院可以委托具备资格的鉴定人进行鉴定。

第十五条 当事人申请通知有专门知识的人出庭，就鉴定人作出的鉴定意见或者就因果关系、生态环境修复方式、生态环境修复费用以及生态环境受到损害至修复完成期间服务功能丧失导致的损失等专门性问题提出意见的，人民法院可以准许。

前款规定的专家意见经质证，可以作为认定事实的根据。

第十六条 原告在诉讼过程中承认的对己方不利的事实和认可的证据，人民法院认为损害社会公共利益的，应当不予确认。

第十七条 环境民事公益诉讼案件审理过程中，被告以反诉方式提出诉讼请求的，人民法院不予受理。

第十八条　对污染环境、破坏生态，已经损害社会公共利益或者具有损害社会公共利益重大风险的行为，原告可以请求被告承担停止侵害、排除妨碍、消除危险、修复生态环境、赔偿损失、赔礼道歉等民事责任。

第十九条　原告为防止生态环境损害的发生和扩大，请求被告停止侵害、排除妨碍、消除危险的，人民法院可以依法予以支持。

原告为停止侵害、排除妨碍、消除危险采取合理预防、处置措施而发生的费用，请求被告承担的，人民法院可以依法予以支持。

第二十条　原告请求修复生态环境的，人民法院可以依法判决被告将生态环境修复到损害发生之前的状态和功能。无法完全修复的，可以准许采用替代性修复方式。

人民法院可以在判决被告修复生态环境的同时，确定被告不履行修复义务时应承担的生态环境修复费用；也可以直接判决被告承担生态环境修复费用。

生态环境修复费用包括制定、实施修复方案的费用，修复期间的监测、监管费用，以及修复完成后的验收费用、修复效果后评估费用等。

第二十一条　原告请求被告赔偿生态环境受到损害至修复完成期间服务功能丧失导致的损失、生态环境功能永久性损害造成的损失的，人民法院可以依法予以支持。

第二十二条　原告请求被告承担以下费用的，人民法院可以依法予以支持：

（一）生态环境损害调查、鉴定评估等费用；

（二）清除污染以及防止损害的发生和扩大所支出的合理费用；

（三）合理的律师费以及为诉讼支出的其他合理费用。

第二十三条　生态环境修复费用难以确定或者确定具体数额所需鉴定费用明显过高的，人民法院可以结合污染环境、破坏生态的范围和程度，生态环境的稀缺性，生态环境恢复的难易程度，防治污染设备的运行成本，被告因侵害行为所获得的利益以及过错程度等因素，并可以参考负有环境资源保护监督管理职责的部门的意见、专家意见等，予以合理确定。

第二十四条　人民法院判决被告承担的生态环境修复费用、生态环境受到损害至修复完成期间服务功能丧失导致的损失、生态环境功能永久性损害造成的损失等款项，应当用于修复被损害的生态环境。

其他环境民事公益诉讼中败诉原告所需承担的调查取证、专家咨询、检验、鉴定等必要费用，可以酌情从上述款项中支付。

第二十五条 环境民事公益诉讼当事人达成调解协议或者自行达成和解协议后，人民法院应当将协议内容公告，公告期间不少于三十日。

公告期满后，人民法院审查认为调解协议或者和解协议的内容不损害社会公共利益的，应当出具调解书。当事人以达成和解协议为由申请撤诉的，不予准许。

调解书应当写明诉讼请求、案件的基本事实和协议内容，并应当公开。

第二十六条 负有环境资源保护监督管理职责的部门依法履行监管职责而使原告诉讼请求全部实现，原告申请撤诉的，人民法院应予准许。

第二十七条 法庭辩论终结后，原告申请撤诉的，人民法院不予准许，但本解释第二十六条规定的情形除外。

第二十八条 环境民事公益诉讼案件的裁判生效后，有权提起诉讼的其他机关和社会组织就同一污染环境、破坏生态行为另行起诉，有下列情形之一的，人民法院应予受理：

（一）前案原告的起诉被裁定驳回的；

（二）前案原告申请撤诉被裁定准许的，但本解释第二十六条规定的情形除外。

环境民事公益诉讼案件的裁判生效后，有证据证明存在前案审理时未发现的损害，有权提起诉讼的机关和社会组织另行起诉的，人民法院应予受理。

第二十九条 法律规定的机关和社会组织提起环境民事公益诉讼的，不影响因同一污染环境、破坏生态行为受到人身、财产损害的公民、法人和其他组织依据民事诉讼法第一百一十九条的规定提起诉讼。

第三十条 已为环境民事公益诉讼生效裁判认定的事实，因同一污染环境、破坏生态行为依据民事诉讼法第一百一十九条规定提起诉讼的原告、被告均无需举证证明，但原告对该事实有异议并有相反证据足以推翻的除外。

对于环境民事公益诉讼生效裁判就被告是否存在法律规定的不承担责任或者减轻责任的情形、行为与损害之间是否存在因果关系、被告承担责任的大小等所作的认定，因同一污染环境、破坏生态行为依据民事诉讼法第一百一十九条规定提起诉讼的原告主张适用的，人民法院应予支持，但被告有相反证据足以推翻的除外。被告主张直接适用对其有利的认定的，人民法院不予支持，被告仍应举证证明。

第三十一条 被告因污染环境、破坏生态在环境民事公益诉讼和其他民事诉讼中均承担责任，其财产不足以履行全部义务的，应当先履行其他民事诉讼生效裁判所确定的义务，但法律另有规定的除外。

第三十二条 发生法律效力的环境民事公益诉讼案件的裁判，需要采取强制执行措施的，应当移送执行。

第三十三条 原告交纳诉讼费用确有困难，依法申请缓交的，人民法院应予准许。

败诉或者部分败诉的原告申请减交或者免交诉讼费用的，人民法院应当依照《诉讼费用交纳办法》的规定，视原告的经济状况和案件的审理情况决定是否准许。

第三十四条 社会组织有通过诉讼违法收受财物等牟取经济利益行为的，人民法院可以根据情节轻重依法收缴其非法所得、予以罚款；涉嫌犯罪的，依法移送有关机关处理。

社会组织通过诉讼牟取经济利益的，人民法院应当向登记管理机关或者有关机关发送司法建议，由其依法处理。

第三十五条 本解释施行前最高人民法院发布的司法解释和规范性文件，与本解释不一致的，以本解释为准。

2. 民事判决书（侵害消费者权益公益诉讼用）

××××人民法院
民事判决书

（××××）……民初……号

原告：×××，住所地……。
……
被告：×××，……。
……

（以上写明当事人和其他诉讼参加人的姓名或者名称等基本信息）

原告×××与被告×××侵害消费者权益公益诉讼一案，本院于××××年××月××日立案后，依法适用普通程序，于××××年××月××日公告了案件受理情况。×××于××××年××月××日申请参加诉讼，经本院准许列为共同原告。本院于××××年××月××日公开开庭进行了审理，原告×××、被告×××（写明当事人和其他诉讼参加人的诉讼地位和姓名或者名称）到庭参加诉讼。本案现已审理终结。

×××诉称，……（概述原告的诉讼请求、事实和理由）。

×××辩称，……（概述被告答辩意见）。

当事人围绕诉讼请求依法提交了证据，本院组织当事人进行了证据交换和质证。对当事人无异议的证据，本院予以确认并在卷佐证。对有争议的证据和事实，本院认定如下：1.……；2.……（写明法院是否采信证据，事实认定的意见和理由）。

本院认为，……（围绕争议焦点，根据认定的事实和相关法律，对当事人的诉讼请求进行分析评判，说明理由）。

综上所述，……（对当事人的诉讼请求是否支持进行总结评述）。依照《中华人民共和国……法》第×条、……（写明法律文件名称及其条款项序号）规定，判决如下：

一、……；

二、……。

（以上分项写明判决结果）

如果未按本判决指定的期间履行给付金钱义务，应当依照《中华人民共和国民事诉讼法》第二百五十三条规定，加倍支付迟延履行期间的债务利息（没有给付金钱义务的，不写）。

案件受理费……元，由……负担（写明当事人姓名或者名称、负担金额）。

如不服本判决，可以在判决书送达之日起十五日内，向本院递交上诉状，上诉于××××人民法院。

审　判　长　×××
审　判　员　×××
审　判　员　×××
××××年××月××日
（院印）
书　记　员　×××

【说　明】

1. 本样式根据《中华人民共和国民事诉讼法》第五十五条、第十五条、《中华人民共和国消费者权益保护法》第四十七条以及《最高人民法院关于适用〈中华人民共和国民事诉讼法〉的解释》"十三、公益诉讼"、《最高人民法院关于审理消费民事公益诉讼案件适用法律若干问题的解释》制定，供人民法院适用第一审普通程序审理侵害消费者权益公益诉讼案，作出实体判决用。

2. 中国消费者协会以及在省、自治区、直辖市设立的消费者协会、法律规定或者全国人大及其常委会授权的机关或社会组织，可以作为原告提起侵害消费者权益公益诉讼。人民法院受理公益诉讼案件后，依法可以提起诉讼的其他机关和有关组织，可以在一审开庭前向人民法院申请参加诉讼。人民法院准许参加诉讼的，列为共同原告。在案件的由来和审理过程中写明："×××于××××年××月××日申请参加诉讼，经本院准许参加诉讼，列为共同原告。"

3. 检察机关提起民事公益诉讼的，表述为："公益诉讼人××××人民检察院"。其他机关和社会组织参加检察机关提起的民事公益诉讼的，仍表述为："原告×××"。

【法律依据】

1. 《中华人民共和国民事诉讼法》（2017年6月27日）

第五十五条　对污染环境、侵害众多消费者合法权益等损害社会公共利益的行为，法律规定的机关和有关组织可以向人民法院提起诉讼。

人民检察院在履行职责中发现破坏生态环境和资源保护、食品药品安全领域侵害众多消费者合法权益等损害社会公共利益的行为，在没有前款规定的机关和组织或者前款规定的机关和组织不提起诉讼的情况下，可以向人民法院提起诉讼。前款规定的机关或者组织提起诉讼的，人民检察院可以支持起诉。

第十五条　机关、社会团体、企业事业单位对损害国家、集体或者个人民事权益的行为，可以支持受损害的单位或者个人向人民法院起诉。

2. 《中华人民共和国消费者权益保护法》（2013年10月25日）

第四十七条　对侵害众多消费者合法权益的行为，中国消费者协会以及在省、自治区、直辖市设立的消费者协会，可以向人民法院提起诉讼。

3. 《最高人民法院关于适用〈中华人民共和国民事诉讼法〉的解释》（2020年12月29日）

十三、公 益 诉 讼

参见本书"十三、公益诉讼——1. 民事判决书（环境污染或者生态破坏公益诉讼用）"样式的法律依据。

4. 《最高人民法院关于审理消费民事公益诉讼案件适用法律若干问题的解释》（2020年12月29日）

为正确审理消费民事公益诉讼案件，根据《中华人民共和国民事诉讼法》《中华人民共和国民法典》《中华人民共和国消费者权益保护法》等法律规定，结合审判实践，制定本解释。

第一条　中国消费者协会以及在省、自治区、直辖市设立的消费者协会，对经营者侵害众多不特定消费者合法权益或者具有危及消费者人身、财产安全危险等损害社会公共利益的行为提起消费民事公益诉讼的，适用本解释。

法律规定或者全国人大及其常委会授权的机关和社会组织提起的消费民

事公益诉讼，适用本解释。

第二条 经营者提供的商品或者服务具有下列情形之一的，适用消费者权益保护法第四十七条规定：

（一）提供的商品或者服务存在缺陷，侵害众多不特定消费者合法权益的；

（二）提供的商品或者服务可能危及消费者人身、财产安全，未作出真实的说明和明确的警示，未标明正确使用商品或者接受服务的方法以及防止危害发生方法的；对提供的商品或者服务质量、性能、用途、有效期限等信息作虚假或引人误解宣传的；

（三）宾馆、商场、餐馆、银行、机场、车站、港口、影剧院、景区、体育场馆、娱乐场所等经营场所存在危及消费者人身、财产安全危险的；

（四）以格式条款、通知、声明、店堂告示等方式，作出排除或者限制消费者权利、减轻或者免除经营者责任、加重消费者责任等对消费者不公平、不合理规定的；

（五）其他侵害众多不特定消费者合法权益或者具有危及消费者人身、财产安全危险等损害社会公共利益的行为。

第三条 消费民事公益诉讼案件管辖适用《最高人民法院关于适用〈中华人民共和国民事诉讼法〉的解释》第二百八十五条的有关规定。

经最高人民法院批准，高级人民法院可以根据本辖区实际情况，在辖区内确定部分中级人民法院受理第一审消费民事公益诉讼案件。

第四条 提起消费民事公益诉讼应当提交下列材料：

（一）符合民事诉讼法第一百二十一条规定的起诉状，并按照被告人数提交副本；

（二）被告的行为侵害众多不特定消费者合法权益或者具有危及消费者人身、财产安全危险等损害社会公共利益的初步证据；

（三）消费者组织就涉诉事项已按照消费者权益保护法第三十七条第四项或者第五项的规定履行公益性职责的证明材料。

第五条 人民法院认为原告提出的诉讼请求不足以保护社会公共利益的，可以向其释明变更或者增加停止侵害等诉讼请求。

第六条 人民法院受理消费民事公益诉讼案件后，应当公告案件受理情况，并在立案之日起十日内书面告知相关行政主管部门。

第七条 人民法院受理消费民事公益诉讼案件后，依法可以提起诉讼的其他机关或者社会组织，可以在一审开庭前向人民法院申请参加诉讼。

人民法院准许参加诉讼的，列为共同原告；逾期申请的，不予准许。

第八条　有权提起消费民事公益诉讼的机关或者社会组织，可以依据民事诉讼法第八十一条规定申请保全证据。

第九条　人民法院受理消费民事公益诉讼案件后，因同一侵权行为受到损害的消费者申请参加诉讼的，人民法院应当告知其根据民事诉讼法第一百一十九条规定主张权利。

第十条　消费民事公益诉讼案件受理后，因同一侵权行为受到损害的消费者请求对其根据民事诉讼法第一百一十九条规定提起的诉讼予以中止，人民法院可以准许。

第十一条　消费民事公益诉讼案件审理过程中，被告提出反诉的，人民法院不予受理。

第十二条　原告在诉讼中承认对己方不利的事实，人民法院认为损害社会公共利益的，不予确认。

第十三条　原告在消费民事公益诉讼案件中，请求被告承担停止侵害、排除妨碍、消除危险、赔礼道歉等民事责任的，人民法院可予支持。

经营者利用格式条款或者通知、声明、店堂告示等，排除或者限制消费者权利、减轻或者免除经营者责任、加重消费者责任，原告认为对消费者不公平、不合理主张无效的，人民法院应依法予以支持。

第十四条　消费民事公益诉讼案件裁判生效后，人民法院应当在十日内书面告知相关行政主管部门，并可发出司法建议。

第十五条　消费民事公益诉讼案件的裁判发生法律效力后，其他依法具有原告资格的机关或者社会组织就同一侵权行为另行提起消费民事公益诉讼的，人民法院不予受理。

第十六条　已为消费民事公益诉讼生效裁判认定的事实，因同一侵权行为受到损害的消费者根据民事诉讼法第一百一十九条规定提起的诉讼，原告、被告均无需举证证明，但当事人对该事实有异议并有相反证据足以推翻的除外。

消费民事公益诉讼生效裁判认定经营者存在不法行为，因同一侵权行为受到损害的消费者根据民事诉讼法第一百一十九条规定提起的诉讼，原告主张适用的，人民法院可予支持，但被告有相反证据足以推翻的除外。被告主张直接适用对其有利认定的，人民法院不予支持，被告仍应承担相应举证证明责任。

第十七条 原告为停止侵害、排除妨碍、消除危险采取合理预防、处置措施而发生的费用，请求被告承担的，人民法院应依法予以支持。

第十八条 原告及其诉讼代理人对侵权行为进行调查、取证的合理费用、鉴定费用、合理的律师代理费用，人民法院可根据实际情况予以相应支持。

第十九条 本解释自2016年5月1日起施行。

本解释施行后人民法院新受理的一审案件，适用本解释。

本解释施行前人民法院已经受理、施行后尚未审结的一审、二审案件，以及本解释施行前已经终审、施行后当事人申请再审或者按照审判监督程序决定再审的案件，不适用本解释。

3. 民事裁定书（对同一侵权行为另行提起公益诉讼不予受理用）

××××人民法院
民事裁定书

（××××）……民初……号

起诉人：×××，……。

……

（以上写明起诉人及其代理人的姓名或者名称等基本信息）

××××年××月××日，本院收到×××的起诉状。×××提起……公益诉讼（写明案由）称，……（概述起诉的诉讼请求、事实和理由）。

本院经审查认为，××××人民法院（××××）……民×……号原告×××与被告×××……公益诉讼（写明案由）一案已经发生法律效力。起诉人×××提起的……公益诉讼（写明案由）与该案系就同一侵权行为另行提起的公益诉讼，依法应当不予受理。

依照《中华人民共和国民事诉讼法》第五十五条、第一百五十四条第一款第一项，《最高人民法院关于适用〈中华人民共和国民事诉讼法〉的解释》第二百九十一条规定，裁定如下：

对×××提起的……公益诉讼（写明案由），本院不予受理。

如不服本裁定，可以在裁定书送达之日起十日内，向本院递交上诉状，并按对方当事人的人数提出副本，上诉于××××人民法院。

审　判　长　×××
审　判　员　×××
审　判　员　×××
××××年××月××日
（院印）
书　记　员　×××

【说　明】

1. 本样式根据《中华人民共和国民事诉讼法》第五十五条、第一百五十四条第一款第一项以及《最高人民法院关于适用〈中华人民共和国民事诉讼法〉的解释》第二百九十一条，《最高人民法院关于审理环境民事公益诉讼案件适用法律若干问题的解释》第二十六条、第二十八条，《最高人民法院关于审理消费民事公益诉讼案件适用法律若干问题的解释》第十五条制定，供人民法院对其他依法具有原告资格的机关和有关组织在同一侵权行为的公益诉讼案件裁判发生法律效力后又提起公益诉讼的，裁定不予受理用。

2. 检察机关提起民事公益诉讼的，表述为："公益诉讼人××××人民检察院"。

3. 首部中不列被起诉人。

4. 本裁定书只送达起诉人一方。

【法律依据】

1.《中华人民共和国民事诉讼法》（2017 年 6 月 27 日）

第五十五条　对污染环境、侵害众多消费者合法权益等损害社会公共利益的行为，法律规定的机关和有关组织可以向人民法院提起诉讼。

人民检察院在履行职责中发现破坏生态环境和资源保护、食品药品安全领域侵害众多消费者合法权益等损害社会公共利益的行为，在没有前款规定的机关和组织或者前款规定的机关和组织不提起诉讼的情况下，可以向人民法院提起诉讼。前款规定的机关或者组织提起诉讼的，人民检察院可以支持起诉。

第一百五十四条第一款　裁定适用于下列范围：

（一）不予受理；

（二）对管辖权有异议的；

（三）驳回起诉；

（四）保全和先予执行；

（五）准许或者不准许撤诉；

（六）中止或者终结诉讼；

（七）补正判决书中的笔误；

（八）中止或者终结执行；

（九）撤销或者不予执行仲裁裁决；

（十）不予执行公证机关赋予强制执行效力的债权文书；

（十一）其他需要裁定解决的事项。

2.《最高人民法院关于适用〈中华人民共和国民事诉讼法〉的解释》（2020年12月29日）

第二百九十一条　公益诉讼案件的裁判发生法律效力后，其他依法具有原告资格的机关和有关组织就同一侵权行为另行提起公益诉讼的，人民法院裁定不予受理，但法律、司法解释另有规定的除外。

3.《最高人民法院关于审理环境民事公益诉讼案件适用法律若干问题的解释》（2020年12月29日）

第二十六条　负有环境资源保护监督管理职责的部门依法履行监管职责而使原告诉讼请求全部实现，原告申请撤诉的，人民法院应予准许。

第二十八条　环境民事公益诉讼案件的裁判生效后，有权提起诉讼的其他机关和社会组织就同一污染环境、破坏生态行为另行起诉，有下列情形之一的，人民法院应予受理：

（一）前案原告的起诉被裁定驳回的；

（二）前案原告申请撤诉被裁定准许的，但本解释第二十六条规定的情形除外。

环境民事公益诉讼案件的裁判生效后，有证据证明存在前案审理时未发现的损害，有权提起诉讼的机关和社会组织另行起诉的，人民法院应予受理。

4.《最高人民法院关于审理消费民事公益诉讼案件适用法律若干问题的解释》（2020年12月29日）

第十五条　消费民事公益诉讼案件的裁判发生法律效力后，其他依法具有原告资格的机关或者社会组织就同一侵权行为另行提起消费民事公益诉讼的，人民法院不予受理。

4. 民事裁定书（环境污染或者生态破坏公益诉讼准许撤回起诉用）

××××人民法院
民事裁定书

（××××）……民初……号

原告：×××，……。
……

被告：×××，……。
……

（以上写明当事人和其他诉讼参加人的姓名或者名称等基本信息）

本院在审理原告×××与被告×××……公益诉讼（写明案由）一案中，×××于××××年××月××日以……为由，向本院申请撤回起诉。

本院认为，……（写明准许撤诉的理由），×××的撤诉申请符合法律规定，应予准许。

依照《中华人民共和国民事诉讼法》第一百四十五条第一款，《最高人民法院关于审理环境民事公益诉讼案件适用法律若干问题的解释》第二十六条规定，裁定如下：

准许×××撤回起诉。

案件受理费……元，由……负担。

审　判　长　×××
审　判　员　×××
审　判　员　×××
××××年××月××日
（院印）
书　记　员　×××

【说 明】

1. 本样式根据《中华人民共和国民事诉讼法》第一百四十五条第一款以及《最高人民法院关于审理环境民事公益诉讼案件适用法律若干问题的解释》第二十六条制定，供第一审人民法院在审理环境污染或者生态破坏公益诉讼过程中，原告申请撤回起诉的，裁定准许用。

2. 检察机关提起民事公益诉讼的，表述为："公益诉讼人××××人民检察院"。

3. 负有环境保护监督管理职责的部门依法履行监管职责而使原告诉讼请求全部实现，原告申请撤回起诉的，人民法院应予准许。但应写明负有环境保护监督管理职责的部门依法履行监管职责的具体内容；被告对受到损害的生态环境已经进行了有效的治理和修复的情况或者已经制定修复方案并采取多种措施予以保障实施的情形；原告提出的所有诉讼请求必须均得到实现，包含诉讼费用、律师费、检验、鉴定费用的负担等。

【法律依据】

1. 《中华人民共和国民事诉讼法》（2017年6月27日）

第一百四十五条第一款 宣判前，原告申请撤诉的，是否准许，由人民法院裁定。

2. 《最高人民法院关于审理环境民事公益诉讼案件适用法律若干问题的解释》（2020年12月29日）

第二十六条 负有环境资源保护监督管理职责的部门依法履行监管职责而使原告诉讼请求全部实现，原告申请撤诉的，人民法院应予准许。

5. 民事裁定书（公益诉讼不准许撤回起诉用）

××××人民法院
民事裁定书

（××××）……民初……号

原告：×××，……。
……

被告：×××，……。
……

（以上写明当事人和其他诉讼参加人的姓名或者名称等基本信息）

本院在审理原告×××与被告×××……公益诉讼（写明案由）一案中，×××于××××年××月××日以……为由，向本院申请撤回起诉。

本院认为，……（写明不准许撤回起诉的理由）。

依照《中华人民共和国民事诉讼法》第一百四十五条第一款，《最高人民法院关于适用〈中华人民共和国民事诉讼法〉的解释》第二百九十条规定，裁定如下：

不准许×××撤回起诉。

审　判　长　×××
审　判　员　×××
审　判　员　×××
××××年××月××日
（院印）
书　记　员　×××

【说　明】

1. 本样式根据《中华人民共和国民事诉讼法》第一百四十五条第一款以及《最高人民法院关于适用〈中华人民共和国民事诉讼法〉的解释》第二百九十条制定，供第一审人民法院对于公益诉讼原告申请撤回起诉的，裁定不准许用。

2. 检察机关提起民事公益诉讼的，表述为："公益诉讼人×××人民检察院"。

3. 公益诉讼案件的原告在法庭辩论终结后申请撤诉的，不予准许。但是，根据《最高人民法院关于审理环境民事公益诉讼案件适用法律若干问题的解释》第二十六条规定，负有环境保护监督管理职责的部门依法履行监管职责而使原告诉讼请求全部实现，原告申请撤诉的，人民法院应予准许。

【法律依据】

1. 《中华人民共和国民事诉讼法》（2017年6月27日）

第一百四十五条第一款　宣判前，原告申请撤诉的，是否准许，由人民法院裁定。

2. 《最高人民法院关于适用〈中华人民共和国民事诉讼法〉的解释》（2020年12月29日）

第二百九十条　公益诉讼案件的原告在法庭辩论终结后申请撤诉的，人民法院不予准许。

6. 受理公益诉讼告知书（告知相关行政主管部门用）

××××人民法院
受理公益诉讼告知书

（××××）……民初……号

×××：

　　本院于××××年××月××日立案受理原告×××与被告×××、第三人×××……公益诉讼（写明案由）一案。依照《最高人民法院关于〈中华人民共和国民事诉讼法〉的解释》第二百八十六条规定，现将该案受理情况告知你单位。

　　联系人：……（写明姓名、部门、职务）

　　联系电话：……

　　联系地址：……

　　特此告知。

　　附：民事起诉状

××××年××月××日
（院印）

【说　明】

　　1. 本样式根据《最高人民法院关于适用〈中华人民共和国民事诉讼法〉的解释》第二百八十六条制定，供人民法院受理环境污染、生态破坏或者侵害消费者权益等公益诉讼案件后，在十日内书面告知相关行政部门用。

　　2. 根据《最高人民法院关于审理环境民事公益诉讼案件适用法律若干问题的解释》第十二条的规定，在环境污染、生态破坏公益诉讼中相关行政部门为对被告行为负有环境保护监督管理职责的部门。

3. 检察机关提起民事公益诉讼的，表述为："公益诉讼人××××人民检察院"。

【法律依据】

1.《最高人民法院关于适用〈中华人民共和国民事诉讼法〉的解释》（2020年12月29日）

第二百八十六条　人民法院受理公益诉讼案件后，应当在十日内书面告知相关行政主管部门。

2.《最高人民法院关于审理环境民事公益诉讼案件适用法律若干问题的解释》（2020年12月29日）

第十二条　人民法院受理环境民事公益诉讼后，应当在十日内告知对被告行为负有环境资源保护监督管理职责的部门。

7. 公告（环境污染或者生态破坏公益诉讼公告受理用）

××××人民法院

公告

（××××）……民初……号

  本院于××××年××月××日立案受理原告×××与被告×××……公益诉讼（写明案由）一案。依照《最高人民法院关于审理环境民事公益诉讼案件适用法律若干问题的解释》第十条规定，依法有权提起诉讼的其他机关和社会组织可以在公告之日起三十日内，向本院申请参加诉讼。经审查符合法定条件的，列为共同原告；逾期申请的，不予准许。

  联系人：……（写明姓名、部门、职务）

  联系电话：……

  联系地址：……

  特此公告。

  附：民事起诉状

××××年××月××日
（院印）

【说　明】

  1. 本样式根据《最高人民法院关于审理环境民事公益诉讼案件适用法律若干问题的解释》第十条制定，供人民法院公告环境污染或者生态破坏公益诉讼受理用。

  2. 检察机关提起民事公益诉讼的，表述为："公益诉讼人××××人民检察院"。

【法律依据】

《最高人民法院关于审理环境民事公益诉讼案件适用法律若干问题的解释》（2020年12月29日）

第十条 人民法院受理环境民事公益诉讼后，应当在立案之日起五日内将起诉状副本发送被告，并公告案件受理情况。

有权提起诉讼的其他机关和社会组织在公告之日起三十日内申请参加诉讼，经审查符合法定条件的，人民法院应当将其列为共同原告；逾期申请的，不予准许。

公民、法人和其他组织以人身、财产受到损害为由申请参加诉讼的，告知其另行起诉。

8. 公告（侵害消费者权益公益诉讼公告受理用）

××××人民法院
公告

（××××）……民初……号

本院于××××年××月××日立案受理原告×××与被告×××侵害消费者权益公益诉讼一案。依照《最高人民法院关于审理消费民事公益诉讼案件适用法律若干问题的解释》第七条规定，依法可以提起诉讼的其他机关或者社会组织，可以在一审开庭前向本院申请参加诉讼。准许参加诉讼的，列为共同原告；逾期申请的，不予准许。

联系人：……（写明姓名、部门、职务）

联系电话：……

联系地址：……

特此公告。

附：民事起诉状

××××年××月××日
（院印）

【说　明】

1. 本样式根据《最高人民法院关于适用〈中华人民共和国民事诉讼法〉的解释》第二百八十七条，《最高人民法院关于审理消费民事公益诉讼案件适用法律若干问题的解释》第七条制定，供人民法院公告侵害消费者权益公益诉讼受理用。

2. 检察机关提起民事公益诉讼的，表述为："公益诉讼人××××人民检察院"。

【法律依据】

1.《最高人民法院关于适用〈中华人民共和国民事诉讼法〉的解释》（2020 年 12 月 29 日）

第二百八十七条　人民法院受理公益诉讼案件后，依法可以提起诉讼的其他机关和有关组织，可以在开庭前向人民法院申请参加诉讼。人民法院准许参加诉讼的，列为共同原告。

2.《最高人民法院关于审理消费民事公益诉讼案件适用法律若干问题的解释》（2020 年 12 月 29 日）

第七条　人民法院受理消费民事公益诉讼案件后，依法可以提起诉讼的其他机关或者社会组织，可以在一审开庭前向人民法院申请参加诉讼。

人民法院准许参加诉讼的，列为共同原告；逾期申请的，不予准许。

9. 公告（公益诉讼公告和解或者调解协议用）

××××人民法院
公告

（××××）……民×……号

本院于××××年××月××日立案受理原告×××与被告×××……公益诉讼（写明案由）一案。诉讼过程中，当事人达成和解/调解协议。依照《最高人民法院关于适用〈中华人民共和国民事诉讼法〉的解释》第二百八十九条规定，现予以公告。公告期间为××××年××月××日至××××年××月××日。

联系人：……（写明姓名、部门、职务）

联系电话：……

联系地址：……

特此公告。

附：1. 民事起诉状

  2. 调解/和解协议

××××年××月××日

（院印）

【说　明】

1. 本样式根据《最高人民法院关于适用〈中华人民共和国民事诉讼法〉的解释》第二百八十九条制定，供公益诉讼达成和解或者调解协议后，人民法院公告用。

2. 公告期间不得少于三十日。

3. 公告应当附民事起诉状、调解或者和解协议。环境污染、生态破坏公益诉讼如有技术处理方案或者整改方案，应当作为公告附件。

4. 公告期满后，人民法院审查认为调解协议或者和解协议的内容不损害社会公共利益的，应当出具调解书。环境污染、生态破坏公益诉讼中当事人以达成和解协议为由申请撤诉的，不予准许。

5. 检察机关提起民事公益诉讼的，表述为："公益诉讼人××××人民检察院"。

6. 本公告应当在本院公告栏、人民法院报、当地媒体同时发布。

【法律依据】

《最高人民法院关于适用〈中华人民共和国民事诉讼法〉的解释》（2020年12月29日）

第二百八十九条　对公益诉讼案件，当事人可以和解，人民法院可以调解。

当事人达成和解或者调解协议后，人民法院应当将和解或者调解协议进行公告。公告期间不得少于三十日。

公告期满后，人民法院经审查，和解或者调解协议不违反社会公共利益的，应当出具调解书；和解或者调解协议违反社会公共利益的，不予出具调解书，继续对案件进行审理并依法作出裁判。

十四、第三人撤销之诉

1. **民事判决书**（第三人撤销之诉用）

××××人民法院
民事判决书

（××××）……民撤……号

原告：×××，……。
法定代理人/指定代理人/法定代表人/主要负责人：×××，……。
委托诉讼代理人：×××，……。
被告（原审原告）：×××，……。
法定代理人/指定代理人/法定代表人/主要负责人：×××，……。
委托诉讼代理人：×××，……。
被告（原审被告）：×××，……。
法定代理人/指定代理人/法定代表人/主要负责人：×××，……。
委托诉讼代理人：×××，……。
第三人：×××，……。
法定代理人/指定代理人/法定代表人/主要负责人：×××，……。
委托诉讼代理人：×××，……。
（以上写明当事人和其他诉讼参加人的姓名或者名称等基本信息）
原告×××因×××与×××……（写明原审案由）一案，不服本院（××××）……民×……号生效判决/裁定/调解书，向本院提起第三人撤销之诉，本院于××××年××月××日立案后，依法适用普通程序，公开/因涉及……（写明不公开开庭的理由）不公开开庭进行了审理。原告×××、被告×××、第三人×××（写明当事人和其他诉讼参加人的诉讼地位和姓名或名称）到庭参加诉讼。本案现已审理终结。

×××向本院提出诉讼请求：1.……；2.……（明确原告的诉讼请求）。事实和理由：……（概述原告主张的事实和理由）。

×××辩称，……（概述被告答辩意见）。

×××述称，……（概述第三人陈述意见）。

……（概述原案认定的基本事实，写明裁判结果）。

本案当事人围绕诉讼请求依法提交了证据，本院组织当事人进行了证据交换和质证。对当事人无异议的证据，本院予以确认并在卷佐证。对有争议的证据和事实，本院认定如下：1.……；2.……（写明法院是否采信证据，事实认定的意见和理由）。

本院认为，……（围绕争议焦点，根据本院认定的事实和相关法律，对当事人的诉讼请求作出分析评判，说明理由）。

综上所述，……（对当事人的诉讼请求是否支持进行总结评述）。依照《中华人民共和国……法》第×条、……（写明法律文件名称及其条款项序号）规定，判决如下：

一、……；

二、……。

（以上分项写明判决结果）

如果未按本判决指定的期间履行给付金钱义务，应当依照《中华人民共和国民事诉讼法》第二百五十三条规定，加倍支付迟延履行期间的债务利息（没有给付金钱义务的，不写）。

案件受理费……元，由……负担（写明当事人姓名或者名称、负担金额）。

如不服本判决，可以在判决书送达之日起十五日内，向本院递交上诉状，并按对方当事人或者代表人的人数提出副本，上诉于××××人民法院。

审　判　长　×××
审　判　员　×××
审　判　员　×××
××××年××月××日
（院印）
书　记　员　×××

【说　明】

1. 本样式根据《中华人民共和国民事诉讼法》第五十六条第三款以及《最高人民法院关于适用〈中华人民共和国民事诉讼法〉的解释》第二百九十四条、第二百九十五条、第二百九十六条、第二百九十八条、第三百条制定，供人民法院适用第一审普通程序审理第三人撤销之诉案件，作实体判决用。

2. 案号类型代字为"民撤"。

3. 第三人撤销之诉，应当将提起诉讼的第三人列为案件的原告，原生效判决、裁定、调解书的当事人列为共同被告，生效判决、裁定、调解书中没有承担责任的无独立请求权的第三人列为第三人。

4. 第三人撤销之诉案件，应当适用普通程序，组成合议庭开庭审理。

5. 在当事人诉辩意见之后，应当写明：第三人起诉撤销的裁判文书案件认定的基本事实和裁判结果。

6. 对第三人撤销或者部分撤销发生法律效力的判决、裁定、调解书内容的请求，人民法院经审理，按下列情形分别处理：（1）请求成立且确认其民事权利的主张全部或部分成立的，改变原判决、裁定、调解书内容的错误部分；（2）请求成立，但确认其全部或部分民事权利的主张不成立，或者未提出确认其民事权利请求的，撤销原判决、裁定、调解书内容的错误部分；（3）请求不成立的，驳回诉讼请求。原判决、裁定、调解书的内容未改变或者未撤销的部分继续有效。

7. 全部撤销的，写明："撤销本院（××××）……民×……号民事判决/调解书。"全部驳回的，写明："驳回×××的诉讼请求。"部分撤销判决的，写明："撤销本院（××××）……民×……号民事判决第×项，即……。"改变判决的，写明："变更本院（××××）……民×……号民事判决第×项为：……（写明变更后的具体内容）。"

8. 人民法院改变原判决、裁定、调解结果的，应当在判决书中对原审诉讼费用的负担一并作出处理。

【法律依据】

1.《中华人民共和国民事诉讼法》（2017年6月27日）

第五十六条第三款　前两款规定的第三人，因不能归责于本人的事由未参加诉讼，但有证据证明发生法律效力的判决、裁定、调解书的部分或者全部内容错误，损害其民事权益的，可以自知道或者应当知道其民事权益受到损害之日起六个月内，向作出该判决、裁定、调解书的人民法院提起诉讼。人民法院经审理，诉讼请求成立的，应当改变或者撤销原判决、裁定、调解书；诉讼请求不成立的，驳回诉讼请求。

2.《最高人民法院关于适用〈中华人民共和国民事诉讼法〉的解释》（2020年12月29日）

第二百九十四条 人民法院对第三人撤销之诉案件，应当组成合议庭开庭审理。

第二百九十五条 民事诉讼法第五十六条第三款规定的因不能归责于本人的事由未参加诉讼，是指没有被列为生效判决、裁定、调解书当事人，且无过错或者无明显过错的情形。包括：

（一）不知道诉讼而未参加的；

（二）申请参加未获准许的；

（三）知道诉讼，但因客观原因无法参加的；

（四）因其他不能归责于本人的事由未参加诉讼的。

第二百九十六条 民事诉讼法第五十六条第三款规定的判决、裁定、调解书的部分或者全部内容，是指判决、裁定的主文，调解书中处理当事人民事权利义务的结果。

第二百九十八条 第三人提起撤销之诉，人民法院应当将该第三人列为原告，生效判决、裁定、调解书的当事人列为被告，但生效判决、裁定、调解书中没有承担责任的无独立请求权的第三人列为第三人。

第三百条 对第三人撤销或者部分撤销发生法律效力的判决、裁定、调解书内容的请求，人民法院经审理，按下列情形分别处理：

（一）请求成立且确认其民事权利的主张全部或部分成立的，改变原判决、裁定、调解书内容的错误部分；

（二）请求成立，但确认其全部或部分民事权利的主张不成立，或者未提出确认其民事权利请求的，撤销原判决、裁定、调解书内容的错误部分；

（三）请求不成立的，驳回诉讼请求。

对前款规定裁判不服的，当事人可以上诉。

原判决、裁定、调解书的内容未改变或者未撤销的部分继续有效。

2. 民事裁定书（对第三人撤销之诉不予受理用）

××××人民法院
民事裁定书

（××××）……民撤……号

起诉人：×××，……。
……
（以上写明起诉人及其代理人的姓名或者名称等基本信息）

××××年××月××日，本院收到×××的起诉状。起诉人×××对×××、×××提起第三人撤销之诉称，……（概述起诉的诉讼请求、事实和理由）。

本院经审查认为，……（写明对第三人撤销之诉不予受理的理由）。

依照《中华人民共和国民事诉讼法》第五十六条、第一百一十九条、第一百五十四条第一款第一项、《最高人民法院关于适用〈中华人民共和国民事诉讼法〉的解释》第二百九十三条规定，裁定如下：

对×××提起的第三人撤销之诉，本院不予受理。

如不服本裁定，可以在裁定书送达之日起十日内，向本院递交上诉状，上诉于××××人民法院。

审　判　长　×××
审　判　员　×××
审　判　员　×××
××××年××月××日
（院印）
书　记　员　×××

【说　明】

1. 本样式根据《中华人民共和国民事诉讼法》第五十六条、第一百一十九条、第一百五十四条第一款第一项以及《最高人民法院关于适用〈中华人民共和国民事诉讼法〉的解释》第二百九十三条、第二百九十七条、第三百零三条第二款制定，供第一审人民法院对起诉人提起的第三人撤销之诉，裁定不予受理用。

2. 案号类型代字为"民撤"。

3. 首部中不列被起诉人。

4. 对下列情形提起第三人撤销之诉的，人民法院不予受理：（1）适用特别程序、督促程序、公示催告程序、破产程序等非讼程序处理的案件；（2）婚姻无效、撤销或者解除婚姻关系等判决、裁定、调解书中涉及身份关系的内容；（3）《中华人民共和国民事诉讼法》第五十四条规定的未参加登记的权利人对代表人诉讼案件的生效裁判；（4）《中华人民共和国民事诉讼法》第五十五条规定的损害社会公共利益行为的受害人对公益诉讼案件的生效裁判。法律依据同时引用《最高人民法院关于适用〈中华人民共和国民事诉讼法〉的解释》第二百九十七条。

5. 案外人对人民法院驳回其执行异议裁定不服，认为原判决、裁定、调解书内容错误损害其合法权益的，可以根据《中华人民共和国民事诉讼法》第二百二十七条规定申请再审，对其提起第三人撤销之诉的，人民法院不予受理。于此情形，法律依据同时引用《最高人民法院关于适用〈中华人民共和国民事诉讼法〉的解释》第三百零三条第二款。

6. 经审查，第三人撤销之诉不符合起诉条件的，应当在收到起诉状之日起三十日内裁定不予受理。

7. 起诉人在中华人民共和国领域内没有住所的，尾部上诉期改为三十日，即"可以在裁定书送达之日起三十日内"。

8. 本裁定书只送达起诉人一方。

【法律依据】

1.《中华人民共和国民事诉讼法》（2017年6月27日）

第五十六条　对当事人双方的诉讼标的，第三人认为有独立请求权的，有权提起诉讼。

对当事人双方的诉讼标的，第三人虽然没有独立请求权，但案件处理结果同他有法律上的利害关系的，可以申请参加诉讼，或者由人民法院通知他参加诉讼。人民法院判决承担民事责任的第三人，有当事人的诉讼权利义务。

前两款规定的第三人，因不能归责于本人的事由未参加诉讼，但有证据证明发生法律效力的判决、裁定、调解书的部分或者全部内容错误，损害其民事权益的，可以自知道或者应当知道其民事权益受到损害之日起六个月内，向作出该判决、裁定、调解书的人民法院提起诉讼。人民法院经审理，诉讼请求成立的，应当改变或者撤销原判决、裁定、调解书；诉讼请求不成立的，驳回诉讼请求。

第一百一十九条 起诉必须符合下列条件：

（一）原告是与本案有直接利害关系的公民、法人和其他组织；

（二）有明确的被告；

（三）有具体的诉讼请求和事实、理由；

（四）属于人民法院受理民事诉讼的范围和受诉人民法院管辖。

第一百五十四条第一款 裁定适用于下列范围：

（一）不予受理；

（二）对管辖权有异议的；

（三）驳回起诉；

（四）保全和先予执行；

（五）准许或者不准许撤诉；

（六）中止或者终结诉讼；

（七）补正判决书中的笔误；

（八）中止或者终结执行；

（九）撤销或者不予执行仲裁裁决；

（十）不予执行公证机关赋予强制执行效力的债权文书；

（十一）其他需要裁定解决的事项。

2.《最高人民法院关于适用〈中华人民共和国民事诉讼法〉的解释》（2020年12月29日）

第二百九十三条 人民法院应当在收到起诉状和证据材料之日起五日内送交对方当事人，对方当事人可以自收到起诉状之日起十日内提出书面意见。

人民法院应当对第三人提交的起诉状、证据材料以及对方当事人的书面意见进行审查。必要时，可以询问双方当事人。

经审查，符合起诉条件的，人民法院应当在收到起诉状之日起三十日内立案。不符合起诉条件的，应当在收到起诉状之日起三十日内裁定不予受理。

第二百九十七条 对下列情形提起第三人撤销之诉的，人民法院不予受理：

（一）适用特别程序、督促程序、公示催告程序、破产程序等非讼程序处理的案件；

（二）婚姻无效、撤销或者解除婚姻关系等判决、裁定、调解书中涉及身份关系的内容；

（三）民事诉讼法第五十四条规定的未参加登记的权利人对代表人诉讼案件的生效裁判；

（四）民事诉讼法第五十五条规定的损害社会公共利益行为的受害人对公益诉讼案件的生效裁判。

第三百零三条第二款 案外人对人民法院驳回其执行异议裁定不服，认为原判决、裁定、调解书内容错误损害其合法权益的，应当根据民事诉讼法第二百二十七条规定申请再审，提起第三人撤销之诉的，人民法院不予受理。

3. 民事裁定书（第三人撤销之诉并入再审程序用）

××××人民法院
民事裁定书

（××××）……民撤……号

原告：×××，……。
……

被告：×××，……。
……

被告：×××，……。
……

第三人：×××，……。
……

（以上写明当事人和其他诉讼参加人的姓名或者名称等基本信息）

原告×××与被告×××、被告×××、第三人×××第三人撤销之诉一案，本院于××××年××月××日立案，尚未审结。

××××人民法院（××××）……民×……号……（写明当事人及案由）一案，于××××年××月××日，由本院/××××人民法院（××××）……民监/申/抗……号裁定再审，再审案号为（××××）……民再……号。

本院经审查认为，×××与×××、……（写明当事人）第三人撤销之诉审理期间，对原告起诉撤销的生效判决/裁定/调解书人民法院已经裁定再审，第三人撤销之诉案件依法应当并入再审程序审理。

依照《中华人民共和国民事诉讼法》第五十六条第三款、第一百五十四条第一款第十一项、《最高人民法院关于适用〈中华人民共和国民事诉讼法〉的解释》第三百零一条规定，裁定如下：

本案×××的诉讼请求并入××××人民法院（××××）……民再……号……（写明当事人及案由）一案审理。

审　判　长　×××
审　判　员　×××
审　判　员　×××
××××年××月××日
（院印）
书　记　员　×××

【说　明】

1. 本样式根据《中华人民共和国民事诉讼法》第五十六条第三款以及《最高人民法院关于适用〈中华人民共和国民事诉讼法〉的解释》第三百零一条制定，供受理第三人撤销之诉的人民法院在被提起第三人撤销之诉的原生效判决、裁定、调解书裁定再审后，裁定将第三人即本案原告的诉讼请求并入再审程序用。

2. 案号类型代字为"民撤"。

3. 有证据证明原审当事人之间恶意串通损害第三人合法权益的，人民法院应当先行审理第三人撤销之诉案件，裁定中止再审诉讼。

【法律依据】

1. 《中华人民共和国民事诉讼法》（2017 年 6 月 27 日）

第五十六条第三款　前两款规定的第三人，因不能归责于本人的事由未参加诉讼，但有证据证明发生法律效力的判决、裁定、调解书的部分或者全部内容错误，损害其民事权益的，可以自知道或者应当知道其民事权益受到损害之日起六个月内，向作出该判决、裁定、调解书的人民法院提起诉讼。人民法院经审理，诉讼请求成立的，应当改变或者撤销原判决、裁定、调解书；诉讼请求不成立的，驳回诉讼请求。

2. 《最高人民法院关于适用〈中华人民共和国民事诉讼法〉的解释》（2020 年 12 月 29 日）

第三百零一条　第三人撤销之诉案件审理期间，人民法院对生效判决、裁定、调解书裁定再审的，受理第三人撤销之诉的人民法院应当裁定将第三人的诉讼请求并入再审程序。但有证据证明原审当事人之间恶意串通损害第三人合法权益的，人民法院应当先行审理第三人撤销之诉案件，裁定中止再审诉讼。

4. 民事裁定书（中止再审程序用）

×××× 人民法院
民事裁定书

（××××）……民再……号

再审申请人（一、二审诉讼地位）：×××，……。
……

被申请人（一、二审诉讼地位）：×××，……。
……

原审其他当事人：×××，……。
……

（以上写明当事人和其他诉讼参加人的姓名或者名称等基本信息）

××××年××月××日，本院/××××人民法院作出（××××）……民×……号民事裁定，本案由本院再审。本院依法组成合议庭，正在审理本案。

××××年××月××日，××××人民法院受理（××××）……民撤……号……（写明当事人及案由）第三人撤销之诉一案。该案正在审理中。

本院认为，……（写明中止再审诉讼的理由）。

依照《中华人民共和国民事诉讼法》第一百五十四条第一款第六项、《最高人民法院关于适用〈中华人民共和国民事诉讼法〉的解释》第三百零一条规定，裁定如下：

一、本案中止诉讼。

二、本院/××××人民法院先行审理（××××）……民撤……号……（写明当事人及案由）一案。

审　判　长　×××
审　判　员　×××

审　判　员　×××
××××年××月××日
（院印）
书　记　员　×××

【说　明】

本样式根据《中华人民共和国民事诉讼法》第一百五十四条第一款第六项及《最高人民法院关于适用〈中华人民共和国民事诉讼法〉的解释》第三百零一条规定制定，供人民法院在审理再审案件期间，对原生效裁判人民法院受理了第三人撤销之诉，有证据证明原审当事人之间恶意串通损害第三人合法权益，裁定中止再审诉讼用。

【法律依据】

1. 《中华人民共和国民事诉讼法》（2017 年 6 月 27 日）

第一百五十四条第一款　裁定适用于下列范围：

（一）不予受理；

（二）对管辖权有异议的；

（三）驳回起诉；

（四）保全和先予执行；

（五）准许或者不准许撤诉；

（六）中止或者终结诉讼；

（七）补正判决书中的笔误；

（八）中止或者终结执行；

（九）撤销或者不予执行仲裁裁决；

（十）不予执行公证机关赋予强制执行效力的债权文书；

（十一）其他需要裁定解决的事项。

2. 《最高人民法院关于适用〈中华人民共和国民事诉讼法〉的解释》（2020 年 12 月 29 日）

第三百零一条　第三人撤销之诉案件审理期间，人民法院对生效判决、裁定、调解书裁定再审的，受理第三人撤销之诉的人民法院应当裁定将第三人的诉讼请求并入再审程序。但有证据证明原审当事人之间恶意串通损害第三人合法权益的，人民法院应当先行审理第三人撤销之诉案件，裁定中止再审诉讼。

5. 通知书（通知对方当事人提出书面意见用）

××××人民法院
通知书

（××××）……民撤……号

×××：

　　××××年××月××日，×××不服本院（××××）……民×……号民事判决/民事裁定/民事调解书，向本院提交起诉状，请求撤销该生效民事判决/民事裁定/民事调解书（依起诉状的诉讼请求写）。现将×××提交的起诉状副本和相关证据材料一并送交。对×××的起诉，请你/你单位自收到本通知之日起十日内提出书面意见。

　　特此通知。

　　附：起诉状副本和相关证据材料

××××年××月××日
（院印）

【说　明】

　　1. 本样式根据《最高人民法院关于适用〈中华人民共和国民事诉讼法〉的解释》第二百九十三条制定，供通知提起第三人撤销之诉的对方当事人提出书面意见用。

　　2. 人民法院应当在收到起诉状和证据材料之日起五日内送交对方当事人。

【法律依据】

　　《最高人民法院关于适用〈中华人民共和国民事诉讼法〉的解释》（2020年12月29日）

　　第二百九十三条　人民法院应当在收到起诉状和证据材料之日起五日内

送交对方当事人，对方当事人可以自收到起诉状之日起十日内提出书面意见。

人民法院应当对第三人提交的起诉状、证据材料以及对方当事人的书面意见进行审查。必要时，可以询问双方当事人。

经审查，符合起诉条件的，人民法院应当在收到起诉状之日起三十日内立案。不符合起诉条件的，应当在收到起诉状之日起三十日内裁定不予受理。

十五、执行异议之诉

1. **民事判决书**（案外人执行异议之诉用）

××××人民法院
民事判决书

（××××）……民初……号

原告（执行案外人）：×××，……。
法定代理人/指定代理人/法定代表人/主要负责人：×××，……。
委托诉讼代理人：×××，……。
被告（申请执行人）：×××，……。
法定代理人/指定代理人/法定代表人/主要负责人：×××，……。
委托诉讼代理人：×××，……。
被告/第三人（被执行人）：×××，……。
法定代理人/指定代理人/法定代表人/主要负责人：×××，……。
委托诉讼代理人：×××，……。
（以上写明当事人和其他诉讼参加人的姓名或者名称等基本信息）

原告×××与被告×××、被告/第三人×××案外人执行异议之诉一案，本院于××××年××月××日立案后，依法适用普通程序，公开/因涉及……（写明不公开开庭的理由）不公开开庭进行了审理。原告×××、被告×××、被告/第三人×××（写明当事人和其他诉讼参加人的诉讼地位和姓名或者名称）到庭参加诉讼。本案现已审理终结。

×××向本院提出诉讼请求：1.……；2.……（明确原告的诉讼请求）。事实和理由：……（概述原告主张的事实和理由）。
×××辩称，……（概述被告答辩意见）。

×××诉/述称，……（概述第三人陈述意见）。

当事人围绕诉讼请求依法提交了证据，本院组织当事人进行了证据交换和质证。对当事人无异议的证据，本院予以确认并在卷佐证。对有争议的证据和事实，本院认定如下：1.……；2.……（写明法院是否采信证据，事实认定的意见和理由）。

本院认为，……（围绕争议焦点，根据本院认定的事实和相关法律，对当事人的排除对执行标的执行的请求或确权请求进行分析评判，说明理由）。

综上所述，……（对当事人的诉讼请求是否支持进行总结评述）。依照《中华人民共和国……法》第×条、……（写明法律文件名称及其条款项序号）、《中华人民共和国民事诉讼法》第二百二十七条、《最高人民法院关于适用〈中华人民共和国民事诉讼法〉的解释》第三百一十二条规定，判决如下：

一、……；

二、……。

（以上分项写明判决结果）

案件受理费……元，由……负担（写明当事人姓名或者名称、负担金额）。

如不服本判决，可以在本判决书送达之日起十五日内，向本院递交上诉状，并按对方当事人或者代表人的人数提出副本，上诉于××××人民法院。

（判决不得对执行标的执行的，写明：）本院（××××）……执异……号执行异议裁定于本判决生效时自动失效。

审　判　长　×××
审　判　员　×××
审　判　员　×××
××××年××月××日
（院印）
书　记　员　×××

【说　明】

1. 本样式根据《中华人民共和国民事诉讼法》第二百二十七条以及《最高人民法院关于适用〈中华人民共和国民事诉讼法〉的解释》第三百零四条、第三百零五条、第三百零七条、第三百一十条、第三百一十一条、第三百一十二条、第三百一十四条第一款制定，供执行法院适用第一审普通程序审理案外人执行异议之诉作出判决用。

2. 案号类型代字为"民初"。

3. 案外人提起执行异议之诉，除符合《中华人民共和国民事诉讼法》第一百一十九条规定外，还应当具备下列条件：（1）案外人的执行异议申请已经被人民法院裁定驳回；（2）有明确的排除对执行标的执行的诉讼请求，且诉讼请求与原判决、裁定无关；（3）自执行异议裁定送达之日起十五日内提起。

4. 案外人执行异议之诉，案外人列为原告，申请执行人列为被告。被执行人反对案外人异议的，被执行人列为共同被告；被执行人不反对案外人异议的，可以列被执行人为第三人。在当事人诉讼地位后括注执行异议程序中的诉讼地位。

5. 人民法院审理执行异议之诉案件，适用普通程序，组成合议庭开庭审理。

6. 案外人执行异议之诉的判决范围，根据案外人的诉讼请求，除对执行标的的执行是否排除外，还可以包括确认案外人对执行标的的权利内容。判决主文具体分为三种：案外人就执行标的享有足以排除强制执行的民事权益的，写明："不得执行……（写明执行标的）。"案外人提出的确认其权利的诉讼请求一并得到法院支持的，写明："确认×××……。"案外人就执行标的不享有足以排除强制执行的民事权益的，写明："驳回×××……的诉讼请求。"

7. 对案外人执行异议之诉，人民法院判决不得对执行标的的执行的，执行异议裁定自动失效。

【法律依据】

1. 《中华人民共和国民事诉讼法》（2017 年 6 月 27 日）

第二百二十七条　执行过程中，案外人对执行标的提出书面异议的，人民法院应当自收到书面异议之日起十五日内审查，理由成立的，裁定中止对该标的的执行；理由不成立的，裁定驳回。案外人、当事人对裁定不服，认为原判决、裁定错误的，依照审判监督程序办理；与原判决、裁定无关的，可以自裁定送达之日起十五日内向人民法院提起诉讼。

2.《最高人民法院关于适用〈中华人民共和国民事诉讼法〉的解释》（2020年12月29日）

第三百零四条　根据民事诉讼法第二百二十七条规定，案外人、当事人对执行异议裁定不服，自裁定送达之日起十五日内向人民法院提起执行异议之诉的，由执行法院管辖。

第三百零五条　案外人提起执行异议之诉，除符合民事诉讼法第一百一十九条规定外，还应当具备下列条件：

（一）案外人的执行异议申请已经被人民法院裁定驳回；

（二）有明确的排除对执行标的的执行的诉讼请求，且诉讼请求与原判决、裁定无关；

（三）自执行异议裁定送达之日起十五日内提起。

人民法院应当在收到起诉状之日起十五日内决定是否立案。

第三百零七条　案外人提起执行异议之诉的，以申请执行人为被告。被执行人反对案外人异议的，被执行人为共同被告；被执行人不反对案外人异议的，可以列被执行人为第三人。

第三百一十条　人民法院审理执行异议之诉案件，适用普通程序。

第三百一十一条　案外人或者申请执行人提起执行异议之诉的，案外人应当就其对执行标的享有足以排除强制执行的民事权益承担举证证明责任。

第三百一十二条　对案外人提起的执行异议之诉，人民法院经审理，按照下列情形分别处理：

（一）案外人就执行标的享有足以排除强制执行的民事权益的，判决不得执行该执行标的；

（二）案外人就执行标的不享有足以排除强制执行的民事权益的，判决驳回诉讼请求。

案外人同时提出确认其权利的诉讼请求的，人民法院可以在判决中一并作出裁判。

第三百一十四条第一款　对案外人执行异议之诉，人民法院判决不得对执行标的执行的，执行异议裁定失效。

2. 民事判决书（申请执行人执行异议之诉用）

××××人民法院
民事判决书

（××××）……民初……号

原告（申请执行人）：×××，……。

……

被告（案外人）：×××，……。

……

被告/第三人（被执行人）：×××，……。

……

（以上写明当事人和其他诉讼参加人的姓名或者名称等基本信息）

原告×××与被告×××、被告/第三人×××申请执行人执行异议之诉一案，本院于××××年××月××日立案后，依法适用普通程序，公开/因涉及……（写明不公开开庭的理由）不公开开庭进行了审理。原告×××、被告×××、被告/第三人×××（写明当事人和其他诉讼参加人的诉讼地位和姓名或者名称）到庭参加诉讼。本案现已审理终结。

×××向本院提出诉讼请求：准许执行……（××××）……号……（写明制作单位、案号、文书名称和具体执行标的）。事实和理由：……（概述原告主张的事实和理由）。

×××辩称，……（概述被告答辩意见）。

×××诉/述称，……（概述第三人陈述意见）。

当事人围绕诉讼请求依法提交了证据，本院组织当事人进行了证据交换和质证。对当事人无异议的证据，本院予以确认并在卷佐证。对有争议的……证据和事实，本院认定如下：……（写明法院是否采信证据，事实认定的意见和理由）。

本院认为，……（围绕争议焦点，根据认定的事实和相关法律，对是否准许对执行标的执行进行分析评判,说明理由)。

综上所述,……(对申请执行人执行异议之诉是否应予支持总结评述)。依照……(写明法律文件名称及其条款项序号)、《中华人民共和国民事诉讼法》第二百二十七条、《最高人民法院关于适用〈中华人民共和国民事诉讼法〉的解释》第三百一十三条规定,判决如下:

(案外人就执行标的不享有足以排除强制执行的民事权益的,写明:)准许执行……(××××)……号……(写明制作单位、案号、文书名称和执行标的)。

(案外人就执行标的享有足以排除强制执行的民事权益的,写明:)驳回×××的诉讼请求。

案件受理费……元,由……负担(写明当事人姓名或者名称、负担金额)。

如不服本判决,可以在判决书送达之日起十五日内,向本院递交上诉状,并按对方当事人或者代表人的人数提出副本,上诉于××××人民法院。

(准许执行的,写明:)本院(××××)……执异……号执行异议裁定于本判决生效时自动失效。

审　判　长　×××
审　判　员　×××
审　判　员　×××
××××年××月××日
(院印)
书　记　员　×××

【说　明】

1. 本样式根据《中华人民共和国民事诉讼法》第二百二十七条以及《最高人民法院关于适用〈中华人民共和国民事诉讼法〉的解释》第三百零四条、第三百零六条、第三百零八条、第三百一十条、第三百一十一条、第三百一十三条、第三百一十四条第二款制定,供执行法院适用第一审普通程序审理申请执行人执行异议之诉案件作出判决用。

2. 案号类型代字为"民初"。

3. 申请执行人提起执行异议之诉,除符合《中华人民共和国民事诉讼法》第一百一十九条规定外，还应当具备下列条件：（1）依案外人执行异议申请，人民法院裁定中止执行；（2）有明确的对执行标的继续执行的诉讼请求，且诉讼请求与原判决、裁定无关；（3）自执行异议裁定送达之日起十五日内提起。

4. 申请执行人执行异议之诉，申请执行人列为原告，案外人列为被告。被执行人反对申请执行人主张的，以案外人和被执行人列为共同被告；被执行人不反对申请执行人主张的，可以列被执行人为第三人。在当事人诉讼地位后括注执行异议程序中的诉讼地位。

5. 人民法院审理执行异议之诉案件，适用普通程序，组成合议庭开庭审理。

6. 申请执行人执行异议之诉的判决主文分为两种：案外人就执行标的不享有足以排除强制执行的民事权益的，判决准许执行该执行标的；案外人就执行标的享有足以排除强制执行的民事权益的，判决驳回诉讼请求。

7. 对申请执行人执行异议之诉，人民法院判决准许对该执行标的执行的，执行异议裁定自动失效，执行法院可以根据申请执行人的申请或者依职权恢复执行。

【法律依据】

1. 《中华人民共和国民事诉讼法》（2017年6月27日）

第二百二十七条 执行过程中，案外人对执行标的提出书面异议的，人民法院应当自收到书面异议之日起十五日内审查，理由成立的，裁定中止对该标的的执行；理由不成立的，裁定驳回。案外人、当事人对裁定不服，认为原判决、裁定错误的，依照审判监督程序办理；与原判决、裁定无关的，可以自裁定送达之日起十五日内向人民法院提起诉讼。

2. 《最高人民法院关于适用〈中华人民共和国民事诉讼法〉的解释》（2020年12月29日）

第三百零四条 根据民事诉讼法第二百二十七条规定，案外人、当事人对执行异议裁定不服，自裁定送达之日起十五日内向人民法院提起执行异议之诉的，由执行法院管辖。

第三百零六条 申请执行人提起执行异议之诉，除符合民事诉讼法第一百一十九条规定外，还应当具备下列条件：

（一）依案外人执行异议申请，人民法院裁定中止执行；

（二）有明确的对执行标的继续执行的诉讼请求，且诉讼请求与原判决、裁定无关；

（三）自执行异议裁定送达之日起十五日内提起。

人民法院应当在收到起诉状之日起十五日内决定是否立案。

第三百零八条 申请执行人提起执行异议之诉的，以案外人为被告。被执行人反对申请执行人主张的，以案外人和被执行人为共同被告；被执行人不反对申请执行人主张的，可以列被执行人为第三人。

第三百一十条 人民法院审理执行异议之诉案件，适用普通程序。

第三百一十一条 案外人或者申请执行人提起执行异议之诉的，案外人应当就其对执行标的享有足以排除强制执行的民事权益承担举证证明责任。

第三百一十三条 对申请执行人提起的执行异议之诉，人民法院经审理，按照下列情形分别处理：

（一）案外人就执行标的不享有足以排除强制执行的民事权益的，判决准许执行该执行标的；

（二）案外人就执行标的享有足以排除强制执行的民事权益的，判决驳回诉讼请求。

第三百一十四条第二款 对申请执行人执行异议之诉，人民法院判决准许对该执行标的执行的，执行异议裁定失效，执行法院可以根据申请执行人的申请或者依职权恢复执行。

十六、第二审程序[①]

1. **民事判决书**（驳回上诉，维持原判用）

××××人民法院
民事判决书

（××××）……民终……号

上诉人（原审诉讼地位）：×××，……。
法定代理人/指定代理人/法定代表人/主要负责人：×××，……。
委托诉讼代理人：×××，……。
被上诉人（原审诉讼地位）：×××，……。
法定代理人/指定代理人/法定代表人/主要负责人：×××，……。
委托诉讼代理人：×××，……。
原审原告/被告/第三人：×××，……。
法定代理人/指定代理人/法定代表人/主要负责人：×××，……。
委托诉讼代理人：×××，……。
（以上写明当事人和其他诉讼参加人的姓名或者名称等基本信息）

上诉人×××因与被上诉人×××/上诉人×××及原审原告/被告/第三人×××……（写明案由）一案，不服××××人民法院（××××）……民初……号民事判决，向本院提起上诉。本院于××××年××月××日立案后，依法组成合议庭，开庭/因涉及……（写明不开庭的理由）不开庭进行

[①] 最高人民法院于2020年9月30日发布《民事诉讼程序繁简分流改革试点相关诉讼文书样式》，新增"8.民事裁定书（二审案件独任审理转为合议庭审理用）""12.民事判决书（二审案件独任审理用，以驳回上诉，维持原判为例）""15.二审案件独任审理通知书（通知当事人二审案件适用独任审理用）"样式。

了审理。上诉人×××、被上诉人×××、原审原告/被告/第三人×××（写明当事人和其他诉讼参加人的诉讼地位和姓名或者名称）到庭参加诉讼。本案现已审理终结。

×××上诉请求：……（写明上诉请求）。事实和理由：……（概述上诉人主张的事实和理由）。

×××辩称，……（概述被上诉人答辩意见）。

×××述称，……（概述原审原告/被告/第三人陈述意见）。

×××向一审法院起诉请求：……（写明原告/反诉原告/有独立请求权的第三人的诉讼请求）。

一审法院认定事实：……（概述一审认定的事实）。一审法院认为，……（概述一审裁判理由）。判决：……（写明一审判决主文）。

本院二审期间，当事人围绕上诉请求依法提交了证据。本院组织当事人进行了证据交换和质证（当事人没有提交新证据的，写明：二审中，当事人没有提交新证据）。对当事人二审争议的事实，本院认定如下：……（写明二审法院采信证据、认定事实的意见和理由，对一审查明相关事实的评判）。

本院认为，……（根据二审认定的案件事实和相关法律规定，对当事人的上诉请求进行分析评判，说明理由）。

综上所述，×××的上诉请求不能成立，应予驳回；一审判决认定事实清楚，适用法律正确，应予维持。依照《中华人民共和国民事诉讼法》第一百七十条第一款第一项规定，判决如下：

驳回上诉，维持原判。

二审案件受理费……元，由……负担（写明当事人姓名或者名称、负担金额）。

本判决为终审判决。

审 判 长　×××
审 判 员　×××
审 判 员　×××
×××年××月××日
（院印）
书 记 员　×××

【说 明】

1. 本样式根据《中华人民共和国民事诉讼法》第一百七十条等制定，供二审人民法院对当事人不服一审判决提起上诉的民事案件，按照第二审程序审理终结，就案件的实体问题依法维持原判用。

2. 上诉人在一审诉讼地位有两个的，按照本诉、反诉的顺序列明，中间以顿号分割。例如上诉人（原审被告、反诉原告）。

3. 有多个上诉人或者被上诉人的，相同身份的当事人之间，以顿号分割。双方当事人提起上诉的，均列为上诉人。写明：上诉人×××、×××因与上诉人×××（列在最后的上诉人写明上诉人的身份，用"因与"与前列当事人连接）。原审其他当事人按照一审判决列明的顺序写明，用顿号分割。

4. 多个当事人上诉的，按照上诉请求、针对该上诉请求的答辩的顺序，分别写明。如当事人未答辩的，也要写明。

5. 一审认定事实清楚、当事人对一审认定事实问题没有争议的，写明：本院对一审查明的事实予以确认。一审查明事实有遗漏或者错误的，应当写明相应的评判。

6. 判决结果分不同情形写明

情形一：一审判决认定事实清楚，适用法律正确，维持原判的，写明：

综上所述，×××的上诉请求不能成立，一审判决认定事实清楚，适用法律正确。本院依照《中华人民共和国民事诉讼法》第一百七十条第一款第一项规定，判决如下：

驳回上诉，维持原判。

情形二：一审判决认定事实或者适用法律虽有瑕疵，但裁判结果正确，维持原判的，写明：

综上，一审判决认定事实……（对一审认定事实作出概括评价，如存在瑕疵应指出）、适用法律……（对一审适用法律作出概括评价，如存在瑕疵应指出），但裁判结果正确，故对×××的上诉请求不予支持。依照《中华人民共和国×××法》第×条（适用法律有瑕疵的，应当引用实体法）、《中华人民共和国民事诉讼法》第一百七十条第一款第一项、《最高人民法院关于适用〈中华人民共和国民事诉讼法〉的解释》第三百三十四条规定，判决如下：

驳回上诉，维持原判。

7. 维持原判，对一审诉讼费用负担问题不需调整的，不必重复一审诉讼费负担。如一审诉讼费负担错误需要调整的，应当予以纠正。

8. 按本样式制作判决书时，可以参考第一审适用普通程序民事判决书样式的说明。

【法律依据】

《中华人民共和国民事诉讼法》（2017 年 6 月 27 日）

第一百七十条　第二审人民法院对上诉案件，经过审理，按照下列情形，分别处理：

（一）原判决、裁定认定事实清楚，适用法律正确的，以判决、裁定方式驳回上诉，维持原判决、裁定；

（二）原判决、裁定认定事实错误或者适用法律错误的，以判决、裁定方式依法改判、撤销或者变更；

（三）原判决认定基本事实不清的，裁定撤销原判决，发回原审人民法院重审，或者查清事实后改判；

（四）原判决遗漏当事人或者违法缺席判决等严重违反法定程序的，裁定撤销原判决，发回原审人民法院重审。

原审人民法院对发回重审的案件作出判决后，当事人提起上诉的，第二审人民法院不得再次发回重审。

2. 民事判决书（二审改判用）

××××人民法院
民事判决书

（××××）……民终……号

上诉人（原审诉讼地位）：×××，……。
……

被上诉人（原审诉讼地位）：×××，……。
……

原审原告/被告/第三人：×××，……。
……

（以上写明当事人和其他诉讼参加人的姓名或者名称等基本信息）

上诉人×××因与被上诉人×××/上诉人×××及原审原告/被告/第三人×××……（写明案由）一案，不服××××人民法院（××××）……民初……号民事判决，向本院提起上诉。本院于××××年××月××日立案后，依法组成合议庭，开庭/因涉及……（写明不开庭的理由）不开庭进行了审理。上诉人×××、被上诉人×××、原审原告/被告/第三人×××（写明当事人和其他诉讼参加人的诉讼地位和姓名或者名称）到庭参加诉讼。本案现已审理终结。

×××上诉请求：……（写明上诉请求）。事实和理由：……（概述上诉人主张的事实和理由）。

×××辩称，……（概述被上诉人答辩意见）。

×××述称，……（概述原审原告/被告/第三人陈述意见）。

×××向一审法院起诉请求：……（写明原告/反诉原告/有独立请求权的第三人的诉讼请求）。

一审法院认定事实：……（概述一审认定的事实）。一审法院认为，……（概述一审裁判理由）。判决：……（写明一审判决主文）。

本院二审期间，当事人围绕上诉请求依法提交了证据。本院组织当事人进行了证据交换和质证（当事人没有提交新证据的，写明：二审中，当事人没有提交新证据）。对当事人二审争议的事实，本院认定如下：……（写明二审法院是否采信证据、认定事实的意见和理由，对一审查明相关事实的评判）。

本院认为，……（根据二审认定的案件事实和相关法律规定，对当事人的上诉请求进行分析评判，说明理由）。

综上所述，×××的上诉请求成立，予以支持。依照《中华人民共和国×××法》第×条（适用法律错误的，应当引用实体法）、《中华人民共和国民事诉讼法》第一百七十条第一款第×项规定，判决如下：

一、撤销××××人民法院（××××）……民初……号民事判决；

二、……（写明改判内容）。

二审案件受理费……元，由……负担（写明当事人姓名或者名称、负担金额）。

本判决为终审判决。

审　判　长　×××
审　判　员　×××
审　判　员　×××
××××年××月××日
（院印）
书　记　员　×××

【说　明】

1. 本样式根据《中华人民共和国民事诉讼法》第一百七十条等制定，供二审人民法院对当事人不服一审判决提起上诉的民事案件，按照第二审程序审理终结，就案件的实体问题依法改判用。

2. 二审判决主文按照撤销、改判的顺序写明。

一审判决主文有给付内容，但未明确履行期限的，二审判决应当予以纠正。

判决承担利息，当事人提出具体请求数额的，二审法院可以根据当事人请求的数额作出相应判决；当事人没有提出具体请求数额的，可以表述为"按……利率，自××××年××月××日起计算至××××年××月××日止"。

3. 二审对一审判决进行改判的，应当对一审判决中驳回其他诉讼请求的判项一并进行处理，如果驳回其他诉讼请求的内容和范围发生变化的，应撤销原判中驳回其他诉讼请求的判项，重新作出驳回其他诉讼请求的判项。

4. 因为出现新的证据导致事实认定发生变化而改判的，需要加以说明。人民法院依法在上诉请求范围之外改判的，也应加以说明。

5. 按本样式制作二审民事判决书时，可以参考驳回上诉，维持原判用二审民事判决书样式的说明。

【法律依据】

《中华人民共和国民事诉讼法》（2017年6月27日）

第一百七十条　第二审人民法院对上诉案件，经过审理，按照下列情形，分别处理：

（一）原判决、裁定认定事实清楚，适用法律正确的，以判决、裁定方式驳回上诉，维持原判决、裁定；

（二）原判决、裁定认定事实错误或者适用法律错误的，以判决、裁定方式依法改判、撤销或者变更；

（三）原判决认定基本事实不清的，裁定撤销原判决，发回原审人民法院重审，或者查清事实后改判；

（四）原判决遗漏当事人或者违法缺席判决等严重违反法定程序的，裁定撤销原判决，发回原审人民法院重审。

原审人民法院对发回重审的案件作出判决后，当事人提起上诉的，第二审人民法院不得再次发回重审。

3. 民事判决书（部分改判用）

××××人民法院
民事判决书

（××××）……民终……号

上诉人（原审诉讼地位）：×××，……。

……

被上诉人（原审诉讼地位）：×××，……。

……

原审原告/被告/第三人：×××，……。

……

（以上写明当事人和其他诉讼参加人的姓名或者名称等基本信息）

上诉人×××因与被上诉人×××/上诉人×××及原审原告/被告/第三人×××……（写明案由）一案，不服××××人民法院（××××）……民初……号民事判决，向本院提起上诉。本院于××××年××月××日立案后，依法组成合议庭，开庭/因涉及……（写明不开庭的理由）不开庭进行了审理。上诉人×××、被上诉人×××、原审原告/被告/第三人×××（写明当事人和其他诉讼参加人的诉讼地位和姓名或者名称）到庭参加诉讼。本案现已审理终结。

×××上诉请求：……（写明上诉请求）。事实和理由：……（概述上诉人主张的事实和理由）。

×××辩称，……（概述被上诉人答辩意见）。

×××述称，……（概述原审原告/被告/第三人陈述意见）。

×××向一审法院起诉请求：……（写明原告/反诉原告/有独立请求权的第三人的诉讼请求）。

一审法院认定事实：……（概述一审认定的事实）。一审法院认为，……（概述一审裁判理由）。判决：……（写明一审判决主文）。

本院二审期间，当事人围绕上诉请求依法提交了证据。本院组织当事人进行了证据交换和质证（当事人没有提交新证据的，写明：二审中，当事人没有提交新证据）。对当事人二审争议的事实，本院认定如下：……（写明二审法院是否采信证据、认定事实的意见和理由，对一审查明相关事实的评判）。

本院认为，……（根据二审认定的案件事实和相关法律规定，对当事人的上诉请求进行分析评判，说明理由）。

综上所述，×××的上诉请求部分成立。本院依照《中华人民共和国×××法》第×条（适用法律错误的，应当引用实体法）、《中华人民共和国民事诉讼法》第一百七十条第一款第×项规定，判决如下：

一、维持××××人民法院（××××）……民初……号民事判决第×项（对一审维持判项，逐一写明）；

二、撤销××××人民法院（××××）……民初……号民事判决第×项（将一审判决错误判项逐一撤销）；

三、变更××××人民法院（××××）……民初……号民事判决第×项为……；

四、……（写明新增判项）。

一审案件受理费……元，由……负担（写明当事人姓名或者名称、负担金额）。二审案件受理费……元，由……负担（写明当事人姓名或者名称、负担金额）。

本判决为终审判决。

审　判　长　×××
审　判　员　×××
审　判　员　×××
××××年××月××日
（院印）
书　记　员　×××

【说　明】

1. 本样式供二审人民法院对当事人不服一审判决提起上诉的民事案件，按照第二审程序审理终结，就案件的实体问题依法作出部分改判用。

2. 二审判决主文按照维持、撤销、变更、增判的顺序写明。

3. 二审对一审判决进行改判的，应当对一审判决中驳回其他诉讼请求的判项一并进行处理，如果驳回其他诉讼请求的内容和范围发生变化的，应撤销原判中驳回其他诉讼请求的判项，重新作出驳回其他诉讼请求的判项。

4. 按本样式制作二审民事判决书时，可以参考驳回上诉，维持原判用及二审改判用二审民事判决书样式的说明。

4. 民事裁定书（二审发回重审用）

××××人民法院
民事裁定书

（××××）……民终……号

上诉人（原审诉讼地位）：×××，……。

……

被上诉人（原审诉讼地位）：×××，……。

……

原审原告/被告/第三人：×××，……。

……

（以上写明当事人和其他诉讼参加人的姓名或者名称等基本信息）

上诉人×××因与被上诉人×××/上诉人×××及原审原告/被告/第三人×××……（写明案由）一案，不服××××人民法院（××××）……民初……号民事判决，向本院提起上诉。本院依法组成合议庭对本案进行了审理。

本院认为，……（写明原判决认定基本事实不清或者严重违反法定程序的问题）。依照《中华人民共和国民事诉讼法》第一百七十条第一款第×项规定，裁定如下：

一、撤销××××人民法院（××××）……民初……号民事判决；

二、本案发回××××人民法院重审。

上诉人×××预交的二审案件受理费……元予以退回。

审　判　长　×××
审　判　员　×××
审　判　员　×××
××××年××月××日
（院印）
书　记　员　×××

【说　明】

1. 本样式供上一级人民法院在对民事二审案件进行审理时，发现一审判决存在认定基本事实不清，或者严重违反法定程序的情形，发回一审法院重审用。如果一审判决认定基本事实不清被发回重审的，引用《中华人民共和国民事诉讼法》第一百七十条第一款第三项；如一审判决严重违反法定程序被发回重审的，引用《中华人民共和国民事诉讼法》第一百七十条第一款第四项。

2. 本裁定书不写当事人起诉情况以及二审认定事实情况，应全面阐述发回重审的理由，不再另附函。

【法律依据】

《中华人民共和国民事诉讼法》（2017年6月27日）

第一百七十条　第二审人民法院对上诉案件，经过审理，按照下列情形，分别处理：

（一）原判决、裁定认定事实清楚，适用法律正确的，以判决、裁定方式驳回上诉，维持原判决、裁定；

（二）原判决、裁定认定事实错误或者适用法律错误的，以判决、裁定方式依法改判、撤销或者变更；

（三）原判决认定基本事实不清的，裁定撤销原判决，发回原审人民法院重审，或者查清事实后改判；

（四）原判决遗漏当事人或者违法缺席判决等严重违反法定程序的，裁定撤销原判决，发回原审人民法院重审。

原审人民法院对发回重审的案件作出判决后，当事人提起上诉的，第二审人民法院不得再次发回重审。

5. 民事裁定书（二审准许撤回上诉用）

××××人民法院
民事裁定书

（××××）……民终……号

上诉人（原审诉讼地位）：×××，……。
……
被上诉人（原审诉讼地位）：×××，……。
……
原审原告/被告/第三人：×××，……。
……
（以上写明当事人和其他诉讼参加人的姓名或者名称等基本信息）

上诉人×××因与被上诉人×××/上诉人×××及原审原告/被告/第三人×××……（写明案由）一案，不服××××人民法院（××××）……民初……号民事判决/裁定，向本院提起上诉。本院依法组成合议庭对本案进行了审理。

本院审理过程中，……（简要写明上诉人提出撤回其上诉的情况，包括时间和理由）。

本院认为，×××在本案审理期间提出撤回上诉的请求，不违反法律规定，本院予以准许。依照《中华人民共和国民事诉讼法》第一百七十三条规定，裁定如下：

准许×××撤回上诉。一审判决/裁定自本裁定书送达之日起发生法律效力。

二审案件受理费……元，减半收取……元，由上诉人……负担（如一审为裁定案件，则无需写诉讼费用负担情况）。

本裁定为终审裁定。

审　判　长　×××
审　判　员　×××
审　判　员　×××
××××年××月××日
（院印）
书　记　员　×××

【说　明】

1. 本样式供上一级人民法院在审理上诉案件过程中，当事人提出撤回上诉申请的，人民法院准许用。

2. 本裁定书应写明准许撤回上诉的理由。

6. 民事裁定书（二审不准许撤回上诉用）

××××人民法院
民事裁定书

（××××）……民终……号

上诉人（原审诉讼地位）：×××，……。

……

被上诉人（原审诉讼地位）：×××，……。

……

原审原告/被告/第三人：×××，……。

……

（以上写明当事人和其他诉讼参加人的姓名或者名称等基本信息）

上诉人×××因与被上诉人×××/上诉人×××及原审原告/被告/第三人×××……（写明案由）一案，不服××××人民法院（××××）……民初……号民事判决，向本院提起上诉。本院依法组成合议庭对本案进行了审理。

本院审理过程中，……（简要写明上诉人提出撤回其上诉的情况，包括时间和理由）。

本院认为，×××虽在本案审理期间提出撤回上诉的请求，但经审查，……（写明不准许撤回上诉的理由）。

依照《中华人民共和国民事诉讼法》第一百七十三条、《最高人民法院关于适用〈中华人民共和国民事诉讼法〉的解释》第三百三十七条规定，裁定如下：

不准许×××（写明上诉人的姓名或名称）撤回上诉。

审　判　长　×××
审　判　员　×××
审　判　员　×××
××××年××月××日
(院印)
书　记　员　×××

【说　明】

1. 本样式供上一级人民法院在审理上诉案件过程中，当事人提出撤回上诉申请的，人民法院不准许撤回上诉用。

2. 本裁定书应写明不准许撤回上诉的理由。

7. 民事裁定书（未交二审案件受理费按撤回上诉处理用）

××××人民法院
民事裁定书

（××××）……民终……号

上诉人（原审诉讼地位）：×××，……。

……

被上诉人（原审诉讼地位）：×××，……。

……

原审原告/被告/第三人：×××，……。

……

（以上写明当事人和其他诉讼参加人的姓名或者名称等基本信息）

上诉人×××因与被上诉人×××/上诉人×××及原审原告/被告/第三人×××……（写明案由）一案，不服××××人民法院（××××）……民初……号民事判决/裁定，向本院提起上诉。本院依法组成合议庭对本案进行了审理。

本院审理过程中，……（简要写明上诉人收到法院催缴案件受理费的通知后仍不予缴纳，或申请减缓免未获准的情况）。依照《中华人民共和国民事诉讼法》第一百五十四条第一款第十一项、《最高人民法院关于适用〈中华人民共和国民事诉讼法〉的解释》第三百二十条规定，裁定如下：

本案按上诉人×××自动撤回上诉处理。一审判决/裁定自本裁定书送达之日起发生法律效力。

本裁定为终审裁定。

审　判　长　×××
审　判　员　×××
审　判　员　×××
××××年××月××日
（院印）
书　记　员　×××

【说　明】

本样式供上一级人民法院在审理上诉案件过程中，上诉人收到法院催缴案件受理费的通知后仍不予缴纳或申请减缓免未获准，人民法院按其自动撤回上诉处理用。

8. 民事裁定书（不参加二审诉讼按撤回上诉处理用）

××××人民法院
民事裁定书

（××××）……民终……号

上诉人（原审诉讼地位）：×××，……。
……
被上诉人（原审诉讼地位）：×××，……。
……
原审原告/被告/第三人：×××，……。
……
（以上写明当事人和其他诉讼参加人的姓名或者名称等基本信息）

上诉人×××因与被上诉人×××/上诉人×××及原审原告/被告/第三人××××……（写明案由）一案，不服××××人民法院（××××）……民初……号民事判决/裁定，向本院提起上诉。本院依法组成合议庭对本案进行了审理。

本院审理过程中，……（简要写明上诉人经传票传唤无正当理由拒不出庭的事实）。依照《中华人民共和国民事诉讼法》第一百四十三条、第一百五十四条第一款第十一项、第一百七十四条规定，裁定如下：

本案按上诉人×××撤回上诉处理。一审判决/裁定自本裁定书送达之日起发生法律效力。

二审案件受理费……元，减半收取……元，由上诉人×××负担。

本裁定为终审裁定。

审 判 长 ×××
审 判 员 ×××
审 判 员 ×××
××××年××月××日
（院印）
书 记 员 ×××

【说　明】

　　本样式供上一级人民法院在审理上诉案件过程中，上诉人经传票传唤无正当理由拒不出庭，人民法院按其撤回上诉处理用。

9. 民事裁定书（二审准许或不准许撤回起诉用）

××××人民法院
民事裁定书

（××××）……民终……号

上诉人（原审诉讼地位）：×××，……。

……

被上诉人（原审诉讼地位）：×××，……。

……

原审原告/被告/第三人：×××，……。

……

（以上写明当事人和其他诉讼参加人的姓名或者名称等基本信息）

上诉人×××因与被上诉人×××/上诉人×××及原审原告/被告/第三人×××……（写明案由）一案，不服××××人民法院（××××）……民初……号民事判决/裁定，向本院提起上诉。本院依法组成合议庭对本案进行了审理。

本院审理过程中，……（简要写明一审原告提出撤回其起诉的情况，包括时间、理由等内容）。

本院认为，上诉人×××在本案审理期间提出撤回起诉的请求，已经其他当事人同意，且不损害国家利益、社会公共利益、他人合法权益，本院予以准许。（如果审查后不准许撤回起诉的，则写明不准许撤回起诉的理由）。依照《中华人民共和国民事诉讼法》第一百五十四条第一款第五项、《最高人民法院关于适用〈中华人民共和国民事诉讼法〉的解释》第三百三十八条规定，裁定如下：

（准许撤回起诉的，写明:）

一、撤销××××人民法院（××××）……民初……号民事判决/裁定；

二、准许×××（写明原审原告的姓名或名称）撤回起诉。

一审案件受理费……元，减半收取……元，由×××（写明原审原告的姓名或名称）负担。二审案件受理费……元，减半收取……元，由……（写明原审原告的姓名或名称）负担。

本裁定为终审裁定。

（不准许撤回起诉的，写明：）

不准许×××（写明原审原告的姓名或名称）撤回起诉。

审　判　长　×××
审　判　员　×××
审　判　员　×××
××××年××月××日
（院印）
书　记　员　×××

【说　明】

1. 本样式供上一级人民法院在审理上诉案件过程中，原审原告提出撤回起诉申请的，人民法院准许或者不准许用。

2. 本裁定书应写明准许或者不准许撤回起诉的理由。

10. 民事裁定书（二审维持不予受理裁定用）

××××人民法院
民事裁定书

（××××）……民终……号

上诉人（一审起诉人）：×××，……。

……

（以上写明上诉人及其诉讼代理人的姓名或者名称等基本信息）

上诉人×××因……（写明案由）一案，不服××××人民法院（××××）……民初……号民事裁定，向本院提起上诉。本院依法组成合议庭对本案进行了审理。

×××上诉请求：……（写明上诉请求）。事实和理由：……（概述上诉人主张的事实和理由）。

本院认为：……（对上诉人的上诉请求及相关事由和理由进行分析评判，阐明一审裁定不予受理正确，上诉请求应予驳回的理由）。

综上，×××的上诉请求不能成立，一审裁定认定事实清楚、适用法律正确，本院依照《中华人民共和国民事诉讼法》第一百七十条第一款第一项、第一百七十一条规定，裁定如下：

驳回上诉，维持原裁定。

本裁定为终审裁定。

审　判　长　×××
审　判　员　×××
审　判　员　×××
××××年××月××日
（院印）
书　记　员　×××

【说　明】

本样式供上一级人民法院在对当事人不服第一审人民法院作出的不予受理裁定案件审理后,认为上诉人的上诉请求不能成立,维持原裁定用。

11. 民事裁定书（二审指令立案受理用）

××××人民法院
民事裁定书

（××××）……民终……号

上诉人（一审起诉人）：×××，……。

……

（以上写明上诉人及其代理人的姓名或者名称等基本信息）

上诉人×××因……（写明案由）一案，不服××××人民法院（××××）……民初……号民事裁定，向本院提起上诉。本院依法组成合议庭对本案进行了审理。

×××上诉请求：……（写明上诉请求）。事实和理由：……（概述上诉人主张的事实和理由）。

本院审理查明，……（二审查明的事实与一审查明的事实一致，没有新的证据和事实的，该部分可以不作表述）。

本院认为：……（简要写明指令立案受理的理由）。依照《中华人民共和国民事诉讼法》第一百七十一条、《最高人民法院关于适用〈中华人民共和国民事诉讼法〉的解释》第三百三十二条规定，裁定如下：

一、撤销××××人民法院（××××）……民初……号民事裁定；

二、本案指令××××人民法院立案受理。

本裁定为终审裁定。

审　判　长　×××
审　判　员　×××
审　判　员　×××
××××年××月××日
（院印）
书　记　员　×××

【说　明】

本样式供上一级人民法院在对第一审人民法院作出的不予受理裁定进行审理时，发现不予受理裁定有错误，指令一审法院立案受理用。

12. 民事裁定书（二审维持驳回起诉裁定用）

××××人民法院
民事裁定书

（××××）……民终……号

上诉人（原审诉讼地位）：×××，……。
……
被上诉人（原审诉讼地位）：×××，……。
……
原审原告/被告/第三人：×××，……。
……
（以上写明当事人和其他诉讼参加人的姓名或者名称等基本信息）

上诉人×××因与被上诉人×××/上诉人×××及原审原告/被告/第三人×××……（写明案由）一案，不服××××人民法院（××××）……民初……号民事裁定，向本院提起上诉。本院于××××年××月××日立案后，依法组成合议庭审理了本案。上诉人×××、被上诉人×××、原审原告/被告/第三人×××（写明当事人和其他诉讼参加人的诉讼地位和姓名或者名称）到庭参加诉讼。本案现已审理终结。

×××上诉请求：……（写明上诉请求）。事实和理由：……（概述上诉人主张的事实和理由）。

×××辩称，……（概述被上诉人答辩意见）。

×××述称，……（概述原审原告/被告/第三人陈述意见）。

×××向一审法院起诉请求：……（写明原告/反诉原告/有独立请求权的第三人的诉讼请求）。

一审法院认定事实：……（概述一审认定的事实）。一审法院认为，……（概述一审裁判理由）。裁定：……（写明一审裁定主文）。

本院审理查明，……（二审查明的事实与一审查明的事实一致，没有新的证据和事实的，该部分可以不作表述）。

本院认为：……（针对上诉人的上诉请求及相关事由和理由进行分析评判，阐明应予驳回的理由）。

综上，×××的上诉请求不能成立，一审裁定认定事实清楚、适用法律正确，依照《中华人民共和国民事诉讼法》第一百七十条第一款第一项、第一百七十一条规定，裁定如下：

驳回上诉，维持原裁定。

本裁定为终审裁定。

审　判　长　×××
审　判　员　×××
审　判　员　×××
××××年××月××日
（院印）
书　记　员　×××

【说　明】

本样式供上一级人民法院在对当事人不服第一审人民法院作出的驳回起诉裁定案件审理后，认为上诉人的上诉请求不能成立，维持原裁定用。

13. **民事裁定书**（二审指令审理用）

××××人民法院
民事裁定书

（××××）……民终……号

上诉人（原审诉讼地位）：×××，……。
……
被上诉人（原审诉讼地位）：×××，……。
……
原审原告/被告/第三人：×××，……。
……
（以上写明当事人和其他诉讼参加人的姓名或者名称等基本信息）

上诉人×××因与被上诉人×××/上诉人×××及原审原告/被告/第三人×××……（写明案由）一案，不服××××人民法院（××××）……民初……号民事裁定，向本院提起上诉。本院依法组成合议庭对本案进行了审理。

×××上诉请求：……（写明上诉请求）。事实和理由：……（概述上诉人主张的事实和理由）。

×××辩称，……（概述被上诉人答辩意见）。

×××述称，……（概述原审原告/被告/第三人陈述意见）。

×××向一审法院起诉请求：……（写明原告/反诉原告/有独立请求权的第三人的诉讼请求）。

一审法院认定事实：……（概述一审认定的事实）。一审法院认为，……（概述一审裁判理由）。裁定：……（写明一审裁定主文）。

本院审理查明，……（二审查明的事实与一审查明的事实一致，没有新的证据和事实的，该部分可以不作表述）。

本院认为，……（写明指令审理的理由）。依照《中华人民共和国民事诉讼法》第一百七十一条、《最高人民法院关于适用〈中华人民共和国民事诉讼法〉的解释》第三百三十二条规定，裁定如下：

一、撤销××××人民法院（××××）……民初……号民事裁定；

二、本案指令××××人民法院审理。

本裁定为终审裁定。

审　判　长　×××
审　判　员　×××
审　判　员　×××
××××年××月××日
（院印）
书　记　员　×××

【说　明】

1. 本样式供上一级人民法院在对当事人不服第一审人民法院作出的驳回起诉裁定案件审理时，发现驳回起诉裁定有错误，指令一审法院审理用。

2. 本裁定书应简要写明指令审理的理由。

14. 民事裁定书（二审驳回起诉用）

××××人民法院
民事裁定书

（××××）……民终……号

上诉人（原审诉讼地位）：×××，……。
……

被上诉人（原审诉讼地位）：×××，……。
……

原审原告/被告/第三人：×××，……。
……

（以上写明当事人和其他诉讼参加人的姓名或者名称等基本信息）

上诉人×××因与被上诉人×××/上诉人×××及原审原告/被告/第三人×××……（写明案由）一案，不服××××人民法院（××××）……民初……号民事判决，向本院提起上诉。本院依法组成合议庭对本案进行了审理。本案现已审理终结。

×××上诉请求：……（写明上诉请求）。事实和理由：……（概述上诉人主张的事实和理由）。

×××辩称，……（概述被上诉人答辩意见）。

×××述称，……（概述原审原告/被告/第三人陈述意见）。

×××向一审法院起诉请求：……（写明原告/反诉原告/有独立请求权的第三人的诉讼请求）。

一审法院认定事实：……（概述一审认定的事实）。一审法院认为，……（概述一审裁判理由）。判决：……（写明一审判决主文）。

本院审理查明，……（写明与驳回起诉有关的事实）。

本院认为：……（写明驳回起诉的理由）。依照《最高人民法院关于适用〈中华人民共和国民事诉讼法〉的解释》第三百三十条规定，裁定如下：

一、撤销××××人民法院（××××）……民初……号民事判决；

二、驳回×××（写明一审原告的姓名或名称）的起诉。

一审案件受理费……元，退还（一审原告）×××；上诉人×××预交的二审案件受理费……元予以退还。

本裁定为终审裁定。

审　判　长　×××

审　判　员　×××

审　判　员　×××

××××年××月××日

（院印）

书　记　员　×××

【说　明】

1. 本样式供上一级人民法院在对民事二审案件进行审理时，发现该案依法不应由人民法院受理，驳回当事人起诉用。

2. 本裁定书应写明驳回起诉的理由。

15. 二审受理案件通知书（通知上诉人用）

××××人民法院
受理案件通知书

（××××）……民终……号

×××（写明上诉人的姓名或者名称）：

你（你公司/单位）因与×××（写明对方当事人的姓名或者名称）、×××（写明一审其他当事人的姓名或者名称）……（写明案由）一案，不服××××人民法院作出的（××××）……民初……号民事判决/裁定，向本院提起上诉。一审法院已经将一审案卷及上诉状报送本院。经审查，本院决定受理该上诉案件，现将有关事项通知如下：

一、你（你公司/单位）应向本院提交身份证明复印件（若为公司或单位应提交营业执照副本复印件、法定代表人身份证明书）；如需委托代理人代理诉讼，应向本院提交授权委托书（委托书应写明授权范围）。（涉外案件中还应写明：在中华人民共和国领域内没有住所的外国人、无国籍人、外国企业和组织委托中华人民共和国律师或者他人代理诉讼，应当依照《中华人民共和国民事诉讼法》第二百六十四条规定，办理相应的公证、认证手续。）

二、你方可以向本院提供与该案有关的证据。

（以上材料请用 A4 纸提交，左侧留出 3 厘米装订空白）

三、当事人参加诉讼，必须依法行使诉讼权利，遵守诉讼秩序。

四、本案二审合议庭由审判长×××、审判员×××、审判员×××组成。书记员由×××担任。

五、根据《最高人民法院关于人民法院在互联网公布裁判文书的规定》，本院作出的生效裁判文书将在中国裁判文书网上公布。如果你（公司/单位）认为案件涉及个人隐私或商业秘密，申请对裁判文书中的有关内容进行技术处理或者申请不予公布的，至迟应在裁判文书送达之日起三日内以书面形式提出并说明具体理由。经我院审查认为理由正当的，可以在公布裁判文书时隐去相关内容或不予公布。

　　联系人：……（写明姓名、部门、职务）

　　联系电话：……

　　联系地址：……

　　特此通知。

××××年××月××日

（院印）

【说　明】

本样式供二审人民法院受理当事人提起上诉后，通知上诉人用。

16. 二审应诉通知书（通知被上诉人用）

×××× 人民法院
应诉通知书

（××××）……民终……号

×××（写明被上诉人的姓名或者名称）：

×××（写明上诉人的姓名或名称）因与你（你公司/单位）、×××（写明一审其他当事人的姓名或者名称）……（写明案由）一案，不服××××人民法院于××××年××月××日作出的（××××）……民初……号民事判决/裁定，向本院提起上诉。一审法院已经将一审案卷及上诉状报送本院。经审查，本院决定受理该上诉案件，现将有关事项通知如下：

一、你（你公司/单位）应向本院提交身份证明复印件（若为公司或单位应提交营业执照副本复印件、法定代表人身份证明书）；如需委托代理人代理诉讼，应向本院提交授权委托书（委托书应写明授权范围）。（如系涉外案件，应写明：在中华人民共和国领域内没有住所的外国人、无国籍人、外国企业和组织委托中华人民共和国律师或者他人代理诉讼，应当依照《中华人民共和国民事诉讼法》第二百六十四条规定，办理相应的公证、认证手续。）

二、你方可以向本院提供与该案有关的证据。

（以上材料请用 A4 纸提交，左侧留出 3 厘米装订空白）

三、当事人参加诉讼，必须依法行使诉讼权利，遵守诉讼秩序。

四、本案二审合议庭由审判长×××、审判员×××、审判员×××组成。书记员由×××担任。

五、根据《最高人民法院关于人民法院在互联网公布裁判文书的规定》，本院作出的生效裁判文书将在中国裁判文书网上公布。如果你（公司/单位）认为案件涉及个人隐私或商业秘密，申请对裁判文书中的有关内容进行技术处理或者申请不予公布的，至迟应在裁判文书送达之日起三日内以书面形式提出并说明具体理由。经我院审查认为理由正当的，可以在公布裁判文书时隐去相关内容或不予公布。

联系人：……（写明姓名、部门、职务）

联系电话：……

联系地址：……

特此通知。

附：1. 上诉状副本一份

2. 当事人送达地址确认书一份

××××年××月××日

（院印）

【说　明】

1. 本样式供二审人民法院受理上诉人提出上诉后，通知被上诉人用。

2. 根据《中华人民共和国民事诉讼法》第一百六十六条、一百六十七条规定，上诉状应当通过一审人民法院提出，一审人民法院在收到上诉状五日内将副本送达对方当事人，对方当事人在收到之日起十五日内提出答辩状。一审人民法院收到上诉状、答辩状，应当在五日内连同全部案卷和证据，报送第二审人民法院。

3. 为便于二审审理工作顺利开展，在向被上诉人发送应诉通知书及上诉状副本时，应当附当事人送达地址确认书。

【法律依据】

《中华人民共和国民事诉讼法》（2017年6月27日）

第一百六十六条　上诉状应当通过原审人民法院提出，并按照对方当事人或者代表人的人数提出副本。

当事人直接向第二审人民法院上诉的，第二审人民法院应当在五日内将上诉状移交原审人民法院。

第一百六十七条　原审人民法院收到上诉状，应当在五日内将上诉状副本送达对方当事人，对方当事人在收到之日起十五日内提出答辩状。人民法院应当在收到答辩状之日起五日内将副本送达上诉人。对方当事人不提出答辩状的，不影响人民法院审理。

原审人民法院收到上诉状、答辩状，应当在五日内连同全部案卷和证据，报送第二审人民法院。

17. 二审应诉通知书（通知一审其他当事人用）

××××人民法院
应诉通知书

（××××）……民终……号

×××（写明一审其他当事人的姓名或者名称）：

×××（写明上诉人的姓名或者名称）因与×××（写明被上诉人的姓名或者名称）以及你（你单位）……（写明案由）一案，不服××××人民法院于××××年××月××日作出的（××××）……民初……号民事判决/裁定，向本院提起上诉。一审法院已经将一审案卷及上诉状报送本院。经审查，本院决定受理该上诉案件，现将有关事项通知如下：

一、你（你公司/单位）应向本院提交身份证明复印件（若为公司或单位应提交营业执照副本复印件、法定代表人身份证明书）；如需委托代理人代理诉讼，应向本院提交授权委托书（委托书应写明授权范围）。（如系涉外案件，还应写明：在中华人民共和国领域内没有住所的外国人、无国籍人、外国企业和组织委托中华人民共和国律师或者他人代理诉讼，应当依照《中华人民共和国民事诉讼法》第二百六十四条规定，办理相应的公证、认证手续。）

二、你方可以向本院提供与该案有关的证据。

（以上材料请用A4纸提交，左侧留出3厘米装订空白）

三、当事人参加诉讼，必须依法行使诉讼权利，遵守诉讼秩序。

四、本案二审合议庭由审判长×××、审判员×××、审判员×××组成。书记员由×××担任。

五、根据《最高人民法院关于人民法院在互联网公布裁判文书的规定》，本院作出的生效裁判文书将在中国裁判文书网上公布。如果你（公司/单位）认为案件涉及个人隐私或商业秘密，申请对裁判文书中的有关内容进行技术处理或者申请不予公布的，至迟应在裁判文书送达之日起三日内以书面形式提出并说明具体理由。经我院审查认为理由正当的，可以在公布裁判文书时隐去相关内容或不予公布。

联系人：……（写明姓名、部门、职务）

联系电话：……

联系地址：……

特此通知。

附：1. 上诉状副本一份
    2. 当事人送达地址确认书一份

××××年××月××日

（院印）

【说　明】

1. 本样式供上一级人民法院受理上诉人提起的上诉后，通知一审其他当事人用。

2. 根据《中华人民共和国民事诉讼法》第一百六十六条、一百六十七条规定，上诉状应当通过一审人民法院提出，一审人民法院在收到上诉状五日内将副本送达对方当事人，对方当事人在收到之日起十五日内提出答辩状。一审人民法院收到上诉状、答辩状，应当在五日内连同全部案卷和证据，报送第二审人民法院。

3. 为便于二审审理工作顺利开展，在向一审其他当事人发送应诉通知书时，应当附当事人送达地址确认书。

【法律依据】

《中华人民共和国民事诉讼法》（2017年6月27日）

第一百六十六条　上诉状应当通过原审人民法院提出，并按照对方当事人或者代表人的人数提出副本。

当事人直接向第二审人民法院上诉的，第二审人民法院应当在五日内将上诉状移交原审人民法院。

第一百六十七条　原审人民法院收到上诉状，应当在五日内将上诉状副本送达对方当事人，对方当事人在收到之日起十五日内提出答辩状。人民法院应当在收到答辩状之日起五日内将副本送达上诉人。对方当事人不提出答辩状的,不影响人民法院审理。

原审人民法院收到上诉状、答辩状,应当在五日内连同全部案卷和证据,报送第二审人民法院。

18. 送交上诉状副本通知书（送对方当事人用）

××××人民法院
送交上诉状副本通知书

（××××）……民初……号

×××（写明对方当事人的姓名或者名称）：

本院受理……（写明当事人名称及案由）一案，于××××年××月××日作出（××××）……民初……号民事判决/裁定。×××不服，提出上诉。现送去上诉状副本一份，你可在收到上诉状副本之日起十五日内向本院递交答辩状（正本一份，副本×份），以便一并上报××××人民法院。

××××年××月××日

（院印）

【说　明】

1. 本样式供一审人民法院向提起上诉的民事案件的对方当事人送交上诉状副本时使用。

2. 送交本通知书及上诉状副本时应使用送达回证。

19. 上诉移送函（向二审人民法院移送案卷等材料用）

××××人民法院
报送上诉案件函

（××××）……民初……号

××××人民法院（第二审人民法院名称）：

本院××××年××月××日判决/裁定的（××××）……民初……号……（写明当事人及案由）一案，因×××（写明当事人姓名或者名称）不服，提出上诉。我院已将该案的上诉状副本送达×××（写明对方当事人的姓名或者名称）。×××（写明提出答辩状的当事人姓名或者名称）在收到上诉状副本之日起十五日内提出答辩状，本院已将答辩状副本送达×××（写明上诉人姓名或者名称）。

现将该案上诉状、答辩状以及全部案卷共计×卷，一并送上，请查收。

附件：1. 上诉状及送达回证
      2. 答辩状及送达回证
      3. （××××）××民初××号案卷共×卷
      4. 证据

××××年××月××日
（院印）

【说　明】

1. 本样式根据《中华人民共和国民事诉讼法》第一百六十七条制定，供一审人民法院向第二审人民法院移送上诉状、答辩状及案卷材料等用。

2. 移送案件时，如有未订入案卷的其他证据材料，应一并移送。

3. 如果对方当事人未提交答辩状的，可写明其未提交答辩状，不影响一审人民法院报送第二审人民法院。

【法律依据】

《中华人民共和国民事诉讼法》（2017年6月27日）

第一百六十七条 原审人民法院收到上诉状，应当在五日内将上诉状副本送达对方当事人，对方当事人在收到之日起十五日内提出答辩状。人民法院应当在收到答辩状之日起五日内将副本送达上诉人。对方当事人不提出答辩状的，不影响人民法院审理。

原审人民法院收到上诉状、答辩状，应当在五日内连同全部案卷和证据，报送第二审人民法院。

十七、非讼程序

（一）选民资格案件

1. 民事判决书（申请确定选民资格用）

××××人民法院
民事判决书

（××××）……民特……号

起诉人：×××，……。

……

（以上写明起诉人及其代理人的姓名或者名称等基本信息）

起诉人×××申请确定选民资格一案，本院于××××年××月××日立案后，依法适用特别程序进行了审理。起诉人×××、×××选举委员会的代表×××、公民×××到庭参加诉讼。现已审理终结。

×××诉称，……（概述起诉人的请求、事实和理由）。

经审理查明：××××年××月××日，×××选举委员会作出《关于……的决定》，……（写明选举委员会对起诉人选民资格问题的处理和法院查明的其他事实）。

本院认为，……（写明判决理由）。

依照《中华人民共和国民事诉讼法》第一百八十二条规定，判决如下：

（支持申请的，写明:）×××在……选区具有/不具有选民资格。

（驳回申请的，写明:）驳回×××的申请。

本判决为终审判决。

审　判　长　×××
审　判　员　×××
审　判　员　×××
××××年××月××日
(院印)
书　记　员　×××

【说　明】

1. 本样式根据《中华人民共和国民事诉讼法》第一百八十二条制定，供选区所在地基层人民法院在审理申请确定选民资格案后，判决变更选举委员会决定或者驳回申请用。

2. 特别程序案件案号类型代字为"民特"，但是民事特别程序监督案件案号类型代字为"民特监"。

3. 没有有关公民的，不写"公民×××"。

4. 法律依据可以先引用《中华人民共和国全国人民代表大会和地方各级人民代表大会选举法》的相关法律条文。

5. 特别程序案件实行一审终审。

6. 选民资格案件或者重大、疑难的特别程序案件，由审判员组成合议庭审理；其他特别案件由审判员一人独任审理。落款中审判组织中的"审判员"也可以是"代理审判员"，不能是"人民陪审员"。

7. 本判决书应当在选举日前送达选举委员会和起诉人，并通知有关公民。

【法律依据】

《中华人民共和国民事诉讼法》（2017年6月27日）

第一百八十二条　人民法院受理选民资格案件后，必须在选举日前审结。

审理时，起诉人、选举委员会的代表和有关公民必须参加。

人民法院的判决书，应当在选举日前送达选举委员会和起诉人，并通知有关公民。

（二）宣告失踪、宣告死亡案件

2. 民事判决书（申请宣告公民失踪用）

××××人民法院
民事判决书

（××××）……民特……号

申请人：×××，……。
……
（以上写明申请人及其代理人的姓名或者名称等基本信息）

申请人×××申请宣告公民失踪一案，本院于××××年××月××日立案后，依法适用特别程序进行了审理。现已审理终结。

×××称，……（概述申请人的请求、事实和理由）。

经审理查明：下落不明人×××，男/女，××××年××月××日生，×族，户籍地……，原住……，系申请人×××的××。……（写明下落不明的事实、时间）。申请人×××申请宣告×××失踪后，本院于××××年××月××日在……（写明公告方式）发出寻找×××的公告。（下落不明得到确认的，写明：）法定公告期间为三个月，现已届满，×××仍然下落不明。（下落不明得不到确认的，写明事实根据：）……。

本院认为，……（写明判决理由）。

依照《中华人民共和国民事诉讼法》第一百八十五条、《最高人民法院关于适用〈中华人民共和国民事诉讼法〉的解释》第三百四十三条规定，判决如下：

（宣告失踪的，写明：）

一、宣告×××失踪；

二、指定×××为失踪人×××的财产代管人。

（驳回申请的，写明：）驳回×××的申请。

本判决为终审判决。

审 判 员 ×××

××××年××月××日

（院印）

书 记 员 ×××

【说　明】

1. 本样式根据《中华人民共和国民事诉讼法》第一百八十五条以及《最高人民法院关于适用〈中华人民共和国民事诉讼法〉的解释》第三百四十三条制定，供下落不明人住所地基层人民法院判决宣告失踪或者驳回申请用。

2. 符合法律规定的多个利害关系人提出宣告失踪申请的，列为共同申请人。

3. 宣告失踪的公告期间为三个月。

4. 宣告失踪案件，人民法院可以根据申请人的请求，清理下落不明人的财产，并指定案件审理期间的财产管理人。公告期满后，人民法院判决宣告失踪的，应当同时依照《中华人民共和国民法通则》第二十一条第一款规定指定失踪人的财产代管人。无民事行为能力人、限制民事行为能力人失踪的，其监护人即为财产代管人。

【法律依据】

1. 《中华人民共和国民事诉讼法》（2017年6月27日）

第一百八十五条　人民法院受理宣告失踪、宣告死亡案件后，应当发出寻找下落不明人的公告。宣告失踪的公告期间为三个月，宣告死亡的公告期间为一年。因意外事故下落不明，经有关机关证明该公民不可能生存的，宣告死亡的公告期间为三个月。

公告期间届满，人民法院应当根据被宣告失踪、宣告死亡的事实是否得到确认，作出宣告失踪、宣告死亡的判决或者驳回申请的判决。

2. 《最高人民法院关于适用〈中华人民共和国民事诉讼法〉的解释》（2020年12月29日）

第三百四十三条　宣告失踪或者宣告死亡案件，人民法院可以根据申请人的请求，清理下落不明人的财产，并指定案件审理期间的财产管理人。公告期满后，人民法院判决宣告失踪的，应当同时依照民法典第四十二条的规定指定失踪人的财产代管人。

3. 民事判决书（申请撤销宣告失踪用）

××××人民法院
民事判决书

（××××）……民特……号

申请人：×××，……。
……

（以上写明申请人及其代理人的姓名或者名称等基本信息）

申请人×××申请撤销宣告失踪一案，本院于××××年××月××日立案后，依法适用特别程序进行了审理。现已审理终结。

×××称，……（概述申请人的请求、事实和理由）。

经审理查明：××××年××月××日，××××人民法院作出（××××）……民特……号民事判决：宣告×××失踪。

××××年××月××日，被宣告失踪人×××……（写明被宣告失踪人是否重新出现的事实）。

本院认为，……（写明判决理由）。

依照《中华人民共和国民事诉讼法》第一百八十六条规定，判决如下：

（撤销宣告失踪的，写明：）撤销××××人民法院（××××）……民特……号民事判决。

（驳回申请的，写明：）驳回×××的申请。

本判决为终审判决。

审　判　员　×××
××××年××月××日
（院印）
书　记　员　×××

【说　明】

1. 本样式根据《中华人民共和国民事诉讼法》第一百八十六条制定，供作出宣告失踪判决的基层人民法院判决撤销宣告失踪或者驳回申请用。

2. 申请人应当是被宣告失踪人本人或者利害关系人。利害关系人应当在申请人基本信息末尾写明与被宣告失踪人的关系"系×××的××"。

【法律依据】

《中华人民共和国民事诉讼法》（2017年6月27日）

第一百八十六条　被宣告失踪、宣告死亡的公民重新出现，经本人或者利害关系人申请，人民法院应当作出新判决，撤销原判决。

4. 民事判决书（申请宣告公民死亡用）

××××人民法院
民事判决书

（××××）……民特……号

申请人：×××，……。

……

（以上写明申请人及其代理人的姓名或者名称等基本信息）

申请人×××申请宣告公民死亡一案，本院于××××年××月××日立案后，依法适用特别程序进行了审理。现已审理终结。

×××称，……（概述申请人的请求、事实和理由）。

经审理查明：下落不明人×××，男/女，××××年××月××日生，×族，户籍地……，原住……，系申请人×××的××。……（写明下落不明的事实、时间）。申请人×××申请宣告×××死亡后，本院于××××年××月××日在……（写明公告方式）发出寻找×××的公告。（下落不明得到确认的，写明:）法定公告期间为一年/三个月，现已届满，×××仍然下落不明。（下落不明得不到确认的，写明事实根据:）……。

本院认为，……（写明判决理由）。

依照《中华人民共和国民事诉讼法》第一百八十五条规定，判决如下：

（宣告死亡的，写明:）宣告×××死亡。

（驳回申请的，写明:）驳回×××的申请。

本判决为终审判决。

审　判　员　×××
××××年××月××日
（院印）
书　记　员　×××

【说　明】

1. 本样式根据《中华人民共和国民事诉讼法》第一百八十五条以及《最高人民法院关于适用〈中华人民共和国民事诉讼法〉的解释》第三百四十三条制定，供下落不明人住所地基层人民法院判决宣告死亡或者驳回申请用。

2. 符合法律规定的多个利害关系人提出宣告死亡申请的，列为共同申请人。

3. 宣告死亡的公告期间为一年。因意外事故下落不明，经有关机关证明该公民不可能生存的，宣告死亡的公告期间为三个月。

4. 宣告死亡案件，人民法院可以根据申请人的请求，清理下落不明人的财产，并指定案件审理期间的财产管理人。

【法律依据】

1.《中华人民共和国民事诉讼法》（2017年6月27日）

第一百八十五条　人民法院受理宣告失踪、宣告死亡案件后，应当发出寻找下落不明人的公告。宣告失踪的公告期间为三个月，宣告死亡的公告期间为一年。因意外事故下落不明，经有关机关证明该公民不可能生存的，宣告死亡的公告期间为三个月。

公告期间届满，人民法院应当根据被宣告失踪、宣告死亡的事实是否得到确认，作出宣告失踪、宣告死亡的判决或者驳回申请的判决。

2.《最高人民法院关于适用〈中华人民共和国民事诉讼法〉的解释》（2020年12月29日）

第三百四十三条　宣告失踪或者宣告死亡案件，人民法院可以根据申请人的请求，清理下落不明人的财产，并指定案件审理期间的财产管理人。公告期满后，人民法院判决宣告失踪的，应当同时依照民法典第四十二条的规定指定失踪人的财产代管人。

5. 民事判决书（申请撤销宣告死亡用）

××××人民法院
民事判决书

（××××）……民特……号

申请人：×××，……。

……

（以上写明申请人及其代理人的姓名或者名称等基本信息）

申请人×××申请撤销宣告死亡一案，本院于××××年××月××日立案后，依法适用特别程序进行了审理。现已审理终结。

×××称，……（概述申请人的请求、事实和理由）。

经审理查明：××××年××月××日，××××人民法院作出（××××）……民特……号民事判决：宣告×××死亡。

××××年××月××日，被宣告死亡人×××……（写明被宣告死亡人是否重新出现的事实）。

本院认为，……（写明判决理由）。

依照《中华人民共和国民事诉讼法》第一百八十六条规定，判决如下：

（撤销宣告死亡的，写明：）撤销××××人民法院（××××）……民特……号民事判决。

（驳回申请的，写明：）驳回×××的申请。

本判决为终审判决。

审　判　员　×××
××××年××月××日
（院印）
书　记　员　×××

【说　明】

1. 本样式根据《中华人民共和国民事诉讼法》第一百八十六条制定，供作出宣告死亡判决的基层人民法院判决撤销宣告死亡或者驳回申请用。

2. 申请人应当是被宣告死亡人本人或者利害关系人。利害关系人应当在申请人基本信息末尾写明与被宣告死亡人的关系"系×××的××"。

【法律依据】

《**中华人民共和国民事诉讼法**》（2017年6月27日）

第一百八十六条　被宣告失踪、宣告死亡的公民重新出现，经本人或者利害关系人申请，人民法院应当作出新判决，撤销原判决。

6. 民事裁定书（申请变更失踪人财产代管人用）

××××人民法院
民事裁定书

（××××）……民特……号

申请人：×××，……。

……

（以上写明申请人及其代理人的姓名或者名称等基本信息）

申请人×××申请变更失踪人财产代管人一案，本院于××××年××月××日立案后，依法适用特别程序进行了审理。现已审理终结。

×××称，……（概述申请人的请求、事实和理由）。

经审理查明：××××年××月××日，××××人民法院（××××）……民特……号民事判决：一、宣告×××失踪；二、指定×××为失踪人×××的财产代管人。

……（写明失踪人的基本信息、原财产代管人与失踪人的关系、原代管情况、拟代管人基本信息等）。

本院认为，……（写明裁定理由）。

依照《中华人民共和国民事诉讼法》第一百五十四条第一款第十一项、《最高人民法院关于适用〈中华人民共和国民事诉讼法〉的解释》第三百四十四条第一款规定，裁定如下：

（变更失踪人财产代管人的，写明:)

一、撤销×××为失踪人×××的财产代管人身份；

二、指定×××为失踪人×××的财产代管人。

（驳回申请的，写明:)

驳回×××的申请。

本裁定一经作出即生效。

审　判　员　×××
××××年××月××日
（院印）
书　记　员　×××

【说　明】

1. 本样式根据《最高人民法院关于适用〈中华人民共和国民事诉讼法〉的解释》第三百四十四条第一款制定，供作出宣告失踪判决的基层人民法院裁定变更失踪人财产代管人或者驳回申请用。

2. 失踪人的财产代管人经人民法院指定后，代管人申请变更代管的，比照民事诉讼法特别程序的有关规定进行审理。申请理由成立的，裁定撤销申请人的代管人身份，同时另行指定财产代管人；申请理由不成立的，裁定驳回申请。

3. 失踪人的其他利害关系人申请变更代管的，人民法院应当告知其以原指定的代管人为被告起诉，并按普通程序进行审理。

4. 失踪人的财产由他的配偶、父母、成年子女或者关系密切的其他亲属、朋友代管。代管有争议的，没有以上规定的人或者以上规定的人无能力代管的，由人民法院指定的人代管。

【法律依据】

《最高人民法院关于适用〈中华人民共和国民事诉讼法〉的解释》（2020年12月29日）

第三百四十四条第一款　失踪人的财产代管人经人民法院指定后，代管人申请变更代管的，比照民事诉讼法特别程序的有关规定进行审理。申请理由成立的，裁定撤销申请人的代管人身份，同时另行指定财产代管人；申请理由不成立的，裁定驳回申请。

7. 公告（申请宣告公民失踪寻找下落不明人用）

××××人民法院

公 告

（××××）……民特……号

　　本院于××××年××月××日立案受理申请人×××申请宣告×××失踪一案。申请人×××称，……（写明下落不明人失踪的事实、时间）。下落不明人×××应当自公告之日起三个月内向本院申报本人具体地址及其联系方式。逾期不申报的，下落不明人×××将被宣告失踪。凡知悉下落不明人×××生存现状的人，应当自公告之日起三个月内将知悉的下落不明人×××情况，向本院报告。

　　特此公告。

××××年××月××日

（院印）

【说　明】

　　1. 本样式根据《中华人民共和国民事诉讼法》第一百八十五条第一款以及《最高人民法院关于适用〈中华人民共和国民事诉讼法〉的解释》第三百四十七条制定，供基层人民法院受理申请宣告公民失踪案后，寻找下落不明人用。

　　2. 宣告失踪的公告期间为三个月。

【法律依据】

　　1.《中华人民共和国民事诉讼法》（2017年6月27日）

　　第一百八十五条第一款　人民法院受理宣告失踪、宣告死亡案件后，应当发出寻找下落不明人的公告。宣告失踪的公告期间为三个月，宣告死亡的公告期间为一年。因意外事故下落不明，经有关机关证明该公民不可能生存的，宣告死亡的公告期间为三个月。

2. 《最高人民法院关于适用〈中华人民共和国民事诉讼法〉的解释》（2020年12月29日）

第三百四十七条 寻找下落不明人的公告应当记载下列内容：

（一）被申请人应当在规定期间内向受理法院申报其具体地址及其联系方式。否则，被申请人将被宣告失踪、宣告死亡；

（二）凡知悉被申请人生存现状的人，应当在公告期间内将其所知道情况向受理法院报告。

8. 公告（申请宣告公民死亡寻找下落不明人用）

××××人民法院

公 告

（××××）……民特……号

本院于××××年××月××日立案受理申请人×××申请宣告公民死亡一案。申请人×××称，……（写明下落不明人失踪的事实、时间）。下落不明人×××应当自公告之日起一年/三个月内向本院申报本人具体地址及其联系方式。逾期不申报的，下落不明人×××将被宣告死亡。凡知悉下落不明人×××生存现状的人，应当自公告之日起一年/三个月内将知悉的下落不明人×××情况，向本院报告。

特此公告。

××××年××月××日

（院印）

【说　明】

1. 本样式根据《中华人民共和国民事诉讼法》第一百八十五条第一款以及《最高人民法院关于适用〈中华人民共和国民事诉讼法〉的解释》第三百四十七条制定，供基层人民法院受理申请宣告公民死亡案后，寻找下落不明人用。

2. 宣告死亡的公告期间为一年。因意外事故下落不明，经有关机关证明该公民不可能生存的，宣告死亡的公告期间为三个月。

【法律依据】

1.《中华人民共和国民事诉讼法》（2017年6月27日）

第一百八十五条第一款　人民法院受理宣告失踪、宣告死亡案件后，应当发出寻找下落不明人的公告。宣告失踪的公告期间为三个月，宣告死亡的公告期间为一年。因意外事故下落不明，经有关机关证明该公民不可能生存的，宣告死亡的公告期间为三个月。

2. 《最高人民法院关于适用〈中华人民共和国民事诉讼法〉的解释》（2020年12月29日）

第三百四十七条　寻找下落不明人的公告应当记载下列内容：

（一）被申请人应当在规定期间内向受理法院申报其具体地址及其联系方式。否则，被申请人将被宣告失踪、宣告死亡；

（二）凡知悉被申请人生存现状的人，应当在公告期间内将其所知道情况向受理法院报告。

（三）认定公民民事行为能力案件

9. 民事判决书（申请认定公民无民事行为能力用）

××××人民法院
民事判决书

（××××）……民特……号

申请人：×××，……。
……
被申请人：×××，……。
……
代理人：×××（系被申请人×××的××），……。
……
（以上写明申请人、被申请人及其代理人的姓名或者名称等基本信息）

申请人×××申请认定×××无民事行为能力一案，本院于××××年××月××日立案后，依法适用特别程序进行了审理。现已审理终结。

×××称，……（概述申请人的请求、事实和理由）。

×××称，……（概述被申请人意见）。

×××称，……（概述代理人意见）。

经审理查明：……（写明被申请人的基本信息、申请人与被申请人的关系、行为能力鉴定意见等）。

本院认为，……（写明判决理由）。

依照《中华人民共和国民事诉讼法》第一百八十九条规定，判决如下：

（认定无民事行为能力的，写明：）

×××为无民事行为能力人。

(驳回申请的，写明：)驳回×××的申请。

本判决为终审判决。

审　判　员　×××

××××年××月××日

（院印）

书　记　员　×××

【说　明】

1. 本样式根据《中华人民共和国民事诉讼法》第一百八十九条制定，供公民住所地基层人民法院审理申请认定公民无民事行为能力案后，判决为无民事行为能力人或者驳回申请用。

2. 申请人应当是被申请认定为无民事行为能力人的近亲属或者其他利害关系人。

3. 人民法院审理认定公民无民事行为能力的案件，应当由该公民的近亲属为代理人，但申请人除外。近亲属互相推诿的，由人民法院指定其中一人为代理人。该公民健康情况许可的，还应当询问本人的意见。

【法律依据】

《中华人民共和国民事诉讼法》（2017年6月27日）

第一百八十九条　人民法院审理认定公民无民事行为能力或者限制民事行为能力的案件，应当由该公民的近亲属为代理人，但申请人除外。近亲属互相推诿的，由人民法院指定其中一人为代理人。该公民健康情况许可的，还应当询问本人的意见。

人民法院经审理认定申请有事实根据的，判决该公民为无民事行为能力或者限制民事行为能力人；认定申请没有事实根据的，应当判决予以驳回。

10. 民事判决书（申请认定公民限制民事行为能力用）

××××人民法院
民事判决书

（××××）……民特……号

申请人：×××，……。
……

被申请人：×××，……。
……

代理人：×××（系被申请人×××的××），……。
……

（以上写明申请人、被申请人及其代理人的姓名或者名称等基本信息）

申请人×××申请认定×××限制民事行为能力一案，本院于××××年××月××日立案后，依法适用特别程序进行了审理。现已审理终结。

×××称，……（概述申请人的请求、事实和理由）。

×××称，……（概述被申请人意见）。

×××称，……（概述代理人意见）。

经审理查明：……（写明被申请人的基本信息、申请人与被申请人的关系、行为能力鉴定意见等）。

本院认为，……（写明判决理由）。

依照《中华人民共和国民事诉讼法》第一百八十九条规定，判决如下：

（认定限制民事行为能力的，写明：）

×××为限制民事行为能力人。

（驳回申请的，写明：）

驳回×××的申请。

本判决为终审判决。

审　判　员　×××
××××年××月××日
（院印）
书　记　员　×××

【说　明】

1. 本样式根据《中华人民共和国民事诉讼法》第一百八十九条制定，供公民住所地基层人民法院审理申请认定公民限制民事行为能力案后，判决为限制民事行为能力人或者驳回申请用。

2. 申请人应当是被申请认定为限制民事行为能力人的近亲属或者其他利害关系人。

3. 人民法院审理认定公民限制民事行为能力的案件，应当由该公民的近亲属为代理人，但申请人除外。近亲属互相推诿的，由人民法院指定其中一人为代理人。该公民健康情况许可的，还应当询问本人的意见。

【法律依据】

《中华人民共和国民事诉讼法》（2017年6月27日）

第一百八十九条　人民法院审理认定公民无民事行为能力或者限制民事行为能力的案件，应当由该公民的近亲属为代理人，但申请人除外。近亲属互相推诿的，由人民法院指定其中一人为代理人。该公民健康情况许可的，还应当询问本人的意见。

人民法院经审理认定申请有事实根据的，判决该公民为无民事行为能力或者限制民事行为能力人；认定申请没有事实根据的，应当判决予以驳回。

11. 民事判决书（申请认定公民恢复限制民事行为能力用）

××××人民法院
民事判决书

（××××）……民特……号

申请人：×××，……。

……

被申请人：×××，……。

……

(以上写明申请人、被申请人及其代理人的姓名或者名称等基本信息)

申请人×××申请认定×××恢复限制民事行为能力一案，本院于××××年××月××日立案后，依法适用特别程序进行了审理。现已审理终结。

×××称，……（概述申请人的请求、事实和理由）。

×××称，……（概述被申请人意见）。

经审理查明：××××年××月××日，××××人民法院（××××）……民特……号民事判决：一、×××为无民事行为能力人；二、指定×××为×××的监护人。

……（写明申请人与被申请人的关系、行为能力鉴定意见等）。

本院认为，……（写明判决理由）。

依照《中华人民共和国民事诉讼法》第一百九十条规定，判决如下：

(恢复限制民事行为能力的，写明:)

一、撤销××××人民法院（××××）……民特……号民事判决；

二、×××为限制民事行为能力人。

(驳回申请的，写明:)

驳回×××的申请。

本判决为终审判决。

审　判　员　×××
××××年××月××日
(院印)
书　记　员　×××

【说　明】

1. 本样式根据《中华人民共和国民事诉讼法》第一百九十条制定，供作出认定无民事行为能力民事判决的基层人民法院判决恢复限制民事行为能力或者驳回申请用。

2. 申请人应当是被认定无民事行为能力人本人或者其监护人。

3. 申请人系本人的不写被申请人的相关内容。

【法律依据】

《中华人民共和国民事诉讼法》（2017年6月27日）

第一百九十条　人民法院根据被认定为无民事行为能力人、限制民事行为能力人或者他的监护人的申请，证实该公民无民事行为能力或者限制民事行为能力的原因已经消除的，应当作出新判决，撤销原判决。

12. 民事判决书（申请认定公民恢复完全民事行为能力用）

××××人民法院
民事判决书

（××××）……民特……号

申请人：×××，……。

被申请人：×××，……。

（以上写明申请人、被申请人及其代理人的姓名或者名称等基本信息）

申请人×××申请认定×××恢复完全民事行为能力一案，本院于××××年××月××日立案后，依法适用特别程序进行了审理。现已审理终结。

×××称，……（概述申请人的请求、事实和理由）。

×××称，……（概述被申请人的意见）。

经审理查明：××××年××月××日，××××人民法院（××××）……民特……号民事判决：一、×××为无/限制民事行为能力人；二、指定×××为×××的监护人。

……（写明申请人与被申请人的关系、行为能力鉴定意见等）。

本院认为，……（写明判决理由）。

依照《中华人民共和国民事诉讼法》第一百九十条规定，判决如下：

（恢复完全民事行为能力的，写明：）

一、撤销××××人民法院（××××）……民特……号民事判决；

二、×××恢复完全民事行为能力。

（驳回申请的，写明：）

驳回×××的申请。

本判决为终审判决。

审　判　员　×××

××××年××月××日

（院印）

书　记　员　×××

【说　明】

1. 本样式根据《中华人民共和国民事诉讼法》第一百九十条制定，供作出认定无民事行为能力民事判决或者限制民事行为能力民事判决基层人民法院在审理申请认定公民恢复完全民事行为能力案后，判决恢复完全民事行为能力或者驳回申请用。

2. 申请人应当是被认定无民事行为能力人、限制民事行为能力人或者监护人。

3. 申请人系本人的不写被申请人的相关内容。

【法律依据】

《中华人民共和国民事诉讼法》（2017 年 6 月 27 日）

第一百九十条　人民法院根据被认定为无民事行为能力人、限制民事行为能力人或者他的监护人的申请，证实该公民无民事行为能力或者限制民事行为能力的原因已经消除的，应当作出新判决，撤销原判决。

13. 通知书（指定行为能力案件代理人用）

××××人民法院
通知书

（××××）……民特……号

×××：

　　本院立案受理申请人×××申请认定×××无/限制民事行为能力一案中，×××被申请认定无/限制民事行为能力。依照《中华人民共和国民事诉讼法》第一百八十九条第一款、《最高人民法院关于适用〈中华人民共和国民事诉讼法〉的解释》第三百五十二条规定，本院指定你为×××的代理人，参加本案审理。

××××年××月××日

（院印）

【说　明】

　　1. 本样式根据《中华人民共和国民事诉讼法》第一百八十九条第一款以及《最高人民法院关于适用〈中华人民共和国民事诉讼法〉的解释》第三百五十二条制定，供人民法院在审理认定无民事行为能力或者限制民事行为能力的案件中，指定代理人用。

　　2. 人民法院审理认定公民无民事行为能力或者限制民事行为能力的案件，应当由该公民的近亲属为代理人，但申请人除外。近亲属互相推诿的，由人民法院指定其中一人为代理人。该公民健康情况许可的，还应当询问本人的意见。

　　3. 被申请人没有近亲属的，人民法院可以指定其他亲属为代理人。被申请人没有亲属的，人民法院可以指定经被申请人所在单位或者住所地的居民委员会、村民委员会同意，且愿意担任代理人的关系密切的朋友为代理人。没有符合上述规定的代理人的，由被申请人所在单位或者住所地的居民委员会、村民委员会或者民政部门担任代理人。

4. 代理人可以是一人，也可以是同一顺序中的两人。

【法律依据】

1. 《中华人民共和国民事诉讼法》（2017年6月27日）

第一百八十九条第一款 人民法院审理认定公民无民事行为能力或者限制民事行为能力的案件，应当由该公民的近亲属为代理人，但申请人除外。近亲属互相推诿的，由人民法院指定其中一人为代理人。该公民健康情况许可的，还应当询问本人的意见。

2. 《最高人民法院关于适用〈中华人民共和国民事诉讼法〉的解释》（2020年12月29日）

第三百五十二条 申请认定公民无民事行为能力或者限制民事行为能力的案件，被申请人没有近亲属的，人民法院可以指定经被申请人住所地的居民委员会、村民委员会或者民政部门同意，且愿意担任代理人的个人或者组织为代理人。

没有前款规定的代理人的，由被申请人住所地的居民委员会、村民委员会或者民政部门担任代理人。

代理人可以是一人，也可以是同一顺序中的两人。

（四）认定财产无主案件

14. 民事判决书（申请认定财产无主用）

××××人民法院
民事判决书

（××××）……民特……号

申请人：×××，……。

(以上写明申请人及其代理人的姓名或者名称等基本信息)

申请人×××申请认定财产无主一案，本院于××××年××月××日立案后，依法适用特别程序进行了审理。现已审理终结。

×××称，……（概述申请人的请求、事实和理由）。

经审理查明：……（写明申请人要求认定的无主财产的名称、数量及其根据）。

本院于××××年××月××日在……（写明公告方式）发出认领上述财产的公告，法定公告期间为一年，现已届满，上述财产无人认领。

本院认为，人民法院受理认定财产无主申请后，经审查核实，发出财产认领公告满一年无人认领的，判决认定财产无主，收归国家或者集体所有。

依照《中华人民共和国民事诉讼法》第一百九十二条规定，判决如下：

……（写明无主财产的名称、数量；财产多的只写明概况，财产清单附后）为无主财产，收归国家/×××所有。

本判决为终审判决。

审　判　员　×××
××××年××月××日
(院印)
书　记　员　×××

【说　明】

1. 本样式根据《中华人民共和国民事诉讼法》第一百九十二条制定，供财产所在地基层人民法院在审理申请认定财产无主案后，经审查核实发出财产认领公告满一年无人认领的，判决认定财产无主用。

2. 本判决书可以附录财产清单。

【法律依据】

《中华人民共和国民事诉讼法》(2017年6月27日)

第一百九十二条　人民法院受理申请后，经审查核实，应当发出财产认领公告。公告满一年无人认领的，判决认定财产无主，收归国家或者集体所有。

15. 民事判决书（申请撤销认定财产无主用）

×××× 人民法院
民事判决书

（××××）……民特……号

申请人：×××，……。

（以上写明申请人及其代理人的姓名或者名称等基本信息）

申请人×××申请撤销认定财产无主一案，本院于××××年××月××日立案后，依法适用特别程序进行了审理。现已审理终结。

×××称，……（概述申请人的请求、事实和理由）。

经审理查明：××××年××月××日，××××人民法院（××××）……民特……号民事判决：……财产为无主财产，收归国家/×××所有。

……（写明申请人系原判决认定无主的财产所有权人或者继承人的事实）。

本院认为，申请人×××作为案涉财产的所有权人/继承人在诉讼时效期间内申请撤销（×××）……民特……号民事判决，应予支持。

依照《中华人民共和国民事诉讼法》第一百九十三条规定，判决如下：

撤销××××人民法院（××××）……民特……号民事判决。

本判决为终审判决。

审　判　员　×××
××××年××月××日
（院印）
书　记　员　×××

【说　明】

1. 本样式根据《中华人民共和国民事诉讼法》第一百九十三条制定，供作出认定财产无主判决的基层人民法院在审理申请撤销认定财产无主判决案件时，判决撤销认定财产无主判决用。

2. 判决认定财产无主后，原财产所有人或者继承人出现，在诉讼时效期间内可以对财产提出请求，人民法院审查属实后，应当作出新判决，撤销原判决。

3. 本判决书可以附录财产清单。

【法律依据】

《中华人民共和国民事诉讼法》（2017年6月27日）

第一百九十三条　判决认定财产无主后，原财产所有人或者继承人出现，在民法通则规定的诉讼时效期间可以对财产提出请求，人民法院审查属实后，应当作出新判决，撤销原判决。

16. 公告（财产认领用）

××××人民法院
公告

（××××）……民特……号

本院于××××年××月××日立案受理申请人×××申请认定财产无主一案。申请人×××申请称，……（写明财产无主的事实与理由）。凡认为对该财产具有所有权或者其他财产权益的人，应当自公告之日起一年内向本院申请认领，并提供具体联系地址及其联系方式。逾期无人认领的，本院将判决认定该财产无主，收归国家/×××集体所有。

特此公告。

××××年××月××日
（院印）

【说 明】

1. 本样式根据《中华人民共和国民事诉讼法》第一百九十二条制定，供基层人民法院在受理申请认定财产无主案后，公告财产认领用。

2. 公告期间为一年。

【法律依据】

《中华人民共和国民事诉讼法》（2017 年 6 月 27 日）

第一百九十二条 人民法院受理申请后，经审查核实，应当发出财产认领公告。公告满一年无人认领的，判决认定财产无主，收归国家或者集体所有。

（五）确认调解协议案件

17. 民事裁定书（对申请司法确认调解协议不予受理用）

××××人民法院
民事裁定书

（××××）……民特……号

申请人：×××，……。

申请人：×××，……。

（以上写明申请人及其代理人的姓名或者名称等基本信息）

××××年××月××日，本院收到×××与×××申请司法确认调解协议的申请书。申请人×××、×××称，……（概述申请人的请求、事实和理由）。

本院经审查认为，……（写明对申请不予受理的理由）。

依照《中华人民共和国民事诉讼法》第一百五十四条第一款第一项、《最高人民法院关于适用〈中华人民共和国民事诉讼法〉的解释》第三百五十七条第一款第×项规定，裁定如下：

对×××、×××的申请，本院不予受理。

申请人不服本裁定，应当在收到本裁定书之日起十五日内，向本院提出异议。

审　判　员　×××

××××年××月××日

（院印）

书　记　员　×××

【说　明】

1. 本样式根据《最高人民法院关于适用〈中华人民共和国民事诉讼法〉的解释》第三百五十七条第一款制定，供基层人民法院对于申请司法确认调解协议经审查不符合法律规定的，裁定不予受理用。

2. 当事人申请司法确认调解协议，有下列情形之一的，人民法院裁定不予受理：（1）不属于人民法院受理范围的；（2）不属于收到申请的人民法院管辖的；（3）申请确认婚姻关系、亲子关系、收养关系等身份关系无效、有效或者解除的；（4）涉及适用其他特别程序、公示催告程序、破产程序审理的；（5）调解协议内容涉及物权、知识产权确权的。

3. 本裁定一经作出即生效。

【法律依据】

《最高人民法院关于适用〈中华人民共和国民事诉讼法〉的解释》（2020年12月29日）

第三百五十七条第一款　当事人申请司法确认调解协议，有下列情形之一的，人民法院裁定不予受理：

（一）不属于人民法院受理范围的；

（二）不属于收到申请的人民法院管辖的；

（三）申请确认婚姻关系、亲子关系、收养关系等身份关系无效、有效或者解除的；

（四）涉及适用其他特别程序、公示催告程序、破产程序审理的；

（五）调解协议内容涉及物权、知识产权确权的。

18. **民事裁定书**（准许撤回司法确认调解协议申请用）

××××人民法院
民事裁定书

（××××）……民特……号

申请人：×××，……。
申请人：×××，……。
（以上写明申请人及其代理人的姓名或者名称等基本信息）

申请人×××与×××申请司法确认调解协议一案，本院于××××年××月××日立案。申请人×××、×××于××××年××月××日向本院提出撤回申请。

本院认为，申请人×××、×××在确认调解协议的裁定作出前，向本院撤回其申请，不违反法律规定，依法予以准许。依照《中华人民共和国民事诉讼法》第一百五十四条第一款第十一项、《最高人民法院关于适用〈中华人民共和国民事诉讼法〉的解释》第三百五十九条第一款规定，裁定如下：

准许申请人×××、×××撤回申请。

审　判　员　×××
××××年××月××日
（院印）
书　记　员　×××

【说　明】

本样式根据《最高人民法院关于适用〈中华人民共和国民事诉讼法〉的解释》第三百五十九条第一款制定，供基层人民法院在受理申请司法确认调解协议案后、确认调解协议的裁定作出前，当事人申请撤回的，裁定准许申请人撤回申请用。

【法律依据】

《最高人民法院关于适用〈中华人民共和国民事诉讼法〉的解释》（2020年12月29日）

第三百五十九条第一款　确认调解协议的裁定作出前，当事人撤回申请的，人民法院可以裁定准许。

19. 民事裁定书（按撤回司法确认调解协议申请处理用）

××××人民法院
民事裁定书

（××××）……民特……号

申请人：×××，……。
申请人：×××，……。
（以上写明申请人及其代理人的姓名或者名称等基本信息）

申请人×××与×××申请司法确认调解协议一案，本院于××××年××月××日立案。申请人×××、×××未在本院指定的××××年××月××日前向本院补充陈述/补充证明材料/拒不接受询问。

本院认为，申请人无正当理由未在限期内补充陈述/补充证明材料/拒不接受询问，可以按撤回申请处理。

依照《中华人民共和国民事诉讼法》第一百五十四条第一款第十一项、《最高人民法院关于适用〈中华人民共和国民事诉讼法〉的解释》第三百五十九条第二款规定，裁定如下：

本案按申请人×××、×××撤回申请处理。

申请人不服本裁定，应当在收到本裁定书之日起十五日内，向本院提出异议。

审　判　员　×××
××××年××月××日
（院印）
书　记　员　×××

【说　明】

本样式根据《最高人民法院关于适用〈中华人民共和国民事诉讼法〉的解释》第三百五十八条第二款、第三百五十九条第二款制定，供基层人民法院在受理申请司法确认调解协议案后，当事人无正当理由未在限期内补充陈述、补充证明材料或者拒不接受询问的，裁定按撤回申请处理。

【法律依据】

《最高人民法院关于适用〈中华人民共和国民事诉讼法〉的解释》（2020年12月29日）

第三百五十八条第二款　人民法院经审查，认为当事人的陈述或者提供的证明材料不充分、不完备或者有疑义的，可以要求当事人限期补充陈述或者补充证明材料。必要时，人民法院可以向调解组织核实有关情况。

第三百五十九条第二款　当事人无正当理由未在限期内补充陈述、补充证明材料或者拒不接受询问的，人民法院可以按撤回申请处理。

20. 民事裁定书（司法确认调解协议有效用）

××××人民法院
民事裁定书

（××××）……民特……号

申请人：×××，……。

申请人：×××，……。

（以上写明申请人及其代理人的姓名或者名称等基本信息）

本院于××××年××月××日立案受理申请人×××与×××关于司法确认调解协议的申请并进行了审查。现已审查终结。

申请人因……（写明案由），于××××年××月××日经……（调解组织）主持调解，达成调解协议如下：

……（写明调解协议内容）。

本院经审查认为，申请人达成的调解协议，符合司法确认调解协议的法定条件。

依照《中华人民共和国民事诉讼法》第一百九十五条规定，裁定如下：

申请人×××与×××于××××年××月××日经……（调解组织）主持调解达成的调解协议有效。

当事人应当按照调解协议的约定自觉履行义务。一方当事人拒绝履行或者未全部履行的，对方当事人可以向人民法院申请执行。

审　判　员　×××

××××年××月××日

（院印）

书　记　员　×××

【说　明】

1. 本样式根据《中华人民共和国民事诉讼法》第一百九十五条制定，供调解组织所在地基层人民法院受理申请司法确认调解协议案后，经审查符合法律规定的，裁定确认调解协议有效用。

2. 一方当事人拒绝履行或者未全部履行的，对方当事人可以向人民法院申请强制执行。

【法律依据】

《中华人民共和国民事诉讼法》（2017年6月27日）

第一百九十五条　人民法院受理申请后，经审查，符合法律规定的，裁定调解协议有效，一方当事人拒绝履行或者未全部履行的，对方当事人可以向人民法院申请执行；不符合法律规定的，裁定驳回申请，当事人可以通过调解方式变更原调解协议或者达成新的调解协议，也可以向人民法院提起诉讼。

21. **民事裁定书**（驳回司法确认调解协议申请用）

×××× 人民法院
民事裁定书

（××××）……民特……号

申请人：×××，……。

申请人：×××，……。

（以上写明申请人及其代理人的姓名或者名称等基本信息）

本院于××××年××月××日立案受理申请人×××与×××关于司法确认调解协议的申请并进行了审查。现已审查终结。

申请人因……纠纷，于××××年××月××日经……（调解组织）主持调解，达成调解协议如下：

……（写明调解协议内容）。

本院经审查认为，申请人于××××年××月××日达成的调解协议，……（写明不予确认理由），不符合法律规定。

依照《中华人民共和国民事诉讼法》第一百九十五条、《最高人民法院关于适用〈中华人民共和国民事诉讼法〉的解释》第三百五十七条第一款第×项、第二款/第三百六十条第×项规定，裁定如下：

驳回×××与×××司法确认调解协议的申请。

当事人可以通过调解方式变更原调解协议或者达成新的调解协议，也可以向人民法院提起诉讼；当事人之间有仲裁协议的，可以向仲裁机构申请仲裁。

申请人不服本裁定，应当在收到本裁定书之日起十五日内，向本院提出异议。

审　判　员　×××
××××年××月××日
（院印）
书　记　员　×××

【说　明】

1. 本样式根据《中华人民共和国民事诉讼法》第一百九十五条以及《最高人民法院关于适用〈中华人民共和国民事诉讼法〉的解释》第三百五十七条、第三百六十条制定，供调解组织所在地基层人民法院受理申请司法确认调解协议案后，经审查不符合法律规定的，裁定驳回申请用。

2. 当事人申请司法确认调解协议，有下列情形之一的，人民法院裁定不予受理：（1）不属于人民法院受理范围的；（2）不属于收到申请的人民法院管辖的；（3）申请确认婚姻关系、亲子关系、收养关系等身份关系无效、有效或者解除的；（4）涉及适用其他特别程序、公示催告程序、破产程序审理的；（5）调解协议内容涉及物权、知识产权确权的。人民法院受理申请后，发现有上述不予受理情形的，应当裁定驳回当事人的申请。

3. 经审查，调解协议有下列情形之一的，人民法院应当裁定驳回申请：（1）违反法律强制性规定的；（2）损害国家利益、社会公共利益、他人合法权益的；（3）违背公序良俗的；（4）违反自愿原则的；（5）内容不明确的；（6）其他不能进行司法确认的情形。

4. 当事人可以通过调解方式变更原调解协议或者达成新的调解协议，也可以向人民法院提起诉讼；当事人之间有仲裁协议的，可以向仲裁机构申请仲裁。

【法律依据】

1.《中华人民共和国民事诉讼法》（2017年6月27日）

第一百九十五条　人民法院受理申请后，经审查，符合法律规定的，裁定调解协议有效，一方当事人拒绝履行或者未全部履行的，对方当事人可以向人民法院申请执行；不符合法律规定的，裁定驳回申请，当事人可以通过调解方式变更原调解协议或者达成新的调解协议，也可以向人民法院提起诉讼。

2.《最高人民法院关于适用〈中华人民共和国民事诉讼法〉的解释》（2020年12月29日）

第三百五十七条　当事人申请司法确认调解协议，有下列情形之一的，人民法院裁定不予受理：

（一）不属于人民法院受理范围的；

（二）不属于收到申请的人民法院管辖的；

（三）申请确认婚姻关系、亲子关系、收养关系等身份关系无效、有效或者解除的；

（四）涉及适用其他特别程序、公示催告程序、破产程序审理的；

（五）调解协议内容涉及物权、知识产权确权的。

人民法院受理申请后，发现有上述不予受理情形的，应当裁定驳回当事人的申请。

第三百六十条 经审查，调解协议有下列情形之一的，人民法院应当裁定驳回申请：

（一）违反法律强制性规定的；

（二）损害国家利益、社会公共利益、他人合法权益的；

（三）违背公序良俗的；

（四）违反自愿原则的；

（五）内容不明确的；

（六）其他不能进行司法确认的情形。

22. 民事裁定书（申请撤销司法确认调解协议裁定用）

××××人民法院
民事裁定书

（××××）……民特监……号

申请人（原申请人/利害关系人）：×××，……。

被申请人（原申请人）：×××，……。

（以上写明申请人、被申请人及其代理人的姓名或者名称等基本信息）

本院于××××年××月××日立案受理申请人×××申请撤销司法确认调解协议裁定一案，依法适用特别程序进行了审查。现已审查终结。

×××称，……（概述申请人的请求、事实和理由）。

×××称，……（概述被申请人的意见）。

经审查查明：××××年××月××日，××××人民法院作出（××××）……民特……号民事裁定：申请人×××与×××于××××年××月××日经……（调解组织）主持调解达成的调解协议有效。……（写明调解协议符合或者不符合法律规定的事实根据）。

本院认为，原申请人×××与×××于××××年××月××日达成的调解协议，……（写明符合或者不符合法律规定的理由）。××××人民法院作出的（××××）……民特……号确认调解协议有效的民事裁定，应予撤销/维持。

依照《中华人民共和国民事诉讼法》第一百五十四条第一款第十一项、《最高人民法院关于适用〈中华人民共和国民事诉讼法〉的解释》第三百七十四条规定，裁定如下：

（撤销裁定的，写明：）撤销××××人民法院（××××）……民特……号民事裁定。

（驳回申请的，写明：）驳回×××的申请。

审　判　长　×××
审　判　员　×××
审　判　员　×××
××××年××月××日
（院印）
书　记　员　×××

【说　明】

1. 本样式根据《最高人民法院关于适用〈中华人民共和国民事诉讼法〉的解释》第三百七十四条制定，供作出司法确认调解协议裁定的基层人民法院，受理申请撤销司法确认调解协议裁定案后，裁定撤销原裁定或者驳回申请用。

2. 案号类型代字为"民特监"。

3. 对人民法院作出的司法确认调解协议的裁定，当事人有异议的，应当自收到裁定之日起十五日内提出；利害关系人有异议的，自知道或者应当知道其民事权益受到侵害之日起六个月内提出。

4. 人民法院经审查，异议成立或者部分成立的，作出新的裁定撤销或者改变原裁定；异议不成立的，裁定驳回。

【法律依据】

《最高人民法院关于适用〈中华人民共和国民事诉讼法〉的解释》（2020年12月29日）

第三百七十四条　适用特别程序作出的判决、裁定，当事人、利害关系人认为有错误的，可以向作出该判决、裁定的人民法院提出异议。人民法院经审查，异议成立或者部分成立的，作出新的判决、裁定撤销或者改变原判决、裁定；异议不成立的，裁定驳回。

对人民法院作出的确认调解协议、准许实现担保物权的裁定，当事人有异议的，应当自收到裁定之日起十五日内提出；利害关系人有异议的，自知道或者应当知道其民事权益受到侵害之日起六个月内提出。

（六）实现担保物权案件

23. 民事裁定书（准许实现担保物权用）

××××人民法院
民事裁定书

（××××）……民特……号

申请人：×××，……。

被申请人：×××，……。

（以上写明申请人、被申请人及其代理人的姓名或者名称等基本信息）

申请人×××与被申请人×××申请实现担保物权一案，本院于××××年××月××日立案后，依法适用特别程序进行了审查。现已审查终结。

×××称，……（写明申请人的请求、事实和理由）。

×××称，……（写明被申请人的意见）。

本院经审查认为，……（写明准许拍卖、变卖担保财产的理由）。

依照《中华人民共和国民事诉讼法》第一百九十七条、《最高人民法院关于适用〈中华人民共和国民事诉讼法〉的解释》第三百七十二条第一项/第二项规定，裁定如下：

准许拍卖、变卖被申请人×××的……（写明财产种类和数量）。

申请费……元，由被申请人×××负担。

申请人不服本裁定，应当在收到本裁定书之日起十五日内，向本院提出异议。

审　判　员　×××

××××年××月××日

(院印)

书　记　员　×××

【说　明】

1. 本样式根据《中华人民共和国民事诉讼法》第一百九十七条以及《最高人民法院关于适用〈中华人民共和国民事诉讼法〉的解释》第三百七十二条第一项、第二项制定，供担保财产所在地或者担保物权登记地基层人民法院在受理申请实现担保物权案后，经审查符合法律规定的，裁定准许拍卖、变卖担保财产用。

2. 当事人对实现担保物权无实质性争议且实现担保物权条件成就的，裁定准许拍卖、变卖担保财产，同时引用《最高人民法院关于适用〈中华人民共和国民事诉讼法〉的解释》第三百七十二条第一项规定；当事人对实现担保物权有部分实质性争议的，就无争议部分裁定准许拍卖、变卖担保财产，同时引用《最高人民法院关于适用〈中华人民共和国民事诉讼法〉的解释》第三百七十二条第二项规定。

3. 实现担保物权案件，人民法院裁定拍卖、变卖担保财产的，申请费由债务人、担保人负担。

4. 实现担保物权案件可以由审判员一人独任审查。担保财产标的额超过基层人民法院管辖范围的，应当组成合议庭进行审查。

【法律依据】

1. 《中华人民共和国民事诉讼法》(2017年6月27日)

第一百九十七条　人民法院受理申请后，经审查，符合法律规定的，裁定拍卖、变卖担保财产，当事人依据该裁定可以向人民法院申请执行；不符合法律规定的，裁定驳回申请，当事人可以向人民法院提起诉讼。

2. 《最高人民法院关于适用〈中华人民共和国民事诉讼法〉的解释》(2020年12月29日)

第三百七十二条　人民法院审查后，按下列情形分别处理：

(一) 当事人对实现担保物权无实质性争议且实现担保物权条件成就的，裁定准许拍卖、变卖担保财产；

（二）当事人对实现担保物权有部分实质性争议的，可以就无争议部分裁定准许拍卖、变卖担保财产；

（三）当事人对实现担保物权有实质性争议的，裁定驳回申请，并告知申请人向人民法院提起诉讼。

24. 民事裁定书（驳回实现担保物权申请用）

××××人民法院
民事裁定书

（××××）……民特……号

申请人：×××,……。

被申请人：×××,……。

(以上写明申请人、被申请人及其代理人的姓名或者名称等基本信息)

申请人×××与被申请人×××申请实现担保物权一案，本院于××××年××月××日立案后，依法适用特别程序进行了审查。现已审查终结。

×××称，……（写明申请人的请求、事实和理由）。

×××称，……（写明被申请人的意见）。

本院经审查认为，……（写明不准许拍卖、变卖担保财产的理由）。当事人对实现担保物权有实质性争议，申请人×××的申请不符合法律规定。

依照《中华人民共和国民事诉讼法》第一百九十七条、《最高人民法院关于适用〈中华人民共和国民事诉讼法〉的解释》第三百七十二条第三项规定，裁定如下：

驳回×××的申请。

申请费……元，由申请人×××负担。

申请人可以向人民法院提起诉讼。

审　判　员　×××
××××年××月××日
(院印)
书　记　员　×××

【说　明】

1. 本样式根据《中华人民共和国民事诉讼法》第一百九十七条以及《最高人民法院关于适用〈中华人民共和国民事诉讼法〉的解释》第三百七十二条第三项制定，供担保财产所在地或者担保物权登记地基层人民法院受理申请实现担保物权案后，经审查不符合法律规定的，裁定驳回申请用。

2. 实现担保物权案件，人民法院裁定驳回申请的，申请费由申请人负担。

3. 实现担保物权案件可以由审判员一人独任审查。担保财产标的额超过基层人民法院管辖范围的，应当组成合议庭进行审查。

【法律依据】

1. 《中华人民共和国民事诉讼法》（2017年6月27日）

第一百九十七条　人民法院受理申请后，经审查，符合法律规定的，裁定拍卖、变卖担保财产，当事人依据该裁定可以向人民法院申请执行；不符合法律规定的，裁定驳回申请，当事人可以向人民法院提起诉讼。

2. 《最高人民法院关于适用〈中华人民共和国民事诉讼法〉的解释》（2020年12月29日）

第三百七十二条　人民法院审查后，按下列情形分别处理：

（一）当事人对实现担保物权无实质性争议且实现担保物权条件成就的，裁定准许拍卖、变卖担保财产；

（二）当事人对实现担保物权有部分实质性争议的，可以就无争议部分裁定准许拍卖、变卖担保财产；

（三）当事人对实现担保物权有实质性争议的，裁定驳回申请，并告知申请人向人民法院提起诉讼。

25. 民事裁定书（申请撤销准许实现担保物权裁定用）

××××人民法院
民事裁定书

（××××）……民特监……号

申请人（原被申请人/利害关系人）：×××，……。

被申请人（原申请人）：×××，……。

本院于××××年××月××日立案受理申请人×××与被申请人×××申请撤销准许实现担保物权裁定一案，依法适用特别程序进行了审查。现已审查终结。

申请人×××称，……（概述申请人的请求、事实和理由）。

被申请人×××称，……（概述被申请人的意见）。

经审查查明：××××年××月××日，××××人民法院作出（××××）……民特……号民事裁定：准许拍卖、变卖被申请人×××的……（财产）。申请费……元，由……负担。

……（写明准许拍卖、变卖担保财产符合或者不符合法律规定的事实根据）。

本院认为，原申请人于××××年××月××日提出的准许拍卖、变卖担保财产的申请，……（写明符合或者不符合法律规定的理由）。××××人民法院作出的（××××）……民特……号准许实现担保物权的民事裁定，应予撤销/维持。

依照《中华人民共和国民事诉讼法》第一百五十四条第一款第十一项、《最高人民法院关于适用〈中华人民共和国民事诉讼法〉的解释》第三百七十四条规定，裁定如下：

（撤销裁定的，写明：）

撤销××××人民法院（××××）……民特……号民事裁定。

原申请费……元，由……负担（写明当事人姓名或者名称、负担金额）。

(驳回申请的，写明：)

驳回×××的申请。

审　判　长　×××
审　判　员　×××
审　判　员　×××
××××年××月××日
（院印）
书　记　员　×××

【说　明】

1. 本样式根据《中华人民共和国民事诉讼法》第一百五十四条第一款第十一项、《最高人民法院关于适用〈中华人民共和国民事诉讼法〉的解释》第三百七十四条制定，供作出准许实现担保物权裁定的基层人民法院，受理申请撤销准许实现担保物权案后，裁定撤销原裁定或者驳回申请用。

2. 案号类型代字为"民特监"。

3. 对人民法院作出的准许实现担保物权的裁定，当事人有异议的，应当自收到裁定之日起十五日内提出；利害关系人有异议的，自知道或者应当知道其民事权益受到侵害之日起六个月内提出。

4. 人民法院经审查，异议成立或者部分成立的，作出新的裁定撤销或者改变原裁定；异议不成立的，裁定驳回。

5. 人民法院改变原裁定结果的，应当对原申请费的负担一并作出处理。

【法律依据】

1. 《中华人民共和国民事诉讼法》（2017年6月27日）

第一百五十四条第一款　裁定适用于下列范围：

（一）不予受理；

（二）对管辖权有异议的；

（三）驳回起诉；

（四）保全和先予执行；

（五）准许或者不准许撤诉；

（六）中止或者终结诉讼；

（七）补正判决书中的笔误；

（八）中止或者终结执行；

（九）撤销或者不予执行仲裁裁决；

（十）不予执行公证机关赋予强制执行效力的债权文书；

（十一）其他需要裁定解决的事项。

2.《最高人民法院关于适用〈中华人民共和国民事诉讼法〉的解释》（2020年12月29日）

第三百七十四条 适用特别程序作出的判决、裁定，当事人、利害关系人认为有错误的，可以向作出该判决、裁定的人民法院提出异议。人民法院经审查，异议成立或者部分成立的，作出新的判决、裁定撤销或者改变原判决、裁定；异议不成立的，裁定驳回。

对人民法院作出的确认调解协议、准许实现担保物权的裁定，当事人有异议的，应当自收到裁定之日起十五日内提出；利害关系人有异议的，自知道或者应当知道其民事权益受到侵害之日起六个月内提出。

26. 异议权利告知书（告知被申请人受理实现担保物权案件用）

××××人民法院
异议权利告知书

（××××）……民特……号

×××：

本院已立案受理申请人×××与被申请人×××申请实现担保物权一案。依照《最高人民法院关于适用〈中华人民共和国民事诉讼法〉的解释》第三百六十八条规定，你方依法享有提出异议的权利。现将异议权利及有关事项告知如下：

一、被申请人有异议的，应当在收到申请书副本、异议权利告知书之日起五日内向人民法院书面提出，同时说明理由并提供相应的证据材料。逾期未提出异议的，不影响案件审理。

二、被申请人可以就以下事项提出异议：

1. 主合同及担保合同的效力；

2. 依法应登记的担保物权是否已登记；

3. 实现担保物权的条件是否已成就，如主债务是否已届清偿期等；

4. 担保债务的范围与金额，如利息和违约金等费用的计算是否合理，主债务是否已获部分清偿等；

5. 被申请人认为不符合实现担保物权条件的其他情形。

三、人民法院将对申请人提出的实现担保物权申请、被申请人提出的异议以及双方提供的证据进行综合审查，并视情况决定是否进行询问。询问将通知申请人、被申请人及相关利害关系人到庭，当事人应按要求如期参加或委托诉讼代理人参加询问。

询问过程中，当事人依法享有申请主持人、记录人回避等权利，亦有义务遵守询问秩序，无正当理由拒不参加询问或中途退出者，视为对自己权利的放弃。确因特殊原因无法出庭的，经人民法院准许，可以书面答复人民法院的询问。

××××年××月××日

（院印）

【说　明】

1. 本样式根据《最高人民法院关于适用〈中华人民共和国民事诉讼法〉的解释》第三百六十八条制定，供基层人民法院在受理申请实现担保物权案后，告知被申请人用。

2. 人民法院受理申请后，应当在五日内向被申请人送达申请书副本、异议权利告知书等文书。被申请人有异议的，应当在收到人民法院通知后的五日内向人民法院提出，同时说明理由并提供相应的证据材料。

【法律依据】

《最高人民法院关于适用〈中华人民共和国民事诉讼法〉的解释》（2020年12月29日）

第三百六十八条　人民法院受理申请后，应当在五日内向被申请人送达申请书副本、异议权利告知书等文书。

被申请人有异议的，应当在收到人民法院通知后的五日内向人民法院提出，同时说明理由并提供相应的证据材料。

（七）监护权特别程序案件

27. 民事判决书（申请确定监护人用）

××××人民法院
民事判决书

（××××）……民特……号

申请人：×××，……。

（以上写明申请人及其代理人的姓名或者名称等基本信息）

申请人×××申请确定监护人一案，本院于××××年××月××日立案后进行了审理。现已审理终结。

×××称，……（概述申请人的请求、事实和理由）。

经审理查明：……（写明被监护人基本信息、申请人与被监护人的关系、原指定监护情况、拟指定监护人基本信息等事实）。

本院认为，……（写明撤销原指定同时另行指定监护人的理由）。

依照《中华人民共和国民事诉讼法》第一百七十八条、《最高人民法院关于适用〈中华人民共和国民事诉讼法〉的解释》第三百五十一条规定，判决如下：

一、撤销×××为×××的监护人的指定；

二、指定×××为×××的监护人。

本判决为终审判决。

审 判 员　×××

××××年××月××日

（院印）

书 记 员　×××

【说　明】

1. 本样式根据《最高人民法院关于适用〈中华人民共和国民事诉讼法〉的解释》第三百五十一条制定，供基层人民法院审理申请确定监护人案后，认为指定不当的，判决撤销原指定同时另行指定监护人用。

2. 被指定的监护人不服指定，应当自接到通知之日起三十日内向人民法院提出异议。

3. 判决书应当送达异议人、原指定监护人及判决指定的监护人。

【法律依据】

《最高人民法院关于适用〈中华人民共和国民事诉讼法〉的解释》（2020年12月29日）

第三百五十一条　被指定的监护人不服居民委员会、村民委员会或者民政部门指定，应当自接到通知之日起三十日内向人民法院提出异议。经审理，认为指定并无不当的，裁定驳回异议；指定不当的，判决撤销指定，同时另行指定监护人。判决书应当送达异议人、原指定单位及判决指定的监护人。

有关当事人依照民法典第三十一条第一款规定直接向人民法院申请指定监护人的，适用特别程序审理，判决指定监护人。判决书应当送达申请人、判决指定的监护人。

28. 民事判决书（申请变更监护人用）

××××人民法院
民事判决书

（××××）……民特……号

申请人：×××，……。

（以上写明申请人及其代理人的姓名或者名称等基本信息）

申请人×××申请变更监护人一案，本院于××××年××月××日立案后进行了审理。现已审理终结。

×××称，……（概述申请人的请求、事实和理由）。

经审理查明：……（写明被监护人基本信息、申请人与被监护人的关系、原指定监护情况、拟指定监护人基本信息等事实）。

本院认为，……（写明是否变更监护的理由）。

依照《中华人民共和国民事诉讼法》第一百七十八条规定，判决如下：

（变更监护人的，写明：）

×××的监护人变更为×××。

（驳回申请的，写明：）

驳回×××的申请。

本判决为终审判决。

审　判　员　×××
××××年××月××日
（院印）
书　记　员　×××

【说　明】

1. 本样式根据《中华人民共和国民事诉讼法》第一百七十八条制定，供基层人民法院在审理申请变更监护人案后，判决变更监护人或者驳回申请用。

2. 被指定的监护人不服指定，自接到通知之日起超过三十日向人民法院提出异议的，按申请变更监护人确定案由，适用本样式。

【法律依据】

《中华人民共和国民事诉讼法》（2017年6月27日）

第一百七十八条　依照本章程序审理的案件，实行一审终审。选民资格案件或者重大、疑难的案件，由审判员组成合议庭审理；其他案件由审判员一人独任审理。

29. 民事判决书（申请撤销监护人资格用）

××××人民法院
民事判决书

（××××）……民特……号

申请人：×××，……。

被申请人：×××，……。

（以上写明申请人、被申请人及其代理人的姓名或者名称等基本信息）

申请人×××与被申请人×××申请撤销监护人资格一案，本院于××××年××月××日立案后进行了审理。现已审理终结。

×××称，……（概述申请人的请求、事实和理由）。

×××称，……（概述被申请人的意见）。

经审理查明：……（写明被监护人基本信息、被申请人与被监护人的关系、原指定监护情况等）。

本院认为，……（写明是否撤销监护的理由）。

依照《中华人民共和国民事诉讼法》第一百七十八条规定，判决如下：

（撤销监护人资格的，写明：）

一、撤销×××为×××的监护人的资格。

二、指定×××为×××的监护人。

（驳回申请的，写明：）

驳回×××的申请。

本判决为终审判决。

审　判　员　×××
××××年××月××日
（院印）
书　记　员　×××

【说　明】

1. 本样式根据《中华人民共和国民事诉讼法》第一百七十八条制定，供基层人民法院在审理申请撤销监护人资格案后，判决撤销监护人资格或者驳回申请用。

2. 监护人不履行监护职责或者侵害被监护人的合法权益的，应当承担责任；给被监护人造成财产损失的，应当赔偿损失。人民法院可以根据有关人员或者有关单位的申请，撤销监护人的资格。

3. 监护人实施家庭暴力严重侵害被监护人合法权益的，人民法院可以根据被监护人的近亲属、居民委员会、村民委员会、县级人民政府民政部门等有关人员或者单位的申请，依法撤销其监护人资格，另行指定监护人。

4. 法律依据应当引用《中华人民共和国民法通则》第十八条；因实施家庭暴力撤销监护人资格的，同时引用《中华人民共和国反家庭暴力法》第二十一条第一款。

【法律依据】

1. 《中华人民共和国民事诉讼法》（2017年6月27日）

第一百七十八条　依照本章程序审理的案件，实行一审终审。选民资格案件或者重大、疑难的案件，由审判员组成合议庭审理；其他案件由审判员一人独任审理。

2. 《中华人民共和国民法典》（2020年5月28日）

第三十四条　监护人的职责是代理被监护人实施民事法律行为，保护被监护人的人身权利、财产权利以及其他合法权益等。

监护人依法履行监护职责产生的权利，受法律保护。

监护人不履行监护职责或者侵害被监护人合法权益的，应当承担法律责任。

因发生突发事件等紧急情况，监护人暂时无法履行监护职责，被监护人的生活处于无人照料状态的，被监护人住所地的居民委员会、村民委员会或者民政部门应当为被监护人安排必要的临时生活照料措施。

3. 《中华人民共和国反家庭暴力法》（2015年12月27日）

第二十一条第一款　监护人实施家庭暴力严重侵害被监护人合法权益的，人民法院可以根据被监护人的近亲属、居民委员会、村民委员会、县级人民政府民政部门等有关人员或者单位的申请，依法撤销其监护人资格，另行指定监护人。

30. 民事裁定书（申请确定监护人驳回异议用）

××××人民法院
民事裁定书

（××××）……民特……号

申请人：×××，……。

（以上写明申请人及其代理人的姓名或者名称等基本信息）

申请人×××申请确定监护人一案，本院于××××年××月××日立案后进行了审理。现已审理终结。

×××称，……（概述申请人的请求、事实和理由）。

经审理查明：……（写明被监护人基本信息、申请人与被监护人的关系、原指定监护情况等事实）。

本院认为，……（写明指定监护并无不当的理由）。

依照《中华人民共和国民事诉讼法》第一百五十四条第一款第十一项、《最高人民法院关于适用〈中华人民共和国民事诉讼法〉的解释》第三百五十一条规定，裁定如下：

驳回×××不服指定监护的异议。

审　判　员　×××
××××年××月××日
（院印）
书　记　员　×××

【说　明】

1. 本样式根据《最高人民法院关于适用〈中华人民共和国民事诉讼法〉的解释》第三百五十一条制定，供基层人民法院在审理申请确定监护人案后，认为指定并无不当的，裁定驳回被指定的监护人异议用。

2. 被指定的监护人不服指定，应当自接到通知之日起三十日内向人民法院提出异议。

【法律依据】

《最高人民法院关于适用〈中华人民共和国民事诉讼法〉的解释》（2020年12月29日）

第三百五十一条　被指定的监护人不服居民委员会、村民委员会或者民政部门指定，应当自接到通知之日起三十日内向人民法院提出异议。经审理，认为指定并无不当的，裁定驳回异议；指定不当的，判决撤销指定，同时另行指定监护人。判决书应当送达异议人、原指定单位及判决指定的监护人。

有关当事人依照民法典第三十一条第一款规定直接向人民法院申请指定监护人的，适用特别程序审理，判决指定监护人。判决书应当送达申请人、判决指定的监护人。

（八）确认仲裁协议效力案件

31. 民事裁定书（确认仲裁协议无效用）

××××人民法院
民事裁定书

（××××）……民特……号

申请人：×××,……。

被申请人：×××,……。

（以上写明申请人、被申请人及其代理人的姓名或者名称等基本信息）

申请人×××与被申请人×××申请确认仲裁协议效力一案，本院于×××年××月××日立案后进行了审查。现已审查终结。

×××称，……（概述申请人的请求、事实和理由）。

×××称，……（概述被申请人的意见）。

经审查查明：……（写明确认仲裁协议效力的事实根据）。

本院认为，……（写明确认仲裁协议无效的理由）。

依照《中华人民共和国仲裁法》第十七条第×项、第二十条规定，裁定如下：

确认申请人×××与被申请人×××的仲裁协议无效。

申请费……元，由被申请人×××负担。

审　判　长　×××
审　判　员　×××
审　判　员　×××

××××年××月××日

(院印)

书　记　员　×××

【说　明】

1. 本样式根据《中华人民共和国仲裁法》第十七条、第二十条制定。

2. 案号类型代字为"民特"。

3. 有下列情形之一的，仲裁协议无效：（1）约定的仲裁事项超出法律规定的仲裁范围的；（2）无民事行为能力人或者限制民事行为能力人订立的仲裁协议；（3）一方采取胁迫手段，迫使对方订立仲裁协议的。

【法律依据】

《中华人民共和国仲裁法》（2017年9月1日）

第十七条　有下列情形之一的，仲裁协议无效：

（一）约定的仲裁事项超出法律规定的仲裁范围的；

（二）无民事行为能力人或者限制民事行为能力人订立的仲裁协议；

（三）一方采取胁迫手段，迫使对方订立仲裁协议的。

第二十条　当事人对仲裁协议的效力有异议的，可以请求仲裁委员会作出决定或者请求人民法院作出裁定。一方请求仲裁委员会作出决定，另一方请求人民法院作出裁定的，由人民法院裁定。

当事人对仲裁协议的效力有异议，应当在仲裁庭首次开庭前提出。

32. 民事裁定书（驳回确认仲裁协议效力申请用）

××××人民法院
民事裁定书

（××××）……民特……号

申请人：×××，……。

被申请人：×××，……。

（以上写明申请人、被申请人及其代理人的姓名或者名称等基本信息）

申请人×××与被申请人×××申请确认仲裁协议效力一案，本院于××××年××月××日立案后进行了审查。现已审查终结。

×××称，……（概述申请人的请求、事实和理由）。

×××称，……（概述被申请人的意见）。

经审查查明：……（写明确认仲裁协议效力的事实根据）。

本院认为，……（写明确认仲裁协议有效的理由）。

依照《中华人民共和国仲裁法》第十六条、第二十条规定，裁定如下：

驳回×××的申请。

申请费……元，由申请人×××负担。

审　判　长　×××
审　判　员　×××
审　判　员　×××
××××年××月××日
（院印）
书　记　员　×××

【说　明】

1. 本样式根据《中华人民共和国仲裁法》第十六条、第二十条制定。
2. 案号类型代字为"民特"。

【法律依据】

《中华人民共和国仲裁法》（2017年9月1日）

第十六条　仲裁协议包括合同中订立的仲裁条款和以其他书面方式在纠纷发生前或者纠纷发生后达成的请求仲裁的协议。

仲裁协议应当具有下列内容：

（一）请求仲裁的意思表示；

（二）仲裁事项；

（三）选定的仲裁委员会。

第二十条　当事人对仲裁协议的效力有异议的，可以请求仲裁委员会作出决定或者请求人民法院作出裁定。一方请求仲裁委员会作出决定，另一方请求人民法院作出裁定的，由人民法院裁定。

当事人对仲裁协议的效力有异议，应当在仲裁庭首次开庭前提出。

（九）撤销仲裁裁决案件

33. 民事裁定书（中止撤销程序用）

××××人民法院
民事裁定书

（××××）……民特……号

申请人：×××，……。

被申请人：×××，……。

（以上写明申请人、被申请人及其代理人的姓名或者名称等基本信息）

申请人×××与被申请人×××申请撤销仲裁裁决一案，本院于××××年××月××日立案后进行了审查，认为可以由仲裁庭重新仲裁。

依照《中华人民共和国仲裁法》第六十一条规定，裁定如下：

本案中止撤销程序。

审　判　长　×××
审　判　员　×××
审　判　员　×××
××××年××月××日
（院印）
书　记　员　×××

【说　明】

1. 本样式根据《中华人民共和国仲裁法》第六十一条以及《最高人民法院关于适用〈中华人民共和国仲裁法〉若干问题的解释》第二十一条制定，供仲裁委员会所在地的中级人民法院在受理申请撤销仲裁裁决后，认为可以由仲裁庭重新仲裁的，裁定中止撤销程序用。

2. 当事人申请撤销国内仲裁裁决的案件属于下列情形之一的，人民法院可以依照《中华人民共和国仲裁法》第六十一条的规定通知仲裁庭在一定期限内重新仲裁：（1）仲裁裁决所根据的证据是伪造的；（2）对方当事人隐瞒了足以影响公正裁决的证据的。人民法院应当在通知中说明要求重新仲裁的具体理由。

【法律依据】

1. 《中华人民共和国仲裁法》（2017年9月1日）

第六十一条　人民法院受理撤销裁决的申请后，认为可以由仲裁庭重新仲裁的，通知仲裁庭在一定期限内重新仲裁，并裁定中止撤销程序。仲裁庭拒绝重新仲裁的，人民法院应当裁定恢复撤销程序。

2. 《最高人民法院关于适用〈中华人民共和国仲裁法〉若干问题的解释》（2008年12月16日）

第二十一条　当事人申请撤销国内仲裁裁决的案件属于下列情形之一的，人民法院可以依照仲裁法第六十一条的规定通知仲裁庭在一定期限内重新仲裁：

（一）仲裁裁决所根据的证据是伪造的；

（二）对方当事人隐瞒了足以影响公正裁决的证据的。

人民法院应当在通知中说明要求重新仲裁的具体理由。

34. 民事裁定书（恢复撤销程序用）

××××人民法院
民事裁定书

（××××）……民特……号

申请人：×××，……。
被申请人：×××，……。
（以上写明申请人、被申请人及其代理人的姓名或者名称等基本信息）

申请人×××与被申请人×××申请撤销仲裁裁决一案，本院于××××年××月××日立案后进行了审查，认为可以由仲裁庭重新仲裁，通知仲裁庭在××日内重新仲裁，并裁定中止撤销程序。××××年××月××日，仲裁庭拒绝重新仲裁/在本院指定的期限内未开始重新仲裁。

依照《中华人民共和国仲裁法》第六十一条规定，裁定如下：

本案恢复撤销程序。

审　判　长　×××
审　判　员　×××
审　判　员　×××
××××年××月××日
（院印）
书　记　员　×××

【说　明】

1. 本样式根据《中华人民共和国仲裁法》第六十一条以及《最高人民法院关于适用〈中华人民共和国仲裁法〉若干问题的解释》第二十二条制定，供仲裁委员会所在地的中级人民法院中止撤销程序后，仲裁庭拒绝重新仲裁或者在人民法院指定的期限内未开始重新仲裁的，裁定恢复撤销程序用。

2. 仲裁庭拒绝重新仲裁的，引用《中华人民共和国仲裁法》第六十一条；仲裁庭在人民法院指定的期限内未开始重新仲裁的，同时引用《中华人民共和国仲裁法》第六十一条和《最高人民法院关于适用〈中华人民共和国仲裁法〉若干问题的解释》第二十二条。

【法律依据】

1. 《中华人民共和国仲裁法》（2017年9月1日）

第六十一条　人民法院受理撤销裁决的申请后，认为可以由仲裁庭重新仲裁的，通知仲裁庭在一定期限内重新仲裁，并裁定中止撤销程序。仲裁庭拒绝重新仲裁的，人民法院应当裁定恢复撤销程序。

2. 《最高人民法院关于适用〈中华人民共和国仲裁法〉若干问题的解释》（2008年12月16日）

第二十二条　仲裁庭在人民法院指定的期限内开始重新仲裁的，人民法院应当裁定终结撤销程序；未开始重新仲裁的，人民法院应当裁定恢复撤销程序。

35. 民事裁定书（终结撤销程序用）

××××人民法院
民事裁定书

（××××）……民特……号

申请人：×××，……。

被申请人：×××，……。

（以上写明申请人、被申请人及其代理人的姓名或者名称等基本信息）

申请人×××与被申请人×××申请撤销仲裁裁决一案，本院于××××年××月××日立案后进行了审查，认为可以由仲裁庭重新仲裁，通知仲裁庭在××日内重新仲裁，并裁定中止撤销程序。仲裁庭已于××××年××月××日开始重新仲裁。

依照《中华人民共和国仲裁法》第六十一条、《最高人民法院关于适用〈中华人民共和国仲裁法〉若干问题的解释》第二十二条规定，裁定如下：

本案终结撤销程序。

已交纳的案件受理费……元，不予退还。

申请费×××元，由……负担（写明当事人姓名或者名称、负担金额）。

审　判　长　×××
审　判　员　×××
审　判　员　×××
××××年××月××日
（院印）
书　记　员　×××

【说　明】

1. 本样式根据《中华人民共和国仲裁法》第六十一条以及《最高人民法院关于适用〈中华人民共和国仲裁法〉若干问题的解释》第二十二条制定，供仲裁委员会所在地的中级人民法院，在仲裁庭在人民法院指定的期限内开始重新仲裁后，裁定终结撤销程序用。

2. 人民法院受理撤销裁决的申请后，认为可以由仲裁庭重新仲裁的，通知仲裁庭在一定期限内重新仲裁，并裁定中止撤销程序。仲裁庭在人民法院指定的期限内开始重新仲裁的，人民法院应当裁定终结撤销程序。

3. 终结撤销程序的案件，已交纳的申请费不予退还。

【法律依据】

1. 《中华人民共和国仲裁法》（2017年9月1日）

第六十一条　人民法院受理撤销裁决的申请后，认为可以由仲裁庭重新仲裁的，通知仲裁庭在一定期限内重新仲裁，并裁定中止撤销程序。仲裁庭拒绝重新仲裁的，人民法院应当裁定恢复撤销程序。

2. 《最高人民法院关于适用〈中华人民共和国仲裁法〉若干问题的解释》（2008年12月16日）

第二十二条　仲裁庭在人民法院指定的期限内开始重新仲裁的，人民法院应当裁定终结撤销程序；未开始重新仲裁的，人民法院应当裁定恢复撤销程序。

36. 民事裁定书（撤销仲裁裁决申请用）

×××× 人民法院
民事裁定书

（××××）……民特……号

申请人：×××，……。

被申请人：×××，……。

（以上写明申请人、被申请人及其代理人的姓名或者名称等基本信息）

申请人×××与被申请人×××申请撤销仲裁裁决一案，本院于××××年××月××日立案后进行了审查。现已审查终结。

×××称，……（概述申请人的请求、事实和理由）。

×××称，……（概述被申请人的意见）。

经审查查明：××××年××月××日，××××仲裁委员会作出（××××）……号裁决：……（写明裁决结果）。

……（写明撤销裁决的事实根据）。

本院认为，……（写明撤销裁决的理由）。

依照《中华人民共和国仲裁法》第五十八条、第五十九条、第六十条规定，裁定如下：

（撤销全部裁决的，写明：）撤销××××仲裁委员会（××××）……号裁决。

申请费……元，由被申请人×××负担。

（撤销部分裁决的，写明：）撤销××××仲裁委员会（××××）……号裁决第×项，即：……。

申请费……元，由申请人×××负担……元，被申请人×××负担……元。

审　判　长　×××
审　判　员　×××
审　判　员　×××
××××年××月××日
（院印）
书　记　员　×××

【说　明】

1. 本样式根据《中华人民共和国仲裁法》第五十八条、第五十九条、第六十条以及《最高人民法院关于适用〈中华人民共和国仲裁法〉若干问题的解释》第十九条制定，供仲裁委员会所在地的中级人民法院，在受理申请撤销民商事仲裁裁决后，裁定撤销全部或者部分裁决用。

2. 当事人提出证据证明裁决有下列情形之一的，可以向仲裁委员会所在地的中级人民法院申请撤销裁决：（1）没有仲裁协议的；（2）裁决的事项不属于仲裁协议的范围或者仲裁委员会无权仲裁的；（3）仲裁庭的组成或者仲裁的程序违反法定程序的；（4）裁决所根据的证据是伪造的；（5）对方当事人隐瞒了足以影响公正裁决的证据的；（6）仲裁员在仲裁该案时有索贿受贿，徇私舞弊，枉法裁决行为的。人民法院经组成合议庭审查核实裁决有前款规定情形之一的，应当裁定撤销。人民法院认定该裁决违背社会公共利益的，应当裁定撤销。

3. 人民法院应当在受理撤销裁决申请之日起两个月内作出撤销裁决或者驳回申请的裁定。

4. 当事人以仲裁裁决事项超出仲裁协议范围为由申请撤销仲裁裁决，经审查属实的，人民法院应当撤销仲裁裁决中的超裁部分。但超裁部分与其他裁决事项不可分的，人民法院应当撤销仲裁裁决。

【法律依据】

1. 《中华人民共和国仲裁法》（2017年9月1日）

第五十八条　当事人提出证据证明裁决有下列情形之一的，可以向仲裁委员会所在地的中级人民法院申请撤销裁决：

（一）没有仲裁协议的；

（二）裁决的事项不属于仲裁协议的范围或者仲裁委员会无权仲裁的；

（三）仲裁庭的组成或者仲裁的程序违反法定程序的；

（四）裁决所根据的证据是伪造的；

（五）对方当事人隐瞒了足以影响公正裁决的证据的；

（六）仲裁员在仲裁该案时有索贿受贿，徇私舞弊，枉法裁决行为的。

人民法院经组成合议庭审查核实裁决有前款规定情形之一的，应当裁定撤销。

人民法院认定该裁决违背社会公共利益的，应当裁定撤销。

第五十九条　当事人申请撤销裁决的，应当自收到裁决书之日起六个月内提出。

第六十条　人民法院应当在受理撤销裁决申请之日起两个月内作出撤销裁决或者驳回申请的裁定。

2.《最高人民法院关于适用〈中华人民共和国仲裁法〉若干问题的解释》（2008年12月16日）

第十九条　当事人以仲裁裁决事项超出仲裁协议范围为由申请撤销仲裁裁决，经审查属实的，人民法院应当撤销仲裁裁决中的超裁部分。但超裁部分与其他裁决事项不可分的，人民法院应当撤销仲裁裁决。

37. 民事裁定书（驳回撤销仲裁裁决申请用）

××××人民法院
民事裁定书

（××××）……民特……号

申请人：×××，……。

被申请人：×××，……。

（以上写明申请人、被申请人及其代理人的姓名或者名称等基本信息）

申请人×××与被申请人×××申请撤销仲裁裁决一案，本院于××××年××月××日立案后进行了审查。现已审查终结。

×××称，……（概述申请人的请求、事实和理由）。

×××称，……（概述被申请人的意见）。

经审查查明：××××年××月××日，××××仲裁委员会作出（×××）……号裁决：……（写明裁决结果）。

……（写明驳回申请的事实根据）。

本院认为，……（写明驳回申请的理由）。

依照《中华人民共和国仲裁法》第六十条规定，裁定如下：

驳回×××的申请。

申请费……元，由申请人×××负担。

审 判 长　×××
审 判 员　×××
审 判 员　×××
××××年××月××日
（院印）
书 记 员　×××

【说　明】

1. 本样式根据《中华人民共和国仲裁法》第六十条制定，供仲裁委员会所在地的中级人民法院，在受理申请撤销民商事仲裁裁决后，裁定驳回申请用。

2. 人民法院应当在受理撤销裁决申请之日起两个月内作出撤销裁决或者驳回申请的裁定。

【法律依据】

《中华人民共和国仲裁法》（2017 年 9 月 1 日）

第六十条　人民法院应当在受理撤销裁决申请之日起两个月内作出撤销裁决或者驳回申请的裁定。

38. 民事裁定书（撤销劳动争议仲裁裁决用）

××××人民法院
民事裁定书

（××××）……民特……号

申请人：×××，……。

被申请人：×××，……。

（以上写明申请人、被申请人及其代理人的姓名或者名称等基本信息）

申请人×××与被申请人×××申请撤销劳动争议仲裁裁决一案，本院于××××年××月××日立案后进行了审查。现已审查终结。

×××称，……（概述申请人的请求、事实和理由）。

×××称，……（概述被申请人的意见）。

经审查查明：××××年××月××日，××××劳动争议仲裁委员会作出（××××）……号裁决：……（写明裁决结果）。

……（写明撤销裁决的事实根据）。

本院认为，申请人有证据证明……（写明撤销裁决的理由）可以申请撤销裁决。

依照《中华人民共和国劳动争议调解仲裁法》第四十七条第×项、第四十九条规定，裁定如下：

（撤销全部裁决的，写明：）撤销××××劳动争议仲裁委员会（××××）……号裁决。

申请费……元，由被申请人×××负担。

（撤销部分裁决的，写明：）撤销××××劳动争议仲裁委员会（××××）……号裁决第×项，即：……。

申请费……元，由申请人×××负担……元，由被申请人×××负担……元。

当事人可以自收到裁定书之日起十五日内就该劳动争议事项向人民法院

提起诉讼。

审　判　长　×××
审　判　员　×××
审　判　员　×××
××××年××月××日
（院印）
书　记　员　×××

【说　明】

1. 本样式根据《中华人民共和国劳动争议调解仲裁法》第四十七条、第四十九条制定，供劳动争议仲裁委员会所在地的中级人民法院，在受理用人单位申请撤销劳动争议仲裁一裁终局裁决后，裁定撤销全部或者部分裁决用。

2. 申请人为用人单位，被申请人为劳动者。

3. 可以根据用人单位申请撤销的劳动争议仲裁裁决事项包括：（1）追索劳动报酬、工伤医疗费、经济补偿或者赔偿金，不超过当地月最低工资标准十二个月金额的争议；（2）因执行国家的劳动标准在工作时间、休息休假、社会保险等方面发生的争议。

4. 人民法院经组成合议庭审查核实裁决有下列情形之一的，应当裁定撤销：（1）适用法律、法规确有错误的；（2）劳动争议仲裁委员会无管辖权的；（3）违反法定程序的；（4）裁决所根据的证据是伪造的；（5）对方当事人隐瞒了足以影响公正裁决的证据的；（6）仲裁员在仲裁该案时有索贿受贿、徇私舞弊、枉法裁决行为的。

5. 仲裁裁决被人民法院裁定撤销的，当事人可以自收到裁定书之日起十五日内就该劳动争议事项向人民法院提起诉讼。

【法律依据】

《中华人民共和国劳动争议调解仲裁法》（2007年12月29日）

第四十七条　下列劳动争议，除本法另有规定的外，仲裁裁决为终局裁决，裁决书自作出之日起发生法律效力：

（一）追索劳动报酬、工伤医疗费、经济补偿或者赔偿金，不超过当地月最低工资标准十二个月金额的争议；

（二）因执行国家的劳动标准在工作时间、休息休假、社会保险等方面发生的争议。

第四十九条 用人单位有证据证明本法第四十七条规定的仲裁裁决有下列情形之一，可以自收到仲裁裁决书之日起三十日内向劳动争议仲裁委员会所在地的中级人民法院申请撤销裁决：

（一）适用法律、法规确有错误的；

（二）劳动争议仲裁委员会无管辖权的；

（三）违反法定程序的；

（四）裁决所根据的证据是伪造的；

（五）对方当事人隐瞒了足以影响公正裁决的证据的；

（六）仲裁员在仲裁该案时有索贿受贿、徇私舞弊、枉法裁决行为的。

人民法院经组成合议庭审查核实裁决有前款规定情形之一的，应当裁定撤销。

仲裁裁决被人民法院裁定撤销的，当事人可以自收到裁定书之日起十五日内就该劳动争议事项向人民法院提起诉讼。

39. 民事裁定书（驳回撤销劳动争议仲裁裁决申请用）

××××人民法院
民事裁定书

（××××）……民特……号

申请人：×××，……。

被申请人：×××，……。

（以上写明申请人、被申请人及其代理人的姓名或者名称等基本信息）

申请人×××与被申请人×××申请撤销劳动争议仲裁裁决一案，本院于××××年××月××日立案后进行了审查。现已审查终结。

×××称，……（概述申请人的请求、事实和理由）。

×××称，……（概述被申请人的意见）。

经审查查明：××××年××月××日，××××劳动争议仲裁委员会作出（××××）……号裁决：……（写明裁决结果）。

……（写明驳回申请的事实根据）。

本院认为，……（写明驳回撤销劳动争议仲裁裁决的理由）。

依照《中华人民共和国劳动争议调解仲裁法》第四十七条第×项规定，裁定如下：

驳回×××的申请。

申请费……元，由申请人×××负担。

审　判　长　×××
审　判　员　×××
审　判　员　×××
××××年××月××日
（院印）
书　记　员　×××

【说　明】

1. 本样式根据《中华人民共和国劳动争议调解仲裁法》第四十七条制定，供劳动争议仲裁委员会所在地的中级人民法院，在受理用人单位申请撤销劳动争议仲裁一裁终局裁决后，裁定驳回申请用。

2. 申请人为用人单位，被申请人为劳动者。

3. 可以根据用人单位申请撤销的劳动争议仲裁裁决事项包括：（1）追索劳动报酬、工伤医疗费、经济补偿或者赔偿金，不超过当地月最低工资标准十二个月金额的争议；（2）因执行国家的劳动标准在工作时间、休息休假、社会保险等方面发生的争议。

【法律依据】

《中华人民共和国劳动争议调解仲裁法》（2007年12月29日）

第四十七条　下列劳动争议，除本法另有规定的外，仲裁裁决为终局裁决，裁决书自作出之日起发生法律效力：

（一）追索劳动报酬、工伤医疗费、经济补偿或者赔偿金，不超过当地月最低工资标准十二个月金额的争议；

（二）因执行国家的劳动标准在工作时间、休息休假、社会保险等方面发生的争议。

40. 通知书（通知仲裁庭重新仲裁用）

××××人民法院
通知书

（××××）……民特……号

××××仲裁委员会：

本院于××××年××月××日立案受理申请人×××与被申请人×××申请撤销仲裁裁决一案后，因……（写明要求重新仲裁的具体理由）。本院认为可以由仲裁庭重新仲裁。依照《中华人民共和国仲裁法》第六十一条、《最高人民法院关于适用〈中华人民共和国仲裁法〉若干问题的解释》第二十一条规定，本院通知你委于××××年××月××日前重新仲裁，并将仲裁结果书面告知本院。

特此通知。

附：××××人民法院（××××）……民特……号民事裁定书。

××××年××月××日
（院印）

【说　明】

1. 本样式根据《中华人民共和国仲裁法》第六十一条以及《最高人民法院关于适用〈中华人民共和国仲裁法〉若干问题的解释》第二十一条制定，供仲裁委员会所在地的中级人民法院受理撤销裁决的申请后，认为可以由仲裁庭重新仲裁的，通知仲裁庭在一定期限内重新仲裁用。

2. 当事人申请撤销国内仲裁裁决的案件属于下列情形之一的，人民法院可以依照《中华人民共和国仲裁法》第六十一条的规定通知仲裁庭在一定期限内重新仲裁：（1）仲裁裁决所根据的证据是伪造的；（2）对方当事人隐瞒了足以影响公正裁决的证据的。人民法院应当在通知中说明要求重新仲裁的具体理由。

3. 人民法院认为可以由仲裁庭重新仲裁的，通知仲裁庭在一定期限内重新仲裁，并裁定中止撤销程序。

4. 通知书应当附中止撤销程序民事裁定书。

【法律依据】

1. 《中华人民共和国仲裁法》（2017 年 9 月 1 日）

第六十一条　人民法院受理撤销裁决的申请后，认为可以由仲裁庭重新仲裁的，通知仲裁庭在一定期限内重新仲裁，并裁定中止撤销程序。仲裁庭拒绝重新仲裁的，人民法院应当裁定恢复撤销程序。

2. 《最高人民法院关于适用〈中华人民共和国仲裁法〉若干问题的解释》（2008 年 12 月 16 日）

第二十一条　当事人申请撤销国内仲裁裁决的案件属于下列情形之一的，人民法院可以依照仲裁法第六十一条的规定通知仲裁庭在一定期限内重新仲裁：

（一）仲裁裁决所根据的证据是伪造的；

（二）对方当事人隐瞒了足以影响公正裁决的证据的。

人民法院应当在通知中说明要求重新仲裁的具体理由。

（十）人身安全保护令案件

41. 民事裁定书（作出人身安全保护令用）

××××人民法院
民事裁定书

（××××）……民保令……号

申请人×××，……。

……

被申请人×××，……。

……

（以上写明当事人及其代理人的姓名或者名称等基本信息）

申请人×××与被申请人×××申请人身安全保护令一案，本院于××××年××月××日立案后进行了审查。现已审查终结。

申请人×××称，……（概述申请人主张的请求、事实和理由）。

本院经审查认为，……（写明作出人身安全保护令的理由）。×××的申请符合人身安全保护令的法定条件。

依照《中华人民共和国反家庭暴力法》第二十六条、第二十七条、第二十八条、第二十九条规定，裁定如下（以下写明人身安全保护令的一项或者多项措施）：

一、禁止被申请人×××对×××实施家庭暴力；

二、禁止被申请人×××骚扰、跟踪、接触×××及其相关近亲属；

三、责令被申请人×××迁出×××的住所；

四、……（写明保护申请人人身安全的其他措施）。

本裁定自作出之日起×个月内有效。人身安全保护令失效前，人民法院可以根据申请人的申请撤销、变更或者延长。被申请人对本裁定不服的，可以自裁定生效之日起五日内向本院申请复议一次。复议期间不停止裁定的执行。

如×××违反上述禁令，本院将依据《中华人民共和国反家庭暴力法》第三十四条规定，视情节轻重，处以罚款、拘留；构成犯罪的，依法追究刑事责任。

审　判　员　×××
××××年××月××日
（院印）
书　记　员　×××

遭遇家庭暴力时，请于第一时间拨打110报警或者向所在单位、居（村）民委员会、妇女联合会等单位投诉、反映或者求助并注意保留相关证据。

【说　明】

1. 本样式根据《中华人民共和国反家庭暴力法》第四章人身安全保护令制定，供申请人或者被申请人居住地、家庭暴力发生地的人民法院在受理申请人身安全保护令案后，经审查符合法律规定的，裁定作出人身安全保护令用。

2. 案号类型代字为"民保令"。

3. 人身安全保护令由人民法院以裁定形式作出。

4. 如果申请人与被申请人是受诉法院正在审理的案件中的原、被告则应当写为：申请人（原告）或者被申请人（被告）。

5. 如果家暴受害者是无民事行为能力人或者限制民事行为能力人，由监护人代为提出申请的，则在申请人基本情况之后另起一行，写明其法定代理人的基本情况。

如果家暴受害者是无民事行为能力人或者限制民事行为能力人，或者因受到强制、威吓等原因无法自行申请人身安全保护令，代为申请的为其近亲属的，应当在申请人基本情况之后另起一行，写明代为申请人的自然情况。由公安机关、妇女联合会、居民委员会、村民委员会、救助管理机构代为申请的，应当在申请人基本情况之后另起一行，写明代为申请机构的名称、住所地、法定代表人的名称、经办人的姓名、职务。

6. 作出人身安全保护令，应当具备下列条件：（1）有明确的被申请人；（2）有具体的请求；（3）有遭受家庭暴力或者面临家庭暴力现实危险的情形。

7. 人民法院受理申请后，应当在七十二小时内作出人身安全保护令或者驳回申请；情况紧急的，应当在二十四小时内作出。

8. 人身保护令案件受理后，如果开庭询问当事人，则应当简述开庭询问的时间、到庭接受询问的当事人及其他相关人员的情况，接到传唤未能到庭的院印。如果曾经调取证据，则应当简要写明调取证据的内容。

9. 人身安全保护令可以包括下列措施：（1）禁止被申请人实施家庭暴力；（2）禁止被申请人骚扰、跟踪、接触申请人及其相关近亲属；（3）责令被申请人迁出申请人住所；（4）保护申请人人身安全的其他措施。

10. 人身安全保护令的有效期不超过六个月，自作出之日起生效。

11. 被申请人对人身安全保护令不服的，可以自裁定生效之日起五日内向作出裁定的人民法院申请复议一次。人民法院依法作出人身安全保护令的，复议期间不停止人身安全保护令的执行。

12. 人民法院作出人身安全保护令后，应当送达申请人、被申请人、公安机关以及居民委员会、村民委员会等有关组织。人身安全保护令由人民法院执行，公安机关以及居民委员会、村民委员会等应当协助执行。

【法律依据】

《中华人民共和国反家庭暴力法》（2015年12月27日）
第四章　人身安全保护令

第二十三条　当事人因遭受家庭暴力或者面临家庭暴力的现实危险，向人民法院申请人身安全保护令的，人民法院应当受理。

当事人是无民事行为能力人、限制民事行为能力人，或者因受到强制、威吓等原因无法申请人身安全保护令的，其近亲属、公安机关、妇女联合会、居民委员会、村民委员会、救助管理机构可以代为申请。

第二十四条　申请人身安全保护令应当以书面方式提出；书面申请确有困难的，可以口头申请，由人民法院记入笔录。

第二十五条　人身安全保护令案件由申请人或者被申请人居住地、家庭暴力发生地的基层人民法院管辖。

第二十六条　人身安全保护令由人民法院以裁定形式作出。

第二十七条 作出人身安全保护令，应当具备下列条件：

（一）有明确的被申请人；

（二）有具体的请求；

（三）有遭受家庭暴力或者面临家庭暴力现实危险的情形。

第二十八条 人民法院受理申请后，应当在七十二小时内作出人身安全保护令或者驳回申请；情况紧急的，应当在二十四小时内作出。

第二十九条 人身安全保护令可以包括下列措施：

（一）禁止被申请人实施家庭暴力；

（二）禁止被申请人骚扰、跟踪、接触申请人及其相关近亲属；

（三）责令被申请人迁出申请人住所；

（四）保护申请人人身安全的其他措施。

第三十条 人身安全保护令的有效期不超过六个月，自作出之日起生效。人身安全保护令失效前，人民法院可以根据申请人的申请撤销、变更或者延长。

第三十一条 申请人对驳回申请不服或者被申请人对人身安全保护令不服的，可以自裁定生效之日起五日内向作出裁定的人民法院申请复议一次。人民法院依法作出人身安全保护令的，复议期间不停止人身安全保护令的执行。

第三十二条 人民法院作出人身安全保护令后，应当送达申请人、被申请人、公安机关以及居民委员会、村民委员会等有关组织。人身安全保护令由人民法院执行，公安机关以及居民委员会、村民委员会等应当协助执行。

42. 民事裁定书（驳回人身安全保护令申请用）

××××人民法院
民事裁定书

（××××）……民保令……号

申请人×××，……。

……

被申请人×××，……。

……

（以上写明当事人及其代理人的姓名或名称等基本信息）

申请人×××与被申请人×××申请人身安全保护令一案，本院于××××年××月××日立案后进行了审查。现已审查终结。

申请人×××称，……（概述申请人主张的请求、事实和理由）。

本院经审查认为，申请人×××的申请不符合发出人身安全保护令的条件。

依照《中华人民共和国反家庭暴力法》第二十六条、第二十七条、第二十八条规定，裁定如下：

驳回×××的申请。

如不服本裁定，可以自本裁定生效之日起五日内向本院申请复议一次。

审　判　员　×××
××××年××月××日
（院印）
书　记　员　×××

【说　明】

1. 本样式根据《中华人民共和国反家庭暴力法》第四章人身安全保护令制定，供申请人或者被申请人居住地、家庭暴力发生地的人民法院在受理申请人身安全保护令案后，经审查不符合法律规定的，裁定驳回申请用。

2. 案号类型代字为"民保令"。

3. 作出人身安全保护令，应当具备下列条件：（1）有明确的被申请人；（2）有具体的请求；（3）有遭受家庭暴力或者面临家庭暴力现实危险的情形。

4. 人民法院受理申请后，应当在七十二小时内作出人身安全保护令或者驳回申请；情况紧急的，应当在二十四小时内作出。

5. 申请人对驳回申请不服的，可以自裁定生效之日起五日内向作出裁定的人民法院申请复议一次。

【法律依据】

《中华人民共和国反家庭暴力法》（2015年12月27日）
第四章　人身安全保护令

参见本书"十七、非讼程序——41. 民事裁定书（作出人身安全保护令用）"样式的法律依据。

43. 民事裁定书（驳回复议申请用）

××××人民法院
民事裁定书

（××××）……民保令……号

复议申请人：×××，……。

……

人身安全保护令申请人：×××，……。

……

（以上写明当事人及其代理人的姓名或者名称等基本信息）

复议申请人×××不服本院于××××年××月××日作出（××××）……民保令……号人身保护令民事裁定，申请复议。×××提出，……（概述复议申请人复议请求和理由）。

经复议，本院认为，……（写明驳回复议申请的理由）。

依照《中华人民共和国反家庭暴力法》第三十一条规定，裁定如下：

驳回×××的复议申请。

审　判　员　×××
××××年××月××日
（院印）
书　记　员　×××

【说　明】

1. 本样式根据《中华人民共和国反家庭暴力法》第三十一条制定，供作出驳回人身安全保护令申请裁定的人民法院在受理复议申请后，裁定驳回复议申请用。

2. 案号类型代字为"民保令"。

【法律依据】

《中华人民共和国反家庭暴力法》（2015 年 12 月 27 日）

第三十一条　申请人对驳回申请不服或者被申请人对人身安全保护令不服的，可以自裁定生效之日起五日内向作出裁定的人民法院申请复议一次。人民法院依法作出人身安全保护令的，复议期间不停止人身安全保护令的执行。

44. 民事裁定书（复议作出人身安全保护令用）

××××人民法院
民事裁定书

（××××）……民保令……号

复议申请人：×××，……。
……

人身安全保护令被申请人：×××，……。
……

（以上写明当事人及其代理人的姓名或者名称等基本信息）

复议申请人不服本院于××××年××月××日作出（××××）……民保令……号驳回申请民事裁定，申请复议。×××提出，……（概述复议申请人申请复议的请求和理由）。

经复议，本院认为，……（写明撤销驳回申请民事裁定、作出人身安全保护令的理由）。

依照《中华人民共和国反家庭暴力法》第二十六条、第二十七条、第二十九条、第三十条、第三十一条规定，裁定如下：

一、撤销本院（××××）……民保令……号驳回申请民事裁定；

二、……（写明作出人身安全保护令的措施）。

本裁定自作出之日起×个月内有效。人身安全保护令失效前，人民法院可以根据申请人的申请撤销、变更或者延长。

审　判　员　×××
××××年××月××日
（院印）
书　记　员　×××

遭遇家庭暴力时，请于第一时间拨打110报警或者向所在单位、居（村）民委员会、妇女联合会等单位投诉、反映或者求助并注意保留相关证据。

【说 明】

1. 本样式根据《中华人民共和国反家庭暴力法》第二十六条、第二十七条、第二十九条、第三十条、第三十一条制定，供作出驳回申请人申请裁定的人民法院根据申请人的复议申请，裁定撤销原裁定、作出人身安全保护令用。

2. 案号类型代字为"民保令"。

3. 人身安全保护令的有效期不超过六个月，自作出之日起生效。

4. 人民法院作出人身安全保护令后，应当送达申请人、被申请人、公安机关以及居民委员会、村民委员会等有关组织。人身安全保护令由人民法院执行，公安机关以及居民委员会、村民委员会等应当协助执行。

【法律依据】

《中华人民共和国反家庭暴力法》（2015 年 12 月 27 日）

第二十六条　人身安全保护令由人民法院以裁定形式作出。

第二十七条　作出人身安全保护令，应当具备下列条件：

（一）有明确的被申请人；

（二）有具体的请求；

（三）有遭受家庭暴力或者面临家庭暴力现实危险的情形。

第二十九条　人身安全保护令可以包括下列措施：

（一）禁止被申请人实施家庭暴力；

（二）禁止被申请人骚扰、跟踪、接触申请人及其相关近亲属；

（三）责令被申请人迁出申请人住所；

（四）保护申请人人身安全的其他措施。

第三十条　人身安全保护令的有效期不超过六个月，自作出之日起生效。人身安全保护令失效前，人民法院可以根据申请人的申请撤销、变更或者延长。

第三十一条　申请人对驳回申请不服或者被申请人对人身安全保护令不服的，可以自裁定生效之日起五日内向作出裁定的人民法院申请复议一次。人民法院依法作出人身安全保护令的，复议期间不停止人身安全保护令的执行。

45. 民事裁定书（复议撤销人身安全保护令用）

××××人民法院
民事裁定书

（××××）……民保令……号

复议申请人：×××，……。

……

人身安全保护令申请人：×××，……。

……

（以上写明当事人及其代理人的姓名或者名称等基本信息）

复议申请人×××不服本院于××××年××月××日作出（××××）……民保令……号人身保护令民事裁定，申请复议。×××提出，……（概述复议申请人复议请求和理由）。

经复议，本院认为，……（写明作出撤销的理由）。

依照《中华人民共和国反家庭暴力法》第二十七条、第三十一条规定，裁定如下：

撤销本院（××××）……民保令……号人身安全保护令民事裁定。

审　判　员　×××
××××年××月××日
（院印）
书　记　员　×××

【说　明】

1. 本样式根据《中华人民共和国反家庭暴力法》第二十七条、第三十一条制定，供作出人身安全保护令裁定的人民法院根据被申请人的复议申请，裁定撤销原人身安全保护令用。

2. 案号类型代字为"民保令"。

【法律依据】

《中华人民共和国反家庭暴力法》（2015 年 12 月 27 日）

第二十七条　作出人身安全保护令，应当具备下列条件：

（一）有明确的被申请人；

（二）有具体的请求；

（三）有遭受家庭暴力或者面临家庭暴力现实危险的情形。

第三十一条　申请人对驳回申请不服或者被申请人对人身安全保护令不服的，可以自裁定生效之日起五日内向作出裁定的人民法院申请复议一次。人民法院依法作出人身安全保护令的，复议期间不停止人身安全保护令的执行。

46. 民事裁定书（申请撤销、变更、延长人身安全保护令用）

××××人民法院
民事裁定书

（××××）……民保更……号

申请人×××,……。

……

被申请人×××,……。

……

（以上写明当事人及其代理人的姓名或者名称等基本信息）

申请人×××与被申请人×××申请人身安全保护令一案，本院于××××年××月××日作出人身安全保护令民事裁定。申请人×××于××××年××月××日申请撤销/延长/变更人身安全保护令，本院进行了审查。现已审查终结。

×××称，……（概述申请人主张撤销、变更、延长的请求、事实和理由）。

本院经审查认为，……（写明撤销、变更、延长或者驳回申请的理由）。

依照《中华人民共和国反家庭暴力法》第二十六条、第三十条规定，裁定如下：

（撤销的，写明:）撤销本院（××××）……民保令……号人身安全保护令民事裁定。

（驳回申请的，写明:）驳回×××的申请。

（延长的，写明延长的人身安全保护令的措施：）……。

（变更的，写明:）

一、撤销本院（××××）……民保令……号人身安全保护令民事裁定第×项；

二、……（写明人身安全保护令的新措施）。

（延长或者变更的，写明：）本裁定自作出之日起×个月内有效。

审　判　员　×××
××××年××月××日
（院印）
书　记　员　×××

【说　明】

1. 本样式根据《中华人民共和国反家庭暴力法》第二十六条、第三十条制定，供作出人身安全保护令裁定的人民法院在人身安全保护令失效前，根据申请人的申请，裁定撤销、变更、延长人身安全保护令或者驳回申请用。

2. 案号类型代字为"民保更"。

3. 变更或者延长后的人身安全保护令的有效期不超过六个月，自作出之日起生效。

4. 撤销、变更、延长的裁定，应当送达申请人、被申请人、公安机关以及居民委员会、村民委员会等有关组织。变更、延长的人身安全保护令由人民法院执行，公安机关以及居民委员会、村民委员会等应当协助执行。

【法律依据】

《中华人民共和国反家庭暴力法》（2015年12月27日）

第二十六条　人身安全保护令由人民法院以裁定形式作出。

第三十条　人身安全保护令的有效期不超过六个月，自作出之日起生效。人身安全保护令失效前，人民法院可以根据申请人的申请撤销、变更或者延长。

（十一）其　他

47. 民事裁定书（对特别程序申请不予受理用）

××××人民法院
民事裁定书

（××××）……民特……号

申请人：×××，……。

（以上写明申请人及其代理人的姓名或者名称等基本信息）

　　××××年××月××日，本院收到×××……（写明案由）的申请书。申请人×××称，……（概述申请人的请求、事实和理由）。

　　本院经审查认为，……（写明对申请不予受理的理由）。

　　依照《中华人民共和国民事诉讼法》第一百五十四条第一款第一项、第一百七十八条规定，裁定如下：

　　对×××的申请，本院不予受理。

审　判　长　×××
审　判　员　×××
审　判　员　×××
××××年××月××日
（院印）
书　记　员　×××

【说　明】

1. 本样式根据《中华人民共和国民事诉讼法》第一百五十四条第一款第一项、第一百七十八条制定，供基层人民法院对于申请人申请的特别程序，经审查不符合法律规定的，裁定不予受理用。

2. 对申请司法确认调解协议不予受理的，适用相应样式，不适用本样式。

【法律依据】

《中华人民共和国民事诉讼法》（2017年6月27日）

第一百五十四条第一款　裁定适用于下列范围：

（一）不予受理；

（二）对管辖权有异议的；

（三）驳回起诉；

（四）保全和先予执行；

（五）准许或者不准许撤诉；

（六）中止或者终结诉讼；

（七）补正判决书中的笔误；

（八）中止或者终结执行；

（九）撤销或者不予执行仲裁裁决；

（十）不予执行公证机关赋予强制执行效力的债权文书；

（十一）其他需要裁定解决的事项。

第一百七十八条　依照本章程序审理的案件，实行一审终审。选民资格案件或者重大、疑难的案件，由审判员组成合议庭审理；其他案件由审判员一人独任审理。

48. 民事裁定书（准许撤回特别程序申请用）

××××人民法院
民事裁定书

（××××）……民特……号

申请人：×××，……。

被申请人：×××，……。

（以上写明申请人、被申请人及其代理人的姓名或者名称等基本信息）

申请人×××与被申请人×××……（写明案由）一案，本院于××××年××月××日立案。申请人×××于××××年××月××日向本院提出撤回申请。

本院认为，当事人有权在法律规定的范围内处分自己的民事权利和诉讼权利。申请人撤回申请，不违反法律规定。

依照《中华人民共和国民事诉讼法》第十三条第二款、第一百五十四条第一款第十一项规定，裁定如下：

准许申请人×××撤回申请。

审　判　员　×××
××××年××月××日
（院印）
书　记　员　×××

【说　明】

1. 本样式根据《中华人民共和国民事诉讼法》第十三条第二款制定，供基层人民法院在审理特别程序案件过程中，裁定准许申请人撤回申请用。

2. 人民法院受理宣告失踪、宣告死亡案件后，作出判决前，申请人撤回申请的，人民法院应当裁定终结案件。

3. 准许撤回司法确认调解协议申请的,适用相应样式,不适用本样式。

【法律依据】

《中华人民共和国民事诉讼法》(2017年6月27日)

第十三条第二款 当事人有权在法律规定的范围内处分自己的民事权利和诉讼权利。

49. 民事裁定书（终结特别程序用）

××××人民法院
民事裁定书

（××××）……民特……号

申请人：×××，……。

被申请人：×××，……。

（以上写明申请人、被申请人及其代理人的姓名或者名称等基本信息）

申请人×××与被申请人×××……（写明案由）一案，本院于××××年××月××日立案后进行了审理。

本院经审查认为，……（写明终结特别程序的理由）。

依照《中华人民共和国民事诉讼法》第一百七十九条规定，裁定如下：

终结本案程序。

审　判　员　×××
××××年××月××日
（院印）
书　记　员　×××

【说　明】

本样式根据《中华人民共和国民事诉讼法》第一百七十九条制定，供基层人民法院在审理特别程序案件过程中裁定终结特别程序用。

【法律依据】

《中华人民共和国民事诉讼法》（2017年6月27日）

第一百七十九条　人民法院在依照本章程序审理案件的过程中，发现本案属于民事权益争议的，应当裁定终结特别程序，并告知利害关系人可以另行起诉。

最高人民法院
民事诉讼文书样式
制作规范与法律依据

人民法院卷·下册

第2版

法律应用研究中心 编

中国法制出版社
CHINA LEGAL PUBLISHING HOUSE

目 录

下 册

十八、审判监督程序 ……………………………………………… 577
（一）当事人申请再审案件 ………………………………………… 577
  1. 再审申请案件受理通知书（通知再审申请人用）………… 577
  2. 再审申请案件应诉通知书（通知被申请人用）…………… 579
  3. 再审申请案件应诉通知书（通知原审其他当事人用）…… 581
  4. 民事裁定书（上级人民法院依再审申请提审用）………… 583
  5. 民事裁定书（对不予受理裁定，上级人民法院依再审申请
     提审用）……………………………………………………… 586
  6. 民事裁定书（上级人民法院依再审申请指令再审用）…… 589
  7. 民事裁定书（原审人民法院依再审申请裁定再审用）…… 592
  8. 民事裁定书（裁定驳回再审申请用）……………………… 594
  9. 民事裁定书（对不予受理裁定，驳回再审申请用）……… 597
  10. 民事裁定书（审查中准许或不准许撤回再审申请用）…… 599
  11. 民事裁定书（按撤回再审申请处理用）…………………… 601
  12. 民事裁定书（中止再审审查用）…………………………… 603
  13. 民事裁定书（终结再审审查用）…………………………… 605
  14. 民事判决书（依申请提审判决用）………………………… 607
  15. 民事判决书（依申请受指令/定法院按一审程序再审用）… 611
  16. 民事判决书（依申请受指令/定法院按二审程序再审用）… 614
  17. 民事判决书（依申请对本院案件按一审程序再审用）…… 617
  18. 民事判决书（依申请对本院案件按二审程序再审用）…… 620
  19. 民事裁定书（依申请提审后中止或终结诉讼用）………… 623
  20. 民事裁定书（依申请提审后准许或不准撤回再审请求用）… 625
  21. 民事裁定书（依申请提审后按撤回再审请求处理用）…… 627

22. 民事裁定书（依再审申请对不予受理裁定提审后指令立案受理用） …………………………………………… 629
23. 民事裁定书（依申请对驳回起诉裁定提审后用） ………… 632
24. 民事裁定书（依申请提审后发回重审用） ………………… 635
25. 民事裁定书（依申请受指令/定再审，中止或终结诉讼用） …… 638
26. 民事裁定书（依申请受指令/定再审，处理撤回再审请求用） … 640
27. 民事裁定书（依申请受指令/指定再审，按撤回再审请求处理用） ………………………………………………… 642
28. 民事裁定书（依申请受指令/定再审，对驳回起诉裁定再审用） … 644
29. 民事裁定书（依申请受指令/指定再审，发回重审用） …… 647
30. 民事裁定书（依申请对本院案件再审，中止或终结诉讼用） … 650
31. 民事裁定书（依申请对本院案件再审，处理撤回再审请求用） … 652
32. 民事裁定书（依申请对本院案件再审，按撤回再审请求处理用） ………………………………………………… 654
33. 民事裁定书（依申请对本院驳回起诉裁定，再审裁定用） … 656
34. 民事裁定书（依申请对本院案件再审后发回重审用） …… 659
35. 民事裁定书（依申请再审案件，处理一审原告撤回起诉用） … 662
36. 民事裁定书（依申请按第二审程序再审案件，驳回起诉用） … 665

（二）被遗漏的必须共同进行诉讼的当事人申请再审案件 …………… 668

37. 民事裁定书（依被遗漏的必须共同进行诉讼的当事人再审申请提审用） ……………………………………… 668
38. 民事裁定书（被遗漏的必须共同进行诉讼的当事人申请再审，驳回用） ……………………………………… 671
39. 民事判决书（遗漏必须共同进行诉讼的当事人适用一审程序再审用） …………………………………………… 674
40. 民事裁定书（遗漏必须共同进行诉讼的当事人适用二审程序再审发回重审用） ……………………………… 677

（三）案外人申请再审案件 ……………………………………………… 680

41. 民事裁定书（案外人申请再审案件，裁定再审用） ……… 680
42. 民事裁定书（案外人申请再审案件，驳回案外人再审申请用） … 683
43. 民事判决书（案外人申请再审案件，判决用） …………… 685

（四）人民法院依职权再审案件 ………………………………………… 688

44. 民事裁定书（依职权对本院案件裁定再审用） …………… 688

45. 民事裁定书（依职权提审用） …………………………………… 690
46. 民事判决书（依职权对本院案件按一审程序再审用）………… 692
47. 民事判决书（依职权对本院案件按二审程序再审用）………… 695
48. 民事判决书（依职权提审用）…………………………………… 698
49. 民事裁定书（依职权对本院案件再审后，中止或终结诉讼用）… 701
50. 民事裁定书（依职权对本院裁定驳回起诉案件裁定再审后用）… 703
51. 民事裁定书（依职权对本院案件再审后，发回重审用）……… 706

（五）人民检察院抗诉再审案件 ………………………………………… 708
52. 民事裁定书（抗诉案件提审或指令下级法院再审用）………… 708
53. 民事裁定书（抗诉案件不予受理抗诉用）……………………… 711
54. 民事判决书（抗诉案件受指令法院按一审程序再审用）……… 714
55. 民事判决书（抗诉案件受指令法院按二审程序再审用）……… 717
56. 民事判决书（抗诉案件提审后用）……………………………… 720
57. 民事裁定书（抗诉案件中止或终结诉讼用）…………………… 723
58. 民事裁定书（抗诉案件准予撤回抗诉用）……………………… 726
59. 民事裁定书（抗诉案件发回重审用）…………………………… 728
60. 出庭通知书（抗诉案件通知检察院派员出庭用）……………… 731

（六）检察建议再审案件 ………………………………………………… 732
61. 民事裁定书（采纳再审检察建议并裁定再审用）……………… 732
62. 复函（不予受理再审检察建议用）……………………………… 735
63. 民事决定书（不采纳再审检察建议用）………………………… 737
64. 民事判决书（依再审检察建议对本院案件按一审程序再审用）… 739
65. 民事判决书（依再审检察建议对本院案件按二审程序再审用）… 742
66. 民事裁定书（依再审检察建议对本院案件发回重审用）……… 745

（七）小额诉讼再审案件 ………………………………………………… 747
67. 民事裁定书（小额诉讼案件裁定再审用）……………………… 747
68. 民事裁定书（小额诉讼案件因程序不当裁定再审用）………… 749
69. 民事判决书（小额诉讼案件再审用）…………………………… 751
70. 民事判决书（小额诉讼案件因程序不当再审用）……………… 753

（八）其 他 ……………………………………………………………… 755
71. 询问笔录（询问当事人用）……………………………………… 755

十九、督促程序 ……………………………………………………………… 760
1. 支付令（督促程序用）……………………………………………… 760

2. 民事裁定书（驳回支付令申请用） ………………………… 762
3. 民事裁定书（驳回支付令异议用） ………………………… 764
4. 民事裁定书（准许撤回支付令异议用） …………………… 766
5. 民事裁定书（终结督促程序用） …………………………… 768
6. 民事裁定书（撤销支付令用） ……………………………… 771
7. 不予受理支付令申请通知书（通知申请人不予受理用） … 773

二十、公示催告程序 …………………………………………………… 775
1. 民事判决书（公示催告除权用） …………………………… 775
2. 民事裁定书（准许撤回公示催告申请用） ………………… 777
3. 民事裁定书（驳回公示催告申请用） ……………………… 779
4. 民事裁定书（驳回利害关系人申报用） …………………… 781
5. 民事裁定书（终结公示催告程序用） ……………………… 783
6. 停止支付通知书（通知支付人停止支付用） ……………… 785
7. 公告（催促利害关系人申报权利用） ……………………… 787
8. 公告（公示催告除权判决用） ……………………………… 789

二十一、执行程序 ……………………………………………………… 790
（一）申请执行及委托执行 ………………………………………… 790
1. 受理案件通知书（执行实施用） …………………………… 790
2. 受理案件通知书（执行审查用） …………………………… 792
3. 执行通知书（通知被执行人用） …………………………… 794
4. 执行决定书（依申请将被执行人纳入失信被执行人名单用） …… 797
5. 执行决定书（依职权将被执行人纳入失信被执行人名单用） …… 799
6. 执行决定书（纠正或者驳回将被执行人纳入失信被执行人名单用） …………………………………………………… 801
7. 函（委托执行用） …………………………………………… 803
8. 函（接受委托执行案件用） ………………………………… 807
9. 函（退回委托执行案件用） ………………………………… 809
10. 移送函（执行转破产程序用） …………………………… 811
11. 执行财产分配方案（参与分配用） ……………………… 813
（二）限制出境措施 ………………………………………………… 816
12. 执行决定书（限制被执行人出境用） …………………… 816
13. 执行决定书（解除限制出境用） ………………………… 819

（三）执行中止与终结 …………………………………………… 821

14. 执行裁定书（中止执行用） ………………………………… 821
15. 执行裁定书（终结本次执行程序用） ……………………… 825
16. 通知书（终结本次执行程序后恢复执行用） ……………… 827
17. 执行裁定书（终结执行用） ………………………………… 829
18. 执行通知书（中止执行后恢复执行用） …………………… 831

（四）执行金钱给付 …………………………………………… 833

19. 通知书（通知申请执行人提供被执行人财产状况用） …… 833
20. 报告财产令（命令被执行人报告财产用） ………………… 835
21. 通知书（通知第三人履行到期债务用） …………………… 839
22. 证明书（证明第三人已履行债务用） ……………………… 841
23. 协助执行通知书 ……………………………………………… 842
24-1. 协助查询存款通知书 ……………………………………… 845
24-2. 协助查询存款通知书（回执） …………………………… 846
25-1. 协助冻结存款通知书 ……………………………………… 849
25-2. 协助冻结存款通知书（回执） …………………………… 850
26-1. 协助划拨存款通知书 ……………………………………… 852
26-2. 协助划拨存款通知书（回执） …………………………… 853
27-1. 解除冻结存款通知书 ……………………………………… 854
27-2. 解除冻结存款通知书（回执） …………………………… 855
28-1. 协助查询股权、其他投资权益通知书 …………………… 856
28-2. 协助查询股权、其他投资权益通知书（回执） ………… 857
29-1. 协助公示冻结、续行冻结通知书 ………………………… 862
29-2. 公示冻结、续行冻结（公示内容） ……………………… 863
29-3. 协助公示冻结、续行冻结（回执） ……………………… 864
30-1. 协助公示解除冻结通知书 ………………………………… 865
30-2. 解除冻结信息需求书（公示内容） ……………………… 866
30-3. 解除冻结通知书（回执） ………………………………… 867
31-1. 协助变更股东登记通知书 ………………………………… 868
31-2. 公示股东变更登记信息需求书（公示内容） …………… 869
31-3. 协助变更股东登记通知书（回执） ……………………… 870
32. 通知书（责令金融机构追回被转移的冻结款项用） ……… 871
33. 通知书（责令协助执行单位追回擅自支付款项用） ……… 873

34. 通知书（责令责任人追回财产用） …………………………… 875
35. 通知书（由法院强制保管产权证照用） ……………………… 877
36. 证照（财物）保管清单 ………………………………………… 879
37. 证照（财物）发还清单 ………………………………………… 881
38. 保管财产委托书 ………………………………………………… 883
39. 执行裁定书（查封、扣押、冻结财产用） …………………… 885
40. 执行裁定书（划拨存款用） …………………………………… 887
41. 执行裁定书（扣留、提取被执行人收入用） ………………… 889
42. 执行裁定书（责令有关单位向申请执行人支付已到期收益用） … 891
43. 执行裁定书（禁止被执行人转让知识产权用） ……………… 893
44. 执行裁定书（轮候查封、扣押、冻结用） …………………… 895
45. 执行裁定书（预查封用） ……………………………………… 898
46. 执行裁定书（冻结被执行人投资权益或股权用） …………… 900
47. 执行裁定书（冻结被执行人预期收益用） …………………… 902
48. 执行裁定书（解除查封、扣押、冻结等强制执行措施用） … 904
49. 执行裁定书（拍卖用） ………………………………………… 908
50. 执行裁定书（拍卖成交确认用） ……………………………… 910
51. 执行裁定书（变卖用） ………………………………………… 912
52. 执行裁定书（以物抵债用） …………………………………… 915
53. 价格评估委托书 ………………………………………………… 918
54. 拍卖（变卖）委托书 …………………………………………… 920
55. 拍卖通知书 ……………………………………………………… 922
56. 查封公告 ………………………………………………………… 924
57. 查封（扣押、冻结）财产清单 ………………………………… 926
58. 拍卖公告 ………………………………………………………… 928
59. 公告（强制迁出房屋或退出土地用） ………………………… 930
60. 搜查令 …………………………………………………………… 931

（五）执行财产交付及完成行为 ……………………………………… 932

61. 通知书（责令交出财物、票证用） …………………………… 932
62. 委托书（代为完成指定行为用） ……………………………… 934
63. 通知书（责令追回财物或票证用） …………………………… 936

（六）审查不予执行申请 ……………………………………………… 938

64. 执行裁定书（审查不予执行国内仲裁裁决申请用） ………… 938

65. 执行裁定书（审查不予执行涉外仲裁裁决申请用） ……… 941

66. 执行裁定书（审查不予执行公证债权文书申请用） ……… 944

（七）执行管辖 …………………………………………………… 947

67. 函（报请上级人民法院执行用） ……………………………… 947

68. 执行决定书（指定执行管辖用） ……………………………… 949

69. 执行裁定书（提级执行用） …………………………………… 951

70. 执行裁定书（指定执行用） …………………………………… 953

71. 执行决定书（决定与下级法院共同执行案件用） …………… 956

72. 执行令（执行外国法院判决用） ……………………………… 957

（八）变更或追加执行当事人 …………………………………… 959

73. 执行裁定书（变更申请执行人用） …………………………… 959

74. 执行裁定书（执行到期债权用） ……………………………… 961

75. 执行裁定书（以担保财产赔偿损失用） ……………………… 964

76. 执行裁定书（暂缓执行期届满后执行担保人财产用） ……… 968

77. 执行裁定书（执行保证人财产用） …………………………… 970

78. 执行裁定书（变更分立、合并、注销后的法人或其他组织为被执行人用） ……………………………………………… 972

79. 执行裁定书（追加对其他组织依法承担义务的法人或者公民为被执行人用） …………………………………………… 974

80. 执行裁定书（变更名称变更后的法人或其他组织为被执行人） ……………………………………………………………… 976

81. 执行裁定书（变更遗产继承人为被执行人） ………………… 978

82. 执行裁定书（追究擅自处分被查封、扣押、冻结财产责任人赔偿责任用） ………………………………………………… 980

83. 执行裁定书（追究擅自解除冻结款项造成后果的金融机构赔偿责任用） ……………………………………………………… 982

84. 执行裁定书（追究擅自支付收入的有关单位赔偿责任用） … 984

85. 执行裁定书（追究擅自支付股息或办理股权转移手续的有关企业赔偿责任用） ……………………………………………… 986

（九）执行协调与执行监督 ……………………………………… 988

86. 报告（报请协调处理执行争议用） …………………………… 988

87. 执行决定书/协调函（协调执行争议用） …………………… 990

88. 协调划款决定书（上级法院处理执行争议案件用） ………… 991

89. 执行裁定书（当事人、利害关系人异议用） ………………… 992
90. 执行裁定书（案外人异议用） …………………………………… 995
91. 执行裁定书（执行复议用） ……………………………………… 997
92. 督促执行令（上级法院督促下级法院执行用） ……………… 1001
93. 暂缓执行通知书（上级法院通知下级法院用） ……………… 1003
94. 执行决定书（本院决定暂缓执行用） ………………………… 1005
95. 暂缓执行通知书（上级法院通知下级法院延长期限用） …… 1007
96. 恢复执行通知书（上级法院通知下级法院用） ……………… 1009
97. 执行裁定书（上级法院直接裁定不予执行非诉法律文书用） …… 1010
98. 执行裁定书（执行监督案件驳回当事人申诉请求用） ……… 1013
99. 执行裁定书（执行监督案件指令下级法院重新审查处理用） …… 1015
100. 执行裁定书（执行回转用） …………………………………… 1017

二十二、涉外民事诉讼程序的特别规定 ……………………… 1020

（一）承认和执行外国法院生效判决、裁定 …………………… 1020

1. 民事裁定书（承认和执行外国法院生效判决、裁定用） …… 1020
2. 民事裁定书（不予承认和执行外国法院生效判决、裁定用） …… 1026
3. 民事裁定书（驳回承认和执行外国法院生效判决、裁定申请用） …………………………………………………… 1030
4. 民事裁定书（不予受理承认和执行外国法院生效判决、裁定申请用） …………………………………………………… 1032
5. 民事裁定书（准许撤回承认和执行外国法院生效判决、裁定申请用） …………………………………………………… 1034
6. 民事裁定书（外国法院请求承认和执行外国法院生效判决、裁定用） ……………………………………………………… 1036

（二）认可和执行香港特别行政区、澳门特别行政区、台湾地区法院民事判决 ……………………………………………… 1038

7. 民事裁定书（认可和执行香港特别行政区法院民事判决用） …… 1038
8. 民事裁定书（不予认可和执行香港特别行政区法院民商事判决用） …………………………………………………… 1044
9. 民事裁定书（予以认可和执行澳门特别行政区法院民事判决用） …………………………………………………… 1050
10. 民事裁定书（不予认可和执行澳门特别行政区法院民商事判决用） ……………………………………………………… 1056

11. 民事裁定书（认可和执行台湾地区法院民事判决用）…………… 1061
12. 民事裁定书（不予认可和执行台湾地区法院民事判决用）……… 1063
13. 民事裁定书（驳回认可和执行台湾地区法院民事判决申请用）………………………………………………………………… 1066
14. 民事裁定书（不予受理认可和执行台湾地区法院民事判决申请用）………………………………………………………… 1068
15. 民事裁定书（准许撤回认可和执行台湾地区法院民事判决申请用）………………………………………………………… 1070

（三）承认和执行外国仲裁裁决 …………………………………… 1072
16. 民事裁定书（承认和执行外国仲裁裁决用）…………………… 1072
17. 民事裁定书（不予承认和执行外国仲裁裁决用）……………… 1079

（四）认可和执行香港特别行政区、澳门特别行政区、台湾地区仲裁裁决 …………………………………………………… 1081
18. 民事裁定书（执行香港特别行政区仲裁裁决用）……………… 1081
19. 民事裁定书（不予执行香港特别行政区仲裁裁决用）………… 1086
20. 民事裁定书（认可和执行澳门特别行政区仲裁裁决用）……… 1088
21. 民事裁定书（不予认可和执行澳门特别行政区仲裁裁决用）…… 1093
22. 民事裁定书（认可和执行台湾地区仲裁裁决用）……………… 1096
23. 民事裁定书（不予认可和执行台湾地区仲裁裁决用）………… 1098
24. 民事裁定书（驳回认可和执行台湾地区仲裁裁决申请用）……… 1101
25. 民事裁定书（不予受理认可和执行台湾地区仲裁裁决申请用）………………………………………………………………… 1103
26. 民事裁定书（准许撤回认可和执行台湾地区仲裁裁决申请用）………………………………………………………………… 1105

（五）国际民商事司法协助 ………………………………………… 1107
27. 民商事案件司法文书域外送达请求转递函（供高级人民法院报送最高人民法院国际合作局用）…………………… 1107
28. 民商事案件司法文书域外送达请求转递函（供委托我国驻外使领馆通过外交途径向在外国的中国籍自然人送达用）……… 1109
29. 民商事案件司法文书域外送达请求转递函（供委托我国驻外使领馆通过外交途径向在外国的法人和非中国籍自然人送达用）………………………………………………… 1111

30. 民商事案件司法文书域外送达请求转递函（供通过外交途径委托被请求国主管法院向在外国的法人和非中国籍自然人送达用）·················· 1113

31. 协助外国送达民商事案件司法文书/司法外文书转递函（供最高人民法院国际合作局向高级人民法院转递需予送达的司法文书/司法外文书用）·················· 1115

32. 协助外国送达民商事案件司法文书/司法外文书办理结果转递函（供高级人民法院向最高人民法院国际合作局报送协助外国送达司法文书或司法外文书的送达证明用）········· 1116

33. 民商事案件域外调查取证请求转递函（供地方各级人民法院依据海牙取证公约委托外国调查取证，高级人民法院向最高人民法院国际合作局转递请求书用）·················· 1118

34. 民商事案件域外调查取证请求转递函（供地方各级人民法院依据双边司法协助条约委托外国调查取证，高级人民法院向最高人民法院国际合作局转递请求书用）·················· 1120

35. 民商事案件域外调查取证请求转递函（供地方各级人民法院通过外交途径委托外国调查取证，高级人民法院向最高人民法院国际合作局转递请求书用）·················· 1122

36. 民商事案件域外调查取证请求转递函（供地方各级人民法院委托我国驻外使领馆向在外国的中国公民调取无需外国主管机关协助即可获取的证据，高级人民法院向最高人民法院国际合作局转递请求书用）·················· 1124

37. 协助外国进行民商事案件调查取证转递函（供最高人民法院国际合作局向高级人民法院转递外国依据海牙取证公约或双边司法协助条约提出的民商事案件调查取证请求用）·················· 1126

38. 协助外国进行民商事案件调查取证转递函（供最高人民法院国际合作局向高级人民法院转递外国通过外交途径提出的民商事案件调查取证请求用）·················· 1127

39. 协助外国进行民商事案件调查取证办理结果转递函（供高级人民法院向最高人民法院国际合作局报送协助外国调查取证结果用）·················· 1128

40. 协助外国进行民商事案件调查取证办理结果转递函（供高级人民法院向最高法院国际合作局报送未能完成协助外国调查取证的原因用） …… 1129

（六）港澳台司法协助 …… 1130

41. 送达文书委托书（委托香港特别行政区送达文书用） …… 1130
42. 协助送达文书回复书（协助香港特别行政区送达文书用） …… 1132
43. 送达回证（协助香港特别行政区送达文书用） …… 1133
44. 送达文书委托书（委托澳门特别行政区送达文书用） …… 1134
45. 协助送达文书回复书（协助澳门特别行政区送达文书用） …… 1136
46. 送达回证（协助澳门特别行政区送达文书用） …… 1137
47. 调查取证委托书（委托澳门特别行政区调查取证用） …… 1139
48. 调查取证回复书（协助澳门特别行政区调查取证用） …… 1142
49. 送达文书请求书（请求台湾地区送达文书用） …… 1143
50. 送达文书回复书（协助台湾地区送达文书用） …… 1145
51. 送达回证（协助台湾地区送达文书用） …… 1146
52. 调查取证请求书（请求台湾地区调查取证用） …… 1147
53. 调查取证回复书（协助台湾地区调查取证用） …… 1150

最高人民法院关于印发《公益诉讼文书样式（试行）》的通知（2020年3月6日） …… 1151

一、人民法院制作民事公益诉讼文书样式 …… 1152

1. 民事判决书（一审环境民事公益诉讼用） …… 1152
2. 民事判决书（一审消费民事公益诉讼用） …… 1162
3. 民事判决书（一审检察民事公益诉讼用） …… 1169
4. 刑事附带民事判决书（一审刑事附带民事公益诉讼一并判决用） …… 1177
5. 民事判决书（一审刑事附带民事公益诉讼分开判决用） …… 1181
6. 民事判决书（二审检察民事公益诉讼驳回上诉、维持原判用） …… 1184
7. 刑事附带民事判决书/裁定书（二审刑事附带民事公益诉讼用） …… 1187
8. 民事裁定书（对同一侵权行为另行提起民事公益诉讼不予受理用） …… 1192
9. 民事裁定书（民事公益诉讼准许撤回起诉用） …… 1195
10. 民事裁定书（民事公益诉讼不准许撤回起诉用） …… 1198
11. 民事调解书（一审环境民事公益诉讼用） …… 1200
12. 出庭通知书（通知公益诉讼起诉人派员出庭用） …… 1204

13. 受理民事公益诉讼告知书（告知相关行政主管部门用）………… 1206

14. 公告（环境民事公益诉讼公告受理用）………………………… 1208

15. 公告（消费民事公益诉讼公告受理用）………………………… 1210

16. 公告（民事公益诉讼公告调解或者和解协议用）……………… 1212

二、人民法院制作行政公益诉讼文书样式 ………………………………… 1214

17. 行政判决书（一审行政公益诉讼用）…………………………… 1214

18. 行政判决书（二审行政公益诉讼用）…………………………… 1214

最高人民法院关于印发《民事诉讼程序繁简分流改革试点相关诉讼文书样式》的通知

（2020 年 9 月 30 日）……………………………………………… 1215

1. 民事裁定书（小额诉讼程序转为简易程序用）………………… 1216

2. 民事裁定书（小额诉讼程序转为普通程序独任审理用）……… 1218

3. 民事裁定书（小额诉讼程序转为普通程序合议庭审理用）…… 1220

4. 民事裁定书（小额诉讼程序用，以驳回起诉为例）…………… 1223

5. 民事裁定书（简易程序转为小额诉讼程序用）………………… 1225

6. 民事裁定书（简易程序转为普通程序独任审理用）…………… 1227

7. 民事裁定书（一审普通程序独任审理转为合议庭审理用）…… 1229

8. 民事裁定书（二审案件独任审理转为合议庭审理用）………… 1232

9. 民事判决书（小额诉讼程序简式裁判文书用）………………… 1234

10. 民事调解书（小额诉讼程序用）………………………………… 1237

11. 民事判决书（一审普通程序独任审理用）……………………… 1239

12. 民事判决书（二审案件独任审理用，以驳回上诉，维持原判为例）……………………………………………………… 1242

13. 小额诉讼程序告知书（告知当事人小额诉讼程序用）………… 1245

14. 一审普通程序独任审理通知书（通知当事人适用普通程序独任审理用）…………………………………………………… 1249

15. 二审案件独任审理通知书（通知当事人二审案件适用独任审理用）……………………………………………………… 1251

十八、审判监督程序

(一) 当事人申请再审案件

1. 再审申请案件受理通知书（通知再审申请人用）

××××人民法院
受理通知书

（××××）……民申……号

×××（写明再审申请人的姓名或名称）：

你/你单位因与×××（写明对方当事人的姓名或名称）、×××（写明原审其他当事人诉讼地位、姓名或名称）……（写明案由）一案，不服××××人民法院/本院于××××年××月××日作出的（××××）……号民事判决/民事裁定/民事调解书，向本院申请再审，本院已立案审查。

如需向本院提交或补充材料，应列明材料清单，一并通过邮局邮寄给××省××市××路××号××××人民法院××庭×××（写明案件承办人、书记员及联系电话）。邮编：……。

特此通知。

××××年××月××日
（院印）

【说　明】

本样式根据《中华人民共和国民事诉讼法》第二百零三条、《最高人民法院关于适用〈中华人民共和国民事诉讼法〉的解释》第三百八十五条制定，供人民法院受理当事人提出的再审申请后，通知再审申请人用。

【法律依据】

1. **《中华人民共和国民事诉讼法》**（2017年6月27日）

第二百零三条　当事人申请再审的，应当提交再审申请书等材料。人民法院应当自收到再审申请书之日起五日内将再审申请书副本发送对方当事人。对方当事人应当自收到再审申请书副本之日起十五日内提交书面意见；不提交书面意见的，不影响人民法院审查。人民法院可以要求申请人和对方当事人补充有关材料，询问有关事项。

2. **《最高人民法院关于适用〈中华人民共和国民事诉讼法〉的解释》**（2020年12月29日）

第三百八十五条　人民法院应当自收到符合条件的再审申请书等材料之日起五日内向再审申请人发送受理通知书，并向被申请人及原审其他当事人发送应诉通知书、再审申请书副本等材料。

2. 再审申请案件应诉通知书（通知被申请人用）

××××人民法院
应诉通知书

（××××）……民申……号

×××（写明被申请人的姓名或名称）：

×××（写明再审申请人的姓名或名称）因与你/你单位、×××（写明原审其他当事人诉讼地位、姓名或名称）……（写明案由）一案，不服××××人民法院/本院于××××年××月××日作出的（××××）……号民事判决/民事裁定/民事调解书，向本院申请再审，本院已立案审查。现依法向你/你单位发送再审申请书副本。你/你单位应当自收到再审申请书副本之日起十五日/三十日（在中华人民共和国领域内没有住所的当事人、港澳台当事人）内提交书面意见、身份证明复印件/营业执照副本复印件、组织机构代码证复印件、法定代表人或者主要负责人身份证明书（单位当事人）、授权委托书和代理人身份证明（写明授权范围、联系电话。若为律师代理，还需提交律师事务所函及律师执业证复印件；若为基层法律服务工作者代理，还需提交基层法律服务工作者执业证复印件、基层法律服务所出具的介绍信及当事人一方位于其辖区内的证明材料；若为公民代理，还需提交身份证复印件等符合《最高人民法院关于适用〈中华人民共和国民事诉讼法〉的解释》第八十八条规定的材料）、证据材料。不提交的，不影响本院审查。

如需向本院提交或补充材料，应列明材料清单，一并通过邮局邮寄给××省××市××路××号××××人民法院××庭×××（写明案件承办人、书记员及联系电话）。邮编：……。

特此通知。

附：再审申请书副本一份

××××年××月××日
（院印）

【说　明】

本样式根据《中华人民共和国民事诉讼法》第二百零三条、《最高人民法院关于适用〈中华人民共和国民事诉讼法〉的解释》第三百八十五条制定，供人民法院受理当事人提出的再审申请后，通知被申请人用。

【法律依据】

1.《中华人民共和国民事诉讼法》（2017 年 6 月 27 日）

第二百零三条　当事人申请再审的，应当提交再审申请书等材料。人民法院应当自收到再审申请书之日起五日内将再审申请书副本发送对方当事人。对方当事人应当自收到再审申请书副本之日起十五日内提交书面意见；不提交书面意见的，不影响人民法院审查。人民法院可以要求申请人和对方当事人补充有关材料，询问有关事项。

2.《最高人民法院关于适用〈中华人民共和国民事诉讼法〉的解释》（2020 年 12 月 29 日）

第三百八十五条　人民法院应当自收到符合条件的再审申请书等材料之日起五日内向再审申请人发送受理通知书，并向被申请人及原审其他当事人发送应诉通知书、再审申请书副本等材料。

3. 再审申请案件应诉通知书（通知原审其他当事人用）

××××人民法院
应诉通知书

（××××）……民申……号

×××（写明原审其他当事人的姓名或名称）：

×××（写明再审申请人的姓名或名称）因与×××（写明被申请人的姓名或名称）、你/你单位……（写明案由）一案，不服××××人民法院/本院于××××年××月××日作出的（××××）……号民事判决/民事裁定/民事调解书，向本院申请再审，本院已立案审查。现依法向你/你单位发送再审申请书副本。你/你单位应当自收到再审申请书副本之日起十五日/三十日（在中华人民共和国领域内没有住所的当事人、港澳台当事人）内提交书面意见、身份证明复印件/营业执照副本复印件、组织机构代码证复印件、法定代表人或者主要负责人身份证明书（单位当事人）、授权委托书和代理人身份证明（写明授权范围、联系电话。若为律师代理，还需提交律师事务所函及律师执业证复印件；若为基层法律服务工作者代理，还需提交基层法律服务工作者执业证复印件、基层法律服务所出具的介绍信及当事人一方位于其辖区内的证明材料；若为公民代理，还需提交身份证复印件等符合《最高人民法院关于适用〈中华人民共和国民事诉讼法〉的解释》第八十八条规定的材料）、证据材料。不提交的，不影响本院审查。

如需向本院提交或补充材料，应列明材料清单，一并通过邮局邮寄给××省××市××路××号××××人民法院××庭×××（写明案件承办人、书记员及联系电话）。邮编：……。

特此通知。

附：再审申请书副本一份

××××年××月××日
（院印）

【说　明】

本样式根据《中华人民共和国民事诉讼法》第二百零三条、《最高人民法院关于适用〈中华人民共和国民事诉讼法〉的解释》第三百八十五条制定，供人民法院受理当事人提出的再审申请后，通知原审其他当事人用。

【法律依据】

1.《中华人民共和国民事诉讼法》（2017 年 6 月 27 日）

第二百零三条　当事人申请再审的，应当提交再审申请书等材料。人民法院应当自收到再审申请书之日起五日内将再审申请书副本发送对方当事人。对方当事人应当自收到再审申请书副本之日起十五日内提交书面意见；不提交书面意见的，不影响人民法院审查。人民法院可以要求申请人和对方当事人补充有关材料，询问有关事项。

2.《最高人民法院关于适用〈中华人民共和国民事诉讼法〉的解释》（2020 年 12 月 29 日）

第三百八十五条　人民法院应当自收到符合条件的再审申请书等材料之日起五日内向再审申请人发送受理通知书，并向被申请人及原审其他当事人发送应诉通知书、再审申请书副本等材料。

4. 民事裁定书（上级人民法院依再审申请提审用）

××××人民法院
民事裁定书

（××××）……民申……号

再审申请人（一、二审诉讼地位）：×××，……。
法定代理人/指定代理人/法定代表人/主要负责人：×××，……。
委托诉讼代理人：×××，……。
被申请人（一、二审诉讼地位）：×××，……。
法定代理人/指定代理人/法定代表人/主要负责人：×××，……。
委托诉讼代理人：×××，……。
二审上诉人/二审被上诉人/第三人（一审诉讼地位）：×××，……。
法定代理人/指定代理人/法定代表人/主要负责人：×××，……。
委托诉讼代理人：×××，……。
（以上写明当事人和其他诉讼参加人的姓名或者名称等基本信息）

再审申请人×××因与被申请人×××/再审申请人×××及×××（写明原审其他当事人诉讼地位、姓名或名称）……（写明案由）一案，不服××××人民法院（××××）……号民事判决/民事裁定/民事调解书，向本院申请再审。本院依法组成合议庭进行了审查，现已审查终结。

本院认为，×××的再审申请符合《中华人民共和国民事诉讼法》第二百条第×项/第二百零一条（针对调解书申请再审）规定的情形。

依照《中华人民共和国民事诉讼法》第二百零四条、第二百零六条、《最高人民法院关于适用〈中华人民共和国民事诉讼法〉的解释》第三百九十五条第一款规定，裁定如下：

一、本案由本院提审；
二、再审期间，中止原判决/原裁定/原调解书的执行。

审　判　长　×××
审　判　员　×××
审　判　员　×××
××××年××月××日
(院印)
书　记　员　×××

【说　明】

1. 本样式根据《中华人民共和国民事诉讼法》第二百条、第二百零一条、第二百零四条制定，供上一级人民法院对当事人提出的再审申请进行审查后，认为符合《中华人民共和国民事诉讼法》第二百条或第二百零一条规定情形，裁定提审用。

2. 本裁定提审的理由，写明申请符合《中华人民共和国民事诉讼法》第二百条第×项规定的情形即可，无需阐述理由。

3. 当事人双方申请再审，一方主张的再审事由成立，另一方主张的再审事由不成立的，本裁定书仅写明一方的再审申请符合《中华人民共和国民事诉讼法》第二百条第×项规定的情形。经审查，另一方再审申请不成立的，不再予以评述。

4. 原生效裁判没有实际执行内容的，如"驳回起诉""驳回诉讼请求"等，只写"本案由本院提审"，裁定主文第二项不予表述。

5. 若该案为追索赡养费、扶养费、抚育费、抚恤金、医疗费用、劳动报酬等案件，人民法院经审查认为可以不中止执行的，裁定主文第二项表述为："二、再审期间，不中止原判决／原裁定／原调解书的执行。"

【法律依据】

《中华人民共和国民事诉讼法》(2017 年 6 月 27 日)

第二百条　当事人的申请符合下列情形之一的，人民法院应当再审：

(一) 有新的证据，足以推翻原判决、裁定的；

(二) 原判决、裁定认定的基本事实缺乏证据证明的；

(三) 原判决、裁定认定事实的主要证据是伪造的；

(四) 原判决、裁定认定事实的主要证据未经质证的；

(五) 对审理案件需要的主要证据，当事人因客观原因不能自行收集，书面申请人民法院调查收集，人民法院未调查收集的；

（六）原判决、裁定适用法律确有错误的；

（七）审判组织的组成不合法或者依法应当回避的审判人员没有回避的；

（八）无诉讼行为能力人未经法定代理人代为诉讼或者应当参加诉讼的当事人，因不能归责于本人或者其诉讼代理人的事由，未参加诉讼的；

（九）违反法律规定，剥夺当事人辩论权利的；

（十）未经传票传唤，缺席判决的；

（十一）原判决、裁定遗漏或者超出诉讼请求的；

（十二）据以作出原判决、裁定的法律文书被撤销或者变更的；

（十三）审判人员审理该案件时有贪污受贿，徇私舞弊，枉法裁判行为的。

第二百零一条 当事人对已经发生法律效力的调解书，提出证据证明调解违反自愿原则或者调解协议的内容违反法律的，可以申请再审。经人民法院审查属实的，应当再审。

第二百零四条 人民法院应当自收到再审申请书之日起三个月内审查，符合本法规定的，裁定再审；不符合本法规定的，裁定驳回申请。有特殊情况需要延长的，由本院院长批准。

因当事人申请裁定再审的案件由中级人民法院以上的人民法院审理，但当事人依照本法第一百九十九条的规定选择向基层人民法院申请再审的除外。最高人民法院、高级人民法院裁定再审的案件，由本院再审或者交其他人民法院再审，也可以交原审人民法院再审。

5. 民事裁定书（对不予受理裁定，上级人民法院依再审申请提审用）

××××人民法院
民事裁定书

（××××）……民申……号

再审申请人（一、二审诉讼地位）：×××，……。

……

（以上写明再审申请人及其代理人的姓名或者名称等基本信息）

再审申请人×××因起诉×××（写明被起诉人姓名或名称）……（写明案由）一案，不服××××人民法院（××××）……号民事裁定，向本院申请再审。本院依法组成合议庭进行了审查，现已审查终结。

本院认为，×××的再审申请符合《中华人民共和国民事诉讼法》第二百条第×项规定的情形。

依照《中华人民共和国民事诉讼法》第二百零四条，《最高人民法院关于适用〈中华人民共和国民事诉讼法〉的解释》第三百九十五条第一款规定，裁定如下：

本案由本院提审。

审　判　长　×××
审　判　员　×××
审　判　员　×××
××××年××月××日
（院印）
书　记　员　×××

【说　明】

1. 本样式根据《中华人民共和国民事诉讼法》第二百条、第二百零一条、第二百零四条制定，供上一级人民法院对不予受理裁定再审申请进行审查后，裁定提审用。

2. 当事人的诉讼地位表述为"再审申请人（一、二审诉讼地位）"，由于本案一审、二审均为不予受理裁定，并无被告，申请再审阶段不列被申请人。

3. 本裁定提审的理由，写明符合《中华人民共和国民事诉讼法》第二百条第×项规定的情形即可，无需阐述具体理由。

4. 原生效裁定为不予受理裁定，没有实际执行内容，主文部分只写"本案由本院提审"。

【法律依据】

《中华人民共和国民事诉讼法》（2017年6月27日）

第二百条　当事人的申请符合下列情形之一的，人民法院应当再审：

（一）有新的证据，足以推翻原判决、裁定的；

（二）原判决、裁定认定的基本事实缺乏证据证明的；

（三）原判决、裁定认定事实的主要证据是伪造的；

（四）原判决、裁定认定事实的主要证据未经质证的；

（五）对审理案件需要的主要证据，当事人因客观原因不能自行收集，书面申请人民法院调查收集，人民法院未调查收集的；

（六）原判决、裁定适用法律确有错误的；

（七）审判组织的组成不合法或者依法应当回避的审判人员没有回避的；

（八）无诉讼行为能力人未经法定代理人代为诉讼或者应当参加诉讼的当事人，因不能归责于本人或者其诉讼代理人的事由，未参加诉讼的；

（九）违反法律规定，剥夺当事人辩论权利的；

（十）未经传票传唤，缺席判决的；

（十一）原判决、裁定遗漏或者超出诉讼请求的；

（十二）据以作出原判决、裁定的法律文书被撤销或者变更的；

（十三）审判人员审理该案件时有贪污受贿，徇私舞弊，枉法裁判行为的。

第二百零一条　当事人对已经发生法律效力的调解书，提出证据证明调解违反自愿原则或者调解协议的内容违反法律的，可以申请再审。经人民法院审查属实的，应当再审。

第二百零四条 人民法院应当自收到再审申请书之日起三个月内审查，符合本法规定的，裁定再审；不符合本法规定的，裁定驳回申请。有特殊情况需要延长的，由本院院长批准。

因当事人申请裁定再审的案件由中级人民法院以上的人民法院审理，但当事人依照本法第一百九十九条的规定选择向基层人民法院申请再审的除外。最高人民法院、高级人民法院裁定再审的案件，由本院再审或者交其他人民法院再审，也可以交原审人民法院再审。

6. 民事裁定书（上级人民法院依再审申请指令再审用）

××××人民法院
民事裁定书

（××××）……民申……号

再审申请人（一、二审诉讼地位）：×××，……。

……

被申请人（一、二审诉讼地位）：×××，……。

……

二审上诉人/二审被上诉人/第三人（一审诉讼地位）：×××，……。

……

（以上写明当事人和其他诉讼参加人的姓名或者名称等基本信息）

再审申请人×××因与被申请人×××/再审申请人×××及×××（写明原审其他当事人诉讼地位、姓名或名称）……（写明案由）一案，不服××××人民法院（××××）……号民事判决/民事裁定/民事调解书，向本院申请再审。本院依法组成合议庭进行了审查，现已审查终结。

×××申请再审称，……（写明再审申请人所依据的法定事由及事实与理由）。

×××提交意见称，……（写明被申请人的意见；未提交意见的，不写）。

本院经审查认为：……（依据认定的事实和相关法律，对再审申请进行分析评判，说明指令再审的理由）。

依照《中华人民共和国民事诉讼法》第二百零四条、第二百零六条，《最高人民法院关于适用〈中华人民共和国民事诉讼法〉的解释》第三百九十五条第一款的规定，裁定如下：

一、指令××××人民法院再审本案；

二、再审期间，中止原判决/原裁定/原调解书的执行。

审　判　长　×××
审　判　员　×××
审　判　员　×××
××××年××月××日
（院印）
书　记　员　×××

【说　明】

1. 本样式根据《中华人民共和国民事诉讼法》第二百条、第二百零一条、第二百零四条制订，供上一级人民法院对当事人提出的再审申请进行审查后，认为符合《中华人民共和国民事诉讼法》第二百条或第二百零一条的规定，裁定指令下级人民法院再审时使用。

2. 根据《中华人民共和国民事诉讼法》第一百五十四条第三款的规定，裁定书应当写明裁定结果和作出该裁定的理由。《最高人民法院关于民事审判监督程序严格依法适用指令再审和发回重审若干问题的规定》第六条规定，上级人民法院裁定指令再审、发回重审的，应当在裁定书中阐明指令再审或者发回重审的具体理由。因此，指令再审裁定应阐述裁定理由。裁定再审的理由表述为："×××的再审申请符合《中华人民共和国民事诉讼法》第二百条第×项规定的情形。"如果是针对调解书申请再审的，则表述为："×××的再审申请符合《中华人民共和国民事诉讼法》第二百零一条规定的情形"。

3. 当事人双方申请再审，一方主张的再审事由成立，另一方主张的再审事由不成立的，本裁定书仅写明一方的再审申请符合《中华人民共和国民事诉讼法》第二百条第×项规定的情形。经审查，另一方再审申请不成立的，不再予以评述。

4. 原审其他当事人也提交意见的，可以在被申请人意见后予以表述，未提交意见的则不在裁定中表述。

5. 原生效裁判没有实际执行内容的，如"驳回起诉""驳回诉讼请求"等，只写"指令××××人民法院再审本案"，主文第二项不予表述。

6. 若该案为追索赡养费、扶养费、抚育费、抚恤金、医疗费用、劳动报酬等案件，人民法院经审查认为可以不中止执行的，裁定主文第二项表述为："二、再审期间，不中止原判决/原裁定/原调解书的执行。"

【法律依据】

《中华人民共和国民事诉讼法》（2017 年 6 月 27 日）

第二百条　当事人的申请符合下列情形之一的，人民法院应当再审：

（一）有新的证据，足以推翻原判决、裁定的；

（二）原判决、裁定认定的基本事实缺乏证据证明的；

（三）原判决、裁定认定事实的主要证据是伪造的；

（四）原判决、裁定认定事实的主要证据未经质证的；

（五）对审理案件需要的主要证据，当事人因客观原因不能自行收集，书面申请人民法院调查收集，人民法院未调查收集的；

（六）原判决、裁定适用法律确有错误的；

（七）审判组织的组成不合法或者依法应当回避的审判人员没有回避的；

（八）无诉讼行为能力人未经法定代理人代为诉讼或者应当参加诉讼的当事人，因不能归责于本人或者其诉讼代理人的事由，未参加诉讼的；

（九）违反法律规定，剥夺当事人辩论权利的；

（十）未经传票传唤，缺席判决的；

（十一）原判决、裁定遗漏或者超出诉讼请求的；

（十二）据以作出原判决、裁定的法律文书被撤销或者变更的；

（十三）审判人员审理该案件时有贪污受贿，徇私舞弊，枉法裁判行为的。

第二百零一条　当事人对已经发生法律效力的调解书，提出证据证明调解违反自愿原则或者调解协议的内容违反法律的，可以申请再审。经人民法院审查属实的，应当再审。

第二百零四条　人民法院应当自收到再审申请书之日起三个月内审查，符合本法规定的，裁定再审；不符合本法规定的，裁定驳回申请。有特殊情况需要延长的，由本院院长批准。

因当事人申请裁定再审的案件由中级人民法院以上的人民法院审理，但当事人依照本法第一百九十九条的规定选择向基层人民法院申请再审的除外。最高人民法院、高级人民法院裁定再审的案件，由本院再审或者交其他人民法院再审，也可以交原审人民法院再审。

7. 民事裁定书（原审人民法院依再审申请裁定再审用）

××××人民法院
民事裁定书

（××××）……民申……号

再审申请人（一、二审诉讼地位）：×××，……。
……

被申请人（一、二审诉讼地位）：×××，……。
……

二审上诉人/二审被上诉人/第三人（一审诉讼地位）：×××，……。
……

（以上写明当事人和其他诉讼参加人的姓名或者名称等基本信息）

再审申请人×××因与被申请人×××/再审申请人×××及×××（写明原审其他当事人诉讼地位、姓名或名称）……（写明案由）一案，不服本院（××××）……号民事判决/民事裁定/民事调解书，向本院申请再审。本院依法组成合议庭进行了审查，现已审查终结。

本院认为，×××的再审申请符合《中华人民共和国民事诉讼法》第二百条第×项/第二百零一条（针对调解书申请再审）规定的情形。

依照《中华人民共和国民事诉讼法》第二百零四条、第二百零六条、《最高人民法院关于适用〈中华人民共和国民事诉讼法〉的解释》第三百九十五条第一款规定，裁定如下：

一、本案由本院另行组成合议庭再审；

二、再审期间，中止原判决/原裁定/原调解书的执行。

审　判　长　×××
审　判　员　×××
审　判　员　×××
××××年××月××日
（院印）
书　记　员　×××

【说　明】

1. 本样式根据《中华人民共和国民事诉讼法》第一百九十九条、《最高人民法院关于适用〈中华人民共和国民事诉讼法〉的解释》第三百七十九条制定，供原审人民法院对当事人一方人数众多或者当事人双方为公民的民事申请再审案件进行审查后，认为本案符合《中华人民共和国民事诉讼法》第二百条或第二百零一条规定，裁定再审用。

2. 原审其他当事人也提交意见的，可以在被申请人意见后予以表述，未提交意见的则不在裁定中表述。

3. 本裁定系原审人民法院作出的由本院再审的裁定，主文第一项表述为"本案由本院另行组成合议庭再审"。

4. 若该案为追索赡养费、扶养费、抚育费、抚恤金、医疗费用、劳动报酬等案件，人民法院经审查认为可以不中止执行的，指令再审裁定主文第二项表述为："二、再审期间，不中止原判决/原裁定/原调解书的执行。"

【法律依据】

1. 《中华人民共和国民事诉讼法》（2017 年 6 月 27 日）

第一百九十九条　当事人对已经发生法律效力的判决、裁定，认为有错误的，可以向上一级人民法院申请再审；当事人一方人数众多或者当事人双方为公民的案件，也可以向原审人民法院申请再审。当事人申请再审的，不停止判决、裁定的执行。

2. 《最高人民法院关于适用〈中华人民共和国民事诉讼法〉的解释》（2020 年 12 月 29 日）

第三百七十九条　当事人一方人数众多或者当事人双方为公民的案件，当事人分别向原审人民法院和上一级人民法院申请再审且不能协商一致的，由原审人民法院受理。

8. 民事裁定书（裁定驳回再审申请用）

××××人民法院
民事裁定书

（××××）……民申……号

再审申请人（一、二审诉讼地位）：×××，……。
……

被申请人（一、二审诉讼地位）：×××，……。
……

二审上诉人/二审被上诉人/第三人（一审诉讼地位）：×××，……。
……

（以上写明当事人和其他诉讼参加人的姓名或者名称等基本信息）

再审申请人×××因与被申请人×××/再审申请人×××及×××（写明原审其他当事人诉讼地位、姓名或名称）……（写明案由）一案，不服×××人民法院/本院（××××）……号民事判决/民事裁定/民事调解书，向本院申请再审。本院依法组成合议庭进行了审查，现已审查终结。

×××申请再审称，……（写明再审申请人所依据的法定事由及事实理由）。

×××提交意见称，……（写明被申请人的意见；未提交意见的，不写）。

本院经审查认为，……（依据认定的事实和相关法律，对再审申请进行分析评判，说明再审事由不成立等驳回再审申请的理由）。

依照《中华人民共和国民事诉讼法》第二百零四条第一款，《最高人民法院关于适用〈中华人民共和国民事诉讼法〉的解释》第三百九十五条第二款规定，裁定如下：

驳回×××的再审申请。

审　判　长　×××
审　判　员　×××
审　判　员　×××
××××年××月××日
(院印)
书　记　员　×××

【说　明】

1. 本样式根据《中华人民共和国民事诉讼法》第二百零四条、《最高人民法院关于适用〈中华人民共和国民事诉讼法〉的解释》第三百九十五条第二款制定。供上一级人民法院和原审人民法院对当事人提出的再审申请进行审查后，认为不符合《中华人民共和国民事诉讼法》第二百条、第二百零一条、第二百零五条规定的再审条件，裁定驳回用。

2. 如有多个当事人申请再审，提出的申请理由各不相同，在本院认为部分应针对每个当事人的每个申请理由一一予以驳回。

3. 原审其他当事人也提交意见的，可以在被申请人意见后予以表述，未提交意见的则不在裁定中表述。

4. 当事人的再审申请超过法定期限的，表述为："×××的再审申请已超过《中华人民共和国民事诉讼法》第二百零五条规定的申请再审期限（针对调解书申请再审，已超过申请再审期限的引用《最高人民法院关于适用〈中华人民共和国民事诉讼法〉的解释》第三百八十四条）。"

5. 当事人对调解书申请再审的，表述为：

综上所述，×××的再审申请不符合《中华人民共和国民事诉讼法》第二百零一条规定的情形。依照《中华人民共和国民事诉讼法》第二百零四条第一款，《最高人民法院关于适用〈中华人民共和国民事诉讼法〉的解释》第三百九十五条第二款的规定，裁定如下：

驳回×××的再审申请。

6. 当事人的再审申请不属于法定再审事由范围的，表述为：

×××的再审申请不属于《中华人民共和国民事诉讼法》第二百条规定的再审事由。依照《中华人民共和国民事诉讼法》第二百零四条第一款，《最高人民法院关于适用〈中华人民共和国民事诉讼法〉的解释》第三百九十五条第二款的规定，裁定如下：

驳回×××的再审申请。

【法律依据】

1. 《中华人民共和国民事诉讼法》（2017 年 6 月 27 日）

第二百零四条　人民法院应当自收到再审申请书之日起三个月内审查，符合本法规定的，裁定再审；不符合本法规定的，裁定驳回申请。有特殊情况需要延长的，由本院院长批准。

因当事人申请裁定再审的案件由中级人民法院以上的人民法院审理，但当事人依照本法第一百九十九条的规定选择向基层人民法院申请再审的除外。最高人民法院、高级人民法院裁定再审的案件，由本院再审或者交其他人民法院再审，也可以交原审人民法院再审。

2. 《最高人民法院关于适用〈中华人民共和国民事诉讼法〉的解释》（2020 年 12 月 29 日）

第三百九十五条第二款　当事人主张的再审事由不成立，或者当事人申请再审超过法定申请再审期限、超出法定再审事由范围等不符合民事诉讼法和本解释规定的申请再审条件的，人民法院应当裁定驳回再审申请。

9. 民事裁定书（对不予受理裁定，驳回再审申请用）

××××人民法院
民事裁定书

（××××）……民申……号

再审申请人：×××，……。

……

（以上写明再审申请人及其代理人的姓名或者名称等基本信息）

再审申请人×××因起诉×××（写明被起诉人姓名或名称）……（写明案由）一案，不服××××人民法院（××××）……号民事裁定，向本院申请再审。本院依法组成合议庭进行了审查，现已审查终结。

×××申请再审称，……（概括申请再审的事实与理由，明确申请再审所依据的法定事由）。

本院经审查认为，……（依据认定的事实和相关法律，对再审申请进行分析评判，说明再审事由不成立等驳回再审申请的理由）。

依照《中华人民共和国民事诉讼法》第二百零四条第一款、《最高人民法院关于适用〈中华人民共和国民事诉讼法〉的解释》第三百九十五条第二款规定，裁定如下：

驳回×××的再审申请。

审　判　长　×××
审　判　员　×××
审　判　员　×××
××××年××月××日
（院印）
书　记　员　×××

【说　明】

1. 本样式根据《中华人民共和国民事诉讼法》第二百零四条、《最高人民法院关于适用〈中华人民共和国民事诉讼法〉的解释》第三百九十五条第二款制定，供上一级人民法院对当事人针对不予受理裁定提出的再审申请进行审查后，认为不符合《中华人民共和国民事诉讼法》第二百条的规定，予以驳回用。

2. 当事人的地位表述为"再审申请人（一、二审诉讼地位）"，由于本案一审、二审均为不予受理裁定，并无被告，申请再审阶段不列被申请人。

【法律依据】

1.《中华人民共和国民事诉讼法》（2017 年 6 月 27 日）

第二百零四条　人民法院应当自收到再审申请书之日起三个月内审查，符合本法规定的，裁定再审；不符合本法规定的，裁定驳回申请。有特殊情况需要延长的，由本院院长批准。

因当事人申请裁定再审的案件由中级人民法院以上的人民法院审理，但当事人依照本法第一百九十九条的规定选择向基层人民法院申请再审的除外。最高人民法院、高级人民法院裁定再审的案件，由本院再审或者交其他人民法院再审，也可以交原审人民法院再审。

2.《最高人民法院关于适用〈中华人民共和国民事诉讼法〉的解释》（2020 年 12 月 29 日）

第三百九十五条第二款　当事人主张的再审事由不成立，或者当事人申请再审超过法定申请再审期限、超出法定再审事由范围等不符合民事诉讼法和本解释规定的申请再审条件的，人民法院应当裁定驳回再审申请。

10. 民事裁定书（审查中准许或不准许撤回再审申请用）

××××人民法院
民事裁定书

（××××）……民申……号

再审申请人（一、二审诉讼地位）：×××，……。
……

被申请人（一、二审诉讼地位）：×××，……。
……

二审上诉人/二审被上诉人/第三人（一审诉讼地位）：×××，……。
……

（以上写明当事人和其他诉讼参加人的姓名或者名称等基本信息）

再审申请人×××因与被申请人×××/再审申请人×××及×××（写明原审其他当事人诉讼地位、姓名或名称）……（写明案由）一案，不服××××人民法院/本院（××××）……号民事判决/民事裁定/民事调解书，向本院申请再审。本院依法组成合议庭进行审查。

本院审查过程中，……（写明再审申请人提出撤回再审申请的时间和理由）。

本院经审查认为，×××撤回再审申请的请求，不违反/违反法律规定，本院予以准许/不予准许（写明准许或者不予准许的理由）。

依照《中华人民共和国民事诉讼法》第一百五十四条第一款第五项，《最高人民法院关于适用〈中华人民共和国民事诉讼法〉的解释》第四百条第一款的规定，裁定如下：

准许/不准许×××撤回再审申请。

审　判　长　×××
审　判　员　×××
审　判　员　×××

××××年××月××日

(院印)

书　记　员　×××

【说　明】

1. 本样式根据《中华人民共和国民事诉讼法》第一百五十四条第一款第五项、《最高人民法院关于适用〈中华人民共和国民事诉讼法〉的解释》第四百条第一款制定，供上一级人民法院和原审人民法院在审查申请再审案件过程中，对当事人撤回再审申请裁定准许或者不准许用。

2. 本裁定书简要阐明理由即可，无需涉及原生效裁判内容和申请再审理由等。

3. 对"不准许撤回再审申请"的，一般可用口头裁定，记入笔录；必要时也可使用书面裁定。

【法律依据】

1. 《中华人民共和国民事诉讼法》（2017年6月27日）

第一百五十四条第一款　裁定适用于下列范围：

（一）不予受理；

（二）对管辖权有异议的；

（三）驳回起诉；

（四）保全和先予执行；

（五）准许或者不准许撤诉；

（六）中止或者终结诉讼；

（七）补正判决书中的笔误；

（八）中止或者终结执行；

（九）撤销或者不予执行仲裁裁决；

（十）不予执行公证机关赋予强制执行效力的债权文书；

（十一）其他需要裁定解决的事项。

2. 《最高人民法院关于适用〈中华人民共和国民事诉讼法〉的解释》（2020年12月29日）

第四百条第一款　审查再审申请期间，再审申请人撤回再审申请的，是否准许，由人民法院裁定。

11. 民事裁定书（按撤回再审申请处理用）

××××人民法院
民事裁定书

（××××）……民申……号

再审申请人（一、二审诉讼地位）：×××，……。
……

被申请人（一、二审诉讼地位）：×××，……。
……

二审上诉人/二审被上诉人/第三人（一审诉讼地位）：×××，……。
……

（以上写明当事人和其他诉讼参加人的姓名或者名称等基本信息）

再审申请人×××因与被申请人×××/再审申请人×××及×××（写明原审其他当事人诉讼地位、姓名或名称）……（写明案由）一案，不服××××人民法院/本院（××××）……号民事判决/民事裁定/民事调解书，向本院申请再审。本院依法组成合议庭进行审查。

本院审查过程中，……（简要写明本院向再审申请人发出传票的情况，及其无正当理由拒不接受询问的事实）。

依照《中华人民共和国民事诉讼法》第一百五十四条第一款第十一项，《最高人民法院关于适用〈中华人民共和国民事诉讼法〉的解释》第四百条第二款的规定，裁定如下：

本案按×××撤回再审申请处理。

审　判　长　×××
审　判　员　×××
审　判　员　×××
××××年××月××日
（院印）
书　记　员　×××

【说　明】

1. 本样式根据《中华人民共和国民事诉讼法》第一百五十四条第一款第十一项、《最高人民法院关于适用〈中华人民共和国民事诉讼法〉的解释》第四百条第二款制定，供上一级人民法院和原审人民法院在审查当事人申请再审案件过程中，再审申请人经传票传唤，无正当理由拒不接受询问，按撤回再审申请处理用。

2. 本裁定书简要写明本院向再审申请人发出传票的情况，及其无正当理由拒不接受询问的事实，无需涉及原生效裁判内容和申请再审理由等。

【法律依据】

1. **《中华人民共和国民事诉讼法》**（2017年6月27日）

第一百五十四条第一款　裁定适用于下列范围：

（一）不予受理；

（二）对管辖权有异议的；

（三）驳回起诉；

（四）保全和先予执行；

（五）准许或者不准许撤诉；

（六）中止或者终结诉讼；

（七）补正判决书中的笔误；

（八）中止或者终结执行；

（九）撤销或者不予执行仲裁裁决；

（十）不予执行公证机关赋予强制执行效力的债权文书；

（十一）其他需要裁定解决的事项。

2. **《最高人民法院关于适用〈中华人民共和国民事诉讼法〉的解释》**（2020年12月29日）

第四百条第二款　再审申请人经传票传唤，无正当理由拒不接受询问的，可以按撤回再审申请处理。

12. 民事裁定书（中止再审审查用）

××××人民法院
民事裁定书

（××××）……民申……号

再审申请人（一、二审诉讼地位）：×××，……。
……

被申请人（一、二审诉讼地位）：×××，……。
……

二审上诉人/二审被上诉人/第三人（一审诉讼地位）：×××，……。
……

（以上写明当事人和其他诉讼参加人的姓名或者名称等基本信息）

再审申请人×××因与被申请人×××/再审申请人×××及×××（写明原审其他当事人诉讼地位、姓名或名称）……（写明案由）一案，不服×××人民法院/本院（××××）……号民事判决/民事裁定/民事调解书，向本院申请再审。本院依法组成合议庭进行审查。

本院审查过程中，……（写明中止审查的事实根据）。

依照《中华人民共和国民事诉讼法》第一百五十条第一款第×项、第一百五十四条第一款第六项的规定，裁定如下：

中止审查×××的再审申请。

审　判　长　×××
审　判　员　×××
审　判　员　×××
××××年××月××日
（院印）
书　记　员　×××

【说　明】

1. 本样式根据《中华人民共和国民事诉讼法》第一百五十条第一款、第一百五十四条第一款第六项制定，供人民法院中止再审审查程序用。

2. 再审审查过程中如遇特殊情形，可以视情况中止审查。如系以另案的审理结果为依据作出判决，另案已经按照审判监督程序启动再审，则另案存在被改判的可能，此时应中止再审审查，等待另案的审理结果。

3. 本裁定书简洁写明导致审查中止的情形，无需涉及生效裁判内容和申请再审理由等。

4. 中止审查的裁定无需撤销。中止审查的原因消除后，人民法院恢复审查。

【法律依据】

《中华人民共和国民事诉讼法》（2017年6月27日）

第一百五十条第一款　有下列情形之一的，中止诉讼：

（一）一方当事人死亡，需要等待继承人表明是否参加诉讼的；

（二）一方当事人丧失诉讼行为能力，尚未确定法定代理人的；

（三）作为一方当事人的法人或者其他组织终止，尚未确定权利义务承受人的；

（四）一方当事人因不可抗拒的事由，不能参加诉讼的；

（五）本案必须以另一案的审理结果为依据，而另一案尚未审结的；

（六）其他应当中止诉讼的情形。

第一百五十四条第一款　裁定适用于下列范围：

（一）不予受理；

（二）对管辖权有异议的；

（三）驳回起诉；

（四）保全和先予执行；

（五）准许或者不准许撤诉；

（六）中止或者终结诉讼；

（七）补正判决书中的笔误；

（八）中止或者终结执行；

（九）撤销或者不予执行仲裁裁决；

（十）不予执行公证机关赋予强制执行效力的债权文书；

（十一）其他需要裁定解决的事项。

13. **民事裁定书**（终结再审审查用）

××××人民法院
民事裁定书

（××××）……民申……号

再审申请人（一、二审诉讼地位）：×××，……。
……

被申请人（一、二审诉讼地位）：×××，……。
……

二审上诉人/二审被上诉人/第三人（一审诉讼地位）：×××，……。
……

（以上写明当事人和其他诉讼参加人的姓名或者名称等基本信息）

再审申请人×××因与被申请人×××/再审申请人×××及×××（写明原审其他当事人诉讼地位、姓名或名称）……（写明案由）一案，不服××××人民法院/本院（××××）……号民事判决/民事裁定/民事调解书，向本院申请再审。本院依法组成合议庭进行审查。

本院审查过程中，……（写明终结审查的事实根据）。

依照《中华人民共和国民事诉讼法》第一百五十四条第一款第六项，《最高人民法院关于适用〈中华人民共和国民事诉讼法〉的解释》第四百零二条第×项规定，裁定如下：

终结审查×××的再审申请。

审　判　长　×××
审　判　员　×××
审　判　员　×××
××××年××月××日
（院印）
书　记　员　×××

【说　明】

　　1. 本样式根据《中华人民共和国民事诉讼法》第一百五十四条第一款第六项、《最高人民法院关于适用〈中华人民共和国民事诉讼法〉的解释》第四百零二条制定，供人民法院终结再审审查程序用。

　　2. 本裁定书简洁写明导致审查终结的情形，无需涉及生效裁判内容和申请再审理由等。

【法律依据】

　　1.《中华人民共和国民事诉讼法》（2017年6月27日）

　　第一百五十四条第一款　裁定适用于下列范围：

　　（一）不予受理；

　　（二）对管辖权有异议的；

　　（三）驳回起诉；

　　（四）保全和先予执行；

　　（五）准许或者不准许撤诉；

　　（六）中止或者终结诉讼；

　　（七）补正判决书中的笔误；

　　（八）中止或者终结执行；

　　（九）撤销或者不予执行仲裁裁决；

　　（十）不予执行公证机关赋予强制执行效力的债权文书；

　　（十一）其他需要裁定解决的事项。

　　2.《最高人民法院关于适用〈中华人民共和国民事诉讼法〉的解释》（2020年12月29日）

　　第四百零二条　再审申请审查期间，有下列情形之一的，裁定终结审查：

　　（一）再审申请人死亡或者终止，无权利义务承继者或者权利义务承继者声明放弃再审申请的；

　　（二）在给付之诉中，负有给付义务的被申请人死亡或者终止，无可供执行的财产，也没有应当承担义务的人的；

　　（三）当事人达成和解协议且已履行完毕的，但当事人在和解协议中声明不放弃申请再审权利的除外；

　　（四）他人未经授权以当事人名义申请再审的；

　　（五）原审或者上一级人民法院已经裁定再审的；

　　（六）有本解释第三百八十三条第一款规定情形的。

14. **民事判决书**（依申请提审判决用）

××××人民法院
民事判决书

（××××）……民再……号

再审申请人（一、二审诉讼地位）：×××，……。
法定代理人/指定代理人/法定代表人/主要负责人：×××，……。
委托诉讼代理人：×××，……。
被申请人（一、二审诉讼地位）：×××，……。
法定代理人/指定代理人/法定代表人/主要负责人：×××，……。
委托诉讼代理人：×××，……。
二审上诉人/二审被上诉人/第三人（一审诉讼地位）：×××，……。
法定代理人/指定代理人/法定代表人/主要负责人：×××，……。
委托诉讼代理人：×××，……。
(以上写明当事人和其他诉讼参加人的姓名或者名称等基本信息)

再审申请人×××因与被申请人×××/再审申请人及×××……（写明案由）一案，不服××××人民法院（××××）……号民事判决/民事调解书，向本院申请再审。本院于××××年××月××日作出（××××）……号民事裁定，提审本案。本院依法组成合议庭，开庭审理了本案。再审申请人×××、被申请人×××（写明当事人和其他诉讼参加人的诉讼地位和姓名或者名称）到庭参加诉讼。（未开庭的，写明：本院依法组成合议庭审理了本案）。本案现已审理终结。

×××申请再审称，……（写明再审请求、事实和理由）。
×××辩称，……（概述被申请人的答辩意见）。
×××述称，……（概述原审其他当事人的意见）。
×××向一审法院起诉请求：……（写明一审原告的诉讼请求）。一审法院认定事实：……。

一审法院判决：……（写明一审判决主文）。

×××不服一审判决，上诉请求：……（写明上诉请求）。二审法院认定事实：……（概述二审认定事实）。二审法院认为，……（概述二审判决理由）。二审法院判决：……（写明二审判决主文）。

围绕当事人的再审请求，本院对有争议的证据和事实认定如下：

……（写明再审法院采信证据、认定事实的意见和理由，对一审、二审法院认定相关的事实进行评判）。

本院再审认为，……（写明争议焦点，根据再审认定的案件事实和相关法律，对再审请求进行分析评判，说明理由）。

综上所述，……（对当事人的再审请求是否成立进行总结评述）。依照《中华人民共和国民事诉讼法》第二百零七条第一款、第一百七十条第一款第×项、……（写明援引的法律依据）规定，判决如下：

一、……；

二、……。

（以上分项写明判决结果）

一审案件受理费……元，由……负担；二审案件受理费……元，由……负担；再审案件受理费……元，由……负担（写明当事人姓名或名称、负担金额）。

审　判　长　×××

审　判　员　×××

审　判　员　×××

××××年××月××日

（院印）

书　记　员　×××

【说　明】

1. 本判决书样式根据《中华人民共和国民事诉讼法》第二百零七条第一款、第一百七十条第一款制定，供上级人民法院根据当事人申请而提审，经审理后作出实体处理时使用。

2. 当事人的地位表述为"再审申请人（一、二审诉讼地位）""被申请人（一、二审诉讼地位）"；其他当事人按原审诉讼地位表述，例如，二审终审的,列为"二审上诉人(一审原告)"或"二审被上诉人(一审被告)"等;一审终审的,列为"原审原告"或"原审被告""原审第三人"。

3. 上级人民法院提审的,审判组织写明"组成合议庭",不写"另行组成合议庭"。

4. 判决书对案件事实、原审过程等部分的写法,应根据案件的具体情况,灵活处理。总体要求概述从最初发生诉讼直到本次再审的基本脉络。包括:第一,当事人在再审中的诉辩意见。先写再审诉讼请求,再写再审事实和理由。第二,当事人在本案以往诉讼中的诉讼请求,事实和理由。尤其要写明原告的一审诉讼请求。当事人在二审程序中的诉辩主张可以视情况简写,但上诉请求不应省略。第三,本案历次裁判认定的基本事实。应当注意繁简得当,着重叙述与本次再审争议相关的事实,其他事实概括叙述。第四,历次裁判的基本理由。一审理由可以省略,但再审维持一审裁判结果的,应概述一审理由;原生效判决的说理适当归纳后简要写明。第五,历次裁判案号、裁判主文的准确内容。

5. 本院认为部分,应围绕当事人的再审理由是否成立、再审请求是否应予支持进行分析评判,并同时对原审相关认定结论是否正确作出评价。

6. 引用法律、法规、司法解释应当全面。再审维持原判的,一般只引程序法条文。再审改判的,应当同时引用实体法条文和程序法条文。

7. 判决主文应当对当事人的全部诉讼请求作出明确具体的裁判,表述应当完整、准确、便于执行。一般可以区分以下不同情形处理:

维持原判的,只写明"维持××××人民法院……号民事判决"。对此前的历次裁判不写。

全部改判的,应首先按照由后向前的顺序撤销历次裁判,然后再写明重新判决的内容。

部分改判的,如采用"维持某判决某项,撤销某判决某项,变更某判决某项,增加新判项"等写法可能导致混乱、难于理解的,应撤销前面的所有判决内容,重新作出判决。部分改判的,应写明维持或者撤销原判的某项,然后写明改判的内容。

改判后,如果对一审当事人的诉讼请求没有全部支持的,还应增加"驳回……的其他诉讼请求"的判项。

改判后有金钱给付内容的,应另起一行写明:"如果未按本判决指定的期间履行给付金钱义务,应当依照《中华人民共和国民事诉讼法》第二百五十三条之规定，加倍支付迟延履行期间的债务利息。"

8. 再审维持原判且有再审诉讼费用的，只写明再审诉讼费用负担。再审改判的，应当对一、二审以及本次再审诉讼费用负担一并作出决定。

【法律依据】

《中华人民共和国民事诉讼法》（2017年6月27日）

第二百零七条第一款　人民法院按照审判监督程序再审的案件，发生法律效力的判决、裁定是由第一审法院作出的，按照第一审程序审理，所作的判决、裁定，当事人可以上诉；发生法律效力的判决、裁定是由第二审法院作出的，按照第二审程序审理，所作的判决、裁定，是发生法律效力的判决、裁定；上级人民法院按照审判监督程序提审的，按照第二审程序审理，所作的判决、裁定是发生法律效力的判决、裁定。

第一百七十条第一款　第二审人民法院对上诉案件，经过审理，按照下列情形，分别处理：

（一）原判决、裁定认定事实清楚，适用法律正确的，以判决、裁定方式驳回上诉，维持原判决、裁定；

（二）原判决、裁定认定事实错误或者适用法律错误的，以判决、裁定方式依法改判、撤销或者变更；

（三）原判决认定基本事实不清的，裁定撤销原判决，发回原审人民法院重审，或者查清事实后改判；

（四）原判决遗漏当事人或者违法缺席判决等严重违反法定程序的，裁定撤销原判决，发回原审人民法院重审。

15. **民事判决书**（依申请受指令/定法院按一审程序再审用）

××××人民法院
民事判决书

（××××）……民再……号

再审申请人（原审诉讼地位）：×××，……。
……

被申请人（原审诉讼地位）：×××，……。
……

原审原告/被告/第三人：×××，……。
……

（以上写明当事人和其他诉讼参加人的姓名或者名称等基本信息）

再审申请人×××因与被申请人×××/再审申请人×××……（写明案由）一案，不服本院/××××人民法院（××××）……民×……号民事判决/民事调解书，向××××人民法院申请再审。××××人民法院于××××年××月××日作出（××××）……民×……号民事裁定，指令/指定本院再审本案。本院依法另行/依法组成合议庭（指定再审的不写另行），开庭审理了本案。再审申请人×××、被申请人×××（写明当事人和其他诉讼参加人的诉讼地位和姓名或者名称）到庭参加诉讼。本案现已审理终结。

×××申请再审称，……（写明再审请求、事实和理由）。

×××辩称，……（概述被申请人的答辩意见）。

×××述称，……（概述原审其他当事人的意见）。

×××向原审法院起诉请求：……（写明原审原告的诉讼请求）。原审法院认定事实：……。原审法院认为，……（概述原审判决理由）。原审法院判决：……（写明原审判决主文）。

围绕当事人的再审请求，本院对有争议的证据和事实认定如下：

……（写明再审法院采信证据、认定事实的意见和理由，对原审法院认定相关的事实进行评判)。

　　本院再审认为，……（写明争议焦点，根据再审认定的案件事实和相关法律，对再审请求进行分析评判，说明理由）。

　　依照《中华人民共和国民事诉讼法》第二百零七条第一款、……（写明法律文件名称及其条款项序号）规定，判决如下：

　　一、……；
　　二、……。

　　（以上分项写明裁判结果）

　　……（写明诉讼费用的负担）。

　　如不服本判决，可在判决书送达之日起十五日内，向本院递交上诉状，并按对方当事人的人数提出副本，上诉于××××人民法院。

审　判　长　×××
审　判　员　×××
审　判　员　×××
××××年××月××日
（院印）
书　记　员　×××

【说　明】

　　1. 本判决书样式根据《中华人民共和国民事诉讼法》第二百零七条第一款制定，供人民法院依当事人申请、受指令或者受指定再审，按照第一审程序审理后，作出实体判决用。

　　2. 原审遗漏必须共同诉讼人，本次再审追加当事人的，其诉讼地位直接写作"原告""被告"，而不必表述为"再审原告"或者"追加原告"等。

　　3. 经审判委员会讨论的，要写明经本院审判委员会讨论决定情况。

　　4. 按照第一审程序再审的案件，所作判决并非终审判决，应当写明当事人可以向上一级人民法院上诉。

　　5. 制作本判决书时，另请参照"民事判决书（依申请提审判决用）"的说明。

【法律依据】

《中华人民共和国民事诉讼法》（2017年6月27日）

第二百零七条第一款 人民法院按照审判监督程序再审的案件，发生法律效力的判决、裁定是由第一审法院作出的，按照第一审程序审理，所作的判决、裁定，当事人可以上诉；发生法律效力的判决、裁定是由第二审法院作出的，按照第二审程序审理，所作的判决、裁定，是发生法律效力的判决、裁定；上级人民法院按照审判监督程序提审的，按照第二审程序审理，所作的判决、裁定是发生法律效力的判决、裁定。

16. 民事判决书（依申请受指令/定法院按二审程序再审用）

××××人民法院
民事判决书

（××××）……民再……号

再审申请人（一、二审诉讼地位）：×××：……。

……

被申请人（一、二审诉讼地位）×××：……。

……

二审上诉人/二审被上诉人/第三人（一审诉讼地位）：×××，……。

……

（以上写明当事人和其他诉讼参加人的姓名或者名称等基本信息）

再审申请人×××因与被申请人×××/再审申请人及×××……（写明案由）一案，不服本院/××××人民法院（××××）……号民事判决/民事调解书，向××××人民法院申请再审。××××人民法院于××××年××月××日作出（××××）……号民事裁定，指令/定本院再审本案。本院依法另行/依法组成合议庭（指定再审的不写另行），开庭审理了本案。再审申请人×××、被申请人×××（写明当事人和其他诉讼参加人的诉讼地位和姓名或者名称）到庭参加诉讼。（未开庭的，写明：本院依法组成合议庭审理了本案）。本案现已审理终结。

×××申请再审称，……（写明再审请求、事实和理由）。

×××辩称，……（概述被申请人的答辩意见）。

×××述称，……（概述原审其他当事人的意见）。

×××向一审法院起诉请求：……（写明一审原告的诉讼请求）。一审法院认定事实：……。一审法院判决：……（写明一审判决主文）。

×××不服一审判决，上诉请求：……（写明上诉请求）。二审法院认定事实：……（概述二审认定事实）。二审法院认为，……（概述二审判决理由）。二审法院判决：……（写明二审判决主文）。

围绕当事人的再审请求，本院对有争议的证据和事实认定如下：

……（写明再审法院采信证据、认定事实的意见和理由，对一审、二审法院认定相关的事实进行评判）。

本院再审认为，……（写明争议焦点，根据再审认定的案件事实和相关法律，对再审请求进行分析评判，说明理由）。

综上所述，……（对当事人的再审请求是否成立进行总结评述）。依照《中华人民共和国民事诉讼法》第二百零七条第一款、第一百七十条第一款第×项、……（写明法律文件名称及其条款项序号）规定，判决如下：

一、……；

二、……。

（以上分项写明判决结果）

一审案件受理费……元，由……负担；二审案件受理费……元，由……负担；再审案件受理费……元，由……负担（写明当事人姓名或名称、负担金额）。

本判决为终审判决。

……（写明诉讼费用的负担）。

本判决为终审判决。

审　判　长　×××

审　判　员　×××

审　判　员　×××

××××年××月××日

（院印）

书　记　员　×××

【说　明】

1. 本判决书样式根据《中华人民共和国民事诉讼法》第二百零七条第一款、第一百七十条第一款制定，供人民法院依当事人申请，受指令或者受指定再审，按照第二审程序审理后，作出实体判决用。

2. 制作本判决书时，另请参照"民事判决书（依申请提审判决用）"的说明。

【法律依据】

《中华人民共和国民事诉讼法》（2017 年 6 月 27 日）

第二百零七条第一款　人民法院按照审判监督程序再审的案件，发生法律效力的判决、裁定是由第一审法院作出的，按照第一审程序审理，所作的判决、裁定，当事人可以上诉；发生法律效力的判决、裁定是由第二审法院作出的，按照第二审程序审理，所作的判决、裁定，是发生法律效力的判决、裁定；上级人民法院按照审判监督程序提审的，按照第二审程序审理，所作的判决、裁定是发生法律效力的判决、裁定。

第一百七十条第一款　第二审人民法院对上诉案件，经过审理，按照下列情形，分别处理：

（一）原判决、裁定认定事实清楚，适用法律正确的，以判决、裁定方式驳回上诉，维持原判决、裁定；

（二）原判决、裁定认定事实错误或者适用法律错误的，以判决、裁定方式依法改判、撤销或者变更；

（三）原判决认定基本事实不清的，裁定撤销原判决，发回原审人民法院重审，或者查清事实后改判；

（四）原判决遗漏当事人或者违法缺席判决等严重违反法定程序的，裁定撤销原判决，发回原审人民法院重审。

17. 民事判决书（依申请对本院案件按一审程序再审用）

××××人民法院
民事判决书

（××××）……民再……号

再审申请人（原审诉讼地位）：×××，……。

……

被申请人（原审诉讼地位）：×××，……。

……

原审原告/被告/第三人：×××，……。

……

（以上写明当事人和其他诉讼参加人的姓名或者名称等基本信息）

再审申请人×××因与被申请人×××/再审申请人×××……（写明案由）一案，不服本院（××××）……民×……号民事判决/民事调解书，向本院申请再审。本院于××××年××月××日作出（××××）……民×……号民事裁定再审本案。本院依法另行组成合议庭，开庭审理了本案。再审申请人×××、被申请人×××（写明当事人和其他诉讼参加人的诉讼地位和姓名或者名称）到庭参加诉讼。本案现已审理终结。

×××申请再审称，……（写明再审请求、事实和理由）。

×××辩称，……（概述被申请人的答辩意见）。

×××述称，……（概述原审其他当事人的意见）。

×××向本院起诉请求：……（写明原审原告的诉讼请求）。本院原审认定事实：……。本院原审认为，……（概述原审判决理由）。本院原审判决：……（写明原审判决主文）。

围绕当事人的再审请求，本院对有争议的证据和事实认定如下：

……（写明再审采信证据、认定事实的意见和理由，对原审认定相关的事实进行评判）。

本院再审认为，……（写明争议焦点，根据再审认定的案件事实和相关法律，对再审请求进行分析评判，说明理由）。

依照《中华人民共和国民事诉讼法》第二百零七条第一款、……（写明法律文件名称及其条款项序号）规定，判决如下：

一、……；

二、……。

（以上分项写明裁判结果）

……（写明诉讼费用的负担）。

如不服本判决，可在判决书送达之日起十五日内，向本院递交上诉状，并按对方当事人的人数提出副本，上诉于××××人民法院。

审　判　长　×××
审　判　员　×××
审　判　员　×××
××××年××月××日
（院印）
书　记　员　×××

【说　明】

1. 本样式根据《中华人民共和国民事诉讼法》第二百零七条第一款、第一百九十九条制定，供原审法院依当事人申请裁定再审，按照第一审程序审理后，作出实体判决用。

2. 原审遗漏必要共同诉讼人，本次再审追加当事人的，其诉讼地位直接写作"原告""被告"，而不必表述为"再审原告"或者"追加原告"等。

3. 按照第一审程序再审的案件，判决并非终审判决，应当写明当事人可以向上一级人民法院上诉。

4. 制作本判决书时，另请参照"民事判决书（依申请提审判决用）"的说明。

【法律依据】

《中华人民共和国民事诉讼法》（2017年6月27日）

第二百零七条第一款　人民法院按照审判监督程序再审的案件，发生法律效力的判决、裁定是由第一审法院作出的，按照第一审程序审理，所作的判决、裁定，当事人可以上诉；发生法律效力的判决、裁定是由第二审法院作出的，按照第二审程序审理，所作的判决、裁定，是发生法律效力的判决、裁定；上级人民法院按照审判监督程序提审的，按照第二审程序审理，所作的判决、裁定是发生法律效力的判决、裁定。

第一百九十九条 当事人对已经发生法律效力的判决、裁定，认为有错误的，可以向上一级人民法院申请再审；当事人一方人数众多或者当事人双方为公民的案件，也可以向原审人民法院申请再审。当事人申请再审的，不停止判决、裁定的执行。

18. 民事判决书（依申请对本院案件按二审程序再审用）

××××人民法院
民事判决书

（××××）……民再……号

再审申请人（一、二审诉讼地位）：×××，……。
……

被申请人（一、二审诉讼地位）：×××，……。
……

二审上诉人/二审被上诉人/第三人（一审诉讼地位）：×××，……。
……

（以上写明当事人和其他诉讼参加人的姓名或者名称等基本信息）

再审申请人×××因与被申请人×××/再审申请人×××……（写明案由）一案，不服本院（××××）……民×……号民事判决/民事调解书，向本院申请再审。本院于××××年××月××日作出（××××）……民×……号民事裁定再审本案。本院依法另行组成合议庭，开庭审理了本案。再审申请人×××、被申请人×××（写明当事人和其他诉讼参加人的诉讼地位和姓名或者名称）到庭参加诉讼。本案现已审理终结。

×××申请再审称，……（写明再审请求、事实和理由）。

×××辩称，……（概述被申请人的答辩意见）。

×××述称，……（概述原审其他当事人的意见）。

×××向一审法院起诉请求：……（写明一审原告的诉讼请求）。一审法院认定事实：……。一审法院判决：……（写明一审判决主文）。

×××不服一审判决，上诉请求：……（写明上诉请求）。二审法院认定事实：……（概述二审认定事实）。二审法院认为，……（概述二审判决理由）。二审法院判决：……（写明二审判决主文）。

围绕当事人的再审请求，本院对有争议的证据和事实认定如下：

……（写明再审法院采信证据、认定事实的意见和理由，对一审、二审法院认定相关的事实进行评判）。

本院再审认为，……（写明争议焦点，根据再审认定的案件事实和相关法律，对再审请求进行分析评判，说明理由）。

综上所述，……（对当事人的再审请求是否成立进行总结评述）。依照《中华人民共和国民事诉讼法》第二百零七条第一款、第一百七十条第一款第×项、……（写明法律文件名称及其条款项序号）规定，判决如下：

一、……；

二、……。

（以上分项写明判决结果）

……（写明诉讼费用的负担）。

本判决为终审判决。

审　判　长　×××
审　判　员　×××
审　判　员　×××
×××年××月××日
（院印）
书　记　员　×××

【说　明】

1. 本判决书样式根据《中华人民共和国民事诉讼法》第二百零七条第一款、第一百七十条第一款制定，供原审法院依当事人申请裁定再审，按照第二审程序审理后，作出实体判决用。

2. 制作本判决书时，另请参照"民事判决书（依申请提审判决用）"说明。

【法律依据】

《中华人民共和国民事诉讼法》（2017年6月27日）

第二百零七条第一款　人民法院按照审判监督程序再审的案件，发生法律效力的判决、裁定是由第一审法院作出的，按照第一审程序审理，所作的判决、裁定，当事人可以上诉；发生法律效力的判决、裁定是由第二审法院作出的，按照第二审程序审理，所作的判决、裁定，是发生法律效力的判决、裁定；上级人民法院按照审判监督程序提审的，按照第二审程序审理，所作的判决、裁定是发生法律效力的判决、裁定。

第一百七十条第一款 第二审人民法院对上诉案件，经过审理，按照下列情形，分别处理：

（一）原判决、裁定认定事实清楚，适用法律正确的，以判决、裁定方式驳回上诉，维持原判决、裁定；

（二）原判决、裁定认定事实错误或者适用法律错误的，以判决、裁定方式依法改判、撤销或者变更；

（三）原判决认定基本事实不清的，裁定撤销原判决，发回原审人民法院重审，或者查清事实后改判；

（四）原判决遗漏当事人或者违法缺席判决等严重违反法定程序的，裁定撤销原判决，发回原审人民法院重审。

19. **民事裁定书**（依申请提审后中止或终结诉讼用）

××××人民法院
民事裁定书

（××××）……民再……号

再审申请人（一、二审诉讼地位）：×××，……。
……

被申请人（一、二审诉讼地位）：×××，……。
……

二审上诉人/二审被上诉人/第三人（一审诉讼地位）：×××，……。
……

（以上写明当事人和其他诉讼参加人的姓名或者名称等基本信息）

再审申请人×××因与被申请人×××/再审申请人×××……（写明案由）一案，不服××××人民法院（××××）……民×……号民事判决/民事裁定/民事调解书，向本院申请再审。本院于××××年××月××日作出（××××）……民×……号民事裁定提审本案。

本院再审过程中，……（简要写明诉讼中止、终结的事由）。

依照《中华人民共和国民事诉讼法》第二百零七条第一款、第一百七十四条、第一百五十条第一款第×项/第一百五十一条第×项规定，裁定如下：

本案中止诉讼/终结诉讼。

……（写明诉讼费用负担）。

审　判　长　×××
审　判　员　×××
审　判　员　×××
××××年××月××日
（院印）
书　记　员　×××

【说　明】

1. 本样式根据《中华人民共和国民事诉讼法》第二百零七条第一款、第一百七十四条、第一百五十条/第一百五十一条，供上级人民法院依当事人申请提审本案，中止或者终结再审诉讼用。

2. 终结再审诉讼的，裁定主文写明"本案终结诉讼"即可，不必对原生效裁判的效力问题作任何表述，既没有必要撤销原生效裁判及历次裁判，也没有必要恢复原裁判的执行。

【法律依据】

《中华人民共和国民事诉讼法》（2017年6月27日）

第二百零七条第一款　人民法院按照审判监督程序再审的案件，发生法律效力的判决、裁定是由第一审法院作出的，按照第一审程序审理，所作的判决、裁定，当事人可以上诉；发生法律效力的判决、裁定是由第二审法院作出的，按照第二审程序审理，所作的判决、裁定，是发生法律效力的判决、裁定；上级人民法院按照审判监督程序提审的，按照第二审程序审理，所作的判决、裁定是发生法律效力的判决、裁定。

第一百七十四条　第二审人民法院审理上诉案件，除依照本章规定外，适用第一审普通程序。

第一百五十条　有下列情形之一的，中止诉讼：

（一）一方当事人死亡，需要等待继承人表明是否参加诉讼的；

（二）一方当事人丧失诉讼行为能力，尚未确定法定代理人的；

（三）作为一方当事人的法人或者其他组织终止，尚未确定权利义务承受人的；

（四）一方当事人因不可抗拒的事由，不能参加诉讼的；

（五）本案必须以另一案的审理结果为依据，而另一案尚未审结的；

（六）其他应当中止诉讼的情形。

中止诉讼的原因消除后，恢复诉讼。

第一百五十一条　有下列情形之一的，终结诉讼：

（一）原告死亡，没有继承人，或者继承人放弃诉讼权利的；

（二）被告死亡，没有遗产，也没有应当承担义务的人的；

（三）离婚案件一方当事人死亡的；

（四）追索赡养费、扶养费、抚育费以及解除收养关系案件的一方当事人死亡的。

20. 民事裁定书（依申请提审后准许或不准撤回再审请求用）

××××人民法院
民事裁定书
（××××）……民再……号

再审申请人（一、二审诉讼地位）：×××，……。
……
被申请人（一、二审诉讼地位）：×××，……。
……
二审上诉人/二审被上诉人/第三人（一审诉讼地位）：×××，……。
……
（以上写明当事人和其他诉讼参加人的姓名或者名称等基本信息）

再审申请人×××因与被申请人×××/再审申请人×××……（写明案由）一案，不服××××人民法院（××××）……民×……号民事判决/民事裁定/民事调解书，向本院申请再审。本院于××××年××月××日作出（××××）……民×……号民事裁定提审本案。

本院再审过程中，……（写明再审申请人撤回再审请求的时间、理由等情况）。

本院经审查认为，×××在本案再审期间撤回再审请求，符合法律规定，本院予以准许（如果审查后不允许撤回再审请求的，则写明不准许撤回的理由）。

依照《最高人民法院关于适用〈中华人民共和国民事诉讼法〉的解释》第四百零六条第一款第一项规定，裁定如下：

准许×××撤回再审请求，本案终结再审程序/不予准许×××撤回再审请求。

……（写明诉讼费用负担）。

本裁定为终审裁定。

审　判　长　×××
审　判　员　×××
审　判　员　×××
××××年××月××日
（院印）
书　记　员　×××

【说　明】

1. 本样式根据《最高人民法院关于适用〈中华人民共和国民事诉讼法〉的解释》第四百零六条第一款第一项制定。供上级人民法院依当事人申请提审，在再审过程中，再审申请人撤回再审请求，裁定准许或者不准许用。

2. 根据《最高人民法院关于适用〈中华人民共和国民事诉讼法〉的解释》第四百零六条第一款第一项的规定，再审申请人在再审审理期间撤回再审请求，人民法院可以准许并裁定终结再审程序；再审程序终结后，人民法院裁定中止执行的原生效判决自动恢复执行。

【法律依据】

《最高人民法院关于适用〈中华人民共和国民事诉讼法〉的解释》（2020年12月29日）

第四百零六条第一款　再审审理期间，有下列情形之一的，可以裁定终结再审程序：

（一）再审申请人在再审期间撤回再审请求，人民法院准许的；

（二）再审申请人经传票传唤，无正当理由拒不到庭的，或者未经法庭许可中途退庭，按撤回再审请求处理的；

（三）人民检察院撤回抗诉的；

（四）有本解释第四百零二条第一项至第四项规定情形的。

21. 民事裁定书（依申请提审后按撤回再审请求处理用）

××××人民法院
民事裁定书

（××××）……民再……号

再审申请人（一、二审诉讼地位）：×××，……。

……

被申请人（一、二审诉讼地位）：×××，……。

……

二审上诉人／二审被上诉人／第三人（一审诉讼地位）：×××，……。

……

（以上写明当事人和其他诉讼参加人的姓名或者名称等基本信息）

再审申请人×××因与被申请人×××／再审申请人×××……（写明案由）一案，不服××××人民法院（××××）……民×……号民事判决／民事裁定／民事调解书，向本院申请再审。本院于××××年××月××日作出（××××）……民×……号民事裁定提审本案。

本院再审过程中，再审申请人×××经传票传唤，无正当理由拒不到庭／未经法庭许可中途退庭，依法应当按照撤回再审请求处理。

依照《最高人民法院关于适用〈中华人民共和国民事诉讼法〉的解释》第四百零六条第一款第（二）项规定，裁定如下：

本案按×××（写明再审申请人的姓名或名称）自动撤回再审请求处理，终结再审程序。

……（写明诉讼费用负担）。

本裁定为终审裁定。

审 判 长　×××
审 判 员　×××
审 判 员　×××
××××年××月××日
（院印）
书 记 员　×××

【说　明】

1. 本样式根据《最高人民法院关于适用〈中华人民共和国民事诉讼法〉的解释》第四百零六条第一款第（二）项制定，供上级人民法院依当事人申请提审后，在再审过程中，按当事人自动撤回其再审请求处理时使用。

2. 根据《最高人民法院关于适用〈中华人民共和国民事诉讼法〉的解释》第四百零六条第一款第（二）项规定，再审审理期间，再审申请人经传票传唤，无正当理由拒不到庭的，或者未经法庭许可中途退庭，按撤回再审请求处理，人民法院可以裁定终结再审程序。

【法律依据】

《最高人民法院关于适用〈中华人民共和国民事诉讼法〉的解释》（2020年12月29日）

第四百零六条第一款　再审审理期间，有下列情形之一的，可以裁定终结再审程序：

（一）再审申请人在再审期间撤回再审请求，人民法院准许的；

（二）再审申请人经传票传唤，无正当理由拒不到庭的，或者未经法庭许可中途退庭，按撤回再审请求处理的；

（三）人民检察院撤回抗诉的；

（四）有本解释第四百零二条第一项至第四项规定情形的。

22. 民事裁定书（依再审申请对不予受理裁定提审后指令立案受理用）

××××人民法院
民事裁定书

（××××）……民再……号

再审申请人（一、二审诉讼地位）：×××，……。

……

（以上写明再审申请人及其代理人的姓名或者名称等基本信息）

再审申请人×××因起诉×××（写明被起诉人姓名或名称）……（写明案由）一案，不服××××人民法院（××××）……号民事裁定，向本院申请再审。本院作出（××××）……号裁定提审本案。本院依法组成合议庭进行了审理，现已审理终结。

×××申请再审称，……（写明再审申请人的再审请求、事实与理由）。

××××年××月××日，×××起诉至××××人民法院称，……（简要写明原告的起诉请求、事实与理由）。一审法院以……为由裁定不予受理。

×××不服一审裁定，向××××人民法院提起上诉称：……（简要写明上诉请求及理由）。二审法院以……为由驳回上诉。

本院再审查明：……（写明再审认定的事实）。

本院经再审认为，……（对应予受理进行分析评判，说明理由）。

依照《中华人民共和国民事诉讼法》第二百零七条第一款、第一百七十条第一款第×项，《最高人民法院关于适用〈中华人民共和国民事诉讼法〉的解释》第四百零七条、第三百三十二条规定，裁定如下：

一、撤销××××人民法院（××××）……号民事裁定和××××人民法院（××××）……号民事裁定；

二、本案由××××人民法院立案受理。

审　判　长　×××
审　判　员　×××
审　判　员　×××
××××年××月××日
(院印)
书　记　员　×××

【说　明】

1. 本样式根据《中华人民共和国民事诉讼法》第二百零七条第一款、第一百七十条第一款第×项、《最高人民法院关于适用〈中华人民共和国民事诉讼法〉的解释》第四百零七条、第三百三十二条制定，供上一级人民法院对不予受理裁定提审后，指令立案受理用。

2. 当事人的诉讼地位表述为"再审申请人（一、二审诉讼地位)"，由于本案一审、二审均为不予受理裁定，并无被告，不列被申请人。

3. 本裁定为指令下级人民法院立案受理的裁定，裁定主文中应写明撤销一、二审不予受理的裁定，指令××××人民法院立案受理。

【法律依据】

1. 《中华人民共和国民事诉讼法》（2017年6月27日）

第二百零七条第一款　人民法院按照审判监督程序再审的案件，发生法律效力的判决、裁定是由第一审法院作出的，按照第一审程序审理，所作的判决、裁定，当事人可以上诉；发生法律效力的判决、裁定是由第二审法院作出的，按照第二审程序审理，所作的判决、裁定，是发生法律效力的判决、裁定；上级人民法院按照审判监督程序提审的，按照第二审程序审理，所作的判决、裁定是发生法律效力的判决、裁定。

第一百七十条第一款　第二审人民法院对上诉案件，经过审理，按照下列情形，分别处理：

（一）原判决、裁定认定事实清楚，适用法律正确的，以判决、裁定方式驳回上诉，维持原判决、裁定；

（二）原判决、裁定认定事实错误或者适用法律错误的，以判决、裁定方式依法改判、撤销或者变更；

（三）原判决认定基本事实不清的，裁定撤销原判决，发回原审人民法院重审，或者查清事实后改判；

（四）原判决遗漏当事人或者违法缺席判决等严重违反法定程序的，裁定撤销原判决，发回原审人民法院重审。

2.《最高人民法院关于适用〈中华人民共和国民事诉讼法〉的解释》（2020年12月29日）

第四百零七条 人民法院经再审审理认为，原判决、裁定认定事实清楚、适用法律正确的，应予维持；原判决、裁定认定事实、适用法律虽有瑕疵，但裁判结果正确的，应当在再审判决、裁定中纠正瑕疵后予以维持。

原判决、裁定认定事实、适用法律错误，导致裁判结果错误的，应当依法改判、撤销或者变更。

第三百三十二条 第二审人民法院查明第一审人民法院作出的不予受理裁定有错误的，应当在撤销原裁定的同时，指令第一审人民法院立案受理；查明第一审人民法院作出的驳回起诉裁定有错误的，应当在撤销原裁定的同时，指令第一审人民法院审理。

23. 民事裁定书（依申请对驳回起诉裁定提审后用）

×××× 人民法院
民事裁定书

（××××）……民再……号

再审申请人（一、二审诉讼地位）：×××，……。

……

被申请人（一、二审诉讼地位）：×××，……。

……

二审上诉人/二审被上诉人/第三人（一审诉讼地位）：×××，……。

……

（以上写明当事人和其他诉讼参加人的姓名或者名称等基本信息）

再审申请人×××因与被申请人×××/再审申请人×××……（写明案由）一案，不服××××人民法院（××××）……民×……号民事裁定，向本院申请再审。本院于××××年××月××日作出（××××）……民×……号民事裁定提审本案。本院依法组成合议庭，开庭审理了本案。再审申请人×××、被申请人×××（写明当事人和其他诉讼参加人的诉讼地位和姓名或者名称）到庭参加诉讼（未开庭的，写明：本院依法组成合议庭审理了本案）。本案现已审理终结。

×××申请再审称，……（写明再审请求、事实和理由）。

×××辩称，……（概述被申请人的答辩意见）。

×××述称，……（概述原审其他当事人的意见）。

……（简要写明历次审理情况）。

……（简要写明再审法院认定的与应否驳回起诉相关的事实）。

本院再审认为，……（根据再审认定的案件事实和相关法律，对应否驳回起诉进行分析评判，说明理由）。

依照《中华人民共和国民事诉讼法》第二百零七条第一款、第一百七十

条第一款第×项、第一百七十一条、……（写明法律依据名称及其条款项序号）规定，裁定如下：

（维持原裁定的，写明：）维持××××人民法院（××××）……民×……号民事裁定。

本裁定为终审裁定。

（不应当驳回起诉的，写明：）一、撤销××××人民法院（××××）……民×……号民事裁定及××××人民法院（××××）……民×……号民事裁定。

二、指令××××人民法院对本案进行审理。

……（本次再审发生诉讼费用的，写明其负担。没有发生诉讼费用的，不写此项）。

审　判　长　×××
审　判　员　×××
审　判　员　×××
××××年××月××日
（院印）
书　记　员　×××

【说　明】

1. 本样式根据《中华人民共和国民事诉讼法》第二百零七条第一款、第一百七十条第一款第×项、第一百七十一条、《最高人民法院关于〈中华人民共和国民事诉讼法〉的解释》第三百三十条等制定。供上级人民法院依当事人申请，对驳回起诉裁定提审后，经审理裁定用。

2. 对于原审结果为裁定驳回一审原告起诉的案件（包括一审驳回原告起诉裁定生效的案件，以及一审裁定驳回原告起诉、二审裁定维持一审裁定的案件），当事人申请再审，上级法院提审的，在审理之后应当作出裁定，决定本案应否驳回起诉。如果原裁定驳回起诉正确，则再审应予以维持，并应写明"本裁定为终审裁定"。如果本案不应驳回起诉，则应撤销原裁定，并指令一审法院对本案进行审理；这时，不必写诉讼费用负担一项，由下级法院实体审理后，再决定诉讼费用的负担问题；另，因为下级人民法院应当对本案进行实体审理，所以不应写"本裁定为终审裁定"。

3. 对于一审受理后作出判决，二审裁定驳回起诉的案件，当事人申请再审，上级法院提审后，认定不应受理的，裁定维持二审裁定；认为不应当驳回起诉的，裁定撤销二审裁定，指令二审法院审理。

【法律依据】

1. 《中华人民共和国民事诉讼法》（2017 年 6 月 27 日）

第二百零七条第一款 人民法院按照审判监督程序再审的案件，发生法律效力的判决、裁定是由第一审法院作出的，按照第一审程序审理，所作的判决、裁定，当事人可以上诉；发生法律效力的判决、裁定是由第二审法院作出的，按照第二审程序审理，所作的判决、裁定，是发生法律效力的判决、裁定；上级人民法院按照审判监督程序提审的，按照第二审程序审理，所作的判决、裁定是发生法律效力的判决、裁定。

第一百七十条第一款 第二审人民法院对上诉案件，经过审理，按照下列情形，分别处理：

（一）原判决、裁定认定事实清楚，适用法律正确的，以判决、裁定方式驳回上诉，维持原判决、裁定；

（二）原判决、裁定认定事实错误或者适用法律错误的，以判决、裁定方式依法改判、撤销或者变更；

（三）原判决认定基本事实不清的，裁定撤销原判决，发回原审人民法院重审，或者查清事实后改判；

（四）原判决遗漏当事人或者违法缺席判决等严重违反法定程序的，裁定撤销原判决，发回原审人民法院重审。

第一百七十一条 第二审人民法院对不服第一审人民法院裁定的上诉案件的处理，一律使用裁定。

2. 《最高人民法院关于适用〈中华人民共和国民事诉讼法〉的解释》（2020 年 12 月 29 日）

第三百三十条 人民法院依照第二审程序审理案件，认为依法不应由人民法院受理的，可以由第二审人民法院直接裁定撤销原裁判，驳回起诉。

24. 民事裁定书（依申请提审后发回重审用）

××××人民法院
民事裁定书

（××××）……民再……号

再审申请人（一、二审诉讼地位）：×××，……。
……

被申请人（一、二审诉讼地位）：×××，……。
……

二审上诉人/二审被上诉人/第三人（一审诉讼地位）：×××，……。
……

（以上写明当事人和其他诉讼参加人的姓名或者名称等基本信息）

再审申请人×××因与被申请人×××/再审申请人×××……（写明案由）一案，不服××××人民法院（××××）……民×……号民事判决/民事裁定/民事调解书，向本院申请再审。本院于××××年××月××日作出（××××）……民×……号民事裁定提审本案。本院依法组成合议庭，开庭审理了本案。再审申请人×××、被申请人×××（写明当事人和其他诉讼参加人的诉讼地位和姓名或者名称）到庭参加诉讼（未开庭的，写明：本院依法组成合议庭审理了本案）。本案现已审理终结。

×××申请再审称，……（写明再审请求、事实和理由）。

×××辩称，……（概述被申请人的答辩意见）。

×××述称，……（概述原审其他当事人的意见）。

本院再审认为，……（写明发回重审的具体理由）。

依照《中华人民共和国民事诉讼法》第二百零七条第一款、第一百七十条第一款第×项规定，裁定如下：

一、撤销××××人民法院（××××）……民终……号民事判决/民事裁定/民事调解书及××××人民法院（××××）……民初……号民事判决/民事裁定；

二、本案发回××××人民法院重审。

审　判　长　×××
审　判　员　×××
审　判　员　×××
××××年××月××日
（院印）
书　记　员　×××

【说　明】

1. 本样式《中华人民共和国民事诉讼法》第二百零七条第一款、第一百七十条第一款第三项/第四项制定。供上级人民法院依当事人申请而提审后，撤销原判，发回一审法院重审用。

2. 《最高人民法院关于民事审判监督程序严格依法适用指令再审和发回重审若干问题的规定》第四条规定："人民法院按照第二审程序审理再审案件，发现原判决认定基本事实不清的，一般应当通过庭审认定事实后依法作出判决。但原审人民法院未对基本事实进行过审理的，可以裁定撤销原判决，发回重审。原判决认定事实错误的，上级人民法院不得以基本事实不清为由裁定发回重审。"第五条规定："人民法院按照第二审程序审理再审案件，发现第一审人民法院有下列严重违反法定程序情形之一的，可以依照民事诉讼法第一百七十条第一款第（四）项的规定，裁定撤销原判决，发回第一审人民法院重审：（一）原判决遗漏必须参加诉讼的当事人的；（二）无诉讼行为能力人未经法定代理人代为诉讼，或者应当参加诉讼的当事人，因不能归责于本人或者其诉讼代理人的事由，未参加诉讼的；（三）未经合法传唤缺席判决，或者违反法律规定剥夺当事人辩论权利的；（四）审判组织的组成不合法或者依法应当回避的审判人员没有回避的；（五）原判决、裁定遗漏诉讼请求的。"在此裁定中，应撤销历次裁判，直接发回原一审人民法院重审。

3. 人民法院应在裁定书中全面公开发回重审的具体理由，不再另行附函说明。

【法律依据】

《中华人民共和国民事诉讼法》（2017 年 6 月 27 日）

第二百零七条第一款 人民法院按照审判监督程序再审的案件，发生法律效力的判决、裁定是由第一审法院作出的，按照第一审程序审理，所作的判决、裁定，当事人可以上诉；发生法律效力的判决、裁定是由第二审法院作出的，按照第二审程序审理，所作的判决、裁定，是发生法律效力的判决、裁定；上级人民法院按照审判监督程序提审的，按照第二审程序审理，所作的判决、裁定是发生法律效力的判决、裁定。

第一百七十条第一款 第二审人民法院对上诉案件，经过审理，按照下列情形，分别处理：

（一）原判决、裁定认定事实清楚，适用法律正确的，以判决、裁定方式驳回上诉，维持原判决、裁定；

（二）原判决、裁定认定事实错误或者适用法律错误的，以判决、裁定方式依法改判、撤销或者变更；

（三）原判决认定基本事实不清的，裁定撤销原判决，发回原审人民法院重审，或者查清事实后改判；

（四）原判决遗漏当事人或者违法缺席判决等严重违反法定程序的，裁定撤销原判决，发回原审人民法院重审。

25. 民事裁定书（依申请受指令/定再审，中止或终结诉讼用）

××××人民法院
民事裁定书

（××××）……民再……号

再审申请人（一、二审诉讼地位）：×××，……。
……

被申请人（一、二审诉讼地位）：×××，……。
……

二审上诉人/二审被上诉人/第三人（一审诉讼地位）：×××，……。
……

（以上写明当事人和其他诉讼参加人的姓名或者名称等基本信息）

再审申请人×××因与被申请人×××/再审申请人×××……（写明案由）一案，不服××××人民法院（××××）……民×……号民事判决/民事裁定/民事调解书，向××××人民法院申请再审。××××人民法院于××××年××月××日作出（××××）……民×……号民事裁定，指令/指定本院再审本案。本院依法另行/依法组成合议庭审理本案。

本院再审过程中，……（简要写明中止、终结诉讼的事由）。

依照《中华人民共和国民事诉讼法》第二百零七条第一款、第一百七十四条、第一百五十条第一款第×项/第一百五十一条第×项规定，裁定如下：

本案中止诉讼/终结诉讼。

……（写明诉讼费用负担）。

审　判　长　×××
审　判　员　×××
审　判　员　×××
××××年××月××日
（院印）
书　记　员　×××

【说　明】

1. 本样式根据《中华人民共和国民事诉讼法》第二百零七条第一款、第一百七十四条、第一百五十条/第一百五十一条，供上级人民法院依当事人申请指令/指定再审，再审法院中止或者终结诉讼用。

2. 终结再审诉讼的，裁定主文写明"本案终结诉讼"即可，不必对原生效裁判的效力问题作任何表述，既没有必要撤销原生效裁判及历次裁判，也没有必要恢复原裁判的执行。

【法律依据】

《中华人民共和国民事诉讼法》（2017 年 6 月 27 日）

第二百零七条第一款　人民法院按照审判监督程序再审的案件，发生法律效力的判决、裁定是由第一审法院作出的，按照第一审程序审理，所作的判决、裁定，当事人可以上诉；发生法律效力的判决、裁定是由第二审法院作出的，按照第二审程序审理，所作的判决、裁定，是发生法律效力的判决、裁定；上级人民法院按照审判监督程序提审的，按照第二审程序审理，所作的判决、裁定是发生法律效力的判决、裁定。

第一百七十四条　第二审人民法院审理上诉案件，除依照本章规定外，适用第一审普通程序。

第一百五十条　有下列情形之一的，中止诉讼：

（一）一方当事人死亡，需要等待继承人表明是否参加诉讼的；

（二）一方当事人丧失诉讼行为能力，尚未确定法定代理人的；

（三）作为一方当事人的法人或者其他组织终止，尚未确定权利义务承受人的；

（四）一方当事人因不可抗拒的事由，不能参加诉讼的；

（五）本案必须以另一案的审理结果为依据，而另一案尚未审结的；

（六）其他应当中止诉讼的情形。

中止诉讼的原因消除后，恢复诉讼。

第一百五十一条　有下列情形之一的，终结诉讼：

（一）原告死亡，没有继承人，或者继承人放弃诉讼权利的；

（二）被告死亡，没有遗产，也没有应当承担义务的人的；

（三）离婚案件一方当事人死亡的；

（四）追索赡养费、扶养费、抚育费以及解除收养关系案件的一方当事人死亡的。

26. 民事裁定书（依申请受指令/定再审，处理撤回再审请求用）

××××人民法院
民事裁定书

（××××）……民再……号

再审申请人（一、二审诉讼地位）：×××，……。
……

被申请人（一、二审诉讼地位）：×××，……。
……

二审上诉人/二审被上诉人/第三人（一审诉讼地位）：×××，……。
……

（以上写明当事人和其他诉讼参加人的姓名或者名称等基本信息）

再审申请人×××因与被申请人×××/再审申请人×××……（写明案由）一案，不服××××人民法院（××××）……民×……号民事判决/民事裁定/民事调解书，向××××人民法院申请再审。××××人民法院于×××年××月××日作出（××××）……民×……号民事裁定，指令/指定本院再审本案。本院依法另行/依法组成合议庭审理本案。

本院再审过程中，……（写明再审申请人撤回再审请求的时间、理由等情况）。

本院经审查认为，×××在本案再审期间撤回再审请求，符合法律规定，本院予以准许（如果审查后不允许撤回再审请求的，则写明不准许撤回的理由）。

依照《最高人民法院关于适用〈中华人民共和国民事诉讼法〉的解释》第四百零六条第一款第一项规定，裁定如下：

准许×××撤回再审请求，本案终结再审程序/不予准许×××撤回再审请求。

……（写明诉讼费用负担）。

审 判 长 ×××
审 判 员 ×××
审 判 员 ×××
××××年××月××日
(院印)
书 记 员 ×××

【说 明】

本样式《最高人民法院关于适用〈中华人民共和国民事诉讼法〉的解释》第四百零六条第一款第一项制定。供上级人民法院依当事人申请指令/指定再审，再审法院准许或者不准许撤回再审请求用。

【法律依据】

《最高人民法院关于适用〈中华人民共和国民事诉讼法〉的解释》（2020年12月29日）

第四百零六条第一款 再审审理期间，有下列情形之一的，可以裁定终结再审程序：

（一）再审申请人在再审期间撤回再审请求，人民法院准许的；

（二）再审申请人经传票传唤，无正当理由拒不到庭的，或者未经法庭许可中途退庭，按撤回再审请求处理的；

（三）人民检察院撤回抗诉的；

（四）有本解释第四百零二条第一项至第四项规定情形的。

27. 民事裁定书（依申请受指令/指定再审，按撤回再审请求处理用）

××××人民法院
民事裁定书

（××××）……民再……号

再审申请人（一、二审诉讼地位）：×××，……。

……

被申请人（一、二审诉讼地位）×××：……。

……

二审上诉人/二审被上诉人/第三人（一审诉讼地位）：×××：……。

……

（以上写明当事人和其他诉讼参加人的姓名或者名称等基本信息）

  再审申请人×××因与被申请人×××/再审申请人×××……（写明案由）一案，不服××××人民法院（××××）……民×……号民事判决/民事裁定/民事调解书，向××××人民法院申请再审。××××人民法院于×××年××月××日作出（××××）……民×……号民事裁定，指令/指定本院再审本案。本院依法另行/依法组成合议庭审理本案。

  本院再审过程中，再审申请人×××经传票传唤，无正当理由拒不到庭/未经法庭许可中途退庭，依法应当按照撤回再请求处理。

  依照《最高人民法院关于适用〈中华人民共和国民事诉讼法〉的解释》第四百零六条第一款第（二）项规定，裁定如下：

  本案按×××（写明再审申请人的姓名或名称）自动撤回再审请求处理，终结再审程序。

  ……（写明诉讼费用负担）。

审　判　长　×××
审　判　员　×××
审　判　员　×××
××××年××月××日
(院印)
书　记　员　×××

【说　明】

本样式《最高人民法院关于适用〈中华人民共和国民事诉讼法〉的解释》第四百零六条第一款第二项制定。供上级人民法院依当事人申请指令/指定再审，再审法院按撤回再审请求处理用。

【法律依据】

《最高人民法院关于适用〈中华人民共和国民事诉讼法〉的解释》（2020年12月29日）

第四百零六条第一款　再审审理期间，有下列情形之一的，可以裁定终结再审程序：

（一）再审申请人在再审期间撤回再审请求，人民法院准许的；

（二）再审申请人经传票传唤，无正当理由拒不到庭的，或者未经法庭许可中途退庭，按撤回再审请求处理的；

（三）人民检察院撤回抗诉的；

（四）有本解释第四百零二条第一项至第四项规定情形的。

28. 民事裁定书（依申请受指令/定再审，对驳回起诉裁定再审用）

××××人民法院
民事裁定书

（××××）……民再……号

再审申请人（一、二审诉讼地位）：×××，……。
……

被申请人（一、二审诉讼地位）：×××，……。
……

二审上诉人/二审被上诉人/第三人（一审诉讼地位）：×××，……。
……

（以上写明当事人和其他诉讼参加人的姓名或者名称等基本信息）

再审申请人×××因与被申请人×××/再审申请人×××……（写明案由）一案，不服××××人民法院（××××）……民×……号民事裁定，向××××人民法院申请再审。××××人民法院于××××年××月××日作出（××××）……民×……号民事裁定，指令/指定本院再审本案。本院依法组成合议庭，开庭审理了本案。再审申请人×××、被申请人×××（写明当事人和其他诉讼参加人的诉讼地位和姓名或者名称）到庭参加诉讼（未开庭的，写明：本院依法组成合议庭审理了本案）。本案现已审理终结。

×××申请再审称，……（写明再审请求、事实和理由）。

×××辩称，……（概述被申请人的答辩意见）。

×××述称，……（概述原审其他当事人的意见）。

……（简要写明历次审理情况）。

……（简要写明审结法院认定的与应否驳回起诉相关的事实）。

本院再审认为，……（根据再审认定的案件事实和相关法律，对应否驳回起诉进行分析评判，说明理由）。

依照《中华人民共和国民事诉讼法》第二百零七条第一款、第一百七十

条第一款第×项、第一百七十一条、……（写明法律依据名称及其条款项序号）规定，裁定如下：

（维持原裁定的，写明：）维持××××人民法院（××××）……民×……号民事裁定。

本裁定为终审裁定。

（不应当驳回起诉的，写明：）一、撤销××××人民法院（××××）……民×……号民事裁定及××××人民法院（××××）……民×……号民事裁定。

二、指令××××人民法院对本案进行审理。

……（本次再审发生诉讼费用的，写明其负担。没有发生诉讼费用的，不写此项）。

审　判　长　×××
审　判　员　×××
审　判　员　×××
××××年××月××日
（院印）
书　记　员　×××

【说　明】

本样式根据《中华人民共和国民事诉讼法》第二百零七条第一款、第一百七十条第一款第×项、第一百七十一条、《最高人民法院关于〈中华人民共和国民事诉讼法〉的解释》第三百三十条等制定。供人民法院依指令/指定对驳回起诉裁定再审后，裁定用。

【法律依据】

1. 《中华人民共和国民事诉讼法》（2017年6月27日）

第二百零七条第一款　人民法院按照审判监督程序再审的案件，发生法律效力的判决、裁定是由第一审法院作出的，按照第一审程序审理，所作的判决、裁定，当事人可以上诉；发生法律效力的判决、裁定是由第二审法院作出的，按照第二审程序审理，所作的判决、裁定，是发生法律效力的判决、裁定；上级人民法院按照审判监督程序提审的，按照第二审程序审理，所作的判决、裁定是发生法律效力的判决、裁定。

第一百七十条第一款 第二审人民法院对上诉案件，经过审理，按照下列情形，分别处理：

（一）原判决、裁定认定事实清楚，适用法律正确的，以判决、裁定方式驳回上诉，维持原判决、裁定；

（二）原判决、裁定认定事实错误或者适用法律错误的，以判决、裁定方式依法改判、撤销或者变更；

（三）原判决认定基本事实不清的，裁定撤销原判决，发回原审人民法院重审，或者查清事实后改判；

（四）原判决遗漏当事人或者违法缺席判决等严重违反法定程序的，裁定撤销原判决，发回原审人民法院重审。

第一百七十一条 第二审人民法院对不服第一审人民法院裁定的上诉案件的处理，一律使用裁定。

2.《最高人民法院关于适用〈中华人民共和国民事诉讼法〉的解释》（2020年12月29日）

第三百三十条 人民法院依照第二审程序审理案件，认为依法不应由人民法院受理的，可以由第二审人民法院直接裁定撤销原裁判，驳回起诉。

29. 民事裁定书（依申请受指令/指定再审，发回重审用）

××××人民法院
民事裁定书

（××××）……民再……号

再审申请人（一、二审诉讼地位）：×××，……。

……

被申请人（一、二审诉讼地位）：×××，……。

……

二审上诉人/二审被上诉人/第三人（一审诉讼地位）：×××，……。

……

（以上写明当事人和其他诉讼参加人的姓名或者名称等基本信息）

再审申请人×××因与被申请人×××/再审申请人×××……（写明案由）一案，不服××××人民法院（××××）……民×……号民事裁定，向××××人民法院申请再审。××××人民法院于××××年××月××日作出（××××）……民×……号民事裁定，指令/指定本院再审本案。本院依法组成合议庭，开庭审理了本案。再审申请人×××、被申请人×××（写明当事人和其他诉讼参加人的诉讼地位和姓名或者名称）到庭参加诉讼（未开庭的，写明：本院依法组成合议庭审理了本案）。本案现已审理终结。

×××申请再审称，……（写明再审请求、事实和理由）。

×××辩称，……（概述被申请人的答辩意见）。

×××述称，……（概述原审其他当事人的意见）。

本院再审认为，……（写明发回重审的具体理由）。

依照《中华人民共和国民事诉讼法》第二百零七条第一款、第一百七十条第一款第×项规定，裁定如下：

一、撤销××××人民法院（××××）……民终……号民事判决/民事裁定/民事调解书及××××人民法院（××××）……民初……号民事判决/民事裁定；

二、本案发回××××人民法院重审。

审　判　长　×××
审　判　员　×××
审　判　员　×××
××××年××月××日
（院印）
书　记　员　×××

【说　明】

1. 本样式《中华人民共和国民事诉讼法》第二百零七条第一款、第一百七十条第一款第三项/第四项制定。供人民法院依指令/指定再审后，撤销原判，发回一审法院重审用。

2. 《最高人民法院关于民事审判监督程序严格依法适用指令再审和发回重审若干问题的规定》第四条规定："人民法院按照第二审程序审理再审案件，发现原判决认定基本事实不清的，一般应当通过庭审认定事实后依法作出判决。但原审人民法院未对基本事实进行过审理的，可以裁定撤销原判决，发回重审。原判决认定事实错误的，上级人民法院不得以基本事实不清为由裁定发回重审。"第五条规定："人民法院按照第二审程序审理再审案件，发现第一审人民法院有下列严重违反法定程序情形之一的，可以依照民事诉讼法第一百七十条第一款第（四）项的规定，裁定撤销原判决，发回第一审人民法院重审：（一）原判决遗漏必须参加诉讼的当事人的；（二）无诉讼行为能力人未经法定代理人代为诉讼，或者应当参加诉讼的当事人，因不能归责于本人或者其诉讼代理人的事由，未参加诉讼的；（三）未经合法传唤缺席判决，或者违反法律规定剥夺当事人辩论权利的；（四）审判组织的组成不合法或者依法应当回避的审判人员没有回避的；（五）原判决、裁定遗漏诉讼请求的。"在此裁定中，应撤销历次裁判，直接发回原一审人民法院重审。

3. 人民法院应在裁定书中全面公开发回重审的具体理由，不再另行附函说明。

【法律依据】

《中华人民共和国民事诉讼法》（2017年6月27日）

第二百零七条第一款 人民法院按照审判监督程序再审的案件，发生法律效力的判决、裁定是由第一审法院作出的，按照第一审程序审理，所作的判决、裁定，当事人可以上诉；发生法律效力的判决、裁定是由第二审法院作出的，按照第二审程序审理，所作的判决、裁定，是发生法律效力的判决、裁定；上级人民法院按照审判监督程序提审的，按照第二审程序审理，所作的判决、裁定是发生法律效力的判决、裁定。

第一百七十条第一款 第二审人民法院对上诉案件，经过审理，按照下列情形，分别处理：

（一）原判决、裁定认定事实清楚，适用法律正确的，以判决、裁定方式驳回上诉，维持原判决、裁定；

（二）原判决、裁定认定事实错误或者适用法律错误的，以判决、裁定方式依法改判、撤销或者变更；

（三）原判决认定基本事实不清的，裁定撤销原判决，发回原审人民法院重审，或者查清事实后改判；

（四）原判决遗漏当事人或者违法缺席判决等严重违反法定程序的，裁定撤销原判决，发回原审人民法院重审。

30. 民事裁定书（依申请对本院案件再审，中止或终结诉讼用）

××××人民法院
民事裁定书

（××××）……民再……号

再审申请人（一、二审诉讼地位）：×××，……。

……

被申请人（一、二审诉讼地位）：×××，……。

……

二审上诉人/二审被上诉人/第三人（一审诉讼地位）：×××，……。

……

（以上写明当事人和其他诉讼参加人的姓名或者名称等基本信息）

再审申请人×××因与被申请人×××/再审申请人×××……（写明案由）一案，不服本院（××××）……民×……号民事判决/民事裁定/民事调解书，向本院申请再审。本院于××××年××月××日作出（××××）……民×……号民事裁定，再审本案。本院依法另行组成合议庭审理本案。

本院再审过程中，……（简要写明中止、终结诉讼的事由）。

依照《中华人民共和国民事诉讼法》第二百零七条第一款、第一百七十四条、第一百五十条第一款第×项/第一百五十一条第×项规定，裁定如下：

本案中止诉讼/终结诉讼。

……（写明诉讼费用负担）。

审　判　长　×××
审　判　员　×××
审　判　员　×××
××××年××月××日
（院印）
书　记　员　×××

【说　明】

本样式根据《中华人民共和国民事诉讼法》第二百零七条第一款、第一百七十四条、第一百五十条、第一百五十一条制定。供人民法院依当事人申请对本院案件再审，中止或者终结诉讼用。

【法律依据】

《中华人民共和国民事诉讼法》（2017 年 6 月 27 日）

第二百零七条第一款　人民法院按照审判监督程序再审的案件，发生法律效力的判决、裁定是由第一审法院作出的，按照第一审程序审理，所作的判决、裁定，当事人可以上诉；发生法律效力的判决、裁定是由第二审法院作出的，按照第二审程序审理，所作的判决、裁定，是发生法律效力的判决、裁定；上级人民法院按照审判监督程序提审的，按照第二审程序审理，所作的判决、裁定是发生法律效力的判决、裁定。

第一百七十四条　第二审人民法院审理上诉案件，除依照本章规定外，适用第一审普通程序。

第一百五十条　有下列情形之一的，中止诉讼：

（一）一方当事人死亡，需要等待继承人表明是否参加诉讼的；

（二）一方当事人丧失诉讼行为能力，尚未确定法定代理人的；

（三）作为一方当事人的法人或者其他组织终止，尚未确定权利义务承受人的；

（四）一方当事人因不可抗拒的事由，不能参加诉讼的；

（五）本案必须以另一案的审理结果为依据，而另一案尚未审结的；

（六）其他应当中止诉讼的情形。

中止诉讼的原因消除后，恢复诉讼。

第一百五十一条　有下列情形之一的，终结诉讼：

（一）原告死亡，没有继承人，或者继承人放弃诉讼权利的；

（二）被告死亡，没有遗产，也没有应当承担义务的人的；

（三）离婚案件一方当事人死亡的；

（四）追索赡养费、扶养费、抚育费以及解除收养关系案件的一方当事人死亡的。

31. 民事裁定书（依申请对本院案件再审，处理撤回再审请求用）

××××人民法院
民事裁定书

（××××）……民再……号

再审申请人（一、二审诉讼地位）：×××，……。
……
被申请人（一、二审诉讼地位）：×××，……。
……
二审上诉人/二审被上诉人/第三人（一审诉讼地位）：×××，……。
……
（以上写明当事人和其他诉讼参加人的姓名或者名称等基本信息）

再审申请人×××因与被申请人×××/再审申请人×××……（写明案由）一案，不服本院（××××）……民×……号民事判决/民事裁定/民事调解书，向本院申请再审。本院于××××年××月××日作出（××××）……民×……号民事裁定，再审本案。本院依法另行组成合议庭审理本案。

本院再审过程中，……（写明再审申请人撤回再审请求的时间、理由等情况）。

本院经审查认为，×××在本案再审期间撤回再审请求，符合法律规定，本院予以准许（如果审查后不允许撤回再审请求的，则写明不准许撤回的理由）。

依照《最高人民法院关于适用〈中华人民共和国民事诉讼法〉的解释》第四百零六条第一款第一项规定，裁定如下：

准许×××撤回再审请求，本案终结再审程序/不予准许×××撤回再审请求。

……（写明诉讼费用负担）。

　　　　　　　审　判　长　×××
　　　　　　　审　判　员　×××
　　　　　　　审　判　员　×××
　　　　　　　××××年××月××日
　　　　　　　　　（院印）
　　　　　　　书　记　员　×××

【说　明】

本样式根据《最高人民法院关于适用〈中华人民共和国民事诉讼法〉的解释》第四百零六条第一款第一项制定。供人民法院依当事人申请对本院案件再审，准许或者不准许当事人撤回再审请求用。

【法律依据】

《最高人民法院关于适用〈中华人民共和国民事诉讼法〉的解释》（2020年12月29日）

第四百零六条第一款　再审审理期间，有下列情形之一的，可以裁定终结再审程序：

（一）再审申请人在再审期间撤回再审请求，人民法院准许的；

（二）再审申请人经传票传唤，无正当理由拒不到庭的，或者未经法庭许可中途退庭，按撤回再审请求处理的；

（三）人民检察院撤回抗诉的；

（四）有本解释第四百零二条第一项至第四项规定情形的。

32. 民事裁定书（依申请对本院案件再审，按撤回再审请求处理用）

×××× 人民法院
民事裁定书

（××××）……民再……号

再审申请人（一、二审诉讼地位）：×××，……。
……

被申请人（一、二审诉讼地位）：×××，……。
……

二审上诉人/二审被上诉人/第三人（一审诉讼地位）：×××，……。
……

（以上写明当事人和其他诉讼参加人的姓名或者名称等基本信息）

再审申请人×××因与被申请人×××/再审申请人×××……（写明案由）一案，不服本院（××××）……民×……号民事判决/民事裁定/民事调解书，向本院申请再审。本院于××××年××月××日作出（×××）……民×……号民事裁定，再审本案。本院依法另行组成合议庭审理本案。

本院再审过程中，再审申请人×××经传票传唤，无正当理由拒不到庭/未经法庭许可中途退庭，依法应当按撤回再审请求处理。

依照《最高人民法院关于适用〈中华人民共和国民事诉讼法〉的解释》第四百零六条第一款第（二）项规定，裁定如下：

本案按×××（写明再审申请人的姓名或名称）自动撤回再审请求处理，终结再审程序。

……（写明诉讼费用负担）。

审　判　长　×××
审　判　员　×××

　　　　　　　　　　　审　判　员　×××
　　　　　　　　　　××××年××月××日
　　　　　　　　　　　　　（院印）
　　　　　　　　　　　书　记　员　×××

【说　明】

　　本样式《最高人民法院关于适用〈中华人民共和国民事诉讼法〉的解释》第四百零六条第一款第二项制定。供人民法院依当事人申请对本院案件再审，按撤回再审请求处理用。

【法律依据】

　　《最高人民法院关于适用〈中华人民共和国民事诉讼法〉的解释》（2020年12月29日）

　　第四百零六条第一款　再审审理期间，有下列情形之一的，可以裁定终结再审程序：

　　（一）再审申请人在再审期间撤回再审请求，人民法院准许的；

　　（二）再审申请人经传票传唤，无正当理由拒不到庭的，或者未经法庭许可中途退庭，按撤回再审请求处理的；

　　（三）人民检察院撤回抗诉的；

　　（四）有本解释第四百零二条第一项至第四项规定情形的。

33. 民事裁定书（依申请对本院驳回起诉裁定，再审裁定用）

××××人民法院
民事裁定书

（××××）……民再……号

再审申请人（一、二审诉讼地位）：×××，……。
……

被申请人（一、二审诉讼地位）：×××，……。
……

二审上诉人/二审被上诉人/第三人（一审诉讼地位）：×××，……。
……

（以上写明当事人和其他诉讼参加人的姓名或者名称等基本信息）

再审申请人×××因与被申请人×××/再审申请人×××……（写明案由）一案，不服本院（××××）……民×……号民事裁定，向本院申请再审。本院于××××年××月××日作出（××××）……民×……号民事裁定再审本案。本院依法另行组成合议庭，开庭审理了本案。再审申请人×××、被申请人×××（写明当事人和其他诉讼参加人的诉讼地位和姓名或者名称）到庭参加诉讼（未开庭的，写明：本院依法组成合议庭审理了本案）。本案现已审理终结。

×××申请再审称，……（写明再审请求、事实和理由）。

×××辩称，……（概述被申请人的答辩意见）。

×××述称，……（概述原审其他当事人的意见）。

……（简要写明历次审理情况）。

……（简要写明再审法院认定的与应否驳回起诉相关的事实）。

本院再审认为，……（根据再审认定的案件事实和相关法律，对是否驳回起诉等再审请求进行分析评判，说明理由）。

依照《中华人民共和国民事诉讼法》第二百零七条第一款、第一百七十

条第一款第×项、第一百七十一条、……（写明法律依据名称及其条款项序号）规定，裁定如下：

（维持原裁定的，写明：）维持本院（××××）……民×……号民事裁定。

本裁定为终审裁定。

（不应当驳回起诉的，写明：）一、撤销本院（××××）……民×……号民事裁定及××××人民法院（××××）……民×……号民事裁定。

二、指令××××人民法院对本案进行审理。

审　判　长　×××
审　判　员　×××
审　判　员　×××
××××年××月××日
（院印）
书　记　员　×××

【说　明】

本样式根据《中华人民共和国民事诉讼法》第二百零七条第一款、第一百七十条第一款第×项、第一百七十一条、《最高人民法院关于〈中华人民共和国民事诉讼法〉的解释》第三百三十条等制定。供人民法院依申请对本院驳回起诉裁定再审后，裁定用。

【法律依据】

1. 《中华人民共和国民事诉讼法》（2017 年 6 月 27 日）

第二百零七条第一款　人民法院按照审判监督程序再审的案件，发生法律效力的判决、裁定是由第一审法院作出的，按照第一审程序审理，所作的判决、裁定，当事人可以上诉；发生法律效力的判决、裁定是由第二审法院作出的，按照第二审程序审理，所作的判决、裁定，是发生法律效力的判决、裁定；上级人民法院按照审判监督程序提审的，按照第二审程序审理，所作的判决、裁定是发生法律效力的判决、裁定。

第一百七十条第一款　第二审人民法院对上诉案件，经过审理，按照下列情形，分别处理：

（一）原判决、裁定认定事实清楚，适用法律正确的，以判决、裁定方式驳回上诉，维持原判决、裁定；

（二）原判决、裁定认定事实错误或者适用法律错误的，以判决、裁定方式依法改判、撤销或者变更；

（三）原判决认定基本事实不清的，裁定撤销原判决，发回原审人民法院重审，或者查清事实后改判；

（四）原判决遗漏当事人或者违法缺席判决等严重违反法定程序的，裁定撤销原判决，发回原审人民法院重审。

第一百七十一条　第二审人民法院对不服第一审人民法院裁定的上诉案件的处理，一律使用裁定。

2.《最高人民法院关于适用〈中华人民共和国民事诉讼法〉的解释》（2020年12月29日）

第三百三十条　人民法院依照第二审程序审理案件，认为依法不应由人民法院受理的，可以由第二审人民法院直接裁定撤销原裁判，驳回起诉。

34. 民事裁定书（依申请对本院案件再审后发回重审用）

××××人民法院
民事裁定书

（××××）……民再……号

再审申请人（一、二审诉讼地位）：×××，……。
……

被申请人（一、二审诉讼地位）：×××，……。
……

二审上诉人/二审被上诉人/第三人（一审诉讼地位）：×××，……。
……

（以上写明当事人和其他诉讼参加人的姓名或者名称等基本信息）

再审申请人×××因与被申请人×××/再审申请人×××……（写明案由）一案，不服本院（××××）……民×……号民事判决/民事调解书，向本院申请再审。本院于××××年××月××日作出（××××）……民×……号民事裁定，再审本案。本院依法另行组成合议庭，开庭审理了本案。再审申请人×××、被申请人×××（写明当事人和其他诉讼参加人的诉讼地位和姓名或者名称）到庭参加诉讼（未开庭的，写明：本院依法组成合议庭审理了本案）。本案现已审理终结。

×××申请再审称，……（写明再审请求、事实和理由）。

×××辩称，……（概述被申请人的答辩意见）。

×××述称，……（概述原审其他当事人的意见）。

本院再审认为，……（写明发回重审的具体理由）。

依照《中华人民共和国民事诉讼法》第二百零七条第一款、第一百七十条第一款第×项规定，裁定如下：

一、撤销本院（××××）……民终……号民事判决/民事调解书及××××人民法院（××××）……民初……号民事判决；

二、本案发回××××人民法院重审。

审　判　长　×××
审　判　员　×××
审　判　员　×××
××××年××月××日
（院印）
书　记　员　×××

【说　明】

1. 本样式《中华人民共和国民事诉讼法》第二百零七条第一款、第一百七十条第一款第三项/第四项制定。供人民法院依当事人申请对本院案件再审后，撤销原判，发回一审法院重审用。

2. 《最高人民法院关于民事审判监督程序严格依法适用指令再审和发回重审若干问题的规定》第四条规定："人民法院按照第二审程序审理再审案件，发现原判决认定基本事实不清的，一般应当通过庭审认定事实后依法作出判决。但原审人民法院未对基本事实进行过审理的，可以裁定撤销原判决，发回重审。原判决认定事实错误的，上级人民法院不得以基本事实不清为由裁定发回重审。"第五条规定："人民法院按照第二审程序审理再审案件，发现第一审人民法院有下列严重违反法定程序情形之一的，可以依照民事诉讼法第一百七十条第一款第（四）项的规定，裁定撤销原判决，发回第一审人民法院重审：（一）原判决遗漏必须参加诉讼的当事人的；（二）无诉讼行为能力人未经法定代理人代为诉讼，或者应当参加诉讼的当事人，因不能归责于本人或者其诉讼代理人的事由，未参加诉讼的；（三）未经合法传唤缺席判决，或者违反法律规定剥夺当事人辩论权利的；（四）审判组织的组成不合法或者依法应当回避的审判人员没有回避的；（五）原判决、裁定遗漏诉讼请求的。"在此裁定中，应撤销历次裁判，直接发回原一审人民法院重审。

3. 人民法院应在裁定书中全面公开发回重审的具体理由，不再另行附函说明。

【法律依据】

《中华人民共和国民事诉讼法》（2017年6月27日）

第二百零七条第一款　人民法院按照审判监督程序再审的案件，发生法律效力的判决、裁定是由第一审法院作出的，按照第一审程序审理，所作的判决、裁定，当事人可以上诉；发生法律效力的判决、裁定是由第二审法院作出的，按照第二审程序审理，所作的判决、裁定，是发生法律效力的判决、裁定；上级人民法院按照审判监督程序提审的，按照第二审程序审理，所作的判决、裁定是发生法律效力的判决、裁定。

第一百七十条第一款　第二审人民法院对上诉案件，经过审理，按照下列情形，分别处理：

（一）原判决、裁定认定事实清楚，适用法律正确的，以判决、裁定方式驳回上诉，维持原判决、裁定；

（二）原判决、裁定认定事实错误或者适用法律错误的，以判决、裁定方式依法改判、撤销或者变更；

（三）原判决认定基本事实不清的，裁定撤销原判决，发回原审人民法院重审，或者查清事实后改判；

（四）原判决遗漏当事人或者违法缺席判决等严重违反法定程序的，裁定撤销原判决，发回原审人民法院重审。

35. 民事裁定书（依申请再审案件，处理一审原告撤回起诉用）

××××人民法院
民事裁定书

（××××）……民再……号

再审申请人（一、二审诉讼地位）：×××，……。

……

被申请人（一、二审诉讼地位）：×××，……。

……

二审上诉人/二审被上诉人/第三人（一审诉讼地位）：×××，……。

……

（以上写明当事人和其他诉讼参加人的姓名或者名称等基本信息）

再审申请人×××因与被申请人×××/再审申请人×××……（写明案由）一案，不服本院/××××人民法院（××××）×民××号民事判决（裁定或调解书），向本院/××××人民法院申请再审。本院/××××人民法院于××××年××月××日作出（××××）……民……号民事裁定，再审/提审/指令再审/指定再审本案。本院依法另行/依法组成合议庭对本案进行了审理。

本院审理过程中，……（简要写明一审原告提出撤回其起诉的情况，包括时间、理由等内容）。

本院认为，×××撤回一审起诉的请求，已经其他当事人同意，且不损害国家利益、社会公共利益、他人合法权益，依法予以准许（如果审查后不准许撤回起诉的，写明不准许撤回起诉的理由）。

依照《中华人民共和国民事诉讼法》第一百五十四条第一款第五项、《最高人民法院关于适用〈中华人民共和国民事诉讼法〉的解释》第四百一十条规定，裁定如下：

（准许撤回起诉的，写明:)

一、准许×××（写明一审原告的姓名或名称）撤回起诉；

二、撤销本院/××××人民法院（××××）……民终……号民事判决/民事裁定/民事调解书及××××人民法院（××××）……民初……号民事判决/民事裁定。

一审案件受理费……元，由……负担。二审案件受理费……元，由……负担（写明当事人姓名或者名称、负担金额）。

（不准许撤回起诉的，写明:）

不准许×××（写明一审原告的姓名或名称）撤回起诉。

审　判　长　×××

审　判　员　×××

审　判　员　×××

××××年××月××日

（院印）

书　记　员　×××

【说　明】

1. 本样式根据《中华人民共和国民事诉讼法》第一百五十四条第一款第五项、《最高人民法院关于适用〈中华人民共和国民事诉讼法〉的解释》第四百一十条制定。供人民法院审理再审案件中，一审原告提出撤回起诉申请的，裁定准许或者不准许用。

2. 本裁定书应阐明准许或者不准许撤回起诉的理由等。

3. 一审裁判发生法律效力的案件，再审中原审原告撤回起诉，人民法院制定裁定书，可以在本样式的基础上进行相应的调整。

4. 法院依职权再审、案外人申请再审、检察院抗诉或提出检察建议的再审案件中，一审原告申请撤回起诉，参考本样式出具裁定书。

【法律依据】

1. 《中华人民共和国民事诉讼法》（2017年6月27日）

第一百五十四条第一款　　裁定适用于下列范围：

（一）不予受理；

（二）对管辖权有异议的；

（三）驳回起诉；

（四）保全和先予执行；

（五）准许或者不准许撤诉；

（六）中止或者终结诉讼；

（七）补正判决书中的笔误；

（八）中止或者终结执行；

（九）撤销或者不予执行仲裁裁决；

（十）不予执行公证机关赋予强制执行效力的债权文书；

（十一）其他需要裁定解决的事项。

2.《最高人民法院关于适用〈中华人民共和国民事诉讼法〉的解释》（2020 年 12 月 29 日）

第四百一十条　一审原告在再审审理程序中申请撤回起诉，经其他当事人同意，且不损害国家利益、社会公共利益、他人合法权益的，人民法院可以准许。裁定准许撤诉的，应当一并撤销原判决。

一审原告在再审审理程序中撤回起诉后重复起诉的，人民法院不予受理。

36. 民事裁定书（依申请按第二审程序再审案件，驳回起诉用）

××××人民法院
民事裁定书

（××××）……民再……号

再审申请人（一、二审诉讼地位）：×××，……。
……

被申请人（一、二审诉讼地位）：×××，……。
……

二审上诉人/二审被上诉人/第三人（一审诉讼地位）：×××，……。
……

（以上写明当事人和其他诉讼参加人的姓名或者名称等基本信息）

再审申请人×××因与被申请人×××/再审申请人×××……（写明案由）一案，不服本院/××××人民法院（××××）……民×……号民事判决/民事调解书，向本院/××××人民法院申请再审。本院/××××人民法院于×××年××月××日作出（××××）……民×……号民事裁定，再审/提审/指令再审/指定再审本案。本院依法另行/依法组成合议庭，开庭审理了本案。再审申请人×××、被申请人×××（写明当事人和其他诉讼参加人的诉讼地位和姓名或者名称）到庭参加诉讼（未开庭的，写明：本院依法组成合议庭审理了本案）。本案现已审理终结。

×××申请再审称，……（写明再审请求、事实和理由）。

×××辩称，……（概述被申请人的答辩意见）。

×××述称，……（概述原审其他当事人的意见）。

×××向一审法院起诉请求：……（写明一审原告的诉讼请求）。一审法院判决：……（写明一审判决主文）。

×××不服一审判决，上诉请求：……（写明上诉请求）。二审法院/本院原审认定事实：……（概述二审认定事实）。二审法院/本院原审认为，……（概述二审判决的理由）。二审法院/本院原审判决/调解书：……（写明二审判决主文/调解书内容）。

……（简要写明再审法院认定的与应否驳回起诉相关的事实）。

本院再审认为，……（写明驳回起诉的理由）。

依照《最高人民法院关于适用〈中华人民共和国民事诉讼法〉的解释》第四百零八条规定，裁定如下：

一、撤销本院/×××人民法院（××××）……民终……号民事判决/民事调解书及×××人民法院（××××）……民初……号民事判决。

二、驳回×××（写明一审原告的姓名或名称）的起诉。

一审案件受理费……元，退还×××（一审原告）；二审案件受理费……元，退还×××（二审上诉人）。

本裁定为终审裁定。

审　判　长　×××
审　判　员　×××
审　判　员　×××
××××年××月××日
（院印）
书　记　员　×××

【说　明】

1. 本样式《最高人民法院关于适用〈中华人民共和国民事诉讼法〉的解释》第四百零八条制定。供人民法院依当事人申请按第二审程序再审案件，认为不符合民事诉讼法规定的起诉条件或符合民事诉讼法第一百二十四条规定的不予受理情形的，裁定撤销一、二审判决/调解书，驳回起诉用。

2. 本裁定书应写明驳回起诉的理由等。

3. 法院依职权再审、案外人申请再审、检察院抗诉按照第二审程序再审案件中，符合《最高人民法院关于适用〈中华人民共和国民事诉讼法〉的解释》第四百零八条规定需要驳回起诉的，参照本样式出具裁定书。

【法律依据】

《最高人民法院关于适用〈中华人民共和国民事诉讼法〉的解释》（2020年12月29日）

第四百零八条 按照第二审程序再审的案件，人民法院经审理认为不符合民事诉讼法规定的起诉条件或者符合民事诉讼法第一百二十四条规定不予受理情形的，应当裁定撤销一、二审判决，驳回起诉。

（二）被遗漏的必须共同进行诉讼的当事人申请再审案件

37. 民事裁定书（依被遗漏的必须共同进行诉讼的当事人再审申请提审用）

××××人民法院
民事裁定书

（××××）……民申……号

再审申请人：×××，……。
……
被申请人（一、二审诉讼地位）：×××，……。
……
被申请人（一、二审诉讼地位）：×××，……。
……
（以上写明当事人和其他诉讼参加人的姓名或者名称等基本信息）

再审申请人×××因被申请人×××与被申请人×××……（写明案由）一案，不服××××人民法院（××××）……号民事判决/民事裁定/民事调解书，向本院申请再审。本院依法组成合议庭进行了审查，现已审查终结。

本院认为，×××的再审申请符合《中华人民共和国民事诉讼法》第二百条第八项规定的再审事由。

依照《中华人民共和国民事诉讼法》第二百零四条、第二百零六条，《最高人民法院关于适用〈中华人民共和国民事诉讼法〉的解释》第三百九十五条第一款规定，裁定如下：

一、本案由本院提审；

二、再审期间，中止原判决/原裁定/原调解书的执行。

审　判　长　×××

审　判　员　×××

审　判　员　×××

××××年××月××日

（院印）

书　记　员　×××

【说　明】

1. 本样式根据《中华人民共和国民事诉讼法》第二百条第八项、第二百零四条制定。供人民法院对必须共同进行诉讼的当事人因不能归责于本人或者其诉讼代理人的事由未参加诉讼而申请再审，经审查后认为符合《中华人民共和国民事诉讼法》第二百条第八项规定，裁定提审用。

2. 再审申请人为被遗漏的必须共同进行诉讼的当事人，被申请人为原审原告、被告。

3. 本样式不适用在执行程序中提出异议的案外人对执行异议裁定不服申请再审的情况。该情况应当按照《中华人民共和国民事诉讼法》第二百二十七条及《最高人民法院关于适用〈中华人民共和国民事诉讼法〉的解释》第四百二十三条规定行使案外人申请再审的权利。

4. 生效裁判没有实际执行内容的，只写"本案由本院提审"，主文第二项不予表述。

5. 若该案为追索赡养费、扶养费、抚育费、抚恤金、医疗费用、劳动报酬等案件，人民法院经审查认为可以不中止执行的，裁定主文第二项表述为："二、再审期间，不中止原判决/原裁定/原调解书的执行。"

【法律依据】

《中华人民共和国民事诉讼法》（2017年6月27日）

第二百条　当事人的申请符合下列情形之一的，人民法院应当再审：

（一）有新的证据，足以推翻原判决、裁定的；

（二）原判决、裁定认定的基本事实缺乏证据证明的；

（三）原判决、裁定认定事实的主要证据是伪造的；

（四）原判决、裁定认定事实的主要证据未经质证的；

（五）对审理案件需要的主要证据，当事人因客观原因不能自行收集，书面申请人民法院调查收集，人民法院未调查收集的；

（六）原判决、裁定适用法律确有错误的；

（七）审判组织的组成不合法或者依法应当回避的审判人员没有回避的；

（八）无诉讼行为能力人未经法定代理人代为诉讼或者应当参加诉讼的当事人，因不能归责于本人或者其诉讼代理人的事由，未参加诉讼的；

（九）违反法律规定，剥夺当事人辩论权利的；

（十）未经传票传唤，缺席判决的；

（十一）原判决、裁定遗漏或者超出诉讼请求的；

（十二）据以作出原判决、裁定的法律文书被撤销或者变更的；

（十三）审判人员审理该案件时有贪污受贿，徇私舞弊，枉法裁判行为的。

第二百零四条 人民法院应当自收到再审申请书之日起三个月内审查，符合本法规定的，裁定再审；不符合本法规定的，裁定驳回申请。有特殊情况需要延长的，由本院院长批准。

因当事人申请裁定再审的案件由中级人民法院以上的人民法院审理，但当事人依照本法第一百九十九条的规定选择向基层人民法院申请再审的除外。最高人民法院、高级人民法院裁定再审的案件，由本院再审或者交其他人民法院再审，也可以交原审人民法院再审。

38. **民事裁定书**（被遗漏的必须共同进行诉讼的当事人申请再审，驳回用）

××××人民法院
民事裁定书

（××××）……民申……号

再审申请人：×××，……。

……

被申请人（一、二审诉讼地位）：×××，……。

……

被申请人（一、二审诉讼地位）：×××，……。

……

（以上写明当事人和其他诉讼参加人的姓名或者名称等基本信息）

再审申请人×××因被申请人×××与被申请人×××……（写明案由）一案，不服××××人民法院（××××）……号民事判决/民事裁定/民事调解书，向本院申请再审。本院依法组成合议庭对本案进行了审查，现已审查终结。

×××申请再审称，……（写明申请再审所依据的法定事由及事实与理由）。

×××提交意见称，×××的再审申请缺乏事实与法律依据，请求予以驳回。

本院审查认为：……（依据再审认定的事实和相关法律，对再审申请进行分析评判，说明再审事由不成立等驳回再审申请的理由）。

依照《中华人民共和国民事诉讼法》第二百零四条第一款，《最高人民法院关于适用〈中华人民共和国民事诉讼法〉的解释》第三百九十五条第二款规定，裁定如下：

驳回×××的再审申请。

审　判　长　×××
审　判　员　×××
审　判　员　×××
××××年××月××日
（院印）
书　记　员　×××

【说　明】

1. 本样式根据《中华人民共和国民事诉讼法》第二百条第八项、第二百零四条、《最高人民法院关于适用〈中华人民共和国民事诉讼法〉的解释》第三百九十五条制定。供人民法院对必须共同进行诉讼的当事人因不能归责于本人或者其诉讼代理人的事由未参加诉讼而申请再审，人民法院经审查后，认为其理由不能成立的予以驳回用。

2. 再审申请人为被遗漏的必须共同进行诉讼的当事人，被申请人为原审原告、被告。

3. 本院认为部分应写明再审申请人是否系被遗漏的必须共同进行诉讼的当事人，其未参加诉讼是否因不能归责于本人或者其诉讼代理人的事由，申请再审时间是否在其知道或者应当知道六个月内以及案件是否进入执行程序等应予驳回的理由。

【法律依据】

1. 《中华人民共和国民事诉讼法》（2017 年 6 月 27 日）

第二百条　当事人的申请符合下列情形之一的，人民法院应当再审：

（一）有新的证据，足以推翻原判决、裁定的；

（二）原判决、裁定认定的基本事实缺乏证据证明的；

（三）原判决、裁定认定事实的主要证据是伪造的；

（四）原判决、裁定认定事实的主要证据未经质证的；

（五）对审理案件需要的主要证据，当事人因客观原因不能自行收集，书面申请人民法院调查收集，人民法院未调查收集的；

（六）原判决、裁定适用法律确有错误的；

（七）审判组织的组成不合法或者依法应当回避的审判人员没有回避的；

（八）无诉讼行为能力人未经法定代理人代为诉讼或者应当参加诉讼的当

事人，因不能归责于本人或者其诉讼代理人的事由，未参加诉讼的；

（九）违反法律规定，剥夺当事人辩论权利的；

（十）未经传票传唤，缺席判决的；

（十一）原判决、裁定遗漏或者超出诉讼请求的；

（十二）据以作出原判决、裁定的法律文书被撤销或者变更的；

（十三）审判人员审理该案件时有贪污受贿，徇私舞弊，枉法裁判行为的。

第二百零四条 人民法院应当自收到再审申请书之日起三个月内审查，符合本法规定的，裁定再审；不符合本法规定的，裁定驳回申请。有特殊情况需要延长的，由本院院长批准。

因当事人申请裁定再审的案件由中级人民法院以上的人民法院审理，但当事人依照本法第一百九十九条的规定选择向基层人民法院申请再审的除外。最高人民法院、高级人民法院裁定再审的案件，由本院再审或者交其他人民法院再审，也可以交原人民法院再审。

2.《最高人民法院关于适用〈中华人民共和国民事诉讼法〉的解释》（2020 年 12 月 29 日）

第三百九十五条 当事人主张的再审事由成立，且符合民事诉讼法和本解释规定的申请再审条件的，人民法院应当裁定再审。

当事人主张的再审事由不成立，或者当事人申请再审超过法定申请再审期限、超出法定再审事由范围等不符合民事诉讼法和本解释规定的申请再审条件的，人民法院应当裁定驳回再审申请。

39. 民事判决书（遗漏必须共同进行诉讼的当事人适用一审程序再审用）

××××人民法院
民事判决书

（××××）……民再……号

再审申请人：×××，……。

……

被申请人（原审原告）：×××，……。

……

被申请人（原审被告）：×××，……。

……

（以上写明当事人和其他诉讼参加人的姓名或者名称等基本信息）

再审申请人×××因被申请人×××与被申请人×××……（写明案由）一案，不服本院（××××）……民×……号民事判决/民事调解书，向本院申请再审。本院于××××年××月××日作出（××××）……民×……号民事裁定再审本案。本院依法另行组成合议庭，依法追加×××（被遗漏的必须共同进行诉讼的当事人）为共同原告，开庭审理了本案。再审申请人×××、被申请人×××（写明当事人和其他诉讼参加人的诉讼地位和姓名或者名称）到庭参加诉讼。本案现已审理终结。

×××申请再审称，……（写明再审请求、事实和理由）。

×××辩称，……（概述被申请人的答辩意见）。

×××向本院起诉请求：……（写明原审原告的诉讼请求）。本院原审认定案件事实：……。本院原审认为，……（概述原审判决理由）。本院原审判决/调解书：……（写明原审判决主文/调解书内容）。

围绕当事人的再审请求，本院对有争议的证据和事实认定如下：

……（写明再审采信证据、认定事实的意见和理由，对原审查明相关的事实进行评判)。

本院再审认为,……(写明争议焦点,根据再审认定的案件事实和相关法律,对再审请求进行分析评判,说明理由)。

依照《中华人民共和国民事诉讼法》第二百零七条第一款,《最高人民法院关于适用〈中华人民共和国民事诉讼法〉的解释》第四百二十二条、……(写明法律文件名称及其条款项序号)规定,判决如下:

一、……;

二、……。

(以上分项写明裁判结果)

……(写明诉讼费用的负担)。

如不服本判决,可以在判决书送达之日起十五日内,向本院递交上诉状,并按对方当事人的人数提出副本,上诉于××××人民法院。

审 判 长 ×××
审 判 员 ×××
审 判 员 ×××
××××年××月××日
(院印)
书 记 员 ×××

【说 明】

1. 本样式根据《中华人民共和国民事诉讼法》第二百零七条第一款、《最高人民法院关于适用〈中华人民共和国民事诉讼法〉的解释》第四百二十二条制定。供人民法院按照一审程序再审被遗漏的必须共同进行诉讼的当事人的案件,作出判决时用。调解结案出具调解书的,可参考此样式制作。

2. 依据《最高人民法院关于适用〈中华人民共和国民事诉讼法〉的解释》第四百二十二条的规定,按照一审程序再审,应当直接追加被遗漏的必须共同进行诉讼的当事人为本案当事人,对于诉讼争议进行重新审理,撤销原审判决/调解书,作出新的判决、裁定。

3. 依据《最高人民法院关于适用〈中华人民共和国民事诉讼法〉的解释》第四百二十四条第一款规定再审案件,如案外人属于必须共同进行诉讼的当事人的,可以适用本样式。

【法律依据】

1. 《中华人民共和国民事诉讼法》（2017 年 6 月 27 日）

第二百零七条第一款 人民法院按照审判监督程序再审的案件，发生法律效力的判决、裁定是由第一审法院作出的，按照第一审程序审理，所作的判决、裁定，当事人可以上诉；发生法律效力的判决、裁定是由第二审法院作出的，按照第二审程序审理，所作的判决、裁定，是发生法律效力的判决、裁定；上级人民法院按照审判监督程序提审的，按照第二审程序审理，所作的判决、裁定是发生法律效力的判决、裁定。

2. 《最高人民法院关于适用〈中华人民共和国民事诉讼法〉的解释》（2020 年 12 月 29 日）

第四百二十二条 必须共同进行诉讼的当事人因不能归责于本人或者其诉讼代理人的事由未参加诉讼的，可以根据民事诉讼法第二百条第八项规定，自知道或者应当知道之日起六个月内申请再审，但符合本解释第四百二十三条规定情形的除外。

人民法院因前款规定的当事人申请而裁定再审，按照第一审程序再审的，应当追加其为当事人，作出新的判决、裁定；按照第二审程序再审，经调解不能达成协议的，应当撤销原判决、裁定，发回重审，重审时应追加其为当事人。

40. 民事裁定书（遗漏必须共同进行诉讼的当事人适用二审程序再审发回重审用）

××××人民法院
民事裁定书

（××××）……民再……号

再审申请人：×××，……。

……

被申请人（一、二审诉讼地位）：×××，……。

……

被申请人（一、二审诉讼地位）：×××，……。

……

（以上写明当事人和其他诉讼参加人的姓名或者名称等基本信息）

再审申请人×××因被申请人×××与被申请人×××……（写明案由）一案，不服本院/××××人民法院（××××）……号民事判决/民事调解书，向本院/××××人民法院申请再审。本院/××××人民法院于××××年××月××日作出（××××）……民申……号民事裁定再审/提审/指令/指定再审本案。本院依法另行/依法组成合议庭审理了本案。再审申请人×××，被申请人×××，被申请人×××（写明当事人和其他诉讼参加人的诉讼地位和姓名或者名称）到庭参加诉讼。本案现已审理终结。

×××申请再审称，……（写明再审请求、事实和理由）。

×××辩称，……（概述被申请人的答辩意见）。

本院再审认为，……（写明发回重审的具体理由）。

依照《中华人民共和国民事诉讼法》第二百零七条第一款，《最高人民法院关于适用〈中华人民共和国民事诉讼法〉的解释》第四百二十二条第二款、……（写明法律文件名称及其条款项序号）规定，裁定如下：

一、撤销本院/××××人民法院（××××）……民终……号民事判决

/民事调解书及××××人民法院（××××）……民初……号民事判决；

二、本案发回××××人民法院重审。

审　判　长　×××

审　判　员　×××

审　判　员　×××

××××年××月××日

（院印）

书　记　员　×××

【说　明】

1. 本样式根据《中华人民共和国民事诉讼法》第二百零七条第一款，《最高人民法院关于适用〈中华人民共和国民事诉讼法〉的解释》第四百二十二条制定。供人民法院按照二审程序审理被遗漏的必须共同进行诉讼的当事人再审案件，经调解不能达成协议，发回重审用。

2. 依据《最高人民法院关于适用〈中华人民共和国民事诉讼法〉的解释》第四百二十二条规定，按照二审程序再审，经调解不能达成协议的，应当撤销原判决、裁定，发回重审。

3. 本样式不适用符合案外人申请再审条件的情况，在执行程序中提出异议的案外人应当按照《中华人民共和国民事诉讼法》第二百二十七条及《最高人民法院关于适用〈中华人民共和国民事诉讼法〉的解释》四百二十三条规定处理。

【法律依据】

1.《中华人民共和国民事诉讼法》（2017年6月27日）

第二百零七条第一款　人民法院按照审判监督程序再审的案件，发生法律效力的判决、裁定是由第一审法院作出的，按照第一审程序审理，所作的判决、裁定，当事人可以上诉；发生法律效力的判决、裁定是由第二审法院作出的，按照第二审程序审理，所作的判决、裁定，是发生法律效力的判决、裁定；上级人民法院按照审判监督程序提审的，按照第二审程序审理，所作的判决、裁定是发生法律效力的判决、裁定。

2. 《最高人民法院关于适用〈中华人民共和国民事诉讼法〉的解释》(2020年12月29日)

第四百二十二条 必须共同进行诉讼的当事人因不能归责于本人或者其诉讼代理人的事由未参加诉讼的，可以根据民事诉讼法第二百条第八项规定，自知道或者应当知道之日起六个月内申请再审，但符合本解释第四百二十三条规定情形的除外。

人民法院因前款规定的当事人申请而裁定再审，按照第一审程序再审的，应当追加其为当事人，作出新的判决、裁定；按照第二审程序再审，经调解不能达成协议的，应当撤销原判决、裁定，发回重审，重审时应追加其为当事人。

（三）案外人申请再审案件

41. 民事裁定书（案外人申请再审案件，裁定再审用）

××××人民法院
民事裁定书

（××××）……民申……号

再审申请人（案外人）：×××，……。

……

被申请人（一、二审诉讼地位）：×××，……。

……

被申请人（一、二审诉讼地位）：×××，……。

……

（以上写明当事人和其他诉讼参加人的姓名或者名称等基本信息）

×××与×××……（写明案由）一案，本院于××××年××月××日作出（××××）……民……号民事判决/民事裁定/民事调解书，已经发生法律效力并强制执行。×××（写明案外人的姓名或名称）提出执行异议，××××人民法院于××××年××月××日作出裁定，驳回其异议。×××（写明案外人的姓名或名称）对裁定不服，认为原判决/原裁定/调解书错误，向本院申请再审。本院依法组成合议庭对本案进行了审查，现已审查终结。

×××（写明案外人的姓名或名称）申请再审称，……（写明案外人再审申请、事实和再审的法定事由）。

×××辩称，……（概述被申请人的意见）。

本院经审查认为，……（写明本案裁定再审的理由）。

依照《中华人民共和国民事诉讼法》第二百零四条、第二百零六条、第二百二十七条和《最高人民法院关于适用〈中华人民共和国民事诉讼法〉的解释》第四百二十三条规定，裁定如下：

一、本案由本院再审；

二、再审期间，中止原判决/裁定/调解书的执行。

审　判　长　×××
审　判　员　×××
审　判　员　×××
××××年××月××日
（院印）
书　记　员　×××

【说　明】

1. 本样式根据《中华人民共和国民事诉讼法》第二百零四条、第二百零六条、第二百二十七条和《最高人民法院关于适用〈中华人民共和国民事诉讼法〉的解释》第四百二十三条制定。供人民法院对案外人提出的再审申请进行审查后，认为本案符合《中华人民共和国民事诉讼法》第二百零四条规定，裁定再审用。

2. 案外人申请裁定再审案件，应首先列明"再审申请人（案外人）"，括号中的"案外人"表明再审申请人与原审的关系，不应省略。案件的原审各方当事人的地位应当表述为"被申请人（一、二审的诉讼地位)"。

3. 如果人民法院依照《中华人民共和国民事诉讼法》第二百零六条规定在裁定再审的同时不中止原判决、裁定、调解书执行的，上述裁定的主文中不表述第二项。

【法律依据】

1. 《中华人民共和国民事诉讼法》（2017年6月27日）

第二百零四条　人民法院应当自收到再审申请书之日起三个月内审查，符合本法规定的，裁定再审；不符合本法规定的，裁定驳回申请。有特殊情况需要延长的，由本院院长批准。

因当事人申请裁定再审的案件由中级人民法院以上的人民法院审理，但当事人依照本法第一百九十九条的规定选择向基层人民法院申请再审的除外。最高人民法院、高级人民法院裁定再审的案件，由本院再审或者交其他人民法院再审，也可以交原审人民法院再审。

第二百零六条　按照审判监督程序决定再审的案件，裁定中止原判决、裁定、调解书的执行，但追索赡养费、扶养费、抚育费、抚恤金、医疗费用、劳动报酬等案件，可以不中止执行。

第二百二十七条　执行过程中，案外人对执行标的提出书面异议的，人民法院应当自收到书面异议之日起十五日内审查，理由成立的，裁定中止对该标的的执行；理由不成立的，裁定驳回。案外人、当事人对裁定不服，认为原判决、裁定错误的，依照审判监督程序办理；与原判决、裁定无关的，可以自裁定送达之日起十五日内向人民法院提起诉讼。

2.《最高人民法院关于适用〈中华人民共和国民事诉讼法〉的解释》（2020年12月29日）

第四百二十三条　根据民事诉讼法第二百二十七条规定，案外人对驳回其执行异议的裁定不服，认为原判决、裁定、调解书内容错误损害其民事权益的，可以自执行异议裁定送达之日起六个月内，向作出原判决、裁定、调解书的人民法院申请再审。

42. 民事裁定书（案外人申请再审案件，驳回案外人再审申请用）

××××人民法院
民事裁定书

（××××）……民申……号

再审申请人（案外人）：×××，……。

……

被申请人（一、二审诉讼地位）：×××，……。

……

被申请人（一、二审诉讼地位）：×××，……。

……

（以上写明当事人和其他诉讼参加人的姓名或者名称等基本信息）

×××与×××……（写明案由）一案，本院于××××年××月××日作出（××××）……民……号民事判决/民事裁定/民事调解书，已经发生法律效力并强制执行。×××（写明案外人的姓名或名称）提出执行异议，×××人民法院于××××年××月××日作出裁定，驳回其异议。×××（写明案外人的姓名或名称）对裁定不服，认为原判决/原裁定/调解书错误，向本院申请再审。本院依法组成合议庭对本案进行了审查，现已审查终结。

×××（写明案外人的姓名或名称）申请再审称，……（写明案外人再审申请、事实和再审的法定事由）。

×××辩称，……（概述被申请人的意见）。

本院经审查认为，……（写明裁定驳回再审申请的理由）。

依照《中华人民共和国民事诉讼法》第二百零四条第一款、第二百二十七条和《最高人民法院关于适用〈中华人民共和国民事诉讼法〉的解释》第四百二十三条规定，裁定如下：

驳回×××的再审申请。

审　判　长　×××
审　判　员　×××
审　判　员　×××
××××年××月××日
（院印）
书　记　员　×××

【说　明】

本样式根据《中华人民共和国民事诉讼法》第二百零四条第一款、第二百二十七条和《最高人民法院关于适用〈中华人民共和国民事诉讼法〉的解释》第四百二十三条制定。供人民法院对案外人提出的再审申请进行审查后，认为不符合《中华人民共和国民事诉讼法》第二百零四条规定条件，裁定驳回再审申请用。

【法律依据】

1. 《中华人民共和国民事诉讼法》（2017年6月27日）

第二百零四条　人民法院应当自收到再审申请书之日起三个月内审查，符合本法规定的，裁定再审；不符合本法规定的，裁定驳回申请。有特殊情况需要延长的，由本院院长批准。

因当事人申请裁定再审的案件由中级人民法院以上的人民法院审理，但当事人依照本法第一百九十九条的规定选择向基层人民法院申请再审的除外。最高人民法院、高级人民法院裁定再审的案件，由本院再审或者交其他人民法院再审，也可以交原审人民法院再审。

第二百二十七条　执行过程中，案外人对执行标的提出书面异议的，人民法院应当自收到书面异议之日起十五日内审查，理由成立的，裁定中止对该标的的执行；理由不成立的，裁定驳回。案外人、当事人对裁定不服，认为原判决、裁定错误的，依照审判监督程序办理；与原判决、裁定无关的，可以自裁定送达之日起十五日内向人民法院提起诉讼。

2. 《最高人民法院关于适用〈中华人民共和国民事诉讼法〉的解释》（2020年12月29日）

第四百二十三条　根据民事诉讼法第二百二十七条规定，案外人对驳回其执行异议的裁定不服，认为原判决、裁定、调解书内容错误损害其民事权益的，可以自执行异议裁定送达之日起六个月内，向作出原判决、裁定、调解书的人民法院申请再审。

43. 民事判决书（案外人申请再审案件，判决用）

××××人民法院
民事判决书

（××××）……民再……号

再审申请人（案外人）：×××，……。

……

被申请人（一、二审诉讼地位）：×××，……。

……

被申请人（一、二审诉讼地位）：×××，……。

……

（以上写明当事人和其他诉讼参加人的姓名或者名称等基本信息）

×××与×××……（写明案由）一案，本院于××××年××月××日作出（××××）……民×……号民事判决/民事调解书，已经发生法律效力并强制执行。×××（写明案外人的姓名或名称）对裁定不服，认为原判决/调解书错误，向本院申请再审。本院于××××年××月××日作出（××××）……民申……号民事裁定再审本案。本院依法另行组成合议庭，开庭审理了本案。再审申请人×××、被申请人×××（写明当事人和其他诉讼参加人的诉讼地位和姓名或者名称）到庭参加诉讼。（未开庭的，写明：本院依法组成合议庭审理了本案）。本案现已审理终结。

×××（写明案外人的姓名或名称）申请再审称，……（写明案外人再审申请、事实和再审的法定事由）。

×××辩称，……（概述被申请人的意见）。

×××向一审法院起诉请求：……（写明一审原告的诉讼请求）。一审法院认定事实：……。一审法院判决：……（写明一审判决主文）。

×××不服一审判决，上诉请求：……（写明上诉请求）。本院原审认定事实：……（概述二审认定事实）。本院原审认为，……（概述二审判决理由）。本院原审判决/调解书：……（写明二审判决主文/调解书内容）。

围绕当事人的再审请求，本院对有争议的证据和事实认定如下：

……（写明再审法院采信证据、认定事实的意见和理由，对一审、二审法院认定相关的事实进行评判）。

本院再审认为，……（写明争议焦点，根据再审认定的案件事实和相关法律，对再审请求进行分析评判，说明理由）。

依照《中华人民共和国民事诉讼法》第二百零七条第一款、第一百七十条第一款第二项/第三项、《最高人民法院关于适用〈中华人民共和国民事诉讼法〉的解释》第四百二十四条第二款、……（写明法律文件名称及其条款项序号）规定，判决如下：

一、维持本院（……案号）民事判决第……项，即……；

二、撤销本院（……案号）民事判决第……项，即……。

（以上分项写明判决结果）

……（写明诉讼费用负担）。

本判决为终审判决。

审　判　长　×××
审　判　员　×××
审　判　员　×××
××××年××月××日
（院印）
书　记　员　×××

【说　明】

1. 本样式根据《中华人民共和国民事诉讼法》第二百零七条第一款、第一百七十条第一款第二项/第三项、《最高人民法院关于适用〈中华人民共和国民事诉讼法〉的解释》第四百二十四条第二款制定。供因必要的共同诉讼当事人之外的案外人申请再审，本院裁定再审并经审理后，判决用。

2. 根据《最高人民法院关于适用〈中华人民共和国民事诉讼法〉的解释》第四百二十四条第二款规定，案外人不是必要的共同诉讼当事人的，人民法院仅审理原判决、裁定、调解书对其民事权益造成损害的内容。经审理，再审请求成立的，撤销或者改变原判决、裁定、调解书；再审请求不成立的，维持原判决、裁定、调解书。另外，如果经再审确认原判并未侵害案外人的权利，则应当判决驳回该案外人的再审请求，同时维持原判。

3. 原生效判决的判项侵害了案外人的权利，应予撤销，并告知案外人以及原审当事人可以提起新的诉讼解决相关纠纷；原判中不涉及案外人权利的判项，则应当维持。

【法律依据】

1.《中华人民共和国民事诉讼法》（2017年6月27日）

第二百零七条第一款 人民法院按照审判监督程序再审的案件，发生法律效力的判决、裁定是由第一审法院作出的，按照第一审程序审理，所作的判决、裁定，当事人可以上诉；发生法律效力的判决、裁定是由第二审法院作出的，按照第二审程序审理，所作的判决、裁定，是发生法律效力的判决、裁定；上级人民法院按照审判监督程序提审的，按照第二审程序审理，所作的判决、裁定是发生法律效力的判决、裁定。

第一百七十条第一款 第二审人民法院对上诉案件，经过审理，按照下列情形，分别处理：

（一）原判决、裁定认定事实清楚，适用法律正确的，以判决、裁定方式驳回上诉，维持原判决、裁定；

（二）原判决、裁定认定事实错误或者适用法律错误的，以判决、裁定方式依法改判、撤销或者变更；

（三）原判决认定基本事实不清的，裁定撤销原判决，发回原审人民法院重审，或者查清事实后改判；

（四）原判决遗漏当事人或者违法缺席判决等严重违反法定程序的，裁定撤销原判决，发回原审人民法院重审。

2.《最高人民法院关于适用〈中华人民共和国民事诉讼法〉的解释》（2020年12月29日）

第四百二十四条第二款 案外人不是必要的共同诉讼当事人的，人民法院仅审理原判决、裁定、调解书对其民事权益造成损害的内容。经审理，再审请求成立的，撤销或者改变原判决、裁定、调解书；再审请求不成立的，维持原判决、裁定、调解书。

（四）人民法院依职权再审案件

44. 民事裁定书（依职权对本院案件裁定再审用）

××××人民法院
民事裁定书

（××××）……民监……号

二审上诉人（一审原告）/原审原告：×××，……。

……

二审被上诉人（一审被告）/原审被告：×××，……。

……

原审第三人：×××，……。

……

（以上写明当事人和其他诉讼参加人的姓名或者名称等基本信息）

二审上诉人/原审原告×××与二审被上诉人/原审被告×××、原审第三人×××……（写明案由）一案，本院于××××年××月××日作出（××××）……民×……号民事判决/民事裁定/民事调解书，已经发生法律效力。经本院院长提交审判委员会讨论认为，该判决/裁定/调解书确有错误，应予再审，依照《中华人民共和国民事诉讼法》第一百九十八条第一款、第二百零六条规定，裁定如下：

一、本案由本院再审；

二、再审期间，中止原判决/裁定/调解书的执行。

审　判　长　×××
审　判　员　×××
审　判　员　×××
××××年××月××日
（院印）
书　记　员　×××

【说　明】

1. 本样式根据《中华人民共和国民事诉讼法》第一百九十八条第一款、第二百零六条制定。供人民法院对本院发生法律效力的判决/裁定或者调解书的，依职权裁定再审用。

2. 人民法院依职权提起再审的案件，当事人按原审诉讼地位表述，例如，一审终审的，列为"原审原告""原审被告""原审第三人"；二审终审的，列为"二审上诉人（一审原告）""二审被上诉人（一审被告）"等。

3. 根据《中华人民共和国民事诉讼法》第一百九十八条第一款规定，各级人民法院院长对本院已经发生法律效力的判决、裁定、调解书，发现确有错误，认为需要再审的，应当提交审判委员会讨论决定。人民法院依职权提起再审，是因为原裁判"确有错误"，所以，人民法院依职权对案件提起再审，应当十分慎重。

4. 如果人民法院根据《中华人民共和国民事诉讼法》第二百零六条规定在裁定再审的同时不中止原判决、裁定、调解书的执行，则上述裁定的主文中不表述第二项。

【法律依据】

《中华人民共和国民事诉讼法》（2017年6月27日）

第一百九十八条第一款　各级人民法院院长对本院已经发生法律效力的判决、裁定、调解书，发现确有错误，认为需要再审的，应当提交审判委员会讨论决定。

第二百零六条　按照审判监督程序决定再审的案件，裁定中止原判决、裁定、调解书的执行，但追索赡养费、扶养费、抚育费、抚恤金、医疗费用、劳动报酬等案件，可以不中止执行。

45. 民事裁定书（依职权提审用）

××××人民法院
民事裁定书

（××××）……民监……号

二审上诉人（一审原告）/原审原告：×××，……。

……

二审被上诉人（一审被告）/原审被告：×××，……。

……

原审第三人：×××，……。

……

（以上写明当事人和其他诉讼参加人的姓名或者名称等基本信息）

二审上诉人/原审原告×××与二审被上诉人/原审被告×××、原审第三人×××……（写明案由）一案，××××人民法院于××××年××月××日作出（××××）……民×……号民事判决/民事裁定/民事调解书，已经发生法律效力。本院审查认为，该判决/裁定/调解书确有错误，应予再审，依照《中华人民共和国民事诉讼法》第一百九十八条第二款、第二百零六条规定，裁定如下：

一、本案由本院提审；

二、再审期间，中止原判决/裁定/调解书的执行。

审　判　长　×××
审　判　员　×××
审　判　员　×××
××××年××月××日
（院印）
书　记　员　×××

【说　明】

1. 本样式根据《中华人民共和国民事诉讼法》第一百九十八条第二款、第二百零六条制定。供上级人民法院依职权对下级人民法院作出的发生法律效力的判决（裁定或者调解书）提审用。

2. 根据民事诉讼法第一百九十八条第二款的规定，最高人民法院对地方各级人民法院已经发生法律效力的判决、裁定，上级人民法院对下级人民法院已经发生法律效力的判决、裁定，发现确有错误的，有权提审或者指令下级人民法院再审。上级人民法院提审的，并非必须经过审判委员会讨论，所以在此裁定书中写明本院审查认为即可。且根据《最高人民法院关于民事审判监督程序严格依法适用指令再审和发回重审若干问题的规定》第二条第三款的规定，人民法院依据民事诉讼法第一百九十八条第二款裁定再审的，一般应当提审。

3. 如果人民法院根据民事诉讼法第二百零六条规定在裁定再审的同时不中止原判决、裁定、调解书的执行，则上述裁定的主文中不表述第二项。

【法律依据】

《中华人民共和国民事诉讼法》（2017年6月27日）

第一百九十八条第二款　最高人民法院对地方各级人民法院已经发生法律效力的判决、裁定、调解书，上级人民法院对下级人民法院已经发生法律效力的判决、裁定、调解书，发现确有错误的，有权提审或者指令下级人民法院再审。

第二百零六条　按照审判监督程序决定再审的案件，裁定中止原判决、裁定、调解书的执行，但追索赡养费、扶养费、抚育费、抚恤金、医疗费用、劳动报酬等案件，可以不中止执行。

46. 民事判决书（依职权对本院案件按一审程序再审用）

××××人民法院
民事判决书

（××××）……民再……号

原审原告：×××，……。
……

原审被告：×××，……。
……

原审第三人：×××，……。
……

（以上写明当事人和其他诉讼参加人的姓名或者名称等基本信息）

原审原告×××与原审被告×××……（写明案由）一案，本院（××××）……民初……号民事判决/民事裁定/民事调解书已经发生法律效力。经本院审判委员会讨论决定，于××××年××月××日作出（××××）……民监……号民事裁定，再审本案。本院依法另行组成合议庭，开庭审理了本案。原审原告×××、原审被告×××（写明当事人和其他诉讼参加人的诉讼地位和姓名或者名称）到庭参加诉讼。（未开庭的，写明：本院依法组成合议庭审理了本案）。本案现已审理终结。

×××称，……（写明原审原告在再审中的再审请求、事实和理由）。

×××辩称，……（写明原审被告在再审中的答辩意见）。

×××向本院起诉请求：……（写明原审原告的诉讼请求）。本院原审认定案件事实：……。本院原审认为，……（概述原审判决理由）。本院原审判决/民事裁定/调解书：……（写明原审判决主文/裁定主文/调解书内容）。

本院再审认定案件事实如下：……（写明再审法院采信证据，认定事实的意见和理由，对原审法院认定相关的事实进行评判）。

本院再审认为，……（写明争议焦点，依据认定的事实和相关法律，进行分析评判，说明理由）。

本案经本院审判委员会讨论决定（未经审委会讨论的不写），依照《中华人民共和国民事诉讼法》第二百零七条第一款、……（写明法律文件名称及其条款项序号）规定，判决如下：

一、……；

二、……。

（以上分项写明判决结果）

……（写明诉讼费用的负担）。

如果未按本判决指定的期间履行给付金钱义务，应当依照《中华人民共和国民事诉讼法》第二百五十三条规定，加倍支付迟延履行期间的债务利息（没有给付金钱义务的，不写）。

如不服本判决，可以在判决书送达之日起十五日内，向本院递交上诉状，并按对方当事人的人数提出副本，上诉于××××人民法院。

审　判　长　×××
审　判　员　×××
审　判　员　×××
××××年××月××日
（院印）
书　记　员　×××

【说　明】

1. 本样式根据《中华人民共和国民事诉讼法》第二百零七条第一款制定。供人民法院对本院发生法律效力的判决（裁定或者调解书），依职权对本案提起再审，按照第一审程序审理后，判决用。

2. 在人民法院依职权提起再审的案件中，因为没有再审申请人或被申请人，所以在写明当事人诉辩主张时应注意措词。

3. 制作本判决书时，另请参照"民事判决书（依申请提审判决用）"的说明。

【法律依据】

《中华人民共和国民事诉讼法》（2017 年 6 月 27 日）

第二百零七条第一款 人民法院按照审判监督程序再审的案件，发生法律效力的判决、裁定是由第一审法院作出的，按照第一审程序审理，所作的判决、裁定，当事人可以上诉；发生法律效力的判决、裁定是由第二审法院作出的，按照第二审程序审理，所作的判决、裁定，是发生法律效力的判决、裁定；上级人民法院按照审判监督程序提审的，按照第二审程序审理，所作的判决、裁定是发生法律效力的判决、裁定。

47. 民事判决书（依职权对本院案件按二审程序再审用）

××××人民法院
民事判决书

（××××）……民再……号

二审上诉人（一审原告）/原审原告：×××，……。
……

二审被上诉人（一审被告）/原审被告：×××，……。
……

原审第三人：×××，……。
……

（以上写明当事人和其他诉讼参加人的姓名或者名称等基本信息）

二审上诉人×××与二审被上诉人×××、原审第三人×××……（写明案由）一案，本院于××××年××月××日作出（××××）……民终……号民事判决/民事裁定/民事调解书，已经发生法律效力。本院经审判委员会讨论决定，于××××年××月××日作出（××××）……民监……号民事裁定，再审本案。本院依法另行组成合议庭，开庭审理了本案。二审上诉人×××与二审被上诉人×××、原审第三人×××（写明当事人和其他诉讼参加人的诉讼地位和姓名或者名称）到庭参加诉讼（未开庭的，写明：本院依法组成合议庭审理了本案）。本案现已审理终结。

×××称，……（写明二审上诉人在再审中的再审请求、事实和理由）。

×××辩称，……（写明二审被上诉人在再审中的答辩意见）。

×××向一审法院起诉请求：……（写明一审原告的诉讼请求）。一审法院认定事实：……。一审法院判决：……（写明一审判决主文）。

×××不服一审判决，上诉请求：……（写明上诉请求）。本院原审认定事实：……（概述二审认定事实）。本院原审认为，……（概述二审判决理由）。本院原审判决/调解书：……（写明二审判决主文/调解书内容）。

本院对有争议的证据和事实认定如下：

……（写明再审法院采信证据、认定事实的意见和理由，对一审、二审法院认定相关的事实进行评判）。

本院再审认为，……（写明争议焦点，根据再审认定的案件事实和相关法律，对再审请求进行分析评判，说明理由）。

本案经本院审判委员会讨论决定，依照《中华人民共和国民事诉讼法》第二百零七条第一款、第一百七十条第一款第×项、……（写明法律文件名称及其条款项序号）规定，判决如下：

一、……；

二、……。

（以上分项写明判决结果）

……（写明诉讼费用的负担）。

如果未按本判决指定的期间履行给付金钱义务，应当依照《中华人民共和国民事诉讼法》第二百五十三条规定，加倍支付迟延履行期间的债务利息（没有给付金钱义务的，不写）。

本判决为终审判决。

审　判　长　×××
审　判　员　×××
审　判　员　×××
××××年××月××日
（院印）
书　记　员　×××

【说　明】

1. 本样式根据《中华人民共和国民事诉讼法》第二百零七条第一款、第一百七十条第一款制定。供人民法院对本发生法律效力的判决（裁定或者调解书），依职权再审，按照第二审程序审理后，判决用。

2. 制作本判决书时，另请参照"民事判决书（依申请提审判决用）"的说明。

【法律依据】

《中华人民共和国民事诉讼法》（2017 年 6 月 27 日）

第二百零七条第一款　人民法院按照审判监督程序再审的案件，发生法律效力的判决、裁定是由第一审法院作出的，按照第一审程序审理，所作的判决、裁定，当事人可以上诉；发生法律效力的判决、裁定是由第二审法院作出的，按照第二审程序审理，所作的判决、裁定，是发生法律效力的判决、裁定；上级人民法院按照审判监督程序提审的，按照第二审程序审理，所作的判决、裁定是发生法律效力的判决、裁定。

第一百七十条第一款　第二审人民法院对上诉案件，经过审理，按照下列情形，分别处理：

（一）原判决、裁定认定事实清楚，适用法律正确的，以判决、裁定方式驳回上诉，维持原判决、裁定；

（二）原判决、裁定认定事实错误或者适用法律错误的，以判决、裁定方式依法改判、撤销或者变更；

（三）原判决认定基本事实不清的，裁定撤销原判决，发回原审人民法院重审，或者查清事实后改判；

（四）原判决遗漏当事人或者违法缺席判决等严重违反法定程序的，裁定撤销原判决，发回原审人民法院重审。

48. 民事判决书（依职权提审用）

××××人民法院
民事判决书

（××××）……民再……号

二审上诉人（一审原告）/原审原告：×××，……。

……

二审被上诉人（一审被告）/原审被告：×××，……。

……

原审第三人：×××，……。

……

（以上写明当事人和其他诉讼参加人的姓名或者名称等基本信息）

二审上诉人×××与二审被上诉人×××、原审第三人×××……（写明案由）一案，××××人民法院于××××年××月××日作出（××××）……民终……号民事判决/民事裁定/民事调解书，已经发生法律效力。本院经审查于××××年××月××日作出（××××）……民监……号民事裁定，再审本案。本院依法组成合议庭，开庭审理了本案。二审上诉人×××与二审被上诉人×××、原审第三人×××（写明当事人和其他诉讼参加人的诉讼地位和姓名或者名称）到庭参加诉讼（未开庭的，写明：本院依法组成合议庭审理了本案）。本案现已审理终结。

×××称，……（写明二审上诉人在再审中的再审请求、事实和理由）。

×××辩称，……（写明二审被上诉人在再审中的答辩意见）。

×××向一审法院起诉请求：……（写明一审原告的诉讼请求）。一审法院认定事实：……。一审法院判决：……（写明一审判决主文）。

×××不服一审判决，上诉请求：……（写明上诉请求）。二审法院认定事实：……（概述二审认定事实）。二审法院认为，……（概述二审判决理由）。二审判决/调解书：……（写明二审判决主文/调解书内容）。

本院对有争议的证据和事实认定如下：

……（写明再审法院采信证据、认定事实的意见和理由，对一审、二审法院认定相关的事实进行评判）。

本院再审认为，……（写明争议焦点，根据再审认定的案件事实和相关法律，对再审请求进行分析评判，说明理由）。

依照《中华人民共和国民事诉讼法》第二百零七条第一款、第一百七十条第一款第×项、……（写明法律文件名称及其条款项序号）规定，判决如下：

一、……；

二、……。

（以上分项写明判决结果）

……（写明诉讼费用的负担）。

如果未按本判决指定的期间履行给付金钱义务，应当依照《中华人民共和国民事诉讼法》第二百五十三条规定，加倍支付迟延履行期间的债务利息（没有给付金钱义务的，不写）。

本判决为终审判决。

审　判　长　×××
审　判　员　×××
审　判　员　×××
××××年××月××日
（院印）
书　记　员　×××

【说　明】

本样式根据《中华人民共和国民事诉讼法》第二百零七条第一款、第一百七十条第一款第×项制定。供上级人民法院对下级法院发生法律效力的判决（裁定或者调解书），依职权提审后，判决用。

【法律依据】

《中华人民共和国民事诉讼法》（2017年6月27日）

第二百零七条第一款　人民法院按照审判监督程序再审的案件，发生法律效力的判决、裁定是由第一审法院作出的，按照第一审程序审理，所作的判决、裁定，当事人可以上诉；发生法律效力的判决、裁定是由第二审法院作出的，按照第二审程序审理，所作的判决、裁定，是发生法律效力的判决、裁定；上级人民法院按照审判监督程序提审的，按照第二审程序审理，所作的判决、裁定是发生法律效力的判决、裁定。

第一百七十条第一款 第二审人民法院对上诉案件，经过审理，按照下列情形，分别处理：

（一）原判决、裁定认定事实清楚，适用法律正确的，以判决、裁定方式驳回上诉，维持原判决、裁定；

（二）原判决、裁定认定事实错误或者适用法律错误的，以判决、裁定方式依法改判、撤销或者变更；

（三）原判决认定基本事实不清的，裁定撤销原判决，发回原审人民法院重审，或者查清事实后改判；

（四）原判决遗漏当事人或者违法缺席判决等严重违反法定程序的，裁定撤销原判决，发回原审人民法院重审。

49. 民事裁定书（依职权对本院案件再审后，中止或终结诉讼用）

××××人民法院
民事裁定书

（××××）……民再……号

二审上诉人（一审原告）/原审原告：×××，……。

……

二审被上诉人（一审被告）/原审被告：×××，……。

……

原审第三人：×××，……。

……

（以上写明当事人和其他诉讼参加人的姓名或者名称等基本信息）

二审上诉人/原审原告×××与二审被上诉人/原审被告×××、原审第三人×××……（写明案由）一案，本院于××××年××月××日作出（××××）……号民事判决（裁定或调解书），已经发生法律效力。本院经审判委员会讨论决定，于××××年××月××日作出（××××）……民监……号民事裁定，再审本案。本院依法另行组成合议庭审理本案。

本院再审过程中，……（简要写明中止、终结诉讼的事由）。

依照《中华人民共和国民事诉讼法》第二百零七条第一款、第一百七十四条、第一百五十条第一款第×项/第一百五十一条第×项规定，裁定如下：

本案中止诉讼/终结诉讼。

……（写明诉讼费用负担）。

审　判　长　×××
审　判　员　×××
审　判　员　×××
××××年××月××日
（院印）
书　记　员　×××

【说　明】

本样式根据《中华人民共和国民事诉讼法》第二百零七条第一款、第一百七十四条、第一百五十条第一款/第一百五十一条制定。供人民法院对本院发生法律效力的判决（裁定或者调解书），依职权提起再审，中止或者终结再审程序用。

【法律依据】

《中华人民共和国民事诉讼法》（2017 年 6 月 27 日）

第二百零七条第一款　人民法院按照审判监督程序再审的案件，发生法律效力的判决、裁定是由第一审法院作出的，按照第一审程序审理，所作的判决、裁定，当事人可以上诉；发生法律效力的判决、裁定是由第二审法院作出的，按照第二审程序审理，所作的判决、裁定，是发生法律效力的判决、裁定；上级人民法院按照审判监督程序提审的，按照第二审程序审理，所作的判决、裁定是发生法律效力的判决、裁定。

第一百七十四条　第二审人民法院审理上诉案件，除依照本章规定外，适用第一审普通程序。

第一百五十条第一款　有下列情形之一的，中止诉讼：

（一）一方当事人死亡，需要等待继承人表明是否参加诉讼的；

（二）一方当事人丧失诉讼行为能力，尚未确定法定代理人的；

（三）作为一方当事人的法人或者其他组织终止，尚未确定权利义务承受人的；

（四）一方当事人因不可抗拒的事由，不能参加诉讼的；

（五）本案必须以另一案的审理结果为依据，而另一案尚未审结的；

（六）其他应当中止诉讼的情形。

第一百五十一条　有下列情形之一的，终结诉讼：

（一）原告死亡，没有继承人，或者继承人放弃诉讼权利的；

（二）被告死亡，没有遗产，也没有应当承担义务的人的；

（三）离婚案件一方当事人死亡的；

（四）追索赡养费、扶养费、抚育费以及解除收养关系案件的一方当事人死亡的。

50. 民事裁定书（依职权对本院裁定驳回起诉案件裁定再审后用）

×××× 人民法院
民事裁定书

（××××）……民再……号

二审上诉人（一审原告）：×××，……。

……

二审被上诉人（一审被告）：×××，……。

……

原审第三人：×××，……。

……

（以上写明当事人和其他诉讼参加人的姓名或者名称等基本信息）

二审上诉人×××与二审被上诉人×××、原审第三人×××……（写明案由）一案，本院于××××年××月××日作出（××××）……民×……号民事裁定，已经发生法律效力。本院经审判委员会讨论决定，于××××年××月××日作出（××××）……民监……号民事裁定，再审本案。本院依法另行组成合议庭，开庭审理了本案。二审上诉人×××、二审被上诉人×××（写明当事人和其他诉讼参加人的诉讼地位和姓名或者名称）到庭参加诉讼（未开庭的，写明：本院依法组成合议庭审理了本案）。本案现已审理终结。

×××申请再审称，……（写明再审请求、事实和理由）。

×××辩称，……（概述被申请人的答辩意见）。

×××述称，……（概述原审其他当事人的意见）。

……（简要写明历次审理情况）。

……（简要写明再审法院认定的与应否驳回起诉相关的事实）。

本院再审认为，……（根据再审认定的案件事实和相关法律，对应否驳回起诉等进行分析评判，说明理由）。

依照《中华人民共和国民事诉讼法》第二百零七条第一款、第一百七十条第一款第×项、第一百七十一条、……（写明法律依据名称及其条款项序号）规定，裁定如下：

（维持原裁定的，写明：）维持本院（××××）……民×……号民事裁定。

本裁定为终审裁定。

（不应当驳回起诉的，写明：）一、撤销本院（××××）……民终……号民事裁定及××××人民法院（××××）……民初……号民事裁定。

二、指令××××人民法院对本案进行审理。

审　判　长　×××
审　判　员　×××
审　判　员　×××
××××年××月××日
（院印）
书　记　员　×××

【说　明】

1. 本样式根据《中华人民共和国民事诉讼法》第二百零七条第一款、第一百七十条第一款第×项、第一百七十一条、《最高人民法院关于〈中华人民共和国民事诉讼法〉的解释》第三百三十条等制定。供人民法院依申请对本院驳回起诉裁定再审后，裁定用。对一审裁定再审的裁定书，参照本样式制作。

2. 对于一审受理后作出判决，二审裁定驳回起诉的案件，本院依职权再审后，认为不应受理的，裁定维持二审裁定；认为不应当驳回起诉，应当撤销原审裁定的，法院应当审理后作出判决一并处理。判决中要先撤销原审裁定，对一审判决予以维持或者改判。

【法律依据】

1.《中华人民共和国民事诉讼法》（2017年6月27日）

第二百零七条第一款　人民法院按照审判监督程序再审的案件，发生法律效力的判决、裁定是由第一审法院作出的，按照第一审程序审理，所作的判决、裁定，当事人可以上诉；发生法律效力的判决、裁定是由第二审法院作出的，按照第二审程序审理，所作的判决、裁定，是发生法律效力的判决、裁定；上级人民法院按照审判监督程序提审的，按照第二审程序审理，所作的判决、裁定是发生法律效力的判决、裁定。

第一百七十条第一款　第二审人民法院对上诉案件，经过审理，按照下列情形，分别处理：

（一）原判决、裁定认定事实清楚，适用法律正确的，以判决、裁定方式驳回上诉，维持原判决、裁定；

（二）原判决、裁定认定事实错误或者适用法律错误的，以判决、裁定方式依法改判、撤销或者变更；

（三）原判决认定基本事实不清的，裁定撤销原判决，发回原审人民法院重审，或者查清事实后改判；

（四）原判决遗漏当事人或者违法缺席判决等严重违反法定程序的，裁定撤销原判决，发回原审人民法院重审。

第一百七十一条　第二审人民法院对不服第一审人民法院裁定的上诉案件的处理，一律使用裁定。

2.《最高人民法院关于适用〈中华人民共和国民事诉讼法〉的解释》（2020年12月29日）

第三百三十条　人民法院依照第二审程序审理案件，认为依法不应由人民法院受理的，可以由第二审人民法院直接裁定撤销原裁判，驳回起诉。

51. 民事裁定书（依职权对本院案件再审后，发回重审用）

××××人民法院
民事裁定书

（××××）……民再……号

原审上诉人（一审原告）：×××，……。
……
原审被上诉人（一审被告）：×××，……。
……
原审第三人：×××，……。
……
（以上写明当事人和其他诉讼参加人的姓名或者名称等基本信息）

原审上诉人×××与原审被上诉人×××、原审第三人×××……（写明案由）一案，本院于××××年××月××日作出（××××）……民×……号民事判决/民事调解书，已经发生法律效力。本院经审判委员会讨论决定，于××××年××月××日作出（××××）……民监……号民事裁定，再审本案。本院依法另行组成合议庭，开庭审理了本案。原审上诉人×××、原审被上诉人×××、原审第三人×××（写明当事人和其他诉讼参加人的诉讼地位和姓名或者名称）到庭参加诉讼（未开庭的，写明：本院依法组成合议庭审理了本案）。本案现已审理终结。

×××申请再审称，……（写明再审请求、事实和理由）。

×××辩称，……（概述被申请人的答辩意见）。

×××述称，……（概述原审其他当事人的意见）。

本院再审认为，……（写明发回重审的具体理由）。

依照《中华人民共和国民事诉讼法》第二百零七条第一款、第一百七十条第一款第×项规定，裁定如下：

一、撤销本院（××××）……民终……号民事判决/民事调解书及××××人民法院（××××）……民初……号民事判决；

二、本案发回××××人民法院重审。

　　　　　　　　　　审　判　长　×××
　　　　　　　　　　审　判　员　×××
　　　　　　　　　　审　判　员　×××
　　　　　　　　　　××××年××月××日
　　　　　　　　　　　　（院印）
　　　　　　　　　　书　记　员　×××

【说　明】

　　1. 本样式《中华人民共和国民事诉讼法》第二百零七条第一款、第一百七十条第一款第三项/第四项制定。供人民法院依职权对本院案件再审后，撤销原判，发回一审法院重审用。

　　2. 人民法院应在裁定书中全面公开发回重审的具体理由，不再另行附函说明。

【法律依据】

《中华人民共和国民事诉讼法》（2017 年 6 月 27 日）

　　第二百零七条第一款　人民法院按照审判监督程序再审的案件，发生法律效力的判决、裁定是由第一审法院作出的，按照第一审程序审理，所作的判决、裁定，当事人可以上诉；发生法律效力的判决、裁定是由第二审法院作出的，按照第二审程序审理，所作的判决、裁定，是发生法律效力的判决、裁定；上级人民法院按照审判监督程序提审的，按照第二审程序审理，所作的判决、裁定是发生法律效力的判决、裁定。

　　第一百七十条第一款　第二审人民法院对上诉案件，经过审理，按照下列情形，分别处理：

　　（一）原判决、裁定认定事实清楚，适用法律正确的，以判决、裁定方式驳回上诉，维持原判决、裁定；

　　（二）原判决、裁定认定事实错误或者适用法律错误的，以判决、裁定方式依法改判、撤销或者变更；

　　（三）原判决认定基本事实不清的，裁定撤销原判决，发回原审人民法院重审，或者查清事实后改判；

　　（四）原判决遗漏当事人或者违法缺席判决等严重违反法定程序的，裁定撤销原判决，发回原审人民法院重审。

（五）人民检察院抗诉再审案件

52. 民事裁定书（抗诉案件提审或指令下级法院再审用）

××××人民法院
民事裁定书

（××××）……民抗……号

抗诉机关：××××人民检察院。
申诉人（一、二审的诉讼地位）：×××，……。
……
被申诉人（一、二审的诉讼地位）：×××，……。
……
二审上诉人/二审被上诉人/第三人（一审诉讼地位）：×××，……。
……
（以上写明当事人和其他诉讼参加人的姓名或者名称等基本信息）

申诉人×××因与被申诉人×××……（写明案由）一案，不服××××人民法院（××××）……号民事判决/民事裁定/民事调解书，向××××人民检察院申诉。××××人民检察院认为本案符合《中华人民共和国民事诉讼法》第二百条第×项规定的情形，以……号民事抗诉书向本院提出抗诉。

依照《中华人民共和国民事诉讼法》第二百一十一条、第二百零六条规定，裁定如下：

一、本案由本院提审/本案指令××××人民法院再审；
二、再审期间，中止原判决/裁定/调解书的执行。

审　判　长　×××
审　判　员　×××
审　判　员　×××
××××年××月××日
(院印)
书　记　员　×××

【说　明】

1. 本样式根据《中华人民共和国民事诉讼法》第二百零八条、第二百一十一条、第二百零六条制定，供人民法院对人民检察院提出抗诉的案件，裁定提审或者指令再审用。

2. 因人民检察院抗诉裁定再审的，首先写明抗诉机关，随后列明"申诉人（一、二审的诉讼地位）"，再列明"被申诉人（一、二审的诉讼地位）"，其他当事人按原审诉讼地位表述。

3. 因人民检察院提出抗诉而再审的案件，在提起再审的裁定书中，简要写明人民检察院提出的抗诉事由即可，不应对该抗诉事由成立与否等问题作出评判。

4. 如果依据民事诉讼法第二百零六条规定在裁定再审时不中止原判决、裁定、调解书的执行，则上述裁定的主文中不表述第二项。

【法律依据】

《中华人民共和国民事诉讼法》（2017年6月27日）

第二百零八条　最高人民检察院对各级人民法院已经发生法律效力的判决、裁定，上级人民检察院对下级人民法院已经发生法律效力的判决、裁定，发现有本法第二百条规定情形之一的，或者发现调解书损害国家利益、社会公共利益的，应当提出抗诉。

地方各级人民检察院对同级人民法院已经发生法律效力的判决、裁定，发现有本法第二百条规定情形之一的，或者发现调解书损害国家利益、社会公共利益的，可以向同级人民法院提出检察建议，并报上级人民检察院备案；也可以提请上级人民检察院向同级人民法院提出抗诉。

各级人民检察院对审判监督程序以外的其他审判程序中审判人员的违法行为，有权向同级人民法院提出检察建议。

第二百一十一条　人民检察院提出抗诉的案件，接受抗诉的人民法院应当自收到抗诉书之日起三十日内作出再审的裁定；有本法第二百条第一项至第五项规定情形之一的，可以交下一级人民法院再审，但经该下一级人民法院再审的除外。

第二百零六条 按照审判监督程序决定再审的案件，裁定中止原判决、裁定、调解书的执行，但追索赡养费、扶养费、抚育费、抚恤金、医疗费用、劳动报酬等案件，可以不中止执行。

53. 民事裁定书（抗诉案件不予受理抗诉用）

××××人民法院
民事裁定书

（××××）……民抗……号

抗诉机关：××××人民检察院。

申诉人（一、二审的诉讼地位）：×××，……。

……

被申诉人（一、二审的诉讼地位）：×××，……。

……

二审上诉人/二审被上诉人/第三人（一审诉讼地位）：×××，……。

……

（以上写明当事人和其他诉讼参加人的姓名或者名称等基本信息）

申诉人×××因与被申诉人×××……（写明案由）一案，×××不服××××人民法院于××××年××月××日作出（××××）……号民事判决/民事裁定，向××××人民检察院申诉。××××人民检察院作出……号民事抗诉书，向本院提出抗诉。

本院经审查认为，……（阐明抗诉不应受理的法定理由）。

鉴于检察机关未撤回抗诉（或未对抗诉予以补正），依照《最高人民法院关于适用〈中华人民共和国民事诉讼法〉若干问题的解释》第四百一十七条/第四百一十五条规定，裁定如下：

对××××人民检察院就××××人民法院（××××）……号民事判决/民事裁定提出的抗诉，本院不予受理。

审　判　长　×××
审　判　员　×××
审　判　员　×××

　　　　　　　　　××××年××月××日
　　　　　　　　　　　（院印）
　　　　　　　　书　记　员　×××

【说　明】

　　1. 本裁定书样式根据《最高人民法院关于适用〈中华人民共和国民事诉讼法〉的解释》第四百一十七条第二款、第四百一十五条制定，供人民法院对检察机关的抗诉裁定不予受理用。

　　2. 人民检察院依当事人的申请对生效判决、裁定提出抗诉，符合下列条件的，人民法院应当在三十日内裁定再审：（1）抗诉书和原审当事人申请书及相关证据材料已经提交；（2）抗诉对象为依照民事诉讼法和本解释规定可以进行再审的判决、裁定；（3）抗诉书列明该判决、裁定有民事诉讼法第二百零八条第一款规定情形；（4）符合民事诉讼法第二百零九条第一款第一项、第二项规定情形。

　　不符合前款规定的，人民法院可以建议人民检察院予以补正或者撤回；不予补正或者撤回的，人民法院可以裁定不予受理。

　　3. 依据《最高人民法院关于适用〈中华人民共和国民事诉讼法〉的解释》第四百一十五条规定，人民检察院依照民事诉讼法第二百零九条第一款第三项规定对有明显错误的再审判决、裁定提出抗诉或者再审检察建议的，人民法院应予受理。

【法律依据】

　　《最高人民法院关于适用〈中华人民共和国民事诉讼法〉的解释》（2020年12月29日）

　　第四百一十七条　人民检察院依当事人的申请对生效判决、裁定提出抗诉，符合下列条件的，人民法院应当在三十日内裁定再审：

　　（一）抗诉书和原审当事人申请书及相关证据材料已经提交；

　　（二）抗诉对象为依照民事诉讼法和本解释规定可以进行再审的判决、裁定；

　　（三）抗诉书列明该判决、裁定有民事诉讼法第二百零八条第一款规定情形；

　　（四）符合民事诉讼法第二百零九条第一款第一项、第二项规定情形。

不符合前款规定的,人民法院可以建议人民检察院予以补正或者撤回;不予补正或者撤回的,人民法院可以裁定不予受理。

第四百一十五条 人民检察院依照民事诉讼法第二百零九条第一款第三项规定对有明显错误的再审判决、裁定提出抗诉或者再审检察建议的,人民法院应予受理。

54. 民事判决书（抗诉案件受指令法院按一审程序再审用）

××××人民法院
民事判决书

（××××）……民再……号

抗诉机关：××××人民检察院。

申诉人（原审诉讼地位）：×××，……。

……

被申诉人（原审诉讼地位）：×××，……。

……

原审原告/被告/第三人：×××，……。

……

（以上写明当事人和其他诉讼参加人的姓名或者名称等基本信息）

申诉人×××因与被申诉人×××及×××（写明原审其他当事人诉讼地位、姓名或名称）……（写明案由）一案，不服本院（××××）……号民事判决/民事裁定，向××××人民检察院申诉。××××人民检察院作出……号民事抗诉书，向××××人民法院提出抗诉。××××人民法院作出（××××）……号民事裁定，指令本院再审本案。本院依法另行组成合议庭，开庭审理了本案。××××人民检察院指派检察员×××出庭。申诉人×××、被申诉人×××（写明当事人和其他诉讼参加人的诉讼地位和姓名或者名称）到庭参加诉讼。本案现已审理终结。

××××人民检察院提出抗诉意见，……（概括写明人民检察院的抗诉理由）。

×××称，……（写明再审过程中申诉人的再审请求、事实和理由）。

×××辩称，……（概述被申诉人的答辩意见）。

×××述称，……（概述原审其他当事人的意见）。

×××向本院起诉请求：……（写明原审原告的诉讼请求）。本院原审认定事实：……。本院原审认为，……（概述原审判决理由）。本院原审判决：……（写明原审判决主文）。

围绕当事人的再审请求，本院对有争议的证据和事实认定如下：

……（写明再审法院采信证据、认定事实的意见和理由，对原审法院认定相关的事实进行评判）。

本院再审认为，……（写明争议焦点，根据再审认定的案件事实和相关法律，对再审请求进行分析评判，说明理由）。

依照《中华人民共和国民事诉讼法》第二百零七条第一款、……（写明法律文件名称及其条款项序号）规定，判决如下：

一、……；

二、……。

（以上分项写明裁判结果）

……（写明诉讼费用的负担）。

如不服本判决，可在判决书送达之日起十五日内，向本院递交上诉状，并按对方当事人的人数提出副本，上诉于××××人民法院，并预交上诉案件受理费。

审　判　长　×××
审　判　员　×××
审　判　员　×××
××××年××月××日
（院印）
书　记　员　×××

【说　明】

本判决书样式根据《中华人民共和国民事诉讼法》第二百零七条第一款制定，供因人民检察院抗诉，上级人民法院指令再审，受指令再审的人民法院按照第一审程序审理后，作出实体处理用。

【法律依据】

《中华人民共和国民事诉讼法》(2017年6月27日)

第二百零七条第一款 人民法院按照审判监督程序再审的案件,发生法律效力的判决、裁定是由第一审法院作出的,按照第一审程序审理,所作的判决、裁定,当事人可以上诉;发生法律效力的判决、裁定是由第二审法院作出的,按照第二审程序审理,所作的判决、裁定,是发生法律效力的判决、裁定;上级人民法院按照审判监督程序提审的,按照第二审程序审理,所作的判决、裁定是发生法律效力的判决、裁定。

55. 民事判决书（抗诉案件受指令法院按二审程序再审用）

××××人民法院
民事判决书

（××××）……民再……号

抗诉机关：××××人民检察院。

申诉人（一审、二审诉讼地位）：×××，……。

……

被申诉人（一审、二审诉讼地位）：×××，……。

……

二审上诉人/二审被上诉人/第三人（一审诉讼地位）：×××，……。

……

（以上写明当事人和其他诉讼参加人的姓名或者名称等基本信息）

申诉人×××因与被申诉人×××及×××（写明原审其他当事人诉讼地位、姓名或名称）……（写明案由）一案，不服本院（××××）……号民事判决/民事裁定，向××××人民检察院申诉。××××人民检察院作出……号民事抗诉书，向××××人民法院提出抗诉。××××人民法院作出（××××）……号民事裁定，指令本院再审本案。本院依法另行组成合议庭，开庭审理了本案。××××人民检察院指派检察员×××出庭。申诉人×××、被申诉人×××（写明当事人和其他诉讼参加人的诉讼地位和姓名或者名称）到庭参加诉讼。（未开庭的，写明：本院依法组成合议庭审理了本案）。本案现已审理终结。

××××人民检察院抗诉认为，……（概括写明人民检察院的抗诉理由）。

×××称，……（写明再审过程中申诉人的再审请求、事实和理由）。

×××辩称，……（概述被申诉人的答辩意见）。

×××述称，……（概述原审其他当事人的意见）。

×××向一审法院起诉请求：……（写明一审原告的诉讼请求）。一审法院认定事实：……。一审法院判决：……（写明一审判决主文）。

×××不服一审判决，上诉请求：……（写明上诉请求）。二审法院认定事实：……（概述二审认定事实）。二审法院认为，……（概述二审判决理由）。二审法院判决：……（写明二审判决主文）。

围绕当事人的再审请求，本院对有争议的证据和事实认定如下：

……（写明再审法院采信证据、认定事实的意见和理由，对一审、二审法院认定相关的事实进行评判）。

本院再审认为，……（写明争议焦点，根据再审认定的案件事实和相关法律，对再审请求进行分析评判，说明理由）。

综上所述，……（对当事人的再审请求是否成立进行总结评述）。依照《中华人民共和国民事诉讼法》第二百零七条第一款、第一百七十条第一款第×项、……（写明法律文件名称及其条款项序号）规定，判决如下：

一、……；

二、……。

（以上分项写明判决结果）

……（写明诉讼费用的负担）。

本判决为终审判决。

审　判　长　×××
审　判　员　×××
审　判　员　×××
××××年××月××日
（院印）
书　记　员　×××

【说　明】

本判决书样式根据《中华人民共和国民事诉讼法》第二百零七条第一款、第一百七十条第一款制定，供因人民检察院抗诉，上级人民法院指令再审，受指令的人民法院按照第二审程序审理后作出实体处理用。

【法律依据】

《中华人民共和国民事诉讼法》（2017 年 6 月 27 日）

第二百零七条第一款 人民法院按照审判监督程序再审的案件，发生法律效力的判决、裁定是由第一审法院作出的，按照第一审程序审理，所作的判决、裁定，当事人可以上诉；发生法律效力的判决、裁定是由第二审法院作出的，按照第二审程序审理，所作的判决、裁定，是发生法律效力的判决、裁定；上级人民法院按照审判监督程序提审的，按照第二审程序审理，所作的判决、裁定是发生法律效力的判决、裁定。

第一百七十条第一款 第二审人民法院对上诉案件，经过审理，按照下列情形，分别处理：

（一）原判决、裁定认定事实清楚，适用法律正确的，以判决、裁定方式驳回上诉，维持原判决、裁定；

（二）原判决、裁定认定事实错误或者适用法律错误的，以判决、裁定方式依法改判、撤销或者变更；

（三）原判决认定基本事实不清的，裁定撤销原判决，发回原审人民法院重审，或者查清事实后改判；

（四）原判决遗漏当事人或者违法缺席判决等严重违反法定程序的，裁定撤销原判决，发回原审人民法院重审。

56. 民事判决书（抗诉案件提审后用）

××××人民法院
民事判决书

（××××）……民再……号

抗诉机关：××××人民检察院。

申诉人（一审、二审诉讼地位）：×××，……。
……

被申诉人（一审、二审诉讼地位）：×××，……。
……

二审上诉人/二审被上诉人/第三人（一审诉讼地位）：×××，……。
……

（以上写明当事人和其他诉讼参加人的姓名或者名称等基本信息）

申诉人×××因与被申诉人×××及×××（写明原审其他当事人诉讼地位、姓名或名称）……（写明案由）一案，不服本院（××××）……号民事判决/民事裁定，向××××人民检察院申诉。××××人民检察院作出……号民事抗诉书，向本院提出抗诉。本院作出（××××）……号民事裁定，提审本案。本院依法组成合议庭，开庭/不开庭审理了本案。××××人民检察院指派检察员×××出庭。申诉人×××、被申诉人×××（写明当事人和其他诉讼参加人的诉讼地位和姓名或者名称）到庭参加诉讼。（未开庭的，写明：本院依法组成合议庭审理了本案）。本案现已审理终结。

××××人民检察院抗诉认为，……（概括写明人民检察院的抗诉理由）。

×××称，……（写明再审过程中申诉人的再审请求、事实和理由）。

×××辩称，……（概述被申诉人的答辩意见）。

×××述称，……（概述原审其他当事人的意见）。

×××向一审法院起诉请求：……（写明一审原告的诉讼请求）。一审法院认定事实：……。一审法院判决：……（写明一审判决主文）。

×××不服一审判决，上诉请求：……（写明上诉请求）。二审法院认定事实：……（概述二审认定事实）。二审法院认为，……（概述二审判决理由）。该院判决：……（写明二审判决主文）。

围绕当事人的再审请求，本院对有争议的证据和事实认定如下：

……（写明再审法院采信证据、认定事实的意见和理由，对一审、二审法院认定相关的事实进行评判）。

本院再审认为，……（写明争议焦点，根据再审认定的案件事实和相关法律，对再审请求进行分析评判，说明理由）。

综上所述，……（对当事人的再审请求是否成立进行总结评述）。依照《中华人民共和国民事诉讼法》第二百零七条第一款、第一百七十条第一款第×项、……（写明法律文件名称及其条款项序号）规定，判决如下：

一、……；

二、……。

（以上分项写明判决结果）

……（写明诉讼费用的负担）。

本判决为终审判决。

审　判　长　×××
审　判　员　×××
审　判　员　×××
××××年××月××日
（院印）
书　记　员　×××

【说　明】

本判决书样式根据《中华人民共和国民事诉讼法》第二百零七条第一款、第一百七十条第一款制定，供因人民检察院抗诉，上级人民法院提审，经审理后作出实体处理时使用。

【法律依据】

《中华人民共和国民事诉讼法》（2017年6月27日）

第二百零七条第一款 人民法院按照审判监督程序再审的案件，发生法律效力的判决、裁定是由第一审法院作出的，按照第一审程序审理，所作的判决、裁定，当事人可以上诉；发生法律效力的判决、裁定是由第二审法院作出的，按照第二审程序审理，所作的判决、裁定，是发生法律效力的判决、裁定；上级人民法院按照审判监督程序提审的，按照第二审程序审理，所作的判决、裁定是发生法律效力的判决、裁定。

第一百七十条第一款 第二审人民法院对上诉案件，经过审理，按照下列情形，分别处理：

（一）原判决、裁定认定事实清楚，适用法律正确的，以判决、裁定方式驳回上诉，维持原判决、裁定；

（二）原判决、裁定认定事实错误或者适用法律错误的，以判决、裁定方式依法改判、撤销或者变更；

（三）原判决认定基本事实不清的，裁定撤销原判决，发回原审人民法院重审，或者查清事实后改判；

（四）原判决遗漏当事人或者违法缺席判决等严重违反法定程序的，裁定撤销原判决，发回原审人民法院重审。

57. 民事裁定书（抗诉案件中止或终结诉讼用）

××××人民法院
民事裁定书

（××××）……民再……号

抗诉机关：××××人民检察院。

申诉人（一审、二审诉讼地位）：×××，……。

……

被申诉人（一审、二审诉讼地位）：×××，……。

……

二审上诉人/二审被上诉人/第三人（一审诉讼地位）：×××，……。

……

（以上写明当事人和其他诉讼参加人的姓名或者名称等基本信息）

申诉人×××因与被申诉人×××及×××（写明原审其他当事人诉讼地位、姓名或名称）……（写明案由）纠纷一案，不服本院（××××）……号民事判决/民事裁定，向检察机关申诉。××××人民检察院作出……号民事抗诉书，向××××人民法院/本院提出抗诉。××××人民法院/本院作出（××××）……号民事裁定，指令本院再审/提审本案。

本院再审过程中，……（简要写明导致诉讼中止、终结的事实）。

依照《中华人民共和国民事诉讼法》第二百零七条第一款、第一百七十四条、第一百五十条第一款第×项/第一百五十一条第×项规定，裁定如下：

本案中止诉讼/终结诉讼。

……（写明诉讼费用负担）。

审 判 长 ×××
审 判 员 ×××
审 判 员 ×××
××××年××月××日
(院印)
书 记 员 ×××

【说　明】

本样式根据《中华人民共和国民事诉讼法》第二百零七条第一款、第一百七十四条、第一百五十条/第一百五十一条，供因人民检察院抗诉，人民法院提审或受指令再审时中止或者终结诉讼用。

【法律依据】

《中华人民共和国民事诉讼法》（2017年6月27日）

第二百零七条第一款　人民法院按照审判监督程序再审的案件，发生法律效力的判决、裁定是由第一审法院作出的，按照第一审程序审理，所作的判决、裁定，当事人可以上诉；发生法律效力的判决、裁定是由第二审法院作出的，按照第二审程序审理，所作的判决、裁定，是发生法律效力的判决、裁定；上级人民法院按照审判监督程序提审的，按照第二审程序审理，所作的判决、裁定是发生法律效力的判决、裁定。

第一百七十四条　第二审人民法院审理上诉案件，除依照本章规定外，适用第一审普通程序。

第一百五十条　有下列情形之一的，中止诉讼：

（一）一方当事人死亡，需要等待继承人表明是否参加诉讼的；

（二）一方当事人丧失诉讼行为能力，尚未确定法定代理人的；

（三）作为一方当事人的法人或者其他组织终止，尚未确定权利义务承受人的；

（四）一方当事人因不可抗拒的事由，不能参加诉讼的；

（五）本案必须以另一案的审理结果为依据，而另一案尚未审结的；

（六）其他应当中止诉讼的情形。

中止诉讼的原因消除后，恢复诉讼。

第一百五十一条　有下列情形之一的，终结诉讼：

（一）原告死亡，没有继承人，或者继承人放弃诉讼权利的；

（二）被告死亡，没有遗产，也没有应当承担义务的人的；

（三）离婚案件一方当事人死亡的；

（四）追索赡养费、扶养费、抚育费以及解除收养关系案件的一方当事人死亡的。

58. 民事裁定书（抗诉案件准予撤回抗诉用）

×××人民法院
民事裁定书

（××××）……民再……号

抗诉机关：××××人民检察院。
申诉人（一审、二审诉讼地位）：×××，……。
……
被申诉人（一审、二审诉讼地位）：×××，……。
……
二审上诉人/二审被上诉人/第三人（一审诉讼地位）：×××，……。
……
（以上写明当事人和其他诉讼参加人的姓名或者名称等基本信息）

申诉人×××因与被申诉人×××及×××（写明原审其他当事人诉讼地位、姓名或名称）……（写明案由）一案，不服本院（××××）……号民事判决/民事裁定，向检察机关申诉。××××人民检察院作出……号民事抗诉书，向××××人民法院/本院提出抗诉。××××人民法院/本院作出（××××）……号民事裁定，指令本院再审/提审本案。

本院再审过程中，……（简要写明人民检察院撤回抗诉的事实）。

依照《最高人民法院关于适用〈中华人民共和国民事诉讼法〉的解释》第四百零六条第一款第（三）项规定，裁定如下：

准许××××人民检察院撤回抗诉，本案终结再审程序。

……（本次再审发生诉讼费用的，写明其负担。没有发生诉讼费用的，不写此项）。

审 判 长 ×××
审 判 员 ×××
审 判 员 ×××
××××年××月××日
（院印）
书 记 员 ×××

【说　明】

1. 本裁定书样式根据《最高人民法院关于适用〈中华人民共和国民事诉讼法〉的解释》第四百零六条第一款第（三）项制定，供因人民检察院抗诉，人民法院提审或指令再审过程中，准予人民检察院撤回抗诉并终结再审程序时用。

2. 人民检察院撤回抗诉的，人民法院可以裁定准许并终结再审程序。根据《最高人民法院关于适用〈中华人民共和国民事诉讼法〉的解释》第四百零六条第三款的规定，再审程序终结后，人民法院裁定中止执行的原生效判决自动恢复执行。

3. 《最高人民法院关于适用〈中华人民共和国民事诉讼法〉的解释》第四百零六条第二款的规定：因人民检察院提出抗诉裁定再审的案件，申请抗诉的当事人有前款规定的情形，且不损害国家利益、社会公共利益或者他人合法权益的，人民法院亦应当裁定终结再审程序。此种情形下的文书样式参照本样式制作。

4. 对一审终审判决/裁定的抗诉，准许撤回抗诉裁定参照本样式制作。

【法律依据】

《最高人民法院关于适用〈中华人民共和国民事诉讼法〉的解释》（2020年12月29日）

第四百零六条第一款　再审审理期间，有下列情形之一的，可以裁定终结再审程序：

（一）再审申请人在再审期间撤回再审请求，人民法院准许的；

（二）再审申请人经传票传唤，无正当理由拒不到庭的，或者未经法庭许可中途退庭，按撤回再审请求处理的；

（三）人民检察院撤回抗诉的；

（四）有本解释第四百零二条第一项至第四项规定情形的。

59. 民事裁定书（抗诉案件发回重审用）

×××× 人民法院
民事裁定书

（××××）……民再……号

抗诉机关：××××人民检察院。

申诉人（一审、二审诉讼地位）：×××，……。

……

被申诉人（一审、二审诉讼地位）：×××，……。

……

二审上诉人/二审被上诉人/第三人（一审诉讼地位）：×××，……。

……

（以上写明当事人和其他诉讼参加人的姓名或者名称等基本信息）

申诉人×××因与被申诉人×××及×××（写明原审其他当事人诉讼地位、姓名或名称）……（写明案由）纠纷一案，不服本院（××××）……号民事判决/民事裁定，向检察机关申诉。××××人民检察院作出……号民事抗诉书，向××××人民法院/本院提出抗诉。××××人民法院/本院作出（××××）……号民事裁定，指令本院再审/提审本案。本院依法另行（提审的不写"另行"）组成合议庭，开庭审理了本案。××××人民检察院指派检察员×××出庭（未出庭的不写）。申诉人×××、被申诉人×××（写明当事人和其他诉讼参加人的诉讼地位和姓名或者名称）到庭参加诉讼。（未开庭的，写明：本院依法组成合议庭审理了本案）。本案现已审理终结。

××××人民检察院抗诉认为，……（概括写明人民检察院的抗诉理由）。

×××称，……（写明再审过程中申诉人的再审请求、事实和理由）。

×××辩称，……（概述被申诉人的答辩意见）。

原审其他当事人述称，……（概述原审其他当事人的意见）。

本院再审认为，……（写明发回重审的具体理由）。

依照《中华人民共和国民事诉讼法》第二百零七条第一款、第一百七十条第一款第×项规定，裁定如下：

一、撤销××××人民法院（××××）……民终……号民事判决/民事裁定/民事调解书及××××人民法院（××××）……民初……号民事判决/民事裁定；

二、本案发回××××人民法院重审。

审　判　长　×××
审　判　员　×××
审　判　员　×××
××××年××月××日
（院印）
书　记　员　×××

【说　明】

1. 本裁定书样式根据依照《中华人民共和国民事诉讼法》第二百零七条第一款、第一百七十条第一款的规定制定，供因人民检察院抗诉，人民法院提审或指令再审，经本院按照第二审程序审理后，撤销历次裁判，将本案发回一审法院重审时使用。

2. 对一审终审判决/裁定的抗诉，准许撤回抗诉裁定参照本样式制作。

【法律依据】

《中华人民共和国民事诉讼法》（2017年6月27日）

第二百零七条第一款　人民法院按照审判监督程序再审的案件，发生法律效力的判决、裁定是由第一审法院作出的，按照第一审程序审理，所作的判决、裁定，当事人可以上诉；发生法律效力的判决、裁定是由第二审法院作出的，按照第二审程序审理，所作的判决、裁定，是发生法律效力的判决、裁定；上级人民法院按照审判监督程序提审的，按照第二审程序审理，所作的判决、裁定是发生法律效力的判决、裁定。

第一百七十条第一款　第二审人民法院对上诉案件，经过审理，按照下列情形，分别处理：

（一）原判决、裁定认定事实清楚，适用法律正确的，以判决、裁定方式驳回上诉，维持原判决、裁定；

（二）原判决、裁定认定事实错误或者适用法律错误的，以判决、裁定方式依法改判、撤销或者变更；

（三）原判决认定基本事实不清的，裁定撤销原判决，发回原审人民法院重审，或者查清事实后改判；

（四）原判决遗漏当事人或者违法缺席判决等严重违反法定程序的，裁定撤销原判决，发回原审人民法院重审。

60. 出庭通知书（抗诉案件通知检察院派员出庭用）

××××人民法院
出庭通知书

（××××）……民再……号

××××人民检察院：

　　×××与×××……（写明案由）一案，我院定于××××年××月××日上/下午××时××分在本院第××法庭开庭审理，请准时派员出庭（开庭前，请将出庭人员姓名、职务告知我院）。

　　联系人：××××人民法院××庭×××

　　电　话：……

××××年××月××日
（院印）

【说　明】

　　1. 本通知书样式根据《中华人民共和国民事诉讼法》第二百一十三条制定，供人民检察院提出抗诉的案件，人民法院再审时，通知人民检察院派员出席法庭用。

　　2.《最高人民法院关于适用〈中华人民共和国民事诉讼法〉的解释》第四百二十一条规定，人民法院开庭审理抗诉案件，应当在开庭三日前通知人民检察院。

【法律依据】

《中华人民共和国民事诉讼法》（2017年6月27日）

　　第二百一十三条　人民检察院提出抗诉的案件，人民法院再审时，应当通知人民检察院派员出席法庭。

（六）检察建议再审案件

61. 民事裁定书（采纳再审检察建议并裁定再审用）

××××人民法院

民事裁定书

（××××）……民×……号

监督机关：××××人民检察院。

申诉人（一、二审的诉讼地位）：×××，……。

……

被申诉人（一、二审的诉讼地位）：×××，……。

……

二审上诉人/二审被上诉人/第三人（一审诉讼地位）：×××，……。

……

（以上写明当事人和其他诉讼参加人的姓名或者名称等基本信息）

申诉人×××因与被申诉人×××……（写明案由）一案，不服××××人民法院于××××年××月××日作出（××××）……号民事判决/民事裁定/民事调解书，向××××人民检察院申诉。××××人民检察院以……号民事再审检察建议书向本院提出再审检察建议。经本院院长提交审判委员会讨论认为，该判决/裁定/调解书确有错误，应予再审，依照《中华人民共和国民事诉讼法》第一百九十八条第一款、第二百零六条规定，裁定如下：

一、本案由本院再审；

二、再审期间，中止原判决/裁定/调解书的执行。

审 判 长　×××
审 判 员　×××
审 判 员　×××
××××年××月××日
（院印）
书 记 员　×××

【说　明】

1. 本裁定书样式根据《中华人民共和国民事诉讼法》第一百九十八条第一款、第二百零六条、第二百零八条第二款的规定，供作出发生法律效力的判决/裁定/调解书的人民法院，根据再审检察建议依职权对本案提起再审用。

2. 因人民检察院再审检察建议而依职权裁定再审的，首先写明监督机关，随后列明"申诉人（一、二审的诉讼地位）"，再列明"被申诉人（一、二审的诉讼地位）"，其他当事人按原审诉讼地位表述，例如，二审终审的，列为"二审上诉人（一审原告）"或"二审被上诉人（一审被告）"等；一审终审的，列为"原审原告"或"原审被告""原审第三人"。鉴于裁定再审时，案件尚未进入审理程序，对于当事人的基本情况，仍依原审裁判文书列明；尚未委托代理人的，委托代理人一项予以省略。

3. 根据民事诉讼法第一百九十八条第一款的规定，各级人民法院院长对本院已经发生法律效力的判决、裁定、调解书，发现确有错误，认为需要再审的，应当提交审判委员会讨论决定。

4. 如果根据民事诉讼法第二百零六条的规定在裁定再审的同时不中止原判决、裁定、调解书的执行，则上述裁定的主文中不表述第二项。

【法律依据】

《中华人民共和国民事诉讼法》（2017年6月27日）

第一百九十八条第一款　各级人民法院院长对本院已经发生法律效力的判决、裁定、调解书，发现确有错误，认为需要再审的，应当提交审判委员会讨论决定。

第二百零六条　按照审判监督程序决定再审的案件，裁定中止原判决、裁定、调解书的执行，但追索赡养费、扶养费、抚育费、抚恤金、医疗费用、劳动报酬等案件，可以不中止执行。

第二百零八条第二款 地方各级人民检察院对同级人民法院已经发生法律效力的判决、裁定，发现有本法第二百条规定情形之一的，或者发现调解书损害国家利益、社会公共利益的，可以向同级人民法院提出检察建议，并报上级人民检察院备案；也可以提请上级人民检察院向同级人民法院提出抗诉。

62. 复函（不予受理再审检察建议用）

××××人民法院
复函

（××××）……民×……号

××××人民检察院：

申诉人×××因与被申诉人×××……（写明案由）纠纷一案，不服××××人民法院于××××年××月××日作出（××××）……号民事判决/民事裁定/民事调解书，向××××人民检察院申诉。你院以……号民事再审检察建议书向本院提出再审检察建议。

本院经审查认为，……（阐明再审检察建议不应受理的理由）。鉴于你院未撤回再审检察建议/未对再审检察建议予以补正，依照《最高人民法院关于适用〈中华人民共和国民事诉讼法〉若干问题的解释》第四百一十六条第二款规定，对……号民事再审检察建议，本院不予受理。

此复

××××人民法院
××××年××月××日
（院印）

【说 明】

1. 本复函样式根据《最高人民法院关于适用〈中华人民共和国民事诉讼法〉的解释》第四百一十六条制作，供因人民检察院对发生法律效力的判决/裁定/调解书提出再审检察建议后，人民法院经审查对再审检察建议不予受理用。

2. 根据《最高人民法院关于适用〈中华人民共和国民事诉讼法〉的解释》第四百一十六条第二款的规定，对不符合受理条件的再审检察建议，人民检察院不予补正或者撤回的，人民法院应当函告人民检察院不予受理。

【法律依据】

《最高人民法院关于适用〈中华人民共和国民事诉讼法〉的解释》（2020年12月29日）

第四百一十六条 地方各级人民检察院依当事人的申请对生效判决、裁定向同级人民法院提出再审检察建议，符合下列条件的，应予受理：

（一）再审检察建议书和原审当事人申请书及相关证据材料已经提交；

（二）建议再审的对象为依照民事诉讼法和本解释规定可以进行再审的判决、裁定；

（三）再审检察建议书列明该判决、裁定有民事诉讼法第二百零八条第二款规定情形；

（四）符合民事诉讼法第二百零九条第一款第一项、第二项规定情形；

（五）再审检察建议经该人民检察院检察委员会讨论决定。

不符合前款规定的，人民法院可以建议人民检察院予以补正或者撤回；不予补正或者撤回的，应当函告人民检察院不予受理。

63. 民事决定书（不采纳再审检察建议用）

××××人民法院
民事决定书

（××××）……民×……号

监督机关：××××人民检察院。

申诉人（一、二审的诉讼地位）：×××，……。

……

被申诉人（一、二审的诉讼地位）：×××，……。

……

二审上诉人/二审被上诉人/第三人（一审诉讼地位）：×××，……。

……

（以上写明当事人和其他诉讼参加人的姓名或者名称等基本信息）

申诉人×××因与被申诉人×××……（写明案由）一案，不服××××人民法院于××××年××月××日作出（××××）……号民事判决/民事裁定/民事调解书，向××××人民检察院申诉。××××人民检察院以……号民事再审检察建议书向本院提出再审检察建议。

本院经审查认为，……（阐明不采纳再审检察建议的依据和理由）。

依照《最高人民法院关于适用〈中华人民共和国民事诉讼法〉若干问题的解释》第四百一十九条规定，决定如下：

对……号民事再审检察建议，不予采纳。

××××人民法院
××××年××月××日
（院印）

【说　明】

1. 本决定书样式根据《最高人民法院关于适用〈中华人民共和国民事诉讼法〉的解释》第四百一十九条的规定制定，供因人民检察院对发生法律效力的判决/裁定/调解书提出再审检察建议，人民法院经审查后不予采纳用。

2. 根据《最高人民法院关于适用〈中华人民共和国民事诉讼法〉的解释》第四百一十九条的规定，人民法院收到再审检察建议后，应当组成合议庭，在三个月内进行审查，发现原判决、裁定、调解书确有错误，需要再审的，依照民事诉讼法第一百九十八条规定裁定再审，并通知当事人；经审查，决定不予再审的，应当书面回复人民检察院。

【法律依据】

《最高人民法院关于适用〈中华人民共和国民事诉讼法〉的解释》（2020年12月29日）

第四百一十九条　人民法院收到再审检察建议后，应当组成合议庭，在三个月内进行审查，发现原判决、裁定、调解书确有错误，需要再审的，依照民事诉讼法第一百九十八条规定裁定再审，并通知当事人；经审查，决定不予再审的，应当书面回复人民检察院。

64. 民事判决书（依再审检察建议对本院案件按一审程序再审用）

××××人民法院
民事判决书

（××××）……民再……号

监督机关：××××人民检察院。

申诉人（一审诉讼地位）：×××，……。

……

被申诉人（一审诉讼地位）：×××，……。

……

原审原告/被告/第三人：×××，……。

……

（以上写明当事人和其他诉讼参加人的姓名或者名称等基本信息）

申诉人×××因与被申诉人×××……（写明案由）一案，不服××××人民法院于××××年××月××日作出（××××）……号民事判决/民事裁定/民事调解书，向××××人民检察院申诉。××××人民检察院以……号民事再审检察建议书向本院提出再审检察建议。经本院审判委员会讨论决定，于××××年××月××日作出（××××）……号民事裁定，再审本案。本院依法另行组成合议庭开庭审理了本案。××××人民检察院指派检察员×××出庭。申诉人×××、被申诉人×××（写明当事人和其他诉讼参加人的诉讼地位和姓名或者名称）到庭参加诉讼。本案现已审理终结。

××××人民检察院提出再审检察建议，……（概括写明人民检察院建议理由）。

×××称，……（写明再审过程中申诉人的再审请求、事实和理由）。

×××辩称，……（概述被申诉人的答辩意见）。

×××述称，……（概述原审其他当事人的意见）。

×××向原审法院起诉请求：……（写明原审原告的诉讼请求）。本院原审认定事实：……。本院原审认为，……（概述原审判决理由）。本院原审判决：……（写明原审判决主文）。

围绕当事人的再审请求，本院对有争议的证据和事实认定如下：

……（写明再审法院采信证据、认定事实的意见和理由，对原审法院认定相关的事实进行评判）。

本院再审认为，……（写明争议焦点，根据再审认定的案件事实和相关法律，对再审请求进行分析评判，说明理由）。

依照《中华人民共和国民事诉讼法》第二百零七条第一款、……（写明法律文件名称及其条款项序号）规定，判决如下：

一、……；

二、……。

（以上分项写明裁判结果）

……（写明诉讼费用的负担）。

如不服本判决，可在判决书送达之日起十五日内，向本院递交上诉状，并按对方当事人的人数提出副本，上诉于××××人民法院，并预交上诉案件受理费。

审 判 长 ×××
审 判 员 ×××
审 判 员 ×××
××××年××月××日
（院印）
书 记 员 ×××

【说 明】

1. 本裁定书样式根据《中华人民共和国民事诉讼法》第二百零七条第一款制定，供因人民检察院对发生法律效力的判决/裁定/调解书提出再审检察建议后，经审查依职权对本案提起再审，按照第一审程序审理后作出实体处理用。

2. 人民检察院派员出席法庭的，应在案件审理经过部分写明。

【法律依据】

《中华人民共和国民事诉讼法》（2017年6月27日）

第二百零七条第一款 人民法院按照审判监督程序再审的案件，发生法律效力的判决、裁定是由第一审法院作出的，按照第一审程序审理，所作的判决、裁定，当事人可以上诉；发生法律效力的判决、裁定是由第二审法院作出的，按照第二审程序审理，所作的判决、裁定，是发生法律效力的判决、裁定；上级人民法院按照审判监督程序提审的，按照第二审程序审理，所作的判决、裁定是发生法律效力的判决、裁定。

65. 民事判决书（依再审检察建议对本院案件按二审程序再审用）

××××人民法院
民事判决书

（××××）……民再……号

监督机关：××××人民检察院。

申诉人（一审、二审诉讼地位）：×××，……。

……

被申诉人（一审、二审诉讼地位）：×××，……。

……

二审上诉人/二审被上诉人/第三人（一审诉讼地位）：×××，……。

……

（以上写明当事人和其他诉讼参加人的姓名或者名称等基本信息）

申诉人×××与被申诉人×××……（写明案由）一案，不服××××人民法院于××××年××月××日作出（××××）……号民事判决/民事裁定/民事调解书，向××××人民检察院申诉。××××人民检察院以……号民事再审检察建议书向本院提出再审检察建议。经本院审判委员会讨论决定，于××××年××月××日作出（××××）……号民事裁定，再审本案。本院依法另行组成合议庭，不开庭审理了本案。××××人民检察院指派检察员×××出庭。申诉人×××、被申诉人×××（写明当事人和其他诉讼参加人的诉讼地位和姓名或者名称）到庭参加诉讼。（未开庭的，写明：本院依法组成合议庭审理了本案）。本案现已审理终结。

××××人民检察院提出再审检察建议，……（概括写明人民检察院的建议理由）。

×××称，……（写明再审过程中申诉人的再审请求、事实和理由）。

×××辩称，……（概述被申诉人的答辩意见）。

×××述称，……（概述原审其他当事人的意见）。

×××向一审法院起诉请求：……（写明一审原告的诉讼请求）。一审法院认定事实：……。一审法院判决：……（写明一审判决主文）。

×××不服一审判决，上诉请求：……（写明上诉请求）。二审法院认定事实：……（概述二审认定事实）。二审法院认为，……（概述二审判决理由）。二审法院判决：……（写明二审判决主文）。

围绕当事人的再审请求，本院对有争议的证据和事实认定如下：

……（写明再审法院采信证据、认定事实的意见和理由，对一审、二审法院认定相关的事实进行评判）。

本院再审认为，……（写明争议焦点，根据再审认定的案件事实和相关法律，对再审请求进行分析评判，说明理由）。

综上所述，……（对当事人的再审请求是否成立进行总结评述）。依照《中华人民共和国民事诉讼法》第二百零七条第一款、第一百七十条第一款第×项、……（写明法律文件名称及其条款项序号）规定，判决如下：

一、……；

二、……。

（以上分项写明判决结果）

……（写明诉讼费用的负担）。

本判决为终审判决。

审　判　长　×××
审　判　员　×××
审　判　员　×××
××××年××月××日
（院印）
书　记　员　×××

【说　明】

本裁定书样式根据《中华人民共和国民事诉讼法》第二百零七条第一款制定，供因人民检察院对发生法律效力的判决/裁定/调解书提出再审检察建议后，经审查依职权对本案提起再审，按照第二审程序审理后作出实体处理用。

【法律依据】

《中华人民共和国民事诉讼法》(2017年6月27日)

第二百零七条第一款 人民法院按照审判监督程序再审的案件,发生法律效力的判决、裁定是由第一审法院作出的,按照第一审程序审理,所作的判决、裁定,当事人可以上诉;发生法律效力的判决、裁定是由第二审法院作出的,按照第二审程序审理,所作的判决、裁定,是发生法律效力的判决、裁定;上级人民法院按照审判监督程序提审的,按照第二审程序审理,所作的判决、裁定是发生法律效力的判决、裁定。

66. 民事裁定书（依再审检察建议对本院案件发回重审用）

××××人民法院
民事裁定书

（××××）……民再……号

监督机关：××××人民检察院。

申诉人（一审、二审诉讼地位）：×××，……。

……

被申诉人（一审、二审诉讼地位）：×××，……。

……

二审上诉人/二审被上诉人/第三人（一审诉讼地位）：×××，……。

……

（以上写明当事人和其他诉讼参加人的姓名或者名称等基本信息）

申诉人×××与被申诉人×××……（写明案由）纠纷一案，不服××××人民法院于××××年××月××日作出（××××）……号民事判决/民事裁定/民事调解书，向××××人民检察院申诉。××××人民检察院以……号民事再审检察建议书向本院提出再审检察建议。经本院审判委员会讨论决定，于××××年××月××日作出（××××）……号民事裁定，再审本案。本院依法另行组成合议庭，开庭审理了本案。××××人民检察院指派检察员×××出庭。申诉人×××、被申诉人×××（写明当事人和其他诉讼参加人的诉讼地位和姓名或者名称）到庭参加诉讼。（未开庭的，写明：本院依法组成合议庭审理了本案）。本案现已审理终结。

××××人民检察院提出再审检察建议，……（概括写明人民检察院的建议理由）。

×××称，……（写明再审过程中申诉人的再审请求、事实和理由）。

×××辩称，……（概述被申诉人的答辩意见）。

×××述称，……（概述原审其他当事人的意见）。

本院再审认为，……（写明发回重审的具体理由）。

依照《中华人民共和国民事诉讼法》第二百零七条第一款、第一百七十条第一款第×项规定，裁定如下：

一、撤销××××人民法院（××××）……民终……号民事判决/民事裁定/民事调解书及××××人民法院（××××）……民初……号民事判决/民事裁定；

二、本案发回××××人民法院重审。

审　判　长　×××
审　判　员　×××
审　判　员　×××
××××年××月××日
（院印）
书　记　员　×××

【说　明】

1. 本裁定书样式供作出发生法律效力的判决（裁定或者调解书）的人民法院，根据再审检察建议依职权对本案提起再审，按照第二审程序审理后，撤销历次裁判，将本案发回一审法院重审时使用。

2. 本裁定书样式参照提审后发回重审裁定制作。

（七）小额诉讼再审案件

67. 民事裁定书（小额诉讼案件裁定再审用）

××××人民法院
民事裁定书

（××××）……民申……号

再审申请人（原审诉讼地位）：×××，……。
……
被申请人（原审诉讼地位）：×××，……。
……
（以上写明当事人和其他诉讼参加人的姓名或者名称等基本信息）

再审申请人×××因与被申请人×××……（写明案由）一案，不服本院按小额诉讼程序审理并作出的（××××）……号民事判决/裁定，向本院申请再审。本院依法组成合议庭进行了审查，现已审查终结。

本院认为，×××的再审申请符合《中华人民共和国民事诉讼法》第二百条第×项规定的情形。

依照《中华人民共和国民事诉讼法》第二百条第……项、第二百零四条、第二百零六条、《最高人民法院关于适用〈中华人民共和国民事诉讼法〉的解释》第四百二十六条第一款规定，裁定如下：

一、本案由本院再审；

二、再审期间，中止原判决/裁定的执行。

审　判　长　×××
审　判　员　×××
审　判　员　×××
××××年××月××日
（院印）
书　记　员　×××

【说　明】

1. 本裁定书样式依据《最高人民法院关于适用〈中华人民共和国民事诉讼法〉的解释》第四百二十六条第一款规定制定，供当事人不服小额诉讼案件的判决/裁定申请再审，人民法院经审查认为再审事由成立裁定再审用。

2. 如果人民法院根据民事诉讼法第二百零六条规定在裁定再审不中止原判决、裁定的执行，裁定的主文中不表述第二项。

3. 人民法院经审查认为当事人理由不成立的，裁定驳回再审申请的文书样式参照驳回再审申请裁定书样式制作。

【法律依据】

《最高人民法院关于适用〈中华人民共和国民事诉讼法〉的解释》（2020年12月29日）

第四百二十六条第一款　对小额诉讼案件的判决、裁定，当事人以民事诉讼法第二百条规定的事由向原审人民法院申请再审的，人民法院应当受理。申请再审事由成立的，应当裁定再审，组成合议庭进行审理。作出的再审判决、裁定，当事人不得上诉。

68. 民事裁定书（小额诉讼案件因程序不当裁定再审用）

××××人民法院
民事裁定书

（××××）……民申……号

再审申请人（原审诉讼地位）：×××，……。

……

被申请人（原审诉讼地位）：×××，……。

……

（以上写明当事人和其他诉讼参加人的姓名或者名称等基本信息）

再审申请人×××因与被申请人×××……（写明案由）一案，不服本院按小额诉讼程序审理并作出的（××××）……号民事判决/民事裁定，向本院申请再审。本院依法组成合议庭进行了审查，现已审查终结。

本院认为，……（围绕原审是否应该按小额诉讼程序审理进行阐明）。

依照《中华人民共和国民事诉讼法》第二百零四条、第二百零六条、《最高人民法院关于适用〈中华人民共和国民事诉讼法〉的解释》第四百二十六条第二款规定，裁定如下：

一、本案由本院再审；

二、再审期间，中止原判决/裁定的执行。

审　判　长　×××
审　判　员　×××
审　判　员　×××
××××年××月××日
（院印）
书　记　员　×××

【说　明】

1. 本裁定书样式依据《最高人民法院关于适用〈中华人民共和国民事诉讼法〉的解释》第四百二十六条第二款规定制定，供当事人认为不应按小额诉讼案件审理而申请再审，人民法院经审查认为理由成立裁定再审用。

2. 如果人民法院根据民事诉讼法第二百零六条规定在裁定再审不中止原判决、裁定的执行，裁定的主文中不表述第二项。

3. 人民法院经审查认为当事人理由不成立的，裁定驳回再审申请的文书样式参照驳回再审申请裁定书样式制作。

【法律依据】

《最高人民法院关于适用〈中华人民共和国民事诉讼法〉的解释》（2020年12月29日）

第四百二十六条第二款　当事人以不应按小额诉讼案件审理为由向原审人民法院申请再审的，人民法院应当受理。理由成立的，应当裁定再审，组成合议庭审理。作出的再审判决、裁定，当事人可以上诉。

69. 民事判决书（小额诉讼案件再审用）

××××人民法院
民事判决书

（××××）……民再……号

再审申请人（原审诉讼地位）：×××，……。

……

被申请人（原审诉讼地位）：×××，……。

……

原审原告/被告：×××，……。

……

（以上写明当事人和其他诉讼参加人的姓名或者名称等基本信息）

再审申请人×××因与被申请人×××……（写明案由）一案，不服本院按小额诉讼程序审理作出的（××××）……号民事判决/民事裁定，向本院申请再审。本院于××××年××月××日作出（××××）……号民事裁定，再审本案。本院依法另行组成合议庭，开庭审理了本案。再审申请人×××、被申请人×××（写明当事人和其他诉讼参加人的诉讼地位和姓名或者名称）到庭参加诉讼。本案现已审理终结。

×××申请再审称，……（写明再审请求、事实和理由）。

×××辩称，……（概述被申请人的答辩意见）。

×××述称，……（概述原审其他当事人的意见）。

×××向原审法院起诉请求：……（写明原审原告的诉讼请求）。原审法院认定事实：……。原审法院认为，……（概述原审判决理由）。原审法院判决：……（写明原审判决主文）。

围绕当事人的再审请求，本院对有争议的证据和事实认定如下：

……（写明再审法院采信证据、认定事实的意见和理由，对原审法院认定相关的事实进行评判）。

本院再审认为，……（写明争议焦点，根据再审认定的案件事实和相关法律，对再审请求进行分析评判，说明理由）。

依照《中华人民共和国民事诉讼法》第二百零七条第一款、《最高人民法院关于适用〈中华人民共和国民事诉讼法〉的解释》第四百二十六条第一款以及……（写明再审判决的法律依据）规定，判决如下：

一、……；

二、……。

（以上分项写明裁判结果）

……（写明诉讼费用的负担）。

本判决为终审判决。

审　判　长　×××

审　判　员　×××

审　判　员　×××

×××年××月××日

（院印）

书　记　员　×××

【说　明】

1. 本判决书样式根据《最高人民法院关于适用〈中华人民共和国民事诉讼法〉的解释》第四百二十六条第一款的规定制定，供人民法院对小额诉讼案件裁定再审后进行审理作出实体处理用。

2. 对小额诉讼案件的判决、裁定，当事人以民事诉讼法第二百条规定的事由向原审人民法院申请再审的，人民法院应当受理。申请再审事由成立的，应当裁定再审，组成合议庭进行审理。作出的再审判决、裁定，当事人不得上诉。

【法律依据】

《最高人民法院关于适用〈中华人民共和国民事诉讼法〉的解释》（2020年12月29日）

第四百二十六条第一款　对小额诉讼案件的判决、裁定，当事人以民事诉讼法第二百条规定的事由向原审人民法院申请再审的，人民法院应当受理。申请再审事由成立的，应当裁定再审，组成合议庭进行审理。作出的再审判决、裁定，当事人不得上诉。

70. 民事判决书（小额诉讼案件因程序不当再审用）

××××人民法院
民事判决书

（××××）……民再……号

再审申请人（原审诉讼地位）：×××，……。
……
被申请人（原审诉讼地位）：×××，……。
……
原审原告/被告：×××，……。
……
（以上写明当事人和其他诉讼参加人的姓名或者名称等基本信息）

再审申请人×××因与被申请人×××……（写明案由）一案，不服本院按小额诉讼程序审理作出的（××××）……号民事判决/民事裁定，向本院申请再审。本院于××××年××月××日作出（××××）……号民事裁定，再审本案。本院依法另行组成合议庭，开庭审理了本案。再审申请人×××、被申请人×××（写明当事人和其他诉讼参加人的诉讼地位和姓名或者名称）到庭参加诉讼。本案现已审理终结。

×××申请再审称，……（写明再审请求、事实和理由）。

×××辩称，……（概述被申请人的答辩意见）。

×××述称，……（概述原审其他当事人的意见）。

×××向原审法院起诉请求：……（写明原审原告的诉讼请求）。原审法院认定事实：……。原审法院认为，……（概述原审判决理由）。原审法院判决：……（写明原审判决主文）。

围绕当事人的再审请求，本院对有争议的证据和事实认定如下：

……（写明再审法院采信证据、认定事实的意见和理由，对原审法院认定相关的事实进行评判）。

本院再审认为，……（写明争议焦点，根据再审认定的案件事实和相关法律，对再审请求进行分析评判，说明理由）。

依照《中华人民共和国民事诉讼法》第二百零七条第一款、《最高人民法院关于适用〈中华人民共和国民事诉讼法〉的解释》第四百二十六条第二款以及……（写明再审判决的法律依据）规定，判决如下：

一、……；

二、……。

（以上分项写明裁判结果）

……（写明诉讼费用的负担）。

如不服本判决，可在判决书送达之日起十五日内，向本院递交上诉状，并按对方当事人的人数提出副本，上诉于×××人民法院，并预交上诉案件受理费。

审　判　长　×××
审　判　员　×××
审　判　员　×××
××××年××月××日
（院印）
书　记　员　×××

【说　明】

1. 本判决书样式根据《最高人民法院关于适用〈中华人民共和国民事诉讼法〉的解释》第四百二十六条第二款制定，供当事人认为不应适用小额诉讼案件审理，人民法院经审查裁定再审后进行审理作出实体处理用。

2. 当事人以不应按小额诉讼案件审理为由向原审人民法院申请再审的，人民法院应当受理。理由成立的，应当裁定再审，组成合议庭审理。作出的再审判决、裁定，当事人可以上诉。

【法律依据】

《最高人民法院关于适用〈中华人民共和国民事诉讼法〉的解释》（2020年12月29日）

第四百二十六条第二款　当事人以不应按小额诉讼案件审理为由向原审人民法院申请再审的，人民法院应当受理。理由成立的，应当裁定再审，组成合议庭审理。作出的再审判决、裁定，当事人可以上诉。

（八）其　他

71. **询问笔录**（询问当事人用）

询问笔录

时间：××××年××月××日××时××分至××时××分

地点：××××人民法院第×法庭（询问室）

案号：（××××）……号

案由：……（写明案由）

审判人员：……（写明职务和姓名）

书记员：×××（写明姓名）

（询问前，书记员查明当事人和其他诉讼参与人是否到庭，宣布询问纪律）

审：现在开始询问。首先核对当事人和其他诉讼参加人的基本信息。

再审申请人：×××，……。

……

被申请人：×××，……。

……

原审其他当事人（按照原审地位列明）：×××，……。

……

（以上写明当事人和其他诉讼参加人的基本信息，未参加询问的括注未参加询问，委托代理人括注代理权限）

审：再审申请人对参加询问人员有无异议？

再审申请人：……。

审：被申请人对参加询问人员有无异议？

被申请人：……。

审：原审其他当事人对参加询问人员有无异议？

原审其他当事人：……。

审：经核对，各方当事人和其他诉讼参加人均符合法律规定，可以参加本案诉讼活动。×××人民法院依照《中华人民共和国民事诉讼法》第二百零三条规定，今天依法组织询问。本案由审判员×××、审判员/代理审判员×××、审判员/代理审判员×××组成合议庭，由审判员×××担任审判长，由书记员×××担任记录。

告知当事人有关的诉讼权利义务。

当事人可以提出回避申请。再审申请人是否申请回避？

再审申请人：……。

被申请人是否申请回避？

被申请人：……。

原审其他当事人：……。

审：首先由再审申请人陈述再审申请请求与事实与理由。

再审申请人：再审申请请求：……。

事实与理由：……。

审：现在由被申请人答辩。

被申请人：……。

审：现在由原审其他当事人陈述意见。

原审其他当事人：……。

（再审申请人申请再审事由中有《中华人民共和国民事诉讼法》第二百条第一项的，应在询问中组织各方当事人对新的证据进行质证）

审：根据各方当事人的再审申请、答辩意见以及一、二审审理情况，合议庭归纳本案争议焦点如下：一、……；二、……；三、……。各方当事人对合议庭归纳的争议焦点是否有异议？

再审申请人：……。

被申请人：……。

原审其他当事人：……。

审：下面围绕本案争议焦点涉及的事实问题展开调查。

问题一：……。

再审申请人：……。

被申请人：……。

原审其他当事人：……。

问题二：……。

再审申请人：……。

被申请人：……。

原审其他当事人：……。

……

审：请各方当事人就本案争议焦点发表法律意见。

再审申请人：……。

被申请人：……。

原审其他当事人：……。

审：现在请各方当事人做最后陈述。

再审申请人：……。

被申请人：……。

原审其他当事人：……。

审：现在询问结束。

再审申请人（签名或者盖章）

被申请人（签名或者盖章）

原审其他当事人（签名或者盖章）

审判人员（签名）

书记员（签名）

【说　明】

1. 本笔录样式根据《中华人民共和国民事诉讼法》第二百零三条制定，供再审审查程序中询问当事人用。

2. 根据《中华人民共和国民事诉讼法》第一百六十九条及《最高人民法院关于适用〈中华人民共和国民事诉讼法〉的解释》第二百六十三条、第三百七十条、第四百八十四条的规定，在第二审程序、简易程序、实现担保物权程序、执行程序等程序中询问当事人的，可以准用，并相应变更当事人诉讼地位和所依据法律条文。

3. 法律和司法解释规定可以调解的案件，应当在当事人最后陈述之后征询当事人调解意向。

4. 书记员应当如实、全面、准确记录询问内容。当事人和其他诉讼参与人认为对自己的陈述记录有遗漏或者差错的，有权申请补正。如果不予补正，应当将申请记录在案。

5. 询问笔录由当事人和其他诉讼参与人签名或者盖章。拒绝签名盖章的，记明情况附卷。

6. 询问笔录由审判人员和书记员签名。

【法律依据】

1. 《中华人民共和国民事诉讼法》（2017 年 6 月 27 日）

第二百零三条　当事人申请再审的，应当提交再审申请书等材料。人民法院应当自收到再审申请书之日起五日内将再审申请书副本发送对方当事人。对方当事人应当自收到再审申请书副本之日起十五日内提交书面意见；不提交书面意见的，不影响人民法院审查。人民法院可以要求申请人和对方当事人补充有关材料，询问有关事项。

第一百六十九条　第二审人民法院对上诉案件，应当组成合议庭，开庭审理。经过阅卷、调查和询问当事人，对没有提出新的事实、证据或者理由，合议庭认为不需要开庭审理的，可以不开庭审理。

第二审人民法院审理上诉案件，可以在本院进行，也可以到案件发生地或者原审人民法院所在地进行。

2. 《最高人民法院关于适用〈中华人民共和国民事诉讼法〉的解释》（2020 年 12 月 29 日）

第二百六十三条　适用简易程序审理案件，卷宗中应当具备以下材料：

（一）起诉状或者口头起诉笔录；

（二）答辩状或者口头答辩笔录；

（三）当事人身份证明材料；

（四）委托他人代理诉讼的授权委托书或者口头委托笔录；

（五）证据；

（六）询问当事人笔录；

（七）审理（包括调解）笔录；

（八）判决书、裁定书、调解书或者调解协议；

（九）送达和宣判笔录；

（十）执行情况；

(十一) 诉讼费收据；

(十二) 适用民事诉讼法第一百六十二条规定审理的，有关程序适用的书面告知。

第三百七十条 人民法院审查实现担保物权案件，可以询问申请人、被申请人、利害关系人，必要时可以依职权调查相关事实。

第四百八十四条 对必须接受调查询问的被执行人、被执行人的法定代表人、负责人或者实际控制人，经依法传唤无正当理由拒不到场的，人民法院可以拘传其到场。

人民法院应当及时对被拘传人进行调查询问，调查询问的时间不得超过八小时；情况复杂，依法可能采取拘留措施的，调查询问的时间不得超过二十四小时。

人民法院在本辖区以外采取拘传措施时，可以将被拘传人拘传到当地人民法院，当地人民法院应予协助。

十九、督促程序

1. 支付令（督促程序用）

××××人民法院
支付令

（××××）……民督……号

申请人：×××，……。
……
被申请人：×××，……。
……
（以上写明申请人、被申请人及其代理人的姓名或者名称等基本信息）

申请人×××于××××年××月××日向本院申请支付令。申请人×××称，……（概述申请人提供的债权债务关系的事实、证据）。要求被申请人×××给付申请人×××……（写明请求给付的金钱或者有价证券的名称和数量）。

本院经审查认为，申请人的申请符合民事诉讼法规定的条件。

依照《中华人民共和国民事诉讼法》第二百一十四条、第二百一十六条规定，特发出如下支付令：

被申请人×××应当自收到本支付令之日起十五日内，给付申请人×××……（写明应给付的金钱或者有价证券的名称和数量）。

申请费……元，由被申请人×××负担。

被申请人如有异议，应当自收到本支付令之日起十五日内向本院书面提出；逾期不提出书面异议的，本支付令即发生法律效力。

审 判 员 ×××
××××年××月××日
（院印）
书 记 员 ×××

【说　明】

1. 本样式根据《中华人民共和国民事诉讼法》第二百一十四条、第二百一十六条制定，供有管辖权的基层人民法院在受理支付令申请后，经审查债权人提供的事实、证据，对债权债务关系明确、合法的，在受理之日起十五日内向债务人发出支付令用。

2. 根据《最高人民法院关于适用〈中华人民共和国民事诉讼法〉的解释》第四百二十九条第三款的规定，基层人民法院受理申请支付令案件，不受债权金额的限制。

【法律依据】

1. 《中华人民共和国民事诉讼法》（2017年6月27日）

第二百一十四条　债权人请求债务人给付金钱、有价证券，符合下列条件的，可以向有管辖权的基层人民法院申请支付令：

（一）债权人与债务人没有其他债务纠纷的；

（二）支付令能够送达债务人的。

申请书应当写明请求给付金钱或者有价证券的数量和所根据的事实、证据。

第二百一十六条　人民法院受理申请后，经审查债权人提供的事实、证据，对债权债务关系明确、合法的，应当在受理之日起十五日内向债务人发出支付令；申请不成立的，裁定予以驳回。

债务人应当自收到支付令之日起十五日内清偿债务，或者向人民法院提出书面异议。

债务人在前款规定的期间不提出异议又不履行支付令的，债权人可以向人民法院申请执行。

2. 《最高人民法院关于适用〈中华人民共和国民事诉讼法〉的解释》（2020年12月29日）

第四百二十九条第三款　基层人民法院受理申请支付令案件，不受债权金额的限制。

2. 民事裁定书（驳回支付令申请用）

××××人民法院
民事裁定书

（××××）……民督……号

申请人：×××，……。

……

被申请人：×××，……。

……

(以上写明申请人、被申请人及其代理人的姓名或者名称等基本信息)

申请人×××于××××年××月××日向本院提出支付令申请。本院于××××年××月××日受理后，经审查认为，……（写明申请不成立的理由）。

依照《中华人民共和国民事诉讼法》第二百一十六条第一款、《最高人民法院关于适用〈中华人民共和国民事诉讼法〉的解释》第四百三十条规定，裁定如下：

驳回×××的支付令申请。

本裁定为终审裁定。

审　判　员　×××
××××年××月××日
（院印）
书　记　员　×××

【说　明】

1. 本样式根据《中华人民共和国民事诉讼法》第二百一十六条第一款以及《最高人民法院关于适用〈中华人民共和国民事诉讼法〉的解释》第四百

三十条制定，供基层人民法院在受理支付令申请后，经审查申请不成立的，裁定驳回申请用。

2. 根据《最高人民法院关于适用〈中华人民共和国民事诉讼法〉的解释》第四百三十条第二款的规定，人民法院受理支付令申请后，发现不符合规定的受理条件的，应当在受理之日起十五日内裁定驳回申请。

3. 案号类型代字为"民督"。

4. 人民法院受理申请后，由审判员一人进行审查。

【法律依据】

1. 《中华人民共和国民事诉讼法》（2017年6月27日）

第二百一十六条第一款 人民法院受理申请后，经审查债权人提供的事实、证据，对债权债务关系明确、合法的，应当在受理之日起十五日内向债务人发出支付令；申请不成立的，裁定予以驳回。

2. 《最高人民法院关于适用〈中华人民共和国民事诉讼法〉的解释》（2020年12月29日）

第四百三十条 人民法院受理申请后，由审判员一人进行审查。经审查，有下列情形之一的，裁定驳回申请：

（一）申请人不具备当事人资格的；

（二）给付金钱或者有价证券的证明文件没有约定逾期给付利息或者违约金、赔偿金，债权人坚持要求给付利息或者违约金、赔偿金的；

（三）要求给付的金钱或者有价证券属于违法所得的；

（四）要求给付的金钱或者有价证券尚未到期或者数额不确定的。

人民法院受理支付令申请后，发现不符合本解释规定的受理条件的，应当在受理之日起十五日内裁定驳回申请。

3. 民事裁定书（驳回支付令异议用）

×××× 人民法院
民事裁定书

（××××）×××××民督……号

异议人（被申请人）：×××，……。

……

（以上写明异议人及其代理人的姓名或者名称等基本信息）

申请人×××与被申请人×××申请支付令一案，本院于××××年××月××日立案后，于××××年××月××日发出（××××）……民督……号支付令，限令被申请人×××在收到支付令之日起十五日内清偿债务，或者向本院提出书面异议。

被申请人×××于××××年××月××日向本院提出支付令异议，认为，……（写明异议的事实根据与理由）。

本院经审查认为，……（写明异议不成立的理由）。

依照《中华人民共和国民事诉讼法》第一百五十四条第一款第十一项、《最高人民法院关于适用〈中华人民共和国民事诉讼法〉的解释》第四百三十八条规定，裁定如下：

驳回×××的支付令异议。

审　判　员　×××
××××年××月××日
（院印）
书　记　员　×××

【说　明】

1. 本样式根据《最高人民法院关于适用〈中华人民共和国民事诉讼法〉

的解释》第四百三十八条制定，供基层人民法院在发出支付令后，债务人提出书面异议但不成立的，裁定驳回异议用。

2. 债务人对债务本身没有异议，只是提出缺乏清偿能力、延缓债务清偿期限、变更债务清偿方式等异议的，不影响支付令的效力。人民法院经审查认为异议不成立的，裁定驳回。债务人的口头异议无效。

【法律依据】

《最高人民法院关于适用〈中华人民共和国民事诉讼法〉的解释》（2020年12月29日）

第四百三十八条 债务人对债务本身没有异议，只是提出缺乏清偿能力、延缓债务清偿期限、变更债务清偿方式等异议的，不影响支付令的效力。

人民法院经审查认为异议不成立的，裁定驳回。

债务人的口头异议无效。

4. 民事裁定书（准许撤回支付令异议用）

××××人民法院
民事裁定书

（××××）……民督……号

异议人（被申请人）：×××，……。

……

（以上写明异议人及其代理人的姓名或者名称等基本信息）

申请人×××与被申请人×××申请支付令一案，本院于××××年××月××日立案后，于××××年××月××日发出（××××）……民督……号支付令，限令被申请人×××在收到支付令之日起十五日内清偿债务，或者向本院提出书面异议。被申请人×××于××××年××月××日向本院提出支付令异议。

××××年××月××日，异议人×××以……（写明申请撤回支付令异议的理由）为由，向本院提出撤回支付令异议。

本院经审查认为，人民法院作出终结督促程序或者驳回异议裁定前，债务人请求撤回异议的，应当裁定准许。

依照《中华人民共和国民事诉讼法》第一百五十四条第一款第十一项、《最高人民法院关于适用〈中华人民共和国民事诉讼法〉的解释》第四百三十九条第一款规定，裁定如下：

准许×××撤回支付令异议。

审　判　员　×××
××××年××月××日
（院印）
书　记　员　×××

【说　明】

1. 本样式根据《最高人民法院关于适用〈中华人民共和国民事诉讼法〉的解释》第四百三十九条第一款制定，供基层人民法院在发出支付令后，债务人提出异议后请求撤回的，裁定准许撤回异议用。

2. 人民法院作出终结督促程序或者驳回异议裁定前，债务人请求撤回异议的，应当裁定准许。债务人对撤回异议反悔的，人民法院不予支持。

【法律依据】

《最高人民法院关于适用〈中华人民共和国民事诉讼法〉的解释》（2020年12月29日）

第四百三十九条第一款　人民法院作出终结督促程序或者驳回异议裁定前，债务人请求撤回异议的，应当裁定准许。

5. 民事裁定书（终结督促程序用）

××××人民法院
民事裁定书

（××××）……民督……号

申请人：×××，……。
……

被申请人：×××，……。
……

（以上写明申请人、被申请人及其代理人的姓名或者名称等基本信息）

申请人×××与被申请人×××申请支付令一案，本院于××××年××月××日立案后，于××××年××月××日发出（××××）……民督……号支付令，限令被申请人×××在收到支付令之日起十五日内清偿债务，或者向本院提出书面异议。

本院经审查认为，……（写明终结督促程序的原因）。

依照《中华人民共和国民事诉讼法》第二百一十七条、《最高人民法院关于适用〈中华人民共和国民事诉讼法〉的解释》第四百三十二条第×项/第四百三十七条第×项规定，裁定如下：

终结本案的督促程序。

本院（××××）……民督……号支付令自行失效。

申请费……元，由申请人×××负担。

审　判　员　×××
××××年××月××日
（院印）
书　记　员　×××

【说　明】

1. 本样式根据《中华人民共和国民事诉讼法》第二百一十七条以及《最高人民法院关于适用〈中华人民共和国民事诉讼法〉的解释》第四百三十二条、第四百三十七条制定，供基层人民法院在发出支付令后，具有债务人异议成立等事由时，裁定终结督促程序用。

2. 有下列情形之一裁定终结督促程序的，同时引用《最高人民法院关于适用〈中华人民共和国民事诉讼法〉的解释》第四百三十二条："（一）人民法院受理支付令申请后，债权人就同一债权债务关系又提起诉讼的；（二）人民法院发出支付令之日起三十日内无法送达债务人的；（三）债务人收到支付令前，债权人撤回申请的。"

3. 有下列情形之一裁定终结督促程序的，同时引用《最高人民法院关于适用〈中华人民共和国民事诉讼法〉的解释》第四百三十七条："（一）本解释规定的不予受理申请情形的；（二）本解释规定的裁定驳回申请情形的；（三）本解释规定的应当裁定终结督促程序情形的；（四）人民法院对是否符合发出支付令条件产生合理怀疑的。"

【法律依据】

1. 《中华人民共和国民事诉讼法》（2017 年 6 月 27 日）

第二百一十七条　人民法院收到债务人提出的书面异议后，经审查，异议成立的，应当裁定终结督促程序，支付令自行失效。

支付令失效的，转入诉讼程序，但申请支付令的一方当事人不同意提起诉讼的除外。

2. 《最高人民法院关于适用〈中华人民共和国民事诉讼法〉的解释》（2020 年 12 月 29 日）

第四百三十二条　有下列情形之一的，人民法院应当裁定终结督促程序，已发出支付令的，支付令自行失效：

（一）人民法院受理支付令申请后，债权人就同一债权债务关系又提起诉讼的；

（二）人民法院发出支付令之日起三十日内无法送达债务人的；

（三）债务人收到支付令前，债权人撤回申请的。

第四百三十七条　经形式审查，债务人提出的书面异议有下列情形之一的，应当认定异议成立，裁定终结督促程序，支付令自行失效：

（一）本解释规定的不予受理申请情形的；

（二）本解释规定的裁定驳回申请情形的；

（三）本解释规定的应当裁定终结督促程序情形的；

（四）人民法院对是否符合发出支付令条件产生合理怀疑的。

6. 民事裁定书（撤销支付令用）

××××人民法院
民事裁定书

（××××）……民督监……号

原申请人：×××，……。
……
原被申请人：×××，……。
……
（以上写明原申请人、原被申请人及其代理人的姓名或者名称等基本信息）

申请人×××与被申请人×××申请支付令一案，本院于××××年××月××日以（××××）……民督……号立案，于××××年××月××日发出支付令：被申请人×××应当自收到本支付令之日起十五日内，给付申请人×××……。申请费……元，由被申请人×××负担。被申请人逾期不提出书面异议，支付令已发生法律效力。

本院经审查认为，……（写明撤销支付令的理由）。

经本院审判委员会讨论决定，依照《中华人民共和国民事诉讼法》第一百五十四条第一款第十一项、《最高人民法院关于适用〈中华人民共和国民事诉讼法〉的解释》第四百四十三条规定，裁定如下：

一、撤销××××人民法院（××××）……民督……号支付令；
二、驳回×××的支付令申请。

审 判 长 ×××
审 判 员 ×××
审 判 员 ×××
××××年××月××日
（院印）
书 记 员 ×××

【说　明】

　　1. 本样式根据《最高人民法院关于适用〈中华人民共和国民事诉讼法〉的解释》第四百四十三条制定，供基层人民法院院长发现本院已经发生法律效力的支付令确有错误，认为需要撤销的，提交本院审判委员会讨论决定后，裁定撤销用。

　　2. 案号类型代字为"民督监"。

　　3. 落款中的审判组织由负责审查的合议庭组成人员署名。

【法律依据】

　　《最高人民法院关于适用〈中华人民共和国民事诉讼法〉的解释》（2020年12月29日）

　　第四百四十三条　人民法院院长发现本院已经发生法律效力的支付令确有错误，认为需要撤销的，应当提交本院审判委员会讨论决定后，裁定撤销支付令，驳回债权人的申请。

7. 不予受理支付令申请通知书（通知申请人不予受理用）

××××人民法院
不予受理支付令申请通知书

（××××）……民督……号

×××：

你方请求本院向×××发出支付令的申请书，本院于××××年××月××日收到。经审查认为，你方的申请不符合《中华人民共和国民事诉讼法》第二百一十四条、《最高人民法院关于适用〈中华人民共和国民事诉讼法〉的解释》第四百二十九条规定的条件，本院决定不予受理。

特此通知。

××××年××月××日

（院印）

【说　明】

1. 本样式根据《中华人民共和国民事诉讼法》第二百一十四条、第二百一十五条以及《最高人民法院关于适用〈中华人民共和国民事诉讼法〉的解释》第四百二十九条第一款、第二款制定，供基层人民法院认为债权人的支付令申请不符合法定条件的，通知申请人不予受理用。

2. 人民法院收到债权人的支付令申请书后，认为申请书不符合要求的，可以通知债权人限期补正。人民法院应当自收到补正材料之日起五日内通知债权人是否受理。

3. 债权人申请支付令，不符合下列条件的，基层人民法院应当在收到支付令申请书后五日内通知债权人不予受理：（1）请求给付金钱或者汇票、本票、支票、股票、债券、国库券、可转让的存款单等有价证券；（2）请求给付的金钱或者有价证券已到期且数额确定，并写明了请求所根据的事实、证据；(3) 债权人没有对待给付义务；(4) 债务人在我国境内且未下落不明；(5) 支付令能够送达债务人；(6) 收到申请书的人民法院有管辖权；(7) 债权人未向人民法院申请诉前保全。

【法律依据】

1. 《中华人民共和国民事诉讼法》（2017 年 6 月 27 日）

第二百一十四条　债权人请求债务人给付金钱、有价证券，符合下列条件的，可以向有管辖权的基层人民法院申请支付令：

（一）债权人与债务人没有其他债务纠纷的；

（二）支付令能够送达债务人的。

申请书应当写明请求给付金钱或者有价证券的数量和所根据的事实、证据。

第二百一十五条　债权人提出申请后，人民法院应当在五日内通知债权人是否受理。

2. 《最高人民法院关于适用〈中华人民共和国民事诉讼法〉的解释》（2020 年 12 月 29 日）

第四百二十九条第一款、第二款　债权人申请支付令，符合下列条件的，基层人民法院应当受理，并在收到支付令申请书后五日内通知债权人：

（一）请求给付金钱或者汇票、本票、支票、股票、债券、国库券、可转让的存款单等有价证券；

（二）请求给付的金钱或者有价证券已到期且数额确定，并写明了请求所根据的事实、证据；

（三）债权人没有对待给付义务；

（四）债务人在我国境内且未下落不明；

（五）支付令能够送达债务人；

（六）收到申请书的人民法院有管辖权；

（七）债权人未向人民法院申请诉前保全。

不符合前款规定的，人民法院应当在收到支付令申请书后五日内通知债权人不予受理。

二十、公示催告程序

1. 民事判决书（公示催告除权用）

××××人民法院
民事判决书

（××××）……民催……号

申请人：×××，……。
……

（以上写明申请人及其代理人的姓名或者名称等基本信息）

申请人×××申请公示催告一案，本院于××××年××月××日立案后，依法于××××年××月××日发出公告，催促利害关系人在六十日内申报权利。现公示催告期间已满，无人向本院提出申报（或者×××向本院申报被驳回）。

依照《中华人民共和国民事诉讼法》第二百二十二条、《最高人民法院关于适用〈中华人民共和国民事诉讼法〉的解释》第四百五十二条规定，判决如下：

一、宣告申请人×××持有的号码……、票面金额……元……的×票无效；

二、自本判决公告之日起，申请人×××有权向支付人请求支付。

申请费……元、公告费……元，由申请人×××负担。

审　判　长　×××
审　判　员　×××
审　判　员　×××

××××年××月××日

(院印)

书　记　员　×××

【说　明】

1. 本样式根据《中华人民共和国民事诉讼法》第二百二十二条以及《最高人民法院关于适用〈中华人民共和国民事诉讼法〉的解释》第四百五十二条制定，供票据支付地基层人民法院在公示催告期间届满没有人申报或申报被驳回的，根据申请人申请，判决宣告票据无效用。

2. 案号类型代字为"民催"。

3. 落款中的审判组织为合议庭。

【法律依据】

1.《中华人民共和国民事诉讼法》（2017年6月27日）

第二百二十二条　没有人申报的，人民法院应当根据申请人的申请，作出判决，宣告票据无效。判决应当公告，并通知支付人。自判决公告之日起，申请人有权向支付人请求支付。

2.《最高人民法院关于适用〈中华人民共和国民事诉讼法〉的解释》（2020年12月29日）

第四百五十二条　在申报权利的期间无人申报权利，或者申报被驳回的，申请人应当自公示催告期间届满之日起一个月内申请作出判决。逾期不申请判决的，终结公示催告程序。

裁定终结公示催告程序的，应当通知申请人和支付人。

2. 民事裁定书（准许撤回公示催告申请用）

××××人民法院
民事裁定书

（××××）……民催……号

申请人：×××，……。

……

（以上写明申请人及其代理人的姓名或者名称等基本信息）

申请人×××申请公示催告一案，本院于××××年××月××日立案。申请人×××于××××年××月××日向本院提出撤回申请。

本院认为，申请人×××在公示催告前向本院提出撤回申请，不违反法律规定，应予准许。

依照《中华人民共和国民事诉讼法》第一百五十四条第一款第十一项、《最高人民法院关于适用〈中华人民共和国民事诉讼法〉的解释》第四百五十五条规定，裁定如下：

准许×××撤回申请。

申请费……元，由申请人×××负担。

审　判　员　×××
××××年××月××日
（院印）
书　记　员　×××

【说　明】

本样式根据《最高人民法院关于适用〈中华人民共和国民事诉讼法〉的解释》第四百五十五条制定，供基层人民法院对于申请人在公示催告前申请撤回公示催告的，裁定准许撤回申请用。在公示催告期间撤回申请的，不使用本样式。

【法律依据】

《最高人民法院关于适用〈中华人民共和国民事诉讼法〉的解释》（2020年12月29日）

第四百五十五条　公示催告申请人撤回申请，应在公示催告前提出；公示催告期间申请撤回的，人民法院可以径行裁定终结公示催告程序。

3. 民事裁定书（驳回公示催告申请用）

××××人民法院
民事裁定书

（××××）……民催……号

申请人：×××,……。

……

（以上写明申请人及其代理人的姓名或者名称等基本信息）

申请人×××于××××年××月××日向本院申请对出票人/持票人/背书人×××、号码……、票面金额……元……的×票公示催告。

本院经审查认为，……（写明不符合申请公示催告的条件和理由）。

依照《中华人民共和国民事诉讼法》第一百五十四条第一款第十一项、第二百一十八条、《最高人民法院关于适用〈中华人民共和国民事诉讼法〉的解释》第四百四十五条规定，裁定如下：

驳回×××的申请。

申请费……元，由申请人×××负担。

审　判　员　×××
××××年××月××日
（院印）
书　记　员　×××

【说　明】

1. 本样式根据《中华人民共和国民事诉讼法》第二百一十八条、《最高人民法院关于适用〈中华人民共和国民事诉讼法〉的解释》第四百四十五条制定，供基层人民法院收到公示催告申请后，经审查认为不符合受理条件的，裁定驳回申请用。

2. 人民法院收到公示催告的申请后，应当立即审查，并决定是否受理。经审查认为不符合受理条件的，七日内裁定驳回申请。

【法律依据】

1. 《中华人民共和国民事诉讼法》（2017 年 6 月 27 日）

第二百一十八条　按照规定可以背书转让的票据持有人，因票据被盗、遗失或者灭失，可以向票据支付地的基层人民法院申请公示催告。依照法律规定可以申请公示催告的其他事项，适用本章规定。

申请人应当向人民法院递交申请书，写明票面金额、发票人、持票人、背书人等票据主要内容和申请的理由、事实。

2. 《最高人民法院关于适用〈中华人民共和国民事诉讼法〉的解释》（2020 年 12 月 29 日）

第四百四十五条　人民法院收到公示催告的申请后，应当立即审查，并决定是否受理。经审查认为符合受理条件的，通知予以受理，并同时通知支付人停止支付；认为不符合受理条件的，七日内裁定驳回申请。

4. 民事裁定书（驳回利害关系人申报用）

××××人民法院
民事裁定书

（××××）……民催……号

申报人：×××，……。
……
申请人：×××，……。
……
（以上写明申请人、申报人及其代理人的姓名或者名称等基本信息）

申请人×××于××××年××月××日向本院申请对号码……、票面金额……元……的×票公示催告。本院于××××年××月××日立案后，于××××年××月××日发出公告，催促利害关系人在×日内申报权利。

××××年××月××日，申报人×××向本院申报权利。申报人×××向本院出示的票据载明：……（写明票据名称、票据金额、票据号码、出票人等内容）。本院通知公示催告申请人在×日内查看该票据。

申请人×××认为，……（写明申请人的意见）。

本院经审查认为，申报人×××出示的票据与申请人×××申请公示催告的票据不一致，申报人×××的申报不能成立。

依照《中华人民共和国民事诉讼法》第一百五十四条第一款第十一项、《最高人民法院关于适用〈中华人民共和国民事诉讼法〉的解释》第四百五十一条规定，裁定如下：

驳回×××的申报。

审　判　员　×××
××××年××月××日
（院印）
书　记　员　×××

【说　明】

1. 本样式根据《最高人民法院关于适用〈中华人民共和国民事诉讼法〉的解释》第四百五十一条制定，供基层人民法院在查明利害关系人申报权利出示的票据与公示催告的票据不一致后，裁定驳回申报用。

2. 申请人查看并发表意见的，写明申请人的意见。申请人未查看或者未发表意见的，写明"申请人×××未查看"或者"申请人×××未发表意见"。

【法律依据】

《最高人民法院关于适用〈中华人民共和国民事诉讼法〉的解释》（2020年12月29日）

第四百五十一条　利害关系人申报权利，人民法院应当通知其向法院出示票据，并通知公示催告申请人在指定的期间查看该票据。公示催告申请人申请公示催告的票据与利害关系人出示的票据不一致的，应当裁定驳回利害关系人的申报。

5. 民事裁定书（终结公示催告程序用）

××××人民法院
民事裁定书

（××××）……民催……号

申请人：×××，……。
……
申报人：×××，……。
……

（以上写明申请人、申报人及其代理人的姓名或者名称等基本信息）

申请人×××因……（写明票据名称及其被盗或遗失、灭失的情况），向本院申请公示催告。

本院于××××年××月××日立案后，于××××年××月××日发出公告，催促利害关系人在×日内申报权利。

（申报人申报的，写明:）申报人×××已于××××年××月××日向本院申报。

（申请人逾期不申请判决的，写明:）申请人×××于公示催告期间届满之日起一个月内未申请作出判决。

（申请人在公示催告期间撤回申请的，写明:）申请人×××已于××××年××月××日在公示催告期间申请撤回公示催告。

依照《中华人民共和国民事诉讼法》第二百二十一条/《最高人民法院关于适用〈中华人民共和国民事诉讼法〉的解释》第百五十二条/第四百五十五条规定，裁定如下：

终结本案的公示催告程序。

申请费……元、公告费……元，由申请人×××负担。

审 判 员 ×××
××××年××月××日
（院印）
书 记 员 ×××

【说　明】

1. 本样式根据《中华人民共和国民事诉讼法》第二百二十一条以及《最高人民法院关于适用〈中华人民共和国民事诉讼法〉的解释》第四百五十二条、第四百五十五条制定，供基层人民法院在收到利害关系人的申报、申请人逾期不申请判决或者申请人在公示催告期间撤回申请后，裁定终结公示催告程序用。

2. 申请人逾期不申请判决的，引用《最高人民法院关于适用〈中华人民共和国民事诉讼法〉的解释》第四百五十二条；申请人在公示催告期间撤回申请的，引用《最高人民法院关于适用〈中华人民共和国民事诉讼法〉的解释》第四百五十五条。

【法律依据】

1.《中华人民共和国民事诉讼法》（2017年6月27日）

第二百二十一条　利害关系人应当在公示催告期间向人民法院申报。

人民法院收到利害关系人的申报后，应当裁定终结公示催告程序，并通知申请人和支付人。

申请人或者申报人可以向人民法院起诉。

2.《最高人民法院关于适用〈中华人民共和国民事诉讼法〉的解释》（2020年12月29日）

第四百五十二条　在申报权利的期间无人申报权利，或者申报被驳回的，申请人应当自公示催告期间届满之日起一个月内申请作出判决。逾期不申请判决的，终结公示催告程序。

裁定终结公示催告程序的，应当通知申请人和支付人。

第四百五十五条　公示催告申请人撤回申请，应在公示催告前提出；公示催告期间申请撤回的，人民法院可以径行裁定终结公示催告程序。

6. 停止支付通知书（通知支付人停止支付用）

××××人民法院
停止支付通知书

（××××）……民催……号

×××（写明支付人名称）：

申请人×××因……（写明有关票据名称及被盗或者遗失、灭失等事由），向本院申请公示催告，本院决定受理。依照《中华人民共和国民事诉讼法》第二百一十九条、第二百二十条规定，通知你方对……（写明票据名称、票面金额和出票人、持票人、背书人的姓名和名称等）立即停止支付，待本院作出裁定或者判决后再作处理。

特此通知。

××××年××月××日
（院印）

【说　明】

本样式根据《中华人民共和国民事诉讼法》第二百一十九条、第二百二十条以及《最高人民法院关于适用〈中华人民共和国民事诉讼法〉的解释》第四百四十五条制定，供基层人民法院决定受理申请公示催告的同时，通知支付人停止支付用。

【法律依据】

1.《中华人民共和国民事诉讼法》（2017年6月27日）

第二百一十九条　人民法院决定受理申请，应当同时通知支付人停止支付，并在三日内发出公告，催促利害关系人申报权利。公示催告的期间，由人民法院根据情况决定，但不得少于六十日。

第二百二十条　支付人收到人民法院停止支付的通知，应当停止支付，至公示催告程序终结。

公示催告期间，转让票据权利的行为无效。

2.《最高人民法院关于适用〈中华人民共和国民事诉讼法〉的解释》（2020年12月29日）

第四百四十五条　人民法院收到公示催告的申请后，应当立即审查，并决定是否受理。经审查认为符合受理条件的，通知予以受理，并同时通知支付人停止支付；认为不符合受理条件的，七日内裁定驳回申请。

7. 公告（催促利害关系人申报权利用）

××××人民法院
公告

（××××）……民催……号

×××因……（写明被盗、遗失或灭失的票据的名称和主要内容以及申请理由），向本院申请公示催告。本院决定受理。依照《中华人民共和国民事诉讼法》第二百一十九条规定，现予公告。

一、公示催告申请人：×××（公示催告申请人的姓名或者名称）。

二、公示催告的票据/权利凭证：……（票据的种类、号码、票面金额、出票人、背书人、持票人、付款期限等事项以及其他可以申请公示催告的权利凭证的种类、号码、权利范围、权利人、义务人、行权日期等事项）。

三、申报权利的期间：自××××年××月××日起至××××年××月××日止。

四、自公告之日起×日内，利害关系人应向本院申报权利。届时如果无人申报权利，本院将依法作出判决，宣告上述票据/权利凭证无效。在公示催告期间，转让该票据/权利凭证权利的行为无效。

特此公告。

××××年××月××日
（院印）

【说　明】

本样式根据《中华人民共和国民事诉讼法》第二百一十九条以及《最高人民法院关于适用〈中华人民共和国民事诉讼法〉的解释》第四百四十七条、第四百四十八条、第四百四十九条制定，供基层人民法院决定受理公示催告申请后，在三日内发出公告催促利害关系人申报权利用。

【法律依据】

1. 《中华人民共和国民事诉讼法》（2017年6月27日）

第二百一十九条 人民法院决定受理申请，应当同时通知支付人停止支付，并在三日内发出公告，催促利害关系人申报权利。公示催告的期间，由人民法院根据情况决定，但不得少于六十日。

2. 《最高人民法院关于适用〈中华人民共和国民事诉讼法〉的解释》（2020年12月29日）

第四百四十七条 人民法院依照民事诉讼法第二百一十九条规定发出的受理申请的公告，应当写明下列内容：

（一）公示催告申请人的姓名或者名称；

（二）票据的种类、号码、票面金额、出票人、背书人、持票人、付款期限等事项以及其他可以申请公示催告的权利凭证的种类、号码、权利范围、权利人、义务人、行权日期等事项；

（三）申报权利的期间；

（四）在公示催告期间转让票据等权利凭证，利害关系人不申报的法律后果。

第四百四十八条 公告应当在有关报纸或者其他媒体上刊登，并于同日公布于人民法院公告栏内。人民法院所在地有证券交易所的，还应当同日在该交易所公布。

第四百四十九条 公告期间不得少于六十日，且公示催告期间届满日不得早于票据付款日后十五日。

8. 公告（公示催告除权判决用）

××××人民法院
公告

（××××）……民催……号

　　本院于××××年××月××日立案受理申请人×××的公示催告申请，对其被盗/遗失/灭失的……（写明票据或权利凭证的主要内容），依法办理了公示催告手续。公示催告期间无人申报权利/申报人×××于××××年××月××日申报权利，但因×××出示的票据与申请公示催告的票据不一致，本院于××××年××月××日驳回×××的申报。本院于××××年××月××日判决：一、宣告申请人×××持有的号码……、票面金额……元……的×票无效；二、自本判决公告之日起，申请人×××有权向支付人请求支付。

　　特此公告。

××××年××月××日
（院印）

【说　明】

　　本样式根据《中华人民共和国民事诉讼法》第二百二十二条制定，供基层人民法院在作出宣告票据无效判决后，公告判决用。

【法律依据】

《中华人民共和国民事诉讼法》（2017年6月27日）

　　第二百二十二条　没有人申报的，人民法院应当根据申请人的申请，作出判决，宣告票据无效。判决应当公告，并通知支付人。自判决公告之日起，申请人有权向支付人请求支付。

二十一、执行程序

（一）申请执行及委托执行

1. 受理案件通知书（执行实施用）

××××人民法院
受理案件通知书

（××××）……执……号

×××：

　　×××与×××……（写明案由）一案，本院（或其他生效法律文书的作出机关）作出的（××××）……号民事判决（或其他生效法律文书）已发生法律效力。你/你单位向本院申请执行。经审查，该申请符合法定受理条件，本院决定立案执行。（如为移送执行案件，写明：）××××移送执行，本院决定立案执行。现将有关事宜通知如下：

　　一、请补充提交被执行人名下财产情况。

　　二、本案由法官/执行员×××负责执行。

　　特此通知。

××××年××月××日
（院印）

联 系 人：×××　　　　联系电话：……
本院地址：……　　　　邮　　编：……

【说　明】

本样式参照《中华人民共和国民事诉讼法》第一百二十六条规定制定，供人民法院在执行立案后向申请执行人送达立案受理通知，告知相关权利义务时用。

【法律依据】

《中华人民共和国民事诉讼法》（2017 年 6 月 27 日）

第一百二十六条　人民法院对决定受理的案件，应当在受理案件通知书和应诉通知书中向当事人告知有关的诉讼权利义务，或者口头告知。

2. 受理案件通知书（执行审查用）

××××人民法院
受理案件通知书

（××××）……执……号

×××：

　　×××与×××……（写明案由）一案，你/你单位向本院提出异议/申请复议，本院立案审查。现将有关事项通知如下：

　　一、本案合议庭由审判长×××、审判员×××、审判员×××组成。书记员由×××担任。

　　二、自然人应当提交身份证或者通行证、护照复印件；法人或者其他组织应当提交营业执照或者事业单位法人代码证复印件、法定代表人或者主要负责人身份证明书。

　　三、当事人、法定代理人可以委托一至二人作为诉讼代理人。委托他人行使权利，必须向人民法院提交由委托人签名或者盖章的授权委托书。授权委托书必须记明委托事项和权限。

　　侨居在国外的中华人民共和国公民从国外寄交或者托交的授权委托书，必须经中华人民共和国驻该国的使领馆证明；没有使领馆的，由与中华人民共和国有外交关系的第三国驻该国的使领馆证明，再转由中华人民共和国驻该第三国使领馆证明，或者由当地的爱国华侨团体证明。

　　四、根据《最高人民法院关于人民法院在互联网公布裁判文书的规定》，本院作出的生效裁判文书将在中国裁判文书网上公布。如果你认为案件涉及个人隐私或商业秘密，申请对裁判文书中的有关内容进行技术处理或者申请不予公布的，至迟应在裁判文书送达之日起三日内以书面形式提出并说明具体理由。经本院审查认为理由正当的，可以在公布裁判文书时隐去相关内容或不予公布。

　　五、如需向本院提交或补充材料，应附材料清单和电子版。

　　特此通知。

××××年××月××日

(院印)

联 系 人：×××　　　联系电话：……
本院地址：……　　　邮　　编：……

【说　明】

本样式参照《中华人民共和国民事诉讼法》第一百二十六条规定制定，供人民法院在当事人、利害关系人、案外人向法院提出异议或者申请复议时，告知相关权利时用。

【法律依据】

《中华人民共和国民事诉讼法》(2017年6月27日)

第一百二十六条　人民法院对决定受理的案件，应当在受理案件通知书和应诉通知书中向当事人告知有关的诉讼权利义务，或者口头告知。

3. 执行通知书（通知被执行人用）

××××人民法院
执行通知书

（××××）……执……号

×××：

你/你单位与×××……（写明案由）一案，本院（或其他生效法律文书的作出机关）（××××）……号民事判决（或写明其他生效法律文书）已发生法律效力。申请执行人（或委托、移送、报请执行的单位）×××于××××年××月××日向本院申请/委托/移送/报请强制执行，本院于××××年××月××日立案。依照《中华人民共和国民事诉讼法》第二百四十条、《最高人民法院关于人民法院执行工作若干问题的规定（试行）》第24条规定，责令你/你单位履行下列义务：

……

开户银行：××××

账户名称：××××

账　　号：……

特此通知。

××××年××月××日
（院印）

联 系 人：×××　　　联系电话：……
本院地址：……　　　邮　　编：……

风险提示：

根据《最高人民法院关于公布失信被执行人名单信息的若干规定》第一

条的规定，被执行人有履行能力而不履行生效法律文书确定的义务并具有下列情形之一的，人民法院将其纳入失信被执行人名单，依法对其进行信用惩戒：

（一）以伪造证据、暴力、威胁等方法妨碍、抗拒执行的；

（二）以虚假诉讼、虚假仲裁或者以隐匿、转移财产等方法规避执行的；

（三）违反财产报告制度的；

（四）违反限制高消费令的；

（五）被执行人无正当理由拒不履行执行和解协议的；

（六）其他有履行能力而拒不履行生效法律文书确定义务的。

【说　明】

1. 本样式根据《中华人民共和国民事诉讼法》第二百四十条、《最高人民法院关于人民法院执行工作若干问题的规定（试行）》第24条、《最高人民法院关于公布失信被执行人名单信息的若干规定》第二条规定制定，供人民法院在执行立案后向被执行人送达执行通知书，告知义务及不履行的风险时用。

2. 被执行人履行的义务中应当写明案件受理费、其他诉讼费用、申请执行费的数额。

【法律依据】

1.《中华人民共和国民事诉讼法》（2017年6月27日）

第二百四十条　执行员接到申请执行书或者移交执行书，应当向被执行人发出执行通知，并可以立即采取强制执行措施。

2.《最高人民法院关于人民法院执行工作若干问题的规定（试行）》（2020年12月29日）

22. 人民法院应当在收到申请执行书或者移交执行书后十日内发出执行通知。

执行通知中除应责令被执行人履行法律文书确定的义务外，还应通知其承担民事诉讼法第二百五十三条规定的迟延履行利息或者迟延履行金。

3.《最高人民法院关于公布失信被执行人名单信息的若干规定》（2017年2月28日）

第五条　人民法院向被执行人发出的执行通知中，应当载明有关纳入失信被执行人名单的风险提示等内容。

申请执行人认为被执行人具有本规定第一条规定情形之一的,可以向人民法院申请将其纳入失信被执行人名单。人民法院应当自收到申请之日起十五日内审查并作出决定。人民法院认为被执行人具有本规定第一条规定情形之一的,也可以依职权决定将其纳入失信被执行人名单。

人民法院决定将被执行人纳入失信被执行人名单的,应当制作决定书,决定书应当写明纳入失信被执行人名单的理由,有纳入期限的,应当写明纳入期限。决定书由院长签发,自作出之日起生效。决定书应当按照民事诉讼法规定的法律文书送达方式送达当事人。

4. 执行决定书（依申请将被执行人纳入失信被执行人名单用）

××××人民法院
执行决定书

（××××）……执……号

本院在执行××××人民法院（或其他生效法律文书的作出机关）（××××）……号民事判决（或其他生效法律文书）中，申请执行人×××申请将被执行人×××纳入失信被执行人名单。

本院经审查认为，……（写明将被执行人纳入失信被执行人名单的事实和理由）。依照《中华人民共和国民事诉讼法》第二百五十五条、《最高人民法院关于公布失信被执行人名单信息的若干规定》第×条第×款规定，决定如下：

将×××纳入失信被执行人名单。

本决定一经作出即生效。

××××年××月××日
（院印）

【说　明】

本样式根据《中华人民共和国民事诉讼法》第二百五十五条、《最高人民法院关于公布失信被执行人名单信息的若干规定》第二条第二款规定制定，供人民法院根据申请执行人的申请将被执行人纳入失信被执行人名单时用。

【法律依据】

1. 《中华人民共和国民事诉讼法》（2017 年 6 月 27 日）

第二百五十五条　被执行人不履行法律文书确定的义务的，人民法院可以对其采取或者通知有关单位协助采取限制出境，在征信系统记录、通过媒体公布不履行义务信息以及法律规定的其他措施。

2.《最高人民法院关于公布失信被执行人名单信息的若干规定》(2017年2月28日)

第五条第二款 申请执行人认为被执行人具有本规定第一条规定情形之一的,可以向人民法院申请将其纳入失信被执行人名单。人民法院应当自收到申请之日起十五日内审查并作出决定。人民法院认为被执行人具有本规定第一条规定情形之一的,也可以依职权决定将其纳入失信被执行人名单。

5. 执行决定书（依职权将被执行人纳入失信被执行人名单用）

××××人民法院
执行决定书

（××××）……执……号

本院在执行×××与×××……（写明案由）一案中，经查，……（写明将被执行人纳入失信被执行人名单的事实和理由）。依照《中华人民共和国民事诉讼法》第二百五十五条、《最高人民法院关于公布失信被执行人名单信息的若干规定》第×条第×款规定，决定如下：

将×××纳入失信被执行人名单。

本决定一经作出即生效。

××××年××月××日
（院印）

【说　明】

本样式根据《中华人民共和国民事诉讼法》第二百五十五条、《最高人民法院关于公布失信被执行人名单信息的若干规定》第二条第二款规定制定，供人民法院依职权将被执行人纳入失信被执行人名单时用。

【法律依据】

1.《中华人民共和国民事诉讼法》（2017年6月27日）

第二百五十五条　被执行人不履行法律文书确定的义务的，人民法院可以对其采取或者通知有关单位协助采取限制出境，在征信系统记录、通过媒体公布不履行义务信息以及法律规定的其他措施。

2.《最高人民法院关于公布失信被执行人名单信息的若干规定》（2017年2月28日）

第五条第二款　申请执行人认为被执行人具有本规定第一条规定情形之

一的，可以向人民法院申请将其纳入失信被执行人名单。人民法院应当自收到申请之日起十五日内审查并作出决定。人民法院认为被执行人具有本规定第一条规定情形之一的，也可以依职权决定将其纳入失信被执行人名单。

6. 执行决定书（纠正或者驳回将被执行人纳入失信被执行人名单用）

××××人民法院
执行决定书

（××××）……执……号

本院在执行×××与×××……（写明案由）一案中，被执行人×××认为将其纳入失信被执行人名单错误，向我院申请纠正。

本院经审查认为，……（写明准许或者驳回申请的事实和理由）。依照《中华人民共和国民事诉讼法》第二百五十五条、《最高人民法院关于公布失信被执行人名单信息的若干规定》第三条规定，决定如下：

（应当删除的，写明：）将×××从失信被执行人名单中删除。

（应当修改的，写明：）……（修改的内容）。

（应当驳回的，写明：）驳回×××的申请。

本决定一经作出即生效。

××××年××月××日
（院印）

【说　明】

本样式根据《中华人民共和国民事诉讼法》第二百五十五条、《最高人民法院关于公布失信被执行人名单信息的若干规定》第三条规定制定，供人民法院对将被执行人纳入失信被执行人名单作出纠正或者驳回申请时用。

【法律依据】

1. 《中华人民共和国民事诉讼法》（2017年6月27日）

第二百五十五条　被执行人不履行法律文书确定的义务的，人民法院可以对其采取或者通知有关单位协助采取限制出境，在征信系统记录、通过媒体公布不履行义务信息以及法律规定的其他措施。

2.《最高人民法院关于公布失信被执行人名单信息的若干规定》（2017年2月28日）

第十一条 被纳入失信被执行人名单的公民、法人或其他组织认为有下列情形之一的，可以向执行法院申请纠正：

（一）不应将其纳入失信被执行人名单的；

（二）记载和公布的失信信息不准确的；

（三）失信信息应予删除的。

7. 函（委托执行用）

××××人民法院
委托执行函

（××××）……执……号

××××人民法院：

　　本院在执行×××与×××……（写明案由）一案中，……（写明当事人未能履行义务的情况及委托执行的理由）。依照《中华人民共和国民事诉讼法》第二百二十九条第一款规定，特委托你院代为执行……（写明案件或有关事项），并将执行结果及时函复我院。

　　附：1. 申请执行书和委托执行案件审批表
　　　　2. 据以执行的生效法律文书（副本）
　　　　3. 有关案件情况的材料或者说明
　　　　4. 申请执行人地址、联系电话
　　　　5. 被执行人身份证件或者营业执照复印件、地址、联系电话
　　　　6. 其他必要的案件材料

××××年××月××日
（院印）

联 系 人：×××　　　　联系电话：……
本院地址：……　　　　邮　　编：……

【说　明】

　　本样式根据《中华人民共和国民事诉讼法》第二百二十九条第一款、《最高人民法院关于委托执行若干问题的规定》制定，供人民法院委托其他人民法院执行案件或者事项时用。

【法律依据】

1.《中华人民共和国民事诉讼法》（2017年6月27日）

第二百二十九条 被执行人或者被执行的财产在外地的，可以委托当地人民法院代为执行。受委托人民法院收到委托函件后，必须在十五日内开始执行，不得拒绝。执行完毕后，应当将执行结果及时函复委托人民法院；在三十日内如果还未执行完毕，也应当将执行情况函告委托人民法院。

2.《最高人民法院关于委托执行若干问题的规定》（2020年12月29日）

为了规范委托执行工作，维护当事人的合法权益，根据《中华人民共和国民事诉讼法》的规定，结合司法实践，制定本规定。

第一条 执行法院经调查发现被执行人在本辖区内已无财产可供执行，且在其他省、自治区、直辖市内有可供执行财产的，可以将案件委托异地的同级人民法院执行。

执行法院确需赴异地执行案件的，应当经其所在辖区高级人民法院批准。

第二条 案件委托执行后，受托法院应当依法立案，委托法院应当在收到受托法院的立案通知书后作销案处理。

委托异地法院协助查询、冻结、查封、调查或者送达法律文书等有关事项，受托法院不作为委托执行案件立案办理，但应当积极予以协助。

第三条 委托执行应当以执行标的物所在地或者执行行为实施地的同级人民法院为受托执行法院。有两处以上财产在异地的，可以委托主要财产所在地的人民法院执行。

被执行人是现役军人或者军事单位的，可以委托对其有管辖权的军事法院执行。

执行标的物是船舶的，可以委托有管辖权的海事法院执行。

第四条 委托执行案件应当由委托法院直接向受托法院办理委托手续，并层报各自所在的高级人民法院备案。

事项委托应当通过人民法院执行指挥中心综合管理平台办理委托事项的相关手续。

第五条 案件委托执行时，委托法院应当提供下列材料：

（一）委托执行函；

（二）申请执行书和委托执行案件审批表；

（三）据以执行的生效法律文书副本；

（四）有关案件情况的材料或者说明，包括本辖区无财产的调查材料、财产保全情况、被执行人财产状况、生效法律文书的履行情况等；

（五）申请执行人地址、联系电话；

（六）被执行人身份证件或者营业执照复印件、地址、联系电话；

（七）委托法院执行员和联系电话；

（八）其他必要的案件材料等。

第六条 委托执行时，委托法院应当将已经查封、扣押、冻结的被执行人的异地财产，一并移交受托法院处理，并在委托执行函中说明。

委托执行后，委托法院对被执行人财产已经采取查封、扣押、冻结等措施的，视为受托法院的查封、扣押、冻结措施。受托法院需要继续查封、扣押、冻结，持委托执行函和立案通知书办理相关手续。续封续冻时，仍为原委托法院的查封冻结顺序。

查封、扣押、冻结等措施的有效期限在移交受托法院时不足1个月的，委托法院应当先行续封或者续冻，再移交受托法院。

第七条 受托法院收到委托执行函后，应当在7日内予以立案，并及时将立案通知书通过委托法院送达申请执行人，同时将指定的承办人、联系电话等书面告知委托法院。

委托法院收到上述通知书后，应当在7日内书面通知申请执行人案件已经委托执行，并告知申请执行人可以直接与受托法院联系执行相关事宜。

第八条 受托法院如发现委托执行的手续、材料不全，可以要求委托法院补办。委托法院应当在30日内完成补办事项，在上述期限内未完成的，应当作出书面说明。委托法院既不补办又不说明原因的，视为撤回委托，受托法院可以将委托材料退回委托法院。

第九条 受托法院退回委托的，应当层报所在辖区高级人民法院审批。高级人民法院同意退回后，受托法院应当在15日内将有关委托手续和案卷材料退回委托法院，并作出书面说明。

委托执行案件退回后，受托法院已立案的，应当作销案处理。委托法院在案件退回原因消除之后可以再行委托。确因委托不当被退回的，委托法院应当决定撤销委托并恢复案件执行，报所在的高级人民法院备案。

第十条 委托法院在案件委托执行后又发现有可供执行财产的，应当及时告知受托法院。受托法院发现被执行人在受托法院辖区外另有可供执行财产的，可以直接异地执行，一般不再行委托执行。根据情况确需再行委托的，应当按照委托执行案件的程序办理，并通知案件当事人。

第十一条 受托法院未能在6个月内将受托案件执结的，申请执行人有权请求受托法院的上一级人民法院提级执行或者指定执行，上一级人民法院应当立案审查，发现受托法院无正当理由不予执行的，应当限期执行或者作出裁定提级执行或者指定执行。

第十二条 异地执行时，可以根据案件具体情况，请求当地法院协助执行，当地法院应当积极配合，保证执行人员的人身安全和执行装备、执行标的物不受侵害。

第十三条 高级人民法院应当对辖区内委托执行和异地执行工作实行统一管理和协调，履行以下职责：

（一）统一管理跨省、自治区、直辖市辖区的委托和受托执行案件；

（二）指导、检查、监督本辖区内的受托案件的执行情况；

（三）协调本辖区内跨省、自治区、直辖市辖区的委托和受托执行争议案件；

（四）承办需异地执行的有关案件的审批事项；

（五）对下级法院报送的有关委托和受托执行案件中的相关问题提出指导性处理意见；

（六）办理其他涉及委托执行工作的事项。

第十四条 本规定所称的异地是指本省、自治区、直辖市以外的区域。各省、自治区、直辖市内的委托执行，由各高级人民法院参照本规定，结合实际情况，制定具体办法。

第十五条 本规定施行之后，其他有关委托执行的司法解释不再适用。

8. 函（接受委托执行案件用）

××××人民法院
接受委托执行案件复函

（××××）……执……号

××××人民法院：

你院××××年××月××日（××××）……号来函及附件收悉。现将你院委托执行的×××与×××……（写明案由）一案立案通知书（副本）、受托事项办理情况函复你院。请你院代为送达我院立案通知书（副本），并通知申请执行人可以直接与我院联系。

附：执行立案通知书（副本）

××××年××月××日
（院印）

联 系 人：×××　　　　联系电话：……
本院地址：……　　　　邮　　编：……

【说　明】

1. 本样式根据《最高人民法院关于委托执行若干问题的规定》第七条规定制定，供受托法院在收到委托后将立案通知书送至委托法院，并将指定的承办人、联系电话、地址等告知委托法院时用。

2. 根据《最高人民法院关于委托执行若干问题的规定》第八条规定，如发现委托执行的手续、资料不全，应及时要求委托法院补办，但不得据此拒绝接受委托。

【法律依据】

《最高人民法院关于委托执行若干问题的规定》（2020 年 12 月 29 日）

第七条　受托法院收到委托执行函后，应当在 7 日内予以立案，并及时将立案通知书通过委托法院送达申请执行人，同时将指定的承办人、联系电话等书面告知委托法院。

委托法院收到上述通知书后，应当在 7 日内书面通知申请执行人案件已经委托执行，并告知申请执行人可以直接与受托法院联系执行相关事宜。

第八条　受托法院如发现委托执行的手续、材料不全，可以要求委托法院补办。委托法院应当在 30 日内完成补办事项，在上述期限内未完成的，应当作出书面说明。委托法院既不补办又不说明原因的，视为撤回委托，受托法院可以将委托材料退回委托法院。

9. 函（退回委托执行案件用）

××××人民法院
退回委托执行案件函

（××××）……执……号

××××人民法院：

你院××××年××月××日委托执行的×××与×××……（写明案由）一案，委托执行的手续/材料不全，我院曾请你院补充有关手续/材料，但你院既未补办又不说明原因。经报请××××高级人民法院批准，现将本案退回你院。

请予查收。

××××年××月××日
（院印）

联 系 人：×××　　　　联系电话：……
本院地址：……　　　　　邮　　编：……

【说　明】

本样式根据《最高人民法院关于委托执行若干问题的规定》第八条、第九条规定制定，供人民法院退回委托执行案件时用。

【法律依据】

《最高人民法院关于委托执行若干问题的规定》（2020年12月29日）

第八条　受托法院如发现委托执行的手续、材料不全，可以要求委托法院补办。委托法院应当在30日内完成补办事项，在上述期限内未完成的，应当作出书面说明。委托法院既不补办又不说明原因的，视为撤回委托，受托法院可以将委托材料退回委托法院。

第九条 受托法院退回委托的，应当层报所在辖区高级人民法院审批。高级人民法院同意退回后，受托法院应当在 15 日内将有关委托手续和案卷材料退回委托法院，并作出书面说明。

委托执行案件退回后，受托法院已立案的，应当作销案处理。委托法院在案件退回原因消除之后可以再行委托。确因委托不当被退回的，委托法院应当决定撤销委托并恢复案件执行，报所在的高级人民法院备案。

10. 移送函（执行转破产程序用）

××××人民法院
移送函

（××××）……执……号

××××人民法院：

　　我院在执行×××与×××……（写明案由）一案中，被执行人×××不能清偿到期债务，并且资产不足以清偿全部债务/明显缺乏清偿能力。被执行人×××的住所地……，在你院管辖范围内。经申请执行人×××/被执行人×××同意，我院已裁定中止对×××的执行。依照《中华人民共和国企业破产法》第二条第一款、《最高人民法院关于适用〈中华人民共和国民事诉讼法〉的解释》第五百一十三条规定，将执行案件相关材料移送你院，请按《中华人民共和国企业破产法》的有关规定办理。

　　附：执行案件相关材料

××××年××月××日
（院印）

联系人：×××　　　　联系电话：……
本院地址：……　　　　邮　　编：……

【说　明】

　　本样式根据《中华人民共和国企业破产法》第二条第一款、《最高人民法院关于适用〈中华人民共和国民事诉讼法〉的解释》第五百一十三条规定制定，供人民法院在企业法人不能清偿到期债务，并且资产不足以清偿全部债务或者明显缺乏清偿能力，向被执行人住所地法院移送执行案件材料时用。

【法律依据】

1.《中华人民共和国企业破产法》（2006 年 8 月 27 日）

第二条第一款 企业法人不能清偿到期债务，并且资产不足以清偿全部债务或者明显缺乏清偿能力的，依照本法规定清理债务。

2.《最高人民法院关于适用〈中华人民共和国民事诉讼法〉的解释》（2020 年 12 月 29 日）

第五百一十三条 在执行中，作为被执行人的企业法人符合企业破产法第二条第一款规定情形的，执行法院经申请执行人之一或者被执行人同意，应当裁定中止对该被执行人的执行，将执行案件相关材料移送被执行人住所地人民法院。

11. 执行财产分配方案（参与分配用）

××××人民法院
执行财产分配方案

（××××）……执……号

债权人：×××，男/女，××××年×月×日出生，×族，……（写明工作单位和职务或者职业），住……。

法定代理人/指定代理人：×××，……。

委托诉讼代理人：×××，……。

债权人：×××，住所地……。

法定代表人/主要负责人：×××，……。

委托诉讼代理人：×××，……。

被执行人：×××，……。

法定代理人/指定代理人/法定代表人/主要负责人：×××，……。

委托诉讼代理人：×××，……。

（以上写明债权人、被执行人和其他诉讼参加人的姓名或者名称等基本信息）

本院在执行×××与×××……（写明案由）案件中，因被执行人×××可供执行的财产不足以清偿全部债务，债权人×××、债权人×××申请参与分配。本院依法组成合议庭，对债权人的申请审查完毕，并作出参与分配方案。

本院现已查控被执行人×××的财产为……（或已变价的款项数额为……元），并于××××年××月××日，召开债权人听证会，听取了债权人对财产分配的意见。债权人意见如下：

债权人×××认为，……（写明意见）。

债权人×××认为，……（写明意见）。

上述债权人已经/未能达成一致意见。

本院查明，……（写明被执行人所有债务的类型及数额）。

本院认为，……（写明各个债权的受偿顺序、受偿比例、数额及理由）。

综上所述，依照《最高人民法院关于适用〈中华人民共和国民事诉讼法〉执行程序若干问题的解释》第二十五条、《最高人民法院关于适用〈中华人民共和国民事诉讼法〉的解释》第五百零八条、第五百一十一条规定，债权人受偿如下：

……（分项写明各个债权的受偿顺序及数额）。

债权人、被执行人对分配方案有异议的，应当自收到本分配方案之日起十五日内向本院提出书面异议。

审　判　长　×××
审　判　员　×××
审　判　员　×××
××××年××月××日
（院印）
书　记　员　×××

【说　明】

本样式根据《最高人民法院关于适用〈中华人民共和国民事诉讼法〉执行程序若干问题的解释》第二十五条、《最高人民法院关于适用〈中华人民共和国民事诉讼法〉的解释》第五百零八条、第五百一十一条规定制定，供人民法院在被执行人的财产不能清偿全部债务情况下，进行财产分配时用。

【法律依据】

1.《最高人民法院关于适用〈中华人民共和国民事诉讼法〉执行程序若干问题的解释》（2020 年 12 月 29 日）

第十七条　多个债权人对同一被执行人申请执行或者对执行财产申请参与分配的，执行法院应当制作财产分配方案，并送达各债权人和被执行人。债权人或者被执行人对分配方案有异议的，应当自收到分配方案之日起十五日内向执行法院提出书面异议。

2.《最高人民法院关于适用〈中华人民共和国民事诉讼法〉的解释》（2020 年 12 月 29 日）

第五百零八条　被执行人为公民或者其他组织，在执行程序开始后，被执行人的其他已经取得执行依据的债权人发现被执行人的财产不能清偿所有债权的，可以向人民法院申请参与分配。

对人民法院查封、扣押、冻结的财产有优先权、担保物权的债权人，可以直接申请参与分配，主张优先受偿权。

第五百一十一条 多个债权人对执行财产申请参与分配的，执行法院应当制作财产分配方案，并送达各债权人和被执行人。债权人或者被执行人对分配方案有异议的，应当自收到分配方案之日起十五日内向执行法院提出书面异议。

（二）限制出境措施

12. 执行决定书（限制被执行人出境用）

××××人民法院
执行决定书

（××××）……执……号

申请执行人：×××，……。

被执行人：×××，……。

（以上写明申请执行人、被执行人的姓名或者名称等基本信息）

本院依据已经发生法律效力的……（写明生效法律文书的案号和名称），于××××年××月××日向被执行人×××发出执行通知书，责令被执行人……（写明指定履行的义务），但被执行人×××未履行该义务。申请执行人×××向本院提出申请，请求限制被执行人×××（或被执行人的法定代表人/主要负责人/影响债务履行的直接责任人×××）出境。

本院经审查认为，申请执行人×××的申请符合法律规定。依照《中华人民共和国出境入境管理法》第十二条第三项（被执行人为外国人的，引用《中华人民共和国出境入境管理法》第二十八条第二项）、《中华人民共和国民事诉讼法》第二百五十五条（被执行人为单位的，增加引用《最高人民法院关于适用〈中华人民共和国民事诉讼法〉执行程序若干问题的解释》第三十七条）规定，决定如下：

限制被执行人（或被执行人的法定代表人/主要负责人/影响债务履行的直接责任人）×××（写明护照或通行证号码）出境。

××××年××月××日
（院印）

【说　明】

1. 本样式根据《中华人民共和国出境入境管理法》第十二条第三项、第二十八条第二项和《中华人民共和国民事诉讼法》第二百五十五条、《最高人民法院关于适用〈中华人民共和国民事诉讼法〉执行程序若干问题的解释》第三十七条规定制定，供人民法院对被执行人限制出境时用。

2. 被执行人为单位的，可以对其法定代表人、主要负责人或者影响债务履行的直接责任人员限制出境。被执行人为无民事行为能力人或者限制民事行为能力人的，可以对其法定代理人限制出境。

3. 人民法院依职权决定限制被执行人出境时，参照本样式制作文书。

【法律依据】

1. **《中华人民共和国出境入境管理法》**（2012 年 6 月 30 日）

第十二条　中国公民有下列情形之一的，不准出境：

（一）未持有效出境入境证件或者拒绝、逃避接受边防检查的；

（二）被判处刑罚尚未执行完毕或者属于刑事案件被告人、犯罪嫌疑人的；

（三）有未了结的民事案件，人民法院决定不准出境的；

（四）因妨害国（边）境管理受到刑事处罚或者因非法出境、非法居留、非法就业被其他国家或者地区遣返，未满不准出境规定年限的；

（五）可能危害国家安全和利益，国务院有关主管部门决定不准出境的；

（六）法律、行政法规规定不准出境的其他情形。

第二十八条　外国人有下列情形之一的，不准出境：

（一）被判处刑罚尚未执行完毕或者属于刑事案件被告人、犯罪嫌疑人的，但是按照中国与外国签订的有关协议，移管被判刑人的除外；

（二）有未了结的民事案件，人民法院决定不准出境的；

（三）拖欠劳动者的劳动报酬，经国务院有关部门或者省、自治区、直辖市人民政府决定不准出境的；

（四）法律、行政法规规定不准出境的其他情形。

2. **《中华人民共和国民事诉讼法》**（2017 年 6 月 27 日）

第二百五十五条　被执行人不履行法律文书确定的义务的，人民法院可以对其采取或者通知有关单位协助采取限制出境，在征信系统记录、通过媒体公布不履行义务信息以及法律规定的其他措施。

3.《最高人民法院关于适用〈中华人民共和国民事诉讼法〉执行程序若干问题的解释》(2020年12月29日)

第二十四条 被执行人为单位的,可以对其法定代表人、主要负责人或者影响债务履行的直接责任人员限制出境。

被执行人为无民事行为能力人或者限制民事行为能力人的,可以对其法定代理人限制出境。

13. 执行决定书（解除限制出境用）

××××人民法院
执行决定书

（××××）……执……号

申请执行人：×××，……。

被执行人：×××，……。

（以上写明申请执行人、被执行人的姓名或者名称等基本信息）

本院于××××年××月××日作出（××××）……执……号执行决定，限制被执行人（或被执行人的法定代表人/主要负责人/影响债务履行的直接责任人）×××出境。……（写明解除限制出境的理由）。依照《中华人民共和国出境入境管理法》第六十五条、《最高人民法院关于适用〈中华人民共和国民事诉讼法〉执行程序若干问题的解释》第三十八条规定，决定如下：

解除对被执行人（或被执行人的法定代表人/主要负责人/影响债务履行的直接责任人）×××（写明护照或通行证号码）的出境限制。

××××年××月××日

（院印）

【说　明】

1. 本样式根据《中华人民共和国出境入境管理法》第六十五条、《最高人民法院关于适用〈中华人民共和国民事诉讼法〉执行程序若干问题的解释》第三十八条规定制定，供人民法院解除对被执行人出境限制时用。

2. 被执行人为单位的，可以对其法定代表人、主要负责人或者影响债务履行的直接责任人员解除限制出境。被执行人为无民事行为能力人或者限制民事行为能力人的，可以对其法定代理人解除限制出境。

【法律依据】

1.《中华人民共和国出境入境管理法》（2012年6月30日）

第六十五条 对依法决定不准出境或者不准入境的人员，决定机关应当按照规定及时通知出入境边防检查机关；不准出境、入境情形消失的，决定机关应当及时撤销不准出境、入境决定，并通知出入境边防检查机关。

2.《最高人民法院关于适用〈中华人民共和国民事诉讼法〉执行程序若干问题的解释》（2020年12月29日）

第二十五条 在限制出境期间，被执行人履行法律文书确定的全部债务的，执行法院应当及时解除限制出境措施；被执行人提供充分、有效的担保或者申请执行人同意的，可以解除限制出境措施。

（三）执行中止与终结

14. 执行裁定书（中止执行用）

××××人民法院
执行裁定书

（××××）……执……号

申请执行人：×××，……。

法定代理人/指定代理人/法定代表人/主要负责人：×××，……。

委托诉讼代理人：×××，……。

被执行人：×××，……。

法定代理人/指定代理人/法定代表人/主要负责人：×××，……。

委托诉讼代理人：×××，……。

(以上写明申请执行人、被执行人和其他诉讼参加人的姓名或者名称等基本信息)

本院在执行×××与×××……（写明案由）一案中，……（写明中止执行的事实和理由）。

依照《中华人民共和国民事诉讼法》第二百五十六条第一款第×项、第二百五十八条，《最高人民法院关于人民法院执行工作若干问题的规定（试行）》第102条第×项规定，裁定如下：

中止（××××）……号……（生效法律文书）的执行。

（如中止执行法律文书主文部分内容的，写明:）中止（××××）……号……（生效法律文书）第×项的执行。

本裁定送达后立即生效。

审　判　长　×××
审　判　员　×××
审　判　员　×××
××××年××月××日
（院印）
书　记　员　×××

【说　明】

1. 本样式根据《中华人民共和国民事诉讼法》第二百五十六条第一款、《最高人民法院关于人民法院执行工作若干问题的规定（试行）》第102条规定制定，供人民法院裁定中止执行时用。

2. 有下列情形之一的，人民法院应当裁定中止执行：（一）申请人表示可以延期执行的；（二）案外人对执行标的提出确有理由的异议的；（三）作为一方当事人的公民死亡，需要等待继承人继承权利或者承担义务的；（四）作为一方当事人的法人或者其他组织终止，尚未确定权利义务承受人的；（五）人民法院认为应当中止执行的其他情形。

【法律依据】

1. 《中华人民共和国民事诉讼法》（2017年6月27日）

第二百五十六条第一款　有下列情形之一的，人民法院应当裁定中止执行：

（一）申请人表示可以延期执行的；

（二）案外人对执行标的提出确有理由的异议的；

（三）作为一方当事人的公民死亡，需要等待继承人继承权利或者承担义务的；

（四）作为一方当事人的法人或者其他组织终止，尚未确定权利义务承受人的；

（五）人民法院认为应当中止执行的其他情形。

2. 《最高人民法院关于适用〈中华人民共和国民事诉讼法〉的解释》（2020年12月29日）

第五百一十三条　在执行中，作为被执行人的企业法人符合企业破产法第二条第一款规定情形的，执行法院经申请执行人之一或者被执行人同意，应当裁定中止对该被执行人的执行，将执行案件相关材料移送被执行人住所地人民法院。

第五百一十九条 经过财产调查未发现可供执行的财产，在申请执行人签字确认或者执行法院组成合议庭审查核实并经院长批准后，可以裁定终结本次执行程序。

依照前款规定终结执行后，申请执行人发现被执行人有可供执行财产的，可以再次申请执行。再次申请不受申请执行时效期间的限制。

3.《最高人民法院关于人民法院办理执行异议和复议案件若干问题的规定》（2020年12月29日）

第二十六条 金钱债权执行中，案外人依据执行标的被查封、扣押、冻结前作出的另案生效法律文书提出排除执行异议，人民法院应当按照下列情形，分别处理：

（一）该法律文书系就案外人与被执行人之间的权属纠纷以及租赁、借用、保管等不以转移财产权属为目的的合同纠纷，判决、裁决执行标的归属于案外人或者向其返还执行标的且其权利能够排除执行的，应予支持；

（二）该法律文书系就案外人与被执行人之间除前项所列合同之外的债权纠纷，判决、裁决执行标的的归属于案外人或者向其交付、返还执行标的的，不予支持。

（三）该法律文书系案外人受让执行标的的拍卖、变卖成交裁定或者以物抵债裁定且其权利能够排除执行的，应予支持。

金钱债权执行中，案外人依据执行标的被查封、扣押、冻结后作出的另案生效法律文书提出排除执行异议的，人民法院不予支持。

非金钱债权执行中，案外人依据另案生效法律文书提出排除执行异议，该法律文书对执行标的的权属作出不同认定的，人民法院应当告知案外人依法申请再审或者通过其他程序解决。

申请执行人或者案外人不服人民法院依照本条第一、二款规定作出的裁定，可以依照民事诉讼法第二百二十七条规定提起执行异议之诉。

4.《最高人民法院关于人民法院办理仲裁裁决执行案件若干问题的规定》（2018年2月22日）

第七条 被执行人申请撤销仲裁裁决并已由人民法院受理的，或者被执行人、案外人对仲裁裁决执行案件提出不予执行申请并提供适当担保的，执行法院应当裁定中止执行。中止执行期间，人民法院应当停止处分性措施，但申请执行人提供充分、有效的担保请求继续执行的除外;执行标的查封、扣押、冻结期限届满前,人民法院可以根据当事人申请或者依职权办理续行查封、扣押、冻结手续。

申请撤销仲裁裁决、不予执行仲裁裁决案件司法审查期间,当事人、案外人申请对已查封、扣押、冻结之外的财产采取保全措施的,负责审查的人民法院参照民事诉讼法第一百条的规定处理。司法审查后仍需继续执行的,保全措施自动转为执行中的查封、扣押、冻结措施;采取保全措施的人民法院与执行法院不一致的,应当将保全手续移送执行法院,保全裁定视为执行法院作出的裁定。

15. 执行裁定书（终结本次执行程序用）

××××人民法院
执行裁定书

（××××）……执……号

申请执行人：×××，……。
法定代理人/指定代理人/法定代表人/主要负责人：×××，……。
委托诉讼代理人：×××，……。
被执行人：×××，……。
……
（以上写明申请执行人、被执行人和其他诉讼参加人的姓名或者名称等基本信息）

本院在执行×××与×××……（写明案由）一案中，……（写明终结本次执行程序的事实和理由）。依照《最高人民法院关于适用〈中华人民共和国民事诉讼法〉的解释》第五百一十九条规定，裁定如下：

终结本次执行程序。

申请执行人发现被执行人有可供执行财产的，可以再次申请执行。

本裁定送达后立即生效。

审　判　长　×××
审　判　员　×××
审　判　员　×××
××××年××月××日
（院印）
书　记　员　×××

【说　明】

本样式根据《最高人民法院关于适用〈中华人民共和国民事诉讼法〉的解释》第五百一十九条规定制定，供人民法院裁定终结本次执行程序时用。

【法律依据】

《最高人民法院关于适用〈中华人民共和国民事诉讼法〉的解释》（2020年12月29日）

第五百一十九条　经过财产调查未发现可供执行的财产，在申请执行人签字确认或者执行法院组成合议庭审查核实并经院长批准后，可以裁定终结本次执行程序。

依照前款规定终结执行后，申请执行人发现被执行人有可供执行财产的，可以再次申请执行。再次申请不受申请执行时效期间的限制。

16. 通知书（终结本次执行程序后恢复执行用）

××××人民法院
恢复执行通知书

（××××）……执恢……号

×××：

本院于××××年××月××日以（××××）……执……号执行裁定对×××与×××……（写明案由）一案终结本次执行程序。现因申请执行人×××发现被行人×××有可供执行的财产，依照《最高人民法院关于适用〈中华人民共和国民事诉讼法〉的解释》第五百一十九条第二款规定，本院决定恢复×××与×××……（写明案由）一案的执行。

特此通知。

××××年××月××日
（院印）

联 系 人：×××　　　联系电话：……
本院地址：……　　　　邮　　编：……

【说　明】

本样式根据《最高人民法院关于适用〈中华人民共和国民事诉讼法〉的解释》第五百一十九条第二款规定制定，供人民法院在终结本次执行程序后恢复执行，通知当事人时用。

【法律依据】

《最高人民法院关于适用〈中华人民共和国民事诉讼法〉的解释》（2020年12月29日）

第五百一十九条第二款　依照前款规定终结执行后，申请执行人发现被执行人有可供执行财产的，可以再次申请执行。再次申请不受申请执行时效期间的限制。

17. 执行裁定书（终结执行用）

××××人民法院
执行裁定书

（××××）……执……号

申请执行人：×××，……。

法定代理人/指定代理人/法定代表人/主要负责人：×××，……。

委托诉讼代理人：×××，……。

被执行人：×××，……。

……

（以上写明申请执行人、被执行人和其他诉讼参加人的姓名或者名称等基本信息）

本院在执行申请执行人×××与被执行人×××……（写明案由）一案中，……（写明终结执行的事实和理由）。依照《中华人民共和国民事诉讼法》第二百五十七条第×项（在执行中被执行人被人民法院裁定宣告破产的，增加引用《最高人民法院关于人民法院执行工作若干问题的规定（试行）》第105条）规定，裁定如下：

（本案仅有一个被执行人的，写明：）终结（××××）……号案件的执行。

（本案有两个以上被执行人，仅有部分被执行人符合终结执行条件的，写明：）终结（××××）……号案件中对被执行人×××的执行。

本裁定送达后立即生效。

审　判　长　×××
审　判　员　×××
审　判　员　×××
××××年××月××日

(院印)

书　记　员　×××

【说　明】

1. 本样式根据《中华人民共和国民事诉讼法》第二百五十七条、《最高人民法院关于人民法院执行工作若干问题的规定（试行）》第 105 条规定制定，供人民法院终结执行时用。

2. 有下列情形之一的，人民法院裁定终结执行：（一）申请人撤销申请的；（二）据以执行的法律文书被撤销的；（三）作为被执行人的公民死亡，无遗产可供执行，又无义务承担人的；（四）追索赡养费、扶养费、抚育费案件的权利人死亡的；（五）作为被执行人的公民因生活困难无力偿还借款，无收入来源，又丧失劳动能力的；（六）人民法院认为应当终结执行的其他情形。

3. 案件终结执行后必须及时解除对被执行人财产的强制执行措施。

【法律依据】

1.《中华人民共和国民事诉讼法》（2017 年 6 月 27 日）

第二百五十七条　有下列情形之一的，人民法院裁定终结执行：

（一）申请人撤销申请的；

（二）据以执行的法律文书被撤销的；

（三）作为被执行人的公民死亡，无遗产可供执行，又无义务承担人的；

（四）追索赡养费、扶养费、抚育费案件的权利人死亡的；

（五）作为被执行人的公民因生活困难无力偿还借款，无收入来源，又丧失劳动能力的；

（六）人民法院认为应当终结执行的其他情形。

2.《最高人民法院关于人民法院执行工作若干问题的规定（试行）》（2020 年 12 月 29 日）

61. 在执行中，被执行人被人民法院裁定宣告破产的，执行法院应当依照民事诉讼法第二百五十七条第六项的规定，裁定终结执行。

18. 执行通知书（中止执行后恢复执行用）

××××人民法院
恢复执行通知书

（××××）……执……号

×××：

　　本院于×××年××月××日作出（××××）……执……号执行裁定，中止执行×××与×××……（写明案由）一案。现因……（写明恢复执行的事实和理由）。依照《中华人民共和国民事诉讼法》第二百五十六条第二款、《最高人民法院关于人民法院执行工作若干问题的规定（试行）》第104条（当事人未履行执行和解协议，要求恢复执行原生效法律文书的，增加引用《最高人民法院关于适用〈中华人民共和国民事诉讼法〉的解释》第四百六十七条）规定，本院决定恢复（××××）……号案件的执行。

　　特此通知。

××××年××月××日
（院印）

联 系 人：×××　　　　联系电话：……
本院地址：……　　　　邮　　编：……

【说　明】

　　1. 本样式根据《中华人民共和国民事诉讼法》第二百五十六条第二款、《最高人民法院关于人民法院执行工作若干问题的规定（试行）》第104条、《最高人民法院关于适用〈中华人民共和国民事诉讼法〉的解释》第四百六十七条规定制定，供人民法院在中止执行情形消失后恢复执行，书面通知当事人时用。

2. 一方当事人不履行或者不完全履行在执行中双方自愿达成的和解协议，对方当事人申请执行原生效法律文书的，人民法院应当恢复执行，但和解协议已履行的部分应当扣除。和解协议已经履行完毕的，人民法院不予恢复执行。

3. 不予恢复执行的通知书，可参照本样式制作。

【法律依据】

1.《中华人民共和国民事诉讼法》（2017 年 6 月 27 日）

第二百五十六条第二款　中止的情形消失后，恢复执行。

2.《最高人民法院关于人民法院执行工作若干问题的规定（试行）》（2020 年 12 月 29 日）

60. 中止执行的情形消失后，执行法院可以根据当事人的申请或依职权恢复执行。

恢复执行应当书面通知当事人。

3.《最高人民法院关于适用〈中华人民共和国民事诉讼法〉的解释》（2020 年 12 月 29 日）

第四百六十七条　一方当事人不履行或者不完全履行在执行中双方自愿达成的和解协议，对方当事人申请执行原生效法律文书的，人民法院应当恢复执行，但和解协议已履行的部分应当扣除。和解协议已经履行完毕的，人民法院不予恢复执行。

（四）执行金钱给付

19. 通知书（通知申请执行人提供被执行人财产状况用）

××××人民法院
提供被执行人财产状况通知书

（××××）……执……号

×××：

你/你单位申请本院执行与×××……（写明案由）一案，依照《最高人民法院关于人民法院执行工作若干问题的规定（试行）》第28条第1款规定，通知你/你单位向本院提供被执行人×××的财产状况。

如不能提供有关被执行人×××财产状况的证据或线索，本院又未能查到可供执行的财产，将依照《最高人民法院关于适用〈中华人民共和国民事诉讼法〉的解释》第五百一十九条第一款规定终结本次执行程序。

特此通知。

××××年××月××日
（院印）

联 系 人：×××　　　联系电话：……
本院地址：……　　　　邮　　编：……

【说　明】

本样式根据《最高人民法院关于人民法院执行工作若干问题的规定（试行）》第28条第1款规定制定，供人民法院通知申请执行人提供被执行人财产状况时用。

【法律依据】

1. 《中华人民共和国民事诉讼法》（2017 年 6 月 27 日）

第二百四十一条　被执行人未按执行通知履行法律文书确定的义务，应当报告当前以及收到执行通知之日前一年的财产情况。被执行人拒绝报告或者虚假报告的，人民法院可以根据情节轻重对被执行人或者其法定代理人、有关单位的主要负责人或者直接责任人员予以罚款、拘留。

2. 《最高人民法院关于民事执行中财产调查若干问题的规定》（2020 年 12 月 29 日）

第一条　执行过程中，申请执行人应当提供被执行人的财产线索；被执行人应当如实报告财产；人民法院应当通过网络执行查控系统进行调查，根据案件需要应当通过其他方式进行调查的，同时采取其他调查方式。

第十二条　被执行人未按执行通知履行生效法律文书确定的义务，人民法院有权通过网络执行查控系统、现场调查等方式向被执行人、有关单位或个人调查被执行人的身份信息和财产信息，有关单位和个人应当依法协助办理。

人民法院对调查所需资料可以复制、打印、抄录、拍照或以其他方式进行提取、留存。

申请执行人申请查询人民法院调查的财产信息的，人民法院可以根据案件需要决定是否准许。申请执行人及其代理人对查询过程中知悉的信息应当保密。

20. 报告财产令（命令被执行人报告财产用）

××××人民法院
报告财产令

（××××）……执……号

×××：

　　本院于××××年××月××日立案执行×××与×××……（写明案由）一案，已向你/你单位送达执行通知书。你/你单位未履行义务，应当限期如实报告财产。依照《中华人民共和国民事诉讼法》第二百四十一条，《最高人民法院关于适用〈中华人民共和国民事诉讼法〉执行程序若干问题的解释》第三十一条、第三十二条、第三十三条规定，责令你/你单位在收到此令后××日内，如实向本院报告当前以及收到执行通知之日前一年的财产情况。执行中，如果财产状况发生变动，应当自财产变动之日起十日内向本院补充报告。

　　拒绝报告或者虚假报告，本院将根据情节轻重采取罚款、拘留等措施。

　　此令

　　附：被执行人财产申报表

××××年××月××日
（院印）

联 系 人：×××　　　　联系电话：……
本院地址：……　　　　邮　　编：……

附　件

被执行人财产申报表

××××人民法院：

根据你院（××××）……执……号报告财产令，被执行人×××现向你院申报财产如下：

被执行人基本情况	证件号（身份证或组织机构代码证等）	
	住址（或住所）	
	联系电话	
当前财产情况	现金、银行存款、收入等	
	不动产 （土地使用权、房屋等）	
	动产 （交通运输工具、机器设备、产品、原材料等）	
	财产性权益 （债权、股权、股票、债券、投资权益、基金份额、知识产权等）	
	其他财产情况	
一年内财产变动情况		

被执行人（签名或者盖章）

××××年××月××日

【说　明】

1. 本样式根据《中华人民共和国民事诉讼法》第二百四十一条、《最高人民法院关于适用〈中华人民共和国民事诉讼法〉执行程序若干问题的解释》第三十一条、第三十二条、第三十三条规定制定，供人民法院责令被执行人报告财产状况时用。

2. 报告财产令中应当写明报告财产的范围、报告财产的期间、拒绝报告或者虚假报告的法律后果等内容。

3. 报告财产令可与执行通知书一并送达被执行人。

【法律依据】

1. 《中华人民共和国民事诉讼法》（2017 年 6 月 27 日）

第二百四十一条 被执行人未按执行通知履行法律文书确定的义务，应当报告当前以及收到执行通知之日前一年的财产情况。被执行人拒绝报告或者虚假报告的，人民法院可以根据情节轻重对被执行人或者其法定代理人、有关单位的主要负责人或者直接责任人员予以罚款、拘留。

2. 《最高人民法院关于民事执行中财产调查若干问题的规定》（2020 年 12 月 29 日）

第三条 人民法院依申请执行人的申请或依职权责令被执行人报告财产情况的，应当向其发出报告财产令。金钱债权执行中，报告财产令应当与执行通知同时发出。

人民法院根据案件需要再次责令被执行人报告财产情况的，应当重新向其发出报告财产令。

第四条 报告财产令应当载明下列事项：

（一）提交财产报告的期限；

（二）报告财产的范围、期间；

（三）补充报告财产的条件及期间；

（四）违反报告财产义务应承担的法律责任；

（五）人民法院认为有必要载明的其他事项。

报告财产令应附财产调查表，被执行人必须按照要求逐项填写。

第五条 被执行人应当在报告财产令载明的期限内向人民法院书面报告下列财产情况：

（一）收入、银行存款、现金、理财产品、有价证券；

（二）土地使用权、房屋等不动产；

（三）交通运输工具、机器设备、产品、原材料等动产；

（四）债权、股权、投资权益、基金份额、信托受益权、知识产权等财产性权利；

（五）其他应当报告的财产。

被执行人的财产已出租、已设立担保物权等权利负担，或者存在共有、权属争议等情形的，应当一并报告；被执行人的动产由第三人占有，被执行人的不动产、特定动产、其他财产权等登记在第三人名下的，也应当一并报告。

被执行人在报告财产令载明的期限内提交书面报告确有困难的,可以向人民法院书面申请延长期限;申请有正当理由的,人民法院可以适当延长。

21. 通知书（通知第三人履行到期债务用）

××××人民法院
通知书

（××××）……执……号

×××：

在本院执行×××与×××……（写明案由）一案中，被执行人×××对你/你单位享有到期债权，申请执行人/被执行人×××于××××年××月××日向本院申请执行对你/你单位的到期债权。本院经审查认为，申请执行人/被执行人×××的申请符合法律规定。依照《最高人民法院关于人民法院执行工作若干问题的规定（试行）》第61条、第67条规定，通知如下：

你/你单位自收到本通知后的十五日内向申请执行人×××履行对被执行人×××到期债务……元，不得向被执行人清偿。

如有异议，应当自收到本通知后的十五日内向本院提出；若擅自向被执行人×××履行，造成财产不能追回的，除在已履行的财产范围内与被执行人承担连带清偿责任外，本院将依法追究你妨害执行的法律责任。

逾期不履行又不提出异议的，本院将强制执行。

特此通知。

××××年××月××日
（院印）

联 系 人：×××　　联系电话：……
本院地址：……　　邮　　编：……

【说　明】

1. 本样式根据《最高人民法院关于人民法院执行工作若干问题的规定

(试行)》第 61 条、第 67 条规定制定，供人民法院向第三人发出履行到期债务通知时用。

2. 履行通知必须直接送达第三人，不能采取公告送达等方式。

【法律依据】

《最高人民法院关于人民法院执行工作若干问题的规定（试行)》（2020年12月29日）

45. 被执行人不能清偿债务，但对本案以外的第三人享有到期债权的，人民法院可以依申请执行人或被执行人的申请，向第三人发出履行到期债务的通知（以下简称履行通知）。履行通知必须直接送达第三人。

履行通知应当包含下列内容：

（1）第三人直接向申请执行人履行其对被执行人所负的债务，不得向被执行人清偿；

（2）第三人应当在收到履行通知后的 15 日内向申请执行人履行债务；

（3）第三人对履行到期债权有异议的，应当在收到履行通知后的 15 日内向执行法院提出；、

（4）第三人违背上述义务的法律后果。

51. 第三人收到人民法院要求其履行到期债务的通知后，擅自向被执行人履行，造成已向被执行人履行的财产不能追回的，除在已履行的财产范围内与被执行人承担连带清偿责任外，可以追究其妨害执行的责任。

22. 证明书（证明第三人已履行债务用）

××××人民法院
履行债务证明书

（××××）……执……号

在本院执行×××与×××……（写明案由）一案中，第三人×××于××××年××月××日已向申请执行人×××履行对被执行人×××到期债务……元。

特此证明。

××××年××月××日

（院印）

【说　明】

本样式根据《最高人民法院关于人民法院执行工作若干问题的规定（试行）》第69条规定制定，供人民法院在第三人向申请执行人履行债务后，为第三人出具证明时用。

【法律依据】

《最高人民法院关于人民法院执行工作若干问题的规定（试行）》（2020年12月29日）

53. 第三人按照人民法院履行通知向申请执行人履行了债务或已被强制执行后，人民法院应当出具有关证明。

23. 协助执行通知书

××××人民法院
协助执行通知书

（××××）……执……号

×××：

　　×××与×××……（写明案由）一案，本院（或其他生效法律文书的作出机关）作出的（××××）……号民事判决（或其他生效法律文书）已经发生法律效力。因……（写明协助执行的原因）。依照《中华人民共和国民事诉讼法》第二百四十二条／二百四十三条／二百四十四条／二百五十一条、《最高人民法院关于人民法院执行工作若干问题的规定》第36条／第38条／第50条规定，请协助执行以下事项：

　　……。

　　附：（××××）……号裁定书

××××年××月××日
（院印）

联 系 人：×××　　　　　联系电话：……
本院地址：……　　　　　邮　　编：……

【说　明】

　　本样式根据《中华人民共和国民事诉讼法》第二百四十二条、第二百四十三条、第二百四十四条、第二百五十一条，《最高人民法院关于人民法院执行工作若干问题的规定（试行）》第36条、第38条、第50条规定制定，供人民法院通知有关单位协助执行时用。

【法律依据】

1.《中华人民共和国民事诉讼法》（2017年6月27日）

第二百四十二条 被执行人未按执行通知履行法律文书确定的义务，人民法院有权向有关单位查询被执行人的存款、债券、股票、基金份额等财产情况。人民法院有权根据不同情形扣押、冻结、划拨、变价被执行人的财产。人民法院查询、扣押、冻结、划拨、变价的财产不得超出被执行人应当履行义务的范围。

人民法院决定扣押、冻结、划拨、变价财产，应当作出裁定，并发出协助执行通知书，有关单位必须办理。

第二百四十三条 被执行人未按执行通知履行法律文书确定的义务，人民法院有权扣留、提取被执行人应当履行义务部分的收入。但应当保留被执行人及其所扶养家属的生活必需费用。

人民法院扣留、提取收入时，应当作出裁定，并发出协助执行通知书，被执行人所在单位、银行、信用合作社和其他有储蓄业务的单位必须办理。

第二百四十四条 被执行人未按执行通知履行法律文书确定的义务，人民法院有权查封、扣押、冻结、拍卖、变卖被执行人应当履行义务部分的财产。但应当保留被执行人及其所扶养家属的生活必需品。

采取前款措施，人民法院应当作出裁定。

第二百五十一条 在执行中，需要办理有关财产权证照转移手续的，人民法院可以向有关单位发出协助执行通知书，有关单位必须办理。

2.《最高人民法院关于人民法院执行工作若干问题的规定（试行）》（2020年12月29日）

29. 被执行人在有关单位的收入尚未支取的，人民法院应当作出裁定，向该单位发出协助执行通知书，由其协助扣留或提取。

35. 被执行人不履行生效法律文书确定的义务，人民法院有权裁定禁止被执行人转让其专利权、注册商标专用权、著作权（财产权部分）等知识产权。上述权利有登记主管部门的，应当同时向有关部门发出协助执行通知书，要求其不得办理财产权转移手续，必要时可以责令被执行人将产权或使用权证照交人民法院保存。

对前款财产权，可以采取拍卖、变卖等执行措施。

3. 《**最高人民法院关于人民法院民事执行中查封、扣押、冻结财产的规定**》（2020 年 12 月 29 日）

第一条 人民法院查封、扣押、冻结被执行人的动产、不动产及其他财产权，应当作出裁定，并送达被执行人和申请执行人。

采取查封、扣押、冻结措施需要有关单位或者个人协助的，人民法院应当制作协助执行通知书，连同裁定书副本一并送达协助执行人。查封、扣押、冻结裁定书和协助执行通知书送达时发生法律效力。

24－1. 协助查询存款通知书

××××人民法院
协助查询存款通知书

（××××）……执……号

××××（写明金融机构名称）：

　　兹因须向你单位查询×××（证件种类、号码：……）的存款，特派我院×××、×××前往你处，请予协助查询为盼。

××××年××月××日

（院印）

联 系 人：×××　　　　联系电话：……

本院地址：……　　　　邮　　编：……

24-2. 协助查询存款通知书（回执）

××××人民法院
协助查询存款通知书

(回执)

××××法院：

你院（××××）……号查询通知书收悉。现将×××（证件种类、号码：……）的存款情况提供如下：

……

××××年××月××日

（公章）

联 系 人：×××　　联系电话：……
地　　址：……　　邮　　编：……

【说　明】

1. 本样式根据《中华人民共和国民事诉讼法》第二百四十二条、《最高人民法院关于网络查询、冻结被执行人存款的规定》制定，供人民法院查询存款时用。

2. 人民法院与金融机构已建立网络执行查控机制的，可以通过网络实施查询、冻结被执行人存款等措施。人民法院实施网络执行查控措施，应当事前统一向相应金融机构报备有权通过网络采取执行查控措施的特定执行人员的相关公务证件。办理具体业务时，不再另行向相应金融机构提供执行人员的相关公务证件。人民法院办理网络执行查控业务的特定执行人员发生变更的，应当及时向相应金融机构报备人员变更信息及相关公务证件。

3. 人民法院通过网络查询被执行人存款时，应当向金融机构传输电子协助查询存款通知书。多案集中查询的，可以附汇总的案件查询清单。人民法院向金融机构传输的法律文书，应当加盖电子印章。人民法院出具的电子法律文书、金融机构出具的电子查询、冻结等结果，与纸质法律文书及反馈结果具有同等效力。

4. 人民法院通过网络查询、冻结、续冻、解冻被执行人存款，与执行人员赴金融机构营业场所查询、冻结、续冻、解冻被执行人存款具有同等效力。

【法律依据】

1.《中华人民共和国民事诉讼法》（2017 年 6 月 27 日）

第二百四十二条　被执行人未按执行通知履行法律文书确定的义务，人民法院有权向有关单位查询被执行人的存款、债券、股票、基金份额等财产情况。人民法院有权根据不同情形扣押、冻结、划拨、变价被执行人的财产。人民法院查询、扣押、冻结、划拨、变价的财产不得超出被执行人应当履行义务的范围。

人民法院决定扣押、冻结、划拨、变价财产，应当作出裁定，并发出协助执行通知书，有关单位必须办理。

2.《最高人民法院关于网络查询、冻结被执行人存款的规定》（2013 年 8 月 29 日）

为规范人民法院办理执行案件过程中通过网络查询、冻结被执行人存款及其他财产的行为，进一步提高执行效率，根据《中华人民共和国民事诉讼法》的规定，结合人民法院工作实际，制定本规定。

第一条　人民法院与金融机构已建立网络执行查控机制的，可以通过网络实施查询、冻结被执行人存款等措施。

网络执行查控机制的建立和运行应当具备以下条件：

（一）已建立网络执行查控系统，具有通过网络执行查控系统发送、传输、反馈查控信息的功能；

（二）授权特定的人员办理网络执行查控业务；

（三）具有符合安全规范的电子印章系统；

（四）已采取足以保障查控系统和信息安全的措施。

第二条　人民法院实施网络执行查控措施，应当事前统一向相应金融机构报备有权通过网络采取执行查控措施的特定执行人员的相关公务证件。办理具体业务时，不再另行向相应金融机构提供执行人员的相关公务证件。

人民法院办理网络执行查控业务的特定执行人员发生变更的，应当及时向相应金融机构报备人员变更信息及相关公务证件。

第三条 人民法院通过网络查询被执行人存款时,应当向金融机构传输电子协助查询存款通知书。多案集中查询的,可以附汇总的案件查询清单。

对查询到的被执行人存款需要冻结或者续行冻结的,人民法院应当及时向金融机构传输电子冻结裁定书和协助冻结存款通知书。

对冻结的被执行人存款需要解除冻结的,人民法院应当及时向金融机构传输电子解除冻结裁定书和协助解除冻结存款通知书。

第四条 人民法院向金融机构传输的法律文书,应当加盖电子印章。

作为协助执行人的金融机构完成查询、冻结等事项后,应当及时通过网络向人民法院回复加盖电子印章的查询、冻结等结果。

人民法院出具的电子法律文书、金融机构出具的电子查询、冻结等结果,与纸质法律文书及反馈结果具有同等效力。

第五条 人民法院通过网络查询、冻结、续冻、解冻被执行人存款,与执行人员赴金融机构营业场所查询、冻结、续冻、解冻被执行人存款具有同等效力。

第六条 金融机构认为人民法院通过网络执行查控系统采取的查控措施违反相关法律、行政法规规定的,应当向人民法院书面提出异议。人民法院应当在15日内审查完毕并书面回复。

第七条 人民法院应当依据法律、行政法规规定及相应操作规范使用网络执行查控系统和查控信息,确保信息安全。

人民法院办理执行案件过程中,不得泄露通过网络执行查控系统取得的查控信息,也不得用于执行案件以外的目的。

人民法院办理执行案件过程中,不得对被执行人以外的非执行义务主体采取网络查控措施。

第八条 人民法院工作人员违反第七条规定的,应当按照《人民法院工作人员处分条例》给予纪律处分;情节严重构成犯罪的,应当依法追究刑事责任。

第九条 人民法院具备相应网络扣划技术条件,并与金融机构协商一致的,可以通过网络执行查控系统采取扣划被执行人存款措施。

第十条 人民法院与工商行政管理、证券监管、土地房产管理等协助执行单位已建立网络执行查控机制,通过网络执行查控系统对被执行人股权、股票、证券账户资金、房地产等其他财产采取查控措施的,参照本规定执行。

25－1. 协助冻结存款通知书

××××人民法院
协助冻结存款通知书

（××××）……执……号

××××（写明金融机构名称）：

　　×××与×××……（写明案由）一案，×××（证件种类、号码：……）在你处××账户的存款……元，请暂停支付×年（自××××年××月××日起至××××年××月××日止）。逾期或解除冻结后，方可支付。

　　附：（××××）……号裁定书

××××年××月××日
（院印）

联 系 人：×××　　　　　联系电话：……
本院地址：……　　　　　　邮　　编：……

25－2. 协助冻结存款通知书（回执）

××××人民法院
协助冻结存款通知书

（回执）

××××法院：

　　你院（××××）……号协助冻结通知书收悉。×××（证件种类、号码：……）在我处的××账户存款应冻结……元，已冻结……元，未冻结……元，原因为……。

××××年××月××日

（公章）

联　系　人：×××　　　　联系电话：……

本院地址：……　　　　　　邮　　编：……

【说　明】

　　1. 本样式根据《中华人民共和国民事诉讼法》第二百四十二条规定制定，供人民法院冻结存款时用。

　　2. 人民法院冻结存款，应当作出裁定，并发出协助执行通知书，金融机构必须办理。

　　3. 人民法院通过网络冻结被执行人存款时，向金融机构传输的法律文书，应当加盖电子印章。

　　人民法院出具的电子法律文书、金融机构出具的电子查询、冻结等结果，与纸质法律文书及反馈结果具有同等效力。

　　4. 人民法院通过网络查询、冻结、续冻、解冻被执行人存款，与执行人员赴金融机构营业场所查询、冻结、续冻、解冻被执行人存款具有同等效力。

【法律依据】

《中华人民共和国民事诉讼法》（2017年6月27日）

第二百四十二条　被执行人未按执行通知履行法律文书确定的义务，人民法院有权向有关单位查询被执行人的存款、债券、股票、基金份额等财产情况。人民法院有权根据不同情形扣押、冻结、划拨、变价被执行人的财产。人民法院查询、扣押、冻结、划拨、变价的财产不得超出被执行人应当履行义务的范围。

人民法院决定扣押、冻结、划拨、变价财产，应当作出裁定，并发出协助执行通知书，有关单位必须办理。

26－1. 协助划拨存款通知书

××××人民法院
协助划拨存款通知书

（××××）……执……号

××××（写明金融机构名称）：

　　本院在执行×××与×××……（写明案由）一案中，因被执行人×××在期限内未予执行，请将该被执行人×××（证件种类、号码：……）在你处××账户的存款……元，划拨至××××银行账户/国库。

开户银行：××××

账户名称：××××

账　　号：……

附：（××××）……号裁定书

××××年××月××日
（院印）

联 系 人：×××　　　　联系电话：……

本院地址：……　　　　邮　　编：……

26-2. 协助划拨存款通知书（回执）

××××人民法院
协助划拨存款通知书

（回执）

××××法院：

你院（××××）……号协助划拨通知书收悉。×××（证件种类、号码：……）在我处的××账户存款……元已划拨至××××银行账户/国库，未划拨……元，原因为……。

××××年××月××日

（公章）

联 系 人：×××　　　　联系电话：……
地　　址：……　　　　邮　　编：……

【说　明】

本样式根据《中华人民共和国民事诉讼法》第二百四十二条规定制定，供人民法院划拨存款时用。

【法律依据】

《中华人民共和国民事诉讼法》（2017年6月27日）

第二百四十二条　被执行人未按执行通知履行法律文书确定的义务，人民法院有权向有关单位查询被执行人的存款、债券、股票、基金份额等财产情况。人民法院有权根据不同情形扣押、冻结、划拨、变价被执行人的财产。人民法院查询、扣押、冻结、划拨、变价的财产不得超出被执行人应当履行义务的范围。

人民法院决定扣押、冻结、划拨、变价财产，应当作出裁定，并发出协助执行通知书，有关单位必须办理。

27－1. 解除冻结存款通知书

××××人民法院
解除冻结存款通知书

（××××）……执……号

××××（写明金融机构名称）：

本院××××年××月××日（××××）……号协助冻结存款通知书冻结×××（证件种类、号码：……）在你处××账户的存款……元，现请解除冻结。

附：（××××）……号裁定书

××××年××月××日
（院印）

联 系 人：×××　　　　联系电话：……
本院地址：……　　　　邮　　编：……

27-2. 解除冻结存款通知书（回执）

××××人民法院
解除冻结存款通知书

（回执）

××××法院：

你院（××××）……号解除冻结存款通知书收悉。×××（证件种类、号码：……）在我处××账户存款……元，已解除冻结。

此复

××××年××月××日

（公章）

联 系 人：×××　　　　联系电话：……

地　　址：……　　　　邮　　编：……

【说　明】

1. 本样式供人民法院解除冻结时用。

2. 人民法院通过网络冻结被执行人存款，需要解除冻结的，人民法院应当及时向金融机构传输电子解除冻结裁定书和协助解除冻结存款通知书。人民法院向金融机构传输的法律文书，应当加盖电子印章。人民法院出具的电子法律文书、金融机构出具的电子查询、冻结等结果，与纸质法律文书及反馈结果具有同等效力。

3. 人民法院通过网络查询、冻结、续冻、解冻被执行人存款，与执行人员赴金融机构营业场所查询、冻结、续冻、解冻被执行人存款具有同等效力。

28－1. 协助查询股权、其他投资权益通知书

××××人民法院
协助查询通知书

（××××）……执……号

××××工商行政管理局/分局：

　　根据执行案件需要，现向你局查询被执行人×××（证件种类、号码：……）持有公司等市场主体股权、其他投资权益或者……信息。依照《中华人民共和国民事诉讼法》第二百四十二条规定，请予协助查询为盼。

××××年××月××日
（院印）

经办人：×××
联系电话：……

28－2. 协助查询股权、其他投资权益通知书（回执）

××××人民法院
协助查询通知书

（回执）

××××人民法院：

你院（××××）……号协助查询通知书收悉。经查询，被执行人×××（证件种类、号码：……）持有公司等市场主体股权、其他投资权益等情况如下：

……

××××年××月××日
（公章）

经办人：×××
联系电话：……

【说　明】

本样式根据《最高人民法院、国家工商总局关于加强信息合作规范执行与协助执行的通知》制定，供人民法院查询被执行人的股权、其他投资权益及信息时用。

【法律依据】

《最高人民法院、国家工商总局关于加强信息合作规范执行与协助执行的通知》（2014年10月10日）

各省、自治区、直辖市高级人民法院，解放军军事法院，新疆维吾尔自治区高级人民法院生产建设兵团分院；各省、自治区、直辖市工商行政管理局：

按照中央改革工商登记制度的决策部署，根据全国人大常委会、国务院对注册资本登记制度改革涉及的法律、行政法规的修改决定，以及国务院印发的《注册资本登记制度改革方案》《企业信息公示暂行条例》，最高人民法院、国家工商行政管理总局就加强信息合作、规范人民法院执行与工商行政管理机关协助执行等事项通知如下：

一、进一步加强信息合作

1. 各级人民法院与工商行政管理机关通过网络专线、电子政务平台等媒介，将双方业务信息系统对接，建立网络执行查控系统，实现网络化执行与协助执行。

2. 人民法院与工商行政管理机关要积极创造条件，逐步实现人民法院通过企业信用信息公示系统自行公示相关信息。

3. 已建立网络执行查控系统的地区，可以通过该系统办理协助事项。

有关网络执行查控系统要求、电子文书要求、法律效力等规定，按照《最高人民法院关于网络查询、冻结被执行人存款的规定》（法释〔2013〕20号）执行。通过网络冻结、强制转让股权、其他投资权益（原按照法释〔2013〕20号第九、十条等规定执行）的程序，按照本通知要求执行，但协助请求、结果反馈的方式由现场转变为通过网络操作。

4. 未建成网络执行查控系统的地区，工商行政管理机关有条件的，可以设立专门的司法协助窗口或者指定专门的机构或者人员办理协助执行事务。

5. 各级人民法院与工商行政管理机关通过网络专线、电子政务平台等媒介，建立被执行人、失信被执行人名单、刑事犯罪人员等信息交换机制。工商行政管理机关将其作为加强市场信用监管的信息来源。

二、进一步规范人民法院执行与工商行政管理机关协助执行

6. 人民法院办理案件需要工商行政管理机关协助执行的，工商行政管理机关应当按照人民法院的生效法律文书和协助执行通知书办理协助执行事项。

人民法院要求协助执行的事项，应当属于工商行政管理机关的法定职权范围。

7. 工商行政管理机关协助人民法院办理以下事项：

（1）查询有关主体的设立、变更、注销登记，对外投资，以及受处罚等情况及原始资料（企业信用信息公示系统已经公示的信息除外）；

（2）对冻结、解除冻结被执行人股权、其他投资权益进行公示；

（3）因人民法院强制转让被执行人股权，办理有限责任公司股东变更登记；

（4）法律、行政法规规定的其他事项。

8. 工商行政管理机关在企业信用信息公示系统中设置"司法协助"栏目，公开登载人民法院要求协助执行的事项。

人民法院要求工商行政管理机关协助公示时，应当制作协助公示执行信息需求书，随协助执行通知书等法律文书一并送达工商行政管理机关。工商行政管理机关按照协助公示执行信息需求书，发布公示信息。

公示信息应当记载执行法院，执行裁定书及执行通知书文号，被执行人姓名（名称），被冻结或转让的股权、其他投资权益所在市场主体的姓名（名称），股权、其他投资权益数额，受让人，协助执行的时间等内容。

9. 人民法院对股权、其他投资权益进行冻结或者实体处分前，应当查询权属。

人民法院应先通过企业信用信息公示系统查询有关信息。需要进一步获取有关信息的，可以要求工商行政管理机关予以协助。

执行人员到工商行政管理机关查询时，应当出示工作证或者执行公务证，并出具协助查询通知书。协助查询通知书应当载明被查询主体的姓名（名称）、查询内容，并记载执行依据、人民法院经办人员的姓名和电话等内容。

10. 人民法院对从工商行政管理机关业务系统、企业信用信息公示系统以及公司章程中查明属于被执行人名下的股权、其他投资权益，可以冻结。

11. 人民法院冻结股权、其他投资权益时，应当向被执行人及其股权、其他投资权益所在市场主体送达冻结裁定，并要求工商行政管理机关协助公示。

人民法院要求协助公示冻结股权、其他投资权益时，执行人员应当出示工作证或者执行公务证，向被冻结股权、其他投资权益所在市场主体登记的工商行政管理机关送达执行裁定书、协助公示通知书和协助公示执行信息需求书。

协助公示通知书应当载明被执行人姓名（名称），执行依据，被冻结的股权、其他投资权益所在市场主体的姓名（名称），股权、其他投资权益数额，冻结期限，人民法院经办人员的姓名和电话等内容。

工商行政管理机关应当在收到通知后三个工作日内通过企业信用信息公示系统公示。

12. 股权、其他投资权益被冻结的，未经人民法院许可，不得转让，不得设定质押或者其他权利负担。

有限责任公司股东的股权被冻结期间，工商行政管理机关不予办理该股东的变更登记、该股东向公司其他股东转让股权被冻结部分的公司章程备案，以及被冻结部分股权的出质登记。

13. 工商行政管理机关在多家法院要求冻结同一股权、其他投资权益的情况下，应当将所有冻结要求全部公示。

首先送达协助公示通知书的执行法院的冻结为生效冻结。送达在后的冻结为轮候冻结。有效的冻结解除的，轮候的冻结中，送达在先的自动生效。

14. 冻结股权、其他投资权益的期限不得超过两年。申请人申请续行冻结的，人民法院应当在本次冻结期限届满三日前按照本通知第11条办理。续冻期限不得超过一年。续行冻结没有次数限制。

有效的冻结期满，人民法院未办理续行冻结的，冻结的效力消灭。按照前款办理了续行冻结的，冻结效力延续，优先于轮候冻结。

15. 人民法院对被执行人股权、其他投资权益等解除冻结的，应当通知当事人，同时通知工商行政管理机关公示。

人民法院通知和工商行政管理机关公示的程序，按照本通知第11条办理。

16. 人民法院强制转让被执行人的股权、其他投资权益，完成变价等程序后，应当向受让人、被执行人或者其股权、其他投资权益所在市场主体送达转让裁定，要求工商行政管理机关协助公示并办理有限责任公司股东变更登记。

人民法院要求办理有限责任公司股东变更登记的，执行人员应当出示工作证或者执行公务证，送达生效法律文书副本或者执行裁定书、协助执行通知书、协助公示执行信息需求书、合法受让人的身份或资格证明，到被执行人股权所在有限责任公司登记的工商行政管理机关办理。

法律、行政法规对股东资格、持股比例等有特殊规定的，人民法院要求工商行政管理机关办理有限责任公司股东变更登记前，应当进行审查，并确认该公司股东变更符合公司法第二十四条、第五十八条的规定。

工商行政管理机关收到人民法院上述文书后，应当在三个工作日内直接在业务系统中办理，不需要该有限责任公司另行申请，并及时公示股东变更登记信息。公示后，该股东权利以公示信息确定。

17. 人民法院可以对有关材料查询、摘抄、复制，但不得带走原件。

工商行政管理机关对人民法院复制的书面材料应当核对并加盖印章。人民法院要求提供电子版，工商行政管理机关有条件的，应当提供。

对于工商行政管理机关无法协助的事项，人民法院要求出具书面说明的，工商行政管理机关应当出具。

18. 工商行政管理机关对按人民法院要求协助执行产生的后果，不承担责任。

当事人、案外人对工商行政管理机关协助执行的行为不服，提出异议或者行政复议的，工商行政管理机关不予受理；向人民法院起诉的，人民法院不予受理。

当事人、案外人认为人民法院协助执行要求存在错误的，应当按照民事诉讼法第二百二十五条之规定，向人民法院提出执行异议，人民法院应当受理。

当事人认为工商行政管理机关在协助执行时扩大了范围或者违法采取措施造成其损害，提起行政诉讼的，人民法院应当受理。

19. 人民法院冻结股权、其他投资权益的通知在2014年2月28日之前送达工商行政管理机关、冻结到期日在2014年3月1日以后的，工商行政管理机关应当在2014年11月30日前将冻结信息公示。公示后续行冻结的，按照本通知第11条办理。

冻结到期日在2014年3月1日以后、2014年11月30日前，人民法院送达了续行冻结通知书的，续行冻结有效。工商行政管理机关还应当在2014年11月30日前公示续行冻结信息。

人民法院对股权、其他投资权益的冻结未设定期限的，工商行政管理机关应当在2014年11月30日前将冻结信息公示。从公示之日起满两年，人民法院未续行冻结的，冻结的效力消灭。

各高级人民法院与各省级工商行政管理局可以根据本通知，结合本地实际，制定贯彻实施办法。对执行本通知的情况和工作中遇到的问题，要及时报告最高人民法院、国家工商行政管理总局。

附件：（略）

29－1. 协助公示冻结、续行冻结通知书

××××人民法院
协助公示通知书

（××××）……执……号

××××工商行政管理局/分局：

根据本院（××××）……号执行裁定，依照《中华人民共和国民事诉讼法》第二百四十二条规定，请协助公示下列事项：

冻结/继续冻结被执行人×××（证件种类、号码：……）持有×××……（股权、其他投资权益的数额），冻结期限为×年（自××××年××月××日起至××××年××月××日止）。

附：（××××）……号裁定书

××××年××月××日
（院印）

经办人：×××
联系电话：……

29－2. 公示冻结、续行冻结（公示内容）

××××人民法院
协助公示执行信息需求书

执行法院：××××人民法院

执行文书文号：(××××)……号执行裁定书

(××××)……号协助执行通知书

执行事项：公示冻结/续行冻结股权、其他投资权益

被执行人：×××

被执行人证件种类：×××

被执行人证件号码：……

被执行人持有股权、其他投资权益的数额：……

冻结/续行冻结期限：×年（自××××年××月××日起至××××年××月××日止）

公示日期：××××年××月××日

29-3. 协助公示冻结、续行冻结（回执）

××××人民法院
协助公示通知书
（回执）

××××人民法院：

你院（××××）……号执行裁定书、（××××）……号协助公示通知书收悉，我局处理结果如下：

已于××××年××月××日在企业信用信息公示系统公示。

××××年××月××日
（公章）

经办人：×××

联系电话：……

【说　明】

本样式根据《最高人民法院、国家工商总局关于加强信息合作规范执行与协助执行的通知》制定，供人民法院通知工商部门对被执行人的股权、其他投资权益公示冻结或者续行冻结时用。

【法律依据】

参见本书"二十一、执行程序——28-2. 协助查询股权、其他投资权益通知书（回执）"样式的法律依据。

30-1. 协助公示解除冻结通知书

××××人民法院
协助公示通知书

（××××）……执……号

××××工商行政管理局/分局：

根据本院（××××）……号执行裁定，依照《中华人民共和国民事诉讼法》第二百四十二条规定，请协助公示下列事项：

解除对被执行人×××（证件种类、号码：……）持有×××……（股权、其他投资权益的数额）的冻结。

附：（××××）……号裁定书

××××年××月××日
（院印）

经办人：×××
联系电话：……

30－2. 解除冻结信息需求书（公示内容）

××××人民法院
协助公示执行信息需求书

执行法院：××××人民法院

执行文书文号：（××××）……号执行裁定书

（××××）……号协助执行通知书

执行事项：解除冻结股权、其他投资权益

被执行人：×××

被执行人证件种类：×××

被执行人证件号码：……

被执行人持有股权、其他投资权益的数额：……

解除冻结日期：××××年××月××日

公示日期：××××年××月××日

30－3. 解除冻结通知书（回执）

××××人民法院
协助公示通知书

（回执）

××××人民法院：

你院（××××）……号执行裁定书、（××××）……号协助公示通知书收悉，我局处理结果如下：

已于××××年××月××日在企业信用信息公示系统公示。

××××年××月××日

（公章）

经办人：×××

联系电话：……

【说　明】

本样式根据《最高人民法院、国家工商总局关于加强信息合作规范执行与协助执行的通知》制定，供人民法院通知工商部门对被执行人的股权、其他投资权益公示解除冻结时用。

【法律依据】

参见本书"二十一、执行程序——28－2. 协助查询股权、其他投资权益通知书（回执）"样式的法律依据。

31－1. 协助变更股东登记通知书

××××人民法院
协助执行通知书

（××××）……执……号

××××工商行政管理局/分局：

根据本院（××××）……号执行裁定，依照《中华人民共和国民事诉讼法》第二百四十二条规定，请协助办理下列事项：

将被执行人×××（证件种类、号码：……）持有×××……（股权数额），股东变更登记为×××（证件种类、号码：……）。

附：（××××）……号裁定书

××××年××月××日
（院印）

经办人：×××
联系电话：……

31-2. 公示股东变更登记信息需求书（公示内容）

××××人民法院
协助公示执行信息需求书

执行法院：××××人民法院

执行文书文号：（××××）……号执行裁定书

（××××）……号协助执行通知书

执行事项：强制转让被执行人股权，办理股东变更登记。

被执行人：×××

被执行人证件种类：×××

被执行人证件号码：……

被执行人持有股权数额：……

受让人：×××

受让人证件类型：×××

受让人证件号码：……

协助执行日期：××××年××月××日

31-3. 协助变更股东登记通知书（回执）

××××人民法院
协助执行通知书

（回执）

××××人民法院：

你院（××××）……号执行裁定书、（××××）……号协助执行通知书收悉，我局处理结果如下：

已于××××年××月××日在工商行政管理业务系统办理股东变更登记，并于××年××月××日在企业信用信息公示系统公示。

××××年××月××日
（公章）

经办人：×××

联系电话：……

【说　明】

本样式根据《最高人民法院、国家工商总局关于加强信息合作规范执行与协助执行的通知》制定，供人民法院通知工商部门协助变更股东登记时用。

【法律依据】

参见本书"二十一、执行程序——28-2. 协助查询股权、其他投资权益通知书（回执）"样式的法律依据。

32. 通知书（责令金融机构追回被转移的冻结款项用）

××××人民法院
责令追回被转移款项通知书

（××××）……执……号

××××（写明金融机构名称）：

本院在执行×××与×××……（写明案由）一案中，已于××××年××月××日向你单位发出（××××）……号执行裁定书和（××××）……号协助冻结存款通知书。经查，你单位于××××年××月××日擅自解冻被本院冻结的款项，致冻结款项被转移。依照《最高人民法院关于人民法院执行工作若干问题的规定（试行）》第33条规定，责令你单位自本通知书送达之日起××日内追回已被转移的款项……元。

逾期未能追回，本院将裁定你单位在转移的款项范围内以自己的财产向申请执行人承担责任。

特此通知。

××××年××月××日

（院印）

联系人：×××　　　　　联系电话：……
本院地址：……　　　　　邮　　编：……

【说　明】

本样式根据《最高人民法院关于人民法院执行工作若干问题的规定（试行）》第33条规定制定，供人民法院责令金融机构限期追回已被转移款项时用。

【法律依据】

《最高人民法院关于人民法院执行工作若干问题的规定（试行）》（2020年12月29日）

26. 金融机构擅自解冻被人民法院冻结的款项，致冻结款项被转移的，人民法院有权责令其限期追回已转移的款项。在限期内未能追回的，应当裁定该金融机构在转移的款项范围内以自己的财产向申请执行人承担责任。

33. 通知书（责令协助执行单位追回擅自支付款项用）

××××人民法院
责令协助单位追款通知书

（××××）……执……号

××××：

　　本院在执行×××与×××……（写明案由）一案中，于××××年××月××日向你单位发出（××××）……号协助执行通知书，要求你单位协助将被执行人×××收入……元交存本院，你单位却擅自向被执行人/他人支付……元。依照《最高人民法院关于人民法院执行工作若干问题的规定（试行）》第37条规定，责令你单位自本通知书送达之日起××日内追回擅自支付的款项……元，并按（××××）……号协助执行通知书的要求将该款交存本院。

　　逾期拒不追回，本院将裁定你单位在擅自支付的数额内向申请执行人承担责任，并视情节轻重追究你单位及相关负责人妨害执行的法律责任。

　　特此通知。

××××年××月××日
（院印）

联 系 人：×××　　　联系电话：……
本院地址：……　　　邮　　编：……

【说　明】

　　本样式根据《最高人民法院关于人民法院执行工作若干问题的规定（试行）》第37条规定制定，供人民法院责令有关单位限期追回擅自支付的款项时用。

【法律依据】

《最高人民法院关于人民法院执行工作若干问题的规定（试行）》（2020年12月29日）

30. 有关单位收到人民法院协助执行被执行人收入的通知后，擅自向被执行人或其他人支付的，人民法院有权责令其限期追回；逾期未追回的，应当裁定其在支付的数额内向申请执行人承担责任。

34. 通知书（责令责任人追回财产用）

××××人民法院
责令责任人追回财产通知书

（××××）……执……号

××××：

本院在执行×××与×××……（写明案由）一案中，于××××年××月××日查封/扣押/冻结了被执行人×××的……（写明财产名称、数量或数额、所在地等）。经查，××××年××月××日，你/你单位未经本院同意，擅自处分上述财产。依照《中华人民共和国民事诉讼法》第一百一十一条第一款第三项、《最高人民法院关于人民法院执行工作若干问题的规定（试行）》第44条规定，责令你/你单位自本通知书送达之日起××日内追回上述财产。

逾期不能追回的，本院将裁定你/你单位承担相应的赔偿责任，并视情节轻重，对有关负责人或者直接责任人员予以罚款、拘留；构成犯罪的，追究刑事责任。

特此通知。

××××年××月××日
（院印）

联 系 人：×××　　　　联系电话：……
本院地址：……　　　　邮　　编：……

【说　明】

本样式根据《中华人民共和国民事诉讼法》第一百一十一条第一款第三项、《最高人民法院关于人民法院执行工作若干问题的规定（试行）》第44条规定制定，供人民法院责令责任人限期追回财产或承担相应的赔偿责任时用。

【法律依据】

《中华人民共和国民事诉讼法》（2017 年 6 月 27 日）

第一百一十一条 诉讼参与人或者其他人有下列行为之一的，人民法院可以根据情节轻重予以罚款、拘留；构成犯罪的，依法追究刑事责任：

（一）伪造、毁灭重要证据，妨碍人民法院审理案件的；

（二）以暴力、威胁、贿买方法阻止证人作证或者指使、贿买、胁迫他人作伪证的；

（三）隐藏、转移、变卖、毁损已被查封、扣押的财产，或者已被清点并责令其保管的财产，转移已被冻结的财产的；

（四）对司法工作人员、诉讼参加人、证人、翻译人员、鉴定人、勘验人、协助执行的人，进行侮辱、诽谤、诬陷、殴打或者打击报复的；

（五）以暴力、威胁或者其他方法阻碍司法工作人员执行职务的；

（六）拒不履行人民法院已经发生法律效力的判决、裁定的。

人民法院对有前款规定的行为之一的单位，可以对其主要负责人或者直接责任人员予以罚款、拘留；构成犯罪的，依法追究刑事责任。

《最高人民法院关于人民法院执行工作若干问题的规定（试行）》（2020年 12 月 29 日）

32. 被执行人或其他人擅自处分已被查封、扣押、冻结财产的，人民法院有权责令责任人限期追回财产或承担相应的赔偿责任。

35. 通知书（由法院强制保管产权证照用）

××××人民法院
强制保管产权证照通知书

（××××）……执……号

×××：

本院在执行×××与×××……（写明案由）一案中，经查，……（写明被执行人持有产权证照的事实及责令强制保管的理由）。依照《最高人民法院关于人民法院执行工作若干问题的规定（试行）》第41条第2款规定，责令你/你单位自本通知书送达时将……的产权证照交由本院保管。拒不履行，本院将采取强制执行措施。

特此通知。

××××年××月××日

（院印）

联 系 人：×××　　联系电话：……
本院地址：……　　邮　　编：……

【说　明】

本样式根据《最高人民法院关于人民法院执行工作若干问题的规定（试行）》第41条第2款规定制定，供人民法院责令被执行人将有关产权证照交人民法院保管时用。

【法律依据】

《最高人民法院关于人民法院民事执行中查封、扣押、冻结财产的规定》（2020年12月29日）

第六条　查封、扣押动产的，人民法院可以直接控制该项财产。人民法院将查封、扣押的动产交付其他人控制的，应当在该动产上加贴封条或者采取其他足以公示查封、扣押的适当方式。

第七条 查封不动产的，人民法院应当张贴封条或者公告，并可以提取保存有关财产权证照。

查封、扣押、冻结已登记的不动产、特定动产及其他财产权，应当通知有关登记机关办理登记手续。未办理登记手续的，不得对抗其他已经办理了登记手续的查封、扣押、冻结行为。

36. 证照（财物）保管清单

××××人民法院
证照（财物）保管清单

（××××）……执……号

持有人姓名			案由	
编号	证照/财物名称	证件号码	数量或数额	备 注
1				
2				
3				
4				
5				
6				
7				
8				

持有人（签名或捺印）
在场人（签名或捺印）
××××年××月××日

执行人员（签名）
××××年××月××日

注：本清单一式两份，一份交被执行人，一份随强制保管证照通知书存卷。

【说　明】

本样式根据《最高人民法院关于人民法院执行工作若干问题的规定（试行)》第41条规定制定，供人民法院制作保管证照、财物清单时用。

【法律依据】

《最高人民法院关于人民法院民事执行中查封、扣押、冻结财产的规定》（2020年12月29日）

第六条　查封、扣押动产的，人民法院可以直接控制该项财产。人民法院将查封、扣押的动产交付其他人控制的，应当在该动产上加贴封条或者采取其他足以公示查封、扣押的适当方式。

第七条　查封不动产的，人民法院应当张贴封条或者公告，并可以提取保存有关财产权证照。

查封、扣押、冻结已登记的不动产、特定动产及其他财产权，应当通知有关登记机关办理登记手续。未办理登记手续的，不得对抗其他已经办理了登记手续的查封、扣押、冻结行为。

37. 证照（财物）发还清单

××××人民法院
证照（财物）发还清单

（××××）……执……号

被执行人			案由	
编号	证照/财物	名称	数量或数额	备 注
1				
2				
3				
4				
5				
6				
7				
8				

领取单位（盖章）　　　领取人（签名）

×××年××月××日

执行人员（签名）

×××年××月××日

注：本清单一式两份，一份存入卷宗，一份交被执行人。

【说　明】

本样式根据《最高人民法院关于人民法院执行工作若干问题的规定（试

行)》第 41 条规定制定，供人民法院将证照、财物发还当事人时用。

【法律依据】

《最高人民法院关于人民法院民事执行中查封、扣押、冻结财产的规定》（2020 年 12 月 29 日）

第六条 查封、扣押动产的，人民法院可以直接控制该项财产。人民法院将查封、扣押的动产交付其他人控制的，应当在该动产上加贴封条或者采取其他足以公示查封、扣押的适当方式。

第七条 查封不动产的，人民法院应当张贴封条或者公告，并可以提取保存有关财产权证照。

查封、扣押、冻结已登记的不动产、特定动产及其他财产权，应当通知有关登记机关办理登记手续。未办理登记手续的，不得对抗其他已经办理了登记手续的查封、扣押、冻结行为。

38. 保管财产委托书

××××人民法院
保管财产委托书

（××××）……执……号

×××：

　　本院在执行×××与×××……（写明案由）一案中，于××××年××月××日查封/扣押被执行人×××……（写明财产名称、数量或数额、所在地等），因……（写明委托保管的理由）。依照《最高人民法院关于人民法院执行工作中若干问题的规定（试行）》第43条、《最高人民法院关于人民法院民事执行中查封、扣押、冻结财产的规定》第十二条（指定担保物权人为保管人的，引用第十三条）规定，特委托你/你单位代为保管。

　　上述财产不得擅自使用和处分。该财产如被隐藏、转移、变卖、毁损，本院将依法追究相关人员的责任；构成犯罪的，追究刑事责任。

　　附：（××××）……号裁定书

××××年××月××日
（院印）

【说　明】

　　本样式根据《最高人民法院关于人民法院执行工作若干问题的规定（试行）》第43条、《最高人民法院关于人民法院民事执行中查封、扣押、冻结财产的规定》第十二条、第十三条规定制定，供人民法院委托其他单位或个人保管扣押财产时用。

【法律依据】

《最高人民法院关于人民法院民事执行中查封、扣押、冻结财产的规定》（2020年12月29日）

第十条　查封、扣押的财产不宜由人民法院保管的，人民法院可以指定被执行人负责保管；不宜由被执行人保管的，可以委托第三人或者申请执行人保管。

由人民法院指定被执行人保管的财产，如果继续使用对该财产的价值无重大影响，可以允许被执行人继续使用；由人民法院保管或者委托第三人、申请执行人保管的，保管人不得使用。

第十一条　查封、扣押、冻结担保物权人占有的担保财产，一般应当指定该担保物权人作为保管人；该财产由人民法院保管的，质权、留置权不因转移占有而消灭。

39. 执行裁定书（查封、扣押、冻结财产用）

×××× 人民法院
执行裁定书

（××××）……执……号

申请执行人：×××，……。
法定代理人/指定代理人/法定代表人/主要负责人：×××，……。
委托诉讼代理人：×××，……。
被执行人：×××，……。
……

（以上写明申请执行人、被执行人和其他诉讼参加人的姓名或者名称等基本信息）

本院在执行×××与×××……（写明案由）一案中，经查，……。依照《中华人民共和国民事诉讼法》第二百四十二条、《最高人民法院关于适用〈中华人民共和国民事诉讼法〉的解释》第四百八十七条规定，裁定如下：

查封/冻结/扣押被执行人×××的……（写明财产名称、数量或数额、所在地等），期限为×年。

本裁定立即执行。

审 判 员　×××
××××年××月××日
（院印）
书 记 员　×××

【说　明】

本样式根据《中华人民共和国民事诉讼法》第二百四十二条、《最高人民法院关于适用〈中华人民共和国民事诉讼法〉的解释》第四百八十七条规定制定，供人民法院查封、扣押、冻结财产时用。

【法律依据】

1.《中华人民共和国民事诉讼法》（2017 年 6 月 27 日）

第二百四十二条　被执行人未按执行通知履行法律文书确定的义务，人民法院有权向有关单位查询被执行人的存款、债券、股票、基金份额等财产情况。人民法院有权根据不同情形扣押、冻结、划拨、变价被执行人的财产。人民法院查询、扣押、冻结、划拨、变价的财产不得超出被执行人应当履行义务的范围。

人民法院决定扣押、冻结、划拨、变价财产，应当作出裁定，并发出协助执行通知书，有关单位必须办理。

2.《最高人民法院关于适用〈中华人民共和国民事诉讼法〉的解释》（2020 年 12 月 29 日）

第四百八十七条　人民法院冻结被执行人的银行存款的期限不得超过一年，查封、扣押动产的期限不得超过两年，查封不动产、冻结其他财产权的期限不得超过三年。

申请执行人申请延长期限的，人民法院应当在查封、扣押、冻结期限届满前办理续行查封、扣押、冻结手续，续行期限不得超过前款规定的期限。

人民法院也可以依职权办理续行查封、扣押、冻结手续。

40. 执行裁定书（划拨存款用）

××××人民法院
执行裁定书

（××××）……执……号

申请执行人：×××，……。
法定代理人/指定代理人/法定代表人/主要负责人：×××，……。
委托诉讼代理人：×××，……。
被执行人：×××，……。
……

（以上写明申请执行人、被执行人和其他诉讼参加人的姓名或者名称等基本信息）

本院在执行×××与×××……（写明案由）一案中，于××××年××月××日向×××发出执行通知书，责令……（写明应当履行的义务），但被执行人×××未履行/未全部履行生效法律文书确定的义务。依照《中华人民共和国民事诉讼法》第二百四十二条规定，裁定如下：

划拨被执行人×××存款……元。

本裁定立即执行。

审　判　员　×××
××××年××月××日
（院印）
书　记　员　×××

【说　明】

本样式根据《中华人民共和国民事诉讼法》第二百四十二条规定制定，供人民法院划拨存款时用。

【法律依据】

《中华人民共和国民事诉讼法》（2017 年 6 月 27 日）

第二百四十二条　被执行人未按执行通知履行法律文书确定的义务，人民法院有权向有关单位查询被执行人的存款、债券、股票、基金份额等财产情况。人民法院有权根据不同情形扣押、冻结、划拨、变价被执行人的财产。人民法院查询、扣押、冻结、划拨、变价的财产不得超出被执行人应当履行义务的范围。

人民法院决定扣押、冻结、划拨、变价财产，应当作出裁定，并发出协助执行通知书，有关单位必须办理。

41. 执行裁定书（扣留、提取被执行人收入用）

××××人民法院
执行裁定书

（××××）……执……号

申请执行人：×××，……。
法定代理人/指定代理人/法定代表人/主要负责人：×××，……。
委托诉讼代理人：×××，……。
被执行人：×××，……。
……

（以上写明申请执行人、被执行人和其他诉讼参加人的姓名或者名称等基本信息）

  本院在执行×××与×××……（写明案由）一案中，于××××年××月××日向被执行人×××发出执行通知书，责令……（写明应当履行的义务），但被执行人×××未履行/未全部履行生效法律文书确定的义务。

  本院查明，被执行人×××在××××处有收入……元。依照《中华人民共和国民事诉讼法》第二百四十三条、《最高人民法院关于人民法院执行工作若干问题的规定（试行）》第36条规定，裁定如下：

  扣留/提取被执行人×××在×××处收入……元。

  本裁定立即执行。

审　判　员　×××
××××年××月××日
（院印）
书　记　员　×××

【说　明】

本样式根据《中华人民共和国民事诉讼法》第二百四十三条、《最高人民法院关于人民法院执行工作若干问题的规定（试行）》第36条规定制定，供人民法院扣留或提取被执行人收入时用。

【法律依据】

1. 《中华人民共和国民事诉讼法》（2017年6月27日）

第二百四十三条　被执行人未按执行通知履行法律文书确定的义务，人民法院有权扣留、提取被执行人应当履行义务部分的收入。但应当保留被执行人及其所扶养家属的生活必需费用。

人民法院扣留、提取收入时，应当作出裁定，并发出协助执行通知书，被执行人所在单位、银行、信用合作社和其他有储蓄业务的单位必须办理。

2. 《最高人民法院关于人民法院执行工作若干问题的规定（试行）》（2020年12月29日）

29. 被执行人在有关单位的收入尚未支取的，人民法院应当作出裁定，向该单位发出协助执行通知书，由其协助扣留或提取。

42. 执行裁定书（责令有关单位向申请执行人支付已到期收益用）

××××人民法院
执行裁定书

（××××）……执……号

申请执行人：×××，……。
法定代理人/指定代理人/法定代表人/主要负责人：×××，……。
委托诉讼代理人：×××，……。
被执行人：×××，……。
……
（以上写明申请执行人、被执行人和其他诉讼参加人的姓名或者名称等基本信息）

本院在执行×××与×××……（写明案由）一案中，于××××年××月××日向被执行人×××发出执行通知书，责令……（写明应当履行的义务），但被执行人×××未履行/未全部履行生效法律文书确定的义务。

本院查明，被执行人×××在××××处有已到期的股息/红利等收益……元。依照《中华人民共和国民事诉讼法》第二百四十二条、《最高人民法院关于人民法院执行工作若干问题的规定（试行）》第51条第1款规定，裁定如下：

××××（写明有关单位名称）应于收到本裁定书后××日内直接向申请执行人×××支付……元。

本裁定立即执行。

审　判　员　×××
××××年××月××日
（院印）
书　记　员　×××

【说 明】

本样式根据《中华人民共和国民事诉讼法》第二百四十二条,《最高人民法院关于人民法院执行工作若干问题的规定(试行)》第51条第1款规定制定,供人民法院对已到期股息、红利等收益采取强制执行措施时用。

【法律依据】

1.《中华人民共和国民事诉讼法》(2017年6月27日)

第二百四十二条 被执行人未按执行通知履行法律文书确定的义务,人民法院有权向有关单位查询被执行人的存款、债券、股票、基金份额等财产情况。人民法院有权根据不同情形扣押、冻结、划拨、变价被执行人的财产。人民法院查询、扣押、冻结、划拨、变价的财产不得超出被执行人应当履行义务的范围。

人民法院决定扣押、冻结、划拨、变价财产,应当作出裁定,并发出协助执行通知书,有关单位必须办理。

2.《最高人民法院关于人民法院执行工作若干问题的规定(试行)》(2020年12月29日)

36. 对被执行人从有关企业中应得的已到期的股息或红利等收益,人民法院有权裁定禁止被执行人提取和有关企业向被执行人支付,并要求有关企业直接向申请执行人支付。

对被执行人预期从有关企业中应得的股息或红利等收益,人民法院可以采取冻结措施,禁止到期后被执行人提取和有关企业向被执行人支付。到期后人民法院可从有关企业中提取,并出具提取收据。

43. **执行裁定书**（禁止被执行人转让知识产权用）

××××人民法院
执行裁定书

（××××）……执……号

申请执行人：×××，……。
法定代理人/指定代理人/法定代表人/主要负责人：×××，……。
委托诉讼代理人：×××，……。
被执行人：×××，……。
……

（以上写明申请执行人、被执行人和其他诉讼参加人的姓名或者名称等基本信息）

本院在执行×××与×××……（写明案由）一案中，于××××年××月××日向被执行人发出执行通知书，责令……（写明应当履行的义务），但被执行人×××未履行/未全部履行生效法律文书确定的义务。

本院查明，……（写明被执行人享有专利权、注册商标专用权、著作权等知识产权的事实）。依照《最高人民法院关于人民法院执行工作若干问题的规定（试行）》第50条规定，裁定如下：禁止被执行人×××转让其享有的……（写明知识产权名称、证号）。

本裁定立即执行。

审　判　员　×××
××××年××月××日
（院印）
书　记　员　×××

【说　明】

本样式根据《最高人民法院关于人民法院执行工作若干问题的规定（试行）》第50条规定制定，供人民法院对被执行人知识产权采取执行措施时用。

【法律依据】

《最高人民法院关于人民法院执行工作若干问题的规定（试行）》（2020年12月29日）

35. 被执行人不履行生效法律文书确定的义务，人民法院有权裁定禁止被执行人转让其专利权、注册商标专用权、著作权（财产权部分）等知识产权。上述权利有登记主管部门的，应当同时向有关部门发出协助执行通知书，要求其不得办理财产权转移手续，必要时可以责令被执行人将产权或使用权证照交人民法院保存。

对前款财产权，可以采取拍卖、变卖等执行措施。

44. 执行裁定书（轮候查封、扣押、冻结用）

××××人民法院
执行裁定书

（××××）……执……号

申请执行人：×××，……。
法定代理人/指定代理人/法定代表人/主要负责人：×××，……。
委托诉讼代理人：×××，……。
被执行人：×××，……。
……

（以上写明申请执行人、被执行人和其他诉讼参加人的姓名或者名称等基本信息）

本院在执行×××与×××……（写明案由）一案中，经查，……。依照《中华人民共和国民事诉讼法》第二百四十二条/第二百四十三条/第二百四十四条，《最高人民法院关于人民法院执行工作若干问题的规定（试行）》第38条、第42条（扣押财产的，引用第43条），《最高人民法院关于人民法院民事执行中查封、扣押、冻结财产的规定》第二十八条第一款、《最高人民法院关于适用〈中华人民共和国民事诉讼法〉的解释》第四百八十七条规定，裁定如下：

一、查封/扣押/冻结被执行人×××所有的……（写明财产名称、数量或数额、所在地等），查封/扣押/冻结期限为×年。

二、（被执行人可以使用被查封财产的，写明:）被执行人×××负责保管被查封的财产。在查封期间内，被执行人×××可以使用被查封财产；但因被执行人×××的过错造成被查封财产损失的，应由自己承担责任。

（被执行人/保管人不得使用被查封/扣押财产的，写明:）被执行人/保管人×××负责保管被查封/扣押的财产。在查封/扣押期间不得使用被查封/扣押的财产。

（冻结财产不需要保管的，不列本项。）

需要续行查封/扣押/冻结的，应当在查封/扣押/冻结期限届满前××日内提出续行查封/扣押/冻结的书面申请。

本裁定立即执行。

审　判　员　×××

××××年××月××日

（院印）

书　记　员　×××

【说　明】

本样式根据《中华人民共和国民事诉讼法》第二百四十二条、第二百四十三条、第二百四十四条，《最高人民法院关于人民法院执行工作若干问题的规定（试行）》第38条、第42条、第43条，《最高人民法院关于人民法院民事执行中查封、扣押、冻结财产的规定》第二十八条第一款规定制定，供人民法院采取轮候查封、扣押、冻结措施时用。

【法律依据】

1. 《中华人民共和国民事诉讼法》（2017年6月27日）

第二百四十二条　被执行人未按执行通知履行法律文书确定的义务，人民法院有权向有关单位查询被执行人的存款、债券、股票、基金份额等财产情况。人民法院有权根据不同情形扣押、冻结、划拨、变价被执行人的财产。人民法院查询、扣押、冻结、划拨、变价的财产不得超出被执行人应当履行义务的范围。

人民法院决定扣押、冻结、划拨、变价财产，应当作出裁定，并发出协助执行通知书，有关单位必须办理。

第二百四十三条　被执行人未按执行通知履行法律文书确定的义务，人民法院有权扣留、提取被执行人应当履行义务部分的收入。但应当保留被执行人及其所扶养家属的生活必需费用。

人民法院扣留、提取收入时，应当作出裁定，并发出协助执行通知书，被执行人所在单位、银行、信用合作社和其他有储蓄业务的单位必须办理。

第二百四十四条　被执行人未按执行通知履行法律文书确定的义务，人民法院有权查封、扣押、冻结、拍卖、变卖被执行人应当履行义务部分的财产。但应当保留被执行人及其所扶养家属的生活必需品。

采取前款措施，人民法院应当作出裁定。

2.《最高人民法院关于人民法院民事执行中查封、扣押、冻结财产的规定》（2020 年 12 月 29 日）

第一条 人民法院查封、扣押、冻结被执行人的动产、不动产及其他财产权，应当作出裁定，并送达被执行人和申请执行人。

采取查封、扣押、冻结措施需要有关单位或者个人协助的，人民法院应当制作协助执行通知书，连同裁定书副本一并送达协助执行人。查封、扣押、冻结裁定书和协助执行通知书送达时发生法律效力。

第十条 查封、扣押的财产不宜由人民法院保管的，人民法院可以指定被执行人负责保管；不宜由被执行人保管的，可以委托第三人或者申请执行人保管。

由人民法院指定被执行人保管的财产，如果继续使用对该财产的价值无重大影响，可以允许被执行人继续使用；由人民法院保管或者委托第三人、申请执行人保管的，保管人不得使用。

第二十六条第一款 对已被人民法院查封、扣押、冻结的财产，其他人民法院可以进行轮候查封、扣押、冻结。查封、扣押、冻结解除的，登记在先的轮候查封、扣押、冻结即自动生效。

45. 执行裁定书（预查封用）

××××人民法院
执行裁定书

（××××）……执……号

申请执行人：×××，……。
法定代理人/指定代理人/法定代表人/主要负责人：×××，……。
委托诉讼代理人：×××，……。
被执行人：×××，……。
……
（以上写明申请执行人、被执行人和其他诉讼参加人的姓名或者名称等基本信息）

本院在执行×××与×××……（写明案由）一案中，于××××年××月××日向被执行人×××发出执行通知书，责令……（写明应当履行的义务），但被执行人×××未履行/未全部履行生效法律文书确定的义务。

本院查明，……（写明需查封不动产的名称、数量或数额、所在地，履行产权登记手续的进展情况以及在先强制措施的登记顺序情况等）。依照《中华人民共和国民事诉讼法》第二百四十四条、《最高人民法院关于人民法院执行工作若干问题的规定（试行）》第38条、《最高人民法院关于适用〈中华人民共和国民事诉讼法〉的解释》第四百八十七条规定，裁定如下：

预查封被执行人×××所有的……（写明财产名称、数量或数额、所在地等），查封期限自本裁定生效之日起×年。

预查封的效力等同于正式查封。

查封期限届满时需要续行查封的，应当在查封期限届满前××日内提出书面申请。

本裁定立即执行。

审　判　员　×××

××××年××月××日

(院印)

书　记　员　×××

【说　明】

本样式根据《中华人民共和国民事诉讼法》第二百四十四条、《最高人民法院关于人民法院执行工作若干问题的规定（试行）》第38条、《最高人民法院关于适用〈中华人民共和国民事诉讼法〉的解释》第四百八十七条规定制定，供人民法院对土地使用权、房屋进行预查封时用。

【法律依据】

1.《中华人民共和国民事诉讼法》（2017年6月27日）

第二百四十四条　被执行人未按执行通知履行法律文书确定的义务，人民法院有权查封、扣押、冻结、拍卖、变卖被执行人应当履行义务部分的财产。但应当保留被执行人及其所扶养家属的生活必需品。

采取前款措施，人民法院应当作出裁定。

2.《最高人民法院关于人民法院民事执行中查封、扣押、冻结财产的规定》（2020年12月29日）

第一条　人民法院查封、扣押、冻结被执行人的动产、不动产及其他财产权，应当作出裁定，并送达被执行人和申请执行人。

采取查封、扣押、冻结措施需要有关单位或者个人协助的，人民法院应当制作协助执行通知书，连同裁定书副本一并送达协助执行人。查封、扣押、冻结裁定书和协助执行通知书送达时发生法律效力。

3.《最高人民法院关于适用〈中华人民共和国民事诉讼法〉的解释》（2020年12月29日）

第四百八十七条　人民法院冻结被执行人的银行存款的期限不得超过一年，查封、扣押动产的期限不得超过两年，查封不动产、冻结其他财产权的期限不得超过三年。

申请执行人申请延长期限的，人民法院应当在查封、扣押、冻结期限届满前办理续行查封、扣押、冻结手续，续行期限不得超过前款规定的期限。

人民法院也可以依职权办理续行查封、扣押、冻结手续。

46. 执行裁定书（冻结被执行人投资权益或股权用）

×××× 人民法院
执行裁定书

（××××）……执……号

申请执行人：×××，……。
法定代理人/指定代理人/法定代表人/主要负责人：×××，……。
委托诉讼代理人：×××，……。
被执行人：×××，……。
……
（以上写明申请执行人、被执行人和其他诉讼参加人的姓名或者名称等基本信息）

本院在执行×××与×××……（写明案由）一案中，于××××年××月××日向被执行人×××发出执行通知书，责令……（写明应当履行的义务）。

本院查明，被执行人×××在××××（写明有限责任公司或其他法人企业名称）处有……（写明投资权益或股权名称及数额）。依照《中华人民共和国民事诉讼法》第二百四十条、《最高人民法院关于人民法院执行工作若干问题的规定（试行）》第53条、《最高人民法院关于适用〈中华人民共和国民事诉讼法〉的解释》第四百八十七条规定，裁定如下：

冻结被执行人×××在××××（写明有限责任公司或其他法人企业的名称）处享有的……（写明投资权益或股权的名称及数额），冻结期限为×年。

申请延长冻结期限的，应当在冻结期限届满前××日内提出续行冻结的申请。

本裁定立即执行。

审　判　员　×××
××××年××月××日
(院印)
书　记　员　×××

【说　明】

本样式根据《最高人民法院关于人民法院执行工作若干问题的规定（试行)》第 53 条规定制定，供人民法院对被执行人在有限责任公司或其他法人企业中的投资权益或股权采取冻结措施时用。

【法律依据】

《最高人民法院关于人民法院执行工作若干问题的规定（试行)》（2020 年 12 月 29 日）

38. 对被执行人在有限责任公司、其他法人企业中的投资权益或股权，人民法院可以采取冻结措施。

冻结投资权益或股权的，应当通知有关企业不得办理被冻结投资权益或股权的转移手续，不得向被执行人支付股息或红利。被冻结的投资权益或股权，被执行人不得自行转让。

47. 执行裁定书（冻结被执行人预期收益用）

××××人民法院
执行裁定书

（××××）……执……号

申请执行人：×××，……。

法定代理人/指定代理人/法定代表人/主要负责人：×××，……。

委托诉讼代理人：×××，……。

被执行人：×××，……。

……

（以上写明申请执行人、被执行人和其他诉讼参加人的姓名或者名称等基本信息）

本院在执行×××与×××……（写明案由）一案中，于××××年××月××日向被执行人×××发出执行通知书，责令……（写明应当履行的义务），但被执行人×××未履行/未全部履行生效法律文书确定的义务。

本院查明，被执行人×××在××××处有预期应得的股息/红利等收益，依照《中华人民共和国民事诉讼法》第二百四十四条、《最高人民法院关于人民法院执行工作若干问题的规定（试行）》第51条第2款、《最高人民法院关于适用〈中华人民共和国民事诉讼法〉的解释》第四百八十七条规定，裁定如下：

冻结被执行人×××在××××处的股息/红利等预期收益，冻结期限为×年。

申请延长冻结期限的，应当在冻结期限届满前××日内提出续行冻结的申请。

本裁定立即执行。

审　判　员　×××
××××年××月××日

(院印)

书　记　员　×××

【说　明】

本样式根据《中华人民共和国民事诉讼法》第二百四十四条、《最高人民法院关于人民法院执行工作若干问题的规定（试行）》第51条第2款、《最高人民法院关于适用〈中华人民共和国民事诉讼法〉的解释》第四百八十七条规定制定，供人民法院对被执行人的预期收益采取强制执行措施时用。

【法律依据】

1. 《中华人民共和国民事诉讼法》（2017年6月27日）

第二百四十四条　被执行人未按执行通知履行法律文书确定的义务，人民法院有权查封、扣押、冻结、拍卖、变卖被执行人应当履行义务部分的财产。但应当保留被执行人及其所扶养家属的生活必需品。

采取前款措施，人民法院应当作出裁定。

2. 《最高人民法院关于人民法院执行工作若干问题的规定（试行）》（2020年12月29日）

36. 对被执行人从有关企业中应得的已到期的股息或红利等收益，人民法院有权裁定禁止被执行人提取和有关企业向被执行人支付，并要求有关企业直接向申请执行人支付。

对被执行人预期从有关企业中应得的股息或红利等收益，人民法院可以采取冻结措施，禁止到期后被执行人提取和有关企业向被执行人支付。到期后人民法院可从有关企业中提取，并出具提取收据。

3. 《最高人民法院关于适用〈中华人民共和国民事诉讼法〉的解释》（2020年12月29日）

第四百八十七条　人民法院冻结被执行人的银行存款的期限不得超过一年，查封、扣押动产的期限不得超过两年，查封不动产、冻结其他财产权的期限不得超过三年。

申请执行人申请延长期限的，人民法院应当在查封、扣押、冻结期限届满前办理续行查封、扣押、冻结手续，续行期限不得超过前款规定的期限。

人民法院也可以依职权办理续行查封、扣押、冻结手续。

48. 执行裁定书（解除查封、扣押、冻结等强制执行措施用）

××××人民法院
执行裁定书

（××××）……执……号

申请执行人：×××，……。
法定代理人/指定代理人/法定代表人/主要负责人：×××，……。
委托诉讼代理人：×××，……。
被执行人：×××，……。
……

（以上写明申请执行人、被执行人和其他诉讼参加人的姓名或者名称等基本信息）

本院在执行×××与×××……（写明案由）一案中，查封/扣押/冻结了……（写明财产名称、数量或数额、所在地等），现因……（写明解除强制执行措施的事实和理由）。依照《最高人民法院关于人民法院执行工作若干问题的规定（试行）》第45条（执行异议成立需解除强制执行措施的，引用第73条）、《最高人民法院关于人民法院民事执行中查封、扣押、冻结财产的规定》第三十一条规定，裁定如下：

解除对……（写明财产名称、数量或数额、所在地等）的查封/扣押/冻结。
本裁定立即执行。

审　判　长　×××
审　判　员　×××
审　判　员　×××
×××年××月××日
（院印）
书　记　员　×××

【说　明】

本样式根据《最高人民法院关于人民法院执行工作若干问题的规定（试行）》第 45 条、第 73 条规定制定，供人民法院解除查封、扣押、冻结等强制执行措施时用。

【法律依据】

1. 《最高人民法院关于人民法院民事执行中查封、扣押、冻结财产的规定》（2020 年 12 月 29 日）

第二十八条　有下列情形之一的，人民法院应当作出解除查封、扣押、冻结裁定，并送达申请执行人、被执行人或者案外人：

（一）查封、扣押、冻结案外人财产的；

（二）申请执行人撤回执行申请或者放弃债权的；

（三）查封、扣押、冻结的财产流拍或者变卖不成，申请执行人和其他执行债权人又不同意接受抵债，且对该财产又无法采取其他执行措施的；

（四）债务已经清偿的；

（五）被执行人提供担保且申请执行人同意解除查封、扣押、冻结的；

（六）人民法院认为应当解除查封、扣押、冻结的其他情形。

解除以登记方式实施的查封、扣押、冻结的，应当向登记机关发出协助执行通知书。

2. 《中华人民共和国民事诉讼法》（2017 年 6 月 27 日）

第二百二十七条　执行过程中，案外人对执行标的提出书面异议的，人民法院应当自收到书面异议之日起十五日内审查，理由成立的，裁定中止对该标的的执行；理由不成立的，裁定驳回。案外人、当事人对裁定不服，认为原判决、裁定错误的，依照审判监督程序办理；与原判决、裁定无关的，可以自裁定送达之日起十五日内向人民法院提起诉讼。

3. 《最高人民法院关于适用〈中华人民共和国民事诉讼法〉的解释》（2020 年 12 月 29 日）

第三百一十二条　对案外人提起的执行异议之诉，人民法院经审理，按照下列情形分别处理：

（一）案外人就执行标的享有足以排除强制执行的民事权益的，判决不得执行该执行标的；

（二）案外人就执行标的不享有足以排除强制执行的民事权益的，判决驳回诉讼请求。

案外人同时提出确认其权利的诉讼请求的，人民法院可以在判决中一并作出裁判。

第三百一十三条　对申请执行人提起的执行异议之诉，人民法院经审理，按照下列情形分别处理：

（一）案外人就执行标的不享有足以排除强制执行的民事权益的，判决准许执行该执行标的；

（二）案外人就执行标的享有足以排除强制执行的民事权益的，判决驳回诉讼请求。

第四百六十五条　案外人对执行标的提出的异议，经审查，按照下列情形分别处理：

（一）案外人对执行标的不享有足以排除强制执行的权益的，裁定驳回其异议；

（二）案外人对执行标的享有足以排除强制执行的权益的，裁定中止执行。

驳回案外人执行异议裁定送达案外人之日起十五日内，人民法院不得对执行标的进行处分。

4.《最高人民法院关于人民法院办理执行异议和复议案件若干问题的规定》（2020年12月29日）

第二十六条　金钱债权执行中，案外人依据执行标的被查封、扣押、冻结前作出的另案生效法律文书提出排除执行异议，人民法院应当按照下列情形，分别处理：

（一）该法律文书系就案外人与被执行人之间的权属纠纷以及租赁、借用、保管等不以转移财产权属为目的的合同纠纷，判决、裁决执行标的归属于案外人或者向其返还执行标的且其权利能够排除执行的，应予支持；

（二）该法律文书系就案外人与被执行人之间除前项所列合同之外的债权纠纷，判决、裁决执行标的归属于案外人或者向其交付、返还执行标的的，不予支持；

（三）该法律文书系案外人受让执行标的的拍卖、变卖成交裁定或者以物抵债裁定且其权利能够排除执行的，应予支持。

金钱债权执行中，案外人依据执行标的被查封、扣押、冻结后作出的另案生效法律文书提出排除执行异议的,人民法院不予支持。

非金钱债权执行中,案外人依据另案生效法律文书提出排除执行异议,该法律文书对执行标的权属作出不同认定的,人民法院应当告知案外人依法申请再审或者通过其他程序解决。

申请执行人或者案外人不服人民法院依照本条第一、二款规定作出的裁定,可以依照民事诉讼法第二百二十七条规定提起执行异议之诉。

49. 执行裁定书（拍卖用）

××××人民法院
执行裁定书

（××××）……执……号

申请执行人：×××，……。
法定代理人/指定代理人/法定代表人/主要负责人：×××，……。
委托诉讼代理人：×××，……。
被执行人：×××，……。
……
（以上写明申请执行人、被执行人和其他诉讼参加人的姓名或者名称等基本信息）

本院在执行×××与×××……（写明案由）一案中，责令……（写明应当履行的义务），但被执行人×××未履行/未全部履行生效法律文书确定的义务。本院于××××年××月××日以（××××）……执……号执行裁定查封/扣押/冻结了被执行人的……（写明财产名称、数量或数额、所在地等）。依照《中华人民共和国民事诉讼法》第二百四十四条、第二百四十七条规定，裁定如下：

拍卖被执行人×××的……（写明财产名称、数量或数额、所在地等）。
本裁定送达后即发生法律效力。

审　判　长　×××
审　判　员　×××
审　判　员　×××
××××年××月××日
（院印）
书　记　员　×××

【说　明】

本样式根据《中华人民共和国民事诉讼法》第二百四十四条、第二百四十七条规定制定，供人民法院拍卖被执行人财产时用。

【法律依据】

《中华人民共和国民事诉讼法》（2017 年 6 月 27 日）

第二百四十四条　被执行人未按执行通知履行法律文书确定的义务，人民法院有权查封、扣押、冻结、拍卖、变卖被执行人应当履行义务部分的财产。但应当保留被执行人及其所扶养家属的生活必需品。

采取前款措施，人民法院应当作出裁定。

第二百四十七条　财产被查封、扣押后，执行员应当责令被执行人在指定期间履行法律文书确定的义务。被执行人逾期不履行的，人民法院应当拍卖被查封、扣押的财产；不适于拍卖或者当事人双方同意不进行拍卖的，人民法院可以委托有关单位变卖或者自行变卖。国家禁止自由买卖的物品，交有关单位按照国家规定的价格收购。

50. 执行裁定书（拍卖成交确认用）

××××人民法院
执行裁定书

（××××）……执……号

申请执行人：×××，……。
法定代理人/指定代理人/法定代表人/主要负责人：×××，……。
委托诉讼代理人：×××，……。
被执行人：×××，……。
……

（以上写明申请执行人、被执行人和其他诉讼参加人的姓名或者名称等基本信息）

本院在执行×××与×××……（写明案由）一案中，于××××年××月××日委托××××（写明拍卖机构名称）拍卖被执行人的……（写明财产名称、数量或数额、所在地等）。××××年××月××日，买受人×××以……元的最高价竞得。依照《中华人民共和国民事诉讼法》第二百四十七条、《最高人民法院关于人民法院民事执行中拍卖、变卖财产的规定》第二十三条、第二十九条规定，裁定如下：

一、……（写明被拍卖财产名称、数量或数额、所在地等）的所有权（或其他权利）归买受人×××所有。（拍卖动产的，写明：）……所有权自交付时起转移给买受人×××。（拍卖不动产、有登记的特定动产或者其他财产权的，写明：）……所有权（或其他权利）自本裁定送达买受人×××时起转移。

二、买受人×××可持本裁定书到登记机构办理相关产权过户登记手续。（本项仅适用于需办理过户手续的财产）

本裁定送达后即发生法律效力。

审　判　长　×××
审　判　员　×××
审　判　员　×××
××××年××月××日
（院印）
书　记　员　×××

【说　明】

本样式根据《最高人民法院关于人民法院民事执行中拍卖、变卖财产的规定》第二十三条、第二十九条规定制定，供人民法院确认拍卖成交时用。

【法律依据】

《最高人民法院关于人民法院民事执行中拍卖、变卖财产的规定》（2020年12月29日）

第二十条　拍卖成交或者以流拍的财产抵债的，人民法院应当作出裁定，并于价款或者需要补交的差价全额交付后十日内，送达买受人或者承受人。

第二十六条　不动产、动产或者其他财产权拍卖成交或者抵债后，该不动产、动产的所有权、其他财产权自拍卖成交或者抵债裁定送达买受人或者承受人时起转移。

51. 执行裁定书（变卖用）

××××人民法院
执行裁定书

（××××）……执……号

申请执行人：×××，……。
法定代理人/指定代理人/法定代表人/主要负责人：×××，……。
委托诉讼代理人：×××，……。
被执行人：×××，……。
……
（以上写明申请执行人、被执行人和其他诉讼参加人的姓名或者名称等基本信息）

本院在执行×××与×××……（写明案由）一案中，责令……（写明应当履行的义务），但被执行人×××未履行/未全部履行生效法律文书确定的义务。本院于××××年××月××日以（××××）……执……号执行裁定书查封/扣押/冻结了被执行人的……（写明财产名称、数量或数额、所在地等）。因……（写明变卖的理由）。依照《中华人民共和国民事诉讼法》第二百四十四条、第二百四十七条、《最高人民法院关于适用〈中华人民共和国民事诉讼法〉的解释》第四百九十条第一款规定，裁定如下：

变卖被执行人×××的……（写明财产名称、数量或数额、所在地等）。
本裁定送达后即发生法律效力。

审　判　长　×××
审　判　员　×××
审　判　员　×××
××××年××月××日
（院印）
书　记　员　×××

【说　明】

1. 本样式根据《中华人民共和国民事诉讼法》第二百四十四条、第二百四十七条、《最高人民法院关于适用〈中华人民共和国民事诉讼法〉的解释》第四百九十条第一款规定制定，供人民法院变卖被执行人财产时用。

2. 变卖被执行人知识产权的，增加引用《最高人民法院关于人民法院执行工作若干问题的规定（试行）》第50条。

3. 对被执行人在其他股份有限公司中的股份凭证（股票）变卖的，增加引用《最高人民法院关于人民法院执行工作若干问题的规定（试行）》第52条。

4. 变卖被执行人在有限责任公司中被冻结的投资权益或股权，增加引用《最高人民法院关于人民法院执行工作若干问题的规定（试行）》第54条第2款。

【法律依据】

1. 《中华人民共和国民事诉讼法》（2017年6月27日）

第二百四十四条　被执行人未按执行通知履行法律文书确定的义务，人民法院有权查封、扣押、冻结、拍卖、变卖被执行人应当履行义务部分的财产。但应当保留被执行人及其所扶养家属的生活必需品。

采取前款措施，人民法院应当作出裁定。

第二百四十七条　财产被查封、扣押后，执行员应当责令被执行人在指定期间履行法律文书确定的义务。被执行人逾期不履行的，人民法院应当拍卖被查封、扣押的财产；不适于拍卖或者当事人双方同意不进行拍卖的，人民法院可以委托有关单位变卖或者自行变卖。国家禁止自由买卖的物品，交有关单位按照国家规定的价格收购。

2. 《最高人民法院关于适用〈中华人民共和国民事诉讼法〉的解释》（2020年12月29日）

第四百九十条第一款　人民法院在执行中需要变卖被执行人财产的，可以交有关单位变卖，也可以由人民法院直接变卖。

3. 《最高人民法院关于人民法院执行工作若干问题的规定（试行）》（2020年12月29日）

35. 被执行人不履行生效法律文书确定的义务，人民法院有权裁定禁止被执行人转让其专利权、注册商标专用权、著作权（财产权部分）等知识产权。上述权利有登记主管部门的，应当同时向有关部门发出协助执行通知书，要求其不得办理财产权转移手续，必要时可以责令被执行人将产权或使用权证照交人民法院保存。

对前款财产权，可以采取拍卖、变卖等执行措施。

37. 对被执行人在其他股份有限公司中持有的股份凭证（股票），人民法院可以扣押，并强制被执行人按照公司法的有关规定转让，也可以直接采取拍卖、变卖的方式进行处分，或直接将股票抵偿给债权人，用于清偿被执行人的债务。

39. 被执行人在其独资开办的法人企业中拥有的投资权益被冻结后，人民法院可以直接裁定予以转让，以转让所得清偿其对申请执行人的债务。

对被执行人在有限责任公司中被冻结的投资权益或股权，人民法院可以依据《中华人民共和国公司法》第七十一条、第七十二条、第七十三条的规定，征得全体股东过半数同意后，予以拍卖、变卖或以其他方式转让。不同意转让的股东，应当购买该转让的投资权益或股权，不购买的，视为同意转让，不影响执行。

人民法院也可允许并监督被执行人自行转让其投资权益或股权，将转让所得收益用于清偿对申请执行人的债务。

52. 执行裁定书（以物抵债用）

××××人民法院
执行裁定书

（××××）……执……号

申请执行人：×××，……。

法定代理人/指定代理人/法定代表人/主要负责人：×××，……。

委托诉讼代理人：×××，……。

被执行人：×××，……。

……

（以上写明申请执行人、被执行人和其他诉讼参加人的姓名或者名称等基本信息）

本院在执行×××与×××……（写明案由）一案中，责令……（写明应当履行的义务）。……（写明以物抵债理由）。依照《最高人民法院关于人民法院民事执行中拍卖、变卖财产的规定》第十九条（或第二十七条、第二十八条）、第二十三条、第二十九条第一款/第二款（非经拍卖程序以物抵债的，适用《最高人民法院关于适用〈中华人民共和国民事诉讼法〉的解释》第四百九十一条或第四百九十二条）规定，裁定如下：

一、将被执行人×××的……（写明财产名称、数量或数额、所在地等）作价……元，交付申请执行人×××抵偿……（写明债务内容）。（执行标的为动产的，写明：）……所有权自交付时起转移给买受人×××。（执行标的为不动产、有登记的特定动产或者其他财产权的，写明：）……所有权（或其他权利）自本裁定送达申请执行人×××时起转移。

二、申请执行人×××可持本裁定书到登记机构办理相关产权过户登记手续。（本项仅适用于需办理过户手续的财产）

审　判　长　×××
审　判　员　×××

审　判　员　×××
××××年××月××日
（院印）
书　记　员　×××

【说　明】

1. 本样式根据《最高人民法院关于适用〈中华人民共和国民事诉讼法〉的解释》第四百九十一条、第四百九十二条，《最高人民法院关于人民法院民事执行中拍卖、变卖财产的规定》第十九条、第二十三条、第二十七条、第二十八条、第二十九条规定制定，供人民法院对逾期不履行义务的被执行人采取以物抵债时用。

2. 经双方当事人和其他执行债权人同意，可以不经拍卖、变卖，直接将被执行人的财产作价交申请执行人抵偿债务，应当适用《最高人民法院关于适用〈中华人民共和国民事诉讼法〉的解释》第四百九十一条规定；无法拍卖或者变卖，经申请执行人同意的，应当适用《最高人民法院关于适用〈中华人民共和国民事诉讼法〉的解释》第四百九十二条规定；在拍卖变卖程序中以物抵债的，适用《最高人民法院关于人民法院民事执行中拍卖、变卖财产的规定》第十九条、第二十三条、第二十七条、第二十八条、第二十九条规定。

【法律依据】

1.《最高人民法院关于适用〈中华人民共和国民事诉讼法〉的解释》（2020年12月29日）

第四百九十一条　经申请执行人和被执行人同意，且不损害其他债权人合法权益和社会公共利益的，人民法院可以不经拍卖、变卖，直接将被执行人的财产作价交申请执行人抵偿债务。对剩余债务，被执行人应当继续清偿。

第四百九十二条　被执行人的财产无法拍卖或者变卖的，经申请执行人同意，且不损害其他债权人合法权益和社会公共利益的，人民法院可以将该项财产作价后交付申请执行人抵偿债务，或者交付申请执行人管理；申请执行人拒绝接收或者管理的，退回被执行人。

2.《最高人民法院关于人民法院民事执行中拍卖、变卖财产的规定》（2020年12月29日）

第十六条　拍卖时无人竞买或者竞买人的最高应价低于保留价，到场的申请执行人或者其他执行债权人申请或者同意以该次拍卖所定的保留价接受拍卖财产的,应当将该财产交其抵债。

有两个以上执行债权人申请以拍卖财产抵债的,由法定受偿顺位在先的债权人优先承受;受偿顺位相同的,以抽签方式决定承受人。承受人应受清偿的债权额低于抵债财产的价额的,人民法院应当责令其在指定的期间内补交差额。

第二十条 拍卖成交或者以流拍的财产抵债的,人民法院应当作出裁定,并于价款或者需要补交的差价全额交付后十日内,送达买受人或者承受人。

第二十四条 对于第二次拍卖仍流拍的动产,人民法院可以依照本规定第十六条的规定将其作价交申请执行人或者其他执行债权人抵债。申请执行人或者其他执行债权人拒绝接受或者依法不能交付其抵债的,人民法院应当解除查封、扣押,并将该动产退还被执行人。

第二十五条 对于第二次拍卖仍流拍的不动产或者其他财产权,人民法院可以依照本规定第十六条的规定将其作价交申请执行人或者其他执行债权人抵债。申请执行人或者其他执行债权人拒绝接受或者依法不能交付其抵债的,应当在六十日内进行第三次拍卖。

第三次拍卖流拍且申请执行人或者其他执行债权人拒绝接受或者依法不能接受该不动产或者其他财产权抵债的,人民法院应当于第三次拍卖终结之日起七日内发出变卖公告。自公告之日起六十日内没有买受人愿意以第三次拍卖的保留价买受该财产,且申请执行人、其他执行债权人仍不表示接受该财产抵债的,应当解除查封、冻结,将该财产退还被执行人,但对该财产可以采取其他执行措施的除外。

第二十六条 不动产、动产或者其他财产权拍卖成交或者抵债后,该不动产、动产的所有权、其他财产权自拍卖成交或者抵债裁定送达买受人或者承受人时起转移。

53. 价格评估委托书

××××人民法院
价格评估委托书

（××××）……执……号

××××：

我院在执行×××与×××……（写明案由）一案中，需对附件清单所列财产进行价格评估。依照《最高人民法院关于人民法院执行工作中若干问题的规定（试行）》第47条、《最高人民法院关于人民法院民事执行中拍卖、变卖财产的规定》第四条规定，请你单位对附件清单所列财产进行价格评估，并将书面评估报告一式×份及时报送我院。

附：委托评估财产清单

××××年××月××日
（院印）

联 系 人：×××　　　　联系电话：……
本院地址：……　　　　邮　　编：……

【说　明】

本样式根据《最高人民法院关于人民法院执行工作若干问题的规定（试行）》第47条、《最高人民法院关于人民法院民事执行中拍卖、变卖财产的规定》第四条规定制定，供人民法院委托评估机构进行价格评估时用。

【法律依据】

1.《最高人民法院关于人民法院民事执行中拍卖、变卖财产的规定》（2020年12月29日）

第四条　对拟拍卖的财产，人民法院可以委托具有相应资质的评估机构进行价格评估。对于财产价值较低或者价格依照通常方法容易确定的，可以不进行评估。

当事人双方及其他执行债权人申请不进行评估的，人民法院应当准许。

对被执行人的股权进行评估时，人民法院可以责令有关企业提供会计报表等资料；有关企业拒不提供的，可以强制提取。

第三十二条 当事人双方及有关权利人对变卖财产的价格有约定的，按照其约定价格变卖；无约定价格但有市价的，变卖价格不得低于市价；无市价但价值较大、价格不易确定的，应当委托评估机构进行评估，并按照评估价格进行变卖。

按照评估价格变卖不成的，可以降低价格变卖，但最低的变卖价不得低于评估价的二分之一。

变卖的财产无人应买的，适用本规定第十六条的规定将该财产交申请执行人或者其他执行债权人抵债；申请执行人或者其他执行债权人拒绝接受或者依法不能交付其抵债的，人民法院应当解除查封、扣押，并将该财产退还被执行人。

2.《最高人民法院关于人民法院确定财产处置参考价若干问题的规定》（2018年8月28日）

第二条 人民法院确定财产处置参考价，可以采取当事人议价、定向询价、网络询价、委托评估等方式。

54. 拍卖（变卖）委托书

××××人民法院
拍卖（变卖）委托书

（××××）……执……号

××××：

本院在执行×××与×××……（写明案由）一案中，于××××年××月××日裁定拍卖/变卖被执行人×××的……（写明财产名称、数量或数额、所在地等）。依照《中华人民共和国民事诉讼法》第二百四十七条规定，委托你单位对拍卖/变卖清单所列财产进行拍卖/变卖。

附：1. 委托拍卖/变卖财产清单
　　2. 拍卖/变卖财产评估报告

××××年××月××日
（院印）

联系人：×××　　　　联系电话：……
本院地址：……　　　　邮　　编：……

【说　明】

本样式根据《中华人民共和国民事诉讼法》第二百四十七条规定制定，供人民法院委托拍卖、变卖被执行人财产时用。

【法律依据】

《中华人民共和国民事诉讼法》（2017年6月27日）

第二百四十七条　财产被查封、扣押后，执行员应当责令被执行人在指定期间履行法律文书确定的义务。被执行人逾期不履行的，人民法院应当拍卖被查封、扣押的财产；不适于拍卖或者当事人双方同意不进行拍卖的，人民法院可以委托有关单位变卖或者自行变卖。国家禁止自由买卖的物品，交有关单位按照国家规定的价格收购。

55. 拍卖通知书

××××人民法院
拍卖通知书

（××××）……执……号

××××（写明当事人和已知的担保物物权人、优先购买权人或其他优先权人姓名或名称）：本院在执行×××与×××……（写明案由）一案中，依照《中华人民共和国民事诉讼法》第二百四十七条、《最高人民法院关于适用〈中华人民共和国民事诉讼法〉的解释》第四百八十八条、《最高人民法院关于人民法院民事执行中拍卖、变卖财产的规定》第十四条规定，委托有关中介机构对被执行人×××的……（写明财产名称、数量或数额、所在地等）进行评估、拍卖。（摇珠抽签的，写明：）经……，已选定拍卖机构。现将有关事宜通知如下：

拍卖标的：……

拍卖标的权属所有人：×××

拍卖机构/人民法院：××××

联系人：×××

联系电话：……

需要了解上述拍卖物的拍卖底价、拍卖时间、地点、拍卖公告刊登的报刊以及拍卖过程中拍卖物降价情况等有关事宜的，请直接××××联系。

优先购买权人经通知未到场的，视为放弃优先购买权。

特此通知。

××××年××月××日

（院印）

【说　明】

本样式根据《中华人民共和国民事诉讼法》第二百四十七条、《最高人民法院关于适用〈中华人民共和国民事诉讼法〉的解释》第四百八十八条、《最高人民法院关于人民法院民事执行中拍卖、变卖财产的规定》第十四条规定制定，供人民法院委托拍卖机构拍卖被执行人财产时用。

【法律依据】

1.《中华人民共和国民事诉讼法》（2017年6月27日）

第二百四十七条　财产被查封、扣押后，执行员应当责令被执行人在指定期间履行法律文书确定的义务。被执行人逾期不履行的，人民法院应当拍卖被查封、扣押的财产；不适于拍卖或者当事人双方同意不进行拍卖的，人民法院可以委托有关单位变卖或者自行变卖。国家禁止自由买卖的物品，交有关单位按照国家规定的价格收购。

2.《最高人民法院关于适用〈中华人民共和国民事诉讼法〉的解释》（2020年12月29日）

第四百八十八条　依照民事诉讼法第二百四十七条规定，人民法院在执行中需要拍卖被执行人财产的，可以由人民法院自行组织拍卖，也可以交由具备相应资质的拍卖机构拍卖。

交拍卖机构拍卖的，人民法院应当对拍卖活动进行监督。

3.《最高人民法院关于人民法院民事执行中拍卖、变卖财产的规定》（2020年12月29日）

第十一条　人民法院应当在拍卖五日前以书面或者其他能够确认收悉的适当方式，通知当事人和已知的担保物权人、优先购买权人或者其他优先权人于拍卖日到场。

优先购买权人经通知未到场的，视为放弃优先购买权。

56. 查封公告

××××人民法院
查封公告

本院依据（××××）……执……号执行裁定书，于××××年××月××日查封了被执行人如下财产：

编号	财产名称	地址、证号及其他	数量
1			
2			
3			
4			
5			
6			
7			
8			

上述财产已由有关部门协助本院登记查封，查封期限自××××年××月××日起至××××年××月××日止。在上述期限内，任何人不得对被查封的财产转移、设定权利负担或者其他有碍执行的行为，否则，本院将依法追究其法律责任。

特此公告。

××××年××月××日
（院印）

【说　明】

1. 本样式根据《最高人民法院关于人民法院执行工作的若干规定（试行）》第41条、《最高人民法院关于人民法院民事执行中查封、扣押、冻结财产的规定》第九条、第十条、第二十六条第三款规定制定，供人民法院对查封财产进行公告时用。

2. 预查封的公告可参照本样式制作。

【法律依据】

《最高人民法院关于人民法院民事执行中查封、扣押、冻结财产的规定》（2020年12月29日）

第六条　查封、扣押动产的，人民法院可以直接控制该项财产。人民法院将查封、扣押的动产交付其他人控制的，应当在该动产上加贴封条或者采取其他足以公示查封、扣押的适当方式。

第七条　查封不动产的，人民法院应当张贴封条或者公告，并可以提取保存有关财产权证照。

查封、扣押、冻结已登记的不动产、特定动产及其他财产权，应当通知有关登记机关办理登记手续。未办理登记手续的，不得对抗其他已经办理了登记手续的查封、扣押、冻结行为。

第八条　查封尚未进行权属登记的建筑物时，人民法院应当通知其管理人或者该建筑物的实际占有人，并在显著位置张贴公告。

第二十四条第三款　人民法院的查封、扣押、冻结没有公示的，其效力不得对抗善意第三人。

57. 查封（扣押、冻结）财产清单

查封（扣押、冻结）财产清单

（××××）……执……号

编号	财物名称	规格型号	数量或数额	单位
1				
2				
3				
4				
5				
6				
7				
8				

被执行人（或其他成年家属）（签名）
在场人员（签名）
××××年××月××日

执行人员（签名）
书记员（签名）
××××年××月××日

注：本清单一式两份，一份交被执行人，一份随查封裁定书存卷。

【说　明】

1. 本清单根据《中华人民共和国民事诉讼法》第二百四十五条第二款规定制定，供人民法院查封、扣押、冻结财产时用。

2. 人民法院查封、扣押财产时，被执行人是公民的，应当通知被执行人或者他的成年家属到场；被执行人是法人或者其他组织的，应当通知其法定代表人或者主要负责人到场。拒不到场的，不影响执行。被执行人是公民的，其工作单位或者财产所在地的基层组织应当派人参加。对被查封、扣押的财产，执行员必须造具清单，由在场人签名或者盖章后，交被执行人一份。被执行人是公民的，也可以交他的成年家属一份。

【法律依据】

《中华人民共和国民事诉讼法》（2017 年 6 月 27 日）

第二百四十五条第二款　对被查封、扣押的财产，执行员必须造具清单，由在场人签名或者盖章后，交被执行人一份。被执行人是公民的，也可以交他的成年家属一份。

58. 拍卖公告

×××× 人民法院

拍卖公告

　　本院在执行×××与×××……（写明案由）一案中，对被执行人×××的……（写明财产的名称、数量或数额、所在地等）进行评估、拍卖。（委托拍卖的，写明：）经……（写明选定拍卖机构的方式），委托××××拍卖。现将有关事宜公告如下：

　　拍卖标的：……

　　拍卖标的权属所有人：×××

　　拍卖机构（或人民法院）：××××

　　联 系 人：×××

　　联系电话：……

　　与本案拍卖财产有关的担保物权人、优先权人或者其他优先权人于拍卖日到场；优先购买权人届时未到场的，视为放弃优先购买权。

　　其他参加竞买的单位和个人需要了解上述拍卖物的拍卖底价、拍卖时间、地点、拍卖公告刊登的报刊以及拍卖过程中拍卖物的降价情况等有关事宜的，请直接与××××联系。

　　特此公告。

××××年××月××日

（院印）

【说　明】

　　1. 本样式根据《中华人民共和国民事诉讼法》第二百四十七条、《最高人民法院关于适用〈中华人民共和国民事诉讼法〉的解释》第四百八十八条、

《最高人民法院关于人民法院民事执行中拍卖、变卖财产的规定》第十一条规定制定，供人民法院拍卖被执行人财产，公告有关当事人和相关权利人时用。

2. 拍卖动产的，应当在拍卖七日前公告；拍卖不动产或者其他财产权的，应当在拍卖十五日前公告。

【法律依据】

1. 《中华人民共和国民事诉讼法》（2017年6月27日）

第二百四十七条　财产被查封、扣押后，执行员应当责令被执行人在指定期间履行法律文书确定的义务。被执行人逾期不履行的，人民法院应当拍卖被查封、扣押的财产；不适于拍卖或者当事人双方同意不进行拍卖的，人民法院可以委托有关单位变卖或者自行变卖。国家禁止自由买卖的物品，交有关单位按照国家规定的价格收购。

2. 《最高人民法院关于适用〈中华人民共和国民事诉讼法〉的解释》（2020年12月29日）

第四百八十八条　依照民事诉讼法第二百四十七条规定，人民法院在执行中需要拍卖被执行人财产的，可以由人民法院自行组织拍卖，也可以交由具备相应资质的拍卖机构拍卖。

交拍卖机构拍卖的，人民法院应当对拍卖活动进行监督。

3. 《最高人民法院关于人民法院民事执行中拍卖、变卖财产的规定》（2020年12月29日）

第八条　拍卖应当先期公告。

拍卖动产的，应当在拍卖七日前公告；拍卖不动产或者其他财产权的，应当在拍卖十五日前公告。

59. 公告（强制迁出房屋或退出土地用）

××××人民法院
公告

（××××）……执……号

本院在执行×××与×××……（写明案由）一案中，于××××年××月××日向被执行人×××发出（××××）……执……号执行通知书，责令……（写明应当履行的义务），但被执行人×××未履行。依照《中华人民共和国民事诉讼法》第二百五十条第一款规定，责令被执行人×××在××××年××月××日前迁出房屋/退出土地。到期仍不履行的，本院将依法强制执行。特此公告。

院　长　×××

××××年××月××日

（院印）

【说　明】

本样式根据《中华人民共和国民事诉讼法》第二百五十条第一款规定制定，供人民法院发出公告强制被执行人迁出房屋或退出土地时用。

【法律依据】

《中华人民共和国民事诉讼法》（2017年6月27日）

第二百五十条第一款　强制迁出房屋或者强制退出土地，由院长签发公告，责令被执行人在指定期间履行。被执行人逾期不履行的，由执行员强制执行。

60. 搜查令

××××人民法院

搜查令

（××××）……执……号

依照《中华人民共和国民事诉讼法》第二百四十八条规定，发出如下搜查令：

特派搜查人员×××、×××等×人，对……（写明被执行人及其住所或财产隐匿地）进行搜查。

此令

院　长　×××

××××年××月××日

（院印）

注：搜查令应由执行人员当场宣布。搜查情况另行制作笔录。

【说　明】

本样式根据《中华人民共和国民事诉讼法》第二百四十八条规定制定，供人民法院对被执行人及其住所或者财产隐匿地进行搜查时用。

【法律依据】

《中华人民共和国民事诉讼法》（2017年6月27日）

第二百四十八条　被执行人不履行法律文书确定的义务，并隐匿财产的，人民法院有权发出搜查令，对被执行人及其住所或者财产隐匿地进行搜查。

采取前款措施，由院长签发搜查令。

（五）执行财产交付及完成行为

61. 通知书（责令交出财物、票证用）

××××人民法院
责令交出财物（票证）通知书

（××××）……执……号

××××：

　　本院在执行×××与×××……（写明案由）一案中，查明××××人民法院（或其他生效法律文书的作出机关）（××××）……号民事判决（或其他生效法律文书）确定交付的……被你/你单位持有/隐匿/非法转移。依照《最高人民法院关于人民法院执行工作若干问题的规定（试行）》第57条（被执行人的财产经拍卖、变卖或者裁定以物抵债后交付的，引用第59条；有关公民持有该项财产或票证的，引用《中华人民共和国民事诉讼法》第二百四十九条第三款）规定，通知如下：

　　责令你/你单位自本通知书送达之日起××日内将……交付本院。

　　逾期不交的，本院将采取强制执行措施。

　　特此通知。

××××年××月××日
（院印）

联 系 人：×××　　　　　联系电话：……
本院地址：……　　　　　邮　　编：……

【说　明】

1. 本样式根据《中华人民共和国民事诉讼法》第二百四十九条第三款、《最高人民法院关于人民法院执行工作若干问题的规定（试行）》第57条、第59条规定制定，供人民法院在责令被执行人或占有人交出特定标的物时用。

2. 法律依据的引用，交出被执行人财产或票证的，均引用《最高人民法院关于人民法院执行工作若干问题的规定（试行）》第57条规定；有关公民持有该项财产或票证的，增加引用《中华人民共和国民事诉讼法》第二百四十九条第三款；被执行人的财产经拍卖、变卖或者裁定以物抵债后的交付，增加引用《最高人民法院关于人民法院执行工作若干问题的规定（试行）》第59条。

【法律依据】

1. 《中华人民共和国民事诉讼法》（2017年6月27日）

第二百四十九条第三款　有关公民持有该项财物或者票证的，人民法院通知其交出。拒不交出的，强制执行。

2. 《最高人民法院关于人民法院执行工作若干问题的规定（试行）》（2020年12月29日）

41. 生效法律文书确定被执行人交付特定标的物的，应当执行原物。原物被隐匿或非法转移的，人民法院有权责令其交出。原物确已毁损或灭失的，经双方当事人同意，可以折价赔偿。

双方当事人对折价赔偿不能协商一致的，人民法院应当终结执行程序。申请执行人可以另行起诉。

43. 被执行人的财产经拍卖、变卖或裁定以物抵债后，需从现占有人处交付给买受人或申请执行人的，适用民事诉讼法第二百四十九条、第二百五十条和本规定第41条、第42条的规定。

62. 委托书（代为完成指定行为用）

××××人民法院
代为完成指定行为委托书

（××××）……执……号

×××：

本院在执行×××与×××……（写明案由）一案中，被执行人未在×××人民法院（或其他生效法律文书的作出机关）（××××）……号民事判决（或其他生效法律文书）确定的期限内完成指定行为。依照《中华人民共和国民事诉讼法》第二百五十二条、《最高人民法院关于适用〈中华人民共和国民事诉讼法〉的解释》第五百零三条、第五百零四条、《最高人民法院关于人民法院执行工作若干问题的规定（试行）》第60条第2款规定，现委托你/你单位完成……（写明指定行为），并将履行指定行为的情况及时报告本院。

附：生效法律文书×份

××××年××月××日
（院印）

【说　明】

本样式根据《中华人民共和国民事诉讼法》第二百五十二条、《最高人民法院关于适用〈中华人民共和国民事诉讼法〉的解释》第五百零三条、第五百零四条、《最高人民法院关于人民法院执行工作若干问题的规定（试行）》第60条第2款规定制定，供人民法院对被执行人拒不履行生效法律文书中指定的可以替代履行的行为，依法委托有关单位或个人完成指定行为时用。

【法律依据】

1.《中华人民共和国民事诉讼法》（2017年6月27日）

第二百五十二条　对判决、裁定和其他法律文书指定的行为，被执行人未按执行通知履行的，人民法院可以强制执行或者委托有关单位或者其他人完成，费用由被执行人承担。

2.《最高人民法院关于适用〈中华人民共和国民事诉讼法〉的解释》（2020年12月29日）

第五百零三条 被执行人不履行生效法律文书确定的行为义务，该义务可由他人完成的，人民法院可以选定代履行人；法律、行政法规对履行该行为义务有资格限制的，应当从有资格的人中选定。必要时，可以通过招标的方式确定代履行人。

申请执行人可以在符合条件的人中推荐代履行人，也可以申请自己代为履行，是否准许，由人民法院决定。

第五百零四条 代履行费用的数额由人民法院根据案件具体情况确定，并由被执行人在指定期限内预先支付。被执行人未预付的，人民法院可以对该费用强制执行。

代履行结束后，被执行人可以查阅、复制费用清单以及主要凭证。

3.《最高人民法院关于人民法院执行工作若干问题的规定（试行）》（2020年12月29日）

44.被执行人拒不履行生效法律文书中指定的行为的，人民法院可以强制其履行。

对于可以替代履行的行为，可以委托有关单位或他人完成，因完成上述行为发生的费用由被执行人承担。

对于只能由被执行人完成的行为，经教育，被执行人仍拒不履行的，人民法院应当按照妨害执行行为的有关规定处理。

63. 通知书（责令追回财物或票证用）

××××人民法院
责令追回财物（票证）通知书

（××××）……执……号

××××：

本院在执行×××与×××……（写明案由）一案中，因你/你单位持有××××人民法院（或其他生效法律文书的作出机关）（××××）……号民事判决（或其他生效法律文书）指定交付的……（写明财物或票证名称、数量或数额、所在地等），于××××年××月××日向你/你单位送达协助执行通知书。你/你单位却协同被执行人×××将财物/票证转移。依照《最高人民法院关于人民法院执行工作若干问题的规定（试行)》第58条规定，责令你/你单位在本通知书送达后××日内向本院交出……（写明财物或票证名称、数量或数额、所在地等）。

逾期不向本院交出财物/票证，你/你单位将承担相应赔偿责任。

特此通知。

××××年××月××日
（院印）

【说 明】

本样式根据《最高人民法院关于人民法院执行工作若干问题的规定（试行)》第58条规定制定，供人民法院在责令有关单位或个人限期追回财物或票证时用。

【法律依据】

《最高人民法院关于人民法院执行工作若干问题的规定（试行）》（2020年12月29日）

42. 有关组织或者个人持有法律文书指定交付的财物或票证，在接到人民法院协助执行通知书或通知书后，协同被执行人转移财物或票证的，人民法院有权责令其限期追回；逾期未追回的，应当裁定其承担赔偿责任。

（六）审查不予执行申请

64. 执行裁定书（审查不予执行国内仲裁裁决申请用）

××××人民法院
执行裁定书

（××××）……执……号

申请人：×××，……。
法定代理人/指定代理人/法定代表人/主要负责人：×××，……。
委托诉讼代理人：×××，……。
被申请人：×××，……。
……
（以上写明申请人、被申请人和其他诉讼参加人的姓名或者名称等基本信息）

　　本院在执行×××与×××……（写明案由）一案中，×××申请不予执行××××仲裁委员会作出（××××）……号裁决。本院依法组成合议庭进行审查，现已审查终结。

　　×××称，……（写明申请不予执行仲裁裁决的事实和理由）。

　　×××辩称，……（写明答辩意见）。

　　本院查明，……（写明查明的事实）。

　　本院认为，……（写明理由）。

　　综上所述，依照《中华人民共和国民事诉讼法》第一百五十四条第一款第十一项/第二百三十七条第二款第×项/第三款（部分不予执行的，增加引用《最高人民法院关于适用〈中华人民共和国民事诉讼法〉的解释》第四百七十七条）规定，裁定如下：

（不予执行全部仲裁裁决内容的，写明：）不予执行××××仲裁委员会（××××）……号裁决。（不予执行部分仲裁裁决内容的，写明：）不予执行×××仲裁委员会（××××）……号裁决的××事项。

（驳回申请的，写明：）驳回申请人×××不予执行××××仲裁委员会（××××）……号裁决的申请。

本裁定送达后即发生法律效力。

审　判　长　×××
审　判　员　×××
审　判　员　×××
××××年××月××日
（院印）
书　记　员　×××

【说　明】

1. 本样式根据《中华人民共和国民事诉讼法》第二百三十七条第二款、第三款、《最高人民法院关于适用〈中华人民共和国民事诉讼法〉的解释》第四百七十七条规定制定，供人民法院不予执行仲裁裁决或者驳回申请时用。

2. 本样式中的"申请人"与"被申请人"与仲裁裁决中的"申请人"和"被申请人"不同，不应混同。

【法律依据】

1. 《中华人民共和国民事诉讼法》（2017年6月27日）

第二百三十七条第二款、第三款　被申请人提出证据证明仲裁裁决有下列情形之一的，经人民法院组成合议庭审查核实，裁定不予执行：

（一）当事人在合同中没有订有仲裁条款或者事后没有达成书面仲裁协议的；

（二）裁决的事项不属于仲裁协议的范围或者仲裁机构无权仲裁的；

（三）仲裁庭的组成或者仲裁的程序违反法定程序的；

（四）裁决所根据的证据是伪造的；

（五）对方当事人向仲裁机构隐瞒了足以影响公正裁决的证据的；

（六）仲裁员在仲裁该案时有贪污受贿，徇私舞弊，枉法裁决行为的。

人民法院认定执行该裁决违背社会公共利益的，裁定不予执行。

2.《最高人民法院关于适用〈中华人民共和国民事诉讼法〉的解释》（2020年12月29日）

第四百七十七条　仲裁机构裁决的事项，部分有民事诉讼法第二百三十七条第二款、第三款规定情形的，人民法院应当裁定对该部分不予执行。

应当不予执行部分与其他部分不可分的，人民法院应当裁定不予执行仲裁裁决。

65. 执行裁定书（审查不予执行涉外仲裁裁决申请用）

×××× 人民法院
执行裁定书

（××××）……执……号

申请人：×××，……。
法定代理人/指定代理人/法定代表人/主要负责人：×××，……。
委托诉讼代理人：×××，……。
被申请人：×××，……。
……
（以上写明申请人、被申请人和其他诉讼参加人的姓名或者名称等基本信息）

×××与×××……（写明案由）一案，××××仲裁委员会作出（××××）……号裁决。×××向本院申请强制执行，本院于××××年××月××日立案执行。在本院执行过程中，×××提出不予执行申请。本院依法组成合议庭进行审查，现已审查终结。

×××称，……（写明申请不予执行仲裁裁决的事实和理由）。

×××辩称，……（写明答辩意见）。

本院查明，……（写明查明的事实）。

本院认为，……（写明理由）。

综上所述，依照《中华人民共和国民事诉讼法》第二百七十四条第一款第×项、《最高人民法院关于适用〈中华人民共和国民事诉讼法〉的解释》第五百四十一条规定，裁定如下：

（不予执行的，写明：）不予执行××××仲裁委员会（××××）……号裁决。

（驳回申请的，写明：）驳回申请人提出不予执行的申请。

本裁定送达后即发生法律效力。

审　判　长　×××
审　判　员　×××
审　判　员　×××
××××年××月××日
（院印）
书　记　员　×××

【说　明】

1. 本样式根据《中华人民共和国民事诉讼法》第二百七十四条、《最高人民法院关于适用〈中华人民共和国民事诉讼法〉的解释》第五百四十一条规定制定，供人民法院审查不予执行涉外仲裁裁决申请时用。

2. 根据《最高人民法院关于人民法院处理与涉外仲裁及外国仲裁事项有关问题的通知》，凡一方当事人向人民法院申请执行我国涉外仲裁机构的仲裁裁决，如果人民法院认为该仲裁裁决具有《中华人民共和国民事诉讼法》第二百七十四条情形之一的，在裁定不予执行之前，必须报请本辖区所属高级人民法院进行审查；如果高级人民法院同意不予执行，应将其审查意见报最高人民法院。待最高人民法院答复后，方可裁定不予执行。

【法律依据】

1. 《中华人民共和国民事诉讼法》（2017年6月27日）

第二百七十四条　对中华人民共和国涉外仲裁机构作出的裁决，被申请人提出证据证明仲裁裁决有下列情形之一的，经人民法院组成合议庭审查核实，裁定不予执行：

（一）当事人在合同中没有订有仲裁条款或者事后没有达成书面仲裁协议的；

（二）被申请人没有得到指定仲裁员或者进行仲裁程序的通知，或者由于其他不属于被申请人负责的原因未能陈述意见的；

（三）仲裁庭的组成或者仲裁的程序与仲裁规则不符的；

（四）裁决的事项不属于仲裁协议的范围或者仲裁机构无权仲裁的。

人民法院认定执行该裁决违背社会公共利益的，裁定不予执行。

2. 《最高人民法院关于适用〈中华人民共和国民事诉讼法〉的解释》（2020年12月29日）

第五百四十一条　人民法院强制执行涉外仲裁机构的仲裁裁决时，被执行人以有民事诉讼法第二百七十四条第一款规定的情形为由提出抗辩的，人民法院应当对被执行人的抗辩进行审查，并根据审查结果裁定执行或者不予执行。

66. 执行裁定书（审查不予执行公证债权文书申请用）

××××人民法院
执行裁定书

（××××）……执……号

申请人：×××，……。

法定代理人/指定代理人/法定代表人/主要负责人：×××，……。

委托诉讼代理人：×××，……。

被申请人：×××，……。

……

（以上写明申请人、被申请人和其他诉讼参加人的姓名或者名称等基本信息）

（当事人申请不予执行的，写明：）×××于××××年××月××日向本院提出书面申请，请求不予执行××××公证处制发的赋予强制执行效力的（××××）……号债权文书。本院依法组成合议庭进行审查，现已审查终结。

×××称，……（写明请求不予执行的事实和理由）。

×××辩称，……（写明答辩意见）。

（人民法院发现公证债权文书确有错误，依职权作出裁定的，可略去以上三部分，写明：）×××申请执行××××公证处制发的赋予强制执行效力的（××××）……号债权文书一案，本院依法组成合议庭进行审查，现已审查终结。

本院查明，……（写明查明的事实）。

本院认为，……（写明理由）。

依照《中华人民共和国民事诉讼法》第二百三十八条第二款，《最高人民法院关于适用〈中华人民共和国民事诉讼法〉的解释》第四百八十条第一款第×项（或第二款）、第四百八十一条，《最高人民法院关于人民法院办理执行异议和复议案件若干问题的规定》第十条规定，裁定如下：

（驳回申请的，写明：）驳回申请人×××不予执行××××公证处（××××）……号公证债权文书的申请。

（不予执行的，写明：）不予执行××××公证处（××××）……号公证债权文书。

本裁定送达后即发生法律效力。

审　判　长　×××
审　判　员　×××
审　判　员　×××
××××年××月××日
（院印）
书　记　员　×××

【说　明】

本样式根据《中华人民共和国民事诉讼法》第二百三十八条第二款，《最高人民法院关于适用〈中华人民共和国民事诉讼法〉的解释》第四百八十条第一款、第二款、第四百八十一条，《最高人民法院关于人民法院办理执行异议和复议案件若干问题的规定》第十条规定制定，供人民法院在当事人申请不予执行公证债权文书进行审查时用。

【法律依据】

1. 《中华人民共和国民事诉讼法》（2017年6月27日）

第二百三十八条第二款　公证债权文书确有错误的，人民法院裁定不予执行，并将裁定书送达双方当事人和公证机关。

2. 《最高人民法院关于适用〈中华人民共和国民事诉讼法〉的解释》（2020年12月29日）

第四百八十条第一款、第二款　有下列情形之一的，可以认定为民事诉讼法第二百三十八条第二款规定的公证债权文书确有错误：

（一）公证债权文书属于不得赋予强制执行效力的债权文书的；

（二）被执行人一方未亲自或者未委托代理人到场公证等严重违反法律规定的公证程序的；

（三）公证债权文书的内容与事实不符或者违反法律强制性规定的；

（四）公证债权文书未载明被执行人不履行义务或者不完全履行义务时同意接受强制执行的。

人民法院认定执行该公证债权文书违背社会公共利益的，裁定不予执行。

第四百八十一条 当事人请求不予执行仲裁裁决或者公证债权文书的，应当在执行终结前向执行法院提出。

3.《最高人民法院关于人民法院办理执行异议和复议案件若干问题的规定》（2020年12月29日）

第十条 当事人不服驳回不予执行公证债权文书申请的裁定的，可以自收到裁定之日起十日内向上一级人民法院申请复议。上一级人民法院应当自收到复议申请之日起三十日内审查，理由成立的，裁定撤销原裁定，不予执行该公证债权文书；理由不成立的，裁定驳回复议申请。复议期间，不停止执行。

（七）执行管辖

67. 函（报请上级人民法院执行用）

××××人民法院
报请上级人民法院执行函

（××××）……执……号

××××人民法院：

　　×××与×××……（写明案由）一案，本院于××××年××月××日立案执行，案号为（××××）……号。因……（写明报请执行的事实和理由），需钧院执行。依照《最高人民法院关于人民法院执行工作若干问题的规定（试行）》第17条规定，现将该案有关案情报告呈报钧院，请予审查批准。

　　附：案情报告×份

××××年××月××日
（院印）

【说　明】

　　本样式根据《最高人民法院关于人民法院执行工作若干问题的规定（试行）》第17条规定制定，供人民法院报请上一级人民法院执行时用。

【法律依据】

《最高人民法院关于人民法院执行工作若干问题的规定（试行）》（2020年12月29日）

15. 基层人民法院和中级人民法院管辖的执行案件，因特殊情况需要由上级人民法院执行的，可以报请上级人民法院执行。

68. 执行决定书（指定执行管辖用）

××××人民法院
执行决定书

（××××）……执……号

××××人民法院、××××人民法院：

　　××××人民法院以……（写明函文字号、标题）协调函，报请本院协调与××××人民法院在执行中因×××与×××……（写明案由）一案产生的执行管辖权争议，报请本院指定管辖。本院依法组成合议庭进行审查，现已审查终结。

　　本院查明，……（写明查明的事实）。

　　本院认为，……（写明理由）。

　　依照《最高人民法院关于人民法院执行工作若干问题的规定（试行）》第16条、第125条规定，决定如下：

　　×××与×××……（写明案由）一案由××××人民法院执行。

　　本决定立即执行。

审　判　长　×××
审　判　员　×××
审　判　员　×××
××××年××月××日
（院印）
书　记　员　×××

【说　明】

　　本样式根据《最高人民法院关于人民法院执行工作若干问题的规定（试行）》第16条规定制定，供上级人民法院指定执行管辖时用。

【法律依据】

《最高人民法院关于人民法院执行工作若干问题的规定（试行）》（2020年12月29日）

14. 人民法院之间因执行管辖权发生争议的，由双方协商解决；协商不成的，报请双方共同的上级人民法院指定管辖。

69. 执行裁定书（提级执行用）

××××人民法院
执行裁定书

（××××）……执……号

申请执行人：×××，……。

法定代理人/指定代理人/法定代表人/主要负责人：×××，……。

委托诉讼代理人：×××，……。

被执行人：×××，……。

……

（以上写明申请执行人、被执行人和其他诉讼参加人的姓名或者名称等基本信息）

××××人民法院执行的……（写明原执行案号、当事人及案由）一案，……（写明提级执行的理由）。根据《最高人民法院关于人民法院执行工作若干问题的规定（试行）》第132条第2款规定，裁定如下：

××××人民法院（或其他生效法律文书的作出机关）（××××）……号民事判决（或其他生效法律文书）由本院执行。

××××人民法院应在收到本裁定书后将有关案卷材料移送本院，并通知相关当事人。

本裁定立即执行。

审　判　长　×××
审　判　员　×××
审　判　员　×××
××××年××月××日
（院印）
书　记　员　×××

【说　明】

本样式根据《最高人民法院关于人民法院执行工作若干问题的规定（试行）》第132条第2款、《最高人民法院关于高级人民法院统一管理执行工作若干问题的规定》第九条规定制定，供上级人民法院提级执行下级人民法院正在执行的案件时用。

【法律依据】

1.《最高人民法院关于人民法院执行工作若干问题的规定（试行）》（2020年12月29日）

74. 上级法院发现下级法院的执行案件（包括受委托执行的案件）在规定的期限内未能执行结案的，应当作出裁定、决定、通知而不制作的，或应当依法实施具体执行行为而不实施的，应当督促下级法院限期执行，及时作出有关裁定等法律文书，或采取相应措施。

对下级法院长期未能执结的案件，确有必要的，上级法院可以决定由本院执行或与下级法院共同执行，也可以指定本辖区其他法院执行。

2.《最高人民法院关于高级人民法院统一管理执行工作若干问题的规定》（2000年1月14日）

九、高级人民法院对下级人民法院的下列案件可以裁定提级执行：

1. 高级人民法院指令下级人民法院限期执结，逾期未执结需要提级执行的；

2. 下级人民法院报请高级人民法院提级执行，高级人民法院认为应当提级执行的；

3. 疑难、重大和复杂的案件，高级人民法院认为应当提级执行的。

高级人民法院对最高人民法院函示提级执行的案件，应当裁定提级执行。

70. 执行裁定书（指定执行用）

××××人民法院
执行裁定书

（××××）……执……号

申请执行人：×××，……。

法定代理人/指定代理人/法定代表人/主要负责人：×××，……。

委托诉讼代理人：×××，……。

被执行人：×××，……。

……

（以上写明申请执行人、被执行人和其他诉讼参加人的姓名或者名称等基本信息）

×××与×××……（写明案由）一案，××××人民法院于××××年××月××日立案执行。现因……（写明指定执行的理由）。根据《中华人民共和国民事诉讼法》第二百二十六条、《最高人民法院关于适用〈中华人民共和国民事诉讼法〉执行程序若干问题的解释》第十一条、第十二条第二款（上一级人民法院责令执行法院限期执行，执行法院在指定期间内无正当理由仍未执行完结的，引用《最高人民法院关于适用〈中华人民共和国民事诉讼法〉执行程序若干问题的解释》第十三条）规定，裁定如下：

××××人民法院（或其他生效法律文书的作出机关）（××××）……号民事判决（或其他生效法律文书）由××××人民法院执行。

××××人民法院应在收到本裁定书后将有关案卷材料移送××××人民法院，并通知相关当事人。

本裁定立即执行。

审　判　长　×××
审　判　员　×××

审　判　员　×××

××××年××月××日

(院印)

书　记　员　×××

【说　明】

1. 本样式根据《中华人民共和国民事诉讼法》第二百二十六条、《最高人民法院关于适用〈中华人民共和国民事诉讼法〉执行程序若干问题的解释》第十一条、第十二条第二款、第十三条规定制定，供上级人民法院指定本辖区内其他人民法院执行时用。

2. 上级人民法院责令执行法院限期执行，执行法院在指定期间内无正当理由仍未执行完结的，引用《最高人民法院关于适用〈中华人民共和国民事诉讼法〉执行程序若干问题的解释》第十三条。

【法律依据】

1.《中华人民共和国民事诉讼法》（2017年6月27日）

第二百二十六条　人民法院自收到申请执行书之日起超过六个月未执行的，申请执行人可以向上一级人民法院申请执行。上一级人民法院经审查，可以责令原人民法院在一定期限内执行，也可以决定由本院执行或者指令其他人民法院执行。

2.《最高人民法院关于适用〈中华人民共和国民事诉讼法〉执行程序若干问题的解释》（2020年12月29日）

第十条　依照民事诉讼法第二百二十六条的规定，有下列情形之一的，上一级人民法院可以根据申请执行人的申请，责令执行法院限期执行或者变更执行法院：

（一）债权人申请执行时被执行人有可供执行的财产，执行法院自收到申请执行书之日起超过六个月对该财产未执行完结的；

（二）执行过程中发现被执行人可供执行的财产，执行法院自发现财产之日起超过六个月对该财产未执行完结的；

（三）对法律文书确定的行为义务的执行，执行法院自收到申请执行书之日起超过六个月未依法采取相应执行措施的；

（四）其他有条件执行超过六个月未执行的。

第十一条第二款 上一级人民法院决定由本院执行或者指令本辖区其他人民法院执行的,应当作出裁定,送达当事人并通知有关人民法院。

第十二条 上一级人民法院责令执行法院限期执行,执行法院在指定期间内无正当理由仍未执行完结的,上一级人民法院应当裁定由本院执行或者指令本辖区其他人民法院执行。

71. 执行决定书（决定与下级法院共同执行案件用）

××××人民法院
执行决定书

（××××）……执……号

××××人民法院：

你院执行的×××与×××……（写明案由）一案，因……（写明共同执行的事实和理由），依照《最高人民法院关于人民法院执行工作若干问题的规定（试行）》第132条第2款规定，决定如下：

本案由本院与你院共同执行。

××××年××月××日
（院印）

【说　明】

本样式根据《最高人民法院关于人民法院执行工作若干问题的规定（试行）》第132条第2款规定制定，供上级人民法院与下级人民法院共同执行下级人民法院正在执行的案件时用。

【法律依据】

《最高人民法院关于人民法院执行工作若干问题的规定（试行）》（2020年12月29日）

74. 上级法院发现下级法院的执行案件（包括受委托执行的案件）在规定的期限内未能执行结案的，应当作出裁定、决定、通知而不制作的，或应当依法实施具体执行行为而不实施的，应当督促下级法院限期执行，及时作出有关裁定等法律文书，或采取相应措施。

对下级法院长期未能执结的案件，确有必要的，上级法院可以决定由本院执行或与下级法院共同执行，也可以指定本辖区其他法院执行。

72. **执行令**（执行外国法院判决用）

中华人民共和国
××××人民法院
执 行 令

（××××）……执……号

申请人×××于××××年××月××日向本院申请承认和执行××国××××法院（或××国×××法院请求本院承认和执行）对……（写明案件名称）一案于××××年××月××日作出的……判决。本院于××××年××月××日作出（××××）……号裁定，承认该判决的法律效力。依照《中华人民共和国民事诉讼法》第二百八十二条规定，命令按照该判决确定的未执行事项予以执行。

此令

院 长 ×××
××××年××月××日
（院印）

【说 明】

1. 本样式根据《中华人民共和国民事诉讼法》第二百八十二条规定制定，供人民法院根据申请人的申请或者外国法院的请求，作出承认外国法院判决的法律效力的裁定后，对于该判决内容的执行事项发出执行令时用。

2. 此执行令样式仅适用于执行外国法院发生法律效力的判决、裁定。

【法律依据】

《中华人民共和国民事诉讼法》（2017年6月27日）

第二百八十二条 人民法院对申请或者请求承认和执行的外国法院作出

的发生法律效力的判决、裁定，依照中华人民共和国缔结或者参加的国际条约，或者按照互惠原则进行审查后，认为不违反中华人民共和国法律的基本原则或者国家主权、安全、社会公共利益的，裁定承认其效力，需要执行的，发出执行令，依照本法的有关规定执行。违反中华人民共和国法律的基本原则或者国家主权、安全、社会公共利益的，不予承认和执行。

（八）变更或追加执行当事人

73. 执行裁定书（变更申请执行人用）

××××人民法院
执行裁定书

（××××）……执……号

申请人：×××，……。
法定代理人/指定代理人/法定代表人/主要负责人：×××，……。
委托诉讼代理人：×××，……。
申请执行人：×××，……。
被执行人：×××，……。
……
（以上写明申请人、申请执行人、被执行人和其他诉讼参加人的姓名或者名称等基本信息）

本院在执行×××与×××……（写明案由）一案中，申请人×××于××××年××月××日向本院申请变更为本案的申请执行人，并提供了……（写明证据）。

本院查明，……（写明查明的事实）。

本院认为，……（写明理由）。依照《中华人民共和国民事诉讼法》第一百五十四条第一款第十一项规定，裁定如下：

（变更的，写明：）变更×××为本案申请执行人。

（驳回的，写明：）驳回×××变更为本案申请执行人的请求。

本裁定送达后即发生法律效力。

审　判　长　×××
审　判　员　×××
审　判　员　×××
××××年××月××日
（院印）
书　记　员　×××

【说　明】

1. 本样式根据《中华人民共和国民事诉讼法》第一百五十四条第一款第十一项规定制定，供人民法院根据申请人的申请变更申请执行人时用。

2. 权利人的变更要坚持自愿申请原则，可以由申请执行人提出，也可以由权利的继受人申请，人民法院不应当主动变更申请执行人。

【法律依据】

《中华人民共和国民事诉讼法》（2017年6月27日）

第一百五十四条　裁定适用于下列范围：

（一）不予受理；

（二）对管辖权有异议的；

（三）驳回起诉；

（四）保全和先予执行；

（五）准许或者不准许撤诉；

（六）中止或者终结诉讼；

（七）补正判决书中的笔误；

（八）中止或者终结执行；

（九）撤销或者不予执行仲裁裁决；

（十）不予执行公证机关赋予强制执行效力的债权文书；

（十一）其他需要裁定解决的事项。

对前款第一项至第三项裁定，可以上诉。

裁定书应当写明裁定结果和作出该裁定的理由。裁定书由审判人员、书记员署名，加盖人民法院印章。口头裁定的，记入笔录。

74. 执行裁定书（执行到期债权用）

××××人民法院
执行裁定书

（××××）……执……号

申请执行人：×××，……。
法定代理人/指定代理人/法定代表人/主要负责人：×××，……。
委托诉讼代理人：×××，……。
被执行人：×××，……。
第三人：×××，……。
……

（以上写明申请执行人、被执行人、第三人和其他诉讼参加人的姓名或者名称等基本信息）

本院在执行×××与×××……（写明案由）一案中，于××××年××月××日向第三人×××送达了履行到期债务通知。第三人×××在指定期限内未对到期债务提出异议，亦未主动履行。（或被执行人×××对第三人×××的到期债权为（××××）……号判决/裁定/调解书/仲裁裁决/公证债权文书所确认，第三人×××予以否认，本院不予支持。）依照《最高人民法院关于人民法院执行工作若干问题规定（试行）》第64条、第65条（或《最高人民法院关于适用〈中华人民共和国民事诉讼法〉的解释》第五百零一条第三款）规定，裁定如下：

强制执行被执行人×××对第三人×××的到期债权……元。

本裁定立即执行。

审　判　长　×××
审　判　员　×××
审　判　员　×××

×××年××月××日
(院印)
书　记　员　×××

【说　明】

1. 本样式根据《最高人民法院关于人民法院执行工作若干问题的规定（试行）》第64条、第65条，《最高人民法院关于适用〈中华人民共和国民事诉讼法〉的解释》第五百零一条第三款规定制定，供人民法院执行被执行人对第三人的到期债权时用。

2. 第三人提出自己无履行能力或其与申请执行人无直接法律关系，不属于《最高人民法院关于人民法院执行工作若干问题的规定（试行）》第61条至65条所指的异议。对生效法律文书确定的到期债权，该他人予以否认的，人民法院不予支持。

3. 第三人对债务部分承认、部分有异议，可以对其承认的部分强制执行。制作裁定书时，应在说明理由部分将没有异议部分的内容阐述清楚。

【法律依据】

1.《最高人民法院关于人民法院执行工作若干问题的规定（试行）》（2020年12月29日）

45. 被执行人不能清偿债务，但对本案以外的第三人享有到期债权的，人民法院可以依申请执行人或被执行人的申请，向第三人发出履行到期债务的通知（以下简称履行通知）。履行通知必须直接送达第三人。

履行通知应当包含下列内容：

（1）第三人直接向申请执行人履行其对被执行人所负的债务，不得向被执行人清偿；

（2）第三人应当在收到履行通知后的15日内向申请执行人履行债务；

（3）第三人对履行到期债权有异议的，应当在收到履行通知后的15日内向执行法院提出；

（4）第三人违背上述义务的法律后果。

46. 第三人对履行通知的异议一般应当以书面形式提出，口头提出的，执行人员应记入笔录，并由第三人签字或盖章。

47. 第三人在履行通知指定的期间内提出异议的，人民法院不得对第三人强制执行，对提出的异议不进行审查。

48. 第三人提出自己无履行能力或其与申请执行人无直接法律关系，不属于本规定所指的异议。

第三人对债务部分承认、部分有异议的，可以对其承认的部分强制执行。

49. 第三人在履行通知指定的期限内没有提出异议，而又不履行的，执行法院有权裁定对其强制执行。此裁定同时送达第三人和被执行人。

2. 《最高人民法院关于适用〈中华人民共和国民事诉讼法〉的解释》（2020 年 12 月 29 日）

第五百零一条第三款　对生效法律文书确定的到期债权，该他人予以否认的，人民法院不予支持。

75. 执行裁定书（以担保财产赔偿损失用）

××××人民法院
执行裁定书

（××××）……执……号

申请执行人：×××，……。
法定代理人/指定代理人/法定代表人/主要负责人：×××，……。
委托诉讼代理人：×××，……。
被执行人：×××，……。
案外人：×××，……。
……

（以上写明申请执行人、被执行人、案外人和其他诉讼参加人的姓名或者名称等基本信息）

本院在执行×××与×××……（写明案由）一案中，案外人×××提出异议，并于××××年××月××日提供了担保，本院依法解除了对案外人主张权利财产的查封/扣押/冻结。（或申请执行人×××于××××年××月××日提供了财产担保，本院依法继续执行。）现因解除强制执行措施/继续执行有错误，给申请执行人/案外人×××造成损失……元。依照《最高人民法院关于人民法院执行工作若干问题的规定（试行）》第74条规定，裁定如下：

一、案外人/申请执行人×××应以担保的……（写明财产名称、数量或数额、所在地等）赔偿申请执行人/案外人×××的损失……元。

二、强制执行案外人/申请执行人×××担保的……（写明财产名称、数量或数额、所在地等）。

本裁定立即执行。

审　判　长　×××
审　判　员　×××

审　判　员　×××
××××年××月××日
（院印）
书　记　员　×××

【说　明】

本样式根据《最高人民法院关于人民法院执行工作若干问题的规定（试行）》第74条规定制定，供人民法院在因案外人或申请执行人提供担保而解除查封、扣押或继续执行有错误，给对方造成损失，裁定以担保财产赔偿时用。

【法律依据】

1. 《最高人民法院关于人民法院民事执行中查封、扣押、冻结财产的规定》（2020年12月29日）

第二十八条　有下列情形之一的，人民法院应当作出解除查封、扣押、冻结裁定，并送达申请执行人、被执行人或者案外人：

（一）查封、扣押、冻结案外人财产的；

（二）申请执行人撤回执行申请或者放弃债权的；

（三）查封、扣押、冻结的财产流拍或者变卖不成，申请执行人和其他执行债权人又不同意接受抵债，且对该财产又无法采取其他执行措施的；

（四）债务已经清偿的；

（五）被执行人提供担保且申请执行人同意解除查封、扣押、冻结的；

（六）人民法院认为应当解除查封、扣押、冻结的其他情形。

解除以登记方式实施的查封、扣押、冻结的，应当向登记机关发出协助执行通知书。

2. 《中华人民共和国民事诉讼法》（2017年6月27日）

第二百二十七条　执行过程中，案外人对执行标的提出书面异议的，人民法院应当自收到书面异议之日起十五日内审查，理由成立的，裁定中止对该标的的执行；理由不成立的，裁定驳回。案外人、当事人对裁定不服，认为原判决、裁定错误的，依照审判监督程序办理；与原判决、裁定无关的，可以自裁定送达之日起十五日内向人民法院提起诉讼。

3. 《最高人民法院关于适用〈中华人民共和国民事诉讼法〉的解释》

（2020 年 12 月 29 日）

第三百一十二条 对案外人提起的执行异议之诉，人民法院经审理，按照下列情形分别处理：

（一）案外人就执行标的享有足以排除强制执行的民事权益的，判决不得执行该执行标的；

（二）案外人就执行标的不享有足以排除强制执行的民事权益的，判决驳回诉讼请求。

案外人同时提出确认其权利的诉讼请求的，人民法院可以在判决中一并作出裁判。

第三百一十三条 对申请执行人提起的执行异议之诉，人民法院经审理，按照下列情形分别处理：

（一）案外人就执行标的不享有足以排除强制执行的民事权益的，判决准许执行该执行标的；

（二）案外人就执行标的享有足以排除强制执行的民事权益的，判决驳回诉讼请求。

第四百六十五条 案外人对执行标的提出的异议，经审查，按照下列情形分别处理：

（一）案外人对执行标的不享有足以排除强制执行的权益的，裁定驳回其异议；

（二）案外人对执行标的享有足以排除强制执行的权益的，裁定中止执行。

驳回案外人执行异议裁定送达案外人之日起十五日内，人民法院不得对执行标的进行处分。

4.《最高人民法院关于人民法院办理执行异议和复议案件若干问题的规定》（2020 年 12 月 29 日）

第二十六条 金钱债权执行中，案外人依据执行标的被查封、扣押、冻结前作出的另案生效法律文书提出排除执行异议，人民法院应当按照下列情形，分别处理：

（一）该法律文书系就案外人与被执行人之间的权属纠纷以及租赁、借用、保管等不以转移财产权属为目的的合同纠纷，判决、裁决执行标的归属于案外人或者向其返还执行标的且其权利能够排除执行的，应予支持；

（二）该法律文书系就案外人与被执行人之间除前项所列合同之外的债权

纠纷，判决、裁决执行标的归属于案外人或者向其交付、返还执行标的的，不予支持。

（三）该法律文书系案外人受让执行标的的拍卖、变卖成交裁定或者以物抵债裁定且其权利能够排除执行的，应予支持。

金钱债权执行中，案外人依据执行标的被查封、扣押、冻结后作出的另案生效法律文书提出排除执行异议的，人民法院不予支持。

非金钱债权执行中，案外人依据另案生效法律文书提出排除执行异议，该法律文书对执行标的的权属作出不同认定的，人民法院应当告知案外人依法申请再审或者通过其他程序解决。

申请执行人或者案外人不服人民法院依照本条第一、二款规定作出的裁定，可以依照民事诉讼法第二百二十七条规定提起执行异议之诉。

76. 执行裁定书（暂缓执行期届满后执行担保人财产用）

×××× 人民法院
执行裁定书

（××××）……执……号

申请执行人：×××，……。

法定代理人/指定代理人/法定代表人/主要负责人：×××，……。

委托诉讼代理人：×××，……。

被执行人：×××，……。

担保人：×××，……。

……

(以上写明申请执行人、被执行人、担保人和其他诉讼参加人的姓名或者名称等基本信息)

本院在执行×××与×××……（写明案由）一案中，因×××提供了……（写明财产名称、数量或数额、所在地等），本院于××××年××月××日作出（××××）……执……号暂缓执行决定。现暂缓执行期届满，被执行人×××仍不履行生效法律文书确定的义务。依照《中华人民共和国民事诉讼法》第二百三十一条、《最高人民法院关于适用〈中华人民共和国民事诉讼法〉的解释》第四百七十一条（或第四百六十九条）规定，裁定如下：

执行×××的……（写明财产名称、数量或数额、所在地等）

本裁定立即执行。

审　判　长　×××
审　判　员　×××
审　判　员　×××
××××年××月××日
（院印）
书　记　员　×××

【说　明】

本样式根据《中华人民共和国民事诉讼法》第二百三十一条、《最高人民法院关于适用〈中华人民共和国民事诉讼法〉的解释》第四百六十九条、第四百七十一条规定制定，供人民法院执行担保人的财产时用。

【法律依据】

1.《中华人民共和国民事诉讼法》（2017年6月27日）

第二百三十一条　在执行中，被执行人向人民法院提供担保，并经申请执行人同意的，人民法院可以决定暂缓执行及暂缓执行的期限。被执行人逾期仍不履行的，人民法院有权执行被执行人的担保财产或者担保人的财产。

2.《最高人民法院关于适用〈中华人民共和国民事诉讼法〉的解释》（2020年12月29日）

第四百六十九条　人民法院依照民事诉讼法第二百三十一条规定决定暂缓执行的，如果担保是有期限的，暂缓执行的期限应当与担保期限一致，但最长不得超过一年。被执行人或者担保人对担保的财产在暂缓执行期间有转移、隐藏、变卖、毁损等行为的，人民法院可以恢复强制执行。

第四百七十一条　被执行人在人民法院决定暂缓执行的期限届满后仍不履行义务的，人民法院可以直接执行担保财产，或者裁定执行担保人的财产，但执行担保人的财产以担保人应当履行义务部分的财产为限。

77. 执行裁定书（执行保证人财产用）

××××人民法院
执行裁定书

（××××）……执……号

申请执行人：×××，……。
法定代理人/指定代理人/法定代表人/主要负责人：×××，……。
委托诉讼代理人：×××，……。
被执行人：×××，……。
保证人：×××，……。
……
（以上写明申请执行人、被执行人、保证人和其他诉讼参加人的姓名或者名称等基本信息）

本院在执行×××与×××……（写明案由）一案中，被执行人×××不能履行××××人民法院（或其他生效法律文书的作出机关）（××××）……号民事判决（或其他生效法律文书）确定的义务。因保证人×××在案件审理期间，于××××年××月××日自愿为×××提供保证，本院/××××人民法院据此未对×××的财产采取保全措施（或解除了对×××财产采取的保全措施）。现因×××无财产履行/财产不足清偿债务，致使×××的债权无法实现。依照《最高人民法院关于人民法院执行工作若干问题的规定（试行）》第85条规定，裁定如下：

×××在保证责任范围内向×××清偿……（写明履行义务的内容）。
本裁定立即执行。

审　判　长　×××
审　判　员　×××
审　判　员　×××

××××年××月××日
(院印)
书　记　员　×××

【说　明】

本样式根据《最高人民法院关于人民法院执行工作若干问题的规定(试行)》第85条规定制定，供案件审理期间保证人为被执行人提供保证，人民法院据此未对被执行人的财产采取保全措施或解除了保全措施，生效法律文书中未确定保证人承担责任，案件审结后被执行人无财产可供执行或其财产不足清偿债务的，人民法院裁定执行保证人在保证责任范围内的财产时用。

【法律依据】

《最高人民法院关于人民法院执行工作若干问题的规定(试行)》(2020年12月29日)

54. 人民法院在审理案件期间，保证人为被执行人提供保证，人民法院据此未对被执行人的财产采取保全措施或解除保全措施的，案件审结后如果被执行人无财产可供执行或其财产不足清偿债务时，即使生效法律文书中未确定保证人承担责任，人民法院有权裁定执行保证人在保证责任范围内的财产。

78. 执行裁定书（变更分立、合并、注销后的法人或其他组织为被执行人用）

××××人民法院
执行裁定书

（××××）……执……号

申请执行人：×××，……。

法定代理人/指定代理人/法定代表人/主要负责人：×××，……。

委托诉讼代理人：×××，……。

被执行人：×××，……。

第三人：×××，……。

……

（以上写明申请执行人、被执行人、第三人和其他诉讼参加人的姓名或者名称等基本信息）

本院在执行×××与×××……（写明案由）一案中，因……（写明第三人因分立、合并、撤销后的法人或其他组织而继受财产的情况，应当变更其为被执行人的事实和理由）。依照《中华人民共和国民事诉讼法》第二百三十二条、《最高人民法院关于适用〈中华人民共和国民事诉讼法〉的解释》第四百七十二条规定，裁定如下：

一、变更×××为本案的被执行人；

二、×××应在本裁定生效之日起×日内向×××履行……（写明履行义务的内容）。

本裁定送达后即发生法律效力。

审　判　长　×××
审　判　员　×××
审　判　员　×××

××××年××月××日

(院印)

书 记 员　×××

【说　明】

本样式根据《中华人民共和国民事诉讼法》第二百三十二条、《最高人民法院关于适用〈中华人民共和国民事诉讼法〉的解释》第四百七十二条规定制定，供人民法院发现作为被执行人的法人或其他组织已分立或合并，其权利义务由变更后的法人或者其他组织承受的，裁定该权利义务承受人为被执行人时用。

【法律依据】

1.《中华人民共和国民事诉讼法》(2017年6月27日)

第二百三十二条　作为被执行人的公民死亡的，以其遗产偿还债务。作为被执行人的法人或者其他组织终止的，由其权利义务承受人履行义务。

2.《最高人民法院关于适用〈中华人民共和国民事诉讼法〉的解释》(2020年12月29日)

第四百七十二条　依照民事诉讼法第二百三十二条规定，执行中作为被执行人的法人或者其他组织分立、合并的，人民法院可以裁定变更后的法人或者其他组织为被执行人；被注销的，如果依照有关实体法的规定有权利义务承受人的，可以裁定该权利义务承受人为被执行人。

79. 执行裁定书（追加对其他组织依法承担义务的法人或者公民为被执行人用）

××××人民法院
执行裁定书

（××××）……执……号

申请执行人：×××，……。
法定代理人/指定代理人/法定代表人/主要负责人：×××，……。
委托诉讼代理人：×××，……。
被执行人：×××，……。
第三人：×××，……。
……
（以上写明申请执行人、被执行人、第三人和其他诉讼参加人的姓名或者名称等基本信息）

本院在执行×××与×××……（写明案由）一案中，因……（写明其他组织不能履行有关法律文书确定的债务，×××对该其他组织依法应承担相应责任的根据，以及追加其为被执行人的事实和理由）。依照《中华人民共和国民事诉讼法》第二百三十二条、《最高人民法院关于适用〈中华人民共和国民事诉讼法〉的解释》第四百七十三条规定，裁定如下：

一、追加×××为本案被执行人；
二、×××应在本裁定生效之日起×日内向×××履行……（写明履行义务的内容）。

本裁定送达后即发生法律效力。

审　判　长　×××
审　判　员　×××
审　判　员　×××

××××年××月××日

(院印)

书　记　员　×××

【说　明】

本样式根据《中华人民共和国民事诉讼法》第二百三十二条、《最高人民法院关于适用〈中华人民共和国民事诉讼法〉的解释》第四百七十三条规定制定，供人民法院发现其他组织不能履行法律文书确定的义务，追加对该其他组织依法承担义务的法人或者公民为被执行人时用。

【法律依据】

1. 《中华人民共和国民事诉讼法》(2017年6月27日)

第二百三十二条　作为被执行人的公民死亡的，以其遗产偿还债务。作为被执行人的法人或者其他组织终止的，由其权利义务承受人履行义务。

2. 《最高人民法院关于适用〈中华人民共和国民事诉讼法〉的解释》(2020年12月29日)

第四百七十三条　其他组织在执行中不能履行法律文书确定的义务的，人民法院可以裁定执行对该其他组织依法承担义务的法人或者公民个人的财产。

80. 执行裁定书（变更名称变更后的法人或其他组织为被执行人）

×××× 人民法院
执行裁定书

（××××）……执……号

申请执行人：×××，……。
法定代理人/指定代理人/法定代表人/主要负责人：×××，……。
委托诉讼代理人：×××，……。
被执行人：×××，……。
……

（以上写明申请执行人、被执行人和其他诉讼参加人的姓名或者名称等基本信息）

本院在执行×××与×××……（写明案由）一案中，×××没有履行生效法律文书确定的义务。因……（写明作为被执行人的法人或者其他组织变更名称的事实）。依照《最高人民法院关于适用〈中华人民共和国民事诉讼法〉的解释》第四百七十四条规定，裁定如下：

一、将本案被执行人由×××（写明原名称）变更为×××（写明现名称）；

二、×××向×××履行……（写明履行义务的内容）。

本裁定送达后即发生法律效力。

审　判　长　×××
审　判　员　×××
审　判　员　×××
×××年××月××日
（院印）
书　记　员　×××

【说　明】

本样式根据《最高人民法院关于适用〈中华人民共和国民事诉讼法〉的解释》第四百七十四条规定制定，供人民法院在作为被执行人的法人或其他组织名称变更后，裁定变更后的法人或其他组织为被执行人时用。

【法律依据】

《最高人民法院关于适用〈中华人民共和国民事诉讼法〉的解释》（2020年12月29日）

第四百七十四条　在执行中，作为被执行人的法人或者其他组织名称变更的，人民法院可以裁定变更后的法人或者其他组织为被执行人。

81. 执行裁定书（变更遗产继承人为被执行人）

××××人民法院
执行裁定书

（××××）……执……号

申请执行人：×××，……。

法定代理人/指定代理人/法定代表人/主要负责人：×××，……。

委托诉讼代理人：×××，……。

被执行人：×××，……。

第三人：×××，……。

……

（以上写明申请执行人、被执行人、第三人和其他诉讼参加人的姓名或者名称等基本信息）

本院在执行×××与×××……（写明案由）一案中，因……（写明第三人继承财产的情况，以及变更其为被执行人的事实和理由）。依照《中华人民共和国民事诉讼法》第二百三十二条、《最高人民法院关于适用〈中华人民共和国民事诉讼法〉的解释》第四百七十五条规定，裁定如下：

一、变更×××为本案的被执行人，应在其继承的财产范围内承担责任；

二、×××向×××履行……（写明履行义务的内容）。

本裁定送达后即发生法律效力。

审　判　长　×××
审　判　员　×××
审　判　员　×××
××××年××月××日
（院印）
书　记　员　×××

【说　明】

1. 本样式根据《中华人民共和国民事诉讼法》第二百三十二条、《最高人民法院关于适用〈中华人民共和国民事诉讼法〉的解释》第四百七十五条规定制定，供人民法院变更继承人为被执行人时用。

2. 继承人放弃继承的，人民法院可以直接执行被执行人的遗产，不需要裁定变更主体。

【法律依据】

1. 《中华人民共和国民事诉讼法》（2017年6月27日）

第二百三十二条　作为被执行人的公民死亡的，以其遗产偿还债务。作为被执行人的法人或者其他组织终止的，由其权利义务承受人履行义务。

2. 《最高人民法院关于适用〈中华人民共和国民事诉讼法〉的解释》（2020年12月29日）

第四百七十五条　作为被执行人的公民死亡，其遗产继承人没有放弃继承的，人民法院可以裁定变更被执行人，由该继承人在遗产的范围内偿还债务。继承人放弃继承的，人民法院可以直接执行被执行人的遗产。

82. 执行裁定书（追究擅自处分被查封、扣押、冻结财产责任人赔偿责任用）

××××人民法院
执行裁定书

（××××）……执……号

申请执行人：×××，……。
法定代理人/指定代理人/法定代表人/主要负责人：×××，……。
委托诉讼代理人：×××，……。
被执行人：×××，……。
第三人：×××，……。
……

（以上写明申请执行人、被执行人、第三人和其他诉讼参加人的姓名或者名称等基本信息）

本院在执行×××与×××……（写明案由）一案中，于××××年××月××日查封/扣押/冻结了被执行人×××所有的……（写明财产名称、数量或数额、所在地等），×××擅自处分已被查封/扣押/冻结的财产。依照《最高人民法院关于人民法院执行工作若干问题的规定（试行）》第44条规定，裁定如下：

×××应于裁定生效之日起××日内赔偿×××……元。

本裁定立即执行。

审　判　长　×××
审　判　员　×××
审　判　员　×××
××××年××月××日
（院印）
书　记　员　×××

【说　明】

本样式根据《最高人民法院关于人民法院执行工作若干问题的规定（试行）》第44条规定制定，供人民法院发现被执行人或其他人擅自处分已被查封、扣押、冻结的财产，裁定责任人承担赔偿责任时用。

【法律依据】

《最高人民法院关于人民法院执行工作若干问题的规定（试行）》（2020年12月29日）

32. 被执行人或其他人擅自处分已被查封、扣押、冻结财产的，人民法院有权责令责任人限期追回财产或承担相应的赔偿责任。

83. **执行裁定书**（追究擅自解除冻结款项造成后果的金融机构赔偿责任用）

**××××人民法院
执行裁定书**

（××××）……执……号

　　申请执行人：×××，……。
　　法定代理人/指定代理人/法定代表人/主要负责人：×××，……。
　　委托诉讼代理人：×××，……。
　　被执行人：×××，……。
　　协助执行人：×××，……。
　　……
（以上写明申请执行人、被执行人、协助执行人和其他诉讼参加人的姓名或者名称等基本信息）

　　本院在执行×××与×××……（写明案由）一案中，于××××年××月××日以（××××）……号执行裁定冻结被执行人×××……元，并向协助执行人×××送达了（××××）……号协助冻结存款通知书。因×××擅自解冻，致使冻结的款项……元被转移。本院于××××年××月××日向×××发出（××××）……号责令追回被转移款项通知书，……（写明追款结果）。依照《最高人民法院关于人民法院执行工作若干问题的规定（试行）》第33条规定，裁定如下：×××应在未追回的……元范围内，以自己的财产向×××承担……元的责任。

　　本裁定立即执行。

审　判　长　×××
审　判　员　×××
审　判　员　×××

××××年××月××日

(院印)

书　记　员　×××

【说　明】

1. 本样式根据《最高人民法院关于人民法院执行工作若干问题的规定(试行)》第33条规定制定，供人民法院对金融机构擅自解冻致使冻结款项被转移，在指定期限内未能追回的，裁定该金融机构承担责任时用。

2. 制作上述裁定前，必须先向该金融机构发出"限期追回被转移款项通知书"，逾期未能追回的，才作出该裁定。

3. 裁定该金融机构在转移的款项范围内以自己的财产承担责任，指的是在限期内未能追回部分而不是转移的全部款项。

【法律依据】

《最高人民法院关于人民法院执行工作若干问题的规定（试行)》（2020年12月29日）

26. 金融机构擅自解冻被人民法院冻结的款项，致冻结款项被转移的，人民法院有权责令其限期追回已转移的款项。在限期内未能追回的，应当裁定该金融机构在转移的款项范围内以自己的财产向申请执行人承担责任。

84. 执行裁定书（追究擅自支付收入的有关单位赔偿责任用）

××××人民法院
执行裁定书

（××××）……执……号

申请执行人：×××，……。

法定代理人/指定代理人/法定代表人/主要负责人：×××，……。

委托诉讼代理人：×××，……。

被执行人：×××，……。

协助执行人：×××，……。

……

(以上写明申请执行人、被执行人、协助执行人和其他诉讼参加人的姓名或者名称等基本信息)

本院在执行×××与×××……（写明案由）一案中，于××××年××月××日向协助执行人×××送达了（××××）……号协助执行通知书，要求×××协助执行×××收入……元。××××年××月××日，×××擅自向×××支付……元。本院于××××年××月××日向×××发出（××××）……号责令追回擅自支付款项通知书，责令其于××××年××月××日前追回擅自支付的款项，……（写明追款结果）。依照《最高人民法院关于人民法院执行工作若干问题的规定（试行）》第37条规定，裁定如下：

×××在擅自支付而未能追回的……元范围内，向×××承担……元的责任。

本裁定立即执行。

审　判　长　×××
审　判　员　×××
审　判　员　×××

××××年××月××日

(院印)

书　记　员　×××

【说　明】

1. 本样式根据《最高人民法院关于人民法院执行工作若干问题的规定（试行）》第37条规定制定，供人民法院确定擅自支付被执行人收入的协助执行义务人，向申请执行人承担责任时用。

2. 制作上述裁定前，必须先向该单位发出"限期追回被转移款项通知书"，逾期未能追回的，才作出该裁定。

【法律依据】

《最高人民法院关于人民法院执行工作若干问题的规定（试行）》（2020年12月29日）

30. 有关单位收到人民法院协助执行被执行人收入的通知后，擅自向被执行人或其他人支付的，人民法院有权责令其限期追回；逾期未追回的，应当裁定其在支付的数额内向申请执行人承担责任。

85. 执行裁定书（追究擅自支付股息或办理股权转移手续的有关企业赔偿责任用）

××××人民法院
执行裁定书

（××××）……执……号

申请执行人：×××，……。
法定代理人/指定代理人/法定代表人/主要负责人：×××，……。
委托诉讼代理人：×××，……。
被执行人：×××，……。
协助执行人：×××，……。
……
（以上写明申请执行人、被执行人、协助执行人和其他诉讼参加人的姓名或者名称等基本信息）

本院在执行×××与×××……（写明案由）一案中，于××××年××月××日向协助执行人×××发出（××××）……号协助执行通知书，要求……（写明协助执行的事项）。×××……（写明拒不履行协助义务的事实），造成被执行财产无法追回的后果。依照《最高人民法院关于人民法院执行工作若干问题的规定（试行）》第56条规定，裁定如下：

×××在未追回股息/红利/股权……价值范围内向×××承担责任。

本裁定立即执行。

审　判　长　×××
审　判　员　×××
审　判　员　×××
××××年××月××日
（院印）
书　记　员　×××

【说　明】

本样式根据《最高人民法院关于人民法院执行工作若干问题的规定（试行）》第56条规定制定，供人民法院确定有关企业在未追回的股息或红利或转移的股权价值范围内向申请执行人承担责任时用。

【法律依据】

《最高人民法院关于人民法院执行工作若干问题的规定（试行）》（2020年12月29日）

40. 有关企业收到人民法院发出的协助冻结通知后，擅自向被执行人支付股息或红利，或擅自为被执行人办理已冻结股权的转移手续，造成已转移的财产无法追回的，应当在所支付的股息或红利或转移的股权价值范围内向申请执行人承担责任。

（九）执行协调与执行监督

86. 报告（报请协调处理执行争议用）

××××人民法院
关于报请协调处理××执行争议案的报告

（××××）……执协……号

××××人民法院：

　　我院执行的×××与×××……（写明案由）一案，与××××人民法院执行的×××与×××……（写明案由）一案，因……发生执行争议，双方经协商未达成一致意见。现将该案全部案卷材料报送你院，请予协调处理。

　　一、争议各方执行案件的基本情况

　　……

　　二、执行争议的焦点问题

　　……

　　三、报请协调的意见

　　……

　　附：案卷×宗

××××年××月××日
（院印）

联系人：×××　　　联系电话：……

本院地址：……　　　邮　　编：……

【说　明】

本样式根据《最高人民法院关于人民法院执行工作若干问题的规定（试行）》第125条规定制定，供人民法院之间因执行争议，逐级报请共同的上级人民法院协调处理时用。

【法律依据】

《最高人民法院关于人民法院执行工作若干问题的规定（试行）》（2020年12月29日）

67. 两个或两个以上人民法院在执行相关案件中发生争议的，应当协商解决。协商不成的，逐级报请上级法院，直至报请共同的上级法院协调处理。

执行争议经高级人民法院协商不成的，由有关的高级人民法院书面报请最高人民法院协调处理。

87. 执行决定书/协调函（协调执行争议用）

××××人民法院
执行协调决定书（或协调函）

（××××）……执协……号

××××人民法院：

本院协调处理的……（写明执行争议法院名称）执行争议一案，……（写明事实和理由）。依照《最高人民法院关于人民法院执行工作若干问题的规定（试行）》第128条规定，决定如下：

……（写明协调处理结果）。

××××年××月××日
（院印）

【说　明】

本样式根据《最高人民法院关于人民法院执行工作若干问题的规定（试行）》第128条规定制定，供上级人民法院在协调下级人民法院之间的执行争议，作出处理决定时用。

【法律依据】

《最高人民法院关于人民法院执行工作若干问题的规定（试行）》（2020年12月29日）

70. 上级法院协调下级法院之间的执行争议所作出的处理决定，有关法院必须执行。

88. 协调划款决定书（上级法院处理执行争议案件用）

××××人民法院
协调划款决定书

（××××）……执协……号

××××人民法院：

　　本院正在协调处理的……（写明争议法院名称）执行争议一案，……（写明划款的事实和理由）。依照《最高人民法院关于人民法院执行工作若干问题的规定（试行）》第127条规定，决定将你院执行该案的款项……元划到本院指定账户。

　　开户银行：××××

　　账户名称：××××

　　帐　　号：……

××××年××月××日
（院印）

【说　明】

　　本样式根据《最高人民法院关于人民法院执行工作若干问题的规定（试行）》第127条规定制定，供上级人民法院在协调下级人民法院之间的执行争议时，将案款划至上级人民法院账户时用。

【法律依据】

　　《最高人民法院关于人民法院执行工作若干问题的规定（试行）》（2020年12月29日）

　　69. 上级法院协调处理有关执行争议案件，认为必要时，可以决定将有关款项划到本院指定的账户。

89. 执行裁定书（当事人、利害关系人异议用）

××××人民法院
执行裁定书

（××××）……执异……号

异议人（申请执行人/被执行人/利害关系人）：×××，……。

法定代理人/指定代理人/法定代表人/主要负责人：×××，……。

委托诉讼代理人：×××，……。

申请执行人/被执行人：×××，……。

……

（以上写明异议人、申请执行人、被执行人和其他诉讼参加人的姓名或者名称等基本信息）

在本院执行×××与×××……（写明案由）一案中，异议人×××对……（写明人民法院执行行为）不服，向本院提出书面异议。本院受理后，依法组成合议庭进行审查，[（举行听证的，写明：）并于×××年××月××日举行了听证。×××（当事人、利害关系人或委托诉讼代理人）参加了听证，并提交了书面意见。]现已审查终结。

×××称，……（写明提出异议的请求、事实和理由）。

×××称，……（写明其他当事人的意见）。

本院查明，……（写明查明的事实）。

本院认为，……（写明争议焦点，根据认定的案件事实和相关法律，对异议请求进行分析评判，说明理由）。依照《中华人民共和国民事诉讼法》第二百二十五条、《最高人民法院关于人民法院办理执行异议和复议案件若干问题的规定》第十七条第×项规定，裁定如下：

（驳回异议请求的，写明：）驳回×××的异议请求。

（撤销或者变更执行行为的，写明：）撤销/变更××××人民法院作出的（××××）……号……（写明生效法律文书），……（写明撤销或变更内容）。

如不服本裁定，可以自本裁定书送达之日起十日内，向××××人民法院申请复议。

审　判　长　×××
审　判　员　×××
审　判　员　×××
××××年××月××日
（院印）
书　记　员　×××

【说　明】

1. 本样式根据《中华人民共和国民事诉讼法》第二百二十五条、《最高人民法院关于人民法院办理执行异议和复议案件若干问题的规定》第十七条规定制定，供人民法院在执行过程中，对当事人、利害关系人提出的异议予以审查，并作出裁定时用。

2. 本样式中的"当事人"是指，申请执行人和被执行人，以及在执行过程中，被人民法院依法变更、追加为当事人的公民、法人或其他组织。"利害关系人"，是指当事人以外，与强制执行行为有法律上的利害关系的公民、法人或其他组织。"异议人"可以是当事人，也可以是利害关系人。本样式中，列明"异议人"，其他当事人和利害关系人不列为"被异议人"，仍列为申请执行人、被执行人或利害关系人。在"异议人"后的括号内注明其原当事人或利害关系人的身份，如"异议人（利害关系人）"，并不再重复列明括号内的利害关系人。

3. 对异议人提出的异议，应当依法组成合议庭审查。案情复杂、争议较大的案件，应当根据《最高人民法院关于人民法院办理执行异议和复议案件若干问题的规定》第十二条规定进行听证。

【法律依据】

1.《中华人民共和国民事诉讼法》（2017年6月27日）

第二百二十五条　当事人、利害关系人认为执行行为违反法律规定的，可以向负责执行的人民法院提出书面异议。当事人、利害关系人提出书面异议的，人民法院应当自收到书面异议之日起十五日内审查，理由成立的，裁定撤销或者改正；理由不成立的，裁定驳回。当事人、利害关系人对裁定不服的，可以自裁定送达之日起十日内向上一级人民法院申请复议。

2.《最高人民法院关于人民法院办理执行异议和复议案件若干问题的规定》（2020年12月29日）

第十二条 人民法院对执行异议和复议案件实行书面审查。案情复杂、争议较大的，应当进行听证。

第十七条 人民法院对执行行为异议，应当按照下列情形，分别处理：

（一）异议不成立的，裁定驳回异议；

（二）异议成立的，裁定撤销相关执行行为；

（三）异议部分成立的，裁定变更相关执行行为；

（四）异议成立或者部分成立，但执行行为无撤销、变更内容的，裁定异议成立或者相应部分异议成立。

90. 执行裁定书（案外人异议用）

××××人民法院
执行裁定书

（××××）……执异……号

案外人：×××，……。
法定代理人/指定代理人/法定代表人/主要负责人：×××，……。
委托诉讼代理人：×××，……。
申请执行人：×××，……。
被执行人：×××，……。
……
（以上写明案外人、申请执行人、被执行人和其他诉讼参加人的姓名或者名称等基本信息）

在本院执行×××与×××……（写明案由）一案中，案外人×××于××××年××月××日对执行……（写明执行标的）提出书面异议。本院受理后，依法组成合议庭进行了审查，现已审查终结。

案外人×××称，……（写明提出异议的请求、事实和理由）。

×××称，……（写明申请执行人的意见）。

×××称，……（写明被执行人的意见）。

本院查明，……（写明查明的事实）。

本院认为，……（写明争议焦点，根据认定的案件事实和相关法律，对异议请求进行分析评判，说明理由）。依照《中华人民共和国民事诉讼法》第二百二十七条、《最高人民法院关于适用〈中华人民共和国民事诉讼法〉执行程序若干问题的解释》第十五条、《最高人民法院关于人民法院办理执行异议和复议案件若干问题的规定》第×条规定，裁定如下：

（支持异议请求的，写明:）中止对……（写明执行标的）的执行。

（驳回异议请求的，写明:）驳回×××的异议请求。

案外人、当事人对裁定不服，认为原判决、裁定错误的，应当依照审判监督程序办理；与原判决、裁定无关的，可以自本裁定送达之日起十五日内向人民法院提起诉讼。

审　判　长　×××
审　判　员　×××
审　判　员　×××
××××年××月××日
（院印）
书　记　员　×××

【说　明】

本样式根据《中华人民共和国民事诉讼法》第二百二十七条、《最高人民法院关于适用〈中华人民共和国民事诉讼法〉执行程序若干问题的解释》第十五条规定制定，供人民法院对案外人提出的异议审查时用。

【法律依据】

1.《中华人民共和国民事诉讼法》（2017年6月27日）

第二百二十七条　执行过程中，案外人对执行标的提出书面异议的，人民法院应当自收到书面异议之日起十五日内审查，理由成立的，裁定中止对该标的的执行；理由不成立的，裁定驳回。案外人、当事人对裁定不服，认为原判决、裁定错误的，依照审判监督程序办理；与原判决、裁定无关的，可以自裁定送达之日起十五日内向人民法院提起诉讼。

2.《最高人民法院关于适用〈中华人民共和国民事诉讼法〉执行程序若干问题的解释》（2020年12月29日）

第十四条　案外人对执行标的主张所有权或者有其他足以阻止执行标的转让、交付的实体权利的，可以依照民事诉讼法第二百二十七条的规定，向执行法院提出异议。

91. 执行裁定书（执行复议用）

××××人民法院
执行裁定书

（××××）……执复……号

复议申请人（申请执行人/被执行人/利害关系人）：×××，……。
法定代理人/指定代理人/法定代表人/主要负责人：×××，……。
委托诉讼代理人：×××，……。
申请执行人/被执行人/利害关系人：×××，……。
……
（以上写明复议申请人、申请执行人、被执行人、利害关系人和其他诉讼参加人的姓名或者名称等基本信息）

复议申请人×××不服××××人民法院（××××）……执异……号裁定，向本院申请复议，本院受理后，依法组成合议庭进行审查，[（举行听证的，写明：）并于××××年××月××日举行了听证，×××（当事人、利害关系人或委托代理人）参加了听证，并提交了书面意见。]现已审查终结。

……（简要写明执行过程）。

××××人民法院查明，……（写明审查异议法院查明的事实）。

××××人民法院认为，……（写明审查异议法院的理由）。

×××向本院申请复议称，……（写明申请复议的请求、事实和理由）。

×××称，……（写明其他当事人或利害关系人的意见）。

本院查明，……（写明查明的事实）。

本院认为，……（写明争议焦点，根据认定的案件事实和相关法律，对复议请求进行分析评判，说明理由）。依照《中华人民共和国民事诉讼法》第二百二十五条、最高人民法院《关于人民法院办理执行异议和复议案件若干问题的规定》第二十三条第×项规定，裁定如下：

（异议裁定认定事实清楚，适用法律正确，结果应予维持的，写明：）驳回×××复议申请，维持××××人民法院（××××）……执异……号异议裁定。

（异议裁定认定事实错误，或者适用法律错误，结果应予纠正的，写明：）撤销/变更××××人民法院（××××）……执异……号异议裁定。（如执行行为可变更、撤销的，还应另起一行写明：）撤销/变更……（异议裁定所维持的执行行为）。

（异议裁定认定基本事实不清、证据不足的，写明：）一、撤销××××人民法院（××××）……执异……号异议裁定；二、发回×××人民法院重新审查/查清事实后作出相应裁定。

（异议裁定遗漏异议请求或者存在其他严重违反法定程序的情形，写明：）一、撤销××××人民法院（××××）……执异……号异议裁定；二、发回×××人民法院重新审查。

（异议裁定对应当适用民事诉讼法第二百二十七条规定审查处理的异议，错误适用民事诉讼法第二百二十五条规定审查处理的，写明：）一、撤销××××人民法院（××××）……执异……号异议裁定；二、发回×××人民法院重新作出裁定。

本裁定为终审裁定。

审　判　长　×××
审　判　员　×××
审　判　员　×××
××××年××月××日
（院印）
书　记　员　×××

【说　明】

1. 本样式根据《中华人民共和国民事诉讼法》第二百二十五条、最高人民法院《关于人民法院办理执行异议和复议案件若干问题的规定》第二十三条规定制定，供人民法院审查当事人复议申请时用。

2. 本样式中，列明"复议申请人"，其他当事人和利害关系人不列为"被复议人"，仍列为申请执行人、被执行人或利害关系人。在"复议申请人"后的括号内注明其原当事人或利害关系人的身份，如"复议申请人（利害关系人）"。

3. 依据最高人民法院《关于人民法院办理执行异议和复议案件若干问题的规定》第二十三条规定，除根据本条第一款第三项、第四项、第五项发回重新审查或者重新作出裁定的情形外，裁定撤销或者变更异议裁定且执行行为可撤销、变更的，应当同时撤销或者变更该裁定维持的执行行为。

4. 对发回重新审查的案件作出裁定后，当事人、利害关系人再次申请复议的，上一级人民法院复议后不得再次发回重新审查。

【法律依据】

1. 《中华人民共和国民事诉讼法》（2017年6月27日）

第二百二十五条　当事人、利害关系人认为执行行为违反法律规定的，可以向负责执行的人民法院提出书面异议。当事人、利害关系人提出书面异议的，人民法院应当自收到书面异议之日起十五日内审查，理由成立的，裁定撤销或者改正；理由不成立的，裁定驳回。当事人、利害关系人对裁定不服的，可以自裁定送达之日起十日内向上一级人民法院申请复议。

2. 《最高人民法院关于人民法院办理执行异议和复议案件若干问题的规定》（2020年12月29日）

第二十三条　上一级人民法院对不服异议裁定的复议申请审查后，应当按照下列情形，分别处理：

（一）异议裁定认定事实清楚，适用法律正确，结果应予维持的，裁定驳回复议申请，维持异议裁定；

（二）异议裁定认定事实错误，或者适用法律错误，结果应予纠正的，裁定撤销或者变更异议裁定；

（三）异议裁定认定基本事实不清、证据不足的，裁定撤销异议裁定，发回作出裁定的人民法院重新审查，或者查清事实后作出相应裁定；

（四）异议裁定遗漏异议请求或者存在其他严重违反法定程序的情形，裁定撤销异议裁定，发回作出裁定的人民法院重新审查；

（五）异议裁定对应当适用民事诉讼法第二百二十七条规定审查处理的异议，错误适用民事诉讼法第二百二十五条规定审查处理的，裁定撤销异议裁定，发回作出裁定的人民法院重新作出裁定。

除依照本条第一款第三、四、五项发回重新审查或者重新作出裁定的情形外，裁定撤销或者变更异议裁定且执行行为可撤销、变更的，应当同时撤销或者变更该裁定维持的执行行为。

　　人民法院对发回重新审查的案件作出裁定后，当事人、利害关系人申请复议的，上一级人民法院复议后不得再次发回重新审查。

92. 督促执行令（上级法院督促下级法院执行用）

××××人民法院
督促执行令

（××××）……执……号

××××人民法院：

你院立案执行的×××与×××……（写明案由）一案，……（写明案件逾期未执行完结的事实）。依照《中华人民共和国民事诉讼法》第二百二十六条、《最高人民法院关于适用〈中华人民共和国民事诉讼法〉执行程序若干问题的解释》第十一条、第十二条第一款规定，责令你院在收到本督促执行令之日起立即执行该案，于××××年××月××日前执结，并将执行结果书面报告我院。

此令

××××年××月××日

（院印）

【说　明】

本样式根据《中华人民共和国民事诉讼法》第二百二十六条、《最高人民法院关于适用〈中华人民共和国民事诉讼法〉执行程序若干问题的解释》第十一条、第十二条第一款规定制定，供上级人民法院向下级人民法院作出督促执行命令时用。

【法律依据】

1.《中华人民共和国民事诉讼法》（2017年6月27日）

第二百二十六条　人民法院自收到申请执行书之日起超过六个月未执行的，申请执行人可以向上一级人民法院申请执行。上一级人民法院经审查，可以责令原人民法院在一定期限内执行，也可以决定由本院执行或者指令其他人民法院执行。

2.《最高人民法院关于适用〈中华人民共和国民事诉讼法〉执行程序若干问题的解释》（2020年12月29日）

第十条 依照民事诉讼法第二百二十六条的规定，有下列情形之一的，上一级人民法院可以根据申请执行人的申请，责令执行法院限期执行或者变更执行法院：

（一）债权人申请执行时被执行人有可供执行的财产，执行法院自收到申请执行书之日起超过六个月对该财产未执行完结的；

（二）执行过程中发现被执行人可供执行的财产，执行法院自发现财产之日起超过六个月对该财产未执行完结的；

（三）对法律文书确定的行为义务的执行，执行法院自收到申请执行书之日起超过六个月未依法采取相应执行措施的；

（四）其他有条件执行超过六个月未执行的。

第十一条第一款 上一级人民法院依照民事诉讼法第二百二十六条规定责令执行法院限期执行的，应当向其发出督促执行令，并将有关情况书面通知申请执行人。

93. 暂缓执行通知书（上级法院通知下级法院用）

××××人民法院
暂缓执行通知书

（××××）……执……号

××××人民法院：

你院正在执行的×××与×××……（写明案由）一案，在执行中作出的（××××）……执……号执行裁定/决定/通知错误，……（写明事实和理由）。依照《最高人民法院关于人民法院执行工作若干问题的规定（试行）》第130条第1款、第135条规定，通知如下：

暂缓执行你院正在执行的……（写明具体执行行为），期限自××××年××月××日起至××××年××月××日止。

期满后本院未通知继续暂缓执行的，你院可恢复执行。

××××年××月××日
（院印）

【说　明】

本样式根据《最高人民法院关于人民法院执行工作若干问题的规定（试行）》第130条第1款、第135条规定制定，供上级人民法院认为具体执行行为不当或有错误的，指令下级人民法院暂缓执行时用。

【法律依据】

《最高人民法院关于人民法院执行工作若干问题的规定（试行）》（2020年12月29日）

72. 上级法院发现下级法院在执行中作出的裁定、决定、通知或具体执行行为不当或有错误的，应当及时指令下级法院纠正，并可以通知有关法院暂缓执行。

下级法院收到上级法院的指令后必须立即纠正。如果认为上级法院的指令有错误，可以在收到该指令后5日内请求上级法院复议。

上级法院认为请求复议的理由不成立，而下级法院仍不纠正的，上级法院可直接作出裁定或决定予以纠正，送达有关法院及当事人，并可直接向有关单位发出协助执行通知书。

77. 上级法院通知暂缓执行的，应同时指定暂缓执行的期限。暂缓执行的期限一般不得超过3个月。有特殊情况需要延长的，应报经院长批准，并及时通知下级法院。

暂缓执行的原因消除后，应当及时通知执行法院恢复执行。期满后上级法院未通知继续暂缓执行的，执行法院可以恢复执行。

94. 执行决定书（本院决定暂缓执行用）

××××人民法院
暂缓执行决定书

（××××）……执……号

申请执行人：×××，……。

法定代理人/指定代理人/法定代表人/主要负责人：×××，……。

委托诉讼代理人：×××，……。

被执行人：×××，……。

担保人：×××，……。

……

（以上写明申请执行人、被执行人、担保人和其他诉讼参加人的姓名或者名称等基本信息）

本院在执行×××与×××……（写明案由）一案中，担保人×××为被执行人×××以……（写明财产名称、数量或数额、所在地、期限等）提供担保，该担保已经申请执行人×××同意。依照《中华人民共和国民事诉讼法》第二百三十一条、《最高人民法院关于适用〈中华人民共和国民事诉讼法〉的解释》第四百六十九条规定，决定如下：

暂缓执行×××与×××……（写明案由）一案（或具体执行行为），暂缓执行至××××年××月××日。

被执行人在暂缓期满后仍不履行的，或者被执行人、担保人对担保的财产在暂缓执行期间有转移、隐藏、变卖、毁损等行为的，本院将依法执行担保财产。

××××年××月××日
（院印）

【说　明】

1. 本样式根据《中华人民共和国民事诉讼法》第二百三十一条、《最高人民法院关于适用〈中华人民共和国民事诉讼法〉的解释》第四百六十九条规定制定，供人民法院在当事人提供执行担保后，决定暂缓执行时用。

2. 决定暂缓执行的，如果担保是有期限的，暂缓执行的期限应当与担保期限一致，但最长不得超过一年。

【法律依据】

1.《中华人民共和国民事诉讼法》（2017年6月27日）

第二百三十一条　在执行中，被执行人向人民法院提供担保，并经申请执行人同意的，人民法院可以决定暂缓执行及暂缓执行的期限。被执行人逾期仍不履行的，人民法院有权执行被执行人的担保财产或者担保人的财产。

2.《最高人民法院关于适用〈中华人民共和国民事诉讼法〉的解释》（2020年12月29日）

第四百六十九条　人民法院依照民事诉讼法第二百三十一条规定决定暂缓执行的，如果担保是有期限的，暂缓执行的期限应当与担保期限一致，但最长不得超过一年。被执行人或者担保人对担保的财产在暂缓执行期间有转移、隐藏、变卖、毁损等行为的，人民法院可以恢复强制执行。

95. 暂缓执行通知书（上级法院通知下级法院延长期限用）

××××人民法院
继续暂缓执行通知书

（××××）……执……号

××××人民法院：

本院于××××年××月××日对×××与×××……（写明案由）一案作出的（××××）……执……号暂缓执行通知，于××××年××月××日期满。由于……（写明需要延长暂缓执行期限特殊情况的事实和理由）。依照《最高人民法院关于人民法院执行工作若干问题的规定（试行）》第135条第1款规定，通知如下：

你院对×××与×××……（写明案由）一案（或者具体执行行为），继续暂缓执行至××××年××月××日。

特此通知。

××××年××月××日
（院印）

【说　明】

本样式根据《最高人民法院关于人民法院执行工作若干问题的规定（试行）》第135条第1款规定制定，供上级人民法院通知下级人民法院继续暂缓执行时用。

【法律依据】

《最高人民法院关于人民法院执行工作若干问题的规定（试行）》（2020年12月29日）

77.上级法院通知暂缓执行的，应同时指定暂缓执行的期限。暂缓执行的期限一般不得超过3个月。有特殊情况需要延长的，应报经院长批准，并及时通知下级法院。

暂缓执行的原因消除后，应当及时通知执行法院恢复执行。期满后上级法院未通知继续暂缓执行的，执行法院可以恢复执行。

96. 恢复执行通知书（上级法院通知下级法院用）

××××人民法院
恢复执行通知书

（××××）……执……号

××××人民法院：

　　你院执行的×××与×××……（写明案由）一案，本院已于××××年××月××日作出（××××）……执……号暂缓执行通知书。现因……（写明恢复执行的事实和理由），本院认为暂缓执行的原因已经消除，应当恢复执行。依照《最高人民法院关于人民法院执行工作若干问题的规定（试行）》第 135 条第 2 款规定，特通知你院对本案恢复执行。

　　特此通知。

××××年××月××日
（院印）

【说　明】

　　本样式根据《最高人民法院关于人民法院执行工作若干问题的规定（试行）》第 135 条第 2 款规定制定，供人民法院在暂缓执行的原因消除后，通知下级执行法院恢复执行时用。

【法律依据】

　　《最高人民法院关于人民法院执行工作若干问题的规定（试行）》（2020年 12 月 29 日）

　　77. 上级法院通知暂缓执行的，应同时指定暂缓执行的期限。暂缓执行的期限一般不得超过 3 个月。有特殊情况需要延长的，应报经院长批准，并及时通知下级法院。

　　暂缓执行的原因消除后，应当及时通知执行法院恢复执行。期满后上级法院未通知继续暂缓执行的，执行法院可以恢复执行。

97. 执行裁定书（上级法院直接裁定不予执行非诉法律文书用）

××××人民法院
执行裁定书

（××××）……执监……号

申诉人（被执行人）：×××，……。

法定代理人/指定代理人/法定代表人/主要负责人：×××，……。

委托诉讼代理人：×××，……。

申请执行人：×××，……。

……

（以上写明申诉人、申请执行人和其他诉讼参加人的姓名或者名称等基本信息）

××××人民法院执行×××与×××……（写明案由）一案，×××提出书面申请，请求不予执行××××仲裁委员会/公证处作出的（××××）……号仲裁裁决/公证债权文书，××××人民法院不予受理审查/逾期不予受理。×××于××××年××月××日向本院提出申诉。本院依法组成合议庭进行审查，现已审查终结。

×××称，……（写明不予执行仲裁裁决或公证债权文书的事实和理由）。

×××辩称，……（写明答辩意见）。

本院查明，……（写明查明的事实）。

本院认为，……（写明争议焦点，根据认定的案件事实和相关法律，对申诉请求进行分析评判，说明理由）。依照《中华人民共和国民事诉讼法》第二百三十七条第二款第×项/第三款、《最高人民法院关于人民法院执行工作若干问题的规定（试行）》第131条规定，裁定如下：

不予执行××××仲裁委员会（××××）……号裁决。

（或：不予执行××××仲裁委员会（××××）……号裁决的××

事项。)

（或：不予执行××××公证机构（××××）……号公证债权文书。)

审　判　长　×××
审　判　员　×××
审　判　员　×××
××××年××月××日
（院印）
书　记　员　×××

【说　明】

1. 本样式根据《中华人民共和国民事诉讼法》第二百三十七条、《最高人民法院关于人民法院执行工作若干问题的规定（试行)》第131条规定制定，供上级人民法院监督下级人民法院，裁定不予执行仲裁裁决或公证债权文书时用。

2. 上级人民法院在作出裁定前，应当先函示下级人民法院仲裁裁决或公证债权文有不予执行事由，应当裁定不予执行；只有当下级人民法院不作出裁定时，方可启动监督程序，依法裁定。

【法律依据】

1.《中华人民共和国民事诉讼法》（2017年6月27日）

第二百三十七条　对依法设立的仲裁机构的裁决，一方当事人不履行的，对方当事人可以向有管辖权的人民法院申请执行。受申请的人民法院应当执行。

被申请人提出证据证明仲裁裁决有下列情形之一的，经人民法院组成合议庭审查核实，裁定不予执行：

（一）当事人在合同中没有订有仲裁条款或者事后没有达成书面仲裁协议的；

（二）裁决的事项不属于仲裁协议的范围或者仲裁机构无权仲裁的；

（三）仲裁庭的组成或者仲裁的程序违反法定程序的；

（四）裁决所根据的证据是伪造的；

（五）对方当事人向仲裁机构隐瞒了足以影响公正裁决的证据的；

（六）仲裁员在仲裁该案时有贪污受贿，徇私舞弊，枉法裁决行为的。

人民法院认定执行该裁决违背社会公共利益的，裁定不予执行。

裁定书应当送达双方当事人和仲裁机构。

仲裁裁决被人民法院裁定不予执行的，当事人可以根据双方达成的书面仲裁协议重新申请仲裁，也可以向人民法院起诉。

2.《最高人民法院关于人民法院执行工作若干问题的规定（试行）》（2020年12月29日）

73. 上级法院发现下级法院执行的非诉讼生效法律文书有不予执行事由，应当依法作出不予执行裁定而不制作的，可以责令下级法院在指定时限内作出裁定，必要时可直接裁定不予执行。

98. **执行裁定书**（执行监督案件驳回当事人申诉请求用）

××××人民法院
执行裁定书

（××××）……执监……号

申诉人（申请执行人/被执行人/利害关系人）：×××，……。
法定代理人/指定代理人/法定代表人/主要负责人：×××，……。
委托诉讼代理人：×××，……。
申请执行人/被执行人/利害关系人：×××，……。
……
（以上写明申诉人、申请执行人、被执行人、利害关系人和其他诉讼参加人的姓名或者名称等基本信息）

申诉人×××不服××××人民法院（××××）……号裁定（或其他法律文书），向本院申诉。本院受理后，依法组成合议庭进行审查，[（举行听证的，写明：）并于××××年××月××日举行了听证，申诉人×××、申请执行人/被执行人/利害关系人×××（写明当事人、利害关系人或委托诉讼代理人）参加了听证。]本案现已审查终结。

……（写明本案申诉之前的执行情况）

×××称，……（写明申诉请求和理由）。

×××称，……（写明意见）。

本院查明，……（写明查明的事实）。

本院认为，……（写明争议焦点，根据认定的案件事实和相关法律，对申诉请求进行分析评判，说明理由）。

综上所述，××××人民法院（××××）……号裁定（或其他法律文书）认定事实清楚，适用法律正确，本院予以维持。×××的申诉请求不能成立，本院不予支持。参照《中华人民共和国民事诉讼法》第二百零四条，依照《最高人民法院关于人民法院执行工作若干问题的规定（试行）》129条规定，裁定如下：

驳回×××的申诉请求。

审　判　长　×××
审　判　员　×××
审　判　员　×××
××××年××月××日
（院印）
书　记　员　×××

【说　明】

本样式参照《中华人民共和国民事诉讼法》第二百零四条、根据《最高人民法院关于人民法院执行工作若干问题的规定（试行）》第 129 条规定制定，供人民法院在执行监督程序中驳回当事人申诉请求时用。

【法律依据】

1. 《中华人民共和国民事诉讼法》（2017 年 6 月 27 日）

第二百零四条　人民法院应当自收到再审申请书之日起三个月内审查，符合本法规定的，裁定再审；不符合本法规定的，裁定驳回申请。有特殊情况需要延长的，由本院院长批准。

因当事人申请裁定再审的案件由中级人民法院以上的人民法院审理，但当事人依照本法第一百九十九条的规定选择向基层人民法院申请再审的除外。最高人民法院、高级人民法院裁定再审的案件，由本院再审或者交其他人民法院再审，也可以交原审人民法院再审。

2. 《最高人民法院关于人民法院执行工作若干问题的规定（试行）》（2020 年 12 月 29 日）

71. 上级人民法院依法监督下级人民法院的执行工作。最高人民法院依法监督地方各级人民法院和专门法院的执行工作。

99. **执行裁定书**（执行监督案件指令下级法院重新审查处理用）

××××人民法院
执行裁定书

（××××）……执监……号

申诉人（申请执行人/被执行人/利害关系人）：×××，……。

法定代理人/指定代理人/法定代表人/主要负责人：×××，……。

委托诉讼代理人：×××，……。

申请执行人/被执行人/利害关系人：×××，……。

……

（以上写明申诉人、申请执行人、被执行人、利害关系人和其他诉讼参加人的姓名或者名称等基本信息）

申诉人×××不服××××人民法院（××××）……号裁定（或其他法律文书），向本院申诉。本院受理后，依法组成合议庭进行审查，[（举行听证的，写明:）并于××××年××月××日举行了听证，申诉人×××、申请执行人/被执行人/利害关系人×××（写明当事人、利害关系人或委托诉讼代理人）参加了听证。] 本案现已审查终结。

……（写明本案申诉之前的执行情况）

×××称，……（写明申诉请求和理由）。

×××称，……（写明意见）。

本院查明，……（写明查明的事实）。

本院认为，……（写明争议焦点，根据认定的案件事实和相关法律，对申诉请求进行分析评判，说明理由）。

综上所述，……（对申诉人的请求是否成立进行总结评述）。××××人民法院（××××）……号裁定（或其他法律文书）认定事实不清，应予撤销。参照《中华人民共和国民事诉讼法》第二百零四条，依照《最高人民法院关于人民法院执行工作若干问题的规定（试行）》129条规定，裁定如下：

一、撤销××××人民法院（××××）……号裁定（或其他法律文书）；

二、本案由××××人民法院重新审查处理。

审　判　长　×××
审　判　员　×××
审　判　员　×××
××××年××月××日
（院印）
书　记　员　×××

【说　明】

本样式参照《中华人民共和国民事诉讼法》第二百零四条、根据《最高人民法院关于人民法院执行工作若干问题的规定（试行）》第129条规定制定，供人民法院对执行案件进行监督，指令下级人民法院重新审查时用。

【法律依据】

1.《中华人民共和国民事诉讼法》（2017年6月27日）

第二百零四条　人民法院应当自收到再审申请书之日起三个月内审查，符合本法规定的，裁定再审；不符合本法规定的，裁定驳回申请。有特殊情况需要延长的，由本院院长批准。

因当事人申请裁定再审的案件由中级人民法院以上的人民法院审理，但当事人依照本法第一百九十九条的规定选择向基层人民法院申请再审的除外。最高人民法院、高级人民法院裁定再审的案件，由本院再审或者交其他人民法院再审，也可以交原审人民法院再审。

2.《最高人民法院关于人民法院执行工作若干问题的规定（试行）》（2020年12月29日）

71. 上级人民法院依法监督下级人民法院的执行工作。最高人民法院依法监督地方各级人民法院和专门法院的执行工作。

100. 执行裁定书（执行回转用）

×××× 人民法院
执行裁定书

（××××）……执……号

申请执行人：×××，……。
法定代理人/指定代理人/法定代表人/主要负责人：×××，……。
委托诉讼代理人：×××，……。
被执行人：×××，……。
……
（以上写明申请执行人、被执行人和其他诉讼参加人的姓名或者名称等基本信息）

本院执行的×××与×××……（写明案由）一案，因据以执行的……（写明法律文书）被××××（写明法院或有关机关、组织）以……（写明法律文书字号、名称）撤销/变更。……[（当事人申请执行回转的，写明：）申请执行人×××于××××年××月××日向本院申请执行回转，请求……；（人民法院依职权执行回转的，写明：）执行回转的事实]。

本院经审查认为，……[（当事人申请执行回转的，写明：）×××的申请符合法律规定；（法院依职权采取的，写明：）执行回转的理由]。依照《中华人民共和国民事诉讼法》第二百三十三条、《最高人民法院关于适用〈中华人民共和国民事诉讼法〉的解释》第四百七十六条、《最高人民法院关于人民法院执行工作若干问题的规定（试行）》第109条（不能退还原物的，增加引用第110条）规定，裁定如下：

（能够退换原物的，写明：）×××应在本裁定生效之日起××日内向×××返还……（写明原执行程序中已取得的财产及孳息）。

（不能退换原物的，写明：）对被执行人×××在原执行程序中已取得的……（写明财产名称、数量或数额、所在地等）予以折价抵偿。

本裁定立即执行。

审　判　长　×××
审　判　员　×××
审　判　员　×××
××××年××月××日
（院印）
书　记　员　×××

【说　明】

1. 本样式根据《中华人民共和国民事诉讼法》第二百三十三条、《最高人民法院关于适用〈中华人民共和国民事诉讼法〉的解释》第四百七十六条、《最高人民法院关于人民法院执行工作若干问题的规定（试行）》第109条、第110条规定制定，供人民法院在执行中或执行完毕后，据以执行的法律文书被人民法院或有关机关、组织撤销或变更的，执行回转时用。

2. 执行回转时，已执行的标的是特定物且尚为原申请执行人占有的，应当退还原物。不能返还原物的，可以折价抵偿。需要折价抵偿的，应按评估、拍卖、变卖等程序的要求另行制作相应的法律文书。

3. 执行回转应重新立案，适用执行程序的有关规定。

【法律依据】

1. 《中华人民共和国民事诉讼法》（2017年6月27日）

第二百三十三条　执行完毕后，据以执行的判决、裁定和其他法律文书确有错误，被人民法院撤销的，对已被执行的财产，人民法院应当作出裁定，责令取得财产的人返还；拒不返还的，强制执行。

2. 《最高人民法院关于适用〈中华人民共和国民事诉讼法〉的解释》（2020年12月29日）

第四百七十六条　法律规定由人民法院执行的其他法律文书执行完毕后，该法律文书被有关机关或者组织依法撤销的，经当事人申请，适用民事诉讼法第二百三十三条规定。

3. 《最高人民法院关于人民法院执行工作若干问题的规定（试行）》（2020年12月29日）

65. 在执行中或执行完毕后，据以执行的法律文书被人民法院或其他有关机关撤销或变更的，原执行机构应当依照民事诉讼法第二百三十三条的规定，依当事人申请或依职权，按照新的生效法律文书，作出执行回转的裁定，责令原申请执行人返还已取得的财产及其孳息。拒不返还的，强制执行。

执行回转应重新立案，适用执行程序的有关规定。

66. 执行回转时，已执行的标的物系特定物的，应当退还原物。不能退还原物的，经双方当事人同意，可以折价赔偿。

双方当事人对折价赔偿不能协商一致的，人民法院应当终结执行回转程序。申请执行人可以另行起诉。

二十二、涉外民事诉讼程序的特别规定

（一）承认和执行外国法院生效判决、裁定

1. 民事裁定书（承认和执行外国法院生效判决、裁定用）

中华人民共和国×××人民法院
民事裁定书

（××××）……协外认……号

申请人：×××，……。

法定代理人/指定代理人/法定代表人/主要负责人：×××，……。

委托诉讼代理人：×××，……。

被申请人：×××，……。

法定代理人/指定代理人/法定代表人/主要负责人：×××，……。

委托诉讼代理人：×××，……。

(以上写明当事人和其他诉讼参加人的姓名或者名称等基本信息)

申请人×××申请承认/承认和执行×××国×××法院……号民事判决/裁定一案，本院于××××年××月××日立案。本院依法组成合议庭进行了审查，组织当事人进行了询问，现已审查终结。

×××申请称，……（简要写明申请人的请求、事实和理由）。

×××陈述意见称，……（简要写明同意或者不同意申请人请求的意见、事实和理由）。

经审查认定：……（写明案件的事实）。

本院认为，……（写明争议焦点，依据认定的事实和相关法律，对请求

进行分析评判，说明理由）。

依照《中华人民共和国民事诉讼法》第二百八十二条、……（写明公约、条约、法律、司法解释等法律依据）规定，裁定如下：

承认/承认和执行×××国×××法院……号民事判决/裁定。

案件申请费……元，由……负担（写明当事人姓名或者名称、负担金额）。

审 判 长　×××
审 判 员　×××
审 判 员　×××
××××年××月××日
（院印）
书 记 员　×××

【说　明】

1. 本样式依据《中华人民共和国民事诉讼法》第二百八十一条、第二百八十二条、《最高人民法院关于适用〈中华人民共和国民事诉讼法〉的解释》第五百四十三条、第五百四十六条至第五百四十八条、《最高人民法院关于中国公民申请承认外国法院离婚判决程序问题的规定》、与其他国家签订的双边条约等制定，供人民法院审查申请承认和执行外国法院民事裁判案件，裁定用。

2. 可以被申请承认和执行的外国法院裁判文书种类，包括发生法律效力的判决、裁定以及国际公约、双边条约或者协定中规定的其他裁判文书形式。对被申请承认和执行的外国法院裁判文书具体名称、文号的表述和援引应依据其翻译文件的内容确定。

3. 根据民事诉讼法的规定，当事人向人民法院既可以申请承认，也可以申请承认和执行外国法院作出的发生法律效力的判决、裁定。人民法院依据当事人的具体请求事项进行审查，作出裁定。

4. 申请人或者被申请人为自然人的，应当写明其姓名、出生年月日、国籍及住所；申请人或者被申请人为法人或者其他组织的，应当写明其名称、住所以及法定代表人或者代表人等。

5. 人民法院在通知被申请人后认为有必要对当事人进行询问，可以组织询问并在裁定书案件由来部分中写明。

6. 在事实查明部分，主要写明外国法院民事裁判当事人、案号、作出判决/裁定的时间以及裁判结果等。该部分还需写明的其他事实包括我国与该外国是否参加了国际公约或者缔结了双边条约或者协定、该外国判决如系缺席判决当事人是否经过合法传唤以及该判决是否已经得到了部分执行等。

7. 本院认为部分主要写明：第一，因中华人民共和国与××国共同参加了×××国际条约或者缔结了×××双边条约或者协定，对案涉判决的承认（和执行）应当依据×××国际条约或者×××双边条约或者协定的相关规定进行审查。如我国与该外国没有参加国际公约或者缔结双边条约或者协定的，也可以依据《中华人民共和国民事诉讼法》第二百八十二条规定的互惠原则进行审查。第二，写明本案争议焦点，并进行分析说理。第三，对该裁判是否符合相关国际公约或者双边条约、协定或者互惠原则或者相关司法解释规定，是否违反中华人民共和国法律的基本原则或者国家主权、安全、社会公共利益作出分析认定，并表明本院对该裁判是否予以承认和执行的意见等。

8. 根据案件的具体情况，本裁定书的结果包括全部承认和执行、部分承认和执行。部分承认和执行的，其具体判项中应当写明具体承认和执行的内容，可以表述为：承认和执行×××国×××法院号……民事判决××项，即……（写明具体承认和执行的内容）。

【法律依据】

1. 《中华人民共和国民事诉讼法》（2017 年 6 月 27 日）

第二百八十一条　外国法院作出的发生法律效力的判决、裁定，需要中华人民共和国人民法院承认和执行的，可以由当事人直接向中华人民共和国有管辖权的中级人民法院申请承认和执行，也可以由外国法院依照该国与中华人民共和国缔结或者参加的国际条约的规定，或者按照互惠原则，请求人民法院承认和执行。

第二百八十二条　人民法院对申请或者请求承认和执行的外国法院作出的发生法律效力的判决、裁定，依照中华人民共和国缔结或者参加的国际条约，或者按照互惠原则进行审查后，认为不违反中华人民共和国法律的基本原则或者国家主权、安全、社会公共利益的，裁定承认其效力，需要执行的，发出执行令，依照本法的有关规定执行。违反中华人民共和国法律的基本原则或者国家主权、安全、社会公共利益的，不予承认和执行。

2.《最高人民法院关于适用〈中华人民共和国民事诉讼法〉的解释》（2020年12月29日）

第五百四十三条 申请人向人民法院申请承认和执行外国法院作出的发生法律效力的判决、裁定，应当提交申请书，并附外国法院作出的发生法律效力的判决、裁定正本或者经证明无误的副本以及中文译本。外国法院判决、裁定为缺席判决、裁定的，申请人应当同时提交该外国法院已经合法传唤的证明文件，但判决、裁定已经对此予以明确说明的除外。

中华人民共和国缔结或者参加的国际条约对提交文件有规定的，按照规定办理。

第五百四十六条 对外国法院作出的发生法律效力的判决、裁定或者外国仲裁裁决，需要中华人民共和国法院执行的，当事人应当先向人民法院申请承认。人民法院经审查，裁定承认后，再根据民事诉讼法第三编的规定予以执行。

当事人仅申请承认而未同时申请执行的，人民法院仅对应否承认进行审查并作出裁定。

第五百四十七条 当事人申请承认和执行外国法院作出的发生法律效力的判决、裁定或者外国仲裁裁决的期间，适用民事诉讼法第二百三十九条的规定。

当事人仅申请承认而未同时申请执行的，申请执行的期间自人民法院对承认申请作出的裁定生效之日起重新计算。

第五百四十八条 承认和执行外国法院作出的发生法律效力的判决、裁定或者外国仲裁裁决的案件，人民法院应当组成合议庭进行审查。

人民法院应当将申请书送达被申请人。被申请人可以陈述意见。

人民法院经审查作出的裁定，一经送达即发生法律效力。

3.《最高人民法院关于中国公民申请承认外国法院离婚判决程序问题的规定》（2020年12月29日）

第一条 对与我国没有订立司法协助协议的外国法院作出的离婚判决，中国籍当事人可以根据本规定向人民法院申请承认该外国法院的离婚判决。

对与我国有司法协助协议的外国法院作出的离婚判决，按照协议的规定申请承认。

第二条 外国法院离婚判决中的夫妻财产分割、生活费负担、子女抚养方面判决的承认执行，不适用本规定。

第三条 向人民法院申请承认外国法院的离婚判决，申请人应提出书面申请书，并须附有外国法院离婚判决书正本及经证明无误的中文译本。否则，不予受理。

第四条 申请书应记明以下事项：

（一）申请人姓名、性别、年龄、工作单位和住址；

（二）判决由何国法院作出，判结果、时间；

（三）受传唤及应诉的情况；

（四）申请理由及请求；

（五）其他需要说明的情况。

第五条 申请由申请人住所地中级人民法院受理。申请人住所地与经常居住地不一致的，由经常居住地中级人民法院受理。

申请人不在国内的，由申请人原国内住所地中级人民法院受理。

第六条 人民法院接到申请书，经审查，符合本规定的受理条件的，应当在7日内立案；不符合的，应当在7日内通知申请人不予受理，并说明理由。

第七条 人民法院审查承认外国法院离婚判决的申请，由三名审判员组成合议庭进行，作出的裁定不得上诉。

第八条 人民法院受理申请后，对于外国法院离婚判决书没有指明已生效或生效时间的，应责令申请人提交作出判决的法院出具的判决已生效的证明文件。

第九条 外国法院作出离婚判决的原告为申请人的，人民法院应责令其提交作出判决的外国法院已合法传唤被告出庭的有关证明文件。

第十条 按照第八条、第九条要求提供的证明文件，应经该外国公证部门公证和我国驻该国使、领馆认证，或者履行中华人民共和国与该所在国订立的有关条约中规定的证明手续。同时应由申请人提供经证明无误的中文译本。

第十一条 居住在我国境内的外国法院离婚判决的被告为申请人，提交第八条、第十条所要求的证明文件和公证、认证有困难的，如能提交外国法院的应诉通知或出庭传票的，可推定外国法院离婚判决书为真实和已经生效。

第十二条 经审查，外国法院的离婚判决具有下列情形之一的，不予承认：

（一）判决尚未发生法律效力；

（二）作出判决的外国法院对案件没有管辖权；

（三）判决是在被告缺席且未得到合法传唤情况下作出的；

（四）该当事人之间的离婚案件，我国法院正在审理或已作出判决，或者第三国法院对该当事人之间作出的离婚案件判决已为我国法院所承认；

（五）判决违反我国法律的基本原则或者危害我国国家主权、安全和社会公共利益。

第十三条 对外国法院的离婚判决的承认，以裁定方式作出。没有第十二条规定的情形的，裁定承认其法律效力；具有第十二条规定的情形之一的，裁定驳回申请人的申请。

第十四条 裁定书以"中华人民共和国××中级人民法院"名义作出，由合议庭成员署名，加盖人民法院印章。

第十五条 裁定书一经送达，即发生法律效力。

第十六条 申请承认外国法院的离婚判决，申请人应向人民法院交纳案件受理费人民币100元。

第十七条 申请承认外国法院的离婚判决，委托他人代理的，必须向人民法院提交由委托人签名或盖章的授权委托书。委托人在国外出具的委托书，必须经我国驻该国的使、领馆证明，或者履行中华人民共和国与该所在国订立的有关条约中规定的证明手续。

第十八条 人民法院受理离婚诉讼后，原告一方变更请求申请承认外国法院离婚判决，或者被告一方另提出承认外国法院离婚判决申请的，其申请均不受理。

第十九条 人民法院受理承认外国法院离婚判决的申请后，对方当事人向人民法院起诉离婚的，人民法院不予受理。

第二十条 当事人之间的婚姻虽经外国法院判决，但未向人民法院申请承认的，不妨碍当事人一方另行向人民法院提出离婚诉讼。

第二十一条 申请人的申请为人民法院受理后，申请人可以撤回申请，人民法院以裁定准予撤回。申请人撤回申请后，不得再提出申请，但可以另向人民法院起诉离婚。

第二十二条 申请人的申请被驳回后，不得再提出申请，但可以另行向人民法院起诉离婚。

2. 民事裁定书（不予承认和执行外国法院生效判决、裁定用）

中华人民共和国××××人民法院
民事裁定书

（××××）……协外认……号

申请人：×××，……。
……

被申请人：×××，……。
……

（以上写明当事人和其他诉讼参加人的姓名或者名称等基本信息）

申请人×××申请承认/承认和执行×××国××××法院……号民事判决/裁定一案，本院于××××年××月××日立案。本院依法组成合议庭进行了审查，组织当事人进行了询问，现已审查终结。

×××申请称，……（简要写明申请人的请求、事实和理由）。

×××陈述意见称，……（简要写明同意或者不同意申请人请求的意见、事实和理由）。

经审查认定：……（写明案件的事实）。

本院认为，……（写明争议焦点，依据认定的事实和相关法律，对诉讼请求进行分析评判，说明理由）。

依照《中华人民共和国民事诉讼法》第二百八十二条、……（写明公约、条约、法律、司法解释等法律依据）规定，裁定如下：

不予承认/承认和执行×××国××××法院号……民事判决/裁定。

案件申请费……元，由……负担（写明当事人姓名或者名称、负担金额）。

审　判　长　×××
审　判　员　×××

审　判　员　×××

××××年××月××日

（院印）

书　记　员　×××

【说　明】

1. 本样式依据《中华人民共和国民事诉讼法》第二百八十一条、第二百八十二条、《最高人民法院关于适用〈中华人民共和国民事诉讼法〉的解释》第五百四十三条、五百四十四条、五百四十六条至五百四十八条制定，供人民法院裁定不予承认和执行外国法院生效判决、裁定用。

2. 本院认为部分应着重分析不予承认和执行的理由和法律依据。

3. 不予承认外国法院离婚判决的，法律依据应援引《最高人民法院关于中国公民申请承认外国法院离婚判决程序问题的规定》第十二条规定。

【法律依据】

1. **《中华人民共和国民事诉讼法》**（2017年6月27日）

第二百八十一条　外国法院作出的发生法律效力的判决、裁定，需要中华人民共和国人民法院承认和执行的，可以由当事人直接向中华人民共和国有管辖权的中级人民法院申请承认和执行，也可以由外国法院依照该国与中华人民共和国缔结或者参加的国际条约的规定，或者按照互惠原则，请求人民法院承认和执行。

第二百八十二条　人民法院对申请或者请求承认和执行的外国法院作出的发生法律效力的判决、裁定，依照中华人民共和国缔结或者参加的国际条约，或者按照互惠原则进行审查后，认为不违反中华人民共和国法律的基本原则或者国家主权、安全、社会公共利益的，裁定承认其效力，需要执行的，发出执行令，依照本法的有关规定执行。违反中华人民共和国法律的基本原则或者国家主权、安全、社会公共利益的，不予承认和执行。

2. **《最高人民法院关于适用〈中华人民共和国民事诉讼法〉的解释》**（2020年12月29日）

第五百四十三条　申请人向人民法院申请承认和执行外国法院作出的发生法律效力的判决、裁定，应当提交申请书，并附外国法院作出的发生法律效力的判决、裁定正本或者经证明无误的副本以及中文译本。外国法院判决、裁定为缺席判决、裁定的，申请人应当同时提交该外国法院已经合法传唤的证明文件，但判决、裁定已经对此予以明确说明的除外。

中华人民共和国缔结或者参加的国际条约对提交文件有规定的，按照规定办理。

第五百四十四条 当事人向中华人民共和国有管辖权的中级人民法院申请承认和执行外国法院作出的发生法律效力的判决、裁定的，如果该法院所在国与中华人民共和国没有缔结或者共同参加国际条约，也没有互惠关系的，裁定驳回申请，但当事人向人民法院申请承认外国法院作出的发生法律效力的离婚判决的除外。

承认和执行申请被裁定驳回的，当事人可以向人民法院起诉。

第五百四十六条 对外国法院作出的发生法律效力的判决、裁定或者外国仲裁裁决，需要中华人民共和国法院执行的，当事人应当先向人民法院申请承认。人民法院经审查，裁定承认后，再根据民事诉讼法第三编的规定予以执行。

当事人仅申请承认而未同时申请执行的，人民法院仅对应否承认进行审查并作出裁定。

第五百四十七条 当事人申请承认和执行外国法院作出的发生法律效力的判决、裁定或者外国仲裁裁决的期间，适用民事诉讼法第二百三十九条的规定。

当事人仅申请承认而未同时申请执行的，申请执行的期间自人民法院对承认申请作出的裁定生效之日起重新计算。

第五百四十八条 承认和执行外国法院作出的发生法律效力的判决、裁定或者外国仲裁裁决的案件，人民法院应当组成合议庭进行审查。

人民法院应当将申请书送达被申请人。被申请人可以陈述意见。

人民法院经审查作出的裁定，一经送达即发生法律效力。

3.《最高人民法院关于中国公民申请承认外国法院离婚判决程序问题的规定》（2020年12月29日）

第十二条 经审查，外国法院的离婚判决具有下列情形之一的，不予承认：

（一）判决尚未发生法律效力；

（二）作出判决的外国法院对案件没有管辖权；

（三）判决是在被告缺席且未得到合法传唤情况下作出的；

（四）该当事人之间的离婚案件，我国法院正在审理或已作出判决，或者第三国法院对该当事人之间作出的离婚案件判决已为我国法院所承认；

（五）判决违反我国法律的基本原则或者危害我国国家主权、安全和社会公共利益。

3. 民事裁定书（驳回承认和执行外国法院生效判决、裁定申请用）

中华人民共和国××××人民法院
民事裁定书

（××××）……协外认……号

申请人：×××，……。
……
被申请人：×××，……。
……

（以上写明当事人和其他诉讼参加人的姓名或者名称等基本信息）

申请人×××申请承认/承认和执行×××国×××法院……号民事判决/裁定一案，本院于××××年××月××日立案。本院依法组成合议庭进行了审查，组织当事人进行了询问，现已审查终结。

×××申请称，……（简要写明申请人的请求、事实和理由）。

×××陈述意见称，……（简要写明同意或者不同意申请人请求的意见、事实和理由）。

本院经审查认为，……（写明驳回申请的理由）。

依照《最高人民法院关于适用〈中华人民共和国民事诉讼法〉的解释》第五百四十四条、……（写明公约、条约、法律、司法解释等法律依据）规定，裁定如下：

驳回×××的申请。

本裁定一经作出即生效。

审　判　长　×××
审　判　员　×××
审　判　员　×××
××××年××月××日
（院印）
书　记　员　×××

【说　明】

1. 本样式依据《最高人民法院关于适用〈中华人民共和国民事诉讼法〉的解释》第五百四十四条制定，供人民法院裁定驳回当事人承认和执行外国法院生效判决、裁定申请用。

2. 根据《最高人民法院关于适用〈中华人民共和国民事诉讼法〉的解释》第五百四十四条规定，人民法院可以裁定驳回当事人的申请。除了上述司法解释规定的情形之外，当事人提交的材料不符合相关国际公约、双边条约或者协定关于材料形式要求的规定，如不能提交该外国判决的正本或者不能提交生效证明等，或者人民法院在受理当事人的申请后发现不应予以立案的，可以裁定驳回当事人的申请。

【法律依据】

《最高人民法院关于适用〈中华人民共和国民事诉讼法〉的解释》（2020年12月29日）

第五百四十四条　当事人向中华人民共和国有管辖权的中级人民法院申请承认和执行外国法院作出的发生法律效力的判决、裁定的，如果该法院所在国与中华人民共和国没有缔结或者共同参加国际条约，也没有互惠关系的，裁定驳回申请，但当事人向人民法院申请承认外国法院作出的发生法律效力的离婚判决的除外。

承认和执行申请被裁定驳回的，当事人可以向人民法院起诉。

4. 民事裁定书（不予受理承认和执行外国法院生效判决、裁定申请用）

中华人民共和国××××人民法院
民事裁定书

（××××）……协外认……号

申请人：×××，……。

……

（以上写明当事人和其他诉讼参加人的姓名或者名称等基本信息）

××××年××月××日，申请人×××向本院申请承认/承认和执行×××国××××法院于××××年××月××日作出的……号民事判决/裁定。本院依法组成合议庭进行了审查，现已审查终结。

本院经审查认为，……（写明不予受理的事实和理由）。

依照《最高人民法院关于中国公民申请承认外国法院离婚判决程序问题的规定》第三条、第六条、……（明确写明公约、条约、法律、司法解释等法律依据）规定，裁定如下：

对×××的申请，本院不予受理。

本裁定一经作出即生效。

审　判　长　×××
审　判　员　×××
审　判　员　×××
××××年××月××日
（院印）
书　记　员　×××

【说　明】

1. 本样式依据《最高人民法院关于中国公民申请承认外国法院离婚判决程序问题的规定》第三条、第六条制定，供人民法院不予受理承认和执行外国法院生效判决、裁定申请用。

2. 人民法院在立案阶段发现，当事人提交的材料不符合相关国际公约、双边条约或者协定关于材料基本形式要求的规定的，如不能提交该外国判决的正本等，人民法院可以裁定不予受理。

【法律依据】

《最高人民法院关于中国公民申请承认外国法院离婚判决程序问题的规定》（2020年12月29日）

第三条　向人民法院申请承认外国法院的离婚判决，申请人应提出书面申请书，并须附有外国法院离婚判决书正本及经证明无误的中文译本。否则，不予受理。

第六条　人民法院接到申请书，经审查，符合本规定的受理条件的，应当在7日内立案；不符合的，应当在7日内通知申请人不予受理，并说明理由。

5. 民事裁定书（准许撤回承认和执行外国法院生效判决、裁定申请用）

中华人民共和国××××人民法院
民事裁定书

（××××）……协外认……号

申请人：×××，……。
……

被申请人：×××，……。
……

（以上写明当事人和其他诉讼参加人的姓名或者名称等基本信息）

申请人×××申请承认/承认和执行×××国×××法院……号民事判决/裁定一案，本院于××××年××月××日立案。本院依法组成合议庭进行审查。

×××于××××年××月××日向本院提出撤回申请。

本院经审查认为，……（写明准许撤回的理由）。×××撤回申请符合法律规定，应予准许。

依照最高人民法院《关于中国公民申请承认外国法院离婚判决程序问题的规定》第二十一条、……（明确写明公约、条约、法律、司法解释等法律依据）规定，裁定如下：

准许×××撤回申请。

案件申请费……元，由……负担（写明当事人姓名或者名称、负担金额）。

本裁定一经作出即生效。

审　判　长　×××
审　判　员　×××
审　判　员　×××

××××年××月××日

(院印)

书　记　员　×××

【说　明】

本样式依据《最高人民法院关于中国公民申请承认外国法院离婚判决程序问题的规定》第二十一条制定，供人民法院准许当事人撤回承认（和执行）外国法院生效判决、裁定申请用。

【法律依据】

《最高人民法院关于中国公民申请承认外国法院离婚判决程序问题的规定》（2020年12月29日）

第二十一条　申请人的申请为人民法院受理后，申请人可以撤回申请，人民法院以裁定准予撤回。申请人撤回申请后，不得再提出申请，但可以另向人民法院起诉离婚。

6. 民事裁定书（外国法院请求承认和执行外国法院生效判决、裁定用）

中华人民共和国××××人民法院
民事裁定书

（××××）……协外认……号

请求法院：××××国××××法院。

原告：×××，……。

被告：×××，……。

……

（以上写明当事人和其他诉讼参加人的姓名或者名称等基本信息）

××××国××××法院请求承认/承认和执行××××国××××法院……号民事判决/裁定一案，本院于××××年××月××日立案。本院依法组成合议庭进行了审查，组织当事人进行了询问，现已审查终结。

××××国××××法院请求，……（写明请求承认和执行的生效裁判文书、事实和理由）。

本院经审查认为，……（写明争议焦点，根据认定的事实和相关法律，对请求进行分析和评判，说明理由）。

依照《中华人民共和国民事诉讼法》第二百八十一条、第二百八十二条……（明确写明公约、条约、法律、司法解释等法律依据）规定，裁定如下：

（支持请求的，写明：）承认/承认和执行××××国×××法院……号民事判决/裁定。

（不予承认的，写明：）不予承认/承认和执行××××国×××法院……号民事判决/裁定。

案件申请费……元，由……负担（写明当事人姓名或者名称、负担金额）。

审　判　长　×××
审　判　员　×××
审　判　员　×××
××××年××月××日
（院印）
书　记　员　×××

【说　明】

1. 本样式依据《中华人民共和国民事诉讼法》第二百八十一条、第二百八十二条制定，供人民法院予以承认和执行或者不予承认和执行外国法院承认和执行外国法院判决、裁定用。

2. 根据《中华人民共和国民事诉讼法》第二百八十一条、第二百八十二条规定，外国法院作为请求法院可以直接向人民法院提出承认和执行外国法院民事判决、裁定的请求。对于此类案件，人民法院受理后应当送达该外国法院判决所涉当事人。

【法律依据】

《中华人民共和国民事诉讼法》（2017年6月27日）

第二百八十一条　外国法院作出的发生法律效力的判决、裁定，需要中华人民共和国人民法院承认和执行的，可以由当事人直接向中华人民共和国有管辖权的中级人民法院申请承认和执行，也可以由外国法院依照该国与中华人民共和国缔结或者参加的国际条约的规定，或者按照互惠原则，请求人民法院承认和执行。

第二百八十二条　人民法院对申请或者请求承认和执行的外国法院作出的发生法律效力的判决、裁定，依照中华人民共和国缔结或者参加的国际条约，或者按照互惠原则进行审查后，认为不违反中华人民共和国法律的基本原则或者国家主权、安全、社会公共利益的，裁定承认其效力，需要执行的，发出执行令，依照本法的有关规定执行。违反中华人民共和国法律的基本原则或者国家主权、安全、社会公共利益的，不予承认和执行。

（二）认可和执行香港特别行政区、澳门特别行政区、台湾地区法院民事判决

7. 民事裁定书（认可和执行香港特别行政区法院民事判决用）

××××人民法院
民事裁定书

（××××）……认港……号

申请人：×××，……。
……
被申请人：×××，……。
……

（以上写明当事人和其他诉讼参加人的姓名或者名称等基本信息）

申请人×××申请认可和执行香港特别行政区××××法院……号民事判决书/命令/诉讼费用评定书一案，本院于××××年××月××日立案。本院依法组成合议庭进行了审查，组织当事人进行了询问，现已审查终结。

×××申请称，……（简要写明申请人的请求、事实和理由）。

×××陈述意见称，……（简要写明被申请人的意见、事实和理由）。

本院经审查认为，……（写明争议焦点，依据认定的事实和相关法律，对请求进行分析评判，说明理由）。

依照《最高人民法院关于内地与香港特别行政区法院相互认可和执行当事人协议管辖的民商事案件判决的安排》第一条、……（写明法律、司法解释等法律依据）规定，裁定如下：

认可和执行香港特别行政区××××法院……号民事判决书/命令/诉讼费用评定书。

案件申请费……元，由……负担（写明当事人姓名或者名称、负担金额）。

如不服本裁定，可以在裁定书送达之日起十日内向×××人民法院（上一级人民法院名称）申请复议。

审　判　长　×××
审　判　员　×××
审　判　员　×××
××××年××月××日
（院印）
书　记　员　×××

【说　明】

1. 本样式依据《最高人民法院关于内地与香港特别行政区法院相互认可和执行当事人协议管辖的民商事案件判决的安排》制定，供人民法院裁定认可和执行香港特别行政区法院的生效民事判决用。

2. 根据《最高人民法院关于内地与香港特别行政区法院相互认可和执行当事人协议管辖的民商事案件判决的安排》第十二条规定，当事人对人民法院作出的认可和执行裁定不服的，可以向上一级人民法院申请复议。

【法律依据】

《最高人民法院关于内地与香港特别行政区法院相互认可和执行当事人协议管辖的民商事案件判决的安排》（2008年7月3日）

根据《中华人民共和国香港特别行政区基本法》第九十五条的规定，最高人民法院与香港特别行政区政府经协商，现就当事人协议管辖的民商事案件判决的认可和执行问题作出如下安排：

第一条　内地人民法院和香港特别行政区法院在具有书面管辖协议的民商事案件中作出的须支付款项的具有执行力的终审判决，当事人可以根据本安排向内地人民法院或者香港特别行政区法院申请认可和执行。

第二条　本安排所称"具有执行力的终审判决"：

（一）在内地是指：

1. 最高人民法院的判决；

2. 高级人民法院、中级人民法院以及经授权管辖第一审涉外、涉港澳台民商事案件的基层人民法院（名单附后）依法不准上诉或者已经超过法定期限没有上诉的第一审判决、第二审判决和依照审判监督程序由上一级人民法院提审后作出的生效判决。

（二）在香港特别行政区是指终审法院、高等法院上诉法庭及原讼法庭和区域法院作出的生效判决。

本安排所称判决，在内地包括判决书、裁定书、调解书、支付令；在香港特别行政区包括判决书、命令和诉讼费评定证明书。

当事人向香港特别行政区法院申请认可和执行判决后，内地人民法院对该案件依法再审的，由作出生效判决的上一级人民法院提审。

第三条　本安排所称"书面管辖协议"，是指当事人为解决与特定法律关系有关的已经发生或者可能发生的争议，自本安排生效之日起，以书面形式明确约定内地人民法院或者香港特别行政区法院具有唯一管辖权的协议。

本条所称"特定法律关系"，是指当事人之间的民商事合同，不包括雇佣合同以及自然人因个人消费、家庭事宜或者其他非商业目的而作为协议一方的合同。

本条所称"书面形式"是指合同书、信件和数据电文（包括电报、电传、传真、电子数据交换和电子邮件）等可以有形地表现所载内容、可以调取以备日后查用的形式。

书面管辖协议可以由一份或者多份书面形式组成。

除非合同另有规定，合同中的管辖协议条款独立存在，合同的变更、解除、终止或者无效，不影响管辖协议条款的效力。

第四条　申请认可和执行符合本安排规定的民商事判决，在内地向被申请人住所地、经常居住地或者财产所在地的中级人民法院提出，在香港特别行政区向香港特别行政区高等法院提出。

第五条　被申请人住所地、经常居住地或者财产所在地在内地不同的中级人民法院辖区的，申请人应当选择向其中一个人民法院提出认可和执行的申请，不得分别向两个或者两个以上人民法院提出申请。

被申请人的住所地、经常居住地或者财产所在地，既在内地又在香港特别行政区的，申请人可以同时分别向两地法院提出申请，两地法院分别执行判决的总额，不得超过判决确定的数额。已经部分或者全部执行判决的法院应当根据对方法院的要求提供已执行判决的情况。

第六条 申请人向有关法院申请认可和执行判决的，应当提交以下文件：

（一）请求认可和执行的申请书；

（二）经作出终审判决的法院盖章的判决书副本；

（三）作出终审判决的法院出具的证明书，证明该判决属于本安排第二条所指的终审判决，在判决作出地可以执行；

（四）身份证明材料：

1. 申请人为自然人的，应当提交身份证或者经公证的身份证复印件；

2. 申请人为法人或者其他组织的，应当提交经公证的法人或者其他组织注册登记证书的复印件；

3. 申请人是外国籍法人或者其他组织的，应当提交相应的公证和认证材料。

向内地人民法院提交的文件没有中文文本的，申请人应当提交证明无误的中文译本。

执行地法院对于本条所规定的法院出具的证明书，无需另行要求公证。

第七条 请求认可和执行申请书应当载明下列事项：

（一）当事人为自然人的，其姓名、住所；当事人为法人或者其他组织的，法人或者其他组织的名称、住所以及法定代表人或者主要负责人的姓名、职务和住所；

（二）申请执行的理由与请求的内容，被申请人的财产所在地以及财产状况；

（三）判决是否在原审法院地申请执行以及已执行的情况。

第八条 申请人申请认可和执行内地人民法院或者香港特别行政区法院判决的程序，依据执行地法律的规定。本安排另有规定的除外。

申请人申请认可和执行的期间为二年。

前款规定的期间，内地判决到香港特别行政区申请执行的，从判决规定履行期间的最后一日起计算，判决规定分期履行的，从规定的每次履行期间的最后一日起计算，判决未规定履行期间的，从判决生效之日起计算；香港特别行政区判决到内地申请执行的，从判决可强制执行之日起计算，该日为判决上注明的判决日期，判决对履行期间另有规定的，从规定的履行期间届满后开始计算。

第九条 对申请认可和执行的判决，原审判决中的债务人提供证据证明有下列情形之一的，受理申请的法院经审查核实，应当裁定不予认可和执行：

（一）根据当事人协议选择的原审法院地的法律，管辖协议属于无效。但选择法院已经判定该管辖协议为有效的除外；

（二）判决已获完全履行；

（三）根据执行地的法律，执行地法院对该案享有专属管辖权；

（四）根据原审法院地的法律，未曾出庭的败诉一方当事人未经合法传唤或者虽经合法传唤但未获依法律规定的答辩时间。但原审法院根据其法律或者有关规定公告送达的，不属于上述情形；

（五）判决是以欺诈方法取得的；

（六）执行地法院就相同诉讼请求作出判决，或者外国、境外地区法院就相同诉讼请求作出判决，或者有关仲裁机构作出仲裁裁决，已经为执行地法院所认可或者执行的。

内地人民法院认为在内地执行香港特别行政区法院判决违反内地社会公共利益，或者香港特别行政区法院认为在香港特别行政区执行内地人民法院判决违反香港特别行政区公共政策的，不予认可和执行。

第十条 对于香港特别行政区法院作出的判决，判决确定的债务人已经提出上诉，或者上诉程序尚未完结的，内地人民法院审查核实后，可以中止认可和执行程序。经上诉，维持全部或者部分原判决的，恢复认可和执行程序；完全改变原判决的，终止认可和执行程序。

内地地方人民法院就已经作出的判决按照审判监督程序作出提审裁定，或者最高人民法院作出提起再审裁定的，香港特别行政区法院审查核实后，可以中止认可和执行程序。再审判决维持全部或者部分原判决的，恢复认可和执行程序；再审判决完全改变原判决的，终止认可和执行程序。

第十一条 根据本安排而获认可的判决与执行地法院的判决效力相同。

第十二条 当事人对认可和执行与否的裁定不服的，在内地可以向上一级人民法院申请复议，在香港特别行政区可以根据其法律规定提出上诉。

第十三条 在法院受理当事人申请认可和执行判决期间，当事人依相同事实再行提起诉讼的，法院不予受理。

已获认可和执行的判决，当事人依相同事实再行提起诉讼的，法院不予受理。

对于根据本安排第九条不予认可和执行的判决，申请人不得再行提起认可和执行的申请，但是可以按照执行地的法律依相同案件事实向执行地法院提起诉讼。

第十四条 法院受理认可和执行判决的申请之前或者之后，可以按照执行地法律关于财产保全或者禁制资产转移的规定，根据申请人的申请，对被申请人的财产采取保全或强制措施。

第十五条 当事人向有关法院申请执行判决，应当根据执行地有关诉讼收费的法律和规定交纳执行费或者法院费用。

第十六条 内地与香港特别行政区法院相互认可和执行的标的范围，除判决确定的数额外，还包括根据该判决须支付的利息、经法院核定的律师费以及诉讼费，但不包括税收和罚款。

在香港特别行政区诉讼费是指经法官或者司法常务官在诉讼费评定证明书中核定或者命令支付的诉讼费用。

第十七条 内地与香港特别行政区法院自本安排生效之日（含本日）起作出的判决，适用本安排。

第十八条 本安排在执行过程中遇有问题或者需要修改，由最高人民法院和香港特别行政区政府协商解决。

8. **民事裁定书**（不予认可和执行香港特别行政区法院民商事判决用）

××××人民法院
民事裁定书

（××××）……认港……号

申请人：×××，……。
……
被申请人：×××，……。
……

（以上写明当事人和其他诉讼参加人的姓名或者名称等基本信息）

申请人×××申请认可和执行香港特别行政区××××法院……号民事判决书/命令/诉讼费用评定书一案，本院于××××年××月××日立案。本院依法组成合议庭进行了审查，组织当事人进行了询问，现已审查终结。

×××申请称，……（简要写明申请人的请求、事实和理由）。

×××陈述意见称，……（简要写明被申请人的意见、事实和理由）。

本院经审查认为，……（写明争议焦点，依据认定的事实和相关法律，对请求进行分析评判，说明理由）。

依照《最高人民法院关于内地与香港特别行政区法院相互认可和执行当事人协议管辖的民商事案件判决的安排》第九条第×项、……（写明法律、司法解释等法律依据）规定，裁定如下：

不予认可和执行香港特别行政区×××法院……号民事判决书/命令/诉讼费用评定书。

案件申请费……元，由……负担（写明当事人姓名或者名称、负担金额）。

如不服本裁定，可以在裁定书送达之日起十日内向××××人民法院（写明上一级人民法院名称）申请复议。

审　判　长　×××
审　判　员　×××
审　判　员　×××
××××年××月××日
(院印)
书　记　员　×××

【说　明】

本样式依据《最高人民法院关于内地与香港特别行政区法院相互认可和执行当事人协议管辖的民商事案件判决的安排》制定。供人民法院裁定不予认可和执行香港特别行政区法院的生效民事判决用。

【法律依据】

《最高人民法院关于内地与香港特别行政区法院相互认可和执行当事人协议管辖的民商事案件判决的安排》（2008年7月3日）

根据《中华人民共和国香港特别行政区基本法》第九十五条的规定，最高人民法院与香港特别行政区政府经协商，现就当事人协议管辖的民商事案件判决的认可和执行问题作出如下安排：

第一条　内地人民法院和香港特别行政区法院在具有书面管辖协议的民商事案件中作出的须支付款项的具有执行力的终审判决，当事人可以根据本安排向内地人民法院或者香港特别行政区法院申请认可和执行。

第二条　本安排所称"具有执行力的终审判决"：

（一）在内地是指：

1. 最高人民法院的判决；

2. 高级人民法院、中级人民法院以及经授权管辖第一审涉外、涉港澳台民商事案件的基层人民法院（名单附后）依法不准上诉或者已经超过法定期限没有上诉的第一审判决，第二审判决和依照审判监督程序由上一级人民法院提审后作出的生效判决。

（二）在香港特别行政区是指终审法院、高等法院上诉法庭及原诉法庭和区域法院作出的生效判决。

本安排所称判决，在内地包括判决书、裁定书、调解书、支付令；在香港特别行政区包括判决书、命令和诉讼费评定证明书。

当事人向香港特别行政区法院申请认可和执行判决后，内地人民法院对该案件依法再审的，由作出生效判决的上一级人民法院提审。

第三条 本安排所称"书面管辖协议"，是指当事人为解决与特定法律关系有关的已经发生或者可能发生的争议，自本安排生效之日起，以书面形式明确约定内地人民法院或者香港特别行政区法院具有唯一管辖权的协议。

本条所称"特定法律关系"，是指当事人之间的民商事合同，不包括雇佣合同以及自然人因个人消费、家庭事宜或者其他非商业目的而作为协议一方的合同。

本条所称"书面形式"是指合同书、信件和数据电文（包括电报、电传、传真、电子数据交换和电子邮件）等可以有形地表现所载内容、可以调取以备日后查用的形式。

书面管辖协议可以由一份或者多份书面形式组成。

除非合同另有规定，合同中的管辖协议条款独立存在，合同的变更、解除、终止或者无效，不影响管辖协议条款的效力。

第四条 申请认可和执行符合本安排规定的民商事判决，在内地向被申请人住所地、经常居住地或者财产所在地的中级人民法院提出，在香港特别行政区向香港特别行政区高等法院提出。

第五条 被申请人住所地、经常居住地或者财产所在地在内地不同的中级人民法院辖区的，申请人应当选择向其中一个人民法院提出认可和执行的申请，不得分别向两个或者两个以上人民法院提出申请。

被申请人的住所地、经常居住地或者财产所在地，既在内地又在香港特别行政区的，申请人可以同时分别向两地法院提出申请，两地法院分别执行判决的总额，不得超过判决确定的数额。已经部分或者全部执行判决的法院应当根据对方法院的要求提供已执行判决的情况。

第六条 申请人向有关法院申请认可和执行判决的，应当提交以下文件：

（一）请求认可和执行的申请书；

（二）经作出终审判决的法院盖章的判决书副本；

（三）作出终审判决的法院出具的证明书，证明该判决属于本安排第二条所指的终审判决，在判决作出地可以执行；

（四）身份证明材料：

1. 申请人为自然人的，应当提交身份证或者经公证的身份证复印件；

2. 申请人为法人或者其他组织的，应当提交经公证的法人或者其他组织注册登记证书的复印件；

3. 申请人是外国籍法人或者其他组织的，应当提交相应的公证和认证材料。

向内地人民法院提交的文件没有中文文本的，申请人应当提交证明无误的中文译本。

执行地法院对于本条所规定的法院出具的证明书，无需另行要求公证。

第七条 请求认可和执行申请书应当载明下列事项：

（一）当事人为自然人的，其姓名、住所；当事人为法人或者其他组织的，法人或者其他组织的名称、住所以及法定代表人或者主要负责人的姓名、职务和住所；

（二）申请执行的理由与请求的内容，被申请人的财产所在地以及财产状况；

（三）判决是否在原审法院地申请执行以及已执行的情况。

第八条 申请人申请认可和执行内地人民法院或者香港特别行政区法院判决的程序，依据执行地法律的规定。本安排另有规定的除外。

申请人申请认可和执行的期间为二年。

前款规定的期间，内地判决到香港特别行政区申请执行的，从判决规定履行期间的最后一日起计算，判决规定分期履行的，从规定的每次履行期间的最后一日起计算，判决未规定履行期间的，从判决生效之日起计算；香港特别行政区判决到内地申请执行的，从判决可强制执行之日起计算，该日为判决上注明的判决日期，判决对履行期间另有规定的，从规定的履行期间届满后开始计算。

第九条 对申请认可和执行的判决，原审判决中的债务人提供证据证明有下列情形之一的，受理申请的法院经审查核实，应当裁定不予认可和执行：

（一）根据当事人协议选择的原审法院地的法律，管辖协议属于无效。但选择法院已经判定该管辖协议为有效的除外；

（二）判决已获完全履行；

（三）根据执行地的法律，执行地法院对该案享有专属管辖权；

（四）根据原审法院地的法律，未曾出庭的败诉一方当事人未经合法传唤或者虽经合法传唤但未获依法律规定的答辩时间。但原审法院根据其法律或者有关规定公告送达的，不属于上述情形；

（五）判决是以欺诈方法取得的；

（六）执行地法院就相同诉讼请求作出判决，或者外国、境外地区法院就相同诉讼请求作出判决，或者有关仲裁机构作出仲裁裁决，已经为执行地法院所认可或者执行的。

内地人民法院认为在内地执行香港特别行政区法院判决违反内地社会公共利益，或者香港特别行政区法院认为在香港特别行政区执行内地人民法院判决违反香港特别行政区公共政策的，不予认可和执行。

第十条 对于香港特别行政区法院作出的判决，判决确定的债务人已经提出上诉，或者上诉程序尚未完结的，内地人民法院审查核实后，可以中止认可和执行程序。经上诉，维持全部或者部分原判决的，恢复认可和执行程序；完全改变原判决的，终止认可和执行程序。

内地地方人民法院就已经作出的判决按照审判监督程序作出提审裁定，或者最高人民法院作出提起再审裁定的，香港特别行政区法院审查核实后，可以中止认可和执行程序。再审判决维持全部或者部分原判决的，恢复认可和执行程序；再审判决完全改变原判决的，终止认可和执行程序。

第十一条 根据本安排而获认可的判决与执行地法院的判决效力相同。

第十二条 当事人对认可和执行与否的裁定不服的，在内地可以向上一级人民法院申请复议，在香港特别行政区可以根据其法律规定提出上诉。

第十三条 在法院受理当事人申请认可和执行判决期间，当事人依相同事实再行提起诉讼的，法院不予受理。

已获认可和执行的判决，当事人依相同事实再行提起诉讼的，法院不予受理。

对于根据本安排第九条不予认可和执行的判决，申请人不得再行提起认可和执行的申请，但是可以按照执行地的法律依相同案件事实向执行地法院提起诉讼。

第十四条 法院受理认可和执行判决的申请之前或者之后，可以按照执行地法律关于财产保全或者禁制资产转移的规定，根据申请人的申请，对被申请人的财产采取保全或强制措施。

第十五条 当事人向有关法院申请执行判决，应当根据执行地有关诉讼收费的法律和规定交纳执行费或者法院费用。

第十六条 内地与香港特别行政区法院相互认可和执行的标的范围，除判决确定的数额外，还包括根据该判决须支付的利息、经法院核定的律师费以及诉讼费，但不包括税收和罚款。

在香港特别行政区诉讼费是指经法官或者司法常务官在诉讼费评定证明书中核定或者命令支付的诉讼费用。

第十七条 内地与香港特别行政区法院自本安排生效之日（含本日）起作出的判决，适用本安排。

第十八条 本安排在执行过程中遇有问题或者需要修改，由最高人民法院和香港特别行政区政府协商解决。

9. 民事裁定书（予以认可和执行澳门特别行政区法院民事判决用）

××××人民法院
民事裁定书

（××××）……认澳……号

申请人：×××，……。
……
被申请人：×××，……。
……

（以上写明当事人和其他诉讼参加人的姓名或者名称等基本信息）

申请人×××申请认可和执行澳门特别行政区××××法院……号民事判决/裁判/确认和解裁定/决定/批示一案，本院于××××年××月××日立案。本院依法组成合议庭进行了审查，组织当事人进行了询问，现已审查终结。

×××申请称，……（简要写明申请人的请求、事实和理由）。

×××陈述意见称，……（简要写明被申请人的意见、事实和理由）。

本院经审查认为，……（写明争议焦点，依据认定的事实和相关法律，对请求进行分析评判，说明理由）。

依照《最高人民法院关于内地与澳门特别行政区相互认可和执行民商事判决的安排》第一条、……（写明法律、司法解释等法律依据）规定，裁定如下：

认可和执行澳门特别行政区××××法院……号民事判决/裁判/确认和解裁定/决定/批示。

案件申请费……元，由……负担（写明当事人姓名或者名称、负担金额）。

如不服本裁定，可以在裁定书送达之日起十日内向××××人民法院(写明上一级人民法院名称) 申请复议。

审　判　长　×××
审　判　员　×××
审　判　员　×××
××××年××月××日
（院印）
书　记　员　×××

【说　明】

1. 本样式依据《最高人民法院关于内地与澳门特别行政区相互认可和执行民商事判决的安排》制定，供人民法院认可和执行澳门特别行政区民事判决用。

2. 根据《最高人民法院关于内地与澳门特别行政区相互认可和执行民商事判决的安排》第二条规定，可以被人民法院认可和执行的澳门特别行政区法院判决包括：裁判、判决、确认和解的裁定、法官的决定或者批示。

3. 根据《最高人民法院关于内地与澳门特别行政区相互认可和执行民商事判决的安排》第三条规定，当事人可以单独申请认可，也可以同时申请认可和执行。

4. 根据《最高人民法院关于内地与澳门特别行政区相互认可和执行民商事判决的安排》第十二条规定，当事人对人民法院作出的认可和执行裁定不服的，可以向上一级人民法院申请复议。

5. 根据《最高人民法院关于内地与澳门特别行政区相互认可和执行民商事判决的安排》第十四条规定，人民法院不能对判决所确认的所有请求予以认可和执行时，可以认可和执行其中的部分请求。

【法律依据】

《最高人民法院关于内地与澳门特别行政区相互认可和执行民商事判决的安排》（2006年3月21日）

根据《中华人民共和国澳门特别行政区基本法》第九十三条的规定，最高人民法院与澳门特别行政区经协商，就内地与澳门特别行政区法院相互认可和执行民商事判决事宜，达成如下安排：

第一条　内地与澳门特别行政区民商事案件（在内地包括劳动争议案件，在澳门特别行政区包括劳动民事案件）判决的相互认可和执行，适用本安排。

本安排亦适用于刑事案件中有关民事损害赔偿的判决、裁定。

本安排不适用于行政案件。

第二条 本安排所称"判决",在内地包括:判决、裁定、决定、调解书、支付令;在澳门特别行政区包括:裁判、判决、确认和解的裁定、法官的决定或者批示。

本安排所称"被请求方",指内地或者澳门特别行政区双方中,受理认可和执行判决申请的一方。

第三条 一方法院作出的具有给付内容的生效判决,当事人可以向对方有管辖权的法院申请认可和执行。

没有给付内容,或者不需要执行,但需要通过司法程序予以认可的判决,当事人可以向对方法院单独申请认可,也可以直接以该判决作为证据在对方法院的诉讼程序中使用。

第四条 内地有权受理认可和执行判决申请的法院为被申请人住所地、经常居住地或者财产所在地的中级人民法院。两个或者两个以上中级人民法院均有管辖权的,申请人应当选择向其中一个中级人民法院提出申请。

澳门特别行政区有权受理认可判决申请的法院为中级法院,有权执行的法院为初级法院。

第五条 被申请人在内地和澳门特别行政区均有可供执行财产的,申请人可以向一地法院提出执行申请。

申请人向一地法院提出执行申请的同时,可以向另一地法院申请查封、扣押或者冻结被执行人的财产。待一地法院执行完毕后,可以根据该地法院出具的执行情况证明,就不足部分向另一地法院申请采取处分财产的执行措施。

两地法院执行财产的总额,不得超过依据判决和法律规定所确定的数额。

第六条 请求认可和执行判决的申请书,应当载明下列事项:

(一)申请人或者被申请人为自然人的,应当载明其姓名及住所;为法人或者其他组织的,应当载明其名称及住所,以及其法定代表人或者主要负责人的姓名、职务和住所;

(二)请求认可和执行的判决的案号和判决日期;

(三)请求认可和执行判决的理由、标的,以及该判决在判决作出地法院的执行情况。

第七条 申请书应当附生效判决书副本,或者经作出生效判决的法院盖章的证明书，同时应当附作出生效判决的法院或者有权限机构出具的证明下列事项的相关文件：

（一）传唤属依法作出，但判决书已经证明的除外；

（二）无诉讼行为能力人依法得到代理，但判决书已经证明的除外；

（三）根据判决作出地的法律，判决已经送达当事人，并已生效；

（四）申请人为法人的，应当提供法人营业执照副本或者法人登记证明书；

（五）判决作出地法院发出的执行情况证明。

如被请求方法院认为已充分了解有关事项时，可以免除提交相关文件。

被请求方法院对当事人提供的判决书的真实性有疑问时，可以请求作出生效判决的法院予以确认。

第八条 申请书应当用中文制作。所附司法文书及其相关文件未用中文制作的，应当提供中文译本。其中法院判决书未用中文制作的，应当提供由法院出具的中文译本。

第九条 法院收到申请人请求认可和执行判决的申请后，应当将申请书送达被申请人。

被申请人有权提出答辩。

第十条 被请求方法院应当尽快审查认可和执行的请求，并作出裁定。

第十一条 被请求方法院经审查核实存在下列情形之一的，裁定不予认可：

（一）根据被请求方的法律，判决所确认的事项属被请求方法院专属管辖；

（二）在被请求方法院已存在相同诉讼，该诉讼先于待认可判决的诉讼提起，且被请求方法院具有管辖权；

（三）被请求方法院已认可或者执行被请求方法院以外的法院或仲裁机构就相同诉讼作出的判决或仲裁裁决；

（四）根据判决作出地的法律规定，败诉的当事人未得到合法传唤，或者无诉讼行为能力人未依法得到代理；

（五）根据判决作出地的法律规定，申请认可和执行的判决尚未发生法律效力，或者因再审被裁定中止执行；

（六）在内地认可和执行判决将违反内地法律的基本原则或者社会公共利益；在澳门特别行政区认可和执行判决将违反澳门特别行政区法律的基本原

则或者公共秩序。

第十二条 法院就认可和执行判决的请求作出裁定后，应当及时送达。

当事人对认可与否的裁定不服的，在内地可以向上一级人民法院提请复议，在澳门特别行政区可以根据其法律规定提起上诉；对执行中作出的裁定不服的，可以根据被请求方法律的规定，向上级法院寻求救济。

第十三条 经裁定予以认可的判决，与被请求方法院的判决具有同等效力。判决有给付内容的，当事人可以向该方有管辖权的法院申请执行。

第十四条 被请求方法院不能对判决所确认的所有请求予以认可和执行时，可以认可和执行其中的部分请求。

第十五条 法院受理认可和执行判决的申请之前或者之后，可以按照被请求方法律关于财产保全的规定，根据申请人的申请，对被申请人的财产采取保全措施。

第十六条 在被请求方法院受理认可和执行判决的申请期间，或者判决已获认可和执行，当事人再行提起相同诉讼的，被请求方法院不予受理。

第十七条 对于根据本安排第十一条（一）、（四）、（六）项不予认可的判决，申请人不得再行提起认可和执行的申请。但根据被请求方的法律，被请求方法院有管辖权的，当事人可以就相同案件事实向当地法院另行提起诉讼。

本安排第十一条（五）项所指的判决，在不予认可的情形消除后，申请人可以再行提起认可和执行的申请。

第十八条 为适用本安排，由一方有权限公共机构（包括公证员）作成或者公证的文书正本、副本及译本，免除任何认证手续而可以在对方使用。

第十九条 申请人依据本安排申请认可和执行判决，应当根据被请求方法律规定，交纳诉讼费用、执行费用。

申请人在生效判决作出地获准缓交、减交、免交诉讼费用的，在被请求方法院申请认可和执行判决时，应当享有同等待遇。

第二十条 对民商事判决的认可和执行，除本安排有规定的以外，适用被请求方的法律规定。

第二十一条 本安排生效前提出的认可和执行请求，不适用本安排。

两地法院自1999年12月20日以后至本安排生效前作出的判决，当事人未向对方法院申请认可和执行，或者对方法院拒绝受理的，仍可以于本安排生效后提出申请。

澳门特别行政区法院在上述期间内作出的判决，当事人向内地人民法院申请认可和执行的期限，自本安排生效之日起重新计算。

第二十二条 本安排在执行过程中遇有问题或者需要修改，应当由最高人民法院与澳门特别行政区协商解决。

第二十三条 为执行本安排，最高人民法院和澳门特别行政区终审法院应当相互提供相关法律资料。

最高人民法院和澳门特别行政区终审法院每年相互通报执行本安排的情况。

第二十四条 本安排自 2006 年 4 月 1 日起生效。

10. 民事裁定书（不予认可和执行澳门特别行政区法院民商事判决用）

×××× 人民法院
民事裁定书

（××××）……认澳……号

申请人：×××，……。
……
被申请人：×××，……。
……

（以上写明当事人和其他诉讼参加人的姓名或者名称等基本信息）

申请人×××申请认可和执行澳门特别行政区××××法院……号民事判决/裁判/确认和解裁定/决定/批示一案，本院于××××年××月××日立案。本院依法组成合议庭进行了审查，组织当事人进行了询问，现已审查终结。

×××申请称，……（简要写明申请人的请求、事实和理由）。

×××陈述意见称，……（简要写明被申请人的意见、事实和理由）。

本院经审查认为，……（写明争议焦点，依据认定的事实和相关法律，对请求进行分析评判，说明理由）。

依照《最高人民法院关于内地与澳门特别行政区相互认可和执行民商事判决的安排》第十一条第×项、第十二条第二款、……（写明法律、司法解释等法律依据）规定，裁定如下：

不予认可和执行澳门特别行政区××××法院……号民事判决/裁判/确认和解裁定/决定/批示。

案件申请费……元，由……负担（写明当事人姓名或者名称、负担金额）。

如不服本裁定，可以在裁定书送达之日起十日内向××××人民法院（写明上一级人民法院名称）申请复议。

　　　　　　　　　　　　审　判　长　×××
　　　　　　　　　　　　审　判　员　×××
　　　　　　　　　　　　审　判　员　×××
　　　　　　　　　　　　××××年××月××日
　　　　　　　　　　　　　　（院印）
　　　　　　　　　　　　书　记　员　×××

【说　明】

　　本样式依据《最高人民法院关于内地与澳门特别行政区相互认可和执行民商事判决的安排》制定，供人民法院不予认可和执行澳门特别行政区民商事判决用。

【法律依据】

　　《最高人民法院关于内地与澳门特别行政区相互认可和执行民商事判决的安排》（2006年3月21日）

　　根据《中华人民共和国澳门特别行政区基本法》第九十三条的规定，最高人民法院与澳门特别行政区经协商，就内地与澳门特别行政区法院相互认可和执行民商事判决事宜，达成如下安排：

　　第一条　内地与澳门特别行政区民商事案件（在内地包括劳动争议案件，在澳门特别行政区包括劳动民事案件）判决的相互认可和执行，适用本安排。

　　本安排亦适用于刑事案件中有关民事损害赔偿的判决、裁定。

　　本安排不适用于行政案件。

　　第二条　本安排所称"判决"，在内地包括：判决、裁定、决定、调解书、支付令；在澳门特别行政区包括：裁判、判决、确认和解的裁定、法官的决定或者批示。

　　本安排所称"被请求方"，指内地或者澳门特别行政区双方中，受理认可和执行判决申请的一方。

　　第三条　一方法院作出的具有给付内容的生效判决，当事人可以向对方有管辖权的法院申请认可和执行。

　　没有给付内容，或者不需要执行，但需要通过司法程序予以认可的判决，当事人可以向对方法院单独申请认可，也可以直接以该判决作为证据在对方法院的诉讼程序中使用。

第四条　内地有权受理认可和执行判决申请的法院为被申请人住所地、经常居住地或者财产所在地的中级人民法院。两个或者两个以上中级人民法院均有管辖权的，申请人应当选择向其中一个中级人民法院提出申请。

澳门特别行政区有权受理认可判决申请的法院为中级法院，有权执行的法院为初级法院。

第五条　被申请人在内地和澳门特别行政区均有可供执行财产的，申请人可以向一地法院提出执行申请。

申请人向一地法院提出执行申请的同时，可以向另一地法院申请查封、扣押或者冻结被执行人的财产。待一地法院执行完毕后，可以根据该地法院出具的执行情况证明，就不足部分向另一地法院申请采取处分财产的执行措施。

两地法院执行财产的总额，不得超过依据判决和法律规定所确定的数额。

第六条　请求认可和执行判决的申请书，应当载明下列事项：

（一）申请人或者被申请人为自然人的，应当载明其姓名及住所；为法人或者其他组织的，应当载明其名称及住所，以及其法定代表人或者主要负责人的姓名、职务和住所；

（二）请求认可和执行的判决的案号和判决日期；

（三）请求认可和执行判决的理由、标的，以及该判决在判决作出地法院的执行情况。

第七条　申请书应当附生效判决书副本，或者经作出生效判决的法院盖章的证明书，同时应当附作出生效判决的法院或者有权限机构出具的证明下列事项的相关文件：

（一）传唤属依法作出，但判决书已经证明的除外；

（二）无诉讼行为能力人依法得到代理，但判决书已经证明的除外；

（三）根据判决作出地的法律，判决已经送达当事人，并已生效；

（四）申请人为法人的，应当提供法人营业执照副本或者法人登记证明书；

（五）判决作出地法院发出的执行情况证明。

如被请求方法院认为已充分了解有关事项时，可以免除提交相关文件。

被请求方法院对当事人提供的判决书的真实性有疑问时，可以请求作出生效判决的法院予以确认。

第八条　申请书应当用中文制作。所附司法文书及其相关文件未用中文制作的，应当提供中文译本。其中法院判决书未用中文制作的，应当提供由法院出具的中文译本。

第九条 法院收到申请人请求认可和执行判决的申请后，应当将申请书送达被申请人。

被申请人有权提出答辩。

第十条 被请求方法院应当尽快审查认可和执行的请求，并作出裁定。

第十一条 被请求方法院经审查核实存在下列情形之一的，裁定不予认可：

（一）根据被请求方的法律，判决所确认的事项属被请求方法院专属管辖；

（二）在被请求方法院已存在相同诉讼，该诉讼先于待认可判决的诉讼提起，且被请求方法院具有管辖权；

（三）被请求方法院已认可或者执行被请求方法院以外的法院或仲裁机构就相同诉讼作出的判决或仲裁裁决；

（四）根据判决作出地的法律规定，败诉的当事人未得到合法传唤，或者无诉讼行为能力人未依法得到代理；

（五）根据判决作出地的法律规定，申请认可和执行的判决尚未发生法律效力，或者因再审被裁定中止执行；

（六）在内地认可和执行判决将违反内地法律的基本原则或者社会公共利益；在澳门特别行政区认可和执行判决将违反澳门特别行政区法律的基本原则或者公共秩序。

第十二条 法院就认可和执行判决的请求作出裁定后，应当及时送达。

当事人对认可与否的裁定不服的，在内地可以向上一级人民法院提请复议，在澳门特别行政区可以根据其法律规定提起上诉；对执行中作出的裁定不服的，可以根据被请求方法律的规定，向上级法院寻求救济。

第十三条 经裁定予以认可的判决，与被请求方法院的判决具有同等效力。判决有给付内容的，当事人可以向该方有管辖权的法院申请执行。

第十四条 被请求方法院不能对判决所确认的所有请求予以认可和执行时，可以认可和执行其中的部分请求。

第十五条 法院受理认可和执行判决的申请之前或者之后，可以按照被请求方法律关于财产保全的规定，根据申请人的申请，对被申请人的财产采取保全措施。

第十六条　在被请求方法院受理认可和执行判决的申请期间，或者判决已获认可和执行，当事人再行提起相同诉讼的，被请求方法院不予受理。

第十七条　对于根据本安排第十一条（一）、（四）、（六）项不予认可的判决，申请人不得再行提起认可和执行的申请。但根据被请求方的法律，被请求方法院有管辖权的，当事人可以就相同案件事实向当地法院另行提起诉讼。

本安排第十一条（五）项所指的判决，在不予认可的情形消除后，申请人可以再行提起认可和执行的申请。

第十八条　为适用本安排，由一方有权限公共机构（包括公证员）作成或者公证的文书正本、副本及译本，免除任何认证手续而可以在对方使用。

第十九条　申请人依据本安排申请认可和执行判决，应当根据被请求方法律规定，交纳诉讼费用、执行费用。

申请人在生效判决作出地获准缓交、减交、免交诉讼费用的，在被请求方法院申请认可和执行判决时，应当享有同等待遇。

第二十条　对民商事判决的认可和执行，除本安排有规定的以外，适用被请求方的法律规定。

第二十一条　本安排生效前提出的认可和执行请求，不适用本安排。

两地法院自1999年12月20日以后至本安排生效前作出的判决，当事人未向对方法院申请认可和执行，或者对方法院拒绝受理的，仍可以于本安排生效后提出申请。

澳门特别行政区法院在上述期间内作出的判决，当事人向内地人民法院申请认可和执行的期限，自本安排生效之日起重新计算。

第二十二条　本安排在执行过程中遇有问题或者需要修改，应当由最高人民法院与澳门特别行政区协商解决。

第二十三条　为执行本安排，最高人民法院和澳门特别行政区终审法院应当相互提供相关法律资料。

最高人民法院和澳门特别行政区终审法院每年相互通报执行本安排的情况。

第二十四条　本安排自2006年4月1日起生效。

11. 民事裁定书（认可和执行台湾地区法院民事判决用）

××××人民法院
民事裁定书

（××××）……认台……号

申请人：×××，……。
……

被申请人：×××，……。
……

（以上写明当事人和其他诉讼参加人的姓名或者名称等基本信息）

申请人×××申请认可和执行台湾地区××××法院……号民事判决/裁定/和解笔录/调解笔录/支付命令一案，本院于××××年××月××日立案。本院依法组成合议庭进行了审查，组织当事人进行了询问，现已审查终结。

×××申请称，……（简要写明申请人的请求、事实和理由）。

×××陈述意见称，……（简要写明被申请人的意见、事实和理由）。

本院经审查认为，……（写明争议焦点，依据认定的事实和相关法律，对请求进行分析评判，说明理由）。

依照《最高人民法院关于认可和执行台湾地区法院民事判决的规定》第十六条、……（写明法律、司法解释等法律依据）规定，裁定如下：

认可和执行台湾地区××××法院……号民事判决/裁定/和解笔录/调解笔录/支付命令。

案件申请费……元，由……负担（写明当事人姓名或者名称、负担金额）。

如不服本裁定，可以在裁定书送达之日起十日内向××××人民法院（写明上一级人民法院名称）申请复议。

审 判 长 ×××
审 判 员 ×××
审 判 员 ×××

××××年××月××日
(院印)
书　记　员　×××

【说　明】

1. 本样式依据《最高人民法院关于认可和执行台湾地区法院民事判决的规定》第十六条，第十八条制定，供人民法院认可和执行台湾地区法院民事判决/裁定/和解笔录/调解笔录/支付命令决用。

2. 根据《最高人民法院关于认可和执行台湾地区法院民事判决的规定》第十六条规定，人民法院经审查能够确认台湾地区法院民事判决真实并且已经生效，而且不具有本规定第十五条所列情形的，裁定认可其效力。

【法律依据】

《最高人民法院关于认可和执行台湾地区法院民事判决的规定》(2015年6月29日)

第十六条　人民法院经审查能够确认台湾地区法院民事判决真实并且已经生效，而且不具有本规定第十五条所列情形的，裁定认可其效力；不能确认该民事判决的真实性或者已经生效的，裁定驳回申请人的申请。

裁定驳回申请的案件，申请人再次申请并符合受理条件的，人民法院应予受理。

第十八条　人民法院依据本规定第十五条和第十六条作出的裁定，一经送达即发生法律效力。

当事人对上述裁定不服的，可以自裁定送达之日起十日内向上一级人民法院申请复议。

12. 民事裁定书（不予认可和执行台湾地区法院民事判决用）

××××人民法院
民事裁定书

（××××）……认台……号

申请人：×××，……。
……

被申请人：×××，……。
……

（以上写明当事人和其他诉讼参加人的姓名或者名称等基本信息）

申请人×××申请认可和执行台湾地区××××法院……号民事判决/裁定/和解笔录/调解笔录/支付命令一案，本院于××××年××月××日立案。本院依法组成合议庭进行了审查，组织当事人进行了询问，现已审查终结。

×××申请称，……（简要写明申请人的请求、事实和理由）。

×××陈述意见称，……（简要写明被申请人的意见、事实和理由）。

本院经审查认为，……（写明争议焦点，依据认定的事实和相关法律，对请求进行分析评判，说明理由）。

依照《最高人民法院关于认可和执行台湾地区法院民事判决的规定》第十五条、……（写明法律、司法解释等法律依据）规定，裁定如下：

不予认可和执行台湾地区××××法院……号民事判决/裁定/和解笔录/调解笔录/支付命令。

案件申请费……元，由……负担（写明当事人姓名或者名称、负担金额）。

如不服本裁定，可以在裁定书送达之日起十日内向××××人民法院（写明上一级人民法院名称）申请复议。

　　　　　　　　　　　　　　审　判　长　×××
　　　　　　　　　　　　　　审　判　员　×××
　　　　　　　　　　　　　　审　判　员　×××
　　　　　　　　　　　　　×××× 年 ×× 月 ×× 日
　　　　　　　　　　　　　　　（院印）
　　　　　　　　　　　　　　书　记　员　×××

【说　明】

1. 本样式依据《最高人民法院关于认可和执行台湾地区法院民事判决的规定》第十五条、第十八条制定，供人民法院裁定不予认可和执行台湾地区法院民事判决用。

2. 根据《最高人民法院关于认可和执行台湾地区法院民事判决的规定》第十五条规定，人民法院经过审查，认为台湾地区法院民事判决具有该条款所列的六种情形之一，或认可该民事判决将违反一个中国原则等国家法律的基本原则或者损害社会公共利益，人民法院应当裁定不予认可。

【法律依据】

《最高人民法院关于认可和执行台湾地区法院民事判决的规定》（2015 年 6 月 29 日）

第十五条　台湾地区法院民事判决具有下列情形之一的，裁定不予认可：

（一）申请认可的民事判决，是在被申请人缺席又未经合法传唤或者在被申请人无诉讼行为能力又未得到适当代理的情况下作出的；

（二）案件系人民法院专属管辖的；

（三）案件双方当事人订有有效仲裁协议，且无放弃仲裁管辖情形的；

（四）案件系人民法院已作出判决或者中国大陆的仲裁庭已作出仲裁裁决的；

（五）香港特别行政区、澳门特别行政区或者外国的法院已就同一争议作出判决且已为人民法院所认可或者承认的；

（六）台湾地区、香港特别行政区、澳门特别行政区或者外国的仲裁庭已就同一争议作出仲裁裁决且已为人民法院所认可或者承认的。

认可该民事判决将违反一个中国原则等国家法律的基本原则或者损害社会公共利益的，人民法院应当裁定不予认可。

第十八条 人民法院依据本规定第十五条和第十六条作出的裁定,一经送达即发生法律效力。

当事人对上述裁定不服的,可以自裁定送达之日起十日内向上一级人民法院申请复议。

13. 民事裁定书（驳回认可和执行台湾地区法院民事判决申请用）

××××人民法院
民事裁定书

（××××）……认台……号

申请人：×××，……。
……

被申请人：×××，……。
……

（以上写明当事人和其他诉讼参加人的姓名或者名称等基本信息）

申请人×××申请认可和执行台湾地区××××法院……号民事判决/裁定/和解笔录/调解笔录/支付命令一案，本院于××××年××月××日立案。本院依法组成合议庭进行了审查。

×××申请称，……（简要写明申请人的请求、事实和理由）。

×××陈述意见称，……（简要写明被申请人的意见、事实和理由）。

本院经审查认为，……（写明驳回申请的事实和理由）。

依照《最高人民法院关于认可和执行台湾地区法院民事判决的规定》第三条、第十六条、……（写明法律、司法解释等法律依据）规定，裁定如下：

驳回×××的申请。

如不服本裁定，可以自裁定书送达之日起十日内向××××人民法院申请复议。

审　判　长　×××
审　判　员　×××
审　判　员　×××
××××年××月××日
（院印）
书　记　员　×××

【说　明】

1. 本样式依据《最高人民法院关于认可和执行台湾地区法院民事判决的规定》第三条、第十六条制定，供人民法院裁定驳回当事人认可和执行台湾地区民事判决申请用。

2. 根据《最高人民法院关于认可和执行台湾地区法院民事判决的规定》规定，当申请人坚持不申请认可，而直接申请执行的，或者人民法院无法确认该民事判决的真实性或者是否已经生效的，人民法院应当裁定驳回其申请。裁定驳回申请的案件，申请人再次申请并符合受理条件的，人民法院应予受理。

【法律依据】

《最高人民法院关于认可和执行台湾地区法院民事判决的规定》（2015年6月29日）

第三条　申请人同时提出认可和执行台湾地区法院民事判决申请的，人民法院先按照认可程序进行审查，裁定认可后，由人民法院执行机构执行。

申请人直接申请执行的，人民法院应当告知其一并提交认可申请；坚持不申请认可的，裁定驳回其申请。

第十六条　人民法院经审查能够确认台湾地区法院民事判决真实并且已经生效，而且不具有本规定第十五条所列情形的，裁定认可其效力；不能确认该民事判决的真实性或者已经生效的，裁定驳回申请人的申请。

裁定驳回申请的案件，申请人再次申请并符合受理条件的，人民法院应予受理。

14. 民事裁定书（不予受理认可和执行台湾地区法院民事判决申请用）

××××人民法院
民事裁定书

（××××）……认台……号

申请人：×××，……。

……

(以上写明当事人和其他诉讼参加人的姓名或者名称等基本信息)

××××年××月××日，申请人×××向本院申请认可和执行台湾地区×××法院于××××年××月××日作出的×××号民事判决/裁定/和解笔录/调解笔录/支付命令。本院依法组成合议庭进行了审查。

本院经审查认为，……（写明不予受理的理由）。

依照《最高人民法院关于认可和执行台湾地区法院民事判决的规定》第八条、第十一条、第十九条、……（写明法律、司法解释等法律依据）规定，裁定如下：

对×××的申请，本院不予受理。

如不服本裁定的，可以在裁定书送达之日起十日内，向本院提交上诉状，上诉于××××人民法院。

审　判　长　×××
审　判　员　×××
审　判　员　×××
××××年××月××日
（院印）
书　记　员　×××

【说　明】

1. 本样式依据《最高人民法院关于认可和执行台湾地区法院民事判决的规定》第八条、第十一条、第十九条制定，供人民法院不予受理申请认可和执行台湾地区法院民事判决申请用。

2. 根据《最高人民法院关于认可和执行台湾地区法院民事判决的规定》，当申请人的申请不符合本规定第四条、第七条所要求的条件，或者一方当事人向人民法院起诉后，另一方当事人向人民法院申请认可的，或者申请人对人民法院裁定不予认可的台湾地区法院民事判决，再次向人民法院提出申请的，人民法院均不予受理。

【法律依据】

《最高人民法院关于认可和执行台湾地区法院民事判决的规定》（2015年6月29日）

第八条　对于符合本规定第四条和第七条规定条件的申请，人民法院应当在收到申请后七日内立案，并通知申请人和被申请人，同时将申请书送达被申请人；不符合本规定第四条和第七条规定条件的，应当在七日内裁定不予受理，同时说明不予受理的理由；申请人对裁定不服的，可以提起上诉。

第十一条　人民法院受理认可台湾地区法院民事判决的申请后，当事人就同一争议起诉的，不予受理。

一方当事人向人民法院起诉后，另一方当事人向人民法院申请认可的，对于认可的申请不予受理。

第十九条　对人民法院裁定不予认可的台湾地区法院民事判决，申请人再次提出申请的，人民法院不予受理，但申请人可以就同一争议向人民法院起诉。

15. 民事裁定书（准许撤回认可和执行台湾地区法院民事判决申请用）

×××ｘ人民法院
民事裁定书

（××××）……认台……号

申请人：×××，……。
……

被申请人：×××，……。
……

（以上写明当事人和其他诉讼参加人的姓名或者名称等基本信息）

申请人×××申请认可和执行台湾地区×××法院……号民事判决/裁定/和解笔录/调解笔录/支付命令一案，本院于×××ｘ年××月××日立案。本院依法组成合议庭进行了审查。申请人×××于××××年××月××日向本院提出撤回申请。……（写明撤回的理由）。

本院经审查认为，申请人×××撤回申请符合法律规定，应予准许。

依照《最高人民法院关于认可和执行台湾地区法院民事判决的规定》第十三条……（写明法律、司法解释等法律依据）规定，裁定如下：

准许×××撤回申请。

审　判　长　×××
审　判　员　×××
审　判　员　×××
××××年××月××日
（院印）
书　记　员　×××

【说　明】

本样式依据《最高人民法院关于认可和执行台湾地区法院民事判决的规定》第十三条制定，供人民法院裁定准许申请人撤回认可和执行台湾地区法院民事判决申请用。

【法律依据】

《最高人民法院关于认可和执行台湾地区法院民事判决的规定》（2015年6月29日）

第十三条　人民法院受理认可台湾地区法院民事判决的申请后，作出裁定前，申请人请求撤回申请的，可以裁定准许。

(三) 承认和执行外国仲裁裁决

16. 民事裁定书（承认和执行外国仲裁裁决用）

中华人民共和国×××人民法院
民事裁定书

（××××）……协外认……号

申请人：×××，……。
……
被申请人：×××，……。
……
（以上写明当事人和其他诉讼参加人的姓名或者名称等基本信息）

申请人×××申请承认和执行××××仲裁机构/仲裁庭……号仲裁裁决一案，本院于××××年××月××日立案。本院依法组成合议庭进行了审查，组织当事人进行了询问，现已审查终结。

×××申请称，……（写明申请人的请求、事实和理由）。

×××陈述意见称，……（写明被申请人的意见）。

本院经审查认为，……（写明争议焦点，根据认定的事实和相关法律，对请求进行分析评判，说明理由）。

依照《中华人民共和国民事诉讼法》第二百八十三条……（写明公约、条约、法律、司法解释等法律依据）规定，裁定如下：

承认/承认和执行×××仲裁机构/仲裁庭所作……号仲裁裁决。

案件申请费……元，由……负担（写明当事人姓名或者名称、负担金额）。

审　判　长　×××
审　判　员　×××
审　判　员　×××
××××年××月××日
（院印）
书　记　员　×××

【说　明】

1. 本样式依据《中华人民共和国民事诉讼法》第二百八十三条、《最高人民法院关于适用〈中华人民共和国民事诉讼法〉的解释》第五百四十五条、第五百四十六条、第五百四十七条、第五百四十八条、《全国人民代表大会常务委员会关于我国加入〈承认及执行外国仲裁裁决公约〉的决定》《承认及执行外国仲裁裁决公约》等制定，供人民法院裁定承认和执行外国仲裁裁决用。

2. 根据民事诉讼法及司法解释的规定，当事人既可以向人民法院申请承认外国仲裁裁决，也可以申请承认和执行外国仲裁裁决，人民法院依据当事人具体申请的事项作出审查和裁定。

3. 申请人或者被申请人为自然人的，应当写明其姓名、出生年月日、国籍及住所；申请人为法人或者其他组织的，应当写明其名称、住所以及法定代表人或者代表人姓名和职务。

4. 人民法院在通知被申请人后认为有必要对当事人进行询问，可以组织询问并在裁定书案件由来部分中写明。

5. 本院经审查认为部分主要包括：第一，仲裁裁判事实。仲裁机构或者仲裁庭作出仲裁裁决的时间、仲裁裁决的裁项、该仲裁裁决是否已经生效及生效时间。第二，审查的法律依据。我国与该外国是否参加了《承认及执行外国仲裁裁决公约》或者缔结了双边条约或者协定；如果我国与该外国没有参加纽约公约或者缔结双边条约或者协定，也可以依据《中华人民共和国民事诉讼法》第二百八十三条规定的互惠原则进行审查。第三，审查结论。对该仲裁裁决是否符合相关《承认及执行外国仲裁裁决公约》或者双边条约、协定或者互惠原则的相关规定，以及不存在不予承认和执行的情形作出分析认定，表明本院对该裁决是否予以承认和执行的意见等。

【法律依据】

1. 《中华人民共和国民事诉讼法》（2017 年 6 月 27 日）

第二百八十三条　国外仲裁机构的裁决，需要中华人民共和国人民法院承认和执行的，应当由当事人直接向被执行人住所地或者其财产所在地的中级人民法院申请，人民法院应当依照中华人民共和国缔结或者参加的国际条约，或者按照互惠原则办理。

2. 《最高人民法院关于适用〈中华人民共和国民事诉讼法〉的解释》（2020 年 12 月 29 日）

第五百四十五条　对临时仲裁庭在中华人民共和国领域外作出的仲裁裁决，一方当事人向人民法院申请承认和执行的，人民法院应当依照民事诉讼法第二百八十三条规定处理。

第五百四十六条　对外国法院作出的发生法律效力的判决、裁定或者外国仲裁裁决，需要中华人民共和国法院执行的，当事人应当先向人民法院申请承认。人民法院经审查，裁定承认后，再根据民事诉讼法第三编的规定予以执行。

当事人仅申请承认而未同时申请执行的，人民法院仅对应否承认进行审查并作出裁定。

第五百四十七条　当事人申请承认和执行外国法院作出的发生法律效力的判决、裁定或者外国仲裁裁决的期间，适用民事诉讼法第二百三十九条的规定。

当事人仅申请承认而未同时申请执行的，申请执行的期间自人民法院对承认申请作出的裁定生效之日起重新计算。

第五百四十八条　承认和执行外国法院作出的发生法律效力的判决、裁定或者外国仲裁裁决的案件，人民法院应当组成合议庭进行审查。

人民法院应当将申请书送达被申请人。被申请人可以陈述意见。

人民法院经审查作出的裁定，一经送达即发生法律效力。

3. 《全国人民代表大会常务委员会关于我国加入〈承认及执行外国仲裁裁决公约〉的决定》（1986 年 12 月 2 日）

第六届全国人民代表大会常务委员会第十八次会议决定：

中华人民共和国加入《承认及执行外国仲裁裁决公约》，并同时声明：

（一）中华人民共和国只在互惠的基础上对在另一缔约国领土内作出的仲

裁裁决的承认和执行适用该公约；

（二）中华人民共和国只对根据中华人民共和国法律认定为属于契约性和非契约性商事法律关系所引起的争议适用该公约。

附件：承认及执行外国仲裁裁决公约（略）

4. 《承认及执行外国仲裁裁决公约》（1986年12月2日）

第一条 （1）由于自然人或法人间的争执而引起的仲裁裁决，在一个国家的领土内作成，而在另一个国家请求承认和执行时，适用本公约。在一个国家请求承认和执行这个国家不认为是本国裁决的仲裁裁决时，也适用本公约。

（2）"仲裁裁决"不仅包括由为每一案件选定的仲裁员所作出的裁决，而且也包括由常设仲裁机构经当事人的提请而作出的裁决。

（3）任何缔约国在签署、批准或者加入本公约或者根据第10条通知扩延的时候，可以在互惠的基础上声明，本国只对另一缔约国领土内所作成的仲裁裁决的承认和执行，适用本公约。它也可以声明，本国只对根据本国法律属于商事的法律关系，不论是不是合同关系，所引起的争执适用本公约。

第二条 （1）如果双方当事人书面协议把由于同某个可以通过仲裁方式解决的事项有关的特定的法律关系，不论是不是合同关系，所已产生或可能产生的全部或任何争执提交仲裁，每一个缔约国应该承认这种协议。

（2）"书面协议"包括当事人所签署的或者来往书信、电报中所包含的合同中的仲裁条款和仲裁协议。

（3）如果缔约国的法院受理一个案件，而就这案件所涉及的事项，当事人已经达成本条意义内的协议时，除非该法院查明该项协议是无效的、未生效的或不可能实行的，应该依一方当事人的请求，令当事人把案件提交仲裁。

第三条 在以下各条所规定的条件下，每一个缔约国应该承认仲裁裁决有约束力，并且依照裁决需其承认或执行的地方程序规则予以执行。对承认或执行本公约所适用的仲裁裁决，不应该比对承认或执行本国的仲裁裁决规定实质上较烦的条件或较高的费用。

第四条 （1）为了获得前条所提到的承认和执行，申请承认和执行裁决的当事人应该在申请的时候提供：

（一）经正式认证的裁决正本或经正式证明的副本。

（二）第二条所提到的协议正本或经正式证明的副本。

（三）如果上述裁决或协议不是用裁决需其承认或执行的国家的正式语言

作成，申请承认和执行裁决的当事人应该提出这些文件的此种译文。译文应该由一官方的或宣过誓的译员或一外交或领事代理人证明。

第五条 （1）被请求承认或执行裁决的管辖当局只有在作为裁决执行对象的当事人提出有关下列情况的证明的时候，才可以根据该当事人的要求，拒绝承认和执行该裁决：

（一）第二条所述的协议的双方当事人，根据对他们适用的法律，当时是处于某种无行为能力的情况之下；或者根据双方当事人选定适用的法律，或在没有这种选定的时候，根据作出裁决的国家的法律，下述协议是无效的；或者

（二）作为裁决执行对象的当事人，没有被给予指定仲裁员或者进行仲裁程序的适当通知，或者由于其他情况而不能对案件提出意见，或者

（三）裁决涉及仲裁协议所没有提到的，或者不包括裁仲协议规定之内的争执；或者裁决内含有对仲裁协议范围以外事项的决定；但是，对于仲裁协议范围以内的事项的决定，如果可以和对于仲裁协议范围以外的事项的决定分开，那么，这一部分的决定仍然可予以承认和执行；或者

（四）裁仲庭的组成或仲裁程序同当事人间的协议不符，或者当事人间没有这种协议时，同进行仲裁的国家的法律不符；或者

（五）裁决对当事人还没有约束力，或者裁决已经由作出裁决的国家或据其法律作出裁决的国家的管辖当局撤销或停止执行。

（2）被请求承认和执行仲裁裁决的国家的管辖当局如果查明有下列情况，也可以拒绝承认和执行：

（一）争执的事项，依照这个国家的法律，不可以用仲裁方式解决；或者

（二）承认或执行该项裁决将和这个国家的公共秩序相抵触。

第六条 如果已经向第五条（1）（五）所提到的管辖当局提出了撤销或停止执行仲裁裁决的申请，被请求承认或执行该项裁决的当局如果认为适当，可以延期作出关于执行裁决的决定，也可以依请求执行裁决的当事人的申请，命令对方当事人提供适当的担保。

第七条 （1）本公约的规定不影响缔约国参加的有关承认和执行仲裁裁决的多边或双边协定的效力，也不剥夺有关当事人在被请求承认或执行某一裁决的国家的法律或条约所许可的方式和范围内，可能具有的利用该仲裁裁决的任何权利。

（2）1923 年关于仲裁条款的日内瓦议定书和 1927 年关于执行外国仲裁裁

决的日内瓦公约，对本公约的缔约国，在它们开始受本公约约束的时候以及在它们受本公约约束的范围以内失效。

第八条 （1）本公约在1958年12月31日以前开放供联合国任何会员国，现在或今后是联合国专门机构成员的任何其它国家，现在或今后是国际法院规章缔约国的任何其他国家，或者经联合国大会邀请的任何其他国家的代表签署。

（2）本公约须经批准，批准书应当交存联合国秘书长。

第九条 （1）第八条所提到的一切国家都可以加入本公约。

（2）加入本公约应当将加入书交存联合国秘书长处。

第十条 （1）任何国家在签署、批准或加入本公约的时候，都可以声明：本公约将扩延到国际关系由该国负责一切或任何地区。这种声明在本公约对该国生效的时候生效。

（2）在签署、批准或加入本公约之后，要作这种扩延，应该通知联合国秘书长，并从联合国秘书长接到通知之后九十日起，或从本公约对该国生效之日起，取其在后者生效。

（3）关于在签署、批准或加入本公约的时候，本公约所没有扩延到的地区，各有关国家应当考虑采取必要步骤的可能性，以便使本公约的适用范围能够扩延到这些地区；但是，在有宪法上的必要时，须取得这些地区的政府的同意。

第十一条 （1）对于联邦制或者非单一制国家应当适用下列规定：

（一）关于属于联邦当局立法权限内的本公约条款，联邦政府的义务同非联邦制缔约国政府的义务一样。

（二）关于属于联邦成员或省立法权限内的本公约条款，如果联邦成员或省根据联邦宪法制度没有采取立法行动的义务，联邦政府应当尽早地把这些条款附以积极的建议以唤起联邦成员或省的相应机关的注意。

（三）本公约的联邦国家缔约国，根据任何其他缔约国通过联合国秘书长而提出的请求，应当提供关于该联邦及其构成单位有关本公约任何具体规定的法律和习惯，以表明已经在什么范围内采取立法或其他行动使该项规定生效。

第十二条 （1）本公约从第三个国家交存批准书或加入书之日后九十日起生效。

（2）在第三个国家交存批准书或加入书以后，本公约从每个国家交存批准书或加入书后九十日起对该国生效。

第十三条 （1）任何缔约国可以用书面通知联合国秘书长退出本公约。退约从秘书长接到通知之日后一年起生效。

（2）依照第十条规定提出声明或者通知的任何国家，随时都可以通知联合国秘书长，声明从秘书长接到通知之日后一年起，本公约停止扩延到有关地区。

（3）对于在退约生效以前已经进入承认或执行程序的仲裁裁决，本公约应继续适用。

第十四条 缔约国除了自己有义务适用本公约的情况外，无权利用本公约对抗其他缔约国。

第十五条 联合国秘书长应当将下列事项通知第八条中所提到的国家：

（一）依照第八条的规定签署和批准本公约；

（二）依照第九条的规定加入本公约；

（三）依照第一、十和十一条的规定的声明和通知；

（四）依照第十二条所规定的本公约的生效日期；

（五）依照第十三条所规定的退约和通知。

第十六条 （1）本公约的中、英、法、俄和西班牙各文本同等有效，由联合国档案处保存。

（2）联合国秘书长应当把经过证明的本公约副本送达第八条所提到的国家。

17. 民事裁定书（不予承认和执行外国仲裁裁决用）

中华人民共和国××××人民法院
民事裁定书

（××××）……协外认……号

申请人：×××，……。
……

被申请人：×××，……。
……

（以上写明当事人和其他诉讼参加人的姓名或者名称等基本信息）

申请人×××申请承认和执行××××仲裁机构/仲裁庭……号仲裁裁决一案，本院于××××年××月××日立案。本院依法组成合议庭进行了审查，组织当事人进行了询问，现已审查终结。

×××申请称，……（写明申请人的请求、事实和理由）。

×××陈述意见称，……（写明被申请人的意见）。

本院经审查认为，……（写明争议焦点，根据认定的事实和相关法律，对请求进行分析评判，说明理由）。

依照《中华人民共和国民事诉讼法》第二百八十三条、《承认及执行外国仲裁裁决公约》第五条第×项、……（写明公约、条约、法律、司法解释等法律依据）规定，裁定如下：

不予承认和执行××××仲裁机构/仲裁庭所作……号仲裁裁决。

案件申请费……元，由……负担（写明当事人姓名或者名称、负担金额）。

审　判　长　×××
审　判　员　×××
审　判　员　×××

××××年××月××日
(院印)
书　记　员　×××

【说　明】

1. 本样式依据《中华人民共和国民事诉讼法》第二百八十三条，《全国人民代表大会常务委员会关于我国加入〈承认及执行外国仲裁裁决公约〉的决定》《承认及执行外国仲裁裁决公约》（纽约公约），《最高人民法院关于适用〈中华人民共和国民事诉讼法〉的解释》第五百四十五条、第五百四十六条、第五百四十七条、第五百四十八条等制定，供人民法院裁定不予承认和执行外国仲裁裁决用。

2. 对于不予承认外国仲裁裁决的，应着重分析认定该裁决存在《承认及执行外国仲裁裁决公约》第五条第×项、×××双边条约或者协定第×条规定的不予承认和执行的具体情形，并援引上述具体条文规定作出不予承认和执行的裁定。

【法律依据】

参见本书"二十二、涉外民事诉讼程序的特别规定——16. 民事裁定书（承认和执行外国仲裁裁决用）"样式的法律依据。

（四）认可和执行香港特别行政区、澳门特别行政区、台湾地区仲裁裁决

18. **民事裁定书**（执行香港特别行政区仲裁裁决用）

××××人民法院
民事裁定书

（××××）……认港……号

申请人：×××，……。
……
被申请人：×××，……。
……
（以上写明当事人和其他诉讼参加人的姓名或者名称等基本信息）

申请人×××申请执行香港特别行政区××××仲裁机构/仲裁庭……号仲裁裁决一案，本院于××××年××月××日立案。本院依法组成合议庭进行了审查，组织当事人进行了询问，现已审查终结。

×××申请称，……（写明申请人的请求、事实和理由）。

×××陈述意见称，……（写明被申请人的意见）。

本院经审查认为，……（写明争议焦点，根据认定的事实和相关法律，对请求进行分析评判，说明理由）。

依照《最高人民法院关于内地与香港特别行政区法院相互执行仲裁裁决的安排》第一条、……（写明法律、司法解释等法律依据）规定，裁定如下：

执行香港特别行政区××××仲裁机构/仲裁庭……号仲裁裁决。

案件申请费……元，由……负担（写明当事人姓名或者名称、负担金额）。

审　判　长　×××
审　判　员　×××
审　判　员　×××
××××年××月××日
（院印）
书　记　员　×××

【说　明】

本样式依据《最高人民法院关于内地与香港特别行政区相互执行仲裁裁决的安排》制定，供人民法院裁定执行香港特别行政区仲裁裁决用。

【法律依据】

1.《最高人民法院关于内地与香港特别行政区相互执行仲裁裁决的安排》（2000年1月24日）

根据《中华人民共和国香港特别行政区基本法》第九十五条的规定，经最高人民法院与香港特别行政区（以下简称香港特区）政府协商，香港特区法院同意执行内地仲裁机构（名单由国务院法制办公室经国务院港澳事务办公室提供）依据《中华人民共和国仲裁法》所作出的裁决，内地人民法院同意执行在香港特区按香港特区《仲裁条例》所作出的裁决。现就内地与香港特区相互执行仲裁裁决的有关事宜作出如下安排：

一、在内地或者香港特区作出的仲裁裁决，一方当事人不履行仲裁裁决的，另一方当事人可以向被申请人住所地或者财产所在地的有关法院申请执行。

二、上条所述的有关法院，在内地指被申请人住所地或者财产所在地的中级人民法院，在香港特区指香港特区高等法院。

被申请人住所地或者财产所在地在内地不同的中级人民法院辖区内的，申请人可以选择其中一个人民法院申请执行裁决，不得分别向两个或者两个以上人民法院提出申请。

被申请人的住所地或者财产所在地，既在内地又在香港特区的，申请人不得同时分别向两地有关法院提出申请。只有一地法院执行不足以偿还其债务时，才可就不足部分向另一地法院申请执行。两地法院先后执行仲裁裁决的总额，不得超过裁决数额。

三、申请人向有关法院申请执行在内地或者香港特区作出的仲裁裁决的，应当提交以下文书：

（一）执行申请书；

（二）仲裁裁决书；

（三）仲裁协议。

四、执行申请书的内容应当载明下列事项：

（一）申请人为自然人的情况下，该人的姓名、地址；申请人为法人或者其他组织的情况下，该法人或其他组织的名称、地址及法定代表人姓名；

（二）被申请人为自然人的情况下，该人的姓名、地址；被申请人为法人或者其他组织的情况下，该法人或其他组织的名称、地址及法定代表人姓名；

（三）申请人为法人或者其他组织的，应当提交企业注册登记的副本。申请人是外国籍法人或者其他组织的，应当提交相应的公证和认证材料；

（四）申请执行的理由与请求的内容，被申请人的财产所在地及财产状况。

执行申请书应当以中文文本提出，裁决书或者仲裁协议没有中文文本的，申请人应当提交正式证明的中文译本。

五、申请人向有关法院申请执行内地或者香港特区仲裁裁决的期限依据执行地法律有关时限的规定。

六、有关法院接到申请人申请后，应当按执行地法律程序处理及执行。

七、在内地或者香港特区申请执行的仲裁裁决，被申请人接到通知后，提出证据证明有下列情形之一的，经审查核实，有关法院可裁定不予执行：

（一）仲裁协议当事人依对其适用的法律属于某种无行为能力的情形；或者该项仲裁协议依约定的准据法无效；或者未指明以何种法律为准时，依仲裁裁决地的法律是无效的；

（二）被申请人未接到指派仲裁员的适当通知，或者因他故未能陈述意见的；

（三）裁决所处理的争议不是交付仲裁的标的或者不在仲裁协议条款之内，或者裁决载有关于交付仲裁范围以外事项的决定的；但交付仲裁事项的决定可与未交付仲裁的事项划分时，裁决中关于交付仲裁事项的决定部分应当予以执行；

（四）仲裁庭的组成或者仲裁庭程序与当事人之间的协议不符，或者在有关当事人没有这种协议时与仲裁地的法律不符的；

（五）裁决对当事人尚无约束力，或者业经仲裁地的法院或者按仲裁地的法律撤销或者停止执行的。

有关法院认定依执行地法律，争议事项不能以仲裁解决的，则可不予执行该裁决。

内地法院认定在内地执行该仲裁裁决违反内地社会公共利益，或者香港特区法院决定在香港特区执行该仲裁裁决违反香港特区的公共政策，则可不予执行该裁决。

八、申请人向有关法院申请执行在内地或者香港特区作出的仲裁裁决，应当根据执行地法院有关诉讼收费的办法交纳执行费用。

九、1997年7月1日以后申请执行在内地或者香港特区作出的仲裁裁决按本安排执行。

十、对1997年7月1日至本安排生效之日的裁决申请问题，双方同意：

1997年7月1日至本安排生效之日因故未能向内地或者香港特区法院申请执行，申请人为法人或者其他组织的，可以在本安排生效后6个月内提出；如申请人为自然人的，可以在本安排生效后1年内提出。

对于内地或香港特区法院在1997年7月1日至本安排生效之日拒绝受理或者拒绝执行仲裁裁决的案件，应允许当事人重新申请。

十一、本安排在执行过程中遇有问题和修改，应当通过最高人民法院和香港特区政府协商解决。

2.《最高人民法院关于内地与香港特别行政区相互执行仲裁裁决的补充安排》（2021年5月18日）

依据《最高人民法院关于内地与香港特别行政区相互执行仲裁裁决的安排》（以下简称《安排》）第十一条的规定，最高人民法院与香港特别行政区政府经协商，作出如下补充安排：

一、《安排》所指执行内地或者香港特别行政区仲裁裁决的程序，应解释为包括认可和执行内地或者香港特别行政区仲裁裁决的程序。

二、将《安排》序言及第一条修改为："根据《中华人民共和国香港特别行政区基本法》第九十五条的规定，经最高人民法院与香港特别行政区（以下简称香港特区）政府协商，现就仲裁裁决的相互执行问题作出如下安排：

"一、内地人民法院执行按香港特区《仲裁条例》作出的仲裁裁决，香港特区法院执行按《中华人民共和国仲裁法》作出的仲裁裁决，适用本安排。"

三、将《安排》第二条第三款修改为："被申请人在内地和香港特区均有住所地或者可供执行财产的，申请人可以分别向两地法院申请执行。应对方法院要求，两地法院应当相互提供本方执行仲裁裁决的情况。两地法院执行财产的总额，不得超过裁决确定的数额。"

四、在《安排》第六条中增加一款作为第二款："有关法院在受理执行仲裁裁决申请之前或者之后，可以依申请并按照执行地法律规定采取保全或者强制措施。"

五、本补充安排第一条、第四条自2020年11月27日起施行，第二条、第三条在香港特别行政区完成有关程序后，由最高人民法院公布施行日期。

19. 民事裁定书（不予执行香港特别行政区仲裁裁决用）

×××× 人民法院
民事裁定书

（××××）……认港……号

申请人：×××，……。
……

被申请人：×××，……。
……

（以上写明当事人和其他诉讼参加人的姓名或者名称等基本信息）

申请人×××申请执行香港特别行政区××××仲裁机构/仲裁庭……号仲裁裁决一案，本院于××××年××月××日立案。本院依法组成合议庭进行了审查，组织当事人进行了询问，现已审查终结。

×××申请称，……（写明申请人的请求、事实和理由）。

×××陈述意见称，……（写明被申请人的意见）。

本院经审查认为，……（写明争议焦点，根据认定的事实和相关法律，对请求进行分析评判，说明理由）。

依照《最高人民法院关于内地与香港特别行政区法院相互执行仲裁裁决的安排》第七条第×项、……（写明法律、司法解释等法律依据）规定，裁定如下：

不予执行香港特别行政区××××仲裁机构/仲裁庭……号仲裁裁决。

案件申请费……元，由……负担（写明当事人姓名或者名称、负担金额）。

审　判　长　×××
审　判　员　×××
审　判　员　×××

×××ׯ××月××日

(院印)

书　记　员　×××

【说　明】

1. 本样式依据《最高人民法院关于内地与香港特别行政区相互执行仲裁裁决的安排》制定,供人民法院裁定不予执行香港特别行政区仲裁裁决用。

2. 本院经查明认为部分要注意围绕仲裁裁决是否具有《最高人民法院关于内地与香港特别行政区相互执行仲裁裁决的安排》第七条规定的情形进行分析评判,说明理由。

【法律依据】

参见本书"二十二、涉外民事诉讼程序的特别规定——18. 民事裁定书(执行香港特别行政区仲裁裁决用)"样式的法律依据。

20. 民事裁定书（认可和执行澳门特别行政区仲裁裁决用）

××××人民法院
民事裁定书

（××××）……认澳……号

申请人：×××，……。

……

被申请人：×××，……。

……

（以上写明当事人和其他诉讼参加人的姓名或者名称等基本信息）

申请人×××申请认可和执行澳门特别行政区××××仲裁机构/仲裁庭……号仲裁裁决一案，本院于××××年××月××日立案。本院依法组成合议庭进行了审查，组织当事人进行了询问，现已审查终结。

×××申请称，……（写明申请人的请求、事实和理由）。

×××陈述意见称，……（写明被申请人的意见）。

本院经审查认为，……（写明争议焦点，根据认定的事实和相关法律，对请求进行分析评判，说明理由）。

依照《最高人民法院关于内地与澳门特别行政区相互认可和执行仲裁裁决的安排》第一条、……（写明法律、司法解释等法律依据）规定，裁定如下：

认可和执行澳门特别行政区××××仲裁机构/仲裁庭……号仲裁裁决。

案件申请费……元，由……负担（写明当事人姓名或者名称、负担金额）。

审　判　长　×××
审　判　员　×××
审　判　员　×××

　　　　　　　　　　　　　　××××年××月××日
　　　　　　　　　　　　　　　　（院印）
　　　　　　　　　　　　　　书　记　员　×××

【说　明】

　　本样式依据《最高人民法院关于内地与澳门特别行政区相互认可和执行仲裁裁决的安排》制定，供人民法院裁定认可和执行澳门特别行政区仲裁裁决用。

【法律依据】

　　《最高人民法院关于内地与澳门特别行政区相互认可和执行仲裁裁决的安排》（2007年12月12日）

　　根据《中华人民共和国澳门特别行政区基本法》第九十三条的规定，经最高人民法院与澳门特别行政区协商，现就内地与澳门特别行政区相互认可和执行仲裁裁决的有关事宜达成如下安排：

　　第一条　内地人民法院认可和执行澳门特别行政区仲裁机构及仲裁员按照澳门特别行政区仲裁法规在澳门作出的民商事仲裁裁决，澳门特别行政区法院认可和执行内地仲裁机构依据《中华人民共和国仲裁法》在内地作出的民商事仲裁裁决，适用本安排。

　　本安排没有规定的，适用认可和执行地的程序法律规定。

　　第二条　在内地或者澳门特别行政区作出的仲裁裁决，一方当事人不履行的，另一方当事人可以向被申请人住所地、经常居住地或者财产所在地的有关法院申请认可和执行。

　　内地有权受理认可和执行仲裁裁决申请的法院为中级人民法院。两个或者两个以上中级人民法院均有管辖权的，当事人应当选择向其中一个中级人民法院提出申请。

　　澳门特别行政区有权受理认可仲裁裁决申请的法院为中级法院，有权执行的法院为初级法院。

　　第三条　被申请人的住所地、经常居住地或者财产所在地分别在内地和澳门特别行政区的，申请人可以向一地法院提出认可和执行申请，也可以分别向两地法院提出申请。

　　当事人分别向两地法院提出申请的，两地法院都应当依法进行审查。予以认可的，采取查封、扣押或者冻结被执行人财产等执行措施。仲裁地法院应当先进行执行清偿；另一地法院在收到仲裁地法院关于经执行债权未获清偿情况的证明后，可以对申请人未获清偿的部分进行执行清偿。两地法院执行财产的总额，不得超过依据裁决和法律规定所确定的数额。

第四条　申请人向有关法院申请认可和执行仲裁裁决的，应当提交以下文件或者经公证的副本：

（一）申请书；

（二）申请人身份证明；

（三）仲裁协议；

（四）仲裁裁决书或者仲裁调解书。

上述文件没有中文文本的，申请人应当提交经正式证明的中文译本。

第五条　申请书应当包括下列内容：

（一）申请人或者被申请人为自然人的，应当载明其姓名及住所；为法人或者其他组织的，应当载明其名称及住所，以及其法定代表人或者主要负责人的姓名、职务和住所；申请人是外国籍法人或者其他组织的，应当提交相应的公证和认证材料；

（二）请求认可和执行的仲裁裁决书或者仲裁调解书的案号或识别资料和生效日期；

（三）申请认可和执行仲裁裁决的理由及具体请求，以及被申请人财产所在地、财产状况及该仲裁裁决的执行情况。

第六条　申请人向有关法院申请认可和执行内地或者澳门特别行政区仲裁裁决的期限，依据认可和执行地的法律确定。

第七条　对申请认可和执行的仲裁裁决，被申请人提出证据证明有下列情形之一的，经审查核实，有关法院可以裁定不予认可：

（一）仲裁协议一方当事人依对其适用的法律在订立仲裁协议时属于无行为能力的；或者依当事人约定的准据法，或当事人没有约定适用的准据法而依仲裁地法律，该仲裁协议无效的；

（二）被申请人未接到选任仲裁员或者进行仲裁程序的适当通知，或者因他故未能陈述意见的；

（三）裁决所处理的争议不是提交仲裁的争议，或者不在仲裁协议范围之内；或者裁决载有超出当事人提交仲裁范围的事项的决定，但裁决中超出提交仲裁范围的事项的决定与提交仲裁事项的决定可以分开的，裁决中关于提交仲裁事项的决定部分可以予以认可；

（四）仲裁庭的组成或者仲裁程序违反了当事人的约定，或者在当事人没有约定时与仲裁地的法律不符的；

（五）裁决对当事人尚无约束力，或者业经仲裁地的法院撤销或者拒绝执行的。

有关法院认定，依执行地法律，争议事项不能以仲裁解决的，不予认可和执行该裁决。

内地法院认定在内地认可和执行该仲裁裁决违反内地法律的基本原则或者社会公共利益，澳门特别行政区法院认定在澳门特别行政区认可和执行该仲裁裁决违反澳门特别行政区法律的基本原则或者公共秩序，不予认可和执行该裁决。

第八条 申请人依据本安排申请认可和执行仲裁裁决的，应当根据执行地法律的规定，交纳诉讼费用。

第九条 一方当事人向一地法院申请执行仲裁裁决，另一方当事人向另一地法院申请撤销该仲裁裁决，被执行人申请中止执行且提供充分担保的，执行法院应当中止执行。

根据经认可的撤销仲裁裁决的判决、裁定，执行法院应当终结执行程序；撤销仲裁裁决申请被驳回的，执行法院应当恢复执行。

当事人申请中止执行的，应当向执行法院提供其他法院已经受理申请撤销仲裁裁决案件的法律文书。

第十条 受理申请的法院应当尽快审查认可和执行的请求，并作出裁定。

第十一条 法院在受理认可和执行仲裁裁决申请之前或者之后，可以依当事人的申请，按照法院地法律规定，对被申请人的财产采取保全措施。

第十二条 由一方有权限公共机构（包括公证员）作成的文书正本或者经公证的文书副本及译本，在适用本安排时，可以免除认证手续在对方使用。

第十三条 本安排实施前，当事人提出的认可和执行仲裁裁决的请求，不适用本安排。

自1999年12月20日至本安排实施前，澳门特别行政区仲裁机构及仲裁员作出的仲裁裁决，当事人向内地申请认可和执行的期限，自本安排实施之日起算。

第十四条 为执行本安排，最高人民法院和澳门特别行政区终审法院应当相互提供相关法律资料。

最高人民法院和澳门特别行政区终审法院每年相互通报执行本安排的情况。

第十五条 本安排在执行过程中遇有问题或者需要修改的，由最高人民法院和澳门特别行政区协商解决。

第十六条 本安排自 2008 年 1 月 1 日起实施。

21. **民事裁定书**（不予认可和执行澳门特别行政区仲裁裁决用）

××××人民法院
民事裁定书

（××××）……认澳……号

申请人：×××，……。
……

被申请人：×××，……。
……

（以上写明当事人和其他诉讼参加人的姓名或者名称等基本信息）

申请人×××申请认可和执行澳门特别行政区××××仲裁机构/仲裁庭……号仲裁裁决一案，本院于××××年××月××日立案。本院依法组成合议庭进行了审查，组织当事人进行了询问，现已审查终结。

×××申请称，……（写明申请人的请求、事实和理由）。

×××陈述意见称，……（写明被申请人的意见）。

本院经审查认为，……（写明争议焦点，根据认定的事实和相关法律，对请求进行分析评判，说明理由）。

依照《最高人民法院关于内地与澳门特别行政区法院相互认可和执行仲裁裁决的安排》第七条第×项……（写明法律、司法解释等法律依据）规定，裁定如下：

不予认可和执行澳门特别行政区××××仲裁机构/仲裁庭……号仲裁裁决。

案件申请费……元，由……负担（写明当事人姓名或者名称、负担金额）。

审　判　长　×××
审　判　员　×××
审　判　员　×××

××××年××月××日
(院印)
书　记　员　×××

【说　明】

1. 本样式依据《最高人民法院关于内地与澳门特别行政区相互认可和执行仲裁裁决的安排》第七条制定，供人民法院裁定不予认可和执行澳门特别行政区仲裁裁决用。

2. 本院经查明认为部分要注意围绕仲裁裁决是否具有《最高人民法院关于内地与澳门特别行政区相互认可和执行仲裁裁决的安排》第七条规定的情形进行分析评判，说明理由。

【法律依据】

《最高人民法院关于内地与澳门特别行政区相互认可和执行仲裁裁决的安排》(2007年12月12日)

第七条　对申请认可和执行的仲裁裁决，被申请人提出证据证明有下列情形之一的，经审查核实，有关法院可以裁定不予认可：

(一) 仲裁协议一方当事人依对其适用的法律在订立仲裁协议时属于无行为能力的；或者依当事人约定的准据法，或当事人没有约定适用的准据法而依仲裁地法律，该仲裁协议无效的；

(二) 被申请人未接到选任仲裁员或者进行仲裁程序的适当通知，或者因他故未能陈述意见的；

(三) 裁决所处理的争议不是提交仲裁的争议，或者不在仲裁协议范围之内；或者裁决载有超出当事人提交仲裁范围的事项的决定，但裁决中超出提交仲裁范围的事项的决定与提交仲裁事项的决定可以分开的，裁决中关于提交仲裁事项的决定部分可以予以认可；

(四) 仲裁庭的组成或者仲裁程序违反了当事人的约定，或者在当事人没有约定时与仲裁地的法律不符的；

(五) 裁决对当事人尚无约束力，或者业经仲裁地的法院撤销或者拒绝执行的。

有关法院认定，依执行地法律，争议事项不能以仲裁解决的，不予认可和执行该裁决。

内地法院认定在内地认可和执行该仲裁裁决违反内地法律的基本原则或者社会公共利益,澳门特别行政区法院认定在澳门特别行政区认可和执行该仲裁裁决违反澳门特别行政区法律的基本原则或者公共秩序,不予认可和执行该裁决。

22. 民事裁定书（认可和执行台湾地区仲裁裁决用）

××××人民法院
民事裁定书

（××××）……认台……号

申请人：×××，……。

……

被申请人：×××，……。

……

（以上写明当事人和其他诉讼参加人的姓名或者名称等基本信息）

申请人×××申请认可和执行台湾地区××××仲裁机构/仲裁庭……号仲裁裁决一案，本院于××××年××月××日立案。本院依法组成合议庭进行了审查，组织当事人进行了询问，现已审查终结。

×××申请称，……（写明申请人的请求、事实和理由）。

×××陈述意见称，……（写明被申请人的意见）。

本院经审查认为，……（写明争议焦点，根据认定的事实和相关法律，对请求进行分析评判，说明理由）。

依照《最高人民法院关于认可和执行台湾地区仲裁裁决的规定》第十五条、……（写明法律、司法解释等法律依据）规定，裁定如下：

认可和执行台湾地区××××仲裁机构/仲裁庭……号仲裁裁决的效力。

案件申请费……元，由……负担（写明当事人姓名或者名称、负担金额）。

审　判　长　×××
审　判　员　×××
审　判　员　×××
××××年××月××日
（院印）
书　记　员　×××

【说　明】

1. 本样式依据《最高人民法院关于认可和执行台湾地区仲裁裁决的规定》第十五条制定，供人民法院裁定认可和执行台湾地区仲裁裁决时使用。

2. 根据《最高人民法院关于认可和执行台湾地区仲裁裁决的规定》第十五条的规定，人民法院经审查能够确认台湾地区仲裁裁决真实，且不具有本规定第十四条所列情形的，裁定认可和执行该裁决。

【法律依据】

《最高人民法院关于认可和执行台湾地区仲裁裁决的规定》（2015年6月29日）

第十五条　人民法院经审查能够确认台湾地区仲裁裁决真实，而且不具有本规定第十四条所列情形的，裁定认可其效力；不能确认该仲裁裁决真实性的，裁定驳回申请。

裁定驳回申请的案件，申请人再次申请并符合受理条件的，人民法院应予受理。

23. 民事裁定书（不予认可和执行台湾地区仲裁裁决用）

××××人民法院
民事裁定书

（××××）……认台……号

申请人：×××，……。
……

被申请人：×××，……。
……

（以上写明当事人和其他诉讼参加人的姓名或者名称等基本信息）

申请人×××申请认可和执行台湾地区××××仲裁机构/仲裁庭……号仲裁裁决一案，本院于××××年××月××日立案。本院依法组成合议庭进行了审查，组织当事人进行了询问，现已审查终结。

×××申请称，……（写明申请人的请求、事实和理由）。

×××陈述意见称，……（写明被申请人的意见）。

本院经审查认为，……（写明争议焦点，根据认定的事实和相关法律，对请求进行分析评判，说明理由）。

依照《最高人民法院关于认可和执行台湾地区仲裁裁决的规定》第十四条、第十七条……（写明法律、司法解释等法律依据）规定，裁定如下：

不予认可和执行台湾地区××××仲裁机构/仲裁庭……号仲裁裁决的效力。

案件申请费……元，由……负担（写明当事人姓名或者名称、负担金额）。

审　判　长　×××
审　判　员　×××
审　判　员　×××

××××年××月××日

(院印)

书　记　员　×××

【说　明】

1. 本样式依据《最高人民法院关于认可和执行台湾地区仲裁裁决的规定》第十四条、第十七条制定，供人民法院裁定不予认可和执行台湾地区仲裁裁决用。

2. 根据《最高人民法院关于认可和执行台湾地区仲裁裁决的规定》规定，人民法院经过审查，认为台湾地区仲裁裁决具有解释第十四条第一款所列的五种情形之一，或该争议事项不能以仲裁解决，或认为认可该仲裁裁决将违反一个中国原则等国家法律的基本原则或者损害社会公共利益，或台湾地区法院撤销该仲裁裁决的，人民法院应当裁定不予认可。

【法律依据】

《最高人民法院关于认可和执行台湾地区仲裁裁决的规定》（2015年6月29日）

第十四条　对申请认可和执行的仲裁裁决，被申请人提出证据证明有下列情形之一的，经审查核实，人民法院裁定不予认可：

（一）仲裁协议一方当事人依对其适用的法律在订立仲裁协议时属于无行为能力的；或者依当事人约定的准据法，或当事人没有约定适用的准据法而依台湾地区仲裁规定，该仲裁协议无效的；或者当事人之间没有达成书面仲裁协议的，但申请认可台湾地区仲裁调解的除外；

（二）被申请人未接到选任仲裁员或进行仲裁程序的适当通知，或者由于其他不可归责于被申请人的原因而未能陈述意见的；

（三）裁决所处理的争议不是提交仲裁的争议，或者不在仲裁协议范围之内；或者裁决载有超出当事人提交仲裁范围的事项的决定，但裁决中超出提交仲裁范围的事项的决定与提交仲裁事项的决定可以分开的，裁决中关于提交仲裁事项的决定部分可以予以认可；

（四）仲裁庭的组成或者仲裁程序违反当事人的约定，或者在当事人没有约定时与台湾地区仲裁规定不符的；

（五）裁决对当事人尚无约束力，或者业经台湾地区法院撤销或者驳回执行申请的。

依据国家法律，该争议事项不能以仲裁解决的，或者认可该仲裁裁决将违反一个中国原则等国家法律的基本原则或损害社会公共利益的，人民法院应当裁定不予认可。

第十七条 一方当事人向人民法院申请认可或者执行台湾地区仲裁裁决，另一方当事人向台湾地区法院起诉撤销该仲裁裁决，被申请人申请中止认可或者执行并且提供充分担保的，人民法院应当中止认可或者执行程序。

申请中止认可或者执行的，应当向人民法院提供台湾地区法院已经受理撤销仲裁裁决案件的法律文书。

台湾地区法院撤销该仲裁裁决的，人民法院应当裁定不予认可或者裁定终结执行；台湾地区法院驳回撤销仲裁裁决请求的，人民法院应当恢复认可或者执行程序。

24. 民事裁定书（驳回认可和执行台湾地区仲裁裁决申请用）

××××人民法院
民事裁定书

（××××）……认台……号

申请人：×××，……。

……

被申请人：×××，……。

……

（以上写明当事人和其他诉讼参加人的姓名或者名称等基本信息）

申请人×××申请认可和执行台湾地区××××仲裁机构/仲裁庭……号仲裁裁决一案，本院于××××年××月××日立案。本院依法组成合议庭进行了审查。

×××申请称，……（写明申请人的请求、事实和理由）。

×××陈述意见称，……（写明被申请人的意见）。

本院经审查认为，……（写明驳回申请的理由）。

依照《最高人民法院关于认可和执行台湾地区仲裁裁决的规定》第三条、第十五条、……（写明法律、司法解释等法律依据）规定，裁定如下：

驳回×××的申请。

审　判　长　×××
审　判　员　×××
审　判　员　×××
××××年××月××日
（院印）
书　记　员　×××

【说　明】

1. 本样式依据《最高人民法院关于认可和执行台湾地区仲裁裁决的规定》第三条、第十五条制定，供人民法院裁定驳回认可和执行台湾地区仲裁裁决申请用。

2. 根据《最高人民法院关于认可和执行台湾地区仲裁裁决的规定》，当申请人坚持不申请认可，而直接申请执行的，或者人民法院无法确认该仲裁裁决的真实性的，人民法院应当裁定驳回其申请。裁定驳回申请的案件，申请人再次申请并符合受理条件的，人民法院应予受理。

【法律依据】

《最高人民法院关于认可和执行台湾地区仲裁裁决的规定》（2015年6月29日）

第三条　申请人同时提出认可和执行台湾地区仲裁裁决申请的，人民法院先按照认可程序进行审查，裁定认可后，由人民法院执行机构执行。

申请人直接申请执行的，人民法院应当告知其一并提交认可申请；坚持不申请认可的，裁定驳回其申请。

第十五条　人民法院经审查能够确认台湾地区仲裁裁决真实，而且不具有本规定第十四条所列情形的，裁定认可其效力；不能确认该仲裁裁决真实性的，裁定驳回申请。

裁定驳回申请的案件，申请人再次申请并符合受理条件的，人民法院应予受理。

25. **民事裁定书**（不予受理认可和执行台湾地区仲裁裁决申请用）

××××人民法院
民事裁定书

（××××）……认台……号

申请人：×××，……。
……
（以上写明当事人和其他诉讼参加人的姓名或者名称等基本信息）

××××年××月××日，申请人×××向本院申请认可和执行台湾地区×××仲裁机构/仲裁庭于××××年××月××日作出的……号仲裁裁决。本院依法组成合议庭进行了审查。

本院经审查认为，……（写明不予受理的理由）。

依照《最高人民法院关于认可和执行台湾地区仲裁裁决的规定》第八条、第十八条、……（明确写明公约、条约、法律、司法解释等法律依据）规定，裁定如下：

对×××的申请，本院不予受理。

审　判　长　×××
审　判　员　×××
审　判　员　×××
××××年××月××日
（院印）
书　记　员　×××

【说　明】

本样式依据《最高人民法院关于认可和执行台湾地区仲裁裁决的规定》第八条、第十八条制定，供人民法院裁定不予受理认可和执行台湾地区仲裁裁决申请用。

【法律依据】

《最高人民法院关于认可和执行台湾地区仲裁裁决的规定》（2015 年 6 月 29 日）

第八条　对于符合本规定第四条和第七条规定条件的申请，人民法院应当在收到申请后七日内立案，并通知申请人和被申请人，同时将申请书送达被申请人；不符合本规定第四条和第七条规定条件的，应当在七日内裁定不予受理，同时说明不予受理的理由；申请人对裁定不服的，可以提起上诉。

第十八条　对人民法院裁定不予认可的台湾地区仲裁裁决，申请人再次提出申请的，人民法院不予受理。但当事人可以根据双方重新达成的仲裁协议申请仲裁，也可以就同一争议向人民法院起诉。

26. 民事裁定书（准许撤回认可和执行台湾地区仲裁裁决申请用）

××××人民法院
民事裁定书

（××××）……认台……号

申请人：×××，……。
……
被申请人：×××，……。
……

（以上写明当事人和其他诉讼参加人的姓名或者名称等基本信息）

申请人×××申请认可和执行台湾地区××××仲裁机构/仲裁庭……号仲裁裁决一案，本院于××××年××月××日立案。本院组成合议庭进行审查。

×××于××××年××月××日向本院提出撤回申请的请求。

本院经审查认为，……（写明准许撤回的理由）。

依照《最高人民法院关于认可和执行台湾地区仲裁裁决的规定》第十二条、……（写明公约、条约、法律、司法解释等法律依据）规定，裁定如下：

准许×××撤回申请。

案件申请费……元，由……负担（写明当事人姓名或者名称、负担金额）。

审　判　长　×××
审　判　员　×××
审　判　员　×××
××××年××月××日
（院印）
书　记　员　×××

【说　明】

本样式根据《最高人民法院关于认可和执行台湾地区仲裁裁决的规定》第十二条制定，供人民法院裁定准许撤回认可和执行台湾地区仲裁裁决申请用。

【法律依据】

《最高人民法院关于认可和执行台湾地区仲裁裁决的规定》（2015年6月29日）

第十二条　人民法院受理认可台湾地区仲裁裁决的申请后，作出裁定前，申请人请求撤回申请的，可以裁定准许。

（五）国际民商事司法协助

27. 民商事案件司法文书域外送达请求转递函（供高级人民法院报送最高人民法院国际合作局用）

民商事案件司法文书域外送达请求转递函

高级人民法院编号（自动生成）

最高人民法院国际合作局：

××××人民法院审理的×××（原告、上诉人等）与×××（被告、被上诉人等）……（写明案由）一案，需向下列当事人送达有关司法文书：

一、受送达人信息

受送达人姓名或名称：

送达地址：

二、需要送达的司法文书清单：

1. ××××

2. ××××

3. ××××

……

以上文书（及译文，如有）各两份。

我院对需要送达的文书进行了审查，确认下列内容无误（需逐项勾选或填写）：

1. 各项文书中受送达人的姓名或名称一致　　　　　　　　（　　）

2.1 各项文书中受送达人的送达地址一致　　　　　　　　（　　）

2.2 各项文书中受送达人的地址不一致，我院确认本函中所列明的送达地址为经核对无误的送达地址　　　　　　　　　　　　　　　　（　　）

3. 本案的答辩期限（如有）为30天，符合民事诉讼法的规定　　（　　）

4. 本案预留的送达时间符合有关要求　　　　　　　　　　　（　　）

5. 本案的举证期限（如有）为××天（××××年××月××日），开庭时间（如有）为××××年××月××日

6.1 本案受送达人为中国国籍自然人，送达回证中列明的外文送达地址为经核对无误的送达地址　　　　　　　　　　　　　　　　　　（　　）

6.2 本案受送达人为法人或××国籍自然人，所送达的文书附有××文字译文，译文语种符合相关要求　　　　　　　　　　　　　　　　（　　）

现将需要送达的司法文书转去，请予审核并转递。

××××高级人民法院
××××年××月××日

【说　明】

本函供高级人民法院向最高人民法院国际合作局转递需要向在外国的当事人送达司法文书时使用。

28. 民商事案件司法文书域外送达请求转递函（供委托我国驻外使领馆通过外交途径向在外国的中国籍自然人送达用）

中华人民共和国××××人民法院
委托送达函

驻×××国使（领）馆：

　　×××省××××人民法院受理的×××（原告、上诉人等）与×××（被告、被上诉人等）……（写明案由）一案，需向下列当事人送达有关司法文书。请贵馆径向受送达人送达并及时将送达结果及证明材料通过原途径退回。

　　受送达人：×××

　　国籍：中国

　　送达地址：×××国

　　（此处打印或粘贴已打印好的被请求国官方文字的地址，确实无法打印的，手写外文地址应当清晰、可辨认）

　　所送达的文书清单：

　　1. ××××

　　2. ××××

　　3. ××××

　　4. ××××

　　5. 送达回证

　　以上文书各两份。

××××人民法院

××××年××月××日

（加盖承办法院院章）

【说　明】

1. 本函供向在既非海牙送达公约成员国，也没有与我国签订双边司法协助条约的国家的中国籍自然人送达司法文书时使用。

2. 本函由提出司法文书送达请求的法院制作并加盖该院院章。

3. 本函无需译文。

4. 本函无需编号，随需要送达的司法文书一并报送。

29. 民商事案件司法文书域外送达请求转递函（供委托我国驻外使领馆通过外交途径向在外国的法人和非中国籍自然人送达用）

中华人民共和国××××人民法院
委托送达函

驻×××国使（领）馆：

×××省××××人民法院受理的×××（原告、上诉人等）与×××（被告、被上诉人等）……（写明案由）一案，需向下列当事人送达有关司法文书。请贵馆通过外交途径办理送达并及时将送达结果及证明材料通过原途径退回。

受送达人：×××

国籍：×××国（如无法确定，此项可删除）

送达地址：×××国

（此处打印或粘贴已打印好的被请求国官方文字的地址，确实无法打印的，手写外文地址应当清晰、可辨认）

所送达的文书清单：

1. ××××
2. ××××
3. ××××
4. ××××
5. ××××
6. 以上文书的译文

以上文书及译文各两份。

××××人民法院

××××年××月××日

（加盖承办法院院章）

【说　明】

1. 本函供向在既非海牙送达公约成员国，也没有与我国签订双边司法协助条约的国家的法人和非中国籍自然人送达司法文书时使用。

2. 本函由提出司法文书送达请求的法院制作并加盖该院院章。

3. 本函无需译文。

4. 本函无需编号，随需要送达的司法文书一并报送。

30. 民商事案件司法文书域外送达请求转递函（供通过外交途径委托被请求国主管法院向在外国的法人和非中国籍自然人送达用）

协助送达函

×××国主管法院：

中华人民共和国×××省×××区人民法院受理的×××（原告、上诉人等）与×××（被告、被上诉人等）……（写明案由）一案，需向下列当事人送达有关司法文书。请贵法院协助送达并及时将送达结果通过原途径退回。

受送达人：×××

国籍：×××国（如无法确定，此项可删除）

送达地址：×××国

（此处打印或粘贴已打印好的被请求国官方文字的地址，确实无法打印的，手写外文地址应当清晰、可辨认）

所送达的文书清单：

1. ××××
2. ××××
3. ××××
4. ××××
5. ××××
6. 以上文书的译文

以上文书及译文各两份。

××××人民法院

××××年××月××日

（加盖承办法院院章）

【说　明】

1. 本函供向在既非海牙送达公约成员国，也没有与我国签订双边司法协助条约的国家的法人和非中国籍自然人送达司法文书时使用。

2. 本函由提出司法文书送达请求的法院制作并加盖该院院章。

3. 本函需附译文。

3. 本函译文的语种应与所送达文书的译文语种一致。

4. 本函所送达的文书清单中所列的各项文书名称的译文，应与实际送达的各项文书名称的译文一致。

5. 本函及其译文无需编号，随需要送达的司法文书一并报送。

31. **协助外国送达民商事案件司法文书/ 司法外文书转递函**（供最高人民法院国际合作局向高级人民法院转递需予送达的司法文书/司法外文书用）

协助外国送达民商事案件司法文书/司法外文书转递函

编号（自动生成）

×××× 高级人民法院：

我局收到×××国就×××（原告）与×××（一般是受送达人，分别填写中、外文姓名或名称）……（写明案由）一案，请求向×××（分别填写中、外文姓名或名称）送达的有关文书。经初步审查，其请求符合有关规定。现转你院进一步审查，如无不同意见，请按规定安排送达并及时将送达回证寄回我局。

受送达人：（中文及外文姓名或名称）

送达地址：

所送达的文书清单：

1. 被送达文书概要一份
2. 其他文书各一份（详见请求书所列清单）

（以上文书有××文译文/无译文）

最高人民法院国际合作局
××××年××月××日

【说 明】

本函供最高人民法院国际合作局向高级人民法院转递需要向在中国的当事人送达司法文书或司法外文书时使用。

32. 协助外国送达民商事案件司法文书/ 司法外文书办理结果转递函

（供高级人民法院向最高人民法院国际合作局报送协助外国送达司法文书或司法外文书的送达证明用）

协助外国送达民商事案件司法文书/
司法外文书办理结果转递函

编号（自动生成）

最高人民法院国际合作局：

你局×××号函转来的×××国请求向×××（受送达人）送达法律文书一事，××××人民法院已经完成送达。

我院对××××人民法院及其承办部门出具的送达结果转递函和送达回证进行了审查，审查结果如下（需逐项勾选或填写）：

1. ××××人民法院承办部门出具的送达结果转递函各项内容填写无误　　　　　　　　　　　　　　　　　　　　　　　　　（　　）

2. 送达回证中各项内容填写规范、完整　　　　　　（　　）

其中：

2.1 逐一列明了所送达的文书的名称和份数　　　　（　　）

2.2 送达日期填写完整（勾选）

2.3 有受送达人或代收人的签字或盖章　　　　　　（　　）

2.4 有送达人的签字或盖章　　　　　　　　　　　（　　）

2.5 送达回证加盖了承办法院的院章　　　　　　　（　　）

2.6 注明了代收人与受送达人的关系，代收人符合民事诉讼法和相关司法解释的规定　　　　　　　　　　　　　　　　　　　　　　（　　）

2.7 （如送达不成功）说明了未能成功送达的原因　（　　）

现将××××人民法院承办部门出具的送达回证［及未能成功送达的文书（根据实际情况填写）］转去，请审查并转递。

×××× 高级人民法院
××××年××月××日

【说　明】

本函供高级人民法院向最高人民法院国际合作局报送协助外国送达司法文书或司法外文书的送达证明时使用。

33. 民商事案件域外调查取证请求转递函（供地方各级人民法院依据海牙取证公约委托外国调查取证，高级人民法院向最高人民法院国际合作局转递请求书用）

民商事案件域外调查取证请求转递函
（依据海牙取证公约提出请求）

编号（自动生成）

最高人民法院国际合作局：

　　××××人民法院审理的×××（原告、上诉人等）与×××（被告、被上诉人等）……（写明案由）一案，应当事人或其诉讼代理人的申请，经××××人民法院审查同意/因审理案件需要，××××人民法院认为需依据海牙取证公约委托×××国调查取证。

　　我院对调查取证请求材料进行了审查，确认下列内容无误（需逐项勾选或填写）：

　　1. 请求书及其附件的译文符合海牙取证公约的规定和被请求国对译文语种所作的声明和保留　　　　　　　　　　　　　　　　（　　）
　　2. 请求书译文的语种和附件译文的语种一致　　　　　　　（　　）
　　3. 请求书的各项内容填写规范、完整　　　　　　　　　　（　　）
　　4. 附件中没有明确标注密级的材料　　　　　　　　　　　（　　）
　　5. 提供了证明请求书及其附件的译文与原文一致的翻译证明　（　　）

现将有关材料（WORD文档及PDF文档）转去，请予审查并转递。

文件清单：
1. 依据海牙取证公约调查取证请求书
2. 依据海牙取证公约调查取证请求书译文
3. 请求书附件
4. 请求书附件译文

5. 证明请求书及其附件的译文与原文一致的翻译证明

××××高级人民法院
××××年××月××日

【说　明】

本函供地方各级人民法院依据海牙取证公约委托外国调查取证，高级人民法院向最高人民法院国际合作局转递请求书时使用。

34. 民商事案件域外调查取证请求转递函（供地方各级人民法院依据双边司法协助条约委托外国调查取证，高级人民法院向最高人民法院国际合作局转递请求书用）

民商事案件域外调查取证请求转递函
（依据双边司法协助条约提出请求）

编号（自动生成）

最高人民法院国际合作局：

　　××××人民法院审理的×××（原告、上诉人等）与×××（被告、被上诉人等）……（写明案由）一案，应当事人或其诉讼代理人的申请，经××××人民法院审查同意/因审理案件需要，××××人民法院认为需依据××××（双边司法协助条约名称）委托×××国调查取证。

　　我院对调查取证请求材料进行了审查，确认下列内容无误（需逐项勾选或填写）：

　　1. 请求书及其附件的译文符合该条约的规定　　　　　　（　）
　　2. 请求书译文的语种和附件译文的语种一致　　　　　　（　）
　　3. 请求书的各项内容填写规范、完整　　　　　　　　　（　）
　　4. 附件中没有明确标注密级的材料　　　　　　　　　　（　）
　　5. 提供了证明请求书及其附件的译文与原文一致的翻译证明（　）
　　6. 请求书加盖了提出请求的人民法院院章　　　　　　　（　）

现将有关材料（WORD 文档及 PDF 文档）转去，请予审查并转递。

文件清单：

1. 依据双边司法协助条约调查取证请求书
2. 依据双边司法协助条约调查取证请求书译文
3. 请求书附件
4. 请求书附件译文

5. 证明请求书及其附件的译文与原文一致的翻译证明

××××高级人民法院
××××年××月××日

【说　明】

本函供地方各级人民法院依据双边司法协助条约委托外国调查取证，高级人民法院向最高人民法院国际合作局转递请求书时使用。

35. 民商事案件域外调查取证请求转递函（供地方各级人民法院通过外交途径委托外国调查取证，高级人民法院向最高人民法院国际合作局转递请求书用）

民商事案件域外调查取证请求转递函
（通过外交途径提出请求）

编号（自动生成）

最高人民法院国际合作局：

××××人民法院审理的×××（原告、上诉人等）与×××（被告、被上诉人等）……（写明案由）一案，应当事人或其诉讼代理人的申请，经××××人民法院审查同意/因审理案件需要，××××人民法院认为需通过外交途径委托×××国调查取证。

我院对调查取证请求材料进行了审查，确认下列内容无误（需逐项勾选或填写）：

1. 请求书及其附件的译文为被请求国的官方文字　　　　（　　）
2. 请求书译文的语种和附件译文的语种一致　　　　　　（　　）
3. 请求书的各项内容填写规范、完整　　　　　　　　　（　　）
4. 附件中没有明确标注密级的材料　　　　　　　　　　（　　）
5. 提供了证明请求书及其附件的译文与原文一致的翻译证明（　　）
6. 请求书加盖了提出请求的人民法院院章　　　　　　　（　　）

现将有关材料（WORD 文档及 PDF 文档）转去，请予审查并转递。

文件清单：

1. 提出调查取证请求的法院致我国驻被请求国使（领）馆的委托书
2. 提出调查取证请求的法院致被请求国主管法院的委托书
3. 提出调查取证请求的法院致被请求国主管法院的委托书译文
4. 通过外交途径调查取证请求书
5. 通过外交途径调查取证请求书译文

6. 请求书附件

7. 请求书附件译文

8. 证明请求书及其附件的译文与原文一致的翻译证明

××××高级人民法院

××××年××月××日

【说　明】

本函供地方各级人民法院通过外交途径委托外国调查取证，高级人民法院向最高人民法院国际合作局转递请求书时使用。

36. 民商事案件域外调查取证请求转递函

（供地方各级人民法院委托我国驻外使领馆向在外国的中国公民调取无需外国主管机关协助即可获取的证据，高级人民法院向最高人民法院国际合作局转递请求书用）

民商事案件域外调查取证请求转递函
（向在域外的中国公民调查取证）

编号（自动生成）

最高人民法院国际合作局：

　　××××人民法院审理的×××（原告、上诉人等）与×××（被告、被上诉人等）……（写明案由）一案，应当事人或其诉讼代理人的申请，经××××人民法院审查同意/因审理案件需要，××××人民法院认为需向在×××国的中国公民×××调查取证。该项调查取证无需×××国主管机关介入或提供协助。

　　我院对调查取证请求材料进行了审查，确认下列内容无误（需逐项勾选或填写）：

1. 请求书的各项内容填写规范、完整　　　　　　　　（　　）
2. 附件中没有明确标注密级的材料　　　　　　　　　（　　）
3. 请求书加盖了提出请求的人民法院院章　　　　　　（　　）

现将有关材料（WORD 文档及 PDF 文档）转去，请予审查并转递。

文件清单：

1. ××××人民法院致我国驻该国使（领）馆的委托函
2. 向在外国的中国公民调查取证请求书
3. 请求书附件

××××高级人民法院
××××年××月××日

【说　明】

　　本函供地方各级人民法院委托我国驻外使（领）馆向在外国的中国公民调取无需外国主管机关协助即可获取的证据，高级人民法院向最高人民法院国际合作局转递请求书时使用。

37. **协助外国进行民商事案件调查取证转递函**（供最高人民法院国际合作局向高级人民法院转递外国依据海牙取证公约或双边司法协助条约提出的民商事案件调查取证请求用）

协助外国进行民商事案件调查取证转递函
（依据海牙取证公约/双边司法协助条约提出请求）

编号（自动生成）

××××高级人民法院：

　　我局收到×××国依据海牙取证公约/×××条约（双边司法协助条约名称）就×××（原告、上诉人等）与×××（被告、被上诉人等）……（写明案由）一案提出的民商事案件调查取证请求。现将该国转来的调查取证请求书及所附材料转去，请依据该公约/条约和我国民事诉讼法的规定进行审查，并将办理结果报我局。

最高人民法院国际合作局
××××年××月××日

【说　明】

　　本函供最高人民法院国际合作局向高级人民法院转递外国依据海牙取证公约或双边司法协助条约提出的民商事案件调查取证请求时使用。

38. **协助外国进行民商事案件调查取证转递函**（供最高人民法院国际合作局向高级人民法院转递外国通过外交途径提出的民商事案件调查取证请求用）

协助外国进行民商事案件调查取证转递函
（通过外交途径提出请求）

编号（自动生成）

××××高级人民法院：

  我局收到×××国通过外交途径就×××（原告、上诉人等）与×××（被告、被上诉人等）……（写明案由）一案提出的民商事案件调查取证请求。现将该国转来的调查取证请求书及所附材料转去，请依据我国民事诉讼法的规定进行审查，并将办理结果报我局。

最高人民法院国际合作局
××××年××月××日

【说　明】

  本函供最高人民法院国际合作局向高级人民法院转递外国通过外交途径提出的民商事案件调查取证请求时使用。

39. 协助外国进行民商事案件调查取证办理结果转递函（供高级人民法院向最高人民法院国际合作局报送协助外国调查取证结果用）

协助外国进行民商事案件调查取证办理结果转递函
（适用于完成或部分完成情形）

编号（自动生成）

最高人民法院国际合作局：

你局×××号函转来的×××国就×××（原告、上诉人等）与×××（被告、被上诉人等）……（写明案由）一案请求协助调查取证一事，××××人民法院已经审查办理完毕，办理结果如下：

1. 完成调查取证／部分完成调查取证　　　　　　　　　　（　　）

我院对××××人民法院及其承办部门出具的调查取证结果进行了审查，审查结果如下（需逐项勾选或填写）：

（1）调查取证的内容符合请求书的要求　　　　　　　　　（　　）
（2）调取的证据中不含有明确标注密级的材料　　　　　　（　　）
（3）调查取证结果对外提供后，不存在可能损害国家主权、安全、泄露国家秘密、侵犯商业秘密等情形　　　　　　　　　　　　　　（　　）
（4）提供的证据材料符合民事诉讼法和相关司法解释规定的形式要件
　　　　　　　　　　　　　　　　　　　　　　　　　　　（　　）

其他需要说明的情况：

2. 无法全部完成原因如下：

现将调查取证结果转去，请审查并转递。

××××高级人民法院
××××年××月××日

【说　明】

本函供高级人民法院向最高人民法院国际合作局报送协助外国调查取证结果时使用。

40. 协助外国进行民商事案件调查取证办理结果转递函（供高级人民法院向最高法院国际合作局报送未能完成协助外国调查取证的原因用）

协助外国进行民商事案件调查取证办理结果转递函
（适用于未能完成情形）

编号（自动生成）

最高人民法院国际合作局：

你局×××号函转来的×××国就×××（原告、上诉人等）与×××（被告、被上诉人等）……（写明案由）一案请求协助调查取证一事，×××人民法院已经审查完毕，因下列原因，调查取证未能完成：

××××年××月××日

【说　明】

本函供高级人民法院向最高人民法院国际合作局报送未能完成协助外国调查取证的原因时使用。

（六）港澳台司法协助

41. 送达文书委托书（委托香港特别行政区送达文书用）

××××高级人民法院
送达文书委托书

（××××）……请港送……号

香港特别行政区高等法院：

　　××省（自治区、直辖市）××××人民法院所受理之……号（案号）×××与×××（当事人）……（写明案由）一案，有请你院协助送达司法文书之必要。

　　根据《关于内地与香港特别行政区法院相互委托送达民商事司法文书的安排》第二条规定，惠请就本委托书附录所述之司法文书×件予以协助送达。

　　请在完成送达后，将送达证明书，或者在无法送达时将注明妨碍送达原因、拒收事由和日期的送达证明书连同委托书及所附全部司法文书，寄回本院港澳台司法事务办公室。

　　寄送名址：邮政编码：××××××；地址：××省（自治区、直辖市）××市××区××路××号×××高级人民法院港澳台司法事务办公室；收件人：×××。

　　如有任何问题，请即与本院港澳台司法事务办公室联络。联络人：×××法官。电话：++86（××）××××××××；传真：++86（××）××××××××。

　　特此委托。

（××××高级人民法院印）
××××年××月××日

送达文书委托书
（附录）

（案件审理法院院印）

审理法院	××省（自治区、直辖市）××××人民法院
案　　号	
案　　由	
当事人	原告（上诉人、申请再审人）：××× 被告（被上诉人、被申请人）：××× 第三人：×××
受送达人	姓名（名称）：
送达地址及联络方式	送达地址： 联络方式：（尽可能提供受送达人固定和移动电话、电子信箱、家庭成员及社会关系的联络方式等信息）
关于送达方式的特别说明	
需要送达之司法文书及件数	□起诉状副本　　　　　□上诉状副本 □授权委托书（空白）　□传票 □判决书　　　　　　　□调解书 □裁定书　　　　　　　□决定书 □通知书　　　　　　　□证明书 □送达回证　　　　　　□其他 以上文书，各一式两份。
案件联系人及联系方式	姓名：××× 职务：××××人民法院×××庭书记员（法官） 电话：++86（××）×××××××× 传真：++86（××）××××××××
备　　注	1. 案件审理法院《请求委托香港特别行政区送达文书函》文号：（××××）……港请送……号 2. 其他：
填写日期	××××年××月××日

42. 协助送达文书回复书（协助香港特别行政区送达文书用）

××××高级人民法院
协助送达文书回复书

（××××）……港请送……号

香港特别行政区高等法院：

你院……号（填写文号）送达文书委托书收悉。

对委托协助送达香港特别行政区××法院"××诉讼××××年第××号原告×××诉被告×××案件"之司法文书，经××省（自治区、直辖市）××××人民法院协助，已成功（未能成功）送达。

根据《关于内地与香港特别行政区法院相互委托送达民商事司法文书的安排》第五条规定，现将送达回证［（未能成功送达时）和委托书及所附全部文书×件］随函寄送你院。

如有任何问题，请即与本院港澳台司法事务办公室联络。联络人：×××法官；电话：++86（××）×××××××××；传真：++86（××）×××××××××。

特此函复。

（××××高级人民法院印）
××××年××月××日

43. 送达回证（协助香港特别行政区送达文书用）

××××人民法院
送达回证

（送达法院院印）

送达法院案号	（××××）……港请送……号
香港特别行政区高等法院委托书编号	
香港特别行政区审理法院及案号案由	香港特别行政区××法院"××诉讼××××年第……号××诉×××案件"
送达文书名称和件数	（1.……，×件； 2.……，×件； ……）
受送达人	
指定送达地址	
实际送达地址	□同上址。 □改送地址（如未注明即同上址）：
受送达人签名或盖章	年　月　日
代收人	签名或盖章： 代收理由（注明与受送达人的关系）： 　　　　　　　　　　　　　　年　月　日
妨碍送达的原因、拒收事由和日期	（注明妨碍或者拒收事由的发生日期）
送达人签名或盖章	年　月　日
备　　注	1. 高级人民法院《协助香港特别行政区送达文书函》文号：（××××）……港请送……号 2. 其他：

44. 送达文书委托书（委托澳门特别行政区送达文书用）

**××××高级人民法院
送达文书委托书**

（××××）……请澳送……号

澳门特别行政区终审法院：

　　××省（自治区、直辖市）××××人民法院所受理之……号（案号）×××与×××（当事人）……（写明案由）一案，有请你院协助送达司法文书之必要。

　　根据《关于内地与澳门特别行政区法院就民商事案件相互委托送达司法文书和调取证据的安排》第二条规定，惠请就本委托书附录所述之司法文书×件予以协助送达。

　　请在完成送达后，将送达证明书，或者在无法送达时将注明妨碍送达原因、拒收事由和日期的送达证明书连同委托书及所附全部司法文书，寄回本院港澳台司法事务办公室。

　　寄送名址：邮政编码：××××××；地址：××省（自治区、直辖市）××市××区××路××号××××高级人民法院港澳台司法事务办公室；收件人：×××。

　　如有任何问题，请即与本院港澳台司法事务办公室联络。联络人：×××法官。电话：++86（××）×××××××××；传真：++86（××）×××××××××。

　　特此委托。

（××××高级人民法院印）
××××年××月××日

送达文书委托书
（附录）

（案件审理法院院印）

审理法院	××省（自治区、直辖市）××××人民法院
案　　号	
案　　由	
当事人	原告（上诉人、申请再审人）：××× 被告（被上诉人、被申请人）：××× 第三人：×××
受送达人	姓名（名称）：
送达地址及联络方式	送达地址： 联络方式：［尽可能提供受送达人固定和移动电话、电子信箱、家庭成员及社会关系的联络方式等信息］
关于送达方式的特别说明	
需要送达之司法文书及件数	□起诉状副本　□上诉状副本　□反诉状副本 □答辩状副本　□授权委托书（空白）　□传票 □判决书　　　□调解书　　　□裁定书 □支付令　　　□决定书　　　□通知书 □证明书　　　□送达回证　　□其他司法文书 □所附相关文件　□其他 以上文书，各一式两份。
案件联系人及联系方式	姓名：××× 职务：××××人民法院×××庭书记员（法官） 电话：++86（××）×××××××× 传真：++86（××）××××××××
备　　注	1. 案件审理法院《请求委托澳门特别行政区送达文书函》文号：（××××）……请澳送……号。 2. 其他：
填写日期	××××年××月××日

45. 协助送达文书回复书（协助澳门特别行政区送达文书用）

××××高级人民法院
协助送达文书回复书

（××××）……澳请送……号

澳门特别行政区终审法院：

你院××号（填写文号）送达文书委托书收悉。

对委托协助送达澳门特别行政区××法院"……（案件编号）×××诉×××案件"之司法文书，经××省（自治区、直辖市）××××人民法院协助，已成功（未能成功）送达。

根据《关于内地与澳门特别行政区法院就民商事案件相互委托送达司法文书和调取证据的安排》第十一条规定，现将送达回证［（未能成功送达时）和委托书及所附全部文件×件］随函寄送你院。

如有任何问题，请即与本院港澳台司法事务办公室联络。联络人：×××法官；电话：++86（××）××××××××；传真：++86（××）××××××××。

特此函复。

（××××高级人民法院印）
××××年××月××日

46. 送达回证（协助澳门特别行政区送达文书用）

××××人民法院
送达回证

（送达法院院印）

送达法院案号	（××××）××澳请送××号
澳门特别行政区终审法院委托书编号	
澳门特别行政区审理法院及案号案由	澳门特别行政区××法院"……（案件编号）×××诉×××案件"
送达文书名称和件数	（1.……，×件； 2.……，×件； ……）
受送达人	
指定送达地址	
实际送达地址	□同上址。 □改送地址（如未注明即同上址）：
受送达人签名或盖章	年　月　日
代收人	签名或盖章： 代收理由（注明与受送达人的关系）： 年　月　日
妨碍送达的原因、拒收事由和日期	（注明妨碍或者拒收事由的发生日期）

续 表

送达人 签名或盖章	年　月　日
备　　注	1. 高级人民法院《协助澳门特别行政区送达文书函》文号：（××××）……澳请送……号。 2. 其他：

47. 调查取证委托书（委托澳门特别行政区调查取证用）

**××××高级人民法院
调查取证委托书**

（××××）……请澳调……号

澳门特别行政区终审法院：

　　××省（自治区、直辖市）××××人民法院所受理之……号（案号）×××与×××（当事人）……（写明案由）一案，有请澳门特别行政区法院协助调查取证之必要。

　　根据《关于内地与澳门特别行政区法院就民商事案件相互委托送达司法文书和调取证据的安排》第二条第一款规定，惠请就本委托书附录所述之（下列）调查取证事项协助调查取证。随附……（原件）、……（复印件）等相关材料×份供参。

　　在完成调查取证后，请将取得的证据材料连同书面说明，或者在未能成功调查取证时书面说明妨碍调取证据的原因连同前已寄送你院之委托书及所附全部文件寄回本院。

　　寄送名址：邮政编码：××××××；地址：××省（自治区、直辖市）××市××区××路××号××××高级人民法院港澳台司法事务办公室；收件人：×××。

　　如有任何问题，请即与本院港澳台司法事务办公室联络。联络人：×××法官；电话：++86（××）×××××××××；传真：++86（××）×××××××××。

　　特此委托。

（××××高级人民法院印）

××××年××月××日

调查取证委托书

（附录） （案件审理法院院印）

审理法院	××省（自治区、直辖市）××××人民法院
案　　号	××××××××号
案　　由	
当事人	原告（上诉人、申请再审人）：×××，地址： 被告（被上诉人、被申请人）：×××，地址： 第三人：×××，地址：
案情摘要	（说明委托调取证据的原因，包括案件基本事实、与委托事项有关联的事实、所涉及的法律条文和目前审理进展情况等）
请求目的	□询问当事人、证人和鉴定人 □鉴定和司法勘验 □调取其他与诉讼有关的证据
委托调取证据的具体事项及说明	(1. 针对×××，请求询问及调取下列事项：（1）……； （2）……。 2. 针对……，请求协助查明下列事项：（1）……；（2）……。 3. 请求确认×××之身份及协寻其所在，并询问及调取下列事项：（1）……； （2）……。 ……） （应分别说明被调查人的身份信息和联络方式，如姓名、出生日期、职务、地址、固定和移动电话、证件号码等一切有助于辨别其身份和所在的相关信息，以及需要向被调查人提出的问题；书证、物证及视听资料所在及请求提供的范围；鉴定和司法勘验的对象及所在；调取证据需采用的特殊方式；有助于执行委托事项的其他一切情况）
所附相关材料清单	(1.……（注明系原件或复印件及页数，下同) 2.…… ……)
案件联系人及联系方式	姓名：××× 职务：×××××人民法院××审判庭书记员（法官） 电话：++86（××）×××××××× 传真：++86（××）××××××××

续　表

备注	1. 为配合本案审理程序之进行，请于三个月内查复协助调查之结果。 2. 案件审理法院《委托澳门特别行政区调查取证函》文号：（××××）……请澳调……号 3. 其他：
填写日期	××××年××月××日

48. 调查取证回复书（协助澳门特别行政区调查取证用）

××××高级人民法院
调查取证回复书

（××××）……澳请调……号

澳门特别行政区终审法院：

你院……号（填写文号）调查取证委托书收悉。

对委托书所附澳门特别行政区××法院"……（案件编号）×××诉×××案件"之调查取证事项，经××省（自治区、直辖市）××××人民法院协助，已成功调查取证（因……，未能成功调查取证）。

根据《关于内地与澳门特别行政区法院就民商事案件相互委托送达司法文书和调取证据的安排》第二十条规定，现将相关材料×件和××××人民法院《完成协助澳门特别行政区调查取证情况说明》〔（未能成功调查取证时）和委托书及所附全部文件×件〕随函寄送你院。

如有任何问题，请即与本院港澳台司法事务办公室联络。联络人：×××法官；电话：++86（××）×××××××××；传真：++86（××）×××××××××。

特此函复。

附：相关材料清单

1. ××××人民法院《完成协助澳门特别行政区调查取证情况说明》×页

2. ……×页

……

（××××高级人民法院印）

××××年××月××日

49. 送达文书请求书（请求台湾地区送达文书用）

<h2 style="text-align:center">海峡两岸共同打击犯罪及司法互助协议
送达文书请求书</h2>

（××××）……请台送……号

×××检察官（法官）惠鉴：

　　××省（自治区、直辖市）××××人民法院所受理之……号（案号）×××诉×××（当事人）……（写明案由）一案，有请贵方协助送达司法文书之必要。

　　根据《海峡两岸共同打击犯罪及司法互助协议》第七条规定，惠请就本请求书附录所述之司法文书×件予以协助送达。

　　请在完成送达后，将送达证明材料或者在未能成功送达时附具理由说明连同未能成功送达之司法文书寄回我处。

　　寄送名址：邮政编码：××××××；地址：××省（自治区、直辖市）××市××区××路××号×××高级人民法院××庭（室）台湾司法事务办公室；收件人：×××法官（联络人或代理联络人姓名和职衔）。

　　如有任何问题，请即与本人联系。

　　专此布达，并颂时绥。

|海峡两岸共同打击犯罪及
司法互助协议| |×××印|

（此处加盖对台文书专用章）　　　　（此处加盖协议联络人名章）

　　　　　　　　　　　　　　　　　×××年××月××日

海峡两岸共同打击犯罪及司法互助协议
送达文书请求书
（附录）

（案件审理法院院印）

审理法院	××省（自治区、直辖市）××××人民法院
案　号	
案　由	
当事人	原告（上诉人/申请人）：×××（公诉机关：××××人民检察院） 被告（被上诉人/被申请人）：×××（被告人：×××） 第三人：×××
受送达人	姓名（名称）：
送达地址 及联络方式	送达地址：（如有可能，一并写明邮政编码） 联络方式：（尽可能提供受送达人固定和移动电话、电子信箱、家庭成员及社会关系的联络方式等信息）
需要送达之司 法文书及件数	□受理案件通知书　　　　□出庭通知书 □应诉通知书　　　　　　□裁定书 □起诉或反诉状副本　　　□判决书 □答辩状副本　　　　　　□调解书 □举证通知书　　　　　　□传票 □原告（被告）证据［注明系原件或复印件］，×件 □其他［注明文件名称］（以上未注明件数即指一件）
案件联络人 及联络方式	职务：×××人民法院××审判庭书记员（法官） 姓名：××× 电话：++86（××）××××××× 传真：++86（××）×××××××
备　　注	1. 案件审理法院《请求台湾地区送达文书函》文号： （××××）……请台送……号 2. 其他：
填写日期	××××年××月××日

50. 送达文书回复书（协助台湾地区送达文书用）

海峡两岸共同打击犯罪及司法互助协议
送达文书回复书

（××××）……台请送……号

×××检察官（法官）惠鉴：

贵方……号（填写文号）送达文书请求书收悉。

对请求协助送达台湾××××法院"××年度××字第××号××××事件"×××诉×××案（"××年度××字第……号××××一案"）之司法文书，经××省（自治区、直辖市）××××人民法院协助，已成功（未能成功）送达。

根据《海峡两岸共同打击犯罪及司法互助协议》第七条第三款规定，现将送达回证（和相关材料×件）随函寄送贵方［（未能成功送达时），一并送还请求送达之司法文书×件。惠请谅解］。

如有任何问题，请即与本人联系。

专此布达，并颂时绥。

附：1.《海峡两岸共同打击犯罪及司法互助协议》送达回证
 2.……

| 海峡两岸共同打击犯罪及司法互助协议 | ×××印 |

（此处加盖对台文书专用章） （此处加盖协议联络人名章）

××××年××月××日

51. 送达回证（协助台湾地区送达文书用）

海峡两岸共同打击犯罪及司法互助协议
送达回证

（送达法院院印）

送达法院案号	（××××）×台请送××号
台湾地区请求书编号	
台湾地区审理法院及案号案由	台湾××××法院"××年度××字第××号××××事件"×××诉×××案（"××年度××字第××号××××一案"）
送达文书名称和件数	(1.……，×件； 2.……，×件； ……)
受送达人	
指定送达地址	
实际送达地址	□同上址。 □改送地址（如未注明即同上址）：
受送达人签名或盖章	年　月　日
代收人签名或盖章及代收理由	签名或盖章： 代收理由（请注明与受送达人的关系）： 年　月　日
未成功送达原因	
送达人签名或盖章	高级人民法院联络人签名或盖章
备　　注	1. 高级人民法院《协助台湾地区送达文书函》文号：（××××）……法助台请（送）字第……号。 2. 其他：

52. 调查取证请求书（请求台湾地区调查取证用）

海峡两岸共同打击犯罪及司法互助协议
调查取证请求书

（××××）……请台调……号

×××检察官（法官）惠鉴：

　　××省（自治区、直辖市）××××人民法院所受理之……号（案号）×××诉×××（当事人）……（写明案由）一案，有请贵方协助调查取证之必要。

　　根据《海峡两岸共同打击犯罪及司法互助协议》第八条之规定，惠请就本请求书附录所述之（下列）调查取证事项协助调查取证。随附……（原件）、……（复印件）等相关材料×份供参。

　　在完成调查取证后，请将取得的证据材料或者在未能成功调查取证时附具理由说明连同前已寄送贵方之相关材料寄回我处。

　　寄送名址：邮政编码：100745；地址：北京市东城区东交民巷27号最高人民法院台湾司法事务办公室；收件人：×××法官（联络人或代理联络人姓名和职衔）。

　　如有任何问题，请即与本人联系。

　　专此布达，并颂时绥。

海峡两岸共同打击犯罪及 司法互助协议	×××印

（此处加盖对台文书专用章）　　　（此处加盖协议联络人名章）

　　　　　　　　　　　　　　　　　××××年××月××日

海峡两岸共同打击犯罪及司法互助协议
调查取证请求书
（附录）

（案件审理法院院印）

审理法院	××省（自治区、直辖市）×××人民法院
案号	（××××）……号
案由	
当事人	原告（上诉人）：×××（公诉机关：××××人民检察院） 被告（被上诉人）：×××（被告人：×××） 第三人：×××
案情摘要	（说明案件基本事实、与请求事项关联事实、所涉及的法律条文和目前审理进展情况等）
请求目的	□取得证言及陈述 □提供书证、物证及视听资料 □确定关系人所在地或者确认其身份、前科等情况 □勘验、检查、扣押、鉴定和查询 □其他调查取证事项
请求调查取证事项及具体说明	(1. 针对×××，请求询问及调取下列事项：（1）……；（2）……。 2. 针对……，请求协助查明下列事项：（1）……；（2）……。 3. 请求确认×××之身份及协寻其所在，并询问及调取下列事项： （1）……； （2）……。 ……) (应分别或逐一说明被调查人的身份信息和联络方式，如姓名、出生日期、职务、地址、固定和移动电话、证件号码等足以确认和联络的相关信息；作证或陈述的时间、地点、费用负担方式；书证、物证及视听资料所在及请求提供的范围；勘验、检查、扣押、鉴定和查询的对象及所在；需要调查问题的要点、待证事由、取证程序和方法的特殊要求等）
所附相关材料清单	(1.……（注明系原件或复制件及页数，下同） 2.…… ……)

续　表

案件联络人及联络方式	职务：×××人民法院××审判庭书记员（法官） 姓名：××× 电话：++86（××）××××××× 传真：++86（××）×××××××
备注	1. 为配合本案审理程序之进行，请于×个月内查复协助调查之结果。 2. 案件审理法院《请求台湾地区调查取证函》文号：（××××）……请台调……号。 3. 其他：
填写日期	××××年××月××日

53. 调查取证回复书（协助台湾地区调查取证用）

海峡两岸共同打击犯罪及司法互助协议
调查取证回复书

（××××）……台请调……号

×××检察官（法官）惠鉴：

贵方……号（填写文号）调查取证请求书收悉。

对请求书所附台湾×××法院"××年度××字第……号××××事件"×××诉×××案（"××年度××字第……号××××一案"）之调查取证事项，经××省（自治区、直辖市）××××人民法院协助，已成功调查取证（因……，未能成功调查取证）。

根据《海峡两岸共同打击犯罪及司法互助协议》第八条规定，现将相关材料×件［和××省（自治区、直辖市）××××人民法院调查取证情况说明］随函寄送贵方。／根据《海峡两岸共同打击犯罪及司法互助协议》第十四条规定，现将有关调查取证情况说明如下：……［现将××省（自治区、直辖市）××××人民法院调查取证情况说明随函寄送贵方。惠请谅解］。

专此布达，并颂时绥。

附：相关材料清单
1.……
2.……
……

海峡两岸共同打击犯罪及 司法互助协议	×××印
（此处加盖对台文书专用章）	（此处加盖协议联络人名章） ××××年××月××日

最高人民法院关于印发
《公益诉讼文书样式（试行）》的通知

法〔2020〕71号

各省、自治区、直辖市高级人民法院，解放军军事法院，新疆维吾尔自治区高级人民法院生产建设兵团分院：

为了进一步规范和统一人民法院公益诉讼文书制作，提高公益诉讼文书质量，最高人民法院制定了《公益诉讼文书样式（试行）》，现予印发，自2020年4月1日起施行。请认真遵照执行。

最高人民法院
2020年3月6日

说 明

本样式依据《中华人民共和国民事诉讼法》《中华人民共和国行政诉讼法》《中华人民共和国刑事诉讼法》《最高人民法院关于适用〈中华人民共和国民事诉讼法〉的解释》《最高人民法院关于审理环境民事公益诉讼案件适用法律若干问题的解释》《最高人民法院关于审理消费民事公益诉讼案件适用法律若干问题的解释》《最高人民法院 最高人民检察院关于审理检察公益诉讼案件适用法律若干问题的解释》等法律、司法解释制定，旨在进一步规范和统一公益诉讼文书制作，不断提高人民法院公益诉讼审判工作水平。

本样式分两大部分，共18个文书样式。第一部分是民事公益诉讼文书样式，主要包括判决、裁定、调解书，以及开庭、公告等程序性事项文书，共16个；第二部分是行政公益诉讼文书样式，包括判决类文书2个。本文书样式有规定的，适用本样式。本样式未作规定的文书以及文书的写作规范等内容，适用最高人民法院2016年发布的《民事诉讼文书样式》及2015年发布的《行政诉讼文书样式（试行）》的相关规定。

一、人民法院制作民事公益诉讼文书样式

1. 民事判决书（一审环境民事公益诉讼用）

××××人民法院
民事判决书

（××××）……民初……号

原告：×××。住所地：……。
法定代表人/主要负责人：×××，……。
委托诉讼代理人：×××，……。
被告：×××，住……。
委托诉讼代理人：×××，……。
支持起诉人：×××。住所地：……。
法定代表人/主要负责人：×××，……。
委托诉讼代理人：×××，……。
（以上写明当事人和其他诉讼参加人的姓名或者名称等基本信息）

原告×××与被告×××……民事公益诉讼（写明案由）一案，本院于××××年××月××日立案后，依法适用普通程序，于××××年××月××日公告了案件受理情况，并于××××年××月××日书面告知……（相关行政主管部门）。（×××于××××年××月××日申请参加诉讼，经本院准许列为共同原告。）本院依法组成合议庭，于××××年××月××日公开开庭进行了审理。原告×××、被告×××（写明当事人与其他诉讼参加人的诉讼地位和姓名或者名称）到庭参加诉讼。支持起诉人×××向本院提交书面意见，支持原告×××提起民事公益诉讼。本案现已审理终结。

×××向本院提出诉讼请求：1.……；2.……（明确原告的诉讼请求）。事实和理由：……（概述原告主张的事实和理由）。

×××支持起诉称，……（概述支持起诉意见）。

×××辩称，……（概述被告答辩意见）。

原告×××围绕其诉讼请求提交了以下证据：1.……；2.……。被告××为反驳原告主张提交了以下证据：1.……；2.……。本院组织当事人进行了证据交换和质证。本院对当事人提交的证据认证如下：1.……；2.……。

经审理查明：……（写明法院查明的事实）。

本院认为，……（围绕争议焦点，根据认定的事实和相关法律，对当事人的诉讼请求进行分析评判，说明理由）。

综上，……（对当事人的诉讼请求是否支持进行总结评述）。依照《中华人民共和国……法》第×条、……（写明法律文件名称及其条款项序号）规定，判决如下：

一、……；

二、……。

（以上分项写明判决结果）

如果未按本判决指定的期间履行给付金钱义务，应当依照《中华人民共和国民事诉讼法》第二百五十三条规定，加倍支付迟延履行期间的债务利息（没有给付金钱义务的，不写）。

……（写明诉讼费用的负担）。

如不服本判决，可以在判决书送达之日起十五日内，向本院递交上诉状，并按照对方当事人或者代表人的人数提出副本，上诉于××××人民法院。

审　判　长　×××
审　判　员　×××
审　判　员　×××
人民陪审员　×××
人民陪审员　×××
人民陪审员　×××
人民陪审员　×××

××××年××月××日

（院印）

法 官 助 理　×××
书 记 员　×××

【说　明】

1. 本样式依据《中华人民共和国民事诉讼法》第五十五条、第十五条，《中华人民共和国环境保护法》第五十八条以及《最高人民法院关于适用〈中华人民共和国民事诉讼法〉的解释》《最高人民法院关于审理环境民事公益诉讼案件适用法律若干问题的解释》制定，供人民法院适用第一审普通程序审理环境污染或者生态破坏公益诉讼案件，作出实体判决用。

2. 依法在设区的市级以上人民政府民政部门登记、专门从事环境保护公益活动连续五年以上且无违法记录的社会组织，可以作为原告提起环境民事公益诉讼。

3. 人民法院受理环境民事公益诉讼案件后，依法可以提起诉讼的其他机关和有关组织，可以在人民法院公告之日起三十日内向人民法院申请参加诉讼。人民法院准许参加诉讼的，列为共同原告。在案件的由来和审理经过中写明："×××于××××年××月××日申请参加诉讼，经本院准许列为共同原告。"

4. 人民检察院及其他机关、社会组织、企业事业单位支持原告起诉，提交相关书面意见、协助调查收集证据等，在首部作出相应表述。如派员或委托诉讼代理人出庭，则表述出庭人员或者委托诉讼代理人的身份和姓名。在当事人诉辩意见部分原告意见之后，概述支持起诉人的意见。如支持起诉人提交了相关证据，应作为原告的证据在庭审中予以质证、认证，并在法院认定的事实部分作出表述。如支持起诉人为人民检察院的，无需表述其住所地、法定代表人及出庭人员等基本信息。

5. 如举行庭前会议，应在审理过程中写明相关情况。

6. 如原告在其起诉状中明确请求被告承担本案所涉检验、鉴定费用，合理的律师费以及为诉讼支出的其他合理费用的，应在判项中一一列明。如原告败诉，其所需承担的调查取证、专家咨询、检验、鉴定等必要费用，可以依据《最高人民法院关于审理环境民事公益诉讼案件适用法律若干问题的解释》第二十四条的规定酌情支付，且应在判项中列明。

7. 其他写作要求依照2016年最高人民法院《民事诉讼文书样式》"民事判决书（第一审普通程序用)"的【说明】。

【法律依据】

1. 《中华人民共和国民事诉讼法》（2017年6月27日）

第五十五条　对污染环境、侵害众多消费者合法权益等损害社会公共利益的行为，法律规定的机关和有关组织可以向人民法院提起诉讼。

人民检察院在履行职责中发现破坏生态环境和资源保护、食品药品安全领域侵害众多消费者合法权益等损害社会公共利益的行为，在没有前款规定的机关和组织或者前款规定的机关和组织不提起诉讼的情况下，可以向人民法院提起诉讼。前款规定的机关或者组织提起诉讼的，人民检察院可以支持起诉。

第十五条　机关、社会团体、企业事业单位对损害国家、集体或者个人民事权益的行为，可以支持受损害的单位或者个人向人民法院起诉。

2. 《中华人民共和国环境保护法》（2014年4月24日）

第五十八条　对污染环境、破坏生态，损害社会公共利益的行为，符合下列条件的社会组织可以向人民法院提起诉讼：

（一）依法在设区的市级以上人民政府民政部门登记；

（二）专门从事环境保护公益活动连续五年以上且无违法记录。

符合前款规定的社会组织向人民法院提起诉讼，人民法院应当依法受理。

提起诉讼的社会组织不得通过诉讼牟取经济利益。

3. 《最高人民法院关于适用〈中华人民共和国民事诉讼法〉的解释》（2020年12月29日）

十三、公益诉讼

第二百八十四条　环境保护法、消费者权益保护法等法律规定的机关和有关组织对污染环境、侵害众多消费者合法权益等损害社会公共利益的行为，根据民事诉讼法第五十五条规定提起公益诉讼，符合下列条件的，人民法院应当受理：

（一）有明确的被告；

（二）有具体的诉讼请求；

（三）有社会公共利益受到损害的初步证据；

（四）属于人民法院受理民事诉讼的范围和受诉人民法院管辖。

第二百八十五条　公益诉讼案件由侵权行为地或者被告住所地中级人民法院管辖，但法律、司法解释另有规定的除外。

因污染海洋环境提起的公益诉讼，由污染发生地、损害结果地或者采取预防污染措施地海事法院管辖。

对同一侵权行为分别向两个以上人民法院提起公益诉讼的，由最先立案的人民法院管辖，必要时由它们的共同上级人民法院指定管辖。

第二百八十六条 人民法院受理公益诉讼案件后，应当在十日内书面告知相关行政主管部门。

第二百八十七条 人民法院受理公益诉讼案件后，依法可以提起诉讼的其他机关和有关组织，可以在开庭前向人民法院申请参加诉讼。人民法院准许参加诉讼的，列为共同原告。

第二百八十八条 人民法院受理公益诉讼案件，不影响同一侵权行为的受害人根据民事诉讼法第一百一十九条规定提起诉讼。

第二百八十九条 对公益诉讼案件，当事人可以和解，人民法院可以调解。

当事人达成和解或者调解协议后，人民法院应当将和解或者调解协议进行公告。公告期间不得少于三十日。

公告期满后，人民法院经审查，和解或者调解协议不违反社会公共利益的，应当出具调解书；和解或者调解协议违反社会公共利益的，不予出具调解书，继续对案件进行审理并依法作出裁判。

第二百九十条 公益诉讼案件的原告在法庭辩论终结后申请撤诉的，人民法院不予准许。

第二百九十一条 公益诉讼案件的裁判发生法律效力后，其他依法具有原告资格的机关和有关组织就同一侵权行为另行提起公益诉讼的，人民法院裁定不予受理，但法律、司法解释另有规定的除外。

4.《最高人民法院关于审理环境民事公益诉讼案件适用法律若干问题的解释》（2020年12月29日）

为正确审理环境民事公益诉讼案件，根据《中华人民共和国民法典》《中华人民共和国环境保护法》《中华人民共和国民事诉讼法》等法律的规定，结合审判实践，制定本解释。

第一条 法律规定的机关和有关组织依据民事诉讼法第五十五条、环境保护法第五十八条等法律的规定，对已经损害社会公共利益或者具有损害社会公共利益重大风险的污染环境、破坏生态的行为提起诉讼，符合民事诉讼法第一百一十九条第二项、第三项、第四项规定的，人民法院应予受理。

第二条　依照法律、法规的规定，在设区的市级以上人民政府民政部门登记的社会团体、基金会以及社会服务机构等，可以认定为环境保护法第五十八条规定的社会组织。

第三条　设区的市，自治州、盟、地区，不设区的地级市，直辖市的区以上人民政府民政部门，可以认定为环境保护法第五十八条规定的"设区的市级以上人民政府民政部门"。

第四条　社会组织章程确定的宗旨和主要业务范围是维护社会公共利益，且从事环境保护公益活动的，可以认定为环境保护法第五十八条规定的"专门从事环境保护公益活动"。

社会组织提起的诉讼所涉及的社会公共利益，应与其宗旨和业务范围具有关联性。

第五条　社会组织在提起诉讼前五年内未因从事业务活动违反法律、法规的规定受过行政、刑事处罚的，可以认定为环境保护法第五十八条规定的"无违法记录"。

第六条　第一审环境民事公益诉讼案件由污染环境、破坏生态行为发生地、损害结果地或者被告住所地的中级以上人民法院管辖。

中级人民法院认为确有必要的，可以在报请高级人民法院批准后，裁定将本院管辖的第一审环境民事公益诉讼案件交由基层人民法院审理。

同一原告或者不同原告对同一污染环境、破坏生态行为分别向两个以上有管辖权的人民法院提起环境民事公益诉讼的，由最先立案的人民法院管辖，必要时由共同上级人民法院指定管辖。

第七条　经最高人民法院批准，高级人民法院可以根据本辖区环境和生态保护的实际情况，在辖区内确定部分中级人民法院受理第一审环境民事公益诉讼案件。

中级人民法院管辖环境民事公益诉讼案件的区域由高级人民法院确定。

第八条　提起环境民事公益诉讼应当提交下列材料：

（一）符合民事诉讼法第一百二十一条规定的起诉状，并按照被告人数提出副本；

（二）被告的行为已经损害社会公共利益或者具有损害社会公共利益重大风险的初步证明材料；

（三）社会组织提起诉讼的，应当提交社会组织登记证书、章程、起诉前连续五年的年度工作报告书或者年检报告书，以及由其法定代表人或者负责人签字并加盖公章的无违法记录的声明。

第九条 人民法院认为原告提出的诉讼请求不足以保护社会公共利益的，可以向其释明变更或者增加停止侵害、修复生态环境等诉讼请求。

第十条 人民法院受理环境民事公益诉讼后，应当在立案之日起五日内将起诉状副本发送被告，并公告案件受理情况。

有权提起诉讼的其他机关和社会组织在公告之日起三十日内申请参加诉讼，经审查符合法定条件的，人民法院应当将其列为共同原告；逾期申请的，不予准许。

公民、法人和其他组织以人身、财产受到损害为由申请参加诉讼的，告知其另行起诉。

第十一条 检察机关、负有环境资源保护监督管理职责的部门及其他机关、社会组织、企业事业单位依据民事诉讼法第十五条的规定，可以通过提供法律咨询、提交书面意见、协助调查取证等方式支持社会组织依法提起环境民事公益诉讼。

第十二条 人民法院受理环境民事公益诉讼后，应当在十日内告知对被告行为负有环境资源保护监督管理职责的部门。

第十三条 原告请求被告提供其排放的主要污染物名称、排放方式、排放浓度和总量、超标排放情况以及防治污染设施的建设和运行情况等环境信息，法律、法规、规章规定被告应当持有或者有证据证明被告持有而拒不提供，如果原告主张相关事实不利于被告的，人民法院可以推定该主张成立。

第十四条 对于审理环境民事公益诉讼案件需要的证据，人民法院认为必要的，应当调查收集。

对于应当由原告承担举证责任且为维护社会公共利益所必要的专门性问题，人民法院可以委托具备资格的鉴定人进行鉴定。

第十五条 当事人申请通知有专门知识的人出庭，就鉴定人作出的鉴定意见或者就因果关系、生态环境修复方式、生态环境修复费用以及生态环境受到损害至修复完成期间服务功能丧失导致的损失等专门性问题提出意见的，人民法院可以准许。

前款规定的专家意见经质证，可以作为认定事实的根据。

第十六条 原告在诉讼过程中承认的对己方不利的事实和认可的证据，人民法院认为损害社会公共利益的，应当不予确认。

第十七条 环境民事公益诉讼案件审理过程中，被告以反诉方式提出诉讼请求的，人民法院不予受理。

第十八条　对污染环境、破坏生态，已经损害社会公共利益或者具有损害社会公共利益重大风险的行为，原告可以请求被告承担停止侵害、排除妨碍、消除危险、修复生态环境、赔偿损失、赔礼道歉等民事责任。

第十九条　原告为防止生态环境损害的发生和扩大，请求被告停止侵害、排除妨碍、消除危险的，人民法院可以依法予以支持。

原告为停止侵害、排除妨碍、消除危险采取合理预防、处置措施而发生的费用，请求被告承担的，人民法院可以依法予以支持。

第二十条　原告请求修复生态环境的，人民法院可以依法判决被告将生态环境修复到损害发生之前的状态和功能。无法完全修复的，可以准许采用替代性修复方式。

人民法院可以在判决被告修复生态环境的同时，确定被告不履行修复义务时应承担的生态环境修复费用；也可以直接判决被告承担生态环境修复费用。

生态环境修复费用包括制定、实施修复方案的费用，修复期间的监测、监管费用，以及修复完成后的验收费用、修复效果后评估费用等。

第二十一条　原告请求被告赔偿生态环境受到损害至修复完成期间服务功能丧失导致的损失、生态环境功能永久性损害造成的损失的，人民法院可以依法予以支持。

第二十二条　原告请求被告承担以下费用的，人民法院可以依法予以支持：

（一）生态环境损害调查、鉴定评估等费用；

（二）清除污染以及防止损害的发生和扩大所支出的合理费用；

（三）合理的律师费以及为诉讼支出的其他合理费用。

第二十三条　生态环境修复费用难以确定或者确定具体数额所需鉴定费用明显过高的，人民法院可以结合污染环境、破坏生态的范围和程度，生态环境的稀缺性，生态环境恢复的难易程度，防治污染设备的运行成本，被告因侵害行为所获得的利益以及过错程度等因素，并可以参考负有环境资源保护监督管理职责的部门的意见、专家意见等，予以合理确定。

第二十四条　人民法院判决被告承担的生态环境修复费用、生态环境受到损害至修复完成期间服务功能丧失导致的损失、生态环境功能永久性损害造成的损失等款项，应当用于修复被损害的生态环境。

其他环境民事公益诉讼中败诉原告所需承担的调查取证、专家咨询、检验、鉴定等必要费用，可以酌情从上述款项中支付。

第二十五条 环境民事公益诉讼当事人达成调解协议或者自行达成和解协议后，人民法院应当将协议内容公告，公告期间不少于三十日。

公告期满后，人民法院审查认为调解协议或者和解协议的内容不损害社会公共利益的，应当出具调解书。当事人以达成和解协议为由申请撤诉的，不予准许。

调解书应当写明诉讼请求、案件的基本事实和协议内容，并应当公开。

第二十六条 负有环境资源保护监督管理职责的部门依法履行监管职责而使原告诉讼请求全部实现，原告申请撤诉的，人民法院应予准许。

第二十七条 法庭辩论终结后，原告申请撤诉的，人民法院不予准许，但本解释第二十六条规定的情形除外。

第二十八条 环境民事公益诉讼案件的裁判生效后，有权提起诉讼的其他机关和社会组织就同一污染环境、破坏生态行为另行起诉，有下列情形之一的，人民法院应予受理：

（一）前案原告的起诉被裁定驳回的；

（二）前案原告申请撤诉被裁定准许的，但本解释第二十六条规定的情形除外。

环境民事公益诉讼案件的裁判生效后，有证据证明存在前案审理时未发现的损害，有权提起诉讼的机关和社会组织另行起诉的，人民法院应予受理。

第二十九条 法律规定的机关和社会组织提起环境民事公益诉讼的，不影响因同一污染环境、破坏生态行为受到人身、财产损害的公民、法人和其他组织依据民事诉讼法第一百一十九条的规定提起诉讼。

第三十条 已为环境民事公益诉讼生效裁判认定的事实，因同一污染环境、破坏生态行为依据民事诉讼法第一百一十九条规定提起诉讼的原告、被告均无需举证证明，但原告对该事实有异议并有相反证据足以推翻的除外。

对于环境民事公益诉讼生效裁判就被告是否存在法律规定的不承担责任或者减轻责任的情形、行为与损害之间是否存在因果关系、被告承担责任的大小等所作的认定，因同一污染环境、破坏生态行为依据民事诉讼法第一百一十九条规定提起诉讼的原告主张适用的，人民法院应予支持，但被告有相反证据足以推翻的除外。被告主张直接适用对其有利的认定的，人民法院不予支持，被告仍应举证证明。

第三十一条 被告因污染环境、破坏生态在环境民事公益诉讼和其他民事诉讼中均承担责任，其财产不足以履行全部义务的，应当先履行其他民事诉讼生效裁判所确定的义务，但法律另有规定的除外。

第三十二条 发生法律效力的环境民事公益诉讼案件的裁判，需要采取强制执行措施的，应当移送执行。

第三十三条 原告交纳诉讼费用确有困难，依法申请缓交的，人民法院应予准许。

败诉或者部分败诉的原告申请减交或者免交诉讼费用的，人民法院应当依照《诉讼费用交纳办法》的规定，视原告的经济状况和案件的审理情况决定是否准许。

第三十四条 社会组织有通过诉讼违法收受财物等牟取经济利益行为的，人民法院可以根据情节轻重依法收缴其非法所得、予以罚款；涉嫌犯罪的，依法移送有关机关处理。

社会组织通过诉讼牟取经济利益的，人民法院应当向登记管理机关或者有关机关发送司法建议，由其依法处理。

第三十五条 本解释施行前最高人民法院发布的司法解释和规范性文件，与本解释不一致的，以本解释为准。

2. 民事判决书（一审消费民事公益诉讼用）

××××人民法院
民事判决书

（××××）……民初……号

原告：×××。住所地：……。

法定代表人/主要负责人：×××，……。

委托诉讼代理人：×××，……。

被告：×××，住……。

委托诉讼代理人：×××，……。

支持起诉人：×××。住所地：……。

法定代表人/主要负责人：×××，……。

委托诉讼代理人：×××，……。

（以上写明当事人和其他诉讼参加人的姓名或者名称等基本信息）

原告×××与被告×××消费民事公益诉讼一案，本院于××××年××月××日立案后，依法适用普通程序，于××××年××月××日公告了案件受理情况，并于××××年××月××日书面告知……（相关行政主管部门）。（×××于××××年××月××日申请参加诉讼，经本院准许列为共同原告。）本院依法组成合议庭，于××××年××月××日公开开庭进行了审理。原告×××、被告×××（写明当事人与其他诉讼参加人的诉讼地位和姓名或者名称）到庭参加诉讼。支持起诉人×××向本院提交书面意见，支持原告×××提起民事公益诉讼。本案现已审理终结。

×××向本院提出诉讼请求：1.……；2.……（明确原告的诉讼请求）。事实和理由：……（概述原告主张的事实和理由）。

×××支持起诉称，……（概述支持起诉意见）。

×××辩称，……（概述被告答辩意见）。

原告×××围绕其诉讼请求提交了以下证据：1.……；2.……。被告×

××为反驳原告主张提交了以下证据：1.……；2.……。本院组织当事人进行了证据交换和质证。本院对当事人提交的证据认证如下：1.……；2.……。

经审理查明：……（写明法院查明的事实）。

本院认为，……（围绕争议焦点，根据认定的事实和相关法律，对当事人的诉讼请求进行分析评判，说明理由）。

综上，……（对当事人的诉讼请求是否支持进行总结评述）。依照《中华人民共和国……法》第×条、……（写明法律文件名称及其条款项序号）规定，判决如下：

一、……；

二、……。

（以上分项写明判决结果）

如果未按本判决指定的期间履行给付金钱义务，应当依照《中华人民共和国民事诉讼法》第二百五十三条规定，加倍支付迟延履行期间的债务利息（没有给付金钱义务的，不写）。

……（写明诉讼费用的负担）。

如不服本判决，可以在判决书送达之日起十五日内，向本院递交上诉状，并按照对方当事人或者代表人的人数提出副本，上诉于××××人民法院。

审　判　长　×××
审　判　员　×××
审　判　员　×××
人民陪审员　×××
人民陪审员　×××
人民陪审员　×××
人民陪审员　×××
××××年××月××日
（院印）
法　官　助　理　×××
书　记　员　×××

【说　明】

1. 本样式依据《中华人民共和国民事诉讼法》第五十五条、第十五条，

《中华人民共和国消费者权益保护法》第四十七条以及《最高人民法院关于适用〈中华人民共和国民事诉讼法〉的解释》《最高人民法院关于审理消费民事公益诉讼案件适用法律若干问题的解释》制定，供人民法院适用第一审普通程序审理侵害消费者权益公益诉讼案件，作出实体判决用。

2. 中国消费者协会以及在省、自治区、直辖市设立的消费者协会，法律规定或者全国人大及其常委会授权的机关和社会组织，可以作为原告提起消费民事公益诉讼。

3. 人民法院受理消费民事公益诉讼案件后，依法可以提起诉讼的其他机关和有关组织，可以在一审开庭前向人民法院申请参加诉讼。人民法院准许参加诉讼的，列为共同原告。在案件的由来和审理过程中写明："×××于×××年××月××日申请参加诉讼，经本院准许列为共同原告。"

4. 人民检察院及其他机关、社会组织、企业事业单位支持原告起诉，提交相关书面意见、协助调查收集证据等，在首部作出相应表述。如派员或委托诉讼代理人出庭，则表述出庭人员或者委托诉讼代理人的身份和姓名。在当事人诉辩意见部分原告意见之后，概述支持起诉人的意见。如支持起诉人提交了相关证据，应作为原告的证据在庭审中予以质证、认证，并在法院认定的事实部分作出表述。如支持起诉人为人民检察院的，无需表述其住所地、法定代表人及出庭人员等基本信息。

5. 如举行庭前会议，应在审理过程中写明相关情况。

6. 其他写作要求依照 2016 年最高人民法院《民事诉讼文书样式》"民事判决书（第一审普通程序用）"的【说明】。

【法律依据】

1. 《中华人民共和国民事诉讼法》（2017 年 6 月 27 日）

第五十五条 对污染环境、侵害众多消费者合法权益等损害社会公共利益的行为，法律规定的机关和有关组织可以向人民法院提起诉讼。

人民检察院在履行职责中发现破坏生态环境和资源保护、食品药品安全领域侵害众多消费者合法权益等损害社会公共利益的行为，在没有前款规定的机关和组织或者前款规定的机关和组织不提起诉讼的情况下，可以向人民法院提起诉讼。前款规定的机关或者组织提起诉讼的，人民检察院可以支持起诉。

第十五条 机关、社会团体、企业事业单位对损害国家、集体或者个人民事权益的行为，可以支持受损害的单位或者个人向人民法院起诉。

2.《中华人民共和国消费者权益保护法》（2013年10月25日）

第四十七条 对侵害众多消费者合法权益的行为，中国消费者协会以及在省、自治区、直辖市设立的消费者协会，可以向人民法院提起诉讼。

3.《最高人民法院关于适用〈中华人民共和国民事诉讼法〉的解释》（2020年12月29日）

十三、公益诉讼

第二百八十四条 环境保护法、消费者权益保护法等法律规定的机关和有关组织对污染环境、侵害众多消费者合法权益等损害社会公共利益的行为，根据民事诉讼法第五十五条规定提起公益诉讼，符合下列条件的，人民法院应当受理：

（一）有明确的被告；

（二）有具体的诉讼请求；

（三）有社会公共利益受到损害的初步证据；

（四）属于人民法院受理民事诉讼的范围和受诉人民法院管辖。

第二百八十五条 公益诉讼案件由侵权行为地或者被告住所地中级人民法院管辖，但法律、司法解释另有规定的除外。

因污染海洋环境提起的公益诉讼，由污染发生地、损害结果地或者采取预防污染措施地海事法院管辖。

对同一侵权行为分别向两个以上人民法院提起公益诉讼的，由最先立案的人民法院管辖，必要时由它们的共同上级人民法院指定管辖。

第二百八十六条 人民法院受理公益诉讼案件后，应当在十日内书面告知相关行政主管部门。

第二百八十七条 人民法院受理公益诉讼案件后，依法可以提起诉讼的其他机关和有关组织，可以在开庭前向人民法院申请参加诉讼。人民法院准许参加诉讼的，列为共同原告。

第二百八十八条 人民法院受理公益诉讼案件，不影响同一侵权行为的受害人根据民事诉讼法第一百一十九条规定提起诉讼。

第二百八十九条 对公益诉讼案件，当事人可以和解，人民法院可以调解。

当事人达成和解或者调解协议后，人民法院应当将和解或者调解协议进行公告。公告期间不得少于三十日。

公告期满后，人民法院经审查，和解或者调解协议不违反社会公共利益的，应当出具调解书；和解或者调解协议违反社会公共利益的，不予出具调解书，继续对案件进行审理并依法作出裁判。

第二百九十条 公益诉讼案件的原告在法庭辩论终结后申请撤诉的，人民法院不予准许。

第二百九十一条 公益诉讼案件的裁判发生法律效力后，其他依法具有原告资格的机关和有关组织就同一侵权行为另行提起公益诉讼的，人民法院裁定不予受理，但法律、司法解释另有规定的除外。

4.《最高人民法院关于审理消费民事公益诉讼案件适用法律若干问题的解释》（2020年12月29日）

为正确审理消费民事公益诉讼案件，根据《中华人民共和国民事诉讼法》《中华人民共和国民法典》《中华人民共和国消费者权益保护法》等法律规定，结合审判实践，制定本解释。

第一条 中国消费者协会以及在省、自治区、直辖市设立的消费者协会，对经营者侵害众多不特定消费者合法权益或者具有危及消费者人身、财产安全危险等损害社会公共利益的行为提起消费民事公益诉讼的，适用本解释。

法律规定或者全国人大及其常委会授权的机关和社会组织提起的消费民事公益诉讼，适用本解释。

第二条 经营者提供的商品或者服务具有下列情形之一的，适用消费者权益保护法第四十七条规定：

（一）提供的商品或者服务存在缺陷，侵害众多不特定消费者合法权益的；

（二）提供的商品或者服务可能危及消费者人身、财产安全，未作出真实的说明和明确的警示，未标明正确使用商品或者接受服务的方法以及防止危害发生方法的；对提供的商品或者服务质量、性能、用途、有效期限等信息作虚假或引人误解宣传的；

（三）宾馆、商场、餐馆、银行、机场、车站、港口、影剧院、景区、体育场馆、娱乐场所等经营场所存在危及消费者人身、财产安全危险的；

（四）以格式条款、通知、声明、店堂告示等方式，作出排除或者限制消费者权利、减轻或者免除经营者责任、加重消费者责任等对消费者不公平、不合理规定的；

（五）其他侵害众多不特定消费者合法权益或者具有危及消费者人身、财产安全危险等损害社会公共利益的行为。

第三条 消费民事公益诉讼案件管辖适用《最高人民法院关于适用〈中华人民共和国民事诉讼法〉的解释》第二百八十五条的有关规定。

经最高人民法院批准,高级人民法院可以根据本辖区实际情况,在辖区内确定部分中级人民法院受理第一审消费民事公益诉讼案件。

第四条 提起消费民事公益诉讼应当提交下列材料:

(一) 符合民事诉讼法第一百二十一条规定的起诉状,并按照被告人数提交副本;

(二) 被告的行为侵害众多不特定消费者合法权益或者具有危及消费者人身、财产安全危险等损害社会公共利益的初步证据;

(三) 消费者组织就涉诉事项已按照消费者权益保护法第三十七条第四项或者第五项的规定履行公益性职责的证明材料。

第五条 人民法院认为原告提出的诉讼请求不足以保护社会公共利益的,可以向其释明变更或者增加停止侵害等诉讼请求。

第六条 人民法院受理消费民事公益诉讼案件后,应当公告案件受理情况,并在立案之日起十日内书面告知相关行政主管部门。

第七条 人民法院受理消费民事公益诉讼案件后,依法可以提起诉讼的其他机关或者社会组织,可以在一审开庭前向人民法院申请参加诉讼。

人民法院准许参加诉讼的,列为共同原告;逾期申请的,不予准许。

第八条 有权提起消费民事公益诉讼的机关或者社会组织,可以依据民事诉讼法第八十一条规定申请保全证据。

第九条 人民法院受理消费民事公益诉讼案件后,因同一侵权行为受到损害的消费者申请参加诉讼的,人民法院应当告知其根据民事诉讼法第一百一十九条规定主张权利。

第十条 消费民事公益诉讼案件受理后,因同一侵权行为受到损害的消费者请求对其根据民事诉讼法第一百一十九条规定提起的诉讼予以中止,人民法院可以准许。

第十一条 消费民事公益诉讼案件审理过程中,被告提出反诉的,人民法院不予受理。

第十二条 原告在诉讼中承认对己方不利的事实,人民法院认为损害社会公共利益的,不予确认。

第十三条 原告在消费民事公益诉讼案件中,请求被告承担停止侵害、排除妨碍、消除危险、赔礼道歉等民事责任的，人民法院可予支持。

经营者利用格式条款或者通知、声明、店堂告示等，排除或者限制消费者权利、减轻或者免除经营者责任、加重消费者责任，原告认为对消费者不公平、不合理主张无效的，人民法院应依法予以支持。

第十四条 消费民事公益诉讼案件裁判生效后，人民法院应当在十日内书面告知相关行政主管部门，并可发出司法建议。

第十五条 消费民事公益诉讼案件的裁判发生法律效力后，其他依法具有原告资格的机关或者社会组织就同一侵权行为另行提起消费民事公益诉讼的，人民法院不予受理。

第十六条 已为消费民事公益诉讼生效裁判认定的事实，因同一侵权行为受到损害的消费者根据民事诉讼法第一百一十九条规定提起的诉讼，原告、被告均无需举证证明，但当事人对该事实有异议并有相反证据足以推翻的除外。

消费民事公益诉讼生效裁判认定经营者存在不法行为，因同一侵权行为受到损害的消费者根据民事诉讼法第一百一十九条规定提起的诉讼，原告主张适用的，人民法院可予支持，但被告有相反证据足以推翻的除外。被告主张直接适用对其有利认定的，人民法院不予支持，被告仍应承担相应举证证明责任。

第十七条 原告为停止侵害、排除妨碍、消除危险采取合理预防、处置措施而发生的费用，请求被告承担的，人民法院应依法予以支持。

第十八条 原告及其诉讼代理人对侵权行为进行调查、取证的合理费用、鉴定费用、合理的律师代理费用，人民法院可根据实际情况予以相应支持。

第十九条 本解释自2016年5月1日起施行。

本解释施行后人民法院新受理的一审案件，适用本解释。

本解释施行前人民法院已经受理、施行后尚未审结的一审、二审案件，以及本解释施行前已经终审、施行后当事人申请再审或者按照审判监督程序决定再审的案件，不适用本解释。

3. 民事判决书（一审检察民事公益诉讼用）

××××人民法院
民事判决书

（××××）……民初……号

公益诉讼起诉人：×××人民检察院。

被告：×××，住……。

委托诉讼代理人：×××，……。

（以上写明当事人和其他诉讼参加人的姓名或者名称等基本信息）

公益诉讼起诉人×××人民检察院与被告×××……民事公益诉讼（写明案由）一案，本院于××××年××月××日立案后，依法适用普通程序，于××××年××月××日书面告知……（相关行政主管部门）。经查，×××人民检察院于××××年××月××日公告了案件相关情况，公告期内未有法律规定的机关和有关组织提起民事公益诉讼。本院依法组成合议庭，于××××年××月××日公开开庭进行了审理。×××人民检察院指派检察员×××出庭履行职务，被告×××及其委托诉讼代理人×××（写明当事人和其他诉讼参加人的诉讼地位和姓名或者名称）到庭参加诉讼。本案现已审理终结。

×××人民检察院向本院提出诉讼请求：1.……；2.……（明确公益诉讼起诉人的诉讼请求）。事实和理由：……（概述公益诉讼起诉人主张的事实和理由）。

×××辩称，……（概述被告答辩意见）。

公益诉讼起诉人×××人民检察院围绕其诉讼请求提交了以下证据：1.……；2.……。被告×××为反驳公益诉讼起诉人主张提交了以下证据：1.……；2.……。本院组织当事人进行了证据交换和质证。本院对当事人提交的证据认证如下：1.……；2.……。

经审理查明：……（写明法院查明的事实）。

本院认为，……（围绕争议焦点，根据认定的事实和相关法律，对当事人的诉讼请求进行分析评判，说明理由）。

综上，……（对当事人的诉讼请求是否支持进行总结评述）。依照《中华人民共和国……法》第×条、……（写明法律文件名称及其条款项序号）规定，判决如下：

一、……；

二、……。

（以上分项写明判决结果）

如果未按本判决指定的期间履行给付金钱义务，应当依照《中华人民共和国民事诉讼法》第二百五十三条规定，加倍支付迟延履行期间的债务利息（没有给付金钱义务的，不写）。

……（写明诉讼费用的负担）。

如不服本判决，可以在判决书送达之日起十五日内，向本院递交上诉状，并按对方当事人或者代表人的人数提出副本，上诉于×××人民法院。

审　判　长　×××
审　判　员　×××
审　判　员　×××
人民陪审员　×××
人民陪审员　×××
人民陪审员　×××
人民陪审员　×××
××××年××月××日
（院印）
法官助理　×××
书　记　员　×××

【说　明】

1. 本样式依据《中华人民共和国民事诉讼法》第五十五条，《最高人民法院关于适用〈中华人民共和国民事诉讼法〉的解释》《最高人民法院关于审理环境民事公益诉讼案件适用法律若干问题的解释》《最高人民法院关于审理消费民事公益诉讼案件适用法律若干问题的解释》《最高人民法院 最高人民检察院关于检察公益诉讼案件适用法律若干问题的解释》等制定，供人民法院适用第一审普通程序审理人民检察院提起的各类民事公益诉讼案件，作出实体判决用。

2. 无需在首部表述公益诉讼起诉人的住所地、法定代表人及出庭人员等基本信息。

3. 公益诉讼起诉人提起民事公益诉讼案件应当在诉前进行公告，在文书中应写明："经查，×××人民检察院于××××年××月××日公告了案件相关情况，公告期内未有法律规定的机关和有关组织提起民事公益诉讼。"

4. 如举行庭前会议，应在审理过程中写明相关情况。

5. 第一审检察民事公益诉讼裁定书参照本样式制作。

6. 其他写作要求依照2016年最高人民法院《民事诉讼文书样式》"民事判决书（第一审普通程序用）"的【说明】。

【法律依据】

1. 《中华人民共和国民事诉讼法》（2017年6月27日）

第五十五条 对污染环境、侵害众多消费者合法权益等损害社会公共利益的行为，法律规定的机关和有关组织可以向人民法院提起诉讼。

人民检察院在履行职责中发现破坏生态环境和资源保护、食品药品安全领域侵害众多消费者合法权益等损害社会公共利益的行为，在没有前款规定的机关和组织或者前款规定的机关和组织不提起诉讼的情况下，可以向人民法院提起诉讼。前款规定的机关或者组织提起诉讼的，人民检察院可以支持起诉。

2. 《最高人民法院关于适用〈中华人民共和国民事诉讼法〉的解释》（2020年12月29日）

十三、公益诉讼

第二百八十四条 环境保护法、消费者权益保护法等法律规定的机关和有关组织对污染环境、侵害众多消费者合法权益等损害社会公共利益的行为，根据民事诉讼法第五十五条规定提起公益诉讼，符合下列条件的，人民法院应当受理：

（一）有明确的被告；

（二）有具体的诉讼请求；

（三）有社会公共利益受到损害的初步证据；

（四）属于人民法院受理民事诉讼的范围和受诉人民法院管辖。

第二百八十五条 公益诉讼案件由侵权行为地或者被告住所地中级人民法院管辖，但法律、司法解释另有规定的除外。

因污染海洋环境提起的公益诉讼，由污染发生地、损害结果地或者采取预防污染措施地海事法院管辖。

对同一侵权行为分别向两个以上人民法院提起公益诉讼的，由最先立案的人民法院管辖，必要时由它们的共同上级人民法院指定管辖。

第二百八十六条 人民法院受理公益诉讼案件后，应当在十日内书面告知相关行政主管部门。

第二百八十七条 人民法院受理公益诉讼案件后，依法可以提起诉讼的其他机关和有关组织，可以在开庭前向人民法院申请参加诉讼。人民法院准许参加诉讼的，列为共同原告。

第二百八十八条 人民法院受理公益诉讼案件，不影响同一侵权行为的受害人根据民事诉讼法第一百一十九条规定提起诉讼。

第二百八十九条 对公益诉讼案件，当事人可以和解，人民法院可以调解。

当事人达成和解或者调解协议后，人民法院应当将和解或者调解协议进行公告。公告期间不得少于三十日。

公告期满后，人民法院经审查，和解或者调解协议不违反社会公共利益的，应当出具调解书；和解或者调解协议违反社会公共利益的，不予出具调解书，继续对案件进行审理并依法作出裁判。

第二百九十条 公益诉讼案件的原告在法庭辩论终结后申请撤诉的，人民法院不予准许。

第二百九十一条 公益诉讼案件的裁判发生法律效力后，其他依法具有原告资格的机关和有关组织就同一侵权行为另行提起公益诉讼的，人民法院裁定不予受理，但法律、司法解释另有规定的除外。

3.《最高人民法院关于审理环境民事公益诉讼案件适用法律若干问题的解释》（2020年12月29日）

参见本书"一、人民法院制作民事公益诉讼文书样式——1. 民事判决书（一审环境民事公益诉讼用）"样式的法律依据。

4.《最高人民法院关于审理消费民事公益诉讼案件适用法律若干问题的解释》（2020年12月29日）

参见本书"一、人民法院制作民事公益诉讼文书样式——2. 民事判决书（一审消费民事公益诉讼用）"样式的法律依据。

5.《最高人民法院、最高人民检察院关于检察公益诉讼案件适用法律若干问题的解释》（2020年12月29日）

一、一般规定

第一条　为正确适用《中华人民共和国民法典》《中华人民共和国民事诉讼法》《中华人民共和国行政诉讼法》关于人民检察院提起公益诉讼制度的规定，结合审判、检察工作实际，制定本解释。

第二条　人民法院、人民检察院办理公益诉讼案件主要任务是充分发挥司法审判、法律监督职能作用，维护宪法法律权威，维护社会公平正义，维护国家利益和社会公共利益，督促适格主体依法行使公益诉权，促进依法行政、严格执法。

第三条　人民法院、人民检察院办理公益诉讼案件，应当遵守宪法法律规定，遵循诉讼制度的原则，遵循审判权、检察权运行规律。

第四条　人民检察院以公益诉讼起诉人身份提起公益诉讼，依照民事诉讼法、行政诉讼法享有相应的诉讼权利，履行相应的诉讼义务，但法律、司法解释另有规定的除外。

第五条　市（分、州）人民检察院提起的第一审民事公益诉讼案件，由侵权行为地或者被告住所地中级人民法院管辖。

基层人民检察院提起的第一审行政公益诉讼案件，由被诉行政机关所在地基层人民法院管辖。

第六条　人民检察院办理公益诉讼案件，可以向有关行政机关以及其他组织、公民调查收集证据材料；有关行政机关以及其他组织、公民应当配合；需要采取证据保全措施的，依照民事诉讼法、行政诉讼法相关规定办理。

第七条　人民法院审理人民检察院提起的第一审公益诉讼案件，适用人民陪审制。

第八条　人民法院开庭审理人民检察院提起的公益诉讼案件，应当在开庭三日前向人民检察院送达出庭通知书。

人民检察院应当派员出庭，并应当自收到人民法院出庭通知书之日起三日内向人民法院提交派员出庭通知书。派员出庭通知书应当写明出庭人员的姓名、法律职务以及出庭履行的具体职责。

第九条 出庭检察人员履行以下职责：

（一）宣读公益诉讼起诉书；

（二）对人民检察院调查收集的证据予以出示和说明，对相关证据进行质证；

（三）参加法庭调查，进行辩论并发表意见；

（四）依法从事其他诉讼活动。

第十条 人民检察院不服人民法院第一审判决、裁定的，可以向上一级人民法院提起上诉。

第十一条 人民法院审理第二审案件，由提起公益诉讼的人民检察院派员出庭，上一级人民检察院也可以派员参加。

第十二条 人民检察院提起公益诉讼案件判决、裁定发生法律效力，被告不履行的，人民法院应当移送执行。

二、民事公益诉讼

第十三条 人民检察院在履行职责中发现破坏生态环境和资源保护，食品药品安全领域侵害众多消费者合法权益，侵害英雄烈士等的姓名、肖像、名誉、荣誉等损害社会公共利益的行为，拟提起公益诉讼的，应当依法公告，公告期间为三十日。

公告期满，法律规定的机关和有关组织、英雄烈士等的近亲属不提起诉讼的，人民检察院可以向人民法院提起诉讼。

人民检察院办理侵害英雄烈士等的姓名、肖像、名誉、荣誉等的民事公益诉讼案件，也可以直接征询英雄烈士等的近亲属的意见。

第十四条 人民检察院提起民事公益诉讼应当提交下列材料：

（一）民事公益诉讼起诉书，并按照被告人数提出副本；

（二）被告的行为已经损害社会公共利益的初步证明材料；

（三）已经履行公告程序、征询英雄烈士等的近亲属意见的证明材料。

第十五条 人民检察院依据民事诉讼法第五十五条第二款的规定提起民事公益诉讼，符合民事诉讼法第一百一十九条第二项、第三项、第四项及本解释规定的起诉条件的，人民法院应当登记立案。

第十六条 人民检察院提起的民事公益诉讼案件中，被告以反诉方式提出诉讼请求的，人民法院不予受理。

第十七条 人民法院受理人民检察院提起的民事公益诉讼案件后，应当在立案之日起五日内将起诉书副本送达被告。

人民检察院已履行诉前公告程序的，人民法院立案后不再进行公告。

第十八条 人民法院认为人民检察院提出的诉讼请求不足以保护社会公共利益的，可以向其释明变更或者增加停止侵害、恢复原状等诉讼请求。

第十九条 民事公益诉讼案件审理过程中，人民检察院诉讼请求全部实现而撤回起诉的，人民法院应予准许。

第二十条 人民检察院对破坏生态环境和资源保护，食品药品安全领域侵害众多消费者合法权益，侵害英雄烈士等的姓名、肖像、名誉、荣誉等损害社会公共利益的犯罪行为提起刑事公诉时，可以向人民法院一并提起附带民事公益诉讼，由人民法院同一审判组织审理。

人民检察院提起的刑事附带民事公益诉讼案件由审理刑事案件的人民法院管辖。

三、行政公益诉讼

第二十一条 人民检察院在履行职责中发现生态环境和资源保护、食品药品安全、国有财产保护、国有土地使用权出让等领域负有监督管理职责的行政机关违法行使职权或者不作为，致使国家利益或者社会公共利益受到侵害的，应当向行政机关提出检察建议，督促其依法履行职责。

行政机关应当在收到检察建议书之日起两个月内依法履行职责，并书面回复人民检察院。出现国家利益或者社会公共利益损害继续扩大等紧急情形的，行政机关应当在十五日内书面回复。

行政机关不依法履行职责的，人民检察院依法向人民法院提起诉讼。

第二十二条 人民检察院提起行政公益诉讼应当提交下列材料：

（一）行政公益诉讼起诉书，并按照被告人数提出副本；

（二）被告违法行使职权或者不作为，致使国家利益或者社会公共利益受到侵害的证明材料；

（三）已经履行诉前程序，行政机关仍不依法履行职责或者纠正违法行为的证明材料。

第二十三条 人民检察院依据行政诉讼法第二十五条第四款的规定提起行政公益诉讼，符合行政诉讼法第四十九条第二项、第三项、第四项及本解释规定的起诉条件的，人民法院应当登记立案。

第二十四条 在行政公益诉讼案件审理过程中，被告纠正违法行为或者依法履行职责而使人民检察院的诉讼请求全部实现，人民检察院撤回起诉的，人民法院应当裁定准许；人民检察院变更诉讼请求，请求确认原行政行为违法的，人民法院应当判决确认违法。

第二十五条　人民法院区分下列情形作出行政公益诉讼判决：

（一）被诉行政行为具有行政诉讼法第七十四条、第七十五条规定情形之一的，判决确认违法或者确认无效，并可以同时判决责令行政机关采取补救措施；

（二）被诉行政行为具有行政诉讼法第七十条规定情形之一的，判决撤销或者部分撤销，并可以判决被诉行政机关重新作出行政行为；

（三）被诉行政机关不履行法定职责的，判决在一定期限内履行；

（四）被诉行政机关作出的行政处罚明显不当，或者其他行政行为涉及对款额的确定、认定确有错误的，可以判决予以变更；

（五）被诉行政行为证据确凿，适用法律、法规正确，符合法定程序，未超越职权，未滥用职权，无明显不当，或者人民检察院诉请被诉行政机关履行法定职责理由不成立的，判决驳回诉讼请求。

人民法院可以将判决结果告知被诉行政机关所属的人民政府或者其他相关的职能部门。

四、附则

第二十六条　本解释未规定的其他事项，适用民事诉讼法、行政诉讼法以及相关司法解释的规定。

第二十七条　本解释自2018年3月2日起施行。

最高人民法院、最高人民检察院之前发布的司法解释和规范性文件与本解释不一致的，以本解释为准。

4. 刑事附带民事判决书（一审刑事附带民事公益诉讼一并判决用）

××××人民法院
刑事附带民事判决书

（××××）……刑初……号

公诉机关暨附带民事公益诉讼起诉人：×××人民检察院。

被告单位暨附带民事公益诉讼被告：×××。住所地：……。

诉讼代表人：×××，性别，出生年月，职务。

辩护人暨委托诉讼代理人：×××，……。

被告人暨附带民事公益诉讼被告：×××，性别，民族，出生年月，文化程度，职业，住所地。××××年××月××日被采取强制措施（逮捕、取保候审、监视居住等）。

辩护人暨委托诉讼代理人：×××，……。

（以上写明公诉机关、刑事被告单位/被告人，附带民事公益诉讼当事人，以及其他诉讼参加人的姓名或者名称等基本信息）

×××人民检察院以×检公刑诉（××××）××号起诉书指控被告单位×××、被告人×××犯×××罪，于××××年××月××日向本院提起公诉。公益诉讼起诉人×××人民检察院于××××年××月××日向本院提起附带……民事公益诉讼（写明案由）。经查，×××人民检察院于××××年××月××日公告了案件相关情况，公告期内未有法律规定的机关和有关组织提起民事公益诉讼。本院依法组成合议庭，于××××年××月××日公开开庭审理了本案。×××人民检察院指派检察员×××出庭履行职务，被告单位暨附带民事公益诉讼被告×××及其诉讼代表人×××、委托诉讼代理人×××，被告人暨附带民事公益诉讼被告×××及其辩护人暨委托诉讼代理人×××到庭参加诉讼。本案现已审理终结。

公诉机关×××人民检察院指控：……。

附带民事公益诉讼起诉人×××人民检察院向本院提出诉讼请求：

1.……；2.……（明确公益诉讼起诉人的诉讼请求）。事实和理由：……（概述公益诉讼起诉人主张的事实和理由）。

被告单位暨附带民事公益诉讼被告×××辩称，……。

被告人暨附带民事公益诉讼被告×××辩称，……。

经审理查明：……（写明本院查明的事实）。

上述事实，有经庭审质证、认证的下列证据证实，本院予以确认。（写明物证，书证，证人证言，被害人陈述，鉴定意见，勘验、检查、辨认、侦查实验等笔录，视听资料、电子数据，被告人供述和辩解等）

本院认为，……（根据认定的事实和相关法律，对公诉机关的指控、公益诉讼起诉人的诉讼请求进行分析评判，说明理由）。

综上，……（对刑事指控是否成立、民事公益诉讼请求是否支持等进行总结评述）。依照……（写明法律文件名称及其条款项序号）之规定，判决如下：

一、……；

二、……。

（以上分项写明判决结果）

……（写明上诉期限及上诉方式）。

审　判　长　×××
审　判　员　×××
审　判　员　×××
人民陪审员　×××
人民陪审员　×××
人民陪审员　×××
人民陪审员　×××
×××年××月××日
（院印）
法官助理　×××
书　记　员　×××

【说　明】

1. 本样式依据《中华人民共和国刑事诉讼法》第一编第七章、《最高人

民法院 最高人民检察院关于检察公益诉讼案件适用法律若干问题的解释》第二十条、《最高人民法院 最高人民检察院关于人民检察院提起刑事附带民事公益诉讼应否履行诉前公告程序问题的批复》等规定制作，供人民法院适用第一审普通程序审理人民检察院提起的刑事附带民事公益诉讼案件，一并作出实体判决用。

2. 案件由来部分，若刑事附带民事公益诉讼起诉书有单独起诉书号的，则公诉书与公益诉讼起诉书的编号均需列明。

3. 公益诉讼起诉人提起刑事附带民事公益诉讼案件应当在诉前进行公告。在文书中应写明："经查，×××人民检察院于××××年××月××日公告了案件相关情况，公告期内未有法律规定的机关和有关组织提起民事公益诉讼。"

4. 如被告单位/被告人的辩护人或委托诉讼代理人不为同一人，则分开书写。

5. 如举行庭前会议，应在审理过程中写明相关情况。

【法律依据】

1. 《中华人民共和国刑事诉讼法》（2018 年 10 月 26 日）

第一编　总　　则
第七章　附带民事诉讼

第一百零一条　被害人由于被告人的犯罪行为而遭受物质损失的，在刑事诉讼过程中，有权提起附带民事诉讼。被害人死亡或者丧失行为能力的，被害人的法定代理人、近亲属有权提起附带民事诉讼。

如果是国家财产、集体财产遭受损失的，人民检察院在提起公诉的时候，可以提起附带民事诉讼。

第一百零二条　人民法院在必要的时候，可以采取保全措施，查封、扣押或者冻结被告人的财产。附带民事诉讼原告人或者人民检察院可以申请人民法院采取保全措施。人民法院采取保全措施，适用民事诉讼法的有关规定。

第一百零三条　人民法院审理附带民事诉讼案件，可以进行调解，或者根据物质损失情况作出判决、裁定。

第一百零四条　附带民事诉讼应当同刑事案件一并审判，只有为了防止刑事案件审判的过分迟延，才可以在刑事案件审判后，由同一审判组织继续审理附带民事诉讼。

2.《最高人民法院、最高人民检察院关于检察公益诉讼案件适用法律若干问题的解释》（2020年12月29日）

第二十条 人民检察院对破坏生态环境和资源保护，食品药品安全领域侵害众多消费者合法权益，侵害英雄烈士等的姓名、肖像、名誉、荣誉等损害社会公共利益的犯罪行为提起刑事公诉时，可以向人民法院一并提起附带民事公益诉讼，由人民法院同一审判组织审理。

人民检察院提起的刑事附带民事公益诉讼案件由审理刑事案件的人民法院管辖。

3.《最高人民法院、最高人民检察院关于人民检察院提起刑事附带民事公益诉讼应否履行诉前公告程序问题的批复》（2019年11月25日）

各省、自治区、直辖市高级人民法院、人民检察院，解放军军事法院、军事检察院，新疆维吾尔自治区高级人民法院生产建设兵团分院、新疆生产建设兵团人民检察院：

近来，部分高级人民法院、省级人民检察院就人民检察院提起刑事附带民事公益诉讼应否履行诉前公告程序的问题提出请示。经研究，批复如下：

人民检察院提起刑事附带民事公益诉讼，应履行诉前公告程序。对于未履行诉前公告程序的，人民法院应当进行释明，告知人民检察院公告后再行提起诉讼。

因人民检察院履行诉前公告程序，可能影响相关刑事案件审理期限的，人民检察院可以另行提起民事公益诉讼。

此复。

5. 民事判决书（一审刑事附带民事公益诉讼分开判决用）

××××人民法院
民事判决书

（××××）……刑初……号之一

公益诉讼起诉人：×××人民检察院。

被告：×××。住所地：……。

法定代表人/主要负责人：×××，……。

委托诉讼代理人：×××，……。

（以上写明当事人和其他诉讼参加人的姓名或者名称等基本信息）

×××人民检察院以×检公刑诉（××××）××号起诉书指控被告人（被告单位）×××犯×××罪，于××××年××月××日向本院提起公诉。本院于××××年××月××日作出（××××）……刑初……号刑事判决，判决被告人（被告单位）×××犯×××罪（写明所判罪名的名称），判处……（写明判项的具体内容）。

公益诉讼起诉人×××人民检察院于××××年××月××日向本院提起附带……民事公益诉讼（写明案由）。经查，×××人民检察院于××××年××月××日公告了案件相关情况，公告期内未有法律规定的机关和有关组织提起民事公益诉讼。本院依法组成合议庭，于××××年××月××日公开开庭审理了本案。公益诉讼起诉人×××人民检察院指派检察员×××出庭履行职务，被告×××及其委托诉讼代理人×××到庭参加诉讼。本案现已审理终结。

公益诉讼起诉人×××人民检察院向本院提出诉讼请求：1.……；2.……（明确公益诉讼起诉人的诉讼请求）。事实和理由：……（概述公益诉讼起诉人主张的事实和理由）。

被告×××辩称，……。

经审理查明：……（写明本院查明的事实）。

上述事实，有经庭审质证、认证的下列证据证实，本院予以确认。（写明物证，书证，证人证言，被害人陈述，鉴定意见，勘验、检查、辨认、侦查实验等笔录，视听资料、电子数据，被告人供述和辩解等）

本院认为，……（根据认定的事实和相关法律，对公益诉讼起诉人的诉讼请求进行分析评判，说明理由）。

综上，……（对公益诉讼起诉人的诉讼请求是否支持进行总结评述）。依照《中华人民共和国……法》第×条、……（写明法律文件名称及其条款项序号）规定，判决如下：

一、……；

二、……。

（以上分项写明判决结果）

……（写明上诉期限及上诉方式）。

审　判　长　×××

审　判　员　×××

审　判　员　×××

人民陪审员　×××

人民陪审员　×××

人民陪审员　×××

人民陪审员　×××

××××年××月××日

（院印）

法　官　助　理　×××

书　记　员　×××

【说　明】

1. 本样式根据《中华人民共和国刑事诉讼法》第一百零四条、《最高人民法院 最高人民检察院关于检察公益诉讼案件适用法律若干问题的解释》第二十条、《最高人民法院 最高人民检察院关于人民检察院提起刑事附带民事公益诉讼应否履行诉前公告程序问题的批复》等规定制作，供人民法院按照第一审程序审理人民检察院提起的刑事附带民事公益诉讼案件，对民事公益诉讼部分作出实体判决用。

2. 刑事附带民事公益诉讼分开判决的，民事判决书案号应当增加"之一"。

3. 公益诉讼起诉人提起刑事附带民事公益诉讼案件应当在诉前进行公告，在文书中应写明："经查，×××人民检察院于××××年××月××日公告了案件相关情况，公告期内未有法律规定的机关和有关组织提起民事公益诉讼。"

4. 如举行庭前会议，应在审理过程中写明相关情况。

【法律依据】

1.《中华人民共和国刑事诉讼法》（2018年10月26日）

第一百零四条　附带民事诉讼应当同刑事案件一并审判，只有为了防止刑事案件审判的过分迟延，才可以在刑事案件审判后，由同一审判组织继续审理附带民事诉讼。

2.《最高人民法院、最高人民检察院关于检察公益诉讼案件适用法律若干问题的解释》（2020年12月29日）

第二十条　人民检察院对破坏生态环境和资源保护，食品药品安全领域侵害众多消费者合法权益，侵害英雄烈士等的姓名、肖像、名誉、荣誉等损害社会公共利益的犯罪行为提起刑事公诉时，可以向人民法院一并提起附带民事公益诉讼，由人民法院同一审判组织审理。

人民检察院提起的刑事附带民事公益诉讼案件由审理刑事案件的人民法院管辖。

3.《最高人民法院、最高人民检察院关于人民检察院提起刑事附带民事公益诉讼应否履行诉前公告程序问题的批复》（2019年11月25日）

各省、自治区、直辖市高级人民法院、人民检察院，解放军军事法院、军事检察院，新疆维吾尔自治区高级人民法院生产建设兵团分院、新疆生产建设兵团人民检察院：

近来，部分高级人民法院、省级人民检察院就人民检察院提起刑事附带民事公益诉讼应否履行诉前公告程序的问题提出请示。经研究，批复如下：

人民检察院提起刑事附带民事公益诉讼，应履行诉前公告程序。对于未履行诉前公告程序的，人民法院应当进行释明，告知人民检察院公告后再行提起诉讼。

因人民检察院履行诉前公告程序，可能影响相关刑事案件审理期限的，人民检察院可以另行提起民事公益诉讼。

此复。

6. 民事判决书（二审检察民事公益诉讼驳回上诉、维持原判用）

××××人民法院
民事判决书

（××××）……民终……号

上诉人（一审诉讼地位）：×××，……。

法定代表人/主要负责人：×××，……。

委托诉讼代理人：×××，……。

被上诉人（一审诉讼地位）：×××，……。

法定代表人/主要负责人：×××，……。

委托诉讼代理人：×××，……。

（以上写明当事人和其他诉讼参加人的姓名或者名称等基本信息）

上诉人×××因与被上诉人×××……民事公益诉讼（写明案由）一案，不服××××人民法院（××××）……民初……号民事判决，向本院提起上诉。本院于××××年××月××日立案后，依法组成合议庭，公开开庭/因涉及……（写明不开庭的理由）不开庭进行了审理。上诉人×××、被上诉人×××（写明当事人和其他诉讼参加人的诉讼地位和姓名或者名称）到庭参加诉讼。（如公益诉讼起诉人的上一级人民检察院派员出庭的，则写：×××人民检察院指派检察员×××到庭并发表了意见。）本案现已审理终结。

×××上诉请求：……（写明上诉请求）。事实和理由：……（概述上诉人主张的事实和理由）。

×××辩称，……（概述被上诉人答辩意见）。

×××人民检察院向一审法院起诉请求：……（写明一审公益诉讼起诉人的诉讼请求）。

一审法院认定事实：……（概述一审认定的事实）。一审法院认为，……（概述一审裁判理由）。判决：……（写明一审判决主文）。

本院二审期间，上诉人×××围绕其上诉请求提交了以下证据：1.……；

2.……。被上诉人×××为反驳上诉人主张提交了以下证据：1.……；2.……。本院组织当事人进行了证据交换和质证。本院对当事人提交的证据认证如下：1.……；2.……。（当事人没有提交新证据的，写明：二审中，当事人没有提交新证据）

本院对一审查明的事实予以确认。本院另查明，……。

本院认为，……。

综上，×××的上诉请求不能成立，应予驳回；一审判决认定事实清楚，适用法律正确，应予维持。依照《中华人民共和国民事诉讼法》第一百七十条第一款第一项规定，判决如下：

驳回上诉，维持原判。

……（写明诉讼费用的负担）。

本判决为终审判决。

审　判　长　×××

审　判　员　×××

审　判　员　×××

××××年××月××日

（院印）

法　官　助　理　×××

书　记　员　×××

【说　明】

1. 本样式依据《中华人民共和国民事诉讼法》第一百七十条、《最高人民法院 最高人民检察院关于检察公益诉讼案件适用法律若干问题的解释》第十一条制定，供人民法院按照第二审程序审理不服一审判决提起上诉的各类检察民事公益诉讼案件，作出实体判决用。

2. 公益诉讼起诉人上诉的，其诉讼地位写"上诉人（一审公益诉讼起诉人）"；一审被告提出上诉的，公益诉讼起诉人在二审的诉讼地位写"被上诉人（一审公益诉讼起诉人）"。

3. 无需在首部表述公益诉讼起诉人的住所地、法定代表人及出庭人员等基本信息。

4. 人民检察院作为上诉人或者被上诉人派员出庭的，写明："×××人民检察院指派检察员×××出庭履行职务"。

5. 公益诉讼起诉人的上一级人民检察院派员参加二审庭审的,开庭时摆放的席签为"上级人民检察院",与一审公益诉讼起诉人同侧并列就坐;文书制作时,不在首部当事人处列公益诉讼起诉人的上一级人民检察院,应当在交待到庭参加庭审活动的当事人及其他诉讼参加人情况时载明:"×××人民检察院指派检察员×××到庭并发表了意见。"

6. 不在文书中概述上一级人民检察院的意见。

7. 如举行庭前会议,应在审理过程中写明相关情况。

8. 第二审改判、部分改判的检察民事公益诉讼判决书以及裁定书参照本样式制作。

【法律依据】

1. 《中华人民共和国民事诉讼法》(2017年6月27日)

第一百七十条 第二审人民法院对上诉案件,经过审理,按照下列情形,分别处理:

(一)原判决、裁定认定事实清楚,适用法律正确的,以判决、裁定方式驳回上诉,维持原判决、裁定;

(二)原判决、裁定认定事实错误或者适用法律错误的,以判决、裁定方式依法改判、撤销或者变更;

(三)原判决认定基本事实不清的,裁定撤销原判决,发回原审人民法院重审,或者查清事实后改判;

(四)原判决遗漏当事人或者违法缺席判决等严重违反法定程序的,裁定撤销原判决,发回原审人民法院重审。

原审人民法院对发回重审的案件作出判决后,当事人提起上诉的,第二审人民法院不得再次发回重审。

2. 《最高人民法院、最高人民检察院关于检察公益诉讼案件适用法律若干问题的解释》(2020年12月29日)

第十一条 人民法院审理第二审案件,由提起公益诉讼的人民检察院派员出庭,上一级人民检察院也可以派员参加。

7. 刑事附带民事判决书/裁定书（二审刑事附带民事公益诉讼用）

××××人民法院
刑事附带民事判决书/裁定书

（××××）……刑终……号

抗诉机关暨上诉人（一审附带民事公益诉讼起诉人）×××人民检察院。

一审被告单位暨被上诉人（一审附带民事公益诉讼被告）：×××。住所地：……。

诉讼代表人：×××，性别，出生年月，职务。

辩护人暨委托诉讼代理人：×××，……。

一审被告人暨被上诉人（一审附带民事公益诉讼被告）：×××，住……。

辩护人暨委托诉讼代理人：×××，……。

（以上写明抗诉机关、上诉人、被上诉人以及其他诉讼参加人的姓名或者名称等基本信息）

×××人民法院审理×××人民检察院指控一审被告单位×××/被告人×××犯×××罪（写明罪名）、公益诉讼起诉人×××人民检察院提起附带……民事公益诉讼（写明案由）一案，于××××年××月××日作出（××××）……刑初……号刑事附带民事判决（写明判决内容）。宣判后，×××人民检察院对判决的刑事部分提出抗诉并对民事公益诉讼部分提起上诉。本院依法组成合议庭公开开庭/因涉及……（写明不开庭的理由）不开庭进行了审理。×××人民检察院指派检察员×××出庭履行职务，一审被告单位暨被上诉人（附带民事公益诉讼被告）×××及其诉讼代表人×××、辩护人暨委托诉讼代理人×××，一审被告人暨被上诉人（附带民事公益诉讼被告）×××及其辩护人暨委托诉讼代理人×××到庭参加了诉讼。（如公益诉讼起诉人的上一级人民检察院派员出庭的，则写：×××人民检察院指派检察员×××到庭并发表了意见。）本案现已审理终结。

原公诉机关×××人民检察院向一审法院指控：……。

一审附带民事公益诉讼起诉人×××人民检察院向一审法院起诉请求：……（写明一审公益诉讼起诉人的诉讼请求）。

一审法院认定事实：……。一审法院认为，……（概述一审法院裁判理由）。判决：……（写明一审判决主文）。

×××人民检察院抗诉认为，……（概述抗诉意见及所依据的事实及理由）。

×××辩称，……（概述一审被告单位/被告人答辩意见）。

×××人民检察院上诉称：……（概述上诉意见及所依据的事实及理由）。

×××辩称，……（概述被上诉人答辩意见）。

……（写明对一审查明事实的认定）。

本院另查明，……（写明二审认定的事实）。

上述事实，有经庭审质证、认证的下列证据证实，本院予以确认。（写明二审物证，书证，证人证言，被害人陈述，鉴定意见，勘验、检查、辨认、侦查实验等笔录，视听资料、电子数据，被告人供述和辩解等）

本院认为，……。

综上，……（对抗诉意见、上诉请求是否支持进行总结评述）。依照《中华人民共和国……法》第×条第×项……的规定，判决/裁定如下：

本判决为终审判决/裁定。

审　判　长　×××
审　判　员　×××
审　判　员　×××
×××年××月××日
（院印）
法官助理　×××
书　记　员　×××

【说　明】

1. 本样式依据《中华人民共和国刑事诉讼法》第二百三十六条、《最高人民法院 最高人民检察院关于检察公益诉讼案件适用法律若干问题的解释》

第十一条规定制作，供人民法院按照第二审程序审理公诉机关就一审判决刑事部分提出抗诉、公益诉讼起诉人就一审判决民事公益诉讼部分提起上诉的刑事附带民事公益诉讼案件，作出实体裁判用。

2. 公益诉讼起诉人的上一级人民检察院派员参加二审庭审的，开庭时摆放的席签为"上级人民检察院"，与一审公益诉讼起诉人同侧并列就坐；文书制作时，不在首部当事人处列公益诉讼起诉人的上一级人民检察院，应当在交待到庭参加庭审活动的当事人及其他诉讼参加人情况时载明："×××人民检察院指派检察员×××到庭并发表了意见。"

3. 不在文书中概述上一级人民检察院的意见。

4. 如被告单位/被告人的辩护人或委托诉讼代理人不为同一人，则分开书写。

5. 其他类型的二审刑事附带民事公益诉讼文书可参照本样式制作。

（1）只有公诉机关针对一审刑事判决部分提起抗诉的，首部写明：

"抗诉机关暨一审附带民事公益诉讼起诉人×××人民检察院。

一审被告单位暨附带民事公益诉讼被告：×××。住所地：……。

诉讼代表人：×××，性别，出生年月，职务。

辩护人暨委托诉讼代理人：×××，……。

一审被告人暨附带民事公益诉讼被告：×××，住……。

辩护人暨委托诉讼代理人：×××，……。"

（2）只有公益诉讼起诉人针对一审民事判决部分提出上诉的，首部写明：

"原公诉机关暨上诉人（一审附带民事公益诉讼起诉人）×××人民检察院。

被上诉人（一审被告单位暨附带民事公益诉讼被告）：×××。住所地：……。

诉讼代表人：×××，性别，出生年月，职务。

辩护人暨委托诉讼代理人：×××，……。

被上诉人（一审被告人暨附带民事公益诉讼被告）：×××，住……。

辩护人暨委托诉讼代理人：×××，……。"

（3）一审被告单位/被告人暨附带民事公益诉讼被告同时针对刑事判决部分和附带民事公益诉讼判决部分提出上诉或者只针对附带民事公益诉讼部分上诉的，首部写明：

"原公诉机关暨被上诉人（一审附带民事公益诉讼起诉人）×××人民检

察院。

上诉人（一审被告单位暨附带民事公益诉讼被告）：×××。住所地：……。

诉讼代表人：×××，性别，出生年月，职务。

辩护人暨委托诉讼代理人：×××，……。

上诉人（一审被告人暨附带民事公益诉讼被告）：×××，住……。

辩护人暨委托诉讼代理人：×××，……。"

（4）一审被告单位/被告人暨附带民事公益诉讼被告只针对刑事判决部分提出上诉的，首部写明：

"原公诉机关暨一审附带民事公益诉讼起诉人×××人民检察院。

上诉人（一审被告单位暨附带民事公益诉讼被告）：×××。住所地：……。

诉讼代表人：×××，性别，出生年月，职务。

辩护人暨委托诉讼代理人：×××，……。

上诉人（一审被告人暨附带民事公益诉讼被告）：×××，住……。

辩护人暨委托诉讼代理人：×××，……。"

（5）公诉机关抗诉、公益诉讼起诉人上诉、一审被告单位/被告人暨附带民事公益诉讼被告亦上诉的，首部写明：

"抗诉机关暨上诉人（一审附带民事公益诉讼起诉人）×××人民检察院。

上诉人（一审被告单位暨附带民事公益诉讼被告）：×××。住所地：……。

诉讼代表人：×××，性别，出生年月，职务。

辩护人暨委托诉讼代理人：×××，……。

上诉人（一审被告人暨附带民事公益诉讼被告）：×××，住……。

辩护人暨委托诉讼代理人：×××，……。"

（6）本说明未列举的公诉机关抗诉、公益诉讼起诉人或者一审被告单位/被告人暨附带民事公益诉讼被告上诉的其他情形，首部表述方式参照以上样式。

6. 各方未对附带民事公益诉讼判决部分提出上诉的，写明："宣判后，各方当事人未在法定期限内对附带民事公益诉讼判决部分提出上诉，本案附带民事公益诉讼判决部分已经发生法律效力。"

【法律依据】

1.《中华人民共和国刑事诉讼法》（2018年10月26日）

第二百三十六条 第二审人民法院对不服第一审判决的上诉、抗诉案件，经过审理后，应当按照下列情形分别处理：

（一）原判决认定事实和适用法律正确、量刑适当的，应当裁定驳回上诉或者抗诉，维持原判；

（二）原判决认定事实没有错误，但适用法律有错误，或者量刑不当的，应当改判；

（三）原判决事实不清楚或者证据不足的，可以在查清事实后改判；也可以裁定撤销原判，发回原审人民法院重新审判。

原审人民法院对于依照前款第三项规定发回重新审判的案件作出判决后，被告人提出上诉或者人民检察院提出抗诉的，第二审人民法院应当依法作出判决或者裁定，不得再发回原审人民法院重新审判。

2.《最高人民法院、最高人民检察院关于检察公益诉讼案件适用法律若干问题的解释》（2020年12月29日）

第十一条 人民法院审理第二审案件，由提起公益诉讼的人民检察院派员出庭，上一级人民检察院也可以派员参加。

8. 民事裁定书（对同一侵权行为另行提起民事公益诉讼不予受理用）

××××人民法院
民事裁定书

（××××）……民初……号

起诉人：×××。住所地：……。

……

（以上写明起诉人及其代理人的姓名或者名称等基本信息）

××××年××月××日，本院收到×××的起诉状。×××提起……民事公益诉讼（写明案由）称，……（概述起诉的诉讼请求、事实和理由）。

本院经审查认为，×××人民法院（××××）……民×……号原告/公益诉讼起诉人×××与被告×××……民事公益诉讼（写明案由）一案民事判决已经发生法律效力。起诉人×××提起的……民事公益诉讼（写明案由）与该案系就同一侵权行为另行提起的民事公益诉讼，依法应当不予受理。

依照《中华人民共和国民事诉讼法》第五十五条、第一百五十四条第一款第一项，《最高人民法院关于适用〈中华人民共和国民事诉讼法〉的解释》第二百九十一条规定，裁定如下：

对×××提起的……民事公益诉讼（写明案由），本院不予受理。

如不服本裁定，可以在裁定书送达之日起十日内，向本院递交上诉状，并按对方当事人的人数提出副本，上诉于××××人民法院。

审　判　长　×××
审　判　员　×××
审　判　员　×××
××××年××月××日
（院印）

法官助理　×××

书　记　员　×××

【说　明】

1. 本样式依据《中华人民共和国民事诉讼法》第五十五条、第一百五十四条第一款第一项以及《最高人民法院关于适用〈中华人民共和国民事诉讼法〉的解释》第二百九十一条，《最高人民法院关于审理环境民事公益诉讼案件适用法律若干问题的解释》第二十六条、第二十八条，《最高人民法院关于审理消费民事公益诉讼案件适用法律若干问题的解释》第十五条制定，供人民法院对法律规定的机关和有关组织、人民检察院在同一侵权行为的公益诉讼案件裁判发生法律效力后又提起的民事公益诉讼，裁定不予受理用。

2. 首部中不列被起诉人。

3. 起诉人系人民检察院的，无需在首部表述其住所地、法定代表人及出庭人员等信息。

4. 本裁定书只送达起诉人一方。

【法律依据】

1. 《中华人民共和国民事诉讼法》（2017年6月27日）

第五十五条　对污染环境、侵害众多消费者合法权益等损害社会公共利益的行为，法律规定的机关和有关组织可以向人民法院提起诉讼。

人民检察院在履行职责中发现破坏生态环境和资源保护、食品药品安全领域侵害众多消费者合法权益等损害社会公共利益的行为，在没有前款规定的机关和组织或者前款规定的机关和组织不提起诉讼的情况下，可以向人民法院提起诉讼。前款规定的机关或者组织提起诉讼的，人民检察院可以支持起诉。

第一百五十四条第一款　裁定适用于下列范围：

（一）不予受理；

（二）对管辖权有异议的；

（三）驳回起诉；

（四）保全和先予执行；

（五）准许或者不准许撤诉；

（六）中止或者终结诉讼；

（七）补正判决书中的笔误；

（八）中止或者终结执行；

（九）撤销或者不予执行仲裁裁决；

（十）不予执行公证机关赋予强制执行效力的债权文书；

（十一）其他需要裁定解决的事项。

2.《**最高人民法院关于适用〈中华人民共和国民事诉讼法〉的解释**》（2020年12月29日）

第二百九十一条 公益诉讼案件的裁判发生法律效力后，其他依法具有原告资格的机关和有关组织就同一侵权行为另行提起公益诉讼的，人民法院裁定不予受理，但法律、司法解释另有规定的除外。

3.《**最高人民法院关于审理环境民事公益诉讼案件适用法律若干问题的解释**》（2020年12月29日）

第二十六条 负有环境资源保护监督管理职责的部门依法履行监管职责而使原告诉讼请求全部实现，原告申请撤诉的，人民法院应予准许。

第二十八条 环境民事公益诉讼案件的裁判生效后，有权提起诉讼的其他机关和社会组织就同一污染环境、破坏生态行为另行起诉，有下列情形之一的，人民法院应予受理：

（一）前案原告的起诉被裁定驳回的；

（二）前案原告申请撤诉被裁定准许的，但本解释第二十六条规定的情形除外。

环境民事公益诉讼案件的裁判生效后，有证据证明存在前案审理时未发现的损害，有权提起诉讼的机关和社会组织另行起诉的，人民法院应予受理。

4.《**最高人民法院关于审理消费民事公益诉讼案件适用法律若干问题的解释**》（2020年12月29日）

第十五条 消费民事公益诉讼案件的裁判发生法律效力后，其他依法具有原告资格的机关或者社会组织就同一侵权行为另行提起消费民事公益诉讼的，人民法院不予受理。

9. 民事裁定书（民事公益诉讼准许撤回起诉用）

××××人民法院
民事裁定书

（××××）……民初……号

原告/公益诉讼起诉人：×××。住所地：……。

……

被告：×××，住……。

……

（以上写明当事人和其他诉讼参加人的姓名或者名称等基本信息）

本院在审理原告/公益诉讼起诉人×××与被告×××……民事公益诉讼（写明案由）一案中，×××于××××年××月××日以……为由，向本院申请撤回起诉。

本院认为，……（写明准许撤诉的理由），×××的撤诉申请符合法律规定，应予准许。依照《中华人民共和国民事诉讼法》第一百四十五条第一款，《最高人民法院关于审理环境民事公益诉讼案件适用法律若干问题的解释》第二十六条/《最高人民法院 最高人民检察院关于检察公益诉讼案件适用法律若干问题的解释》第十九条规定，裁定如下：

准许×××撤回起诉。

……（写明诉讼费用的负担）。

审　判　长　×××

审　判　员　×××

审　判　员　×××

人民陪审员　×××

人民陪审员　×××

人民陪审员　×××

人民陪审员　×××
×××年××月××日
（院印）
法官助理　×××
书 记 员　×××

【说　明】

1. 本样式依据《中华人民共和国民事诉讼法》第一百四十五条第一款以及《最高人民法院关于审理环境民事公益诉讼案件适用法律若干问题的解释》第二十六条、《最高人民法院 最高人民检察院关于检察公益诉讼案件适用法律若干问题的解释》第十九条制定，供第一审人民法院在审理民事公益诉讼案件过程中，原告/公益诉讼起诉人申请撤回起诉的，裁定准许用。

2. 人民检察院作为公益诉讼起诉人，无需在首部表述其住所地、法定代表人及出庭人员等基本信息。

3. 依据《最高人民法院关于审理环境民事公益诉讼案件适用法律若干问题的解释》第二十六条规定，负有环境保护监督管理职责的部门依法履行监管职责而使原告诉讼请求全部实现，原告申请撤回起诉的，人民法院应予准许，但应写明：负有环境保护监督管理职责的部门依法履行监管职责的具体内容；被告对受到损害的生态环境已经进行了有效的治理和修复的情况或者已经制定修复方案并采取多种措施予以保障实施的情形等。

4. 依据《最高人民法院关于适用〈中华人民共和国民事诉讼法〉的解释》第二百九十条、《最高人民法院关于审理环境民事公益诉讼案件适用法律若干问题的解释》第二十六条和第二十七条、《最高人民法院 最高人民检察院关于检察公益诉讼案件适用法律若干问题的解释》第十九条规定，环境民事公益诉讼案件的原告/公益诉讼起诉人在法庭辩论终结后申请撤诉的，人民法院不予准许，但因负有环境保护监督管理职责的部门依法履行监管职责而使原告/公益诉讼起诉人的诉讼请求全部实现时，可以随时申请撤诉。

【法律依据】

1. 《中华人民共和国民事诉讼法》（2017 年 6 月 27 日）

第一百四十五条第一款　宣判前，原告申请撤诉的，是否准许，由人民法院裁定。

2. 《最高人民法院关于审理环境民事公益诉讼案件适用法律若干问题的解释》（2020 年 12 月 29 日）

第二十六条　负有环境资源保护监督管理职责的部门依法履行监管职责而使原告诉讼请求全部实现，原告申请撤诉的，人民法院应予准许。

3. 《最高人民法院、最高人民检察院关于检察公益诉讼案件适用法律若干问题的解释》（2020 年 12 月 29 日）

第十九条　民事公益诉讼案件审理过程中，人民检察院诉讼请求全部实现而撤回起诉的，人民法院应予准许。

10. 民事裁定书（民事公益诉讼不准许撤回起诉用）

××××人民法院
民事裁定书

（××××）……民初……号

原告/公益诉讼起诉人：×××。住所地：……。
……

被告：×××，住……。
……

（以上写明当事人和其他诉讼参加人的姓名或者名称等基本信息）

本院在审理原告/公益诉讼起诉人×××与被告×××……民事公益诉讼（写明案由）一案中，×××于××××年××月××日以……为由，向本院申请撤回起诉。

本院认为，……（写明不准许撤回起诉的理由）。

依照《中华人民共和国民事诉讼法》第一百四十五条第一款，《最高人民法院关于适用〈中华人民共和国民事诉讼法〉的解释》第二百九十条规定，裁定如下：

不准许×××撤回起诉。

审　判　长　×××
审　判　员　×××
审　判　员　×××
人民陪审员　×××
人民陪审员　×××
人民陪审员　×××
人民陪审员　×××

××××年××月××日
(院印)
法官助理　×××
书　记　员　×××

【说　明】

1. 本样式依据《中华人民共和国民事诉讼法》第一百四十五条第一款以及《最高人民法院关于适用〈中华人民共和国民事诉讼法〉的解释》第二百九十条制定，供第一审人民法院对于原告/公益诉讼起诉人申请撤回起诉的，裁定不准许用。

2. 人民检察院作为公益诉讼起诉人，无需在首部表述其住所地、法定代表人及出庭人员等基本信息。

3. 民事公益诉讼案件的原告/公益诉讼起诉人在法庭辩论终结后申请撤诉的，不予准许。但依据《最高人民法院关于审理环境民事公益诉讼案件适用法律若干问题的解释》第二十六条、《最高人民法院 最高人民检察院关于检察公益诉讼案件适用法律若干问题的解释》第十九条规定，负有环境保护监督管理职责的部门依法履行监管职责而使原告/公益诉讼起诉人诉讼请求全部实现，原告/公益诉讼起诉人申请撤诉的，人民法院应予准许。

【法律依据】

1.《中华人民共和国民事诉讼法》（2017年6月27日）

第一百四十五条第一款　宣判前，原告申请撤诉的，是否准许，由人民法院裁定。

2.《最高人民法院关于适用〈中华人民共和国民事诉讼法〉的解释》（2020年12月29日）

第二百九十条　公益诉讼案件的原告在法庭辩论终结后申请撤诉的，人民法院不予准许。

11. 民事调解书（一审环境民事公益诉讼用）

××××人民法院
民事调解书

（××××）……民初……号

原告/公益诉讼起诉人：×××。住所地：……。

法定代表人/主要负责人：×××，……。

委托诉讼代理人：×××，……。

被告：×××，住……。

委托诉讼代理人：×××，……。

支持起诉人：×××。住所地：……。

法定代表人/主要负责人：×××，……。

出庭人员：×××，……。

委托诉讼代理人：×××，……。

（以上写明当事人和其他诉讼参加人的姓名或者名称等基本信息）

原告/公益诉讼起诉人×××与被告×××……民事公益诉讼（写明案由）一案，本院于××××年××月××日立案，于××××年××月××日公告了案件受理情况，并于××××年××月××日书面告知……（相关行政主管部门）。（×××于××××年××月××日申请参加诉讼，经本院准许列为共同原告。）（如公益诉讼起诉人起诉的，写明"经查，×××人民检察院于××××年××月××日公告了案件相关情况，公告期内未有法律规定的机关和有关组织提起民事公益诉讼。"）本院依法适用普通程序，于××××年××月××日公开开庭进行了审理，原告×××及其委托诉讼代理人×××（如公益诉讼起诉人起诉，则写明："×××人民检察院指派检察员×××出庭履行职务"），被告×××及其委托诉讼代理人×××（写明当事人和其他诉讼参加人的诉讼地位和姓名或者名称）到庭参加诉讼（开庭前调解的，不写开庭情况）。支持起诉人×××向本院提交书面意见，支持原告×

××提起民事公益诉讼。本案现已审理终结。

×××向本院提出诉讼请求：1.……；2.……（明确原告/公益诉讼起诉人的诉讼请求）。事实和理由：……（概述原告/公益诉讼起诉人主张的事实和理由）。

××××支持起诉称，……（概述支持起诉意见）。

×××辩称，……（概述被告答辩意见）。

原告/公益诉讼起诉人×××为证明自己的主张提交了以下证据：1.……；2.……。被告×××为反驳原告/公益诉讼起诉人主张提交了以下证据：1.……；2.……。本院组织当事人进行了证据交换和质证。本院对当事人提交的证据认证如下：1.……；2.……。

经审理查明：……（写明法院查明的事实）。

本案审理过程中，经本院主持调解，当事人自愿达成如下协议：/本案审理过程中，当事人自行和解达成如下协议，请求人民法院确认：

一、……；

二、……。

（分项写明调解/和解协议内容）

本院于××××年××月××日将调解/和解协议内容书面告知……（负有监督管理职责的环境保护主管部门），……（相关部门）对调解/和解协议内容未提出不同意见。为保障公众知情权及参与权，本院于××××年××月××日至××××年××月××日在……对调解/和解协议进行公告。公告期内未收到任何异议。经审查，上述协议不违反法律规定，未损害社会公共利益，本院予以确认。

案件受理费……元，由……负担（写明当事人姓名或者名称、负担金额。调解/和解协议包含诉讼费用负担的，则不写）。

本调解书经各方当事人签收后，即具有法律效力。

审 判 长　×××
审 判 员　×××
审 判 员　×××
人民陪审员　×××
人民陪审员　×××
人民陪审员　×××

人民陪审员　×××
××××年××月××日
（院印）
法官助理　×××
书记员　×××

【说　明】

1. 本样式依据《中华人民共和国民事诉讼法》第五十条、第九十六条、第九十七条，《最高人民法院关于适用〈中华人民共和国民事诉讼法〉的解释》第二百八十九条、《最高人民法院关于审理环境民事公益诉讼案件适用法律若干问题的解释》第二十五条制定，供人民法院在适用第一审普通程序审理环境民事公益诉讼案件过程中，人民法院主持调解达成协议或当事人自行和解达成协议请求人民法院确认，制作民事调解书用。

2. 人民检察院作为公益诉讼起诉人，无需在首部表述其住所地、法定代表人及出庭人员等基本信息。

3. 依据《最高人民法院、民政部、环境保护部关于贯彻实施环境民事公益诉讼制度的通知》第五条，环境民事公益诉讼当事人达成调解协议或者自行达成和解协议的，人民法院应当将协议内容告知负有监督管理职责的环境保护主管部门。相关部门对协议约定的修复费用、修复方式等内容有意见和建议的，应及时向人民法院提出。

4. 根据《最高人民法院关于审理环境民事公益诉讼案件适用法律若干问题的解释》第二十五条第三款"调解书应当写明诉讼请求、案件的基本事实和协议内容，并应当公开"的规定，调解书应当写明诉讼请求、案件的基本事实和协议内容，并应当对调解/和解协议内容进行全面公开。

5. 因民事公益诉讼调解/和解协议有一系列征求意见、公告、审查要求，故不适用《中华人民共和国民事诉讼法》第九十八条第二款关于经各方当事人在笔录上签名或者盖章，法院予以确认后即具有法律效力的规定。

6. 人民检察院提起刑事附带民事公益诉讼案件的调解书标题应当写明："××××人民法院　刑事附带民事调解书"，首部参照本文书样式"样式5"书写，其他内容参照本样式书写。

7. 第一审消费、英烈保护等民事公益诉讼调解书，第二审民事公益诉讼调解书参照本样式制作。

【法律依据】

1. 《中华人民共和国民事诉讼法》（2017年6月27日）

第五十条　双方当事人可以自行和解。

第九十六条　调解达成协议，必须双方自愿，不得强迫。调解协议的内容不得违反法律规定。

第九十七条　调解达成协议，人民法院应当制作调解书。调解书应当写明诉讼请求、案件的事实和调解结果。

调解书由审判人员、书记员署名，加盖人民法院印章，送达双方当事人。

调解书经双方当事人签收后，即具有法律效力。

2. 《最高人民法院关于适用〈中华人民共和国民事诉讼法〉的解释》（2020年12月29日）

第二百八十九条　对公益诉讼案件，当事人可以和解，人民法院可以调解。

当事人达成和解或者调解协议后，人民法院应当将和解或者调解协议进行公告。公告期间不得少于三十日。

公告期满后，人民法院经审查，和解或者调解协议不违反社会公共利益的，应当出具调解书；和解或者调解协议违反社会公共利益的，不予出具调解书，继续对案件进行审理并依法作出裁判。

3. 《最高人民法院关于审理环境民事公益诉讼案件适用法律若干问题的解释》（2020年12月29日）

第二十五条　环境民事公益诉讼当事人达成调解协议或者自行达成和解协议后，人民法院应当将协议内容公告，公告期间不少于三十日。

公告期满后，人民法院审查认为调解协议或者和解协议的内容不损害社会公共利益的，应当出具调解书。当事人以达成和解协议为由申请撤诉的，不予准许。

调解书应当写明诉讼请求、案件的基本事实和协议内容，并应当公开。

12. 出庭通知书（通知公益诉讼起诉人派员出庭用）

××××人民法院
出庭通知书

（××××）……民初……号

×××人民检察院：

　　本院受理你院诉被告×××……民事公益诉讼（写明案由）一案，定于××××年××月××日××时××分在……（写明开庭地点）开庭审理。请你院派员准时出庭。

　　你院需提交派员出庭通知书。通知书上应载明出庭人员姓名、法律职务以及出庭履行的具体职责。

××××年××月××日
（院印）

【说　明】

　　1. 本样式依据《最高人民法院 最高人民检察院关于检察公益诉讼案件适用法律若干问题的解释》第八条制定，供第一审人民法院审理检察民事公益诉讼，通知人民检察院派员出庭用。

　　2. 根据《最高人民法院 最高人民检察院关于检察公益诉讼案件适用法律若干问题的解释》第九条的规定，出庭检察人员履行以下职责：（一）宣读公益诉讼起诉书；（二）对人民检察院调查收集的证据予以出示和说明，对相关证据进行质证；（三）参加法庭调查，进行辩论并发表意见；（四）依法从事其他诉讼活动。

　　3. 公益诉讼起诉人的上一级人民检察院派员参加二审庭审的，二审出庭通知书则增加："如你院上一级人民检察院派员参加，请在开庭前书面告知本院。"

4. 第二审民事公益诉讼以及第一审、第二审行政公益诉讼中的出庭通知书参照本样式制作。

【法律依据】

《最高人民法院、最高人民检察院关于检察公益诉讼案件适用法律若干问题的解释》（2020年12月29日）

第八条 人民法院开庭审理人民检察院提起的公益诉讼案件，应当在开庭三日前向人民检察院送达出庭通知书。

人民检察院应当派员出庭，并应当自收到人民法院出庭通知书之日起三日内向人民法院提交派员出庭通知书。派员出庭通知书应当写明出庭人员的姓名、法律职务以及出庭履行的具体职责。

13. 受理民事公益诉讼告知书（告知相关行政主管部门用）

××××人民法院
受理民事公益诉讼告知书

（××××）……民初……号

×××：

　　本院于××××年××月××日立案受理原告/公益诉讼起诉人×××与被告×××……民事公益诉讼（写明案由）一案。依照《最高人民法院关于〈中华人民共和国民事诉讼法〉的解释》第二百八十六条规定，现将该案受理情况告知你单位。

　　联系人：……（写明姓名、部门、职务）

　　联系电话：……

　　联系地址：……

　　特此告知。

　　附：民事起诉状

××××年××月××日

（院印）

【说　明】

　　本样式依据《最高人民法院关于适用〈中华人民共和国民事诉讼法〉的解释》第二百八十六条的规定制定，供人民法院受理公益诉讼案件后，在十日内书面告知相关行政主管部门用。

【法律依据】

《最高人民法院关于适用〈中华人民共和国民事诉讼法〉的解释》（2020年12月29日）

第二百八十六条 人民法院受理公益诉讼案件后，应当在十日内书面告知相关行政主管部门。

14. 公告（环境民事公益诉讼公告受理用）

×××× 人民法院
公告

（××××）……民初……号

本院于××××年××月××日立案受理原告×××与被告×××……民事公益诉讼（写明案由）一案。依照《最高人民法院关于审理环境民事公益诉讼案件适用法律若干问题的解释》第十条的规定，依法有权提起诉讼的其他主体可以在公告之日起三十日内，向本院申请参加诉讼。经审查符合法定条件的，列为共同原告；逾期申请的，不予准许。

联系人：……（写明姓名、部门、职务）

联系电话：……

联系地址：……

特此公告。

附：民事起诉状

××××年××月××日
（院印）

【说　明】

本样式依据《最高人民法院关于审理环境民事公益诉讼案件适用法律若干问题的解释》第十条的规定制定，供人民法院公告环境民事公益诉讼案件受理用。

【法律依据】

《最高人民法院关于审理环境民事公益诉讼案件适用法律若干问题的解释》(2020年12月29日)

第十条 人民法院受理环境民事公益诉讼后,应当在立案之日起五日内将起诉状副本发送被告,并公告案件受理情况。

有权提起诉讼的其他机关和社会组织在公告之日起三十日内申请参加诉讼,经审查符合法定条件的,人民法院应当将其列为共同原告;逾期申请的,不予准许。

公民、法人和其他组织以人身、财产受到损害为由申请参加诉讼的,告知其另行起诉。

15. 公告（消费民事公益诉讼公告受理用）

××××人民法院
公告

（××××）……民初……号

本院于××××年××月××日立案受理原告×××与被告×××……消费民事公益诉讼一案。依照《最高人民法院关于审理消费民事公益诉讼案件适用法律若干问题的解释》第六条、第七条规定，依法可以提起诉讼的其他主体可以在一审开庭前向本院申请参加诉讼。准许参加诉讼的，列为共同原告；逾期申请的，不予准许。

联系人：……（写明姓名、部门、职务）

联系电话：……

联系地址：……

特此公告。

附：民事起诉状

××××年××月××日
（院印）

【说　明】

本样式依据《最高人民法院关于审理消费民事公益诉讼案件适用法律若干问题的解释》第六条、第七条制定，供人民法院公告消费民事公益诉讼受理用。

【法律依据】

《最高人民法院关于审理消费民事公益诉讼案件适用法律若干问题的解释》(2020年12月29日)

第六条 人民法院受理消费民事公益诉讼案件后,应当公告案件受理情况,并在立案之日起十日内书面告知相关行政主管部门。

第七条 人民法院受理消费民事公益诉讼案件后,依法可以提起诉讼的其他机关或者社会组织,可以在一审开庭前向人民法院申请参加诉讼。

人民法院准许参加诉讼的,列为共同原告;逾期申请的,不予准许。

16. 公告（民事公益诉讼公告调解或者和解协议用）

××××人民法院
公告

（××××）……民×……号

本院于××××年××月××日立案受理原告/公益诉讼起诉人（上诉人）×××与被告（被上诉人）×××……民事公益诉讼（写明案由）一案。诉讼过程中，当事人达成调解/和解协议。依照《最高人民法院关于适用〈中华人民共和国民事诉讼法〉的解释》第二百八十九条规定，现予以公告。公告期××日。

　　联系人：……（写明姓名、部门、职务）

　　联系电话：……

　　联系地址：……

　　特此公告。

　　附：1. 民事起诉状（民事上诉状）

　　　　2. 调解/和解协议

××××年××月××日
（院印）

【说　明】

　　1. 本样式依据《最高人民法院关于适用〈中华人民共和国民事诉讼法〉的解释》第二百八十九条制定，供民事公益诉讼达成调解或者和解协议后，人民法院公告用。

　　2. 公告应当附民事起诉状（或者上诉状）、调解或者和解协议。环境污染、生态破坏公益诉讼如有技术处理方案或者整改方案，应当作为公告附件。

　　3. 公告期满后，人民法院审查认为调解或者和解协议的内容不违反社会公共利益的，应当出具调解书。

【法律依据】

《最高人民法院关于适用〈中华人民共和国民事诉讼法〉的解释》（2020年12月29日）

第二百八十九条 对公益诉讼案件，当事人可以和解，人民法院可以调解。

当事人达成和解或者调解协议后，人民法院应当将和解或者调解协议进行公告。公告期间不得少于三十日。

公告期满后，人民法院经审查，和解或者调解协议不违反社会公共利益的，应当出具调解书；和解或者调解协议违反社会公共利益的，不予出具调解书，继续对案件进行审理并依法作出裁判。

二、人民法院制作行政公益诉讼文书样式[①]

17. **行政判决书**（一审行政公益诉讼用）（略）

18. **行政判决书**（二审行政公益诉讼用）（略）

---

① 具体内容参见《最高人民法院行政诉讼文书样式：制作规范与法律依据》分册。

最高人民法院关于印发
《民事诉讼程序繁简分流改革试点相关诉讼文书样式》的通知

法〔2020〕261号

北京、上海、江苏、浙江、安徽、福建、山东、河南、湖北、广东、四川、贵州、云南、陕西、宁夏等省（区、市）高级人民法院：

为深入推进民事诉讼程序繁简分流改革试点工作，推动民事诉讼文书有效适应试点工作新要求，进一步明确相关诉讼文书样式，增强文书规范性，提高文书质量，最高人民法院制定了《民事诉讼程序繁简分流改革试点相关诉讼文书样式》，现予印发，自2020年11月1日施行。

各试点地区高级人民法院要切实抓好贯彻落实，指导各试点法院严格按照文书样式出具诉讼文书。对于前期各地已经出台的诉讼文书样式规范性文件，应当结合本文件的内容予以修订完善。相关诉讼文书的排版印制格式，适用《人民法院民事裁判文书制作规范》相关规定。实施过程中遇有问题，请及时层报最高人民法院。

最高人民法院

2020年9月30日

1. 民事裁定书（小额诉讼程序转为简易程序用）

××××人民法院
民事裁定书

（××××）……民初……号

原告：×××，……。
……

被告：×××，……。
……

（以上写明当事人和其他诉讼参加人的姓名或者名称等基本信息）

原告×××与被告×××……（写明案由）一案，本院于××××年××月××日立案后，根据《全国人民代表大会常务委员会关于授权最高人民法院在部分地区开展民事诉讼程序繁简分流改革试点工作的决定》，依法适用小额诉讼程序。

××××年××月××日，×××提出异议认为，……（概括不宜适用小额诉讼程序的事实和理由），本案不宜适用小额诉讼程序。（法院依职权发现不宜适用小额诉讼程序的，此段不写）

本院经审查认为，……（写明不宜适用小额诉讼程序审理的情形），本案不宜适用小额诉讼程序。因本案事实清楚、权利义务关系明确、争议不大，可以适用简易程序。

依照《中华人民共和国民事诉讼法》第一百五十七条规定、《全国人民代表大会常务委员会关于授权最高人民法院在部分地区开展民事诉讼程序繁简分流改革试点工作的决定》，裁定如下：

本案转为简易程序。

审　判　员　×××
××××年××月××日
（院印）

法官助理　×××
书　记　员　×××

【说　明】

1. 本样式根据《中华人民共和国民事诉讼法》第一百五十七条，《最高人民法院关于民事诉讼程序繁简分流改革试点实施办法》第十一条第一款制定，供基层人民法院在适用小额诉讼程序审理过程中，发现不宜适用小额诉讼程序但可以适用简易程序，裁定转为简易程序审理用。

2. 当事人对按照小额诉讼案件审理有异议的，应当在开庭前提出。人民法院经审查认为异议成立，且符合简易程序审理条件的，适用简易程序审理；异议不成立的，告知当事人，并记入笔录。

【法律依据】

1.《中华人民共和国民事诉讼法》（2017年6月27日）

第一百五十七条　基层人民法院和它派出的法庭审理事实清楚、权利义务关系明确、争议不大的简单的民事案件，适用本章规定。

基层人民法院和它派出的法庭审理前款规定以外的民事案件，当事人双方也可以约定适用简易程序。

2.《最高人民法院关于民事诉讼程序繁简分流改革试点实施办法》（2020年1月15日）

第十一条第一款　适用小额诉讼程序审理的案件，出现下列情形之一，符合适用简易程序审理条件的，裁定转为简易程序审理：

（一）当事人认为案件不符合本办法第五条、第六条关于小额诉讼程序适用条件的规定，向人民法院提出异议，经审查认为异议成立的；

（二）当事人申请增加或者变更诉讼请求、追加当事人，致使案件标的额在人民币五万元以上、十万元以下，且一方当事人不同意继续适用小额诉讼程序的；

（三）当事人申请增加或者变更诉讼请求、追加当事人，致使案件标的额在人民币十万元以上或者不符合小额诉讼程序适用条件的；

（四）当事人提出反诉的；

（五）需要鉴定、评估、审计的；

（六）其他不宜继续适用小额诉讼程序的情形。

2. 民事裁定书（小额诉讼程序转为普通程序独任审理用）

××××人民法院
民事裁定书

（××××）……民初……号

原告：×××，……。
……

被告：×××，……。
……

（以上写明当事人和其他诉讼参加人的姓名或者名称等基本信息）

原告×××与被告×××……（写明案由）一案，本院于××××年××月××日立案后，根据《全国人民代表大会常务委员会关于授权最高人民法院在部分地区开展民事诉讼程序繁简分流改革试点工作的决定》，依法适用小额诉讼程序。

××××年××月××日，×××提出异议认为，……（概述不宜适用小额诉讼程序的事实和理由），本案不宜适用小额诉讼程序。（法院依职权发现不宜适用的，不写）

本院经审查认为，……（写明不宜适用小额诉讼程序的情形），本案不宜适用小额诉讼程序。因本案事实不易查明，但法律适用明确，可以适用普通程序独任审理。

依照《中华人民共和国民事诉讼法》第一百六十三条规定、《全国人民代表大会常务委员会关于授权最高人民法院在部分地区开展民事诉讼繁简分流改革试点工作的决定》，裁定如下：

本案转为普通程序，由审判员独任审理。

审　判　员　×××
××××年××月××日
（院印）

法　官　助　理　×××
书　　记　　员　×××

【说　明】

1. 本样式根据《中华人民共和国民事诉讼法》第一百六十三条及《最高人民法院关于民事诉讼程序繁简分流改革试点实施办法》第十一条第二款、第十六条第二款制定，供基层人民法院在适用小额诉讼程序审理过程中发现不宜适用小额诉讼程序但可以适用普通程序独任审理，裁定转为普通程序独任审理用。

2. 基层人民法院审理的事实不易查明，但法律适用明确的案件，可以由法官一人适用普通程序独任审理。人民法院发现需要转为普通程序独任审理的，应当在审理期限届满前作出裁定。如审判人员发生变化，落款中的审判人员应为转为普通程序后的独任法官。

【法律依据】

1. 《中华人民共和国民事诉讼法》（2017年6月27日）

第一百六十三条　人民法院在审理过程中，发现案件不宜适用简易程序的，裁定转为普通程序。

2. 《最高人民法院关于民事诉讼程序繁简分流改革试点实施办法》（2020年1月15日）

第十一条第二款　适用小额诉讼程序审理的案件，审理中发现案情疑难复杂，并且不适宜适用简易程序审理的，裁定转为普通程序审理。由小额诉讼程序转为简易程序审理的案件，一般不得再转为普通程序审理，但确有必要的除外。

第十六条第二款　基层人民法院审理的事实不易查明，但法律适用明确的案件，可以由法官一人适用普通程序独任审理。

3. **民事裁定书**（小额诉讼程序转为普通程序合议庭审理用）

××××人民法院
民事裁定书

（××××）……民初……号

原告：×××，……。
……
被告：×××，……。
……

（以上写明当事人和其他诉讼参加人的姓名或者名称等基本信息）

原告×××与被告×××……（写明案由）一案，本院于××××年××月××日立案后，根据《全国人民代表大会常务委员会关于授权最高人民法院在部分地区开展民事诉讼程序繁简分流改革试点工作的决定》，依法适用小额诉讼程序。

××××年××月××日，×××提出异议认为，……（概述不宜适用小额诉讼程序的事实和理由），本案不宜适用小额诉讼程序。（法院依职权发现不宜适用的，不写）

本院经审查认为，……（写明不宜适用小额诉讼程序审理的情形），本案不宜适用小额诉讼程序，应适用普通程序组成合议庭审理。

依照《中华人民共和国民事诉讼法》第一百六十三条规定、《全国人民代表大会常务委员会关于授权最高人民法院在部分地区开展民事诉讼繁简分流改革试点工作的决定》，裁定如下：

本案转为普通程序，组成合议庭审理。

审　判　长　×××
审　判　员　×××
审　判　员　×××

××××年××月××日

(院印)

法官助理　×××

书　记　员　×××

【说　明】

1. 本样式根据《中华人民共和国民事诉讼法》第一百六十三条及《最高人民法院关于民事诉讼程序繁简分流改革试点实施办法》第十一条第二款、第十七条制定，供基层人民法院在适用小额诉讼程序审理过程中发现不宜适用小额诉讼程序应适用普通程序组成合议庭审理，裁定转为普通程序组成合议庭审理用。

2. 人民法院发现需要转为普通程序合议制审理的，应当在审理期限届满前作出裁定。落款中的审判组织为转为合议庭审理后的合议庭组成人员。

【法律依据】

1.《中华人民共和国民事诉讼法》（2017年6月27日）

第一百六十三条　人民法院在审理过程中，发现案件不宜适用简易程序的，裁定转为普通程序。

2.《最高人民法院关于民事诉讼程序繁简分流改革试点实施办法》（2020年1月15日）

第十一条第二款　适用小额诉讼程序审理的案件，审理中发现案情疑难复杂，并且不适宜适用简易程序审理的，裁定转为普通程序审理。由小额诉讼程序转为简易程序审理的案件，一般不得再转为普通程序审理，但确有必要的除外。

第十七条　基层人民法院审理的案件，具备下列情形之一的，应当依法组成合议庭，适用普通程序审理：

（一）涉及国家利益、公共利益的；

（二）涉及群体性纠纷，可能影响社会稳定的；

（三）产生较大社会影响，人民群众广泛关注的；

（四）新类型或者疑难复杂的；

（五）与本院或者上级人民法院已经生效的类案判决可能发生冲突的；

（六）发回重审的；

（七）适用审判监督程序的；

（八）第三人起诉请求改变或者撤销生效判决、裁定、调解书的；

（九）其他不宜采用独任制的案件。

4. 民事裁定书（小额诉讼程序用，以驳回起诉为例）

×××× 人民法院
民事裁定书

（××××）……民初……号

原告：×××，……。

……

被告：×××，……。

……

（以上写明当事人和其他诉讼参加人的姓名或者名称等基本信息）

原告×××与被告×××……（写明案由）一案，本院于××××年××月××日立案后，根据《全国人民代表大会常务委员会关于授权最高人民法院在部分地区开展民事诉讼程序繁简分流改革试点工作的决定》，依法适用小额诉讼程序进行了审理。本案现已审理终结。

×××向本院提出诉讼请求：1.……；2.……（明确原告的诉讼请求）。事实和理由：……。（概述原告主张的事实和理由）。

本院认为，……（写明驳回起诉的理由）。

依照《中华人民共和国民事诉讼法》第一百一十九条、第一百五十四条第一款第三项、《最高人民法院关于适用〈中华人民共和国民事诉讼法〉的解释》第二百七十九条规定，裁定如下：

驳回×××的起诉。

本裁定一经作出即生效。

审　判　员　×××

××××年××月××日

（院印）

法　官　助　理　×××

书　记　员　×××

【说　明】

1. 本样式根据《最高人民法院关于民事诉讼程序繁简分流改革试点实施办法》第五条对原样式作出修改，供基层人民法院在立案受理小额诉讼案件后，发现起诉不符合《中华人民共和国民事诉讼法》第一百一十九条规定的起诉条件的，裁定驳回起诉用。

2. 本裁定一经作出即生效。

3. 适用小额诉讼程序审理的其他民事裁定书，参照该样式在首部中的"案件由来和审理经过"添加"根据《全国人民代表大会常务委员会关于授权最高人民法院在部分地区开展民事诉讼程序繁简分流改革试点工作的决定》，依法适用小额诉讼程序"，其他部分内容继续参照2016年《民事诉讼文书样式》中的相关样式。

【法律依据】

《最高人民法院关于民事诉讼程序繁简分流改革试点实施办法》（2020年1月15日）

第五条　基层人民法院审理的事实清楚、权利义务关系明确、争议不大的简单金钱给付类案件，标的额为人民币五万元以下的，适用小额诉讼程序，实行一审终审。

标的额超出前款规定，但在人民币五万元以上、十万元以下的简单金钱给付类案件，当事人双方约定适用小额诉讼程序的，可以适用小额诉讼程序审理。

适用小额诉讼程序审理的案件，人民法院应当向当事人告知审判组织、审理期限、审理方式、一审终审等相关事项。

5. **民事裁定书**（简易程序转为小额诉讼程序用）

××××人民法院
民事裁定书

（××××）……民初……号

原告：×××，……。
……
被告：×××，……。
……

（以上写明当事人和其他诉讼参加人的姓名或者名称等基本信息）

原告×××与被告×××……（写明案由）一案，本院于××××年××月××日立案后，依法适用简易程序。

本院经审查认为，……（写明可以转换为小额诉讼程序审理的情形），可以适用小额诉讼程序。

依照《全国人民代表大会常务委员会关于授权最高人民法院在部分地区开展民事诉讼繁简分流改革试点工作的决定》，裁定如下：

本案转为小额诉讼程序。

审 判 员　×××
××××年××月××日
（院印）
法官助理　×××
书 记 员　×××

【说　明】

1. 本样式根据《最高人民法院关于民事诉讼程序繁简分流改革试点实施办法》第五条制定，供基层人民法院在适用简易程序审理过程中发现可以适用小额诉讼程序审理，裁定转为小额诉讼程序独任审理用。

2. "可以转换为小额诉讼程序审理的情形"应理解为最高人民法院《民事诉讼程序繁简分流改革试点问答口径（一）》第十七项，"适用简易程序审理的简单民事案件，经充分告知当事人小额诉讼程序有关事项，符合下列情形之一的，可以转换为小额诉讼程序审理：第一，符合《实施办法》第五条第二款规定的标的额条件，或者因为当事人减少或者变更诉讼请求，致使案件符合前述标的额条件，双方当事人同意适用小额诉讼程序的；第二，因为当事人减少或者变更诉讼请求，致使案件符合《实施办法》第五条第一款规定的适用条件，且当事人对适用小额诉讼程序无异议或者异议不成立的。"

3. 如审判人员发生变化，落款中的审判人员应为转为小额诉讼程序后的独任法官。

【法律依据】

《最高人民法院关于民事诉讼程序繁简分流改革试点实施办法》（2020年1月15日）

第五条 基层人民法院审理的事实清楚、权利义务关系明确、争议不大的简单金钱给付类案件，标的额为人民币五万元以下的，适用小额诉讼程序，实行一审终审。

标的额超出前款规定，但在人民币五万元以上、十万元以下的简单金钱给付类案件，当事人双方约定适用小额诉讼程序的，可以适用小额诉讼程序审理。

适用小额诉讼程序审理的案件，人民法院应当向当事人告知审判组织、审理期限、审理方式、一审终审等相关事项。

6. **民事裁定书**（简易程序转为普通程序独任审理用）

××××人民法院
民事裁定书

（××××）……民初……号

原告：×××，……。
……
被告：×××，……。
……
（以上写明当事人和其他诉讼参加人的姓名或者名称等基本信息）

原告×××与被告×××……（写明案由）一案，本院于××××年××月××日立案后，依法适用简易程序。

××××年××月××日，××提出异议认为，……（概述不宜适用简易程序的事实和理由），本案不宜适用简易程序。（法院依职权发现不宜适用简易程序的，不写）

本院经审查认为，……（写明不宜适用简易程序审理的情形），本案不宜适用简易程序。因本案事实不易查明，但法律适用明确，可以适用普通程序独任审理。

依照《中华人民共和国民事诉讼法》第一百六十三条规定、《全国人民代表大会常务委员会关于授权最高人民法院在部分地区开展民事诉讼繁简分流改革试点工作的决定》，裁定如下：

本案转为普通程序，由审判员独任审理。

审 判 员　×××
××××年××月××日
（院印）
法官助理　×××
书 记 员　×××

【说　明】

1. 本样式根据《中华人民共和国民事诉讼法》第一百六十三条及《最高人民法院关于民事诉讼程序繁简分流改革试点实施办法》第十六条第二款制定，供基层人民法院在适用简易程序审理过程中发现不宜适用简易程序但可以适用普通程序独任审理，裁定转为普通程序独任审理用。

2. 基层人民法院审理的事实不易查明，但法律适用明确的案件，可以由法官一人适用普通程序独任审理。人民法院发现需要转为普通程序独任审理的，应当在审理期限届满前作出裁定。如审判人员发生变化，落款中的审判人员应为转为普通程序后的独任法官。

【法律依据】

1.《中华人民共和国民事诉讼法》（2017年6月27日）

第一百六十三条　人民法院在审理过程中，发现案件不宜适用简易程序的，裁定转为普通程序。

2.《最高人民法院关于民事诉讼程序繁简分流改革试点实施办法》（2020年1月15日）

第十六条第二款　基层人民法院审理的事实不易查明，但法律适用明确的案件，可以由法官一人适用普通程序独任审理。

7. 民事裁定书（一审普通程序独任审理转为合议庭审理用）

××××人民法院
民事裁定书

（××××）……民初……号

原告：×××，……。

……

被告：×××，……。

……

（以上写明当事人和其他诉讼参加人的姓名或者名称等基本信息）

原告×××与被告×××……（写明案由）一案，本院于××××年××月××日立案后，根据《全国人民代表大会常务委员会关于授权最高人民法院在部分地区开展民事诉讼繁简分流改革试点工作的决定》，依法适用普通程序独任审理。（如系小额诉讼程序、简易程序转换而来，则应写明程序转换过程。）

××××年××月××日，×××提出异议认为，……（概括不宜适用独任审理的事实和理由），本案不宜由审判员独任审理。（法院依职权发现不宜适用独任审理的，此段不写）

本院经审理认为，因……（写明转为合议庭审理的原因），本案不宜由审判员独任审理。

依照《全国人民代表大会常务委员会关于授权最高人民法院在部分地区开展民事诉讼繁简分流改革试点工作的决定》，裁定如下：

本案组成合议庭审理。

审　判　长　×××
审　判　员　×××
审　判　员　×××

×××× 年 ×× 月 ×× 日

（院印）

法官助理　×××

书　记　员　×××

【说　明】

1. 本样式根据《最高人民法院民事诉讼程序繁简分流改革试点实施办法》第十七条、第十九条制定，供基层人民法院在适用普通程序独任审理过程中发现案件应当组成合议庭审理后，裁定组成合议庭审理用。

2. 普通程序独任审理转为合议庭审理，应当以裁定方式作出，可以采用书面或者口头形式，作出裁定的主体为转换审判组织后的合议庭。对于之前适用小额诉讼程序或简易程序审理的，裁定中应当一并明确审理程序的转换过程。

【法律依据】

《最高人民法院关于民事诉讼程序繁简分流改革试点实施办法》（2020 年 1 月 15 日）

第十七条　基层人民法院审理的案件，具备下列情形之一的，应当依法组成合议庭，适用普通程序审理：

（一）涉及国家利益、公共利益的；

（二）涉及群体性纠纷，可能影响社会稳定的；

（三）产生较大社会影响，人民群众广泛关注的；

（四）新类型或者疑难复杂的；

（五）与本院或者上级人民法院已经生效的类案判决可能发生冲突的；

（六）发回重审的；

（七）适用审判监督程序的；

（八）第三人起诉请求改变或者撤销生效判决、裁定、调解书的；

（九）其他不宜采用独任制的案件。

第十九条　由法官一人独任审理的第一审或者第二审案件，审理过程中出现本办法第十七条第（一）至（五）项或者第（九）项所列情形之一的，人民法院应当裁定组成合议庭审理，并将合议庭组成人员及相关事项书面通知双方当事人。

由独任审理转为合议庭审理的案件，审理期限自人民法院立案之日起计算，已经作出的诉讼行为继续有效。双方当事人已确认的事实，可以不再举证、质证。

8. 民事裁定书（二审案件独任审理转为合议庭审理用）

××××人民法院
民事裁定书

（××××）……民终……号

上诉人（原审诉讼地位）：×××，……。
……

被上诉人（原审诉讼地位）：×××，……。
……

（以上写明当事人和其他诉讼参加人的姓名或者名称等基本信息）

上诉人×××与被上诉人×××（写明案由）纠纷一案，不服××××人民法院（××××）……号民事裁定/判决，向本院提起上诉。本院于××××年××月××日立案后，根据《全国人民代表大会常务委员会关于授权最高人民法院在部分地区开展民事诉讼程序繁简分流改革试点工作的决定》，依法由审判员独任审理。

××××年××月××日，×××提出异议认为，……（概括不宜适用独任审理的事实和理由），本案不宜由审判员独任审理。（法院依职权发现不宜适用独任审理的，此段不写）

本院经审查认为，……（写明转为合议庭审理的原因），本案不宜由审判员独任审理。

依照《全国人民代表大会常务委员会关于授权最高人民法院在部分地区开展民事诉讼程序繁简分流改革试点工作的决定》，裁定如下：

本案组成合议庭审理。

审　判　长　×××
审　判　员　×××
审　判　员　×××

××××年××月××日

(院印)

法官助理　×××

书　记　员　×××

【说　明】

1. 本样式根据《最高人民法院民事诉讼程序繁简分流改革试点实施办法》第十九条制定，供人民法院在二审独任审理过程中发现案件应当组成合议庭审理后，裁定组成合议庭审理用。

2. 二审案件独任审理转为合议庭审理，应当以裁定方式作出，可以采用书面或者口头形式，作出裁定的主体为转换审判组织后的合议庭。

【法律依据】

《最高人民法院关于民事诉讼程序繁简分流改革试点实施办法》（2020年1月15日）

第十九条　由法官一人独任审理的第一审或者第二审案件，审理过程中出现本办法第十七条第（一）至（五）项或者第（九）项所列情形之一的，人民法院应当裁定组成合议庭审理，并将合议庭组成人员及相关事项书面通知双方当事人。

由独任审理转为合议庭审理的案件，审理期限自人民法院立案之日起计算，已经作出的诉讼行为继续有效。双方当事人已确认的事实，可以不再举证、质证。

9. 民事判决书（小额诉讼程序简式裁判文书用）

××××人民法院
民事判决书

（××××）……民初……号

原告：×××，……。
……
被告：×××，……。
……

（以上写明当事人和其他诉讼参加人的姓名或者名称等基本信息）

原告×××与被告×××……（写明案由）一案，本院于××××年××月××日立案后，根据《全国人民代表大会常务委员会关于授权最高人民法院在部分地区开展民事诉讼程序繁简分流改革试点工作的决定》，依法适用小额诉讼程序，公开/因涉及……（写明不公开开庭的理由）不公开开庭进行了审理。原告×××、被告×××（写明当事人和其他诉讼参加人的诉讼地位和姓名或者名称）到庭参加诉讼。本案现已审理终结。

×××向本院提出诉讼请求：1.……；2.……（明确原告的诉讼请求）。事实和理由：……（概述原告主张的事实和理由）。

×××辩称，……（概述被告答辩意见）。

×××诉/述称，……（概述第三人陈述意见）。

经审理查明：……（简述查明的案件基本事实）。

本院认为，……（简要写明裁判理由，对诉讼请求作出评判。对于案情简单、法律适用明确，法官通过当庭裁判说明裁判理由，并将裁判过程用庭审录音录像或庭审笔录完整记录的，裁判文书可不写裁判理由。）

依照《中华人民共和国……法》第×条、……（写明法律文件名称及其项序号）规定，判决如下：

……（写明判决结果）。

如果未按本判决指定的期间履行给付金钱义务，应当依照《中华人民共和国民事诉讼法》第二百五十三条及相关司法解释之规定，加倍支付迟延履行期间的债务利息（没有给付金钱义务的，不写）。

案件受理费……元，由……负担（写明当事人姓名或者名称、负担金额）。

本判决为终审判决。

审　判　员　×××
××××年××月××日
（院印）
法官助理　×××
书　记　员　×××

【说　明】

1. 本样式根据《最高人民法院关于民事诉讼程序繁简分流改革试点实施办法》第五条、第九条制定，供基层人民法院适用小额诉讼程序开庭审理民事案件终结后，对案件的实体问题作出判决用。

2. 裁判文书一般应当重点简化当事人诉辩称、认定事实和裁判理由的内容。对于当事人诉辩称主要记载诉讼请求、答辩意见及简要理由；对于事实认定，主要记载法院对当事人产生争议的事实和证据认定情况；对于裁判理由，主要针对事实和法律争点进行简要释法说理，明确适用的法条依据。

满足下列条件的，小额诉讼案件裁判文书可以不载明裁判理由，具体条件为：一是案件事实清楚、权利义务关系明确，法律适用清晰；二是人民法院对案件作出当庭裁判，并已口头说明裁判理由；三是裁判过程及裁判理由，已在庭审录音录像或者庭审笔录作完整记录。

3. 小额诉讼案件判决书，除适用本样式外，也可以继续适用2016年《民事诉讼文书样式》中的要素式、表格式、令状式判决书格式，但需在首部中的"案件由来和审理经过"部分添加"根据《全国人民代表大会常务委员会关于授权最高人民法院在部分地区开展民事诉讼程序繁简分流改革试点工作的决定》，依法适用小额诉讼程序"。

【法律依据】

《最高人民法院关于民事诉讼程序繁简分流改革试点实施办法》（2020年1月15日）

第五条 基层人民法院审理的事实清楚、权利义务关系明确、争议不大的简单金钱给付类案件，标的额为人民币五万元以下的，适用小额诉讼程序，实行一审终审。

标的额超出前款规定，但在人民币五万元以上、十万元以下的简单金钱给付类案件，当事人双方约定适用小额诉讼程序的，可以适用小额诉讼程序审理。

适用小额诉讼程序审理的案件，人民法院应当向当事人告知审判组织、审理期限、审理方式、一审终审等相关事项。

第九条 适用小额诉讼程序审理的案件，可以比照简易程序进一步简化裁判文书，主要记载当事人基本信息、诉讼请求、答辩意见、主要事实、简要裁判理由、裁判依据、裁判主文和一审终审的告知等内容。

对于案情简单、法律适用明确的案件，法官可以当庭作出裁判并说明裁判理由。对于当庭裁判的案件，裁判过程经庭审录音录像或者庭审笔录完整记录的，人民法院在制作裁判文书时可以不再载明裁判理由。

10. 民事调解书（小额诉讼程序用）

××××人民法院
民事调解书

（××××）……民初……号

原告：×××，……。
……
被告：×××，……。
……

（以上写明当事人和其他诉讼参加人的姓名或者名称等基本信息）

原告×××与被告×××……（写明案由）一案，本院于××××年×月××日立案后，根据《全国人民代表大会常务委员会关于授权最高人民法院在部分地区开展民事诉讼程序繁简分流改革试点工作的决定》，依法适用小额诉讼程序进行了审理。

……（写明当事人的诉讼请求、事实和理由）。

本案审理过程中，经本院主持调解，当事人自愿达成如下协议/当事人自行和解达成如下协议，请求人民法院确认/经本院委托……（写明受委托单位）主持调解，当事人自愿达成如下协议：

一、……；

二、……。

（分项写明调解协议内容）

上述协议，不违反法律规定，本院予以确认。

案件受理费……元，由……负担（写明当事人姓名或者名称、负担金额。调解协议包含诉讼费用负担的，则不写）。

本调解书经各方当事人签收后，即具有法律效力/本调解协议经各方当事人在笔录上签名或者盖章，本院予以确认后即具有法律效力（各方当事人同意在调解协议上签名或者盖章后发生法律效力的）。

　　　　　　　　　　　　审　判　员　×××
　　　　　　　　　　　××××年××月××日
　　　　　　　　　　　　　　（院印）
　　　　　　　　　　　　法官助理　×××
　　　　　　　　　　　　书　记　员　×××

【说　明】

　　1. 本样式根据《最高人民法院关于民事诉讼程序繁简分流改革试点实施办法》第五条对原样式作出修改，供基层人民法院在适用小额诉讼程序审理案件过程中，当事人自行和解达成协议请求人民法院确认、人民法院主持调解达成协议、人民法院委托有关单位主持调解达成协议由人民法院确认后，制作民事调解书用。

　　2. 小额诉讼案件，可以不写案件事实。

【法律依据】

　　《最高人民法院关于民事诉讼程序繁简分流改革试点实施办法》（2020年1月15日）

　　第五条　基层人民法院审理的事实清楚、权利义务关系明确、争议不大的简单金钱给付类案件，标的额为人民币五万元以下的，适用小额诉讼程序，实行一审终审。

　　标的额超出前款规定，但在人民币五万元以上、十万元以下的简单金钱给付类案件，当事人双方约定适用小额诉讼程序的，可以适用小额诉讼程序审理。

　　适用小额诉讼程序审理的案件，人民法院应当向当事人告知审判组织、审理期限、审理方式、一审终审等相关事项。

11. 民事判决书（一审普通程序独任审理用）

××××人民法院
民事判决书

（××××）……民初……号

原告：×××，……。
……
被告：×××，……。
……
（以上写明当事人和其他诉讼参加人的姓名或者名称等基本信息）

原告×××与被告×××（写明案由）纠纷一案，本院于××××年××月××日立案后，根据《全国人民代表大会常务委员会关于授权最高人民法院在部分地区开展民事诉讼程序繁简分流改革试点工作的决定》，依法适用普通程序，由审判员独任审理，于××××年××月××日公开/因涉及……（写明不公开开庭的理由）不公开/开庭进行了审理。原告×××、被告×××、第三人×××（写明当事人和其他诉讼参加人的诉讼地位和姓名或者名称）到庭参加诉讼。本案现已审理终结。

×××向本院提出诉讼请求：1.……；2.……（明确原告的诉讼请求）。事实和理由：……（概述原告主张的事实和理由）。

×××辩称，……（概述被告答辩意见）。

×××诉/述称，（概述第三人陈述意见）。

当事人围绕诉讼请求依法提交了证据，本院组织当事人进行了证据交换和质证。对当事人无异议的证据，本院予以确认并在卷佐证。对有争议的证据和事实，本院认定如下：1.……；2.……（写明法院是否采信证据，事实认定的意见和理由）。

本院认为，……（写明争议焦点，根据认定的事实和相关法律，对当事人的诉讼请求作出分析评判，说明理由）。

综上所述，……（对当事人的诉讼请求是否支持进行总结评述）。依照《中华人民共和国……法》第×条、……（写明法律文件名称及其条款项序号）规定，判决如下：

一、……；

二、……。

（以上分项写明判决结果）

如果未按判决指定的期限履行金钱给付义务，应当依照《中华人民共和国民事诉讼法》第二百五十三条及相关司法解释之规定，加倍支付迟延履行期间的债务利息。（没有金钱给付义务的，不写）

案件受理费××元，由×××负担。

如不服本判决，可在判决书送达之日起十五日内，向本院递交上诉状，并按照对方当事人人数提出副本，上诉于××××人民法院。

审　判　员　×××

××××年××月××日

（院印）

法　官　助　理　×××

书　记　员　×××

【说　明】

1. 本样式根据《最高人民法院关于民事诉讼程序繁简分流改革试点实施办法》第十六条第二款制定，供一审普通程序独任制开庭审理民事案件终结后，根据已经查明的事实、证据和有关的法律规定，对案件的实体问题作出判决用。判决书首部中的"案件由来和审理经过"部分需添加"根据《全国人民代表大会常务委员会关于授权最高人民法院在部分地区开展民事诉讼程序繁简分流改革试点工作的决定》，依法适用普通程序……进行了独任审理"。

2. 落款中的署名为独任审理的"审判员"。

3. 除有特别规定外，其他一审普通程序独任审理案件的民事裁定书、调解书中的"案件由来和审理经过"部分亦参照本样式。

【法律依据】

《最高人民法院关于民事诉讼程序繁简分流改革试点实施办法》（2020年1月15日）

第十六条第二款　基层人民法院审理的事实不易查明，但法律适用明确的案件，可以由法官一人适用普通程序独任审理。

12. 民事判决书（二审案件独任审理用，以驳回上诉，维持原判为例）

××××人民法院
民事判决书

（××××）……民终……号

上诉人（原审诉讼地位）：×××，……。

……

被上诉人（原审诉讼地位）：×××，……。

……

（以上写明当事人和其他诉讼参加人的姓名或者名称等基本信息）

上诉人×××因与被上诉人×××（写明案由）纠纷一案，不服×××人民法院（××××）……民初……号民事判决，向本院提起上诉。本院于××××年××月××日立案受理后，根据《全国人民代表大会常务委员会关于授权最高人民法院在部分地区开展民事诉讼程序繁简分流改革试点工作的决定》，依法适用第二审程序，由审判员独任审理，于××××年××月××日公开开庭审理了本案。上诉人×××、被上诉人×××、原审原告/被告/第三人×××到庭参加诉讼。（写明当事人和其他诉讼参加人的诉讼地位和姓名或者名称，不开庭审理的，不写到庭情况）本案现已审理终结。

×××上诉请求：……（写明上诉请求）。事实和理由：……（概述上诉人主张的事实和理由）。

×××辩称，……（概述被上诉人答辩意见）。

×××述称，……（概述原审原告/被告/第三人陈述意见）。

×××向一审法院起诉请求：……（写明原告/反诉原告/有独立请求权的第三人的诉讼请求）。

一审法院认定事实：……（概述一审认定的事实）。一审法院认为，……（概述一审裁判理由）。判决：……（写明一审判决主文）。

本案二审期间，当事人围绕上诉请求依法提交了证据。本院组织当事人进行了证据交换和质证（当事人没有提交新证据的，写明：二审中，当事人没有提交新证据）。对当事人二审争议的事实，本院认定如下：……（写明二审法院采信证据、认定事实的意见和理由，对一审查明相关事实的评判）。

本院认为，……（根据二审认定的案件事实和相关法律规定，对当事人的上诉请求进行分析评判，说明理由）。

综上所述，×××的上诉请求不能成立，应予驳回；一审判决认定事实清楚，适用法律正确，应予维持。依照《中华人民共和国民事诉讼法》第一百七十条第一款第一项规定，判决如下：

驳回上诉，维持原判。

二审案件受理费……元，由……负担（写明当事人姓名或者名称、负担金额）。

本判决为终审判决。

审 判 员　×××

××××年××月××日

（院印）

法 官 助 理　×××

书　记　员　×××

【说　明】

1. 本样式根据《最高人民法院关于民事诉讼程序繁简分流改革试点实施办法》第十八条制定，供二审案件适用独任制开庭审理用。判决书首部中的"案件由来和审理经过"需添加"根据《全国人民代表大会常务委员会关于授权最高人民法院在部分地区开展民事诉讼程序繁简分流改革试点工作的决定》规定，依法适用第二审程序，由审判员独任审理……"。

2. 落款中的署名为独任审理的"审判员"。

3. 二审独任审理案件的其他民事判决书、裁定书、调解书的"案件由来和审理经过"部分亦参照该样式，其他部分继续参照2016年《民事诉讼文书样式》中的相关样式。

【法律依据】

《最高人民法院关于民事诉讼程序繁简分流改革试点实施办法》（2020 年 1 月 15 日）

第十八条 第二审人民法院审理上诉案件应当组成合议庭审理。但事实清楚、法律适用明确的下列案件，可以由法官一人独任审理：

（一）第一审适用简易程序审理结案的；

（二）不服民事裁定的。

13. 小额诉讼程序告知书（告知当事人小额诉讼程序用）

小额诉讼程序告知书

一、根据《全国人民代表大会常务委员会关于授权最高人民法院在部分地区开展民事诉讼程序繁简分流改革试点工作的决定》及《民事诉讼程序繁简分流改革试点实施办法》，对于基层人民法院审理的事实清楚、权利义务关系明确、争议不大，标的额为人民币五万元以下的简单金钱给付类案件，应当适用小额诉讼程序；对于标的额超过五万元、十万元以下，当事人双方约定适用小额诉讼程序的，可以适用小额诉讼程序审理。以下案件不适用小额诉讼程序：

（一）人身关系、财产确权纠纷；

（二）涉外民事纠纷；

（三）需要评估、鉴定或者对诉前评估、鉴定结果有异议的纠纷；

（四）一方当事人下落不明的纠纷；

（五）其他不宜适用小额诉讼程序审理的纠纷。

二、适用小额诉讼程序审理的案件，应遵守以下规定。

（一）原告可以口头起诉。当事人双方可以同时到基层人民法院或者它派出的法庭，请求解决纠纷。法院可以当即审理，也可以另定日期审理。

（二）由审判员一人独任审理，不受《中华人民共和国民事诉讼法》第一百三十六条、第一百三十八条、第一百四十一条规定的限制。

（三）经人民法院告知放弃答辩期间、举证期限的法律后果后，当事人明确表示放弃的，人民法院可以直接开庭审理。当事人明确表示不放弃答辩期间的，人民法院可以在征得其同意的基础上，合理确定答辩期间，但一般不超过七日。当事人明确表示不放弃举证期限的，可以由当事人自行约定举证期限或者由人民法院指定举证期限，但一般不超过七日。

（四）可以比照简易程序进一步简化传唤、送达、证据交换的方式，但不得减损当事人答辩、举证、质证、陈述、辩论等诉讼权利。

庭审可以不受法庭调查、法庭辩论等庭审程序限制，直接围绕诉讼请求或者案件要素进行，原则上应当一次开庭审结，但人民法院认为确有必要再次开庭的除外。

（五）可以比照简易程序进一步简化裁判文书，主要记载当事人基本信息、诉讼请求、答辩意见、主要事实、简要裁判理由、裁判依据、裁判主文和一审终审的告知等内容。

对于案情简单、法律适用明确的案件，法官可以当庭作出裁判并说明裁判理由。对于当庭裁判的案件，裁判过程经庭审录音录像或者庭审笔录完整记录的，人民法院在制作裁判文书时可以不再载明裁判理由。

（六）应当在立案之日起两个月内审结，有特殊情况需要延长的，经本院院长批准，可以延长一个月。双方当事人和解期间、审理当事人提出的管辖权异议以及处理法院之间的管辖争议期间不计入审理期限。

（七）因当事人向人民法院提出异议，经审查异议成立或当事人申请增加或变更诉讼请求、追加当事人，提出反诉，需要鉴定、评估、审计等，致使案件不符合小额诉讼程序条件的，裁定转为简易程序或普通程序审理。由小额诉讼程序转为简易程序审理的案件，一般不得再转为普通程序审理，但确有必要的除外。转为简易程序或者普通程序审理前，双方当事人已确认的事实，可以不再举证、质证。

（八）当事人对按照小额诉讼案件审理有异议的，应当在开庭前提出。人民法院经审查，异议成立的，适用简易程序或普通程序审理；异议不成立的，告知当事人，并记入笔录。

（九）当事人双方一经约定适用小额诉讼程序，原则上不得反悔。

三、案件适用小额诉讼程序审理作出的裁判，具有以下法律效力：

（一）当事人对小额诉讼案件提出管辖异议的，人民法院应当作出裁定。裁定一经作出即生效。

（二）人民法院受理小额诉讼案件后，发现起诉不符合《中华人民共和国民事诉讼法》第一百一十九条规定的起诉条件的，裁定驳回起诉。裁定一经作出即生效。

（三）小额诉讼案件实行一审终审。

（四）对小额诉讼案件的判决、裁定，当事人以《中华人民共和国民事诉讼法》第二百条规定的事由向原审人民法院申请再审的，人民法院应当受理。申请再审事由成立的，应当裁定再审，组成合议庭进行审理。作出的再审判决、裁定，当事人不得上诉。当事人以不应按小额诉讼案件审理为由向原审人民法院申请再审的，人民法院应当受理。理由成立的，应当裁定再审，组成合议庭审理。作出的再审判决、裁定，当事人可以上诉。

【说　明】

1. 本样式根据《最高人民法院民事诉讼程序繁简分流改革试点实施办法》第五条至第十一条对原样式作出修改，供基层人民法院受理案件后决定适用小额诉讼程序或适用简易程序转为小额诉讼程序，告知当事人小额诉讼程序用。

2. 人民法院受理小额诉讼案件，应当向当事人告知该类案件的审判组织、一审终审、审理期限等相关事项。

【法律依据】

《最高人民法院关于民事诉讼程序繁简分流改革试点实施办法》（2020年1月15日）

第五条　基层人民法院审理的事实清楚、权利义务关系明确、争议不大的简单金钱给付类案件，标的额为人民币五万元以下的，适用小额诉讼程序，实行一审终审。

标的额超出前款规定，但在人民币五万元以上、十万元以下的简单金钱给付类案件，当事人双方约定适用小额诉讼程序的，可以适用小额诉讼程序审理。

适用小额诉讼程序审理的案件，人民法院应当向当事人告知审判组织、审理期限、审理方式、一审终审等相关事项。

第六条　下列案件，不适用小额诉讼程序审理：

（一）人身关系、财产确权纠纷；

（二）涉外民事纠纷；

（三）需要评估、鉴定或者对诉前评估、鉴定结果有异议的纠纷；

（四）一方当事人下落不明的纠纷；

（五）其他不宜适用小额诉讼程序审理的纠纷。

第七条　适用小额诉讼程序审理的案件，经人民法院告知放弃答辩期间、举证期限的法律后果后，当事人明确表示放弃的，人民法院可以直接开庭审理。

当事人明确表示不放弃答辩期间的，人民法院可以在征得其同意的基础上，合理确定答辩期间，但一般不超过七日。

当事人明确表示不放弃举证期限的，可以由当事人自行约定举证期限或者由人民法院指定举证期限，但一般不超过七日。

第八条 适用小额诉讼程序审理的案件，可以比照简易程序进一步简化传唤、送达、证据交换的方式，但不得减损当事人答辩、举证、质证、陈述、辩论等诉讼权利。

适用小额诉讼程序审理的案件，庭审可以不受法庭调查、法庭辩论等庭审程序限制，直接围绕诉讼请求或者案件要素进行，原则上应当一次开庭审结，但人民法院认为确有必要再次开庭的除外。

第九条 适用小额诉讼程序审理的案件，可以比照简易程序进一步简化裁判文书，主要记载当事人基本信息、诉讼请求、答辩意见、主要事实、简要裁判理由、裁判依据、裁判主文和一审终审的告知等内容。

对于案情简单、法律适用明确的案件，法官可以当庭作出裁判并说明裁判理由。对于当庭裁判的案件，裁判过程经庭审录音录像或者庭审笔录完整记录的，人民法院在制作裁判文书时可以不再载明裁判理由。

第十条 适用小额诉讼程序审理的案件，应当在立案之日起两个月内审结，有特殊情况需要延长的，经本院院长批准，可以延长一个月。

第十一条 适用小额诉讼程序审理的案件，出现下列情形之一，符合适用简易程序审理条件的，裁定转为简易程序审理：

（一）当事人认为案件不符合本办法第五条、第六条关于小额诉讼程序适用条件的规定，向人民法院提出异议，经审查认为异议成立的；

（二）当事人申请增加或者变更诉讼请求、追加当事人，致使案件标的额在人民币五万元以上、十万元以下，且一方当事人不同意继续适用小额诉讼程序的；

（三）当事人申请增加或者变更诉讼请求、追加当事人，致使案件标的额在人民币十万元以上或者不符合小额诉讼程序适用条件的；

（四）当事人提出反诉的；

（五）需要鉴定、评估、审计的；

（六）其他不宜继续适用小额诉讼程序的情形。

适用小额诉讼程序审理的案件，审理中发现案情疑难复杂，并且不适宜适用简易程序审理的，裁定转为普通程序审理。由小额诉讼程序转为简易程序审理的案件，一般不得再转为普通程序审理，但确有必要的除外。

适用小额诉讼程序审理的案件，转为简易程序或者普通程序审理前，双方当事人已确认的事实，可以不再举证、质证。

14. 一审普通程序独任审理通知书（通知当事人适用普通程序独任审理用）

××××人民法院
普通程序独任审理通知书

（××××）……民初……号

×××：

　　原告×××与被告×××……纠纷（写明案由）一案，根据《全国人民代表大会常务委员会关于授权最高人民法院在部分地区开展民事诉讼程序繁简分流改革试点工作的决定》，依法适用普通程序，由审判员×××独任审理。

　　当事人对审判员独任审理有异议的，应当在开庭前提出。人民法院经审查，异议成立的，组成合议庭审理；异议不成立的，告知当事人，并记入笔录。

××××年××月××日
（院印）

【说　明】

　　1. 本样式根据《最高人民法院民事诉讼程序繁简分流改革试点实施办法》第十六条第二款制定，供基层人民法院通知当事人适用普通程序独任审理用。

　　2. 案件如果由小额诉讼程序、简易程序转换为普通程序独任审理，人民法院已经作出书面裁定，或作出口头裁定并记入笔录的，可不再发送本通知书。

【法律依据】

《最高人民法院关于民事诉讼程序繁简分流改革试点实施办法》(2020年1月15日)

第十六条第二款 基层人民法院审理的事实不易查明,但法律适用明确的案件,可以由法官一人适用普通程序独任审理。

15. 二审案件独任审理通知书（通知当事人二审案件适用独任审理用）

××××人民法院
独任审理通知书

（××××）……民终……号

×××：

　　上诉人×××与被上诉人×××……纠纷（案由）一案，根据《全国人民代表大会常务委员会关于授权最高人民法院在部分地区开展民事诉讼程序繁简分流改革试点工作的决定》，依法由审判员×××独任审理。

　　当事人对审判员独任审理有异议的，应当在开庭前提出。人民法院经审查，异议成立的，组成合议庭审理；异议不成立的，告知当事人，并记入笔录。

××××年××月××日
（院印）

【说　明】

　　本样式根据《最高人民法院民事诉讼程序繁简分流改革试点实施办法》第十八条制定，供人民法院通知当事人二审案件适用独任审理用。

【法律依据】

　　《最高人民法院关于民事诉讼程序繁简分流改革试点实施办法》（2020年1月15日）

　　第十八条　第二审人民法院审理上诉案件应当组成合议庭审理。但事实清楚、法律适用明确的下列案件，可以由法官一人独任审理：

　　（一）第一审适用简易程序审理结案的；

　　（二）不服民事裁定的。

图书在版编目（CIP）数据

最高人民法院民事诉讼文书样式：制作规范与法律依据．人民法院卷／法律应用研究中心编．—2版．—北京：中国法制出版社，2021.8
ISBN 978-7-5216-2000-9

Ⅰ.①最… Ⅱ.①法… Ⅲ.①民事诉讼-法律文书-范文-中国 Ⅳ.①D926.13

中国版本图书馆CIP数据核字（2021）第127614号

责任编辑　韩璐玮（hanluwei666@163.com）　　　　封面设计　李　宁

最高人民法院民事诉讼文书样式：制作规范与法律依据（人民法院卷）
ZUIGAO RENMIN FAYUAN MINSHI SUSONG WENSHU YANGSHI：ZHIZUO GUIFAN YU FALÜ YIJU
（RENMIN FAYUANJUAN）

编者/法律应用研究中心
经销/新华书店
印刷/三河市国英印务有限公司
开本/730毫米×1030毫米　16开　　　　　　　　　印张/80.5　字数/723千
版次/2021年8月第2版　　　　　　　　　　　　　2021年8月第1次印刷

中国法制出版社出版
书号 ISBN 978-7-5216-2000-9　　　　　　　　　　　定价：218.00元

北京市西城区西便门西里甲16号西便门办公区
邮政编码 100053　　　　　　　　　　　　　　　　传真：010-63141852
网址 http://www.zgfzs.com　　　　　　　　　　　编辑部电话：010-61341790
市场营销部电话：010-63141612　　　　　　　　　印务部电话：010-63141606

（如有印装质量问题，请与本社印务部联系。）